2011

山西省
国有资产监督管理年鉴

SHANXI PROVINCE STATE-OWNED ASSETS SUPERVISION AND ADMINISTRATION YEARBOOK

山西出版传媒集团
山西人民出版社

图书在版编目（CIP）数据

山西省国有资产监督管理年鉴. 2011/朱晓明主编；
《山西省国有资产监督管理年鉴》编辑部编.--太原：
山西人民出版社，2012.8
ISBN 978-7-203-07776-3

Ⅰ.①山… Ⅱ.①朱… ②山… Ⅲ.①国有资产－监督
管理－山西省-2011-年鉴Ⅳ. ①F123.7-54
中国版本图书馆CIP数据核字（2012）第129940号

山西省国有资产监督管理年鉴·2011

主　　编：朱晓明
责任编辑：张建英
装帧设计：高　崇

出 版 者：山西出版传媒集团·山西人民出版社
地　　址：太原市建设南路21号
邮　　编：030012
发行营销：0351-4922220　4955996　4956039
0351-4922127（传真）　4956038（邮购）
E-mail：sxskcb@163.com 发行部
sxskcb@126.com 总编室
网　　址：www.sxskcb.com

经 销 者：山西出版传媒集团·山西人民出版社
承 印 者：山西天辰图文有限公司

开　　本：889mm×1194mm　1/16
印　　张：44.75
字　　数：950千字
印　　数：1-1000册
版　　次：2012年8月　第1版
印　　次：2012年8月　第1次印刷
书　　号：ISBN 978-7-203-07776-3
定　　价：280.00元

如有印装质量问题请与本社联系调换

《山西省国有资产监督管理年鉴》（2011）编辑部

电　　话：（0351）7218383
邮　　编：030006
地　　址：山西省太原市平阳路101号国瑞大厦0611A室
E-mail：sxgznj@163.com

编写说明

一、《山西省国有资产监督管理年鉴》（以下简称《山西国资年鉴》）于2006年创办。《山西国资年鉴》由山西省国资委主管、主办，由《山西国资年鉴》编委会编纂，山西人民出版社编辑出版。

二、《山西国资年鉴》是一部客观、准确、全面记载山西国有经济运行、国有资产监管体制改革和国有企业改革总体情况的大型工具书；国资委统一对外宣传的主要窗口和交流平台，对于宣传、指导山西省国有资产监督管理工作以及全省国有企业改革和发展具有重要参考价值。

三、《山西国资年鉴》突出政策性、权威性、实用性和连续性。主要读者对象包括：（1）全省各级国有资产监管机构及相关行业管理部门；（2）各类国有企业；（3）有关中介机构；（4）有关科研院所、图书馆、资料室等。

四、《山西国资年鉴》（2011）共七篇。

□ 第一篇：重要经济文献。刊载山西省领导及山西省国资委主要领导重要讲话。

□ 第二篇：山西省国有资产监督管理概况。山西省国资委业务处室和直属单位就2010年山西省国有资产监督管理情况、国有企业改革与发展情况予以分析、评述。

□ 第三篇：山西省各市国有资产监督管理概况。由山西省各市国资委就本地区国有经济运行情况及国有企业改革与发展状况进行评述。

□ 第四篇：山西省国资委监管企业改革与发展概况。对山西省国有企业2010年度经济运行情况、主要经济指标、经营业绩与财务分析、重大决策与重大项目进展情况、公司产权制度改革情况等方面进行分析、评述。

□ 第五篇：山西省国有资产统计资料。由山西省国资委统计评价处提供2010年山西省国有资产主要经济指标分析表，山西省及主要地市国有企业基本情况表、主要经济指标分析表，山西省省属监管企业主要指标表，山西省级、省级以下及非监管企业基本情况表和主要分析表等。

□ 第六篇：山西省国有资产监督管理政策法规选编。精选与山西省国有资产监督管理有关的重要政策、法规和规范性文件等。

□ 第七篇：附录。刊载山西省国资委2010年大事记。

五、《山西国资年鉴》（2011）所刊载的数据资料截至2010年末。

六、《山西国资年鉴》（2011）编委会组成人员及职务截至2011年末。

七、《山西国资年鉴》（2011）工作站站长名单、撰稿人名单以截稿日期为准。

《山西国资年鉴》编辑部

二○一一年十二月三十一日

山西省国资委召开全省国有资产监督管理工作会议

山西省国资委召开省属企业贯彻落实全省干部大会精神暨经济运行分析会

山西省国资委党员领导干部民主生活会隆重召开，省长王君参加并对省国资委领导班子提出殷切希望。

山西省监管企业创先争优暨学习型党组织建设推进会召开

天脊集团——山西煤化工

董事长 总经理 王光彪

党委书记 王俊彦

山西天脊煤化工集团有限公司是我国引进德国、日本等国技术和设备，以煤为原料、采用现代煤气化技术生产合成氨，最终产品为高效硝基复合肥料的大型现代化企业。近年来，坚持产业转型，积极发展现代新型煤化工，成为山西省煤化工转型跨越的“旗舰”。

目前，天脊集团已形成以化肥为主，集有机化工、精细化工等为一体的大型煤化工产业集团。已具有年产合成氨45万吨、甲醇34万吨、硝酸81万吨、硝酸磷肥90万吨（或硝酸磷钾肥100万吨）、硝酸铵24万吨、塑料编织袋7500万条、苯胺13万吨、水泥30万吨的生产规模和产能。主要产品生产能力排名国内同行业前列，是拥有“中国驰名商标”和“中国名牌产品“的国内知名复合肥企业。

天脊集团拥有多项国内乃至世界先进的煤化工技术和装置。单套年产45万吨合成氨装置是目前世界上首套以鲁奇煤气化技术制氨装置，大型鲁奇气化煤制氨工艺填补了国际空白，自行研发的《大型鲁奇煤制氨工艺技术的开发与应用研究》成果，荣获国家科技进步二等奖，是国内鲁奇煤造气和合成氨技术引进消化吸收再创新的成功典范。间接冷冻法、双轴造粒技术年产100万吨硝酸磷肥装置，其技术国内独一无二，规模亚洲最大。年产81万吨双加压硝酸装置是亚洲最大的生产装置，是国内硝酸行业的龙头老大，也是目前国际上最先进的硝酸生产技术。管式反应多孔硝铵生产装置和绝热硝化液相加氢苯胺生产装置的技术水平和生产规模在国内均处于领先水平。

进入“十二五”，天脊集团将抓住山西省国家资源型经济转型综合配套改革试验区建设的重大机遇，坚持内涵挖潜提高竞争力和延伸产业链提高附加值的发展思路，巩固和提升传统煤化工优势，努力实现产值效益翻两番，建成产业新型化、技术尖端化、产品多样化、产能规模化、投资多元化、品牌国际化的现代煤化工技术研发基地和新型煤化工产业集群，为山西新型煤化工产业的转型和跨越发展做出新的更大贡献。

产业转型发展的“旗舰”

董事长、总经理王光彪（左一）参加中国农资总裁会议

“天脊”牌复合肥已成为中国化肥知名品牌，远销全国各地

天脊集团转型发展项目13万吨苯胺25万吨硝酸铵项目奠基

天脊集团现代化的生产装置区远眺

天脊集团——山西煤化工产业转型发展的“旗舰”

农化技术人员来到田间地头帮助农民科学施肥

具有世界先进水平的煤化工装置

消化国外先进技术，首创我国煤制氨扩能改造先例，成功实施年产45万吨合成氨扩产项目

《山西省国有资产监督管理年鉴》（2011）

编委会名单

顾　问

靳善忠　山西省人民代表大会常务委员会副主任

编委会主任

朱晓明　山西省人民政府国有资产监督管理委员会党委书记、主任

编委会副主任

渠性轩　山西省人民政府国有资产监督管理委员会党委常务副书记（正厅长级）

李天太　山西省人民政府国有资产监督管理委员会党委副书记（正厅长级）

田国仁　山西省人民政府国有资产监督管理委员会党委副书记、纪委书记

李宝文　山西省人民政府国有资产监督管理委员会副主任、党委委员

朱成基　山西省人民政府国有资产监督管理委员会副主任、党委委员

崔联会　山西省人民政府国有资产监督管理委员会副主任、党委委员

曹慧昌　山西省人民政府国有资产监督管理委员会副主任、党委委员

马　进　山西省人民政府国有资产监督管理委员会副主任、党委委员

张宏永　山西省人民政府国有资产监督管理委员会副主任、党委委员、办公室主任（兼）

李晓荣　山西省人民政府国有资产监督管理委员会副巡视员

刘　贵　山西省人民政府国有资产监督管理委员会副巡视员

陈建鹰　山西省省属国有企业监事会主席

赵子传　山西省省属国有企业监事会主席

王孟传　山西省省属国有企业监事会主席

李成业　山西省省属国有企业监事会主席

宋世华　山西省省属国有企业监事会主席

马　平　山西省省属国有企业监事会主席

编委会委员名单

（按姓氏笔画排序）

弋小燕　山西省国有资产监督管理委员会　案件审理室主任

马星宇　山西省国有资产监督管理委员会　企业改组处（山西省企业兼并破产办公室）　处长

卫明泽　运城市国资委　党委书记、主任

孔庆虎　朔州市国资委　主任

王　超　临汾市国资委　主任

王光彪　山西天脊煤化工投资有限公司　董事长、总经理

王师民　山西省国有资产投资控股集团有限公司　董事长、党委书记

王创民　太原重型机械集团有限公司　董事长、党委书记

王良彦　太原煤炭气化（集团）有限责任公司　董事长、党委书记

王明屯　山西省国有资产监督管理委员会　企业领导人员管理处处长

王树琪　中条山有色金属集团有限公司　董事长、党委书记

史云海　山西省国有资产监督管理委员会　机关党委专职副书记

任　秀　山西地方铁路集团有限责任公司　董事长、党委书记

任福耀　山西焦煤集团有限责任公司　董事长、党委书记

刘平泽　吕梁市国资委　党组书记、主任

刘建中　山西煤炭运销集团有限公司　董事长、党委书记

刘　胜　山西省产权交易市场　总经理

刘福生　山西省国有资产监督管理委员会　党风廉政建设室主任

闫文生　山西省国资委研究中心　主任

成飞龙　山西省科技基金发展总公司　总经理

孙贵敏　山西省产权事务中心　主任

吴辰先　山西省国有资产监督管理委员会　党建工作处处长

贠　钊　山西省企业考核分配事务中心　主任

李　洪　山西省经贸投资控股集团有限公司　董事长、党委书记

李　涛　山西省国有资产投资控股集团有限公司　总经理
李晋平　山西潞安矿业（集团）有限责任公司　董事长
李秋喜　山西杏花村汾酒集团有限责任公司　董事长
李晓波　太原钢铁（集团）有限公司　董事长
李建民　山西省国有资产监督管理委员会　综合处处长
杜建华　山西煤炭进出口集团有限公司　董事长、党委书记
张　旭　山西省经济建设投资公司　董事长、党委书记
张　侃　山西省医药集团有限责任公司　董事长、党委书记
张玉平　山西建筑工程（集团）总公司　董事长
张亚鹏　山西省国有资产监督管理委员会　业绩考核处处长
张有喜　大同煤矿集团有限责任公司　董事长、党委书记
张良海　大同煤矿集团轩岗煤电有限责任公司　董事长
张学林　山西省国资委信息网络中心　主任
张勇强　忻州市经济和信息化委员会（国资委）　党委书记、主任
张海清　山西汽车运输集团有限公司　董事长
张柱小　晋中市国资委　党委副书记、主任
杨雨公　山西省国有资产监督管理委员会　监事会工作处处长
杨佩玉　山西省国有资产监督管理委员会　案件检查室主任
杨毅产　山西省国有资产监督管理委员会企业分配处（山西省国有企业主辅分离办公室）　处长
庞瑞林　山西晋牌水泥（集团）有限公司　董事长、党委书记、总经理
武华太　山西晋城无烟煤矿业集团有限责任公司　董事长、党委书记
武建新　山西省国有资产监督管理委员会　规划发展处处长
郑福和　山西省投资集团有限公司　董事长
赵石平　阳泉煤业（集团）有限责任公司　董事长、党委书记
赵利民　太原市国资委　主任
栄海涛　山西省焦炭集团有限责任公司　董事长
郝瑞珍　山西省物资产业集团有限责任公司　董事长、党委书记
荆　虎　大同市国资委　主任
胡创业　山西省国有资产监督管理委员会　企业改革处处长

胡　奇　山西省国有资产监督管理委员会
政策法规处处长

侯国伟　山西省国有资产监督管理委员会
产权管理处处长

贺静波　山西省国有资产监督管理委员会
统计评价处处长

高淑冰　山西省国有资产监督管理委员会
人事培训处处长

郭　明　山西国际能源集团有限公司
董事长、党委书记

郭文仓　山西焦煤焦化集团有限公司
董事长、党委书记

郭玉虎　山西省国有资产监督管理委员会
收益管理处处长

黄少英　阳泉市国资委
党委书记

康榻生　山西省国有资产监督管理委员会
宣传和群众工作处（党委宣传部、党委统战部）　处长

曹建中　山西金通投资管理有限公司
董事长

曹晨明　山西能源交通投资有限公司
董事长、党委书记

曹耀丰　山西焦煤霍州煤电集团有限责任公司
董事长、党委书记

阎培烈　晋城市国资委
党委书记、主任

梁谢虎　山西省国新能源发展集团有限公司
董事长、党委书记

温　波　山西省国有企业绩效评价中心
主任

裴西平　太原化学工业集团有限公司
董事长、党委书记

薛道成　西山煤电集团有限责任公司
董事长、党委书记、总经理

魏书校　长治市国资委
主任

《山西省国有资产监督管理年鉴》（2011）

《山西省国有资产监督管理年鉴》（2011）

工作站站长名单

（按姓氏笔画排序）

马丽宇　山西省经济建设投资公司办公室主任

马国永　长治市国资委办公室主任

马保平　山西省煤炭资产经营有限责任公司总经理办公室主任

王正武　运城市国资委办公室主任

王　玲　山西省物资产业集团有限责任公司办公室主任

田志斌　山西天脊煤化工投资有限公司公司办副主任

史凤雷　忻州市国资委办公室主任

司章焕　晋城市国资委办公室主任

孙　芳　山西能源产业集团有限责任公司
董事会秘书处秘书

苏云燕　山西煤炭进出口集团有限公司
信息处处长

李　立　山西煤炭运销集团有限公司
发展研究部副部长

李　莉　山西焦煤霍州煤电集团有限责任公司
档案馆副馆长

李　翔　山西省国新能源发展集团有限公司
行政工作处副处长

李　强　山西省经贸投资控股集团有限公司
办公室主任

李　鑫　山西国际电力集团有限公司
集团工作部经理

李平安　中条山有色金属集团有限公司
总经办主任

李志明　大同市国资委
办公室主任

李国庆　临汾市经信委（国资委）
副主任

李建章　大同煤矿集团轩岗煤电有限责任公司
党委宣传部部长

杨　伟　山西地方铁路集团有限责任公司
处长

杨晓东　山西晋牌水泥（集团）有限公司
综合办秘书

杨静芬　山西能源交通投资有限公司
办公室副主任

张永林　山西晋城无烟煤矿业集团有限责任公司
年鉴科科长

张铁根　太原钢铁（集团）有限公司
档案管理部部长

陆　毅　阳泉市国资委
办公室主任

陈双喜　山西焦化集团有限公司
董事会秘书、党政办主任、信访处处长

陈晓雷　山西国际能源集团有限公司
高级经理

赵国琦　太原市国资委
党委委员、办公室主任

荣　君　大同煤矿集团有限责任公司
董事会秘书处副处长

胡水龙　山西潞安矿业（集团）有限责任公司
调研室主任

段素宏　山西汽车运输集团有限公司
办公室主任

姜福清　山西金通投资管理有限公司
总经理助理兼办公室主任

聂占生　晋中市国资委
办公室主任

贾　渤　山西省国有资产经营公司
办公室主任

徐　枫　山西杏花村汾酒集团有限责任公司
集团办秘书室副主任

高二平　阳泉煤业（集团）有限责任公司
董事会秘书兼办公室主任

高红玉　山西省医药集团有限责任公司
副总经理

高志明　吕梁市国资委
副主任

高培成　太原重型机械集团有限公司
发展规划部部长

郭向东　山西省国有资产经营有限责任公司
党工处副处长

黄　斌　山西建筑工程（集团）总公司
办公室主任

曹大军　山西焦煤集团有限责任公司
党政办公室主任、董事会秘书

董居正　山西焦煤西山煤电集团有限责任公司
档案馆、史志办副主任

谢　涛　太原煤炭气化（集团）有限责任公司
企业管理部部长

靳晓云　山西省科技基金发展总公司
信息发展部经理

《山西省国有资产监督管理年鉴》(2011)

撰稿人名单

(按姓氏笔画排序)

丁永青	凡晓明	卫俊萍	王江波	王晓洁	王晓曦	王健勇	王爱军	尹国华
石　浩	申宇峰	田志斌	白利锋	司永强	任　健	刘　巍	刘东亮	刘忠兵
米　兰	孙　芳	孙敬军	李　平	李　俊	李　隽	李广顺	李文斌	李志明
李彦峰	李景峰	杨长河	杨华芳	杨建国	杨晓东	杨静芬	张　歆	张永林
张晓晶	张彩萍	张新新	陆　毅	陈　晋	陈富根	陈　锴	薛国华	邵　榕
武丽云	岳耸屹	郎卫平	赵国琦	赵铁男	侯文伟	侯林汾	侯国宏	姚晋文
徐　枫	郭　宁	郭向东	郭慧彬	黄　斌	訾东元	崔青青	梁志刚	韩远征
靳晓云	楚　峰	谭　超						

目 录

第一篇 重要经济文献

第二篇 山西省国有资产监督管理概况

第三篇　山西省各市国有资产监督管理概况

第四篇　山西省国资委监管企业改革与发展概况

第五篇　山西省国有资产统计资料

第六篇　山西省国有资产监督管理政策法规选编

第七篇　附　录

入选本卷年鉴彩图专辑重点单位

2011

SHANXI PROVINCE STATE-OWNED ASSETS SUPERVISION AND ADMINISTRATION YEARBOOK

山西省国有资产监督管理年鉴

重要经济文献

第一篇

山西国际电力集团有限公司

福光风电

右玉风光互补电站

山西国际电力集团有限公司成立于1989年1月，2002年12月，由原山西省地方电力公司按照现代企业制度要求整体改制而成。2007年12月，经国家商务部和山西省政府批准，山西国际电力集团有限公司与外资进行了战略重组。重组后的集团公司仍为山西省政府唯一全资设立的电力产业集团，是山西省政府授权的省级电力资产出资者代表，是担负电力生产建设、运营管理职责的专业化公司。

集团公司现行三级管理体制。总部设有集团工作部、投资管理部、财务部、人力资源部、产业管理部、法律审计部等6个管理部门，为战略管理中心、投融资管理中心、人力资源管理中心；拥有通宝、发电、配电、金融租赁、资产管理、燃气公司、置业公司、投资等8个二级公司，为运营管理中心；全资或控股的46个发、配电等三级公司，为利润中心。集团公司注册资本60亿元。

近年来，集团公司致力于传统能源新型化和新兴能源规模化，逐步形成了以电力和燃气为核心、以金融和投资为支撑的产业格局。发电产业涉及火电、水电、风电以及生物质能发电等，率先建设了山西省第一座风力发电厂、第一座大型并网光伏电站和第一座生物质能发电厂。配电产业负责山西12个县级电网的建设运营，供电区域为2.3万平方公里，占山西省15%国土面积。燃气产业拥有横穿河东煤田7个煤层气区块，途经37个县区，总长度1500余公里的省级煤层气主管网，实施了CNG、LNG、焦炉煤气甲烷化、燃气发电以及城市燃气等一批大型燃气综合开发利用项目。控股经营山西金融租赁有限公司，参股了晋商银行、山西证券、山西信托、中国光大银行，同时投资了水务、置业物流等领域，培育了一批新技术、新材料的拟上市公司。

集团公司专注能源产业，倡导清洁发展，追求永续经营，以“奉献绿色能源、服务山西发展”为使命，努力建设成为资产优良、实力雄厚、管理先进、全省一流，在全国具有影响力和竞争力的特大型企业集团。

临临线首站——临县天然气（煤层气）分输站

大同煤矿集团

同煤集团董事长、党委书记 张有喜

同煤集团副董事长、总经理 郭金刚

同煤集团前身大同矿务局成立于1949年8月30日，2000年7月改制为大同煤矿集团有限责任公司。公司现已发展成为拥有20万员工，80万员工家属，以煤炭、电力为主，煤化工、冶金、煤机制造、建筑建材、物流贸易、文化旅游等多业并举的特大型综合能源集团。作为中国煤炭行业的典型代表，60多年来，同煤集团在科技、工艺、装备、管理等方面累计创造了100多项行业全国第一，荣获了众多国家级荣誉，2011年荣获"中国工业大奖表彰奖"和"全国文明单位"的称号。

特别是，在刚刚过去的"十二五"开局之年，同煤集团以安全稳定为前提，以转型发展为主线，以惠及民生为宗旨，改造提升传统产业，发展壮大新兴产业，各项主要指标再创新佳绩。煤炭总量在连续6年突破亿吨的基础上，再创新高，实现1.94亿吨，位居全省第一；销售收入、资产总额双双突破千亿大关，非煤产业加速赶超，增幅创历史之最。

站在历史新起点，2012年同煤集团将紧紧围绕国家和全省各项安排部署，瞄准"建设新同煤，打造新生活"的战略愿景，突出煤炭做强、电力做大、资本做活、贸易做实四大抓手，坚定不移走好十条途径，加快建设煤炭、电力、煤化工、冶金、机械制造、建筑建材房地产、物流贸易、文化旅游八大产业，打造塔山、东马潘、朔南、轩岗、白家沟、煤化工、大同高新技术、中央机厂、力泰工业、晋华宫矿山文化旅游十大园区，建设多元发展、开放创新、安全高效、实力强盛的煤电一体化国际能源大集团，进入全国100强、世界500强。

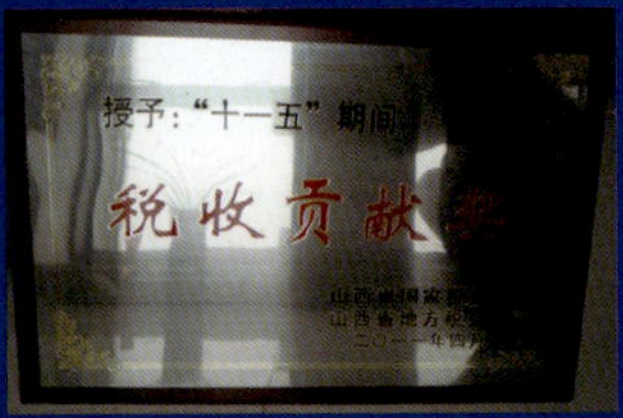

有限责任公司

同煤建企六十年庆祝大会

同煤集团举行声势浩大的"辉煌六十年赞歌"大型演唱比赛，以此庆祝集团建企60周年

同煤大唐塔山2×60万kw坑口电厂

大同煤矿集团

2010年10月12日，山西省委书记、省人大常委会主任袁纯清，省委副书记、省长王君带领省观摩检查组，深入同煤集团同华发电公司进行观摩检查

2010年7月7日至9日，煤炭工业节能减排暨循环经济现场会

有限责任公司

同煤集团董事长、党委书记张有喜在塔山指导安全生产工作

新平旺公园

2010年9月中国矿业循环经济论坛在同煤集团召开

阳泉煤业（集团）

董事长 赵石平

总经理 裴西平

阳煤办公楼

有限责任公司

阳泉煤业（集团）有限责任公司前身为阳泉矿务局，为山西省五大煤炭集团之一，是全国最大的无烟煤生产基地。阳煤集团具有得天独厚的巨量资源赋存，交通畅达便利，人文环境优越，管理扎实严细，装备设施精良，科技实力雄厚。经过60余年的发展，现已成为一个以煤炭和煤化工为主导产业，铝电、建筑建材地产、煤机化机装备制造、贸易服务四大辅助产业强势发展的煤基多元化企业集团。目前，集团拥有阳泉煤业、山西三维和太化股份三个上市公司在内的502个分、子公司，总资产996亿元，职工16.5万人，位列中国企业500强第108位，中国煤炭企业100强第10位。2010年，集团销售收入实现755亿元，实现利税100亿，煤炭产量突破5000万吨。

齐鲁一化丁辛醇建设现场

华越机械

阳泉煤业（集团）

太行国际新城

“十二五”期间，阳煤集团将紧紧围绕山西省委、省政府转型跨越发展部署，大力实施“强煤强化，五年双千亿”战略，五年完成固定资产投资1000亿元以上，建设亿吨煤炭集团和中国最大的无烟煤生产基地，建设山西最大、中国五强煤化工集团，建设山西产业链条最完整、规模最大的建筑建材地产企业，建设山西第一大煤机化机成套制造企业，建设以现代服务业为核心的山西第一大综合商社，建设晋东百万吨级全循环铝工业基地，确保营业规模超过2000亿元，进入世界企业500强。

馨康家园

整洁的矿井工业园区

有限责任公司

在阳煤集团每个采掘队会议室都陈列了每个职工的全家福,提醒职工在井下注意安全

两开一停仪式现场

两开一停仪式现场

矸山治理

潞安集团

立足高端谋转型

2011年11月8日，山西省委书记袁纯清在潞安集团视察高纯硅业公司

2012年2月2日，山西省省长王君到潞安左权五里堠煤业调研指导

2011年9月16日，山西第一炉多晶硅在潞安集团正式出炉

2011年11月10日，潞安百万吨资源综合利用循环经济产业项目正式启动

潞安集团全面落实山西省委省政府转型发展的新要求，立足高端谋转型，突出速度争跨越，全力推进“建设亿吨煤炭新基地，打造产业发展新高地，开创幸福潞安新天地”战略，主要经济指标大幅攀升，企业核心竞争力和发展后劲全面提升，2011年煤炭产量7718万吨，营业收入1106亿元左右，实现利润45.3亿元，资产总额1080亿元，不仅高标准完成全年生产经营任务，而且跨入“双千亿企业”行列。在全国500强企业中名列100位。在山西省国资委经营业绩考核中，再次被评为A类企业，名列全省第一，被授予山西省“特殊贡献企业”。

安全为天 集约高效 煤炭产业再上新水平

煤炭产业是潞安的基业、基石、基础，是潞安的核心利益、核心效益和核心竞争力，始终被放在最重要、最优先的地位，重点发展、优先发展，抓安全、提效率，亿吨煤炭新基地建设硕果累累。

安全生产持续稳定健康发展。潞安始终坚持“安全是企业绝对的第一战略、职工绝对的第一福利、各级班子绝对的第一责任”的理念，始终以如履薄冰、如临深渊的心态，源头治理抓安全，以人为本抓安全，系统管理抓安全，超越安全抓安全，全面构建多产业、跨区域、全方位、立体化的大安全格局。坚持在重大事故预防上重金高投入、重锤大力度、重心抓关键，构建了透明地质保障平台和高标准的瓦斯防治管理体系，实现了以高标准确保高安全，以大安全保障大发展。2011年，实现百万吨死亡率为零，安全生产持续稳定健康发展，集团成为全国唯一的连续12年蝉联“安康杯”竞赛优胜杯企业。

集约高效是煤炭行业快速发展的必由之路，是潞安的核心文化和核心竞争优势。潞安将提高科技含量和提高自主创新能力紧密结合起来，全力抓好一次采全高新工艺和大采高放顶煤工艺为主

突出速度争跨越

财务公司

导的相关技术群攻关；主体矿井坚持动态管理、优势集成、示范带动，狠抓“五精工程”建设，在2011年质量标准化竞赛中，有5座矿井被评为国家级安全质量标准化矿井，10座矿井被评为省一级安全质量标准化矿井，特别是司马煤业广泛应用物联网技术，得到了山西省委袁纯清书记的重要批示。整合矿井坚持高起点设计、高技术装备、高质量管理、高效率运行、高效益体现，全力推进“一面两头一条运输线”集约高效示范矿井建设，到2011年底，34座整合矿井中，生产技改矿井总数达到24座，受到省煤炭资源兼并重组检查验收领导组的高度评价。

立足优势 循环发展 转型发展实现新突破

潞安坚持“依托煤而不依赖煤，跳出煤而不放弃煤”的发展理念，以煤炭为基础，发挥企业的比较优势，所有新兴产业都按产业链进行布局，所有项目都按循环经济园区运行，以新型煤化工带动传统煤化工的升级，以新型煤化工驱动传统煤化工的增值，实现产业嫁接，产业耦合，使产业走向高端、产品趋向终端，实现了资源效益的最大化和社会、环境效益的最优化。

21万吨/年煤基合成油示范厂是潞安的重头项目，是国家“863”、“973”高新技术示范项目，也是山西省“一号工程”。2008年12月产出了我国第一桶煤基合成油，2009年7月全部建成投产。目前，实现了满负荷生产，日产量最高达520吨。潞安的煤基合成油不是单纯地把煤变成油，而是建设循环经济的煤炭资源综合利用园区。李克强副总理称赞潞安“把‘臭煤’变成了‘香煤’，把废料变成了原料，把废品变成了产品，把宝藏变成了宝物，展示了循环经济发展的巨大魅力”；刘延东国务委员评价潞安是“高碳能源低碳利用的典范”；山西省委袁纯清书记盛赞“潞安集团不仅是山西煤炭企业转型发展的典范，而且是全国

潞安集团

2011年9月27日，潞安集团在第六届中部投资贸易博览会上与西门子公司签约	2011年7月28日，李晋平董事长、黄巍副总经理到中科院上海高等研究院低碳能源转换技术中心考察
自主创新的全国第一个大采高自动化综放工作面	1GW太阳能电池生产车间
宁武县陈家半沟煤矿经潞安集团改造成潞宁煤业公司，年产量从20万吨跃至200万吨，成为现代化矿区	
潞安集团煤化工工业园区	数字化矿井建设达到国际先进水平

煤炭企业转型发展的典范”。

目前，按照“整体设计、合理布局、分步实施”、“资源一体、多方参与、体现效益”的原则，正全力推进540万吨/年煤基合成油多联产项目。其中，一期工程“百万吨级资源综合利用循环经济园区”，被列为全省转型综改试验首个工业标杆项目，按照“八最”要求实施（即投资最少、工期最短、质量最好、产品最佳、系统集成最新、运行成本最低、设计最优、效益最大），将于今年3月奠基，全力打造世界上第一个“一废三气并用、焦化油化并举”，以“三低三高”（低水耗、低能耗、低碳化和高技术集成、高效能循环、高效益体现）为特色的循环经济园区。

2011年9月16日，潞安具有鲜明循环经济特色、垂直一体化的光伏产业链又传捷报，产出了全省第一炉高纯度多晶硅。潞安发挥综合利用电厂及IGCC发电等富裕电量优势，依托长治地区区位高、储量丰富的石英砂资源优势建设循环经济园区。其中，1GW太阳能垂直一体化继产出高品质的太阳能电池产品之后，年内产能达到600MW；3万吨/年工业硅项目今年3月成功出硅，硅粉研磨系统建设顺利；1万吨/年高纯度多晶硅项目产出了全省第一炉高纯度多晶硅，具备了联合试运转条件；20万吨/年聚氯乙烯项目初步建成。

创新引导 开放共赢 高端发展取得新成果

当今企业的竞争，很大程度上是开放度的竞争，是集体创新力的竞争。潞安集团坚持“以高端创新引领高端发展，以持续创新驱动持续发展，以高效创新促进高效发展”，不断在产品、技术、人才、金融上创新发展，实现了技术链、人才链、资金链与产业发展的有效对接。

创新型企业建设取得新进展。与中科院上海高研院联合成立了潞安上海低碳能源转化技术中心，与上海交大联合建设光伏研究中心和光伏实验室。2011年获得省部级科技进步奖25项，国家专利7项，国家级课题6项；煤基多联产国家重点实验室建设获省科技厅批准；继潞安环能被评为全煤系统首

潞安“贫煤、贫瘦煤高炉喷吹技术开发与应用”荣获国家科技进步二等奖

家，也是唯一一家全国高新技术企业之后，集团公司被认定为全省煤炭行业唯一一家“国家创新型企业”。

不断丰富完善“六渠道一公司”的融资格局。2011年，潞安环能公司在“全球成长最快能源企业”中名列第17位，在“亚洲成长最快能源企业”中名列第9位，取得了良好的经济效益和社会效益。

始终坚持“科技是第一生产力，核心人才是核心生产力”的理念，不断完善人才建设机制，形成了管理、技术双通道、立交化的人才培养使用新格局。2011年，引进煤炭、煤化工、煤基合成油专业化高端人才24名，集团高学历人才占到员工总数的1/9，非煤专业人才占到人才总量的43.2%；所有在岗人员均通过了初级技能鉴定，通过三级以上技能鉴定的高技能人才16938名，提前三年达到山西省对企业技能人才培育的要求，集团高技能人才占到企业生产岗位人员的一半以上。潞安职业技能鉴定站再次被评为“全国优秀职业技能鉴定站”。

坚持开放创新，与英国BP、荷兰壳牌、法国道达尔、美国博地等国际知名企业建立了形式多样的合作关系；与西门子公司签署合作协议，在长治建设大型特种电机生产基地，将填补国内空白，打造具有国际领先水平的山西高端制造业品牌。

以人为本 改善民生 和谐发展形成新合力

潞安始终坚持“一切发展依靠职工，一切发展为了职工”，让广大员工充分享受潞安的发展成果，着力解决员工最关心、最直接、最现实的问题，让每一个潞安人都生活得更加富裕、更加健康、更有尊严、更有品位。

进一步增加了员工收入。井下员工补贴执行国家最高标准；企业为员工缴纳的住房公积金提高220元/月，达到580元/月；员工工资每人每月上调200元；同时，金秋助学、扶贫济困、净水工程、绿色蔬菜工程、全民健身工程等一系列惠民工程全面启动并不断深入。

潞安党建工作绩效管理得到习近平副主席的批示和肯定，荣获“山西煤炭企业管理现代化创新成果特等奖”、“全国煤炭企业管理现代化创新成果二等奖”；“学习贯彻胡锦涛总书记‘七一’重要讲话精神·创先争优理论研讨会”在潞安召开，潞安集团作为地方国资系统代表，作了经验介绍；集团公司被授予“全国企业文化建设优秀单位”。

2012年，面对更加复杂严峻的宏观经济形势，潞安将进一步强化危机意识、创新意识和引领意识，不断放大“优良资产、优势企业、优秀队伍”“三优”效能，努力实现企业实由战略引领向价值引领转型、资源依赖向创新驱动转型、高碳能源向低碳利用转型的“三个转型”，全力推进“三地一新”战略，即“建设亿吨煤炭新基地，打造产业发展新高地，开创幸福潞安新天地，全面建成既强又大国际化新潞安”。确保“十二五”末，新增资产2000亿元，营业收入达到2000亿元，成为“双两千亿企业”，进入世界500强，全面建成既强又大国际化新潞安。

山西晋城无烟煤矿业

董事长、党委书记　武华太

总经理　李鸿双

集团有限责任公司

山西晋城无烟煤矿业集团有限责任公司（简称“晋城煤业集团”）是全国最大的煤层气开发利用集团，全国最大的煤化工企业集团，全国最大的绿色发电集团，全国重要的无烟煤生产集团和山西省最具发展潜力的煤机装备企业。

晋城煤业集团主营煤炭开采、洗选加工、煤层气开发利用、煤化工、坑口电厂、煤机制造、现代物流贸易等业务。2011年，晋城煤业集团决策层在省委省政府的正确领导下，带领全体干部职工朝着“再造两个新晋煤、跨入世界五百强”的企业战略目标奋勇迈进，推动各项工作取得重大突破。2011年底，集团公司总资产1444.87亿元，营业收入1123.45亿元，实现利润58.52亿元。其中，利润总额位列全省第一。

2012年，是晋城煤业集团实施“十二五”规划承上启下的重要一年，是进军世界五百强的关键之年。晋城煤业集团广大干部职工将在公司党政的领导下，凝心聚力、攻坚克难，朝着“再造两个新晋煤、跨入世界五百强”的目标奋勇前行。

山西晋城无烟煤矿业

2011年，完成原煤产量5253.51万吨，首次跨上5000万吨平台

2011年，完成总氨产量1212万吨，尿素产量962万吨，均约占全国总产量的16%。

集团有限责任公司

着力打造集“研发、制造、安装、维修、租赁、技术服务”于一体的煤机制造基地，2011年煤机产业实现经营总额25亿元。图为世界最高的7.6米液压支架

2011年，实现井上、下煤层气抽采量20.42亿立方米，占全国抽采总量的20%；利用量13.06亿立方米，占全国利用总量的30%

加快推动现代物流贸易、大功率LED等新兴产业，2011年新兴产业实现营业收入255.86亿元，成为企业新的经济增长点

2011年，电力产业完成发电量18.06度，争取CDM补贴到账830万美元，成为全国在CDM上获利最多的企业。

太原化学工业集团有限公司

董事长 裴西平

党委书记 胡向前

副董事长 总经理 程彦斌

太原化学工业集团有限公司是国家"一五"期间建设的全国三大化工基地之一，是山西省综合性特大型煤化工企业。公司所属单位27个，占地860万平方米，总资产83.45亿元，在册职工12545人。主要以煤化工、氯碱化工为主，兼营无机化工、有机化工、精细化工、污水处理等产业。主要产品：聚氯乙烯、烧碱、苯系列产品、焦炭、橡胶助剂、橡胶制品、甲醛、贵金属催化剂等50多种。

近年来，太化集团按照省委、省政府的统一部署，加快推进转型发展、安全发展、和谐发展步伐，改造完善本部装置推动节能减排，调整优化产业结构增强核心竞争能力，整合优势资源壮大发展规模，努力推进非化产业和新基地建设，实现太化转型跨越。目前，形成了24万吨/年聚氯乙烯、20万吨/年粗苯加工、100万吨/年高品质冶金焦和15万吨/年焦油加工的生产能力。

为认真贯彻落实山西省委、省政府关于全省煤化工产业发展战略，根据省政府的安排，2010年底阳煤集团托管太化集团。阳煤集团托管太化集团后，为太化转型跨越发展奠定坚实基础，实现了两大企业集团技术、人才、经济、资源的优势互补，加快了太化集团产业升级、转型发展的步伐。2011年，在后危机持续影响下，太化集团仍保持了生产经营的平稳运行，实现了全年收入50亿，利润2000万的目标，整体经济呈现平稳、健康的发展态势，连续八年跻身全国石化行业百强之列、山西省30强企业和太原地区10强企业行列。

目前，太化集团领导班子带领全体干部职工紧紧围绕阳煤集团"亿吨双千亿"的目标，认真做好"搬迁改造、安全运行和企业稳定"三件大事，全力抓好本部经济的稳定运行，加快非化产业发展和新基地建设的稳步推进，努力为太原市环境面貌的改变和山西省煤化工产业的发展做出新贡献。

园林式工厂—焦化厂

国内首例万吨级电吸附装置

全国最大的20万吨年粗苯加氢精制项目二期装置

太化工业园鸟瞰

在全省国有资产监督管理工作会议上的讲话

山西省副省长 陈川平

（2010年2月1日）

同志们：

刚才，张崇慧主任作了一个很好、很全面的报告，我完全同意，大家要抓好落实。下面，我讲几点意见。

一、全省国资系统在过去一年里，克服了巨大的困难，取得了显著成绩，做出了突出贡献，应该充分肯定

过去的一年，我省受到国际金融危机的严重冲击，与兄弟省相比，有相同的一面，也有不同的一面。我们在应对金融危机的同时，也在应对襄汾9.8溃坝事故带来的冲击和影响。在省委、省政府的正确领导下，全省上下以科学发展观为统领，艰苦奋斗，经济实现了又好又快发展。对去年省属国有企业的工作和成绩，王君省长在《政府工作报告》中给予了充分肯定。

在保增长方面，积极应对金融危机的冲击，千方百计促进经济发展，发挥了骨干作用。特别是加快推进重点工程建设，省属国有企业投资800多亿，增幅超过全省平均增幅（省里是5000多亿，增长40%），比2008年翻了一番，也超过了年初计划目标，是年计划的116%，为重点工程是做了贡献的。去年，省委、省政府抓基础设施建设、抓重点工程建设，可以说是抓住了机遇的。

在转型发展方面，煤矿兼并重组取得了重大阶段性成果，省属国有重点煤炭企业作出了重要贡献。煤炭企业兼并重组对山西来说，是根本性的、全面性的工作。煤炭企业兼并重组体现了省委走出“四条路子”、实现“三个跨越”的思路，实现了跨越式发展。做好煤炭这篇大文章是历届省委、省政府一直在抓的工作。以前，山西的煤矿有一万多座（可能有证的没有这么多，但有证的和那些实际存在的可能加起来有这个数字），经过历届省委、省政府狠抓兼并重组，到2008年底我省矿井数是2598座。这次兼并重组到底以什么样的思路来进行？因为前面虽然做了大量工作，取得了一定成绩，但总体上讲还是一个量变的过程。以前煤矿大部分是1万吨、3万吨，逐渐整合到这次兼并重组前的最小9万吨，大量是15万吨、21万吨的。2598座矿井中，生产矿井是2000座，其中1700多座是30万和30万以下的。这其中实际30万吨的都不多，15万吨、21万吨的居多。这次兼并重组，如果在原来的基础上延续以前1万到3万，3万到9万、9万到15万、21万吨的进程，或把它搞到30万、45万吨到60万吨这个区间分布的话，我认为是事倍功半，得不偿失。虽然也是兼并重组，矿井数也能减下来，但也不符合世界煤炭产业发展的规律，不符合科学发展观。这次省委、省政府提出兼并重组目标，一是把矿井数减少到1000个，二是绝大多数矿井要达到90万吨以上，三是全部实现综合机械化开采。从事

煤炭行业的知道，90万吨是实施综合机械化开采的一个门槛。

这次兼并重组是在以前量变的基础上实现了质变。研究美国煤炭产业的发展，和我们进行一下对比。50年代，美国煤矿单井规模平均不到30万吨。美国煤炭产业发展有两个鲜明的特点：一是矿井数量减少，矿井规模扩大，平均单井规模达到100万吨。我们这次兼并重组完成了以后，也将达到100万吨。整合保留的1053座矿井中，有30%左右是60万、45万、30万吨，这些矿井资源储量不大，再经过3—5年的开采，将要退出，剩下的矿井单井规模将接近150万吨。二是产生了以皮博迪煤炭公司为代表的2亿吨规模的特大型煤炭企业。这两件事，我认为意义都非常重大。我省产生几个亿吨级的煤炭企业，意义绝不仅仅是省属企业产能从3.5亿吨到了7亿吨。煤炭产业从资源依赖转向创新驱动这个转型过程也需要大企业。高技术是需要大投入的，如果分散在几千个小矿井生产，谁也没有力量进行投入。肯定亿吨级企业和千万吨级企业技术的投入、研究的事情、境界和起点也不是一回事。但我们还要发挥“1+1＞2”的效益，七户企业不能自己弄自己的，将来可以相互合作，弄得更大一些。煤制油、煤气化和煤的深加工，一亿吨是一个研究水平，七亿吨加在一起又是一个水平，是更高的水平。

当然，我们的转型发展还不仅是煤炭，还包括传统产业新型化、新兴产业规模化，相关企业都做了大量相关的工作。前几天，源潮部长来山西视察，考察了智奇公司。智奇轮对这个项目就是我们煤炭企业转型发展的一个典型，也是新兴产业规模化的一个典型。我在省经信委组织的转型发展推进会上，就讲了智奇这个案例。现在看，说得保守一点，智奇很有希望在五年内产值达到300亿，而且能实现山西制造。现在，智奇把国外的毛坯买进来加工，然后送到四大组装厂去装配。减速机、轴承箱、刹车片不是我省生产的，车轮、车轴的材料也不是我省的，有一部分国产化了，永济电机厂的牵引电机已经用上去了。现在，太钢生产的车轮车轴材料已通过清华大学试验，标准材料达到350公里，达到欧洲水平。通过引进人才、与国外合作，太重正在研制减速机，包括车轮、车轴国产化问题。这个项目搞得好，可以达到300个亿，实现山西制造，意义很重大。太重经过那么多年，才达到109亿。智奇轮对项目，抓住了国家高速铁路大发展的机遇，发挥山西原材料和制造业的优势，获得了巨大成功。铁道部副总工程师张曙光说，未来中国的高速铁路发展规模是全世界的几倍，高速铁路的大发展必然带动铁路装备制造业的繁荣。山西煤炭进出口集团作为煤炭销售企业，能抓住这样一个机会，给我们带来许多思考。在“两会”期间，我参加工商界的座谈，大家认为，我省会干的都过剩了，科技含量高的，还不怎么会干，转型发展怎么推进？智奇用实践回答了这个问题。路在脚下，机会总是有的，关键是我们能不能把握住。前几天，延东国务委员视察潞安，充分肯定了煤制油，要国家有关部门给予大力支持。源潮部长视察我省时讲，山西煤炭产业正受到周围省的挑战，内蒙煤炭产量的50%实现了就地转化。一个产业的发展有三阶段：第一阶段是资源驱动，第二阶段是规模驱动，第三阶段是创新驱动，创新驱动是要建立在规模驱动的基础上，没有大企业，达不到规模化，很难实现创新驱动。山西2600

多亿吨的煤炭储量，难道就不可以拿出来一块进行创新，进行尝试？如果不这样，我们还谈什么自主创新？要通过解放思想来推进转型发展。去年，我们在转型发展上亮点很多，比如，2500千瓦大型采煤机成功下线，包括在太阳能、风能等新能源方面，也做了很多工作。

在安全发展方面，2009年全省各类安全生产事故死亡人数减少1018人，同比下降27%，而省属国有企业安全生产事故死亡人数同比上升；但也要看到去年国资系统在全省安全发展上也做了很多工作，特别是进入下半年以后，安全生产形势一季度比一季度好。

在和谐发展方面，如果要问这次金融危机对我省国有企业有什么影响？我首先想到的是，企业生产经营遇到困难以后的稳定问题。总体来说，去年大家应对得很好，工作做得很好，在稳定方面没有出现大的麻烦。

在其他方面，包括企业党的建设、反腐倡廉建设、国资监管等方面都取得了显著成绩，为经济又好又快发展和保障民生作出了重要贡献。

这些成绩来之不易。借此机会，我代表省政府向全省国资系统广大干部职工表示衷心的感谢和崇高的敬意。

在看到成绩的同时，我们也要清醒地看到国有企业发展面临的形势。我们应该认真学习中央和省委、省政府对形势的判断，把思想统一到中央和省委、省政府的判断、部署上来。我在学习中觉得有两点要引起高度关注：一个是“复杂”。去年是讲“困难”，事情发展完全在中央的判断当中。今年讲，形势非常复杂。再一个是稳定向好的基础还不牢固，这是从不利的一方面讲。确实是这样，大家看到的，企稳回升表现得非常明显，为什么还讲基础不牢固？我理解，一方面，就是现在有效需求不足、创新发展不强、经济发展的内生力不够。如果政策上发生了一些调整，就会发生一些新的情况。今年中央提出了新增贷款规模是7万亿，从计划上做了微调，这些调整对今年会产生什么影响？另一方面，今年全国的形势，山西的形势，包括省属企业应该说都好于去年。我通过学习，有这两点认识，一个是有不利的一面，一个是有利的一面比较多。那么，我们就要有应对新情况，应对不利一面的思想准备，同时更要吸取金融危机给我们带来的教训，实现新发展。我们千万不能“好了伤疤，忘了疼”，这个话说起来容易做到难。人都有这个情况，包括我，得了大病就想身体特别重要；病好了，就对身体不注意了，很容易“好了伤疤，忘了疼”。如果要是这样，在这次金融危机中，我们付出的学费就算白交了。我们付出了很大的代价，受到了很大冲击，应该得到很大的教训。所以，我认为对形势分析时，在看到形势好转的同时，不要忘了金融危机给我们的教训，我想在这方面给大家作一些提醒。至于说企业怎么吸取这次的教训，实现新的发展，那是大家的事情。总的来说，今年日子要好过一些，但日子好过了，不能“好了伤疤，忘了疼”。

二、关于明年工作

第一，要认真学习贯彻最近中央和省里的一系列会议精神。要认真学习贯彻十七届四中全会和中央经济工作会议精神，认真学习贯彻全省经济工作会议和全省“两会”精神，认真贯彻落实张宝顺书记重要讲话精神和王君省长的《政府工作报告》，结合全省国资系统和国有企业的实际，谋划好今年的工作。特别要思考今年要在全面推进各项工作的基础上，重点抓好哪些事情。每个企业情况都不一样，要结合自身的实际。今年的形势会比去年好，但肯定还会有好多新情况和新问题，具体到每个企业，到底面临什么样的情况，我们要通过学习，把形势的研究与自己企业的实际结合好，把今年的工作安排好。这当中有些企业情况是不一样的，比如煤炭企业，张主任刚才讲兼并后面临着大量的工作，要搞技改，要组织生产，要加强安全监管，这些任务很重。比如在煤矿安全监管上，七大集团控股的企业现在主要依靠大企业大集团来管，这就是新情况，省煤炭工业厅管那么多矿，监管任务非常重。还有，一些煤炭企业将来的产能要达到1亿多，这个规模就不能用3、4千万吨那个思路去干了。上次在潞安集团看了煤制油项目，我就和任润厚董事长讲，要有强烈的意识，以煤制油为标志，实现质的变化。过去靠规模，下一步主要靠知识、靠人才，我们不能总把别人的拿过来用，要自主创新，这是煤炭企业面临的问题。这次省里通过兼并重组给企业创造了很好的发展机会，大家要抓住机遇加快发展。比如化工企业，太化面临着搬迁，去年做了大量的工作。王省长在政府工作报告中指出，要启动焦炭、化工、建材、冶金行业的兼并重组、转型发展。化工等行业企业谋划今年的工作，就要考虑这个事。我曾对朱晓明董事长和杨茂林总经理讲，晋煤现在有个很大事情，就是怎样把煤层气做强做大。从全省乃至全国来说，可能现在搞煤层气比煤炭还重要。去年，在全国煤矿瓦斯防治工作会议上，德江副总理对推进煤矿瓦斯抽采利用作出重要部署。现在，煤矿瓦斯存在着开发量少、利用率低的问题，带来安全生产、资源浪费、气候变暖等问题。地面抽采较少，一个是安全生产受影响，第二个是环境受影响，三是资源浪费。晋煤集团发展亿吨级的煤炭企业当然重要，但把煤层气开发出来，对全国、全省、全局来说更重要。我国在煤层气的开发利用上还缺乏示范性企业，你们要把这一步迈出去。最近，晋煤、阳煤结合的很好，还要进一步解放思想，搞得更大更好。焦煤集团也要好好研究，结合起来，联起手来，要形成煤层气开发的大规模。开发少和利用率低是联系在一起的，开发的越少，利用率越低。只打一口井，你怎么把气送到城市去？如果搞到100个亿，市场就好搞了，管道输送等事情就值得做了。在这个事情上要联合起来，解放思想，大胆投入。希望晋煤几年内搞到100亿立方米煤层气，它的意义比一亿吨煤还要大。

第二，要提高企业自主创新能力。金融危机的冲击，让我们看到了企业存在的一些问题，我们要不断深化改革，提高自主创新能力，提高综合竞争力。

第三，要加强省属企业间的合作。前面，讲了1+1＞2的关系，不能各自为战，经济发展规律一直强调集群发展，集群发展就是1+1＞2，各弄各的不行，形不成整体优势。我们通过合作，会创造大的效益。在这方面，我们有这个条件，山西多数传统产业都以煤为基础，比如煤电、煤冶、煤焦、煤化，本身就存在千丝万缕的联系，现在更要提高积极性和主动性。近几年，省属企业合作交流比以前多了，但还不够。太矿以前的耐磨钢全是进口的，分析一下，太钢肯定能生产，为什么要进口？我对晓波董事长说，

"兔子不吃窝边草"不适用于销售，营销上既要开发外面的市场，但首先要建立自己的身边的市场。后来，太钢很重视这个事情，去年耐磨钢就增加利润7000万左右。下一步，煤机、煤电、煤化之间的合作都要加强，国资委要多组织。去年，我们也搞了一些，比如煤炭、煤机企业的战略合作，今后还要加强。

第四，发挥优势，大力发展新兴产业。省属大企业占全省经济的比重大，优势也大。大企业要充分发挥优势，在我省结构调整、发展服务业、推进城市化、招商引资和重点工程等方面作出重要贡献。现在大力发展服务业，不能认为第二产业和服务业没什么关系，大企业对服务业具有很大的带动作用。现代服务业主要还是生产性服务业，有生产才有生产性服务业，包括金融业、新能源、环保产业等。王省长强调，今年不仅要考核企业的销售收入和利润等方面，还要考核转型发展、发展新兴产业等方面。省国资委要突出重点，抓住一些关键企业、关键项目，推动服务业发展。比如，太钢在新的一年要考核服务业，一年一个新目标，推动这项工作发展，如焦炉技术、管道远距离输送技术的输出等。太钢这几年变化很大，主要体现在技术上，引进大量的先进技术，而且多数都消化吸收了，还有很多是自主研发的。我比较熟悉太钢，其他企业的技术，比如煤炭技术、化工技术等，可以输出给民营企业。招商引资，山西的优势是什么？是生态环境还是经济社会发展环境？政府报告要求，政府要加强自身建设，给企业搞好服务。经济发展环境的优化有个过程，眼下人家来山西投资恐怕多是看中了我们的企业。城市化发展，大企业在其中作用很大，比如酒店业，太钢搞技术改造的时候，170多个老外住在太原，后来还有一些老外长驻太原，他们要吃、要住、要消费，直接带动了酒店业发展。城市发展必须要有产业，要聚集人才。宝顺书记、王君省长最近多次强调，要推进城市化。宝顺书记讲，城市化不是简单的城市建设，要站在战略高度，要从拉动需求，聚集人才的高度，带动城市发展，大企业在这方面的作用很大。

第五，要在安全生产、和谐发展上做贡献。企业在自身发展的同时，要融入山西经济社会发展当中，为我省做大的贡献，要安全发展、和谐发展。首先是生产安全，不要出大的事故。2010年，省属煤炭企业兼并重组了900多座矿，整合成410座，加上原有的100多座矿，成了500多座。大企业管理的煤矿数量迅速增加，安全生产难度很大，需要注意的问题很多。其次是资产安全，在这方面教训很多，一些企业重大决策失误导致巨额亏损。经过多年的发展，省属企业资产规模越来越大，如果领导干部管理意识跟不上，管理不到位，不按程序决策，不进行科学决策，拍脑袋决策，一旦失误，要吃大亏，出大事。企业大了以后，要开拓国际市场、资本市场，面对新问题新挑战，一些领导干部本身知识、经验不到位，要高度重视风险管理，要有风险意识。如果意识再跟不上，迟早要出事。还有个人安全，刚才张主任语重心长讲了很多，大家要加强党性修养，严格自律，现在待遇已经很高了，还嫌不够迟早要出问题。再次就是和谐方面，不要出大问题，要让企业实现全面发展，让企业员工有发展机会，实现自由而全面的发展。要加强企业文化建设，增强企业团队意识。去年企业做了大量的工作，一些企业困难挺大，比如国资公司，在金融危机期间能不出事，是做了大量工作的结果。

第六，要按照十七届四中全会和全省党风廉政建设大会的要求，加强企业党的建设和反腐败倡廉建设。按照省国资委的安排，扎扎实实做好工作，确保取得明显成效。

春节将至，各企业要做好保煤保电工作，特别是煤炭企业，现在全国能源供应紧张，要坚持正常生产，不要因为过节而松懈。在保障全国能源需求、保证省内煤电供应的同时，要高度重视安全生产，绝不能发生事故。同时，春节期间，要多慰问群众，多一些雪中送炭，少一些锦上添花，要多看看困难职工，多送一些温暖。

借此机会，给大家拜个年，祝大家新春快乐，新的一年在事业上取得更大的成绩。

努力提高科学发展水平促进国有经济质量和效益再上新台阶

——在全省国有资产监督管理工作会议上的讲话

（2010年2月1日）

原省国资委党委书记、主任 张崇慧

同志们：

这次会议的主要任务是，深入贯彻党的十七届三中、四中全会、中央经济工作会议和全省经济工作会议精神，深入贯彻落实科学发展观，回顾总结2009年国资监管和国企改革发展情况，分析当前面临的形势任务，安排部署2010年的工作，落实省属监管企业经营业绩责任制和党风廉政建设责任制，推动全省国有企业积极应对后金融危机时代面临的新问题，进一步深化国企改革，优化国有经济布局结构，转变经济发展方式，实现平稳较快发展。今天的会上，川平副省长还要作重要讲话，我们要认真学习，深刻领会，抓好落实。下面，我讲三个方面内容。

一、2009年主要工作情况

2009年是新世纪以来我省经济发展最为困难的一年。我们经受了国际金融危机的严峻考验，在省委、省政府的正确领导下，全省国资系统以科学发展观为指导，迎难而上，共克时艰，全力“保增长、保民生、保稳定”。省监管企业经济实现企稳回升，经济运行总体保持了平稳健康的发展势头，为我省经济社会发展作出了积极贡献。其中，太钢集团克服钢铁市场严重过剩的困难，全年营业收入再次站在千亿元以上；省属煤炭企业经济效益持续平稳增长，营业收入创历史新高；太重集团运行态势良好，主要指标均实现同比增长；电力、化工、煤炭运销企业经营形势逐步向好，运行状况进一步改善。据省国资委财务快报统计，截止2009年底，省监管企业资产总额达到7396亿元，同比增长24％；所有者权益（净资产）达到2487亿元，同比增长23.4％。全年监管企业累计完成增加值1300亿元，同比增长12.3%；累计实现营业收入5224亿元，同比增长1.5%；累计实现利润225亿元，同比下降20.5%；累计上缴税金415亿元，同比增长11.7%。省监管企业资产总额、净资产和实现利润三项指标均超额完成年初确定的目标，在全国省级国资委中位居前列，在全省经济发展中继续起着“引领”作用。其中，资产总额、所有者权益、营业收入和实现利润四项指标分别是2003年省国资委成立前的3.7倍、3倍、6倍和9.5倍。上述四项指标在全国31个省（区、市）排名由2003年的第十七位跃居到第二至第五位。各市监管企业也取得了经济效益明显提升的良好成效，经济企稳回升趋势进一步确立。在复杂多变、十分困难的市场环境下，这样的成绩来之不易。

（一）积极应对金融危机，企业生产经营保持平稳运行

一是加强预警监测，调整经营策略。省国资委加强了对经济运行的监测，建立和强化了重点企业主要产品产销量旬报制度和月度经济运行分析制度，密切关注企业经济运行状况指导企业生产经营，并及时向省委省政府提出对策建议。结合机关干部深入基层促“三保”、深入学习实践科学发展观和重点工程建设监督检查等活动，委领导分头带队深入企业调研达90余次，加大了对企业服务的力度。监管企业密切关注宏观经济形势，强化经济运行的掌控力，根据自身实际，制定了有效应对危机的策略，实现了生产经营的平稳运行。太钢充分扩大资源优势和工艺装备优势，及时调整品种结构，经营效益显著提升。省煤运、国新能源、能源产业等煤炭运销企业采取与各大煤炭集团合作等方式，缓解了煤源紧张，减轻了经济运行压力。煤机制造企业在政府推动下，与煤炭生产企业签署战略合作框架协议，加强了抵御金融危机的能力，实现了经济运行速度和效益的平稳增长。

二是加强营销服务，深入开拓市场。在金融危机的困难形势下，监管企业把市场开拓作为企业生存发展的“生命工程”来抓。许多企业主要负责人带头深入市场一线，及时掌握供求信息，捕捉商机，积极巩固和扩大市场份额。许多企业根据市场变化，灵活调整营销策略，深入实施市场多元化战略，在精耕细作传统市场的同时，千方百计开拓新兴市场。五大煤炭集团克服困难完成煤炭订货、突出重要客户、开展易货贸易、强化重点煤种销售等措施，稳定提高了我省煤炭价格，巩固了行业话语权。太钢、太重、天脊、汾酒、建工和焦炭集团等企业积极拓展省外、海外市场，加大高附加值产品的生产和销售。物产集团稳步构建供应链管理营销模式，保持了企业盈利能力的持续增长。

三是加强内部管理，推行降本增效。监管企业进一步提高集团化运作水平，增强集团控制力，通过集中采购、严格控制“三项费用”特别是非生产性支出增长等措施，有效降低了成本。同煤、晋煤、国际电力等企业通过推行全面预算管理，加强资金集中管控，有效降低财务费用。潞安、阳煤等企业通过财务公司等平台开展了不同程度的资金集中管理。潞安还通过加强内部市场化管理，全年节约各种费用2亿元，各项可控成本费用和应收款项、存货等余额下降了10%。太钢集团实施了公车改革、高管减薪等举措，非生产性费用支出同比减少了34%。

四是健全防范机制，强化风险管控。监管企业严格控制对外担保和金融理财等行为，严格控制资产负债率，有效防范了经营风险。医药集团和能源产业积极开展了财务

监管、审计监督和效能监察，进一步强化监督制约机制。经济建设投资公司严格控制对外担保，实现了新增担保零发生、存量担保减少三分之二和控股企业无担保，大大降低经营风险。晋煤、建工等企业坚持“预收款”制度，加大应收账款的清收力度，减少垫资项目，有效规避了坏账风险。同煤成立了投资审核委员会，强化了重大项目投资决策的科学性和规范性。国际电力等企业加强了法律风险防范机制建设，努力确保企业经营管理中不发生新的重大法律纠纷。

五是加大融资力度，积极招商引资。监管企业加大融资工作力度，通过多种方式，开拓融资渠道。全年省监管企业通过审批的企业债券和中期票据发行量达305亿元，12户大型生产企业获得银行授信额度共计3511亿元。省国资委大力开展招商引资和对外合作，收集并发布了52个非煤产业招商引资项目，与上海市国资委进行了合作洽谈，组织企业参加了中博会、东博会和高交会。同煤与中海油签订了共同投资300亿元建设40亿立方米/年煤制天然气项目和配套煤矿项目的合作协议。国际电力先后与华能集团、华润电力等国内外大型企业和民营企业进行接洽，在多领域进行合作并取得实质性进展。大同国资委引进中房集团和南京雨润集团投资52亿元进行房地产开发和食品加工。

六是加快创新研发，突出竞争优势。监管企业积极发挥科技创新引领作用，加大研发投入，努力突破制约企业发展的关键技术，抢占市场竞争的制高点。太钢、潞安、太重、晋煤4家省监管企业入选国家级创新型企业试点，12家监管企业及其子企业入选省级创新型企业试点，对推动监管企业走创新发展之路起到了带动作用。太重集团风电整机和千万吨级矿井综采成套装备研制成功，大型铝型材挤压机、大型液压挖掘机等新产品取得了阶段性成果。晋煤集团研发出6.2米液压支架、二代连掘工艺和装备等，并在瓦斯治理和防突上取得了突破性成效，使原煤产量较上年有大幅度增长。潞安集团全面提升矿区集约高效水平，建成全国首个自动化矿井，高炉喷吹煤被认定为全国高新技术产品。太钢集团开发出核电、装饰、汽车、锅炉行业用不锈钢和宽幅冷板等多种新产品，提高了企业效益，增强了国际竞争力。

（二）积极推进调整重组，布局结构进一步优化

一是煤炭资源整合全面推进。煤炭资源整合是省委、省政府推行的一项“功在当代，利在千秋”的宏大工程。按照省委省政府整合地方煤矿的有关精神，省国资委及时出台了兼并重组有关规定和办法，依法依规简化了审批程序，下放了审批权限。七户具有整合主体资格的煤炭企业，以高度的责任感、使命感，攻坚克难、扎实工作，坚定不移地推进资源整合和煤矿重组工作。在资源整合工作中，省属煤炭企业通过摸索创造形成了一系列行之有效的做法，统筹兼顾各方利益特别是当地群众的利益，保证了兼并重组整合的顺利进行，实现了低成本扩张，为今后企业发展打下了坚实基础。截止目前，七户煤炭企业经煤炭企业兼并重组领导组会议确定的整合煤矿数979座（整合后410座，现经领导组批复的整合煤矿数为943座），已签定正式协议853座，占已批复煤矿的90.5%；办理采矿证372座，占应办证数的90.7%。整合后资源储量增加285亿吨，增加产能约3.48亿吨。从20世纪50年代开始，我省陆续组建了八大矿务局（现在五大煤炭集

团的前身），经过五六十年的建设，共形成生产能力约3.5亿吨。此次煤矿资源整合新增产能与五大煤炭集团原有产能基本相当，可以讲对省属煤炭企业发展意义重大。七户整合主体以外的六户省属涉煤企业按省政府要求，将其煤矿兼并重组主体变更为七户煤炭企业，对其原控股16座煤矿实行了参股或退出。目前，七户煤炭企业正在稳妥推进被兼并矿井的“六大员”进驻和复工复产工作，现已复工复产的煤矿达到212座。

二是国有企业调整重组力度加大。省国资委提出了关于国有焦化企业资产整合组建焦化大集团的初步意见。办理完成了中国重汽集团与大齿集团股权划转、资产移交的有关事项。山西焦煤集团与太钢集团共同出资设立了“山西煤钢联能源开发有限公司”，迈出了煤钢联合发展的步伐。太钢集团通过山西太钢不锈钢钢管有限公司增资扩股引入了天津钢管股份有限公司，同时在海外兼并收购了土耳其的铬矿公司股权，促进了产品结构的优化，建立了稳定安全的铬资源供应渠道。长治市国资委积极推动长治钢铁集团与首钢重组，在融入环渤海经济圈、承接京津地区产业梯度转移，调整振兴山西钢铁产业上取得重大进展。

三是转型发展步伐加快。在金融危机的大背景下，监管企业积极改变过分依赖能源的思维模式和产业结构畸重的现实状况，化危为机，在实现传统产业的改造升级的同时，努力扩大新兴产业的种类与规模，加快实现转型发展。煤炭企业继续加大非煤产业发展步伐，非煤产业上的投资去年首次超过煤炭产业，潞安、晋煤的煤基合成油等一批重点项目投入运营。全年五大煤炭集团非煤产业完成营业收入1115亿元，同比增长22%。太化集团全力以赴做好新基地建设各项前期准备工作，并积极推进以房地产开发为龙头的非化产业的发展。煤炭进出口集团形成精加工和组装1万对高铁轮对的能力，并抓住时机组建船务公司拓展物流运输产业。国新能源大力实施天然气、煤层气、焦炉煤气、氢气“四气合一”战略，基本形成了完备的产业格局。物产集团、汽运集团加快发展现代物流，有效提升了竞争能力和盈利水平。

四是重点项目建设成绩明显。省国资委进一步强化监管企业发展规划，加强了对重大投资的进度统计和对外投资的专项管理，开展了对100个重点建设项目的监督检查和存在问题的协调服务。省监管企业自加压力，勇担责任，在扩内需保增长方面起表率带头作用，全年完成投资852亿元，是上年的2倍多，完成当年计划的116%；竣工项目47个，新增收入300多亿元。其中，同煤集团同忻煤矿、焦煤集团斜沟煤矿已具备设计生产能力，阳煤集团7.5万吨1，4-丁二醇项目，国际能源兆光电厂二期、平朔煤矸石电厂二期，国际电力右玉、平鲁75MW风力发电，太重风力发电设备增速器技改项目建成投产。此外，太原市长安重汽新基地一期工程、新凯纺织印染有限公司新厂一期工程，晋城市大宁发电煤层气电厂项目、天泽煤化工13万吨/年大颗粒尿素技改等项目顺利竣工。这些项目在拉动我省内需的同时，优化了国有经济结构，为企业可持续发展奠定重要基础。

（三）深入推进国有企业改革，国有经济活力进一步增强

国有企业改革取得新成效。省国企改革办协调解决了省直单位所属5户企业改制的土地资产划转和省国有资产经营有限公司所

属困难企业的改制专项资金问题。争取国家特批焦煤集团曹村矿、白龙矿实施政策性破产，推动10项破产项目进入法律程序。落实了物产集团所属7户企业和医药集团玻璃瓶厂等企业破产费用1亿多元。会同相关部门对享受医保补助的42户省属国有特困企业进行了认定。深入各地积极督促企业全面完成了中小学移交工作，代省政府起草并下发了《山西省分离国有重点煤炭企业办社会职能指导意见》。各市国资委加快推进国有企业改革，晋中市国资委推动三户企业政策性关闭破产项目进入破产程序。运城市国资委向当地政府移交三所企业自办学校。临汾市国资委多方筹措资金，解决了改革成本难题。忻州市国资委所属忻州钨丝厂改制取得积极进展。太原市国资委11户破产企业完成职工安置。

国有企业体制机制改革取得新进展。煤炭进出口集团借壳中油化建在国内同行业率先实现了煤炭主营业务的整体上市，净资产由上市前的38亿元提升到200亿元以上。晋煤集团和焦煤集团整体上市工作取得积极进展。省国资委分三批组织监管企业参加国务院国资委主办的国有大型企业建设规范董事会实务培训班，指导企业加快建立和规范董事会运作的各项规章制度。焦煤集团、煤炭进出口集团等企业调整或设置了董事会的专业委员会，进一步提高了董事会的决策水平。监管企业进一步深化企业内部改革，许多企业根据生产经营情况变化重新对管理模式进行调整。阳煤集团整合下属47个煤矿，组建四个区域煤炭公司，构建了管理跨度适当的母子公司管理体制。焦煤集团全面推行“三项制度”改革，组织开展了中层干部的公开选拔。经贸资产公司、医药集团建立市场化选聘人才机制，为企业长远发展奠定基础。

（四）牢固树立责任意识，圆满完成保稳定、保民生任务

一是圆满完成安全稳定任务。2009年全省安全生产形势明显好转，事故起数和死亡人数均创历史最好水平。但省监管企业2009年的安全生产工作要一分为二地看，一方面我们有沉痛教训，去年全省最大的一起安全生产事故——屯兰矿“2·22”事故发生在省监管企业。但另一方面，我们对全省的安全生产好转是有贡献的，省监管企业深刻吸取教训，逐级落实安全责任，强化问责，积极整改，全年的安全工作总体上是好的。所有煤炭企业全部落实通风区长兼矿长助理工作，7户煤炭企业“六大员”到位2306人，为实现企业安全形势根本好转奠定坚实基础。中条山有色金属公司加大尾矿库专项整治和安全生产许可证办理工作力度，促进全面恢复生产经营。国际能源公司吸取教训，增强安全管理理念，拓展安全管理范畴，完善了安全生产模式。省国资委加大信访稳定工作力度，委领导带队赴13户重点企业专门就信访突出问题进行了督导检查，接待涉及监管企业的群众上访97批次414人次，并及时处置了8起群体性突发事件。同煤、省国有资产经营公司等企业深入开展“信访积案化解年”活动，采取有力措施化解矛盾纠纷，加强国庆期间上访人员劝返接回及各类不稳定分子的稳控工作，实现了监管企业国庆期间进京非正常“零上访”目标。

二是努力落实保民生任务。省监管企业积极响应党中央和省委、省政府号召，尽最大可能落实保民生任务。许多企业在生产经营形势十分严峻的形势下，不仅做到了不

裁员，还增加了就业岗位，吸纳社会就业人员，为缓解全社会就业压力作出了贡献。许多企业改善了职工工作和生活环境，提高了职工生活质量，进一步加大了对困难职工的救济力度。医药集团圆满完成了甲型H1N1流感急救药品及防控药品的储备供应任务。煤气化集团克服成本严重倒挂、焦炭积压等重重困难，承担巨额亏损全力保障省城煤气供应。煤炭企业急国家所急，保国家所需，千方百计地提高电煤产量，为缓解全国煤电供应紧张局面做出贡献。

三是积极开展机关干部下基层促进“三保”和新农村帮建工作。根据省委、省政府部署，省国资委成立工作组，积极开展机关干部下基层促进“三保”工作。经过协调，陵川县污水处理厂、高平市农村困难群众危房改造工程、陵川县城内寄宿制小学等帮扶项目顺利完工或资金到位。监管企业积极参加帮建新农村建设，截至目前，24户监管企业共投入1.4亿元，帮扶345个村的新农村建设。其中太钢、焦煤、同煤、国际电力、天脊、阳煤、汾酒集团等企业先后受到省委、省政府表彰，被授予企业帮建新农村建设先进集体。

四是坚决落实节能减排责任。监管企业加强节能减排技术研发，努力淘汰落后产能，强化“三废”治理，在开发和利用煤层气、天然气等清洁能源的同时，大力发展循环经济，圆满完成省政府下达的节能减排约束性指标。监管企业全年共实施22项较大的节能减排项目，完成年度投资40多亿元，项目累计投资达到124亿元。太钢投资15.8亿元建设了8个节能环保项目，吨钢综合能耗等多项指标均居行业第一。同煤塔山循环经济园区建成运行，实现了物料的闭路循环和资源的“吃干榨尽”。潞安集团绿色潞安建设取得积极进展，煤电、煤油、焦化、电化四个循环经济园区初步建成。国际能源、国际电力大力发展煤矸石发电、风电、垃圾发电、城市污水处理项目，实现了良好的经济效益和社会效益。

（五）完善国有资产管理体制，国有资产监管进一步加强

国资监管组织体系和法规体系进一步完善。省国资委研究起草了国有资本经营预算制度，设置了职能处室并开展了相关工作，推动焦煤集团3户重要子企业设立总法律顾问，及时调解经贸资产公司、三维华邦与其他企业之间的经济纠纷。吕梁市、晋城市国资委分别出台了企业执行“三重一大”集体决策制度的有关规定。太原市国资委加强了产权管理方面规范性文件的制定。晋中市国资委明确了各县国资监管机构，初步建立了市县两级监管框架。

财务管理进一步加强。省国资委进一步加强企业财务管理，推动企业全面执行新的《企业会计准则》，提高会计核算国际化水平。完成监管企业2009年度预算审核和2008年度决算审核，以及2008年全省经营性国有资产的统计和2008年度监管企业综合绩效评价，增强了出资人财务监管的力度和实效。推动八户资产公司开展了转增资本金工作及转增后的清产核资工作，共转增资本金189.2亿元。在省国资委指导下，朔州和临汾市国资委分别开展了全市监管企业和改制企业的清产核资工作，有效加强了财务监管。

监事会监督检查和审计工作进一步加强。省属国有企业监事会完成10份监督检查报告，提交2份专项监督检查报告，就企业存在的问题，下发了5份整改意见书和5份关注

函，促进了企业经营管理和改革发展的规范运行。对2008年和2009年上半年出具的监督检查报告进行了梳理，就其中的重点问题督促企业整改。根据计划和重点项目进展情况，开展了经济责任审计和重点项目审计。就省审计厅对省属五个重点煤炭企业对外投资专项审计中发现的问题，针对性地进行了整改。

业绩考核和薪酬管理工作扎实推进。省国资委完成了2008年度经营业绩考核评级和企业领导人员薪酬兑现工作，确认并及时调整了2009年度省属企业经营业绩考核指标。对2009年度和第二任期考核指标完成进度情况进行了跟踪分析。加大了对企业工资分配的调控力度，对企业工资总额和领导人员薪酬进行了稽核和检查，做到了“两协调”、“两低于”。阳泉市、忻州市、吕梁市国资委也进一步完善了业绩考核办法，规范了企业薪酬分配。

产权管理与产权交易工作进一步规范。省国资委加强产权登记工作和资产评估管理工作，办理产权登记73户，完成监管企业资产评估核准项目62项，备案项目31项。积极推进全省产权交易市场建设，深度整合交易资源，丰富交易品种，实现交易规模稳定增长。截止2009年底，全省产权交易机构累计进场交易项目112宗，成交额约41.9亿元，实现平均增值率9.4%。其中，省产权交易市场累计进场交易项目48宗，成交额约33.1亿元，实现增值率2.54%。

（六）深入学习实践科学发展观，国有企业党的建设进一步加强

国有企业党建工作进一步推进。全省国有企业认真组织开展深入学习实践科学发展观活动，在活动中突出了应对国际金融危机，保增长、保民生、保稳定、调结构、促改革的实践特色，切实解决了一批影响和制约国有企业科学发展的突出问题，基本实现了“党员干部受教育、科学发展上水平、人民群众得实惠”的总体目标。省国资委党委加强国有企业党建工作调研，同省委组织部共同召开全省国有企业党建工作会议，明确了当前及今后一个时期我省国有企业党建工作的目标任务。根据习近平同志指示精神和省委部署，大力推广潞安党建工作经验，推动了监管企业探索建立现代企业制度下党建工作的新方法、新机制。积极推进监管企业完成党委换届工作，理顺焦煤集团、国新能源公司党组织关系，加强了企业的党组织建设。举办监管企业组织部长培训班，促进了十七届四中全会精神的学习贯彻。认真开展了“讲党性、重品行、作表率，树组工干部新形象”活动，提高了企业组织工作的整体水平。

领导班子建设进一步加强。按照省政府主要领导要求，省监管企业开展了“六比六看”活动，进一步引深了“四好”领导班子创建工作，促使企业领导班子在应对金融危机中增强信心、增强能力、发挥合力。省国资委党委制定下了《关于省国资委监管企业领导人员实行考察公示制度的暂行办法》，从制度上保证了干部选任工作规范进行。进一步强化了公开监督和扩大干部民主选任，对防止“带病提拔，带病上岗”起到了监督保证作用。

精神文明建设和企业文化建设进一步深入。监管企业积极参加了省国资委组织的庆祝新中国成立60周年“先锋杯”百题知识竞赛活动和“赞美祖国”大型歌咏比赛。各企业以文明和谐单位、文明和谐社区、文明和

谐家庭、文明和谐班组等创建活动为载体，组织开展了道德模范评选、道德塑型、“倡和谐、树新风、争做文明人”等主题实践活动，提升了精神文明创建水平。阳煤集团、汾酒集团、国际电力、国有资产经营公司等许多企业大力开展企业文化建设，以企业文化建设的提升，达到了增强企业软实力的目标，在企业中营造了昂扬向上、拼搏进取的良好氛围。

企业职工队伍建设进一步推进。省国资委推荐太钢和太重成为第一批“山西省海外高层次人才创新创业基地”。与山西证监局联合举办了上市公司规范运作培训班。组织监管企业赴香港和澳大利亚进行了企业项目、投资及风险管理和现代企业科技创新的培训学习。医药集团大力开展招才引智和创建学习型组织培训活动。省煤炭运销集团结合煤炭资源兼并整合工作，大范围引进和招募中高级煤矿专业管理人才。国新能源与清华大学联合举办新能源研修班，对基层员工进行了培训，提升了员工的整体素质。

党风廉政建设和反腐倡廉工作进一步加强。在省国资委党委领导下，省监管企业纪委大力开展廉洁文化“进机关、进厂区、进岗位、进社区、进家庭”的活动，进一步完善反腐倡廉宣传教育工作格局。深入开展企业效能监察工作，堵塞企业管理漏洞500多个，为企业增加经济效益15亿元。深入开展煤焦领域反腐败专项斗争，严肃整合煤矿工作纪律，严格工作程序，推动了煤炭兼并重组整合工作规范、健康、有序进行。完善了“一案两报告”制度，查处一批违法违纪案件，促进企业进一步规范招投标、干部任用、对外投资等重要行为。全年省国资委系统共立案303件，处分违纪人员836人，其中处级以上干部128人。

回顾2009年，省市国资委和全省国有企业所经历的过程不平凡、所做的工作不容易、所取得的成绩不简单。这是省委、省政府正确领导的结果，是广大国有企业开拓进取、努力拼搏的结果，也是省市国资委积极探索、扎实工作的结果。在此，我代表省国资委和国资委党委，向全省国资系统的全体干部职工表示衷心的感谢！在肯定成绩的同时，我们必须清醒地看到，目前企业经济运行中的困难和问题还很多，比如，主要产品市场有效需求不足，产品的市场占有率有待加强；企业内部资源整合力度不够，资源配置效率有待提高；企业成本费用与国际国内先进指标相比还有差距，挖潜增效的潜力仍然很大；企业在节能减排和技术创新方面的任务很重；企业效益需要进一步提高；部分企业改制破产的任务没有完成，企业的负担还很沉重等。这些困难和问题必须引起高度重视，在今年工作中认真加以改进。

二、2010年面临的形势和任务

不久前召开的中央和全省经济工作会议，对当前国际国内和我省经济形势进行了全面分析。总体上看，今年经济发展环境将好于去年。国际金融市场渐趋稳定，功能正在恢复，主要经济体经济出现好转迹象，一些新兴经济体和发展中国家经济增速加快，世界经济有望恢复性增长。我国经济回升向好的基础逐步稳固，市场信心明显增强，扩大内需和改善民生的政策效应将继续显现。但也要清醒看到，今年我国经济发展面临的形势依然十分复杂。世界经济复苏基础并不稳固，国际金融体系受损对实体经济的制约仍然很大，欧美发达国家失业率居高不下，消费增长乏力，许多国家经济还处于衰退期。我国经济回升的基础还不牢固，经济增长内在动力依然不足，经济运行中新老矛盾相互交织，保持经济平稳较快发展、推动经济发展方式转变和经济结构调整难度增大。就我省来说，经济发展方式粗放、产业结构不合理等深层次矛盾仍然突出，受国内产品市场有效需求不足的影响，工业经济仍在低位运行，一些企业生产经营形势还比较困难。就我们国有企业来说，国有企业公司制股份制改革相对滞后，公司治理结构还不完善，特别是董事会建设还需要进一步规范。国有企业发展方式上多数仍主要依靠外延扩大再生产，仍然比较粗放，内涵扩大再生产依然不足，自主创新能力不强，缺乏关键技术、核心技术和知名品牌。企业之间发展不平衡，效益增长的基础还不稳固，转型发展面临的困难和任务都很重。

面对复杂的经济形势和国有企业改革发展中的矛盾和问题，我们要进一步增强责任感，坚定必胜的信心，努力搞好企业生产经营，提高国有经济发展的质量和效益，为国民经济平稳较快发展作出积极贡献；要进一步增强危机感，冷静分析形势，及时调整策略，趋利避害，及时化解各种可能出现的风险；要进一步增强紧迫感，加大改革力度，加快调整步伐，抓紧解决制约国有企业改革发展的深层次矛盾和问题，切实增强国有经济的活力、控制力、影响力。

综合判断形势，根据全省经济工作会议对今年工作的总体部署，2010年，国资监管工作和监管企业改革发展的总体思路是：认真贯彻党的十七届四中全会、全国国有企业党建工作会议和全省经济工作会议精神，继续落实中央和省委省政府关于促进经济平稳较快发展的一系列战略部署，以稳定增长为首要任务，以“转型发展、安全发展、和谐发展”为主线，着力加强国有资产监管，转变企业发展方式，深化国有企业改革，优化国有经济布局结构，切实维护企业和谐稳定。以不断引深学习实践科学发展观活动和加强国有企业领导班子建设、党风廉政建设为切入点，积极构建党建工作新格局，努力夯实监管企业发展基础。

目标任务是：到2010年底，省监管企业资产总额达到8200亿元，同比增长10.9%；所有者权益（净资产）达到2750亿元，同比增长10.6%；全年完成营业收入6100亿元，同比增长16.8%；实现利润目标值257亿元，同比增长14.2%。

三、2010年的工作重点

按照今年工作总体思路和目标任务，我们要着力抓好以下工作：

（一）认真谋划，精心组织，推动生产经营再上新台阶。

各监管企业要继续关注研究宏观经济形势和国内外经济发展的新趋势和新动向，细致谋划，扎实做好生产经营工作，争取经济指标实现更快增长。具体来讲：

一要密切关注和研判形势变化。加强国内外经济形势的分析，强化对企业经济运行的预警监测，超前做好各项应对措施和预案。加强对大宗商品价格以及原材料、产品价格走势的分析，及时捕捉盈利商机。省市国资委要继续加强企业经济运行分析和财务动态监测，指导和帮助企业搞好生产经营。

二要继续加强市场营销。进一步维护新老客户关系，建立与目标顾客的长效沟通机制，加强服务，提高顾客的满意度和忠诚度。加强营销队伍建设，进一步更新营销观念，及时调整市场营销策略，找准市场定位，科学制定产品价格，创新营销机制，抢抓市场，抢抓订单，抢占制高点。

三要进一步推进降本增效。把降本增效作为应对金融危机的重要措施，在企业内部大力开展“节本降耗、提速增效”活动，加大内部挖潜，加强成本费用预算刚性约束，将各项成本费用预算层层分解，落实到人，严格考核，确保成本费用增幅低于同期营业收入增幅，努力保持企业的成本竞争优势。这里我想讲一个观点，去年经济最困难的时候，尤其是上半年，许多煤炭企业的非煤产业停产，究其原因，一方面是金融危机对实体经济的影响，另一面是自身的问题，内部管理跟不上，所上项目造价过高。我以前也提到过这个问题，产品的核心竞争力首先体现在技术创新能力，其次是成本控制能力。同样一个项目，别人用10亿元，你要用20、30亿，把固定成本分摊进去，产品单位成本就上去了。煤炭产业也有类似情况，同样一个500万吨的矿，一个10个亿建成，另一个35亿才建成，多花25个亿。可能地质状况不一样，但没那么大差别，也可能有其他客观因素，剔除掉10个亿，仍然多花15亿。现在煤炭市场比较火爆，七、八年来价格持续上升，但如果再赶上1997、1998年金融危机时的市场，从现在的每吨500多元下降到100、200元，新建的矿井就得停产。即使是高产高效、设备先进的新建矿井，也得停产。为什么呢？成本太高，价格降下来就卖不动了。所以说成本不仅仅是人工成本等日常消耗的成本，更重要的是包括固定资产、财务费用等成本。所以企业在项目建设上都要高度重视这一块，切实把固定成本降下来。除了煤炭企业，很多企业也都有这样的问题，在项目建设上花起钱来大手大脚，究其原因，一方面是管理不善，另一方面是个人行为不规范，沾点小便宜，可能只有一万、两万，企业受的损失可能就是几百万、几千万。总之，企业竞争拼的是产品的竞争力，质量好、价格低才有出路，解决不好降低成本这个问题，再说企业多好，都没有用。

四要进一步筹措资金。要推进银企互信合作，引导信贷资金投向企业，做好企业债券和中短期票据的发行。继续加大招商引资工作力度，创新招商引资方法，提高招商引资的规模和质量。切实做好上海世博会、中博会、能源博览会的参展工作，积极参加省政府举办的全省发展项目与民间资本的对接会，吸引国内外资金和我省的民间资本，特别是从煤炭行业退出的民间资本投向国有企业建设项目。

（二）推动国有企业调整重组，优化国有经济布局结构。

要紧密结合我省十大产业调整振兴规划，继续培育发展技术含量高和带动作用大的战略性产业，推动产业结构优化升级，做强做大有优势的国有企业。

一是要高度重视和认真做好煤矿企业兼并重组后的工作。煤矿企业兼并重组是山西一项很重要的工作，在省委、省政府的大力推动下，这项工作取得了阶段性成果。这个是针对不同层面而言，对地方政府而言，可以讲初见成效。但对企业而言，工作才刚刚开始。政府主要创造环境、创造条件，通过政策引导，把小煤炭企业从体制上归属于拥有先进生产力的大型国企或民企控股的股份制企业，工作就基本完成了，剩余的是企业行为，政府不能干预企业的具体行为，所有的工作都要由企业来作，所有的责任都得交给企业承担。七户整合主体企业一定要提高这方面的认识。尽管七户主体企业去年付出了巨大努力，取得了重大成果，但也仅仅是迈出万里长征第一步。现在1000多个矿井交给我们，要关闭600多个，保留410个，还要管理好我们原来的110个大矿，压力非常大，来自于几个方面：一是条件好的拿过来就要投入生产，但管理上不一定完善，安全责任大；二是技术改造任务1—3年内要完成，大多数今、明两年就要完成，工作量大；三是关闭小矿井，安全责任和工作量都很大。这次重组，我们在一两年的时间内新增的产能几乎与过去50、60年建成的产能相当，应该说得到的很大，付出的也很大，资金、精力等各方面的付出是空前的，短期内产能的迅速扩大必然带来资金、人才、管理、安全等一系列问题，必须引起高度重视。今年省属七户煤炭企业的工作重点就是要认真做好重组后的工作，确保兼并重组落实到位、取得实效。要按省政府提出的“四个百分之百”（正式协议签订率、接管率、换证率、补偿工作）的要求，高标准、高质量完成各项任务。要加快正式协议签订、主体到位接管和证照办理等进度的收尾工作。认真组织好符合安全生产条件矿井的复工复产工作，高标准、严要求，确保成熟一个复工复产一个。要加强对已关闭矿井的管理，对列入关闭的矿井一律按六条标准关严关死，防止死灰复燃。要加快被兼并整合矿井技术改造步伐，用先进技术和先进装备武装矿井，实现规模化、集约化、机械化、信息化生产。要增强兼并矿井管理能力，配齐配强管理和技术人员，特别是要按照省领导的要求，配好“六大员”，并根据是否适应工作情况及时调整，把各项工作做细做实。这项工作难度很大，我能体会到，十几年前我在阳泉当局长，阳煤当时只有5个矿，想配个矿长都觉得难。现在这几个主体企业都是好几十个矿，煤运集团甚至100多个矿，一下子要选拔好几十个矿长，上百个副矿长，工作难度非常大，想一次配得很合适并不容易做到。可以按照省里的要求先把人配上，但要建立好的机制，及时跟踪检查工作的适应情况，适应的、敬业的留下，不行的及时调整。把一个矿交给他，不仅他要承担责任，集团领导也要承担责任，不要因为人的管理发生问题。另外就是职工队伍的建设，所用的队伍当然从老矿成建制调动最好，达不到这个条件的，加强培训，绝不能不经培训只是简单地用原来的队伍，这一点要和大家讲清楚。要正确对待有关各方的利益诉求，合情、合理、合法处理好各种矛盾和问题。根据省领导指示精神，今年省属七户煤炭企业煤矿兼并重组工作要纳入省监管企业经营业绩指标考核体系，省国资委相关处室要在明确考核标准的基础上，严格进行考核。要加强被兼并重组地方煤炭企业现代企业制度建设，建立健全企业法人治理结构，使企业尽快实现规范运作。为我省煤炭工业进入全面提升产业发展水平的新阶段打下坚实基础，为促进我省由煤炭资源大省向煤炭强省转变做出应有的贡献。

二是加强大企业重组整合。积极推进焦炭、冶金等传统支柱产业开展跨地域、跨所有制的兼并重组整合，打造一批主营业务突出、规模效益明显、核心竞争力强的大企业和企业集团。其中，太钢要加大对省内、国内、国际钢铁及其上、下游产业的兼并重组整合力度，向规模技术效益一流的特大型钢铁联合体发展；焦煤集团和焦炭集团要在重组整合我省焦炭企业的基础上，建设2000万吨和1000万吨级的国有控股焦化企业，使省属焦炭产能达到3000万吨以上，真正提高我省焦化产业的市场竞争力、抗风险能力和市场定价话语权；要发展壮大我省煤机产业，一方面，省属煤机企业要加快发展，太重煤机要积极与各个煤炭企业煤机产业进行联合，加强自主创新，要走出去；另一方面，要借鉴我国家电、汽车产业发展模式，充分利用山西作为全国乃至全世界最大煤机市场的优势，要请进来，用市场换技术、换资金、换本土化，解决我们的体制、机制问题，达到“山西制造”的目的。如果我们工作到位，将国际、国内优秀煤机企业都请到山西来合作办厂，然后逐步把零配件生产也搞上去，在确保产品质量的前提下，把本土化率提高到一个比较高的水平。这样既保障了山西煤炭生产，又支持了山西煤机的发展，使山西不仅是煤炭生产大省，也成为煤机制造大省。关键是这条路要走扎实，不能走偏，要明确提出本土化率的要求，加强技术的引进消化吸收，确保我们的根本利益。我们还要进一步通过推进资产公司的重组，打造监管企业资本运营平台，使企业做强做大，国资委管少管好。

三是加快重点项目建设。要进一步加快焦煤王家岭煤矿，同煤麻家梁煤矿、东周窑煤矿、20万吨/年甲醇项目和阳煤平舒煤矿、寺家庄煤矿、潞安高河煤矿，太原煤气化龙泉矿井等省重点项目的建设，推动项目按计划、按进度实施。努力推进太钢袁家村铁矿、焦煤庞庞塔矿井、煤炭进出口智奇铁路二期、潞安硅产业链条和300万吨/年煤基合成油产业化等项目建设。加快完善太化搬迁方案，尽快启动太化和煤气化搬迁工作。通过项目建设的投入，拉动监管企业和我省经济增长，塑造企业未来经济结构、增强发展后劲。2010年的融资工作要注意两点：第一是资金量使用比较多；第二是要关注政策变化。资金量方面，2009年我们完成投资852亿元，已经是空前的，2010年还要多。仅七户煤炭企业用于被兼并矿井的投资就有1000亿元以上，主要有两块，一是技术改造，2009年拿到1000多个矿井，保留410个，多数必须在两年内进行技术改造，需要资金大约800-1000亿元（按照新建矿井300-400元/吨的成本计算，技术改造成本约为200-300元/吨，需改造产能总计3.5亿吨），分摊到今年大概需要投资400-500亿元；二是煤炭资源购买、补偿和关闭矿井，加起来也得500-1000亿，分摊到今年是400-500亿元。另外其他项目建设启动的也比较多，比如焦炭企业的整合、太钢的矿山建设等等，都需要大量投资。今年国家宽松的货币政策和积极的财政政策可能会微调。从股市上就可以看出来，最近股市一直下跌，因为预期资金会偏紧。这不仅影响企业的股价，还会加大融资难度。2009年省监管企业拿到305亿的债券和中期票据，今年能不能拿到这么多，很难说。这需要企业未雨绸缪，及早工作，把融资做为今年的一项重要任务。融资渠道无非四个方面：一是市场融资。通过上市、增发、债券、票据融资；二是银行贷款；三是建立专项资金。前年省长和川平副省长就做过安排，国资委也做了一些工作，后来有所放缓，以后还要继续做，和银行合作建立专项基金，保证资源整合的资金需求；四是吸引战略投资者。我个人认为，从推动我省经济整体协调发展的角度出发，煤炭企业在战略投资者的选择上，要优先省内的国有大企业，优先电力、化工、冶金企业，尤其是电力企业。太钢、国际电力和国际能源，不需要自己建设煤矿，但可以在七户煤炭企业里，在一些大型矿井建设上投资参股。原来提过五户大的煤炭企业每户拿出100万吨能力给国际电力、国际能源参股，如果没有落实，以后还要继续落实，希望今年能完成这项工作。我要讲清楚一点，吸引别的投资者入股煤矿，国资委在审批时，同等条件下，要优先省内和煤炭关联大的企业，如太钢、国际电力、国际能源等。

四是加快发展新兴产业。要以大企业和产业集群为载体，着力培育发展煤机成套设备、铁路装备、重型汽车及零部件为重点的装备制造业，以复合化肥、清洁能源、乙炔化工、甲醇深加工产品为重点的现代煤化工产业和以新型建材、耐火材料、铝镁合金、钕铁硼磁性材料为重点的新型材料产业，加快形成支柱产业多元化格局。加快发展医药产业、燃气产业和交通运输、商贸流通、科技服务等现代服务业。省属煤炭企业要着力研究煤炭企业兼并重组整合以后，非煤产业比重下降的问题，大力发展有效益、有市场竞争力的新兴产业和新产品，把非煤产业的比重拉上去。对转型发展和发展新兴产业工作，国资委也将纳入经营业绩考核指标，开展考核。在这里我想讲三点：一是煤炭企业通过多年发展，非煤产业比重在逐步提高，2008年达到42%，2009年大约是46%。但是现在出现了新问题，就是整合了这么多煤矿后，这个比重会急速下降。原来产能3.5亿，现在7亿，原来比重接近50%，现在马上降到30%。煤炭产业做强做大了，非煤产业怎么更好地发展，这个题目要留给几大煤炭企业认真思考，要拿出具体的应对措施。二是很多企业尤其是煤炭企业在商贸流通方面做了很多工作，对此既要给予肯定，又要确定标准，适当进行规范。一些企业营业收入达到300亿、500亿、700亿，但其中商贸流通业的收入占的比重很大，对此我认为应该用三条标准来衡量：第一条就是市场化程度。不能单纯凭借煤炭的资源优势，轻易获取其他物资进行买卖，就算入营业收入，必须真正实现市场化、两头落实，即落实货源和市场，相对固定的货源和市场，起码要达到60%以上，达到能单独生存下去的条件。第二条是销售收入利润率要达到同行业平均水平。第三条是占用资金利润率要高于同期银行贷款利率。这几条标准是我的想法，将来还可以再研究更科学的标准，但总的讲，如果没有一定的标准，光是数字往大的统计，把商贸流通变成一个单纯放大营业收入数据的工具，没有多大意义，应使商贸流通真正成为煤炭企业的一个产业，有长期生存发展的基础。三是工业服务业。这也是川平副省长几次讲到的，要引起我们的重视。我们要从设计、施工、设备制造到总包一条龙服务发展工业服务业，收取服务费、技术转让费、咨询费等。比如煤炭企业有矿井建设技术上的优势，可以培养一支队伍，专门替别人搞煤矿的改扩建，实施交钥匙工程。太钢的不锈钢和节能减排技术在国内都是佼佼者，还有高牌号硅钢、7.63米焦炉等，有能力对外技术输出。太重不光要把设备卖出去，还可以设计、制造到安装调试，甚至总包。其他企业也一样，这是今后发展的一个方向。

五是认真做好“十二五”规划编制工作。各企业要高度重视“十二五”规划编制工作，要加强组织领导，在总结“十一五”期间企业改革发展的经验的基础上，深入分析和把握经济发展的趋势和规律，紧紧围绕科学发展这个主题，精心组织好“十二五”规划编制工作，为“十二五”工作开展打好基础。要强调的一点就是既鼓励企业做强做大，又要科学客观地规划，既要有鼓舞人心的目标，又要夯实产业发展基础，不仅要打造百亿企业，更要打造百年企业。

（三）深化国有企业改革，增强企业活力。

深化国有企业改革，激发国有企业内在发展活力是提高国有经济发展质量和效益的必然要求。我们要深入研究、周密部署、精心组织，进一步在深化改革中破解发展难题，赢得发展机遇。

一是加快推动国有企业改制破产和分离办社会工作。积极推动政府完善改革配套文件，坚持“先易后难”、“一厂一策”的改革方针和“破产工作三原则”，在努力确保企业和社会稳定的前提下加快推进国有企业改制和破产，及时协调解决企业改制破产中存在的问题。积极推进煤炭企业可持续发展试点工作，根据省政府最近印发的《山西省分离国有重点煤炭企业办社会职能指导意见》，按照统一部署、分级负责、属地管理、先易后难、分类实施的原则，加大力度推进重点煤炭企业分离除中小学、公安外其他办社会职能工作。

二是积极推进国有企业股份制改革。继续加快公司制股份制改革，通过引进战略投资者、改制上市等多种方式，促进投资主体多元化。要加快企业集团核心业务资产上市或整体上市，推动优势资源向绩优上市公司集中，提高企业资本的证券化比重。重点做好焦煤、晋煤、天脊、阳煤化工等企业上市筹备工作，加快推进企业上市步伐。继续推进西山煤电、汾西矿业、霍州煤等3户企业债转股新公司注册工作。煤运公司收购的太工天成，这个壳有点小，和煤运公司发展的目标不太相称，以后要逐步解决。

三是继续推进董事会建设。要按照国资委和省委组织部下发的《关于进一步加强监管企业领导班子建设的意见》，继续推进领导班子年轻化、知识化和干部交流等工作，进一步规范公司股东会、董事会、监事会和经营管理层的权责，优化董事会结构。开展好外部董事试点，建立和完善外部董事和独立董事管理制度。要推进董事会规范运作，提高董事会科学决策水平，建立健全董事、董事会与国资委的信息沟通与交流机制。

四是建立健全适应现代企业制度要求的选人用人新机制。健全适应现代企业制度要求的选人用人新机制，进一步加大企业领导人员选聘方式改革力度，继续深化企业用人、考评、激励制度改革，加快企业市场化选聘人才步伐。国资委要在总结去年选拔培养企业后备经营管理人才工作的基础上，继续开展选拔培养工作。各企业要高度重视、认真组织，真正把有培养潜力的人才推荐上来。

（四）加快转变经济发展方式，提高企业发展的质量和效益。加快经济发展方式转变是提高国有企业经济发展质量和效益的内在要求。要把推进转变发展方式作为深入贯彻落实科学发展观的重要举措，将企业发展的方式转向主要依靠管理创新、科技进步和劳动者素质提高上来。

第一，强化内部管理，加强风险控制。要加强企业战略管理，强化投资管理，合理控制负债规模。积极推行全面预算管理，优化预算管理流程，强化预算执行监督。严格现金流管理，做好资金筹划，加强应收款项和存货管理，减少资金占用。要提高集团控制力，加大集团资金集中管理力度，严控对外担保，严控借贷规模和资产负债率，切实降低债务风险。要建立健全企业总法律顾问制度，切实加强企业规章制度、经济合同、重要决策的法律审核。健全全面风险管理体系，加强重大风险管控，完善风险监测识别与防范体系，加强企业内部审计和内控机制建设。

第二，强化自主创新，推进品牌建设。要建立和完善企业自主创新的体系和长效机制，确立自主创新的核心战略，加大研发力度，加大科技投入，提高研发经费在销售收入中的比重，提升研发效率，加快形成更多拥有自主知识产权的技术和产品，加快新产品的产业化、规模化和市场化进程。继续推进产学研合作，加强创新平台建设，集中突破一批制约企业发展的核心技术、共性技术、关键技术。加强品牌建设，将品牌战略纳入企业发展战略当中，进一步确定品牌定位，做好品牌推广，提升品牌价值，提高品牌影响力。

第三，做好节能减排，发展循环经济。国资委要加强节能减排组织、监测、考核体系和相关制度建设，强化重点企业节能减排工作的监测与分析。重点耗能企业要积极开展能效对标活动，加快节能技术改造，切实完成政府下达的节能减排目标任务。要加大循环经济模式改造传统产业力度，延长煤炭产业链，推进粉煤灰、煤矸石等废弃物的资源化，加强煤矿瓦斯与焦炉煤气以及其他工业余热余气的再利用，提高资源综合利用水平和附加值。要大力培育低碳经济，有序推进煤制油和煤层气、天然气、焦炉煤气、煤制气产业一体化、集约化发展及相关的新技术研发，逐步建立低碳能源系统和产业结构。

第四，加强职工队伍建设，提高队伍素质。要加强创新人才的培养、激励和继续教育，加大国外高新技术和管理人才引进力度，造就一批敢于并善于创新的人才队伍，以适应未来更高层次更高水平的竞争。要进一步加强班组建设，广泛开展优秀班组创建活动，制定和完善班组建设工作机制、激励机制和考核机制，加大班组长培训力度。要提高一线员工的职业素质和岗位技能，通过开展岗位练兵活动、技术比武活动和各种形式劳动竞赛活动，大力推进职工素质工程。

（五）加强国有企业党的建设，充分发挥企业党组织政治核心作用。

党的十七届四中全会强调，加强和改进新形势下党的建设，是全党的重大政治责任。2009年全国国有企业党的建设工作会议明确指出，坚持党的领导，加快建立中国特色的现代国有企业制度，充分发挥党组织的政治核心作用是我国国有企业的重大特色和独特优势。坚持确立国有企业党组织在公司治理结构中的政治核心地位，构建确保党组织充分发挥政治核心作用的公司治理结构运行机制，是中国特色现代国有企业制度的鲜明特征和本质要求。国资系统各级党组织务必认真贯彻落实十七届四中全会和全国国有企业党建工作会议精神，切实加强和改进新形势下国有企业党的建设。

要继续引深学习实践科学发展观活动。要进一步巩固和扩大学习实践科学发展观活动成果，继续在解决群众反映强烈、影响和制约科学发展的突出问题上取得新的突破，努力建立贯彻落实科学发展观的长效机制，不断增强广大党员干部贯彻落实科学发展观的自觉性和坚定性。

要进一步加强企业领导班子建设。认真落实《2009-2013年全省党政领导班子建设规划》，积极推进学习型领导班子建设，进一步优化企业领导班子年龄和知识结构。深入开展争创“四好”班子活动，促进企业领导班子创新领导机制，提高领导能力。

要全面加强监管企业党组织建设和党员队伍建设。贯彻落实全国党建工作会议和全省党建工作会议精神，按照“把建设高素质经营管理者队伍、人才队伍、党员队伍、职工队伍和增强国有经济活力、控制力、影响力贯穿国有企业党组织活动始终，保证党组织参与决策、带头执行、有效监督，发挥政治核心作用”的要求，继续深入学习推广潞安党建工作经验，探索企业党组织发挥政治核心作用的方法途径。要积极创造条件、严格程序，完成好24户监管企业的党委换届任务，促进企业健全党内政治生活，进一步实现决策的民主化和科学化。去年省委常委到国有企业生产调研，发现一个比较突出的问题，就是好多企业的党委很多年没有换届，有的甚至长达十四、五年。今年要把班子换届做为一项重点任务，年底前全部完成。要围绕煤炭资源整合，做好党组织设置和党员管理工作，确保党组织和党员管理的及时就位。要在监管企业中广泛开展争创“四强”党组织,争做“四优”共产党员为主要内容的争先创优活动，努力把党员培养成生产经营的能手、创新创业的模范、提高效益的标兵。

要加强党风廉政建设和反腐败工作。我想再强调几点，一是要认真吸取我省监管企业和央企发生腐败案件的深刻教训，我省发生了焦炭集团、经贸资产、阳煤等五、六起案件，央企发生了轰动全国的中石化的陈同海和中核集团的康日新腐败案。中石化是最有实力的央企，资产总额上万亿，利润上千亿，效益在央企里排名第一，中核集团在国资委中央企业名录中排第一名，有“头号央企”的美誉。康日新是央企的一把手中唯一的中央委员，还是山西人，这些企业的一把手相继出问题，要引起我们的高度重视，认真吸取教训。二是要认真总结我省太钢、太重、煤炭进出口等好企业的好经验。党风廉政建设搞的好不好，关键是在于主要领导，关键在于今天参加会议的我们的四位领导：董事长、党委书记、总经理和纪委书记。如果这四个职务的领导高度重视，以身作则，一般讲，企业的党风廉政建设能够搞好，最起码不会出大问题，小问题我们可以逐步解决。如果我们在座的发生问题，谁都帮不了忙。现在我们的企业95%以上的领导干部都是好的，但是个别的还是不够注意，省纪委、国资委纪委有反映，而且我们也掌握一些情况，有些同志我们进行过诫勉谈话，这一点一定要高度重视。好几个会议上我讲这个观点：搞好一个企业不是一个人能做到的，但搞坏一个企业，在主要领导岗位上，一个人足矣。这样的教训太多了，前段时间省委、省纪委开会都点到了阳煤集团前两任董事长。福耀董事长到任后，阳煤近两年发展非常好。前几年的发展缓慢，为什么？主要领导出了问题。一反一正，说明一旦企业主要领导出问题，企业发展肯定受影响，企业风气肯定变坏。如果主要领导自身过硬，工作素质好，有思路，工作就能拉升上来，风气也能迅速扭转过来，主要领导的作用应该是非常明显的，好坏都明显。三是要进一步健全党委统一领导、党政齐抓共管、纪委组织协调的工作格局。继续推进惩防体系建设，将惩防体系建设融入企业经营管理，落实责任分解、责任考核和责任追究，落实企业党委书记、纪委书记“党要管党、从严治党”的党风廉政工作责任。尤其是纪委书记，话说白了，你就是吃这碗饭的，不能混日子，必须得管，管不了可以反映。上级不解决是上级的问题，追究责任是追究上级的责任，你不反映就是你的责任。副职确实管不了正职，同级的也不好管，我能体谅大家。你尽量去做，据理力争，做不到我不会怪你，但是你既不制止又不反映，你和他有同样责任，甚至你比他责任还大。党风廉政不能放松，要高度重视，没有好的发展环境，即使好也是一时，最终还要垮掉，或者遭受重大损失，这一点上我绝不是危言耸听。另外我给国资委纪委和监事会压的担子也很重，就是要发现问题，绝不姑息。前段时间，审计厅到国资委对我进行任期审计。我觉得人家来了做得不错，提的问题非常尖锐。我原来认为国资委没有什么问题，但人家几个月查出20多个问题，像直属单位财务运行不规范，该进固定资产账的不进，收了企业的培训费没有花出去，自己把结余的钱花掉，产权审批的项目不够严谨等，和我们交换意见，我们基本上口服心服，该整改的整改，该向省里汇报的汇报。所以不光是讲大家，我们自己也有问题。这些问题有些估计到了，有些没估计到，但签了字就要负主管责任，即使问题发生在下属企业或事业单位，也要承担领导责任。我想我和大家在党风廉政方面、企业管理方面都有同样的责任，都要高度重视，在我们身上不要再有别的教训。今天的会上还发了我在国资委机关讲党课的一个材料，讲了领导干部的境界和要有畏惧之心，请大家参考。要认真贯彻落实《国有企业领导人员廉洁从业若干规定》，深入开展廉洁文化“五进”活动。切实抓好源头治理，进一步推进效能监察工作，落实重大事项集体研究决策，加强大额资金使用、物资采购和招投标、营销、工程建设投资等方面的管理。抓好煤焦领域和工程建设领域专项治理，抓好党风廉政领域预防和隐患排查工作，加大案件查处力度，有效遏制违纪行为和腐败现象发生。今天再强调一下重大事项集体研究决策的问题。我们最近对企业检查发现，有企业自己决定设立公司的情况，有主要领导个人决定大额资金使用、提拔干部的情况，问题很严重。这方面一旦出问题，主要领导必然要追究责任。集体研究就不同，程序上做到位了，虽然同样有责任，但性质不一样。举个例子，襄汾9.8溃坝事故和国资委、太钢和临钢的工作都有密切联系，国务院调查组、中纪委、高检进行了几次非常严谨的检查。据说有中央领导批示：国有产权转让过程中一定有腐败，要严查，查出来严惩不贷。所以来调查的人都没有客气话，要求分管主任和处室直接交代问题。主要查两个方面，第一，是否收受好处。哪怕只收了一万块钱，马上抓走，没有任何商量，甚至国资委下面有一个人出事了，马上也得把我抓走，绝不含糊。不是说一万块钱有多大，是事故背后有280条人命。第二就是程序是否合法。他们聘请了国家产权方面的专家一个个核对文件，检查所有程序，只要有一点不合规，也是同样的后果。但是最后我们经受住了考验，没有查出任何一点问题，没有任何一个人因为这次转让被批评处理。这样的结果我觉得有我们工作严谨的一方面，也有侥幸的一方面，我们在其他工作方面还是有漏洞，只是没有赶上事故。讲这件事并非表功，而是说明集体研究决定的重要性。不要认为董事长、党委书记一个人定就算了，那和上会研究不一样，规定上会必须上会！可能你定了和上会研究决定的结果不会有太大区别，但一旦出事，要回过头来查你。主要领导有了意见，和大家沟通，会上形成了一致意见，多数情况和你个人决定的结果是一样的，但上会集体研究是规定的方式。一些人连方式都不讲究，如果出现像襄汾这样的事故一下子把你一辈子断送了。我是从爱护大家的角度出发，提醒大家，“三重一大”一定要集体研究，不要一个人说了算。

（六）完善国有资产监督管理体制，加强国有资产监管。

推动国有企业平稳较快发展，必须加强国有资产监督管理。国资委要以《企业国有资产法》等法律法规为依据，加强企业国有资产监管体制建设，进一步加强国有资产监管，切实保证国有资产的保值增值。

要加强企业国有资产监管组织体系和法规体系建设。省市两级国资委要按照国务院国资委《关于进一步加强地方国有资产监管工作的若干意见》的要求，在地方党委和政府的领导下，合理界定企业国有资产监管范围，准确把握国资委的机构性质和职能定位，依法规范国资委与所出资企业之间的关系，不断探索国资委履职的形式和国有资本的运营管理模式。要在国有资产管理体制改革的基本原则和方向指引下，积极开展交流，共同探索加强国有资产监管和国有企业改革发展的一些重大共性问题。要积极制订和及时修订国资监管法规规章和规范性文件，继续健全完善企业总法律顾问制度，落实企业总法律顾问岗位职责，建立和完善国有企业法律风险控制体系。

要进一步完善国有资产监督管理制度。继续完善国有企业经营业绩考核制度，坚持考核指标少而精和目标管理，探索并开展经济增加值（EVA）考核。要会同财政部门，加快国有资本经营预算制度体系建设，逐步落实国有资本收益权。要继续完善产权管理制度体系，逐步实现企业国有产权交易在全国范围内联网交易和动态监测。适时出台省属监管企业领导人员职务消费指导意见和监管企业试行年金制度指导意见，在部分企业开展领导人员股权激励试点工作。

要进一步加强国有资产监管。加强对业绩考核指标的动态监控，强化对企业领导人的经营业绩考核。稳妥做好国有企业负责人薪酬管理工作。做好国有资本经营预算相关工作。加强国有控股上市公司国有股权监管和监管企业利用外资、海外投资监管。继续强化财务预决算管理和总会计师职责管理，完善投资、担保等重大事项监督，深入开展财务绩效评价。修改完善我省《监事会工作暂行办法》，加强和改进监事会监督，不断增强监督的时效性、灵敏性和针对性。完成8户资产公司清产核资结果批复以及手续变更、整章建制、规范管理等后续工作，为资产公司重组奠定基础。加强国有资产统计工作，确保国有资产数据真实、可靠。加强产权管理，增加产权交易品种，推动产权交易市场的规范有序发展。

要进一步强化出资人队伍建设，提高国有资产监管能力和水平。国资委机关要加强党的十七大和十七届三中、四中全会精神的学习，加强宏观经济管理、企业管理、金融证券、财务审计、法律法规等专业知识的学习，坚持举办专家讲座，加强培训交流，建设学习型出资人队伍。要抓好机关作风建设，督促机关干部廉洁自律，正确运用权力，拒绝各种诱惑，防止腐败，建立清正廉洁、甘于奉献的出资人队伍。

（七）继续做好安全稳定工作，确保企业平稳发展。

安全和稳定工作关系全省“三个发展”大局，各监管企业必须站在讲大局的高度，强化安全稳定工作意识，进一步落实安全稳定责任，持之以恒地抓好各项工作，实现监管企业安全稳定形势的根本好转。

要牢固树立安全生产理念，进一步加强安全生产管理。要不断完善安全生产管理体系，进一步健全安全生产责任制，建立完善应急管理体系和应急预案体系，努力构建安全生产管理的长效机制，全面提升企业安全生产管理整体水平。要组织有效的安全生产大检查，加大隐患排查治理力度，遏止重特大生产安全事故发生。要特别抓好煤炭生产扩张期的安全生产工作，尽快配齐配强“六大员”和安全生产管理人员，严格落实安全生产的制度和责任，深入开展安全质量标准化活动，确保各个生产环节和各种安全隐患都在可控范围。

要建立健全信访工作长效机制，进一步加强信访维稳工作。各企业要完善各项信访制度及信访程序，深入开展“大接访”活动，下工夫解决职工群众的合理诉求，切实维护职工的合法权益。要做好困难职工的帮扶工作，努力帮助他们解决一些实际困难。要进一步加强群体性事件预防和处置工作，做好不稳定信息预警，抓早、抓小、抓苗头，切实消除各种隐患，维护好企业和社会的稳定。要特别注重和加强对信访干部的培训，努力提高信访干部的政治业务素质，以适应新形势、新任务的要求。

春节将至，各企业要进一步加强安全稳定工作力度。一方面要绷紧安全生产这根弦，组织广大干部职工全面排查和治理重大安全隐患，确保不发生重大事故；一方面要做好走访困难职工家庭工作，安排好困难职工的生活，加强应急管理各项工作，确保企业稳定。要通过我们细致扎实的工作，消除各种不和谐因素，使广大职工群众过一个欢乐、祥和、平安的春节。

同志们，让我们在省委、省政府的领导下，以邓小平理论和“三个代表”重要思想为指导，深入贯彻落实科学发展观，脚踏实地，埋头苦干，扎实做好今年的各项工作，不断提高国有经济发展的质量和效益，为我省国民经济平稳较快发展作出新的更大贡献！

在省国资委干部大会上的讲话

（2010年6月21日）

省国资委党委书记、主任 朱晓明

多年在晋煤集团担任领导的经历，既养成了我从宏观、从全局、从战略进行思考的习惯和能力，使我对工作充满了紧迫感和责任感，也养成了我关键时刻敢于拍板决策、重要关口勇于认事担当、日常工作喜欢团结同志的鲜明风格，更使我特别重视领导干部的意志品质和容事、容物、容人的胸怀境界，以及学习力、创新力、感召力，尤其是执行力。如果说用一句话来概括，就是我特别欣赏和喜欢的“钢铁般的意志，熔炉般的激情”。

我把我的工作经历、理念习惯、行事作风都坦诚地告诉大家，就是希望大家无需过分琢磨我是一个什么样的人，应该如何适应我。只要大家都是为了工作，或者说有利于工作，什么意见、建议、好的做法都可以提出来，共同研究，共同推动工作。当前，我们要按照原来的分工和职责去开展工作，不作分工调整，不搞另起炉灶，不等不靠不观望，不松不懈不犹豫，绝不允许出现秩序上的混乱、工作上的断档和责任上的空白。

其次，谈一谈当前国资委工作面临的形势与任务。

第一，全省国民经济转型对国有经济的发展提出了新的要求。

国有经济在我省煤炭、焦炭、冶金、电力、化工、燃气等关系国家命脉的重要行业和关键领域占据支配地位，在酿酒、物流、装备制造等优势、支柱、特色产业占据主导地位。国有经济的这种地位，决定了它在转型发展中的突出作用。可以说，国有经济的转型是否成功，直接关系着我省转型发展的成败。而国有经济的转型，又迫切需要我们国资委加强政策引导，强力推动国有企业转变发展方式，提高经济增长的速度、质量和效益，在国民经济转型中率先迈出新步伐、闯出新路子、取得新成就。国资委作为省级国有资产监管部门，有责任指导和推动全省国有企业创新理念，抓住机遇，努力解决影响企业改革发展的一些深层次矛盾和问题，一方面加快发展步伐，壮大经济总量，夯实转型发展基础，另一方面切实依靠管理创新、科技进步和劳动者素质提高，创新发展模式，优化经济结构，切实为全省经济转型发展做出更大贡献。

第二，国有经济快速发展对省属国有企业提出了新的要求。

总体上讲，当前，省属企业具备了四个显著优势：一是底子厚。资产总量持续增长，从2003年的全国第17位上升到第5位。二是结构优。通过兼并、重组、合并、分立、新设、整合，国有资本正向优势、支柱、特色产业及行业龙头省属企业集中。三是规模大。活力、控制力和影响力明显增强，公司制、股份制改革深入推进，涌现出一批主营业务突出、拥有自主知识产权、市场竞争力强的大公司大企业集团。四是潜力大。煤炭、钢铁、电力等传统产业具有雄厚的基础，煤炭、铝、煤层气等矿产资源丰富，主导产品市场容量大，行业壁垒高，比较优势、后发优势明显。但同时，必须清醒看到，省属企业发展仍然面临来自多方面的严峻挑战。国有资本集中度仍然不高，省属企业之间存在着结构趋同，经济发展方式粗放，体制机制改革滞后，自主创新能力不强，管理水平比较低，初级产品产能过剩问题突显，节能减排任务艰巨，国企改革阻力大，社会负担包袱沉重。这些困难和问题必须引起高度重视，必须在“十二五”的工作中，认真加以改进。

第三，上级领导的要求和省属企业跨越式发展，对我们国资委工作提出新课题。

6月17日，省委袁书记主持召开经济工作座谈会，用一整天时间，就部门工作及“十二五”发展思路问题，听取了发改委、经信委、科技厅、财政厅、国土资源厅和我们国资委的汇报。袁书记在听我们的汇报时，多次与我进行了互动交流，在最后的讲话中，他充分肯定了我们的汇报，特别提出：在“十二五”期间，要实施煤炭大企业“双千亿”计划，就是煤炭企业要完成投资1000亿，收入要增加1000亿。省属企业要产生10个千亿企业。这充分体现了省委省政府对我们省属企业的重视，对我们的要求，对我们的期望。而从当前省属企业的经营规模和经济总量来看，要实现袁书记提出的目标任务，省属企业的营业收入必须再翻一番，必须逐年递增1000亿元以上。这是一个新课题，任务十分艰巨，需要我们充分发挥主观能动性，站在新高度，把握新形势，谋划新思路，认真做好“十二五”发展规划，指导和推动省属企业加快发展，持续跨越，全面完成各项战略部署和目标。

第四，对国资委下一步工作任务的思考。

从刚才的分析来看，无论是国有经济的转型，还是省属企业的发展，无论是省委省政府的要求和期望，还是国资委工作的责任和使命，都需要我们扎实做好新形势下的国资委工作，进一步推进省属企业快速跨越，确保国有资产保值增值，提升国有经济的活力、控制力、影响力和带动力。但是，如何做好下一步的工作，恐怕是我们全体领导干部必须深入思考和共同解决的课题。在这里，我总结了八句话，供大家研讨。

第一句话：企业自主经营是主导。

企业自主经营，是客观现实的需要，是法律的要求。现代企业制度下，国资委要做的主要是选好董事会和监事会，对他们进行评价监督，确保他们维护好国资委的利益。要加快董事会建设，探索引入外部董事制度，发挥专业委员会作用，开展对董事会、董事的年度和任期评价工作，董事会运作规范以后，对国有独资公司，可以按照公司法的要求逐步把国资委的部分职权下放给董事会，真正实现企业的自主经营。

第二句话：发展方向引导是重点。

要在深入分析省属企业现状、存在的

主要问题和面临的国内外环境的基础上，从省属企业应担负的历史使命出发，研究提出省属企业改革和发展的指导思想和战略目标，明确省属企业发展战略和发展重点，并提出措施和政策建议。布局上，在一些成熟的一般性竞争领域，国有资本的股份可以下降，给中小企业腾出空间。结构上，要引导企业把固定资产投资放在主业上，让企业老老实实干好本行、干好实业，挣本分钱，睡安稳觉。方向上，国有资本要进入代表未来产业发展方向的新领域，比如新能源、新材料、高科技产业。方式上，要引导、鼓励企业加快转型发展。产业转型上，传统产业要根据市场需求，在调整优化产业产品结构的同时，发挥资源优势、品牌效应，通过资本运作的手段，进一步延伸产业链条，变单一初级的资源输出为加工转化后的市场竞争，提升传统产业的发展质量和经济效益，真正发挥省属传统产业对全国市场的控制力。新兴产业要高起点谋划、高水平运作、高协同联动，突出科技进步和循环经济工业园区以及市场营销渠道网络建设，抢占市场竞争的制高点，增强省属新兴产业对全国市场的影响力。

第三句话：经济总量培育是主题。

要把培育经济总量、加快发展放到核心的位置。不管转型发展、科学发展，还是和谐发展，目的都是为了更好的发展。只有把省属企业的经济总量做大了，才可以更好利用规模经济的优势，降低平均成本，提高自主创新能力；才能提高社会信誉，降低融资成本，聚集人才；才能建立对市场的控制力，对行业的影响力。要通过工作，争取实现“十二五”省属企业经济总量翻一番的目标，让省属企业站在更高的发展平台上。

第四句话：产权事务管理是主线。

国资委三大职能中，管资产的职能主要是靠产权事务管理来实现的，作为股东，对企业的所有权实质上就是产权。产权管理既是深化国企改革的重要内容，又是建立现代企业制度的基础。既是国有经济布局与结构调整的基础，又是国资监管工作的前提。我们要把产权管理作为国资监管的主线来抓。面对新形势，我们要不断总结经验，大胆探索，小心求证，把一些成功的做法，上升到制度层面，要跳出琐碎的日常性工作，加强对相关重大产权管理问题的研究，真正把产权管理工作落到实处。

第五句话：绩效评价管理是抓手。

对国资委而言，绩效评价管理还是履行出资人职责的重要手段之一，是管资产与管人管事相结合的具体实现形式之一，是落实国有资本经营责任，建立和完善激励约束机制，促进国有企业做大做强的主要措施之一。下一步，一方面要保持好的做法，继续完善“考核层层落实、责任层层传递、激励层层连接”的国有资产保值增值责任体系，开展年度和任期考核；另一方面要积极探索，突破创新。围绕省属企业做大做强和可持续发展，绩效考核工作要把握以下三点：一要加强资本使用效率的考核；二要加强主业的考核；三要加强可持续发展能力的考核。

第六句话：组织协调服务是关键。

要切实转变思想观念，转变行为方式，按照出资人的要求想问题、做决策、办事情，强化服务意识，提高工作效率，减少行政干预，不能指手画脚、推诿扯皮，不能给企业增加不必要的负担。要建设具有国资委特色的工作作风。要利用省直机关的身份，利用熟悉政府部门的优势，积极协调好与省委省政府、其他厅局和地方政府的关系，请他们在资源配置、项目核准、兼并重组、支持发展、安全生产、化解矛盾等方面多照顾省属企业的利益，为省属企业营造良好的发展环境、政策环境、舆论环境、社会环境、法制环境和市场环境。要积极组织企业参与其他政府部门组织的人才培养、科技创新、知识产权、重大专题方面的活动，争取政策倾斜，为省属企业的发展提供优质服务。

第七句话：监督管理体系是保障。

国资监管工作是坚持和巩固我国基本经济制度的需要，是发展壮大国有经济，确保改革发展顺利推进的需要，也是维护出资人权益，防止国有资产流失的需要。下一步的工作主要是做深做细，进一步提升国资监管的能力和水平，建议重点做好以下几个工作：第一，加强组织建设。第二，进一步完善制度。第三，加强评价激励。第四，加强财务监督。第五，加强党的监督。

第八句话：机关自身建设是课题。

希望大家要再接再厉，不松懈，不观望，不渎职，努力做好每一项细小的工作。要深入企业，深入实际，调查研究，认真研究新情况和新问题，更好地把握国企改革发展和国资监管的规律和趋势。要努力建设学习型、服务型机关，优化机关办事效率，塑造良好政务形象。对规章制度要严格执行，真正实现靠制度管人，按程序办事。对财务要加强管理，开源节流，进一步加大科学理财、民主理财、阳光理财力度，全面创建“节约型”机关。要寓爱于严，狠抓干部队伍建设，全面提高干部队伍素质。要未雨绸缪，既埋头拉车，又抬头找路，加强对国资监管工作的调查研究。要进一步加大创新力度，不断拓宽自身眼界，在工作实践中摸准出发点，找准着力点，努力探索符合我省实际的国资监管新路子。

最后，提四点希望和要求。

1. 加强学习，提高素质，努力建设学习型组织。

2. 增强服务意识，转变工作作风，提高优质服务水平。

3. 加强制度创新，突出团队建设，为各项工作健康有序运行提供体制机制保障。

4. 加强勤政廉政建设，正确高效履行权利。

认真贯彻落实全省干部大会精神 全力以赴推动省属企业转型跨越发展

——在贯彻落实全省领导干部大会精神暨经济运行分析会上的讲话

（2010年7月30日）

省国资委党委书记、主任 朱晓明

同志们：

昨天下午，省委隆重召开全省干部大会，袁纯清书记作了一个十分重要、非常鼓舞人心、特别催人奋进的讲话。现在，我们在这里召开省属企业贯彻落实全省领导干部大会精神暨经济运行分析会议。主要任务是，继续巩固经济回升向好的发展态势，确保全面完成全年各项目标和任务；动员大家深入学习袁纯清书记的重要讲话精神，迅速将思想行动统一到省委省政府的决策部署上来，高起点解放思想，深层次思考问题，全局性谋划布局，奋力争先，创新创造，为实现山西经济社会新跨越努力奋斗。

刚才，崔联会副主任通报了省属企业今年上半年主要经济指标完成情况，简要分析了当前经济运行的新特点，并对完成全年目标任务提出了要求。王成副秘书长受川平副省长委托，今天亲临会议，并将作重要讲话。希望大家认真学习，深刻领会，抓好落实。下面，围绕贯彻落实袁书记重要讲话精神，我讲两点意见：

一、学习贯彻袁书记重要讲话精神，必须解放思想，顺应潮流，登高望远，谋篇布局

昨天下午的全省干部大会，是在山西经济转型跨越、社会全面进步的关键时刻，召开的一次非常重要的会议。这也是袁书记来山西工作两个月来，通过密集调研、广泛座谈、深入思考、科学论证，结合我们山西实际，以全球化的视野、哲学化的高度、战略性的思维，对推动山西经济社会发展的系统解读；是省委省政府全面把握山西省情，站在全局和战略的高度，对我省经济转型、跨越发展所作出的重大部署；是对全省人民作出的实现山西经济社会跨越发展的动员令、进军号、催征鼓！

袁书记的讲话，既客观总结和肯定了我省近年来经济社会发展的新成就，又一针见血地指出我省面临的最大问题是发展不足，最突出的问题是新产业发展和新项目储备不足，最紧要的问题是干部队伍对大发展思想准备不足。讲话既分析当前经济形势，把握国内外发展趋势，阐释了转型跨越的重要性、紧迫性、可行性，又明确了转型跨越的新思路、新方法、新路径和新举措，同时提出了“十二五”跨越发展的各项目标，为实现山西经济社会新跨越描绘了宏伟蓝图，指明了前进方向。讲话通篇贯穿了思想大解放、思维大创新、视野大拓展、方式大转变的时代精神与智慧结晶。讲话境界高，眼光远，号脉准，思想深邃，鞭辟入里，顺应时代，引领潮流，振聋发聩，催人奋进。讲话完全符合科学发展观的要求，符合山西发展的实际，符合人民群众的期待。是一次思想的大洗礼，胸怀的大震撼，工作的大推动，发展的大提升。可以说，山西发展迎来了大转型、大变革、大跨越时代！

袁书记的重要讲话，对我们省属企业的转型跨越发展，具有十分重要的指导意义。我们务必要把深入学习贯彻袁书记的重要讲话作为当前的一项重要政治任务，把思想和行动迅速统一到省委省政府的决策部署上来，在学习中落实、落实中再学习，把会议精神转化为我们的发展理念、发展思路、发展举措、发展实践、发展成果。

初步学习领会袁书记的重要讲话精神，结合省国资委和省属企业转型跨越发展工作，我感到有以下八点启示：

一是转型跨越必须以解放思想为先导。思想解放的速度、广度、深度、程度决定着发展的思路、境界、质量、效益。没有思想

的解放，就没有人类的发展和时代的进步。袁书记在讲话中谈到“解放思想具有先导性，思想上的裹脚布解不开，现实中的裹脚布更解不开。思想的大门打不开，发展的大门也打不开”。他要求我们从煤炭依赖中解放出来，重新认识煤，科学定位煤，深度利用煤。从政府依赖中解放出来，强化企业的主体地位，政府要克服“父爱情结”，少点管制，多点服务。从内陆经济思维定式中解放出来，实现弯道超车。从计划经济模式中解放出来，实现产业资本与金融资本、国有资本与民间资本的有机融合。从守成求稳的心态中解放出来，强化直接入轨、后来居上、三步并作两步走。我理解袁书记讲的解放思想，只有起点，没有终点。粗放落后、结构畸重、发展滞后，不是自然的束缚、上天的定位，而是思想的桎梏、旧俗的羁绊。思想大解放，转型大突破，跨越自然成。

二是转型跨越必须以创新思维为动力。资源是自然的，是固化的，是衰减的。但人的思维是多角度、立体化、可创新的。袁书记在与10家能源企业座谈时指出“大家汇报的规划思路都是线性的，缺乏立体概念”。我们依托资源没有错，但简单开采资源，简单搬运资源，就是没有大本事。我们必须创新产业发展的理念，寻求产业延伸的最佳路径，抢占产业竞争的前沿，瞄准“微笑曲线”的两端，通过实现资源的就地全循环，链条的环节全封闭，产业的发展最高端，才不会辜负资源的眷顾，转型才有出路，跨越才能破题，发展才可持续。

三是转型跨越必须以国有企业为引领。国有企业是我们党的执政基础，是宏观经济的重要载体，是政府职能的无形延伸。袁书记要求“省属大企业要作转型发展的先锋队、跨越发展的排头兵，要实现企业发展和扶贫开发双向互动”。国有企业集资源、资信于一身，就必须聚转型跨越、社会责任于一体。无论是解放思想，还是转型跨越，无论是经济发展，还是社会进步，要求国有企业必须率先垂范，敢想会干，能干干成，全面引领，创新突破。

四是转型跨越必须以调整结构为突破。结构调整是我们山西转型跨越的关键所在。结构调整的方向就是工业新型化。发展思路就是以煤为基、以煤兴产、以煤兴业、多元发展。发展路径就是围绕传统产业实行循环化、实现高碳产业低碳发展，围绕煤炭装备制造业高端化、实现由采掘文明向制造文明转变，围绕煤炭运销形成的巨大运力发展现代物流业、实现经济运行效率大幅提升，围绕煤焦冶电等高耗能产业的清洁生产发展节能环保产业、实现环境压力向发展动力的转化，围绕能源资源优势做大新能源新材料产业、把一个优势变成两个乃至多个产业优势，围绕煤炭及关联产业发展高新技术产业、力争在高科技领域占有一席之地，围绕发挥传统产业优势加快文化旅游产业转型发展步伐、培育新的经济支撑点。这七条路径，就是一种思维的大转变，结构的大调整。大调整需要大智慧，大智慧孕育大手笔，大手笔推动大提升，大提升实现大转型，大转型自然大跨越。希望大家结合实际，深入研究，找出一条提升优势、加快转型、率先跨越的道路来。

五是转型跨越必须以用好优势为支撑。国有企业既是政策实施的载体，又是资源配置的主体，既是市场竞争的主导，又是人才积聚的高地，还是发展优先的选择。特别是我们有党组织这一坚强核心和思想政治工作这一法宝，是别的所有制经济组织所无法比拟的。袁书记要求今年我省GDP增速必须确保13%，力争15%，否则是交不了账的！这本账就是对党中央的负责，就是对全省人民的交待。因为，GDP的增速对经济发展、社会进步、民生改善非常敏感、非常重要！这也就是省委省政府抓经济的根本原因。省属国有企业任务艰巨，责任重大！我们必须将一身优势转化为百般武艺，务必通过继续深化体制改革、创新经营机制、强化管理创新、开发人力资本，补齐短板，加长长板，为转型跨越发展提供坚强保障。

六是转型跨越必须以创新业态为目标。转型跨越是一个脱胎换骨的系统工程。袁书记讲到“跨越发展不是建立在产能扩张的基础上，而是建立在转型升级的基础上。煤炭的边际效应逐步递减是必然趋势，随着科学技术的发展，动态的高级生产要素以及创新在经济发展中居于主导地位”。特别是袁书记提出的关于实现工业新型化的七条路径，实际上就是时代发展要求和产业高端化下的信息化、智能化、低碳化、循环化、绿色化、高效化、可持续的综合体现，是实现经济发展与社会进步互增互补效应的有效选择。我们务必要深刻领会。

七是转型跨越必须以作风锤炼为抓手。袁书记讲到“实现发展转型，关键是干部要转型，干部转型，首先是思想要转型，要求对干部素质提升、作风转变、能力加强、管理从严”。王君省长讲到“现在很多国有企业的领导干部都是凭良心在工作”。这就是说我们远没有前辈们那种“走西口，闯关东，下南洋”的拼劲与闯劲，特别是没有矿工前辈艰苦奋斗、甘于奉献的意志和精神，我们的发展还大有潜力可挖！因此，部分领导干部如果仍然习惯于四平八稳、满足于得过且过，以及坐等观望、消极懈怠、不会学习、不能创造，都是统统不行的！贯彻落实袁书记的重要讲话精神，谋求转型跨越发展，要求我们的各级领导干部必须具备全局视野、战略理念、立体思维，必须善于学习、创新创造、雷厉风行，必须强化职业操守、无愧时代、无愧责任！

八是转型跨越必须以强化服务为保障。转型跨越离不开政府职能的转变与准确定位，我们国资委该做好的就是创造环境、提供支持、优质服务、有效监管，以我们的放心、放手、放权，换取企业的尽职、尽责、尽力，各归其位，共谋转型跨越。

二、贯彻落实袁书记重要讲话精神，必须前瞻未来，找准切入点，把握关键点，夯实基本点，依靠支撑点，打造新亮点

（一）找准切入点，关键就是要全力以赴抓好煤炭资源整合工作

省委、省政府对煤炭资源整合工作高度重视。袁书记要求国有大型煤炭企业和整合主体要深入推进煤炭资源整合、企业兼并重组工作，在前一段“整”的基础上，进一步做好“合”的文章，以资产为纽带，建立有效的运营和发展模式。王君省长亲自推动，川平副省长每周都要召开专业会，解决问题，部署工作。我们国资委积极做好服务和监管工作，下放权力，简化手续。实事求是地说，以国有大型煤炭企业集团作为主体开

展资源整合和煤矿兼并重组，这是省委省政府给予我们最大的政策、资源、市场支持，而且从上到下、方方面面高度重视，强力推动，为我们转型跨越创造了前所未有的战略机遇，我们必须勇于担当，没有任何借口懈怠，没有任何理由推脱，没有任何原因辜负期望！

对省属企业来讲，加快推进煤炭资源整合，既是进一步提升核心竞争力、提高产业集中度的重要基础，也是实施“十二五”规划的主线和实现转型跨越发展的重要支撑，更是加快国有经济增速、实现经济总量翻番目标最实际、最有效、最便捷的战略举措。同煤、焦煤、阳煤、潞安、晋煤和煤运、进出口七大集团的资源整合增量都在3000万吨以上，只要储量充足，提升装备水平，生产能力还可以核定增加50%，加上企业现有的生产能力，再加上大矿项目储备都在2000万吨以上，“十二五”末，七大煤炭集团都有基础、有条件、有能力，打造煤炭亿吨基地，实现产能翻番目标。加上产业链条的延伸、循环经济园区的建设、新兴产业项目的上马，都完全能够实现产业的升级和规模的再造。

特别是对于资源整合煤矿的开工复工，审批程序已经不能简化得再简化了！如果按照国家正规程序，一个煤矿项目没有3-5年时间，没有过五关斩六将的艰苦努力，没有喝下几百斤酒的辛勤付出，绝不可能建成达产！而整合矿井依托大矿现成的装备、技术、工艺、人才、管理，在很短时间内，就完全可以建成中小型现代化矿井。因此，煤炭资源整合，无疑是七大煤炭集团实现经济总量翻番和可持续转型跨越发展最实际、最快速、最有效的途径，是省委省政府赋予七大煤炭集团最大的财富。我们务必要以强烈的使命感、责任感、紧迫感，自我加压，不畏艰难，加快推进！

从资产保值增值的角度来讲，只要有煤炭储量，仅提高回采率一项就可以实现保值。因为通过装备水平的提升、采煤工艺的革新，整合煤矿完全可以将回采率提高到80%以上。同时，从安全生产的角度来讲，6月18日，省政府出台了《关于切实加强当前煤矿安全生产工作的若干规定》。7月19日，国务院印发了《关于进一步加强企业安全生产工作的通知》。煤矿企业安全生产责任更大、要求更高、任务更重，压力前所未有。就拿《若干规定》的第七条来说，“严格执行煤矿水害防治规定，坚持有掘必探、有采必探、先探后掘、先探后采，严禁在水文地质资料不清和掘前采前不探的情况下生产作业。”这需要相当的投入，需要相当的技术水平。这是一些大矿都难以实现的，对被整合的小煤矿来说，落实的难度可想而知。但是，再困难的问题，也总能找到解决办法。当前，一些国有大矿已经有大采高和连掘工艺的成功实践，在提高生产效率、保障安全生产上已经有成功的经验。比如，放顶煤、大采高工艺的运用，能实现一井一面、千万吨的安全生产能力。连掘一体机的运用，不仅能解决大断面的临时支护问题，实现远距离打眼操作，创造安全作业环境，而且能解决工作面瓦斯抽放问题。同时，掌面、巷道左右两帮都可以打孔抽瓦斯，可以进行探防水，生产效率更高、瓦斯治理更安全。晋煤集团赵庄二号井，在今年8月份就能诞生资源整合的一个样板工作面，一个开拓头、两个掘进头、一个壁式面，100-300人，就能够实现年产原煤90万吨，回采率80%以上，既本质安全，又适用高效，完全可以推广。资源整合也是大矿“瘦身”的机会，大矿的装备淘汰到小矿，人员分流到小矿，实现技术升级，提高安全高效水平。

再从企地经济共建、发展成果共享这个角度看，我们在资源整合和转型跨越过程中，还大有文章可做！因为，煤矿建设以及工业园区发展本身就构建了一个能源富集载体，功能放大的过程就必然是循环经济的过程。袁书记要求“加大企业扶持贫困村的力度，这种扶持不仅是一种善举，更要成为企业本身发展的组成部分，实现企业发展和扶贫开发双向互动。”袁书记的讲话为我们进一步指明了作为国有企业履行社会责任的途径与方法。我们完全有条件、有能力通过资源整合矿井的基础设施建设、升级改造、产业发展，实现两个“四个一”的目标，就是“修一条公路、建一座大棚、绿一座荒山、办一个园区”，实现“开一个矿井、富一方百姓、还一片蓝天、扶植一个新农村”。这也是七大煤炭集团落实袁书记讲话精神的要求，是回报省委省政府支持的举措。

（二）把握关键点，重点就是要精心研究制订“十二五”发展规划

规划是最大的资源和最大的效益，是转型跨越的方向标。前一段时间，袁书记在各地调研时，不断强调“十二五”规划的重要性、发展目标、发展方向和重点支撑产业。还专门召集10户能源资源企业召开座谈会，听取了汇报，作了重要指示。听完汇报后，袁书记说，我对大家所构想的翻番目标是支持的，但有些因素是受制约的，能不能实现，怎样实现，还需要再思考。袁书记要求，“国资委要会诊各家企业的发展规划，做一个整体规划，会同发改委、煤炭厅、财政厅、科技厅一起研究，并配套政府政策支持。规划批复后要作为省委省政府对企业班子的考核标准。”

王省长高度重视“十二五”规划，多次组织会议研究问题，部署工作，并亲自主持召开专题会，邀请省内外专家，就各大产业的转型发展建言献策。同时，他要求把省属企业规划交给省国资委制订，当时，我就勇敢承担了这项任务。主要原因：一是因为企业规划是支撑省“十二五”转型跨越的重要规划，我们作为省属企业的监管部门，责无旁贷；二是企业规划要与煤炭厅和省发改委有关规划衔接，我们作为企业的出资人有了话语权；三是进入政府工作程序，规划的制定与实施具有了合法性；四是制订企业规划，也是国资委为大家服务的一个载体；五是各家企业上报项目时，有了行文依据，免去了繁琐程序；六是大型项目能够与国家发改委矿区规划相衔接，能够进入项目核准的绿色通道，拿到核准路条更加方便。因此，大家要积极支持，密切配合，务必制订出高质量、高层次、高水平、立体化的规划。

省属大企业集团“十二五”发展规划，要突出转型跨越。“转型”，基本思路是按照“全循环、抓高端”的要求，以煤为基、以煤兴产、以煤兴业、多元发展。“跨越”，就是“十二五”期间，经济总量要翻番，内容包括：一是“双千亿工程”（10大资源型企业要新增投资和销售收入各1000亿元以上），太钢要冲击世界500强；二是省属企业营业收入必须再翻一番以上。

袁书记在运城和阳泉两地调研时都讲到，“我们确定指标一般有两种思路：一种是做规划时留有余地；另一种就是背水一战，跳起来摘桃子。我更赞成跳起来摘桃子。只要大家紧一紧、比一比、追一追，发展就上去了。”因此，各省属企业一定要按照“跳起来摘桃子”的要求，确定好发展目标。

七大煤炭集团的发展思路，就是要坚持资源跟着高端产业走，结合资源特性和比较优势，按照工业新型化的七条路径，集聚资源要素，瞄准产业高端，延伸产业链条，发展循环园区，引领区域经济，实现大转型、大跨越。

对太钢集团的发展，袁书记专门进行了调研，听完太钢汇报后，他说，我对太钢既认识也不认识，说认识是因为10多年前带领团干到太钢学习过，说不认识是因为想不到太钢的变化如此大。同时，他称赞太钢的规划多元立体，思路清晰，对太钢的工作和未来发展的思路给予了肯定。太钢要按照袁书记要求，在加快兼并重组步伐、加大科技研发力度、创新业态上做大文章，做强主业，多元发展，延伸发展，做国内一流、世界著名的大型钢铁企业集团，进入世界500强。

太化集团就是要以搬迁为发展契机，充分利用好5000亩土地这一巨大财富，按照循环经济的思路，高起点规划，高水平发展，朝着建设现代化煤化工大企业集团的方向规划和奋斗。这项工作要列入国资委对太化集团领导班子的考核中。

太重集团就是要抓住煤炭产能提升给煤机产业带来的历史机遇，进一步提升自主研发能力，开发实用新型产品，着力向煤机铸件和重型搬运车拓展，打造煤机加工和制造旗舰。对汾酒集团的发展，《三国演义》开篇就讲，天下大事，“汾酒”必“喝”，“喝酒”必“汾”！汾酒是老祖宗留下的一笔宝贵财富，是中华酒文化长河中一颗耀眼的明珠，是我们山西一张闪亮的名片。要坚持“清香汾酒、绿色汾酒、文化汾酒、安全汾酒”的发展理念，在保持“小作坊”醇厚品质的同时，向高科技要品质，向文化要价值，向创新要效益，把企业做精做优做强，尽快实现百亿汾酒发展目标。

对电力产业的发展，就是要在煤层气发电、粉煤灰利用、智能电网的构建等方面取得全新突破。其他产业都要发挥比较优势，加快错位发展，立足你无我有、你有我优、你优我特，在承接产业转移中占据更大份额。

煤炭企业集团和有关能源企业还要以资产为纽带，通过重组、联合、股份制等多种方式，创新业态，形成合力，大力推动天然气、煤层气、焦炉煤气和煤制天然气“四气合一”，做好“气化山西”这篇大文章。

在制订规划过程中，要把调整国有经济布局、加快兼并重组作为一项重大课题，进行深入调研和科学布局，进一步突出优势企业的主体地位，打破观念、区域、市场、所有制界限，在推进上下游产业链的产权联接上做大文章，努力把国有资本配置到企业产权链的核心部位、产业链的关键部位和价值链的高端部位，推动我省国有经济向产业高端发展。必须认识到，在后危机时代，兼并重组是产业发展的必然趋势，是行业大调整的必由之路。因此，要求大家既要有兼并别人的雄心，更要有依托别人发展的胸怀和勇气。同时，要结合煤炭产能的提升给物流产业提供的机遇，发展区域性物流。要推动物流产业联合重组，融入物联网等信息技术，提升专业化、规模化水平，培育新型大物流产业。

目前，省国资委已聘请有关专家和煤炭工业太原设计研究院，组成工作小组，研究制订省属大企业集团“十二五”转型跨越发展规划纲要以及相关的子规划。省属企业在完成规划初稿的基础上，正在组织力量，进行更加深入的研究。国资委规划处和监管企业要按照目标要求，有针对性地开展调查研究，提出切实可行的对策措施。在具体工作上，要把握以下关键和重点：一要加强组织领导。落实机构、人员和经费。二要把握时间节点，抓好进度。三要保证质量。规划资料数据来源要可靠、规划方法要科学合理，保证规划成果的可靠性；规划思路、重大项目的提出，要深入调查研究，充分论证；规划要与国家和省里的思路紧密衔接，要上下联动，注重协调，严格遵循下级规划服从上级规划、同级规划相互协调的原则，避免与相关规划出现矛盾。国资委要站在出资人的角度从宏观上把好关，对企业提出原则性和方向性的要求，要与省煤炭厅、省发改委等有关部门做好衔接，争取政策支持，使规划成为推进企业科学发展的方向标，加快转型升级的路线图，深化改革创新的任务书，实现跨越发展的项目库。

（三）夯实基本点，举措就是抓好下半年经济运行工作，圆满完成全年奋斗目标

从经济指标来看，今年上半年，省属企业整体经济运行形势喜人，实现了时间过半，任务过半。34户省属企业各项指标与去年同期相比大幅增长。资产总额超过8400亿元，所有者权益超过2600亿元，已经基本完成全年目标任务。营业收入和实现利润同比增长62.43%和55.14%，分别完成全年目标的55.4%和59.3%。

据国务院国资委财务快报统计，当前，我省国资委监管企业营业收入和实现利润两项指标在全国31个省市区中排名第3位，资产总额和所有者权益两项指标排名第5位，仅次于4个直辖市。

从行业来看，煤炭和机械企业发展迅速。上半年，七大煤炭集团发展速度和效益保持了快速增长，完成增加值、营业收入、实现利税和利润四项指标分别同比增长42.2%、67.7%、32.3%和27.3%，分别占省属企业总量的80.7%、67.6%、82.6%、82.3%；转型速度加快，非煤收入达到851亿元，同比增长91.5%。太重发展步伐加快，上半年实现营业收入66.6亿元，同比增长26.1%；实现利税8.9亿元，同比增长78.6%。

下半年，是确保“十一五”圆满收官的关键时期。崔联会副主任已就下半年的经济运行工作作了部署和安排。在这里，我强调的是，要千方百计超额完成全年目标。7月23日，省委常委会召开会议，袁书记说，上半年，全省GDP增速为17.5%，从经济形势来看，下半年经济二次探底的可能性不大，但增长速度可能放缓，今年全年全省GDP增速必须确保13%、力争15%，否则恐怕交不了账。按全省GDP与省属企业营业收入同比例增长计算，今年全年省属企业营业收入的增速必须确保46.38%、力争53.51%以上。这是一项必须完成的基本目标。省属企业都要进一步增强责任感和紧迫感，创造性做好安全生产经营工作，促进经济运行强劲增长，力争取得更好成绩，为全省经济目标的实现做出应有的贡献。

（四）依靠支撑点，载体就是要持续加强和改进党建工作，为转型跨越发展提供动力和保障

各级党组织要把抓转型、谋跨越作为主要任务，实施有力有效的领导。要大力开展创先争优活动、四强四优活动和学习型组织创建活动，把党组织建设成为带领员工群众转型发展、跨越发展的坚强核心和战斗堡垒。要按照“素质提升、作风转变、能力加强、管理从严”的总要求，下大力气加强干部作风和本领建设。领导干部要有世界的眼光、战略的思维、“结合”的本领、敢闯的勇气、学习的自觉、高尚的操守。要有公仆本色、赤子情怀、担当意识。要珍惜荣誉，珍惜职位，珍惜人生，做到洁身自好，慎独慎微，守住精神家园，保持清正廉洁。要直面艰苦，忍耐清苦，乐于吃苦，始终保持向上的精神状态。要贯彻落实《国家中长期人才规划纲要》，实施人才加速战略。要进一步做好企业维稳工作，特别是对涉及劳资关系、改革、改制的问题和资源整合中的易发矛盾，做到早发现、早排查、早解决，为企业转型跨越创造良好的环境。

（五）打造新亮点，目标就是要着力提高服务质量和水平，塑造服务型机关新形象

袁书记强调，政府是转型发展的谋划者、发动者和组织者。转型首先是政府的转型，企业转型升级，前提是政府的服务要转型升级；企业提高自主创新能力，首先是政府服务企业创新的能力要提高。国资委的成立，本身就是政资分开、政府职能转变的重要体现。要坚持“企业自主经营是主导、发展方向引导是重点、经济总量培育是主题、产权事务管理是主线、绩效评价管理是抓手、组织协调服务是关键、监督管理体系是保障、机关自身建设是课题”的服务理念，做到占好位、不越位、不缺位、不错位。要牢记服务使命，提升服务水平，切实按照出资人的要求想问题、做决策、办事情，着力提高工作效率，严格落实首办负责制和限期办结制，对企业需要审批、核准的报告，要及时研究，抓紧批复，决不能推诿扯皮。要创新服务方式，推进机关工作信息化、公开化和规范化。要维护企业作为市场主体依法享有的权利，尊重企业自主经营权和法人财产权，减少行政干预，不插手企业的具体运作，不能给企业增加不必要的负担。要坚持在工作中学习，在学习中工作，多做调查研究，深入企业研究新问题、解决新困难，帮助企业出谋划策、协调沟通，做到“不让企业的同志在这里受到冷落，不让需要办理的事情在这里耽误，不让国资委的形象在这里受到损害”，在服务企业转型跨越的过程中，提升自我人生价值。

同志们，转型跨越，是必然选择，是光荣使命，任重而道远。让我们更加紧密地团结起来，坚决贯彻落实省委省政府的决策部署，解放思想，放胆争先，加快转型，率先跨越，为我省国有经济更好更快发展，做出新的更大的贡献！

谢谢大家。

2011

SHANXI PROVINCE STATE-OWNED ASSETS SUPERVISION AND ADMINISTRATION YEARBOOK

山西省国有资产监督管理年鉴

山西省国有资产监督管理概况

第二篇

太原重型机械

太重生产的神舟飞船发射塔架

太重集团始建于1950年，是新中国自行设计、建造的第一座重型机器厂，属于国家特大型骨干企业。1998年创立了重机行业第一家上市公司——太原重工股份有限公司。2005年进入中国制造业500强，2006年荣获了"全国五一劳动奖状"，2008年胜利跨入了百亿企业的行列。太重集团主要成员单位有：太原重工股份有限公司、太重集团煤机有限公司、榆次液压集团有限公司等。截至2010年底，总资产221亿元，净资产76亿元；占地面积535万平方米；在岗职工1.37万人。

太重集团技术实力雄厚，拥有重大技术装备自主研发和工程总承包能力；建有国家级技术中心和博士后工作站。2009年，太重技术中心在国家认定企业技术中心排名第13位，荣获了发改委、科技部等五部委颁发的"国家认定企业技术中心成就奖"。太重已累计创造了360多个国内外第一，为国家重点建设项目提供了1000余种，两万多台（套）装备，被誉为"国民经济的开路先锋"。

近几年来，太重集团在科学发展观的指导下，大力推进体制创新、管理创新、技术创新和观念创新，走上了良性循环的快速发展轨道，保持了销售收入年均增长30%以上、职工收入年均增长20%以上的良好态势。主导产品全部实现了出口，远销到了世界二十多个国家和地区。

太重将始终秉承"自力图强、求实创新、团结奉献"的企业精

集团有限公司

太重大型铸锻件国产化研制项目奠基

太重高速列车关键零部件国产化项目奠基

太重生产的轮轴产品

太重建厂60周年文艺汇演

太重建厂60年庆祝大会

太重生产的Φ180三辊连轧管机组成套设备

太原重型机械集团

太重生产的WK-55矿用挖掘机

有限公司

太重生产的Φ325ASSEL轧管机组

太重生产的75MN铝型材挤压机

神，按照“集中力量，追求卓越，创建世界太重”战略目标和“把真诚献给社会，以信义广交朋友”的经营理念，努力“提高四种能力，实现四个转变”，加快结构调整，加强自主创新，夯实基础管理，强化人才支撑，向充满活力、和谐发展、具备国际竞争力的世界一流重型装备制造集团而努力奋斗。

太重集团服务领域广，产品门类多，主要有：

最具竞争优势的冶金类产品：大型冶金起重机、轧钢设备、板带精整设备、大型轧机油膜轴承、转炉倾动装置等。太重牌起重机、油膜轴承、减速机相继荣获“中国名牌”产品。

最为完整的煤炭类产品：国内唯一涵盖井下、露天煤矿采、运、选为一体的成套装备供应商，产品还延伸至煤炭深加工及煤化工成套设备。

最有影响力的液压类产品：“榆液牌”液压元件和液压系统在行业内具有广泛的认可度。

太重还是国内唯一的火车轮对生产基地，品种最全的锻压设备生产基地，实力较强的风电、核电设备供应商，大型及特种铸锻件生产基地。其中，三峡1200吨桥式起重机、冶金480吨铸造起重机、20～55立方米矿用挖掘机、Φ340毫米无缝管轧机、西气东输螺旋焊管机组、10000吨铝合金挤压机、神舟七号发射塔架、残奥会白玉盘舞台、国家大剧院舞台等设备为太重的标志性产品。

山西煤炭运销

山西煤炭运销集团有限公司是山西省重点国有企业，是集煤炭生产、煤炭物流和多元产业为一体的现代化大型企业集团，是山西省委、省政府确定的“十二五”期间实现“双千亿”工程的五大企业集团之一。

集团公司前身为山西省煤炭运销总公司，成立于1983年。2007年7月，经省政府批准，由省国资委和11个市国资委出资，在原总公司的基础上重组改制，组建山西煤炭运销集团有限公司，注册资本101.56亿元。

经过多年发展，集团公司形成了煤炭生产、煤炭物流和多元非煤三大支柱产业。煤炭生产业经过资源整合，拥有煤炭资源储量106亿吨，规划产能1.3亿吨，覆盖全省六大煤田，所产煤种多达十大类；煤炭物流拥有遍布全省主要铁路、高速公路、重点公路干线的铁路发运站、煤焦管理站、储配煤场，在站点、网络、储配、加工和运输等方面具有独特优势；多元产业已经形成煤化工、清洁能源、高端装备制造、新材料、酒店旅游五大业务板块。

目前，集团公司旗下拥有山西焦炭集团、11个市级子公司、97个县级子公司和26个控股企业（各子公司和控股企业下属煤矿、铁路发运站、出省煤焦管理站、煤焦营业站、储配煤场等各类子公司1000余家）。截至2011年9月底，资产总额达

董事长刘建中在集团公司煤矿井下现场指导工作

集团有限公司

到1053.3亿元，拥有员工近10万人。2010年，集团生产煤炭2800万吨，煤炭运销量2.6亿吨，实现营业收入1158亿元，利税100亿元，成为山西省第三家经营规模超千亿的大型企业。

集团公司已连续多年进入中国企业100强，中国煤炭企业前5强。2011年，集团公司位列中国企业500强第72位，中国服务业企业500强第30位，中国煤炭企业100强第4位，山西省企业100强第2位。集团公司荣获山西省“五一劳动奖状”、“文明和谐单位”，多次荣获“中国诚信企业”、“山西省功勋企业”称号。

“十二五”期间，集团公司将紧紧抓住山西列为国家资源型经济综合配套改革试验区的难得机遇，坚持“12345”发展思路和“三步走”战略，以转型发展为主线，以赶超跨越为目标，力争到“十二五”末，将集团公司建成以煤炭生产为基础、以煤炭物流为支撑、以煤化工为主的多元产业为重点，集煤炭生产、物流、多元产业于一体，相互支撑、协调发展的现代化大型煤炭生产、转化、现代物流企业集团。

“十二五”战略目标是，实现煤炭产量超亿吨、煤炭贸易量超3亿吨、销售收入超2000亿元、利税超200亿元、员工收入超10万元，企业跻身世界500强。

山西煤炭运销

铁路集运站

运煤车队通过娘子关

集团有限公司

煤炭综采设备

三元煤业2303工作面

配煤中心装车发运

整装待发的列车

阿米那公司董事总经理威廉·拉塔(左)与格盟国际能源有限公司副总经理任晓彤庆祝签约成功

山西国际能源集团有限公司

格盟国际能源有限公司与美国环境工程公司阿米那签署合作备忘录，中国科技部部长万钢，及美国能源部长朱棣文出席并合影留念

山西国际能源集团有限公司是山西省属十一户特大型企业集团之一。业务领域以投资能源项目为主，包括电力、煤炭、气化、新能源、城市污水处理、垃圾发电、旅游及房地产等基础设施项目的投资开发，资产总额345亿元,拥有三十多家全资、参控股企业。

2007年12月，为进一步做强做大、实现转型发展和跨越发展，经国家商务部和山西省政府批准，山西国际能源集团和韩国电力公社、德意志银行两个世界500强企业以及日本电源开发株式会社、中国电力株式会社共同出资组建中外大型合资

省人大副主任安焕晓携省人大代表一行40余人视察兆光电厂

山西国际能源集团十二五发展规划通过省发改委、省国资委专家评审

能源企业—格盟国际能源有限公司，注册资本金100亿元。山西国际能源集团持股47%；韩国电力公社持股34%；德意志银行持股9%；日本电源开发株式会社持股7%；中国电力株式会社持股3%。

近年来，山西国际能源集团（格盟国际能源）在省委、省政府和有关部门的领导下，坚定“转型跨越”发展信念，大力实施“七大板块”战略，以发展绿色电力、奉献清洁能源为己任，不断做强做大；发电主业实现了安全、稳定、精细化管理，参控股发电装机达到1272万千瓦；把握“气化山西”机遇，成为山西省政府授权与中石化对接的唯一主体，建设省网东部输气主干线“太原–长治输气管线”，从北到南500多公里途经14个县区，建设屯留–沁源、潞城–平顺、长治–壶关、黎城–东阳等长约300公里的8条输气支线；清洁能源风力发电已投运15万千瓦；成功运营我省第一座垃圾焚烧电站太原东山垃圾发电，年焚烧垃圾45万吨，占太原垃圾处理的一半以上；拥有9个运营和在建的城市污水处理项目，正在开发拥有国际先进水平和自主知识产权的污泥碳化技术，投产后将填补国内空白。此外光伏电站、IGCC、水电等清洁能源项目都将启动。

“十二五”期间，山西国际能源集团将进一步引进世界优秀企业的先进技术、管理经验和国际资本，坚定不移地开创转型跨越发展的新格局，为实现集团公司宏伟蓝图、为全省经济社会和环境保护做出新的贡献。

携手全球战略伙伴 誓做气化山西主力 山西国化能源有限责任公司隆重举行创立大会

西国际能源集团（格盟国际）与交通银行山西分行签署战略合作协议

第六届中博会举行的山西省大企业项目签约仪式上，集团气化投资管理公司与中石化山西分公司签署了压缩燃气项目合资合同

山西省国有资产投资

董事长、党委书记 王师民

副董事长、总经理 李涛

牛仁亮副省长深入国控集团大众机械厂调研

山西省国有资产投资控股集团有限公司(简称：山西国控集团)是省国资委监管的21户大型省管企业之一。公司有职工3万多人，总资产70亿元，所属企业54户，股权、债权单位1500余户，分布于全省11个市，涉及军工、电子、机械、纺织、冶金、化工、轻工、煤炭、医药、环保、创业投资、建材、建筑、农林牧、服务业等多个行业。

公司是履行政府出资人职责和经营管理职责，具有政策性和经营性双重职能的特殊企业法人。公司发展战略可用四句话概括："推动企业重组，搞好资本运营，打造三个平台，做强产业板块"。即根据省政府和省国资委、省财政厅的授权，全力打造"国有企业改革重组平台、国有资产经营和投融资平台、不良资产及债权处置平台"，积极推动省属国有困难企业和中小型企业的改革重组和产业结构调整，完善国有资本有进有退、合理流动机制。通过股权、债权经营和投融资管理，实现国有资产的保值增值；通过对授权经营企业和投资企业的改制重组和产业开发，做强三到五个产业板块。

公司正按照省委、省政府和省国资委转型跨越发展的战略部署，进一步加快所属企业改革重组，实现优势企业做大做强，劣势企业有序退出，搭建国有企业改革重组平台；利用特殊企业法人地位，争取政府有关部门划入更多债权、股权和资产，以专业化、市场化方式不断拓展资产经营管理和不良资产处置业务，搭建国有资产经营和投融资平台、不良资产及债权处置平台；通过实施"项目拉动"战略，推动新型项目开发，做强公司产业板块。

"十二五"时期，公司将以科学发展观为指导，继续深化企业改革重组工作，加强资本运营和投融资管理，加强债权股权管理和不良资产处置工作，大力支持授权经营和投资企业做实做强主业，通过治理结构、功能定位、产业定位和管控模式的转型，将公司打造成为以追求资产增值和产业发展为目标的战略型投资控股集团，力争十二五末实现"双百亿"目标。一是依托企业自身优势，大力推动改革转型项目落实，通过资本的有效运营和资源的深度开发，努力培育三到五个产业板块，使实体产业的销售收入在五年内达到100亿元。二是充分利用股权、债权管理、不良资产处置以及投融资平台的职能，不断扩大资产经营和资本运营的业务范围，实现股权、债权管理、不良资产处置和投融资管理的专业化、市场化，五年内运作资产和资本总额达到100亿元，为实现我省转型跨越发展、再造一个新山西的宏伟目标做出积极贡献。

控股集团有限公司

山西省文化产业发展重点项目—太原瓦窑文化创意产业园

即将交付使用的某型军用产品

借助于技术改造，陈旧的厂房重新焕发出勃勃生机

山西省国有资产投资控股集团新办公楼效果图

山西省医药

董事长、党委书记 张侃

山西省医药集团有限责任公司是由山西省政府1999年9月批准，在原山西省医药总公司管理的182户企业基础上组建起来的，为省政府授权经营的36户国有重点骨干企业之一。公司正式注册于2001年3月，注册资本1.44亿元。截止2011年末总资产19.05亿元，2011年完成销售收入31.3亿元，实现利润1853万元。

山西省医药集团具有30余年的经营历史，曾长期发挥国有医药主渠道作用。作为全省医药行业的主力军，在引领行业技术进步、新产品开发、市场开发以及在管理人才、技术人才输出与培训方面都发挥了重要作用。目前，集团公司所属企业均已通过GMP、GSP认证，建立了严密的质量管理体系。公司拥有在国内化学原料药及制剂、抗生素、传统名牌中成药的生产、中药材规范化种植技术、医药商业物流网络等方面的比较优势。

根据工作需要，2010年4月省国资委对公司领导班子进行了调整，新班子以市场为导向，以经济效益为中心，深化改革，强化管理，配置国际国内两种资源，强力推进重大问题和重点工作的决策和实施进程，实施新的发展战略：

——从做大做强医药流通上寻求突破，建设全省最大的医药物流配送中心，向规模化、集约化、网络化发展。

——从发展医药生产上寻求突破，整合重组优质资源，以全新的机制，推进科技创新，提高医药生产企业自主创新能力。

——从发展中药材种植和中成药生产上寻求突破，打造中药现代化科技产业，提高中药产业的国际竞争力。

——从推进企业管理体制机制创新上寻求突破，使集团的决策更加民主、更加科学、更加有效。

近年来，山西省医药集团通过深化改革和结构调整，综合竞争力不断增强，但在体制机制、经济体量、企业盈利空间、抵御风险能力等方面仍存在诸多矛盾与问题，制约着企业的发展。新班子上任后，在深入研究山西医药行业发展阶段性特征和内在规律，科学分析经济发展趋向的基础上，决定以集团公司覆盖全省县（区）级以上医疗机构和遍布城乡社区的营销网络，以及长期合作的医药流通企业与优质客户等资源优势，与以医药分销、医药和生物技术产品科研和生产为主业的我国最大的医药健康产业集团——中国医药集团总公司联合，进行战略重组。

2010年8月19日在山西太原中国医药集团总公司与山西省人民政府签署《战略合作框架协议》，同时，中国医药集团总公司、山西省国资委和山西省医药集团公司签订了《合作重组意向书》，重组项目正式启动。通过全面详细的法律尽职调查和审计评估，2011年1月26日双方正式签定《合资协议》。按照《合资协议》，2011年4月14日完成了国药集团山西有限公司工商注册登记，注册资本10亿元，国药集团山西有限公司正式组建成立，于4月18日在太原举行揭牌仪式。

山西省医药集团公司与中国医药集团总公司实施战略重组，不仅有利于企业规模快速扩张和集约发展，提高产业集中度，而且有利于推进企业体制机制创新，提升企业管理水平和市场竞争力，促进企业又好又快发展。合作双方将在优势互补、相互支持、共同发展的原则下，从优化资产质量，提升资本运营水平，加大资金投入和改善仓储配送能力入手，充分发挥各自资源优势，在医药流通、医药工业、医药研发、中药材种植、中成药生产、综合服务等领域的全面合作，推动山西医药产业实现转型跨越发展。

现代化立体仓库

药品零售超市

集团有限责任公司

2010年8月19日，在山西太原中国医药集团总公司董事长宋志平与山西省人民政府副省长陈川平签署《战略合作框架协议》

2010年8月19日，中国医药集团总公司总经理佘鲁林、山西省国资委主任朱晓明和山西省医药集团公司董事长、党委书记张侃签订《合作重组意向书》

2011年1月26日，国药产业投资有限公司和山西省医药集团有限责任公司签订《合资协议》。

2011年4月18日，山西省委常委、常务副省长李小鹏和国药集团董事长宋志平、总经理佘鲁林为国药集团山西有限公司揭牌

公司大楼

山西杏花村

汾酒工业园区

山西杏花村汾酒集团有限责任公司是国家520户重点企业和山西省12户授权经营企业之一。拥有“杏花村”、“竹叶青”两个中国驰名商标，2011年度《中国500最具价值品牌排行榜》中“杏花村”品牌价值以65.49亿元位列第194位。汾酒集团地处山西杏花村，占地面积230万平方米，建筑面积76万平方米，2010年末资产总额49亿元,公司在册员工8000余人。集团下属3个全资子公司，7个控股子公司，3个参股子公司，3个隶属单位。其中，汾酒厂股份有限公司为集团核心子公司，于1993年在上海证券交易所挂牌上市，为中国白酒第一股，山西第一股。公司以生产经营中国名酒——汾酒、竹叶青酒为主营业务，年产销名优白酒能力达5万吨，是全国最大的名白酒生产基地之一。

汾酒文化源远流长，和华夏文明、黄河文明、晋商文化同根同源、一脉相承。早在1500年前的南北朝时期，

汾酒集团

汾酒就作为宫廷御酒受到北齐武成帝的推崇，被载入廿四史；晚唐大诗人杜牧的“借问酒家何处有？牧童遥指杏花村”使汾酒再度成名；明清时期，汾酒伴随着晋商的足迹传遍祖国的大江南北，成为了酒中珍品；1915年，在巴拿马万国博览会上汾酒一举荣获中国白酒品牌唯一甲等大奖章，使汾酒名扬海内外；解放以后，汾酒5次蝉联国家名酒，竹叶青酒3次被评为中国名牌产品。

2010年是汾酒集团极不平凡的一年，是赶超战略开始启动、汾酒文化有力复苏、市场营销开拓创新和基础管理日渐夯实的一年，更是汾酒事业取得骄人业绩的一年。一年来，公司认真贯彻落实省委、省政府指示精神，勇做全省转型跨越发展的排头兵，按照“七个明确、七大支撑”的发展思路，以“创建和谐，凝聚力量，奋起直追，再铸辉煌”为指导思想，以“追赶、超越、领先”为战略指针，紧紧围绕“夯实基础、创新管理、深度营销、加速发展”的年度经营方针，锐意进取、改革创新，全年集团公司各项经济指标超计划完成，汾酒人向三晋捧上了一份骄人的“成绩单”。

2010年是汾酒集团经济总量最大、增速最快、效益最好、职工收入最高的一年，营业收入、利税、利润总额等主要经济指标均达到了40%以上的增长，处于行业领先水平，从而实现了“十一五”的完美收官。全年完成现价工业总产值33.67亿元，同比增长27.16%；完成销售收入53.73亿元，同比增长41.52%；实现利税20.02亿元，同比增长40.71%；实现利润9.87亿元，同比增长53.78%；上缴税金12.42亿元，同比增长22.70%；出口创汇4052万美元，同比增长114.05%；商品酒生产量56274千升，同比增长5.91%；商品酒销售量54406千升，其中高档汾酒销量为1340千升，同比增长33.60%。

省委书记袁纯清、省长王君观摩杏花村白酒集中发展区建设工程

牧童指处雕像

山西煤炭进出口

董事长、党委书记 杜建华

成立于1980年的山西煤炭进出口集团有限公司（简称山煤集团），经过三十余年的发展和积累，目前已经成为具有山煤特色的以煤炭产销、高端制造和金融投资三大产业为核心的综合性大型企业集团。

从2009年起，山煤集团紧紧抓住山西省煤炭资源整合契机，先后整合50余家地方煤矿，总体产能达到3000万吨。现有主体矿井21座，分布在大同、忻州、晋中、临汾、长治、晋城六个地市，形成了动力煤、炼焦煤、无烟煤、半无烟煤四大煤炭生产基地，圆满完成了省委省政府下达的目标任务。目前，煤矿工作已由以整合为主的第一阶段转入以高标准、高起点建设为主的第二阶段。与此同时，山煤集团着力于创新煤炭产销体系：上游整合资源，中间打通通道，下游整合市场，全力打造以“现代生产、智能物流、数字配煤、信息金融、集成服务”为特征的科学完备的煤炭供应链。

在中国铁路大提速和山西省转型发展的双重动力牵引下，山煤集团坚持以高精尖产业转型的发展战略，建成了我国首条世界水平的高速动车组轮对生产线，由此形成了山煤集团新的支柱产业，成为山煤集团乃至山西省国有企业转型发展的成功典范。

山煤集团按照实业资本、贸易资本与金融资本“三结合”的思路，在理顺产权关系和做好产权管理的基础上，积极尝试进入金融领域，实现了资本运营的重大突破。与此同时，发展了房地产、化工新材料、IT行业等优势非煤产业，初步形成“各具特色、优势互补、协调发展”的发展新格局。

集团拥有全资、控股企业86户。2011年，山煤集团位居中国企业500强第202位，山西省企业100强第8位。旗下上市公司山煤国际荣获2010年第六届中国证券市场年会“金凤凰奖”。连续五年位居省国资委经营业绩考核A级企业前三名，跻身全省重点企业方阵。

短短数年间，山煤集团已经发展成为“三个之一”：全国四家拥有煤炭出口经营权企业之一；山西省七大煤炭资源整合主体企业之一；山西省“十二五”期间十户“双千亿”重点企业之一。创造了行业内的 “两个第一”：组建了山西省第一支自有船队；是山西省拥有国际品牌酒店的第一家企业。实现了“两个进入”：煤炭主营业务在一年时间内整体成功上市，进入了资本市场；自2008年4月高铁轮对投产起，进入了高端机械制造业。

“十二五”期间，山煤集团将提升发展“三重力”，在倾心打造最具创新力的煤炭全供应链、倾力打造最具竞争力的高端装备（高铁轮对、尖端）制造服务商、倾情打造最具活力的企业融资孵化平台、倾注打造最具凝聚力的企业文化体系上“实现四个新跨越”，总投资、总资产、上市公司市值和销售收入“完成四个超千亿”，“跻身世界500强”。山煤集团正在迈向省内一流、国内知名、跨国经营的特大型优秀企业！

山煤集团非煤产业内蒙晟基香格里二期开工

山煤集团港口公司作业场景

集团有限公司

山西省委书记袁纯清在智奇公司调研指导

山煤集团凯宾斯基酒店签约仪式

山煤集团大平煤业

山煤集团经坊煤业

山煤集团自有船队

山西省投资集团有限公司

SHANXI INVESTMENTS GROUP CO.,LTD

山西省投资集团有限公司是由山西省人民政府批准设立的国有独资公司。是20户省属重要企业之一。

公司注册资本金为人民币35.5亿元（注册号为140000100101057）；资产总额54亿元。公司负责对1995年以来省级地方煤炭发展基金；省政府“1311”调产项目资金；原山西省农村开发资金管理委员会历年投放的拨改贷资金；省环保专项基金进行监管和运营。

公司下设董事会秘书处、总经理办公室、党委工作部、财务部、人力资源部、审计部、发展规划部、经济运行部、基金管理部、法律事务部、工会及10个全资子公司和2个控股公司。

子公司分别为：山西金通投资管理有限公司、山西省农业资产经营有限责任公司、山西省环境保护基金有限公司、山西省投资集团国有资产经营有限公司、山西龙泰投资集团有限公司、山西省煤炭资产经营有限公司、山西省投资集团能源有限公司、山西省投资集团矿业有限公司、山西省投资集团房地产开发有限公司、山西省投资集团工贸有限责任公司。

控股公司为忻州市煤炭资产经营有限责任公司、晋城市煤炭资产经营有限责任公司。

经营范围包括：投资、合作、担保和咨询、资本运营、实体产业开发经营等。涉及证券、房地产、矿业、贸易、环保、农业、新能源、医药、运销等多个领域。

公司成立以来，以科学发展观为统领，不断加强员工队伍建设，深化企业内部改革，建立权责明确、产权清晰的现代企业制度，经济效益逐年提升，企业实力和规模进一步壮大，形成了多元化、规模化、集团化的发展格局。

山西省国有资产监督管理工作综述

一、省国有资产监督管理工作综述

2010年是“十一五”收官之年，也是山西国有企业改革发展取得积极进展的一年。在山西省委、省政府的正确领导下，山西国资系统认真贯彻落实省委、省政府的一系列战略部署，抓住宏观经济回升的有利时机，深化改革创新，促进转型跨越，推动国有经济平稳快速发展，经济规模和效益再创历史新高。截至2010年底，山西国有企业资产总额达到11446亿元，所有者权益2804亿元，实现营业收入8422亿元，实现利润428亿元。各项指标均超额完成山西省委、省政府下达的年度考核任务，在全国31个省区市中位居前列，排名第3至第5位。各市属企业竞相发展，改革改制、资源整合、项目建设等工作亮点突出，经济效益明显提升，发展能力持续增强。

规模效益取得新突破。省属企业中，继太钢集团之后，山西焦煤集团和山西煤销集团营业收入成功晋级“千亿俱乐部”，山西省已形成3个千亿规模的特大型企业集团。潞安集团营业收入突破700亿元，晋煤集团、同煤集团、阳煤集团突破600亿元，山煤集团突破400亿元。山西焦煤集团、同煤集团煤炭产量突破亿吨大关，加上山西煤销集团煤炭销售量2亿多吨，以及中煤集团平朔公司1亿吨煤炭产能，在省内已形成4个亿吨级煤业集团。2010年，7大煤业集团的原煤产量达到4.1亿吨，约占全省的57%，煤炭产业集中度显著提高，竞争能力和话语权进一步增强。省属企业全年净资产收益率6.9%，同比提高1.3个百分点。

市场营销开创新局面。省属企业创新商业模式，转变经营策略，市场开拓力度进一步加大。煤炭企业科学统筹不同煤种销量和售价，市场份额和销售效益持续提升。山西煤气化集团深化与大型国企的战略合作，天脊集团、中条山集团调整产品结构，开发适销对路新产品。汾酒集团全年推出6款新产品，销售渠道逐步布网全国。太重集团首台套订货、出口订货、成套订货均取得突破性成果。山西建工集团成功开拓海外市场，中标喀麦隆项目。

管理创新取得新成绩。省属企业创新管理理念，完善管理机制，集团管控能力进一步增强。山西煤销集团确立了“两级架构，三级管理”的管理体制。阳煤集团深化成本管理，全年四项费用单位成本降低5%。潞安集团不断引深内部市场化管理，晋煤集团大力开展立标对标工作，国际电力集团全面推行平衡计分卡管理和风险量化管理，同煤集团、太重集团进一步强化招投标管理，节约了大量资金。山西焦煤集团、山西煤销集团、国际电力集团、国际能源集团、山西汽运集团加强信息化建设，管理的精细化、标准化、信息化水平明显提升。

安全生产达到全国先进水平。省属企

业安全管理的力度空前加大，安全生产专项整治活动深入开展，安全生产形势实现持续稳定好转，全年发生安全生产事故80起，死亡70人，死亡人数为省政府年度控制指标的47%。特别是7大煤业集团在推动煤炭资源整合、安全生产压力加大的情况下，全年实现煤炭生产百万吨死亡率控制在0.092，同比下降了0.272，达到全国先进水平。王家岭救援创造了中国事故救援史上的奇迹，既有成功经验，也有血的教训，正反两方面的经验教训值得认真思考和总结。

技术进步和节能减排工作成效显著。太钢集团、太重集团、天脊集团的技术中心在全国国家级企业技术中心中排名前50位。山西建工集团技术中心升级为国家级。山西汾酒、山西焦煤、汾西矿业、建工集团4家企业获准设立博士后科研工作站。潞安环能公司成为全国煤炭行业唯一一家国家级高新技术企业。太重集团新产品产值率超过45%，达到行业先进水平。省属企业加快节能减排项目建设，淘汰落后产能，强化“三废”治理，圆满完成省政府下达的“十一五”节能减排约束性指标。

2010年，为山西国资“十一五”画上了圆满的句号。“十一五”时期是山西国资开创性的五年。五年来，山西国资监管体制机制逐步完善，极大地激发了国有企业发展活力，国有经济实现了快速增长。2005-2009年，山西省国有企业资产总额从4699亿元增加到9593亿元，年均增长15%；营业收入从2588亿元增加到6000亿元，年均增长18%；实现利润从113亿元增加到296亿元，年均增长21%；实现利税从224亿元增加到864亿元，年均增长31%。五年来，省属企业面对复杂多变的经济形势，成功应对国际金融危机等重大挑战，资产总额、所有者权益、利润总额、利税等经营指标翻了1.5番，营业收入翻了两番，年均国有资产保值增值率达到108.9%。五年来，全省国有企业布局结构不断优化，自主创新能力明显增强，管理水平显著提高，队伍素质明显提升，党的建设明显加强，改革发展迈出了新的步伐。五年来，全省国有企业积极承担政治责任和社会责任，坚决贯彻落实山西省委、省政府一系列战略部署，在抗击金融危机冲击，保增长、保稳定、保民生中作出了重大贡献，发挥了骨干和支柱作用；在推进资源整合、维护安全稳定、带动地方经济发展等方面率先垂范，发挥了引领和带头作用；在抗击雨雪冰冻灾害、保障能源资源安全和抗震救灾的关键时刻和特殊时期，发挥了顶梁柱作用，展现了山西国有企业的风采。

二、省国有资产总量情况

（一）国有企业总体情况：

1.户数有所增加。按照《企业国有资产监督管理暂行条例》和《企业国有资产统计报告办法》规定的汇编范围，2010年纳入统计范围的国有企业（含国有控股参股，下同）4438户，比2009年增加177户。

2.资产总额持续增长。2010年山西省国有企业资产总额达到11446亿元，比2009年的9593亿元增加1853亿元，增长率为19.31%。

3.营业收入大幅度提高。2010年全省国有企业营业收入达到8423亿元，比2009年的6000亿元增加2423亿元，增长率为40.37%。

4.利润总额高速增长。2010年全省国有企业利润总额达到428亿元，比2009年的296亿元增加132亿元，增长率为44.44%。

（二）国有资产总量与分布结构：

1.国有资产总量持续增加。截止2010年12月31日，山西省国有资产总量达到2705亿元，比2009年末的2233亿元，增加472亿元，增长率为21.14%。2006、2007、2008、2009、2010年国有资产总量占国有企业资产的比重分别为24.00%、24.48%、28.67%、23.28%、23.63%。

2.国有资产分布结构。山西国有资产主要集中在省属企业，2010年省属企业国有资产总量为2270亿元，比2009年增加409亿元，占总国有资产的比重达到83.92%。从经营规模来看，国有资产主要集中在大型企业，2010年占到57.24%，比2009年的74.36%减少了17.12个百分点。

三、煤炭资源整合取得重大进展，企业间联合重组加快推进

按照山西省委、省政府的战略部署，山西七大煤业集团坚持算大账、算长远账、算政治账，兼顾各方利益，创新整合方式，加快推进速度，截至2010年底，正式协议签订率99.8%，采矿证换领率97.4%，接管到位率88.8%，复产、关闭、改扩建工作全面推进。潞安集团采取以矿带矿、以队带队、以专业带专业和融资租赁的办法创造性开展工作，走在全省前列；同煤集团在整合资源的基础上，整合人才、体制和文化，使小矿井具备大矿水准；山西焦煤集团坚持稳中求快，把整合矿井安全监管工作放在第一位；山西煤销集团、山煤集团通过外引内培，短期内组建了一支过硬的技术人才队伍。各市国资委也采取措施，强力推进，忻州市专门组建了市级整合主体企业，晋城市鼓励企业走出去收购整合，取得显著成效。煤炭资源整合的战略举措，既全面提升了山西煤炭工业的生产力水平和安全保障能力，又为煤机、现代物流以及循环经济的发展打开了空间，开辟了新的发展源泉。

2010年是山西国有企业实施大集团战略的重要一年。山西省国资委打破体制与行业壁垒，优化资源配置，加快推动企业联合重组，着力构建大集团格局，不断增强企业核心竞争力，取得了重大进展。阳煤集团与太化集团的重组，是山西大型骨干企业间强强联合、优势互补的重大事件。山西能源交通投资公司对汽运集团、物产集团、能源集团、地铁集团进行重组，构建了从能源产业到公路铁路的现代物流业的发展格局。潞安集团重组天脊集团，进一步做大做强煤化工产业链条。山西煤销集团重组山西焦炭集团，实现了资源整合、共赢发展。山西国有资产经营公司、省经贸控股公司、省农业资产公司、科技基金公司、煤炭资产公司、环保基金公司等8户资产公司之间的重组已经进入实施阶段，经过整合，做大做强融资平台，提升资产运营水平。省属企业数量从34户调整到了22户，数量锐减，品质上升。同时，与中央企业深化合作，中国医药集团重组山西省医药集团正在积极运作。与市属企业加强联合，阳煤集团和阳泉铝业、山西煤销集团和忻州通用公司的联合重组顺利推进。太钢集团与民营企业联手共赢，重组省内钢厂的谈判取得积极进展。

四、重点项目建设成效显著，国企转型发展速度和质量进一步提升

省属国有企业加大融资和重点项目建设力度，全年发行债券和中期票据可融资203.44亿元；全年签约项目53个，引资243.8亿元；全年完成项目投资1050亿元，同比增长23%，高于历年水平。潞安集团21万吨煤基合成油示范项目实现长周期稳定运行。潞安集团1GW光伏太阳能项目一期、轩岗煤电集团2×66万千瓦机组、国际电力集团生物质发电站等一批转型项目建成投产。晋城市17个重点项目全年完成投资5亿多元，阳泉市16个重点项目完成投资3.3亿元。项目投资对经济的拉动作用进一步增强，为国有经济加快转型跨越奠定了基础。

重点项目建设也推进了传统产业的高效发展。同煤集团塔山矿塑造了千万吨级矿井建设和管理的“六个典范”；山西焦煤集团推广“一井一面”生产模式，大力实施精煤战略；潞安集团、阳煤集团等大力推进采掘核心技术装备升级，实现复杂地质条件下的高效开采。太钢集团绿色发展水平行业领先。山西国际能源、国际电力集团大力发展超临界机组，产业水平迅速提高。汾酒集团依托传统工艺构建现代化园区，在提质扩能上取得新的突破。

重点项目建设带动了全省产业结构的调整，新兴产业蓬勃兴起，又促进了国有企业的转型跨越发展。潞安集团多晶硅、煤制油等新能源产业快速崛起；晋煤集团煤化工和煤层气产业领跑全国；阳煤集团精细化工和铝业深加工加快发展；同煤集团煤电产业链加快延伸；山煤集团高铁轮对的发展前景十分广阔。各煤炭企业的转型产业特色鲜明，“以煤为基，多元发展”道路越走越宽广。2010年，五大煤炭生产企业非煤产业实现营业收入1870亿元，同比增长了60%，非煤收入比重超过52%，同比提高4.7个百分点。山西非煤产业的发展也步入快速车道，山西能源交通投资公司资金筹措和铁路装车点布局同步展开，大物流集团建设初具形态；太钢集团工程技术和新材料产业进入发展快车道；山西国际电力、国际能源集团在新能源、金融等领域渐成规模；焦炭集团、物产集团等企业做实货源、做强销售；资产管理类企业加快发展实体产业。各企业新兴产业蓬勃兴起，加快了发展势能的积聚，成为国有经济提速发展的重要引擎。省国资委根据省委省政府的号召，与省发改委共同制定了《山西省“四气”产业一体化发展规划》。晋煤集团、阳煤集团、山西焦煤、国新能源公司、山西国际电力、能源产业集团等省属企业按照“以煤层气为龙头，气源多元、管网互通、战略互供、应急保障”的思路，跨区域、跨领域合作联动，“气化山西”建设取得重大进展，已经落实气源145亿立方，建成高压长输管网1800公里，输气能力超过65亿立方/年，覆盖全省11市的67个县（市、区），惠及400万人口。

五、国有企业改革稳步推进

山西省国资委推动16户企业进入破产法律程序，并会同有关部门做好国有关闭破产企业和省属特困企业职工医保补助工作，涉及企业1100余户、20余万人。积极协调解决企业分离办社会的遗留问题，移交企业广

电网络、林场，提出了省属煤炭企业分离办社会实施意见及方案。山西国资有限公司全力推进所属企业改革解困，破产改制平稳推进，解困项目顺利实施。各市国资委结合实际，集中精力推进一批破产、改制项目。大同市、阳泉市解决了40余户企业的拆迁、安置、破产问题。太原市、临汾市、晋中市18户企业完成破产终结。长治市和运城市企业改制工作取得较好成效。

六、国资监管水平和服务企业能力进一步增强

山西省国资委进一步完善国资监管体系，制定了16项行政效能建设制度，促进依法治企、优质服务。深入推进煤焦领域反腐败专项斗争和工程领域专项治理，加强对中介机构和工程招投标的监管，全年开展效能监察1793项，为企业增加效益、节约金额约20亿元，共查结案件356件，给予党纪政纪处分1022人，其中县处级以上158人，刑事处理21人。国有企业进一步加快企业财务管理信息化建设，规范对外捐赠管理，加强对金融衍生业务的监管，推动财务管理由核算型向管理型转变。不断改进和加强监事会监督检查和审计工作，山西省国有企业监事会全年完成11份监督检查报告和6份专项报告，下发10份整改意见书、警示函和关注函，有效促进企业规避风险、减少损失。省市国资委加强业绩考核和薪酬管理，启动了企业领导人员薪酬管理办法的修订工作，提出了监管企业试行企业年金制度的指导意见。山西省进一步规范产权管理与产权交易，全年完成产权项目40宗，成交额25.8亿元，实现平均增值率15.2%。山西省国资委开展了国有资本经营预算前期工作，制定出台了《关于规范上市公司国有股权管理的若干意见》，精心组织制定《省属企业“十二五”发展规划》，通过充分调研、科学谋划，七户煤炭企业规划已上报，省属企业整体规划、省属煤炭、煤化工、冶金、电力、装备制造、燃气、物流等7个产业规划和循环经济、科技、人才、信息化、国企改革等5个专项规划进入到了征求意见的阶段，各省属企业的规划编制也即将完成。省市国资委加强机关自身建设，通过学习培训、拓展训练等各种有效方式，增强机关干部自我超越意识和团队协作能力。各市国资委积极探索监管模式，认真履行监管职责，国资监管和服务企业发展的水平迈上了新的台阶。

七、国有企业党的建设、精神文明建设和思想政治工作再上新台阶

山西省国有企业深入开展创先争优和建设学习型党组织活动，省属企业共确立4300个党员攻关项目，建立835个党员品牌工程，“学习先进、崇尚先进、争当先进”的良好风气蔚然成风。加强组织建设，17户企业完成党委换届选举，部分企业基层党组织建设更加完善。加强企业思想政治和宣传工作，强化组工干部培训，全方位宣传国有企业转型跨越成果，营造了良好的发展氛围。大力开展企业文化和精神文明建设，同煤集团被评为“全国企业文化建设示范基地”，潞安集团、晋煤集团、阳煤集团、太重集团等企业精神文明创建成果丰硕，企业凝聚力和职工积极性明显提高。山西国有企业大力实施

"人才强企"战略，省国资委配合省委组织部召开全省企业人才工作座谈会，制定企业经营管理人才发展规划，开展4户监管企业领导副职的公开考录，开辟了高级人才引进和领导干部选任的新渠道。全省国有企业认真抓好信访稳定工作，建立健全信访形势分析例会制度，认真接待群众来信来访，落实国家信访局重点信访案，果断处置影响较大的群体性事件，有效遏制非正常上访，为全省改革发展创造大好局面。全省国有企业着力构建和谐企业，让广大职工共享发展成果，帮助困难职工排忧解难。2010年，省属企业人均工资49200元，同比增长18%。全年新增就业岗位24000个，安置职工子女10000余人。棚户区改造、采煤沉陷区治理和保障性安居工程建设步伐加快，8万余户职工家庭喜迁新居。

山西省国有企业资产营运情况

一、全省国有企业总体情况

（一）国有企业户数有所增加

汇编户数。按照《企业国有资产监督管理暂行条例》和《企业国有资产统计报告办法》规定的汇编范围，2010年纳入统计范围的国有企业（含国有控股参股，下同）4,438户（见图表2），比2009年增加177户。2006年以来国有企业户数变化见图表1所示：

图表1　　国有企业户数变化图

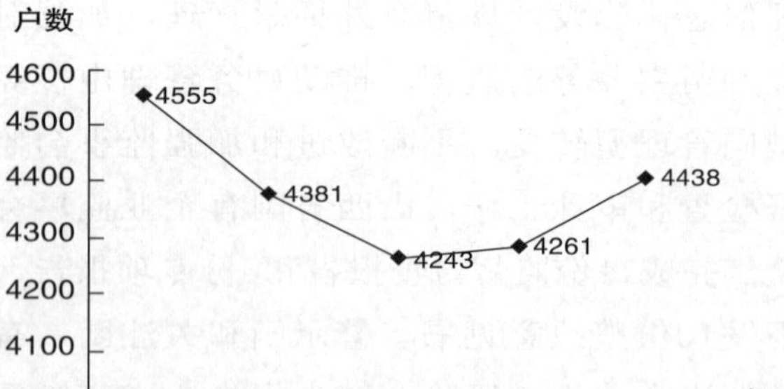

图表2

国有企业户数表

按照经营规模户数分布:		
经营规模	户数(户)	比重(%)
大型	248	5.59
中型	685	15.43
小型	3505	78.98

按照组织形式户数分布:		
组织形式	户数(户)	比重(%)
独资公司	835	18.81
非公司制独资企业	1402	31.59
上市股份有限公司	18	0.41
非上市股份有限公司	56	1.26
有限责任公司	1735	39.09
股份合作制企业	20	0.45
合资或合营企业	15	0.34
企业化管理事业单位	202	4.55
其　他	155	3.49

按照所属关系户数分布:					
	监管企业	非监管企业	市级以下企业	合计	占总户数的比重(%)
省属企业	1326	424	97	1750	39.43
市属及以下企业:	398	465	1825	2688	60.57
太原市	85	224	183	492	11.10
晋中市	18	13	56	87	1.96
长治市	24	65	181	270	6.08
晋城市	68		363	431	9.71
临汾市		71	213	284	6.40
运城市	31	8	180	219	4.93
吕梁市	3	24	191	218	4.91
大同市	30	11		138	3.11
忻州市	21	19	261	301	6.78
阳泉市	108	30	43	181	4.08
朔州市	10		57	67	1.51

（二）资产总额持续增长

2010年全省国有企业资产总额达到11446亿元，比2009年的9593亿元增加1853亿元，增长率为19.31%，2006年以来国有企业资产总额趋势变动见图表3所示：

图表3　　国有企业资产总额变化图

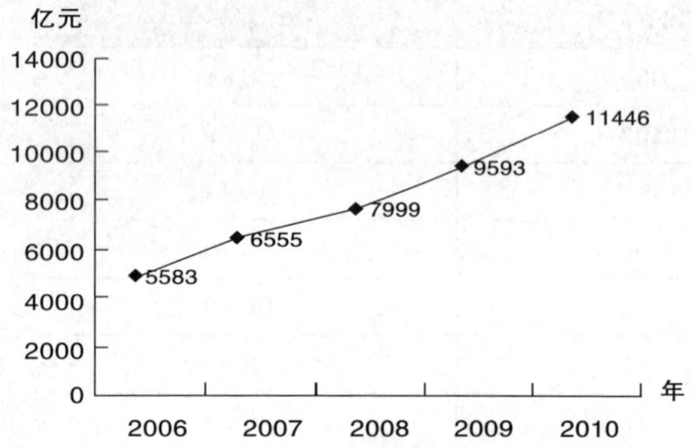

（三）营业收入大幅度提高

2010年全省国有企业销售收入达到8423亿元，比2009年的6000亿元增加2,423亿元，增长率为40.37%。2006年以来国有企业销售收入比较见图表4所示：

图表4　　国有企业销售收入变化图

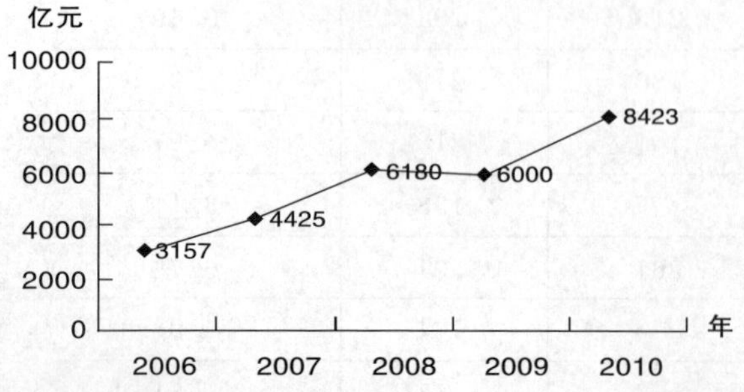

（四）利润总额高速增长

2010年全省国有企业利润总额达到428亿元，比2009年的296亿元增加132亿元，增长率为44.44%。2006年以来国有企业利润总额比较见图表5所示：

图表5　　国有企业利润总额变化图

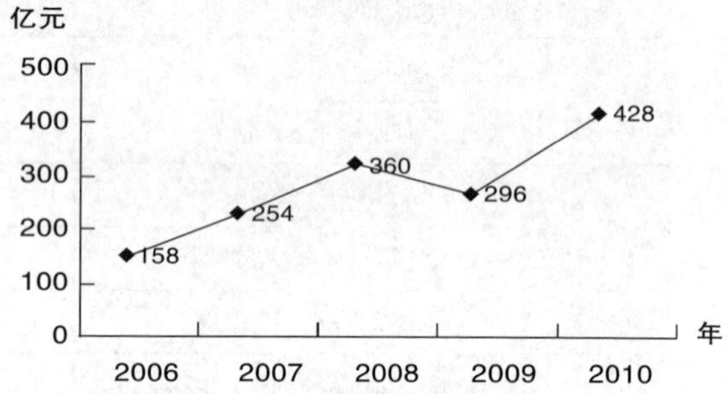

二、国有资产总量与分布结构

（一）国有资产总量持续增加

截至2010年12月31日，山西省国有资产总量[①]达到2705亿元，比2009年末的2233亿元，增加472亿元，增长率为21.14%。2006、2007、2008、2009、2010年国有资产总量占国有企业资产的比重分别为24.00%、24.48%、28.67%、23.28%、23.63%。五年来国有资产总量比较见图表6所示，国有资产总量占国有企业资产总额的比重变化见图表7所示。

[①]国有资产总量：指国有企业所有者权益中属于国家享有的部分以及不列入所有者权益但由国有企业管理、使用的具有权益性质的国家所有的资金。

图表6　国有资产总量变化图

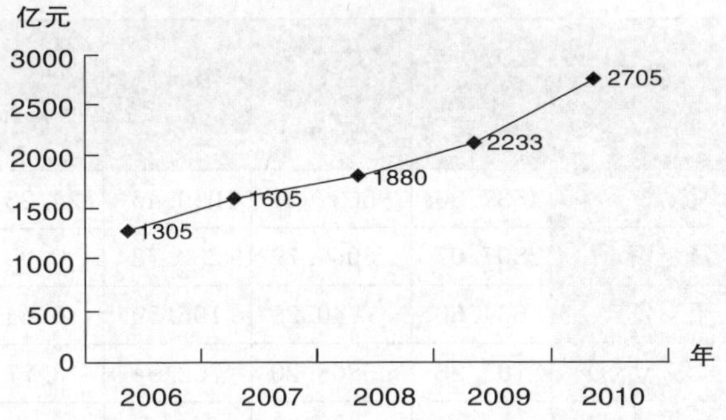

图表7　国有资产总量占国有企业资产总额的比重变化图

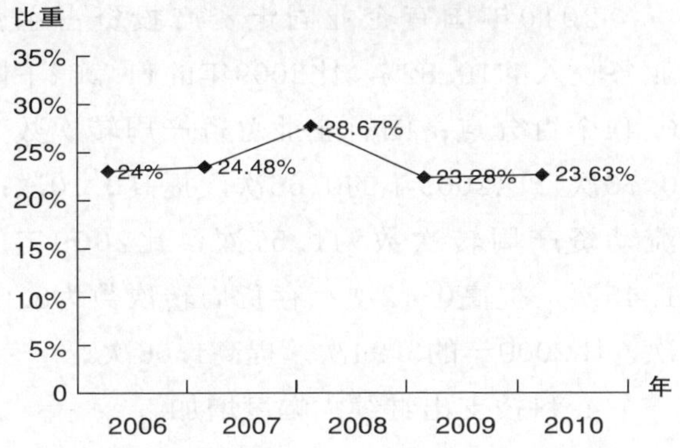

（二）国有资产分布结构

1. 国有资产地区分布结构

从统计数据可以看出，国有资产依然主要集中在省属企业，2010年省属企业国有资产总量为2270亿元，比2009年增加409亿元，占总国有资产的比重达到83.92%。2009、2010年山西省企业国有资产地区分布结构如图表8所示。

2. 国有资产经营规模分布结构

从经营规模来看，国有资产主要集中在大型企业，2010年占到57.24%，比2009年的74.36%减少了17.12个百分点。2010年，我省国有资产经营规模分布结构如图表9所示：

图表8　国有资产地区分布结构表

地　区	2009年国有资产(亿元)	2009年占国有资产总量比重(%)	2010年国有产(亿元)	2010年占国有资产总量比重(%)
省属企业：	1861.47	83.38	2270.26	83.92
省属监管企业	1662.48	74.46	2033.42	75.17
省属非监管企业	198.99	8.91	236.84	8.75
各市：	371.12	16.62	434.79	16.08
太原市	55.24	2.47	54.89	2.03
晋中市	19.86	0.89	30.45	1.13
长治市	34.91	1.56	40.38	1.49
晋城市	85.98	3.85	106.85	3.95
临汾市	46.89	2.10	51.14	1.89
运城市	9.83	0.44	5.38	0.20
吕梁市	21.33	0.96	41.14	1.52
大同市	19.05	0.85	9.88	0.38
忻州市	33.88	1.52	60.31	2.23
阳泉市	23.64	1.06	25.37	0.94
朔州市	20.51	0.92	9.00	0.33
合计	2232.59	100	2705.05	100

图表9　国有资产经营规模分布结构表

经营规模	2009年国有资产(亿元)	2009年占国有资产总量比重(%)	2010年国有资产(亿元)	2010年占国有资产总量比重(%)
大型	1660.13	74.36	1548.25	57.24
中型	353.55	15.84	672.69	24.86
小型	218.89	9.80	484.11	17.90
合计	2232.57	100.00	2,705.05	100.00

三、企业资产质量、财务状况及经营成果分析

（一）资产质量

1. 资产构成结构合理，资产的流动性保持在合理的状态。

2010年国有企业的资产分布基本持续了年初的稳健态势，流动资产占总资产的49.25%，固定资产占总资产的26.74%，二者共占资产总额的75.99%。而无形资产占的比重依然较小，占总资产的6.47%，比年初的6.58%略有所降低，各项资产比重分析见图表10所示：

图表10　　各项资产比重分析表

资产项目	2010年初占总资产的比重	2010年末占总资产的比重	比重变化百分点
流动资产	47.06	49.25	2.19
固定资产	29.11	26.74	-2.37
无形资产	6.58	6.47	-0.11
非流动资产	52.94	50.75	-2.19
资产总计	100.00	100.00	0

2. 各项资产同比变动趋势呈良性态势，无形资产的比重稳步提高。

从趋势变动来分析，无形资产同比增长率较高，达到16.64%，但占总资产的比重依然很低，这与山西省属于能源、重工业基地，大多国有企业无形资产基数较低有关，但说明国有企业的持续增长力有所提高。流动资产和固定资产的趋势变动率基本与总资产的变动相协调。各项资产的变动趋势见图表11所示：

图表11　　各项资产变动趋势表

资产项目	2010年初数（亿元）	2010年末数（亿元）	增长额（亿元）	增长率（%）
流动资产	4537.86	5637.32	1099.46	24.23
固定资产	2807.07	3060.79	253.72	9.04
无形资产	634.66	740.25	105.59	16.64
非流动资产	5105.26	5808.20	702.94	13.77
资产总计	9643.12	11445.52	1802.40	18.69

3. 资产的营运继续保持较高的效率。

2010年国有企业固定资产投资占主营业务收入的10.82%，比2009年的11.26%下降0.44个百分点；国有企业总资产周转次数为0.76次，比2009年的0.66次，提高0.10次；流动资产周转次数为1.57次，比2009年的1.45次，提高0.12次；存货周转次数为8.60次，比2009年的6.94次，提高1.66次。

4. 科技支出继续大幅度增加。

2010年全省国有企业科技支出为107.73亿元，其中，研发费用支出达到91.60亿元，购买新技术、科研设备支出为11.68亿元，科技支出是2009年79.70亿元的1.35倍。技术投入比率（占主营业务收入净额的百分比）达到1.35%，比2009年的1.07%，增加0.28个百分点。表明国有企业的远期财务增长能力将大幅度提高。2006年以来技术投入比率变化见图表所示：

图表12　　技术投入比率变化图

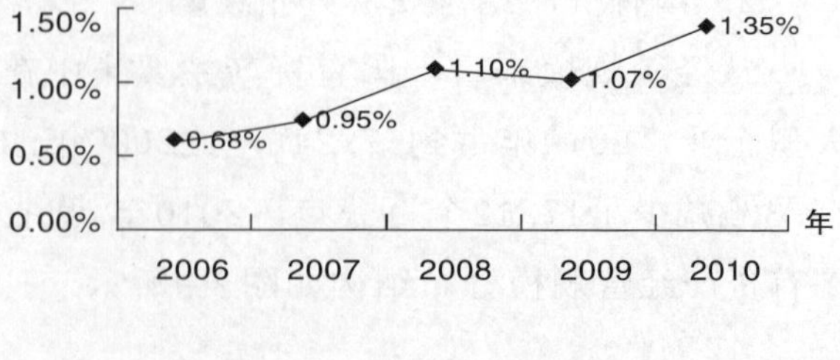

（二）财务状况分析

1. 流动比率继续保持合理水平，表明国有企业总体的短期偿债能力较好。

2010年国有企业流动资产5637.32亿元，速动资产4784.58亿元，流动负债为4862.02亿元，流动比率为1.16、速动比率为0.98，与2009年国有企业流动比率1.05、速动比率为0.89略有提高。

2. 总体资产负债率略有所上升，依然有27.83%的企业资不抵债。

2010年末，国有企业总资产为11，445.52亿元，比2009年的9593.20亿元增加1852.32亿元，增长率为19.31%，负债总额为7753.52亿元，比2009年的6458.27亿元增加1295.25亿元，增长率为20.06%，资产负债率为67.74%，比2009年的67.32%略有所提高。所有者权益为3692.01亿元，比2009年的3134.93亿元增加557.08亿元，增长率为17.77%，资产负债率变化见图表13所示：

图表13　　资产负债率变化图

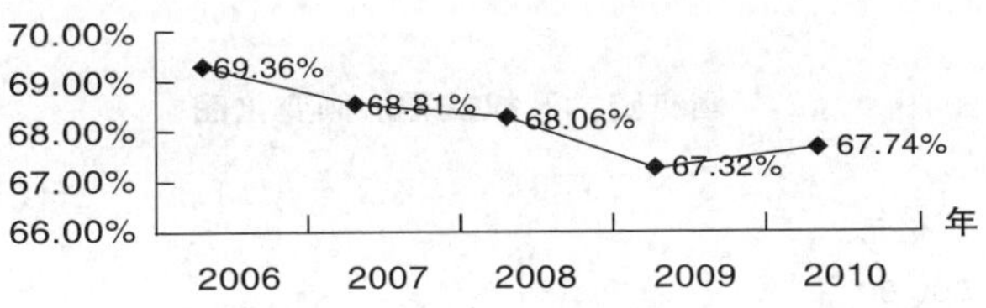

从单户企业分析，依然有1235户企业资产负债率高于100%，处于资不抵债，占总户数的27.83%；598户企业资产负债率在60%--100%之间；2605户企业资产负债率小于60%。

3. 现金流量充足，现金流动负债比率明显降低。

2010年末国有企业现金及现金等价物1586.84亿元，年初现金及现金等价物1459.24亿元，现金及现金等价物净增加额127.60亿元，增长率为8.74%。2010年现金及现金等价物净增加额中经营活动产生的现金流量净额459.84亿元，投资活动产生的现金流量净额-1046.70亿元，筹资活动产生的现金流量净额713.09亿元，汇率变动对现金及现金等价物的影响1.37亿元。

现金流动负债比率为9.46%，比2009年的13.25%，减少3.79个百分点。

（三）经营成果分析

1. 营业收入、营业利润和利润总额大幅增加。

2010年全省国有企业营业收入达到8422.75亿元，比2009年的6000.20亿元增加2，422.55亿元，增长率为40.37%，营业收入超过10亿元的单户企业196户，比2009年的120户增加76户。

营业利润实现414.35亿元，比2009年度的280.26亿元增加134.09亿元，增长率为47.84%。

利润总额达到428.17亿元，比2009年的296.44亿元增加131.73亿元，增长率为44.44%，利润总额超过亿元的单户企业112户。

2. 各项获利能力指标明显提高。

2010年国有企业利润增长率达到46.12%。净资产收益率（不含少数股东权益）为7.77%。成本费用利润率5.35%，成本费用总额占主营业务收入的比重94.94%。2006年以来各项获利能力指标变化见图表14、15、16、17、18所示：

图14　净资产收益率（不含少数股东权益）变化图

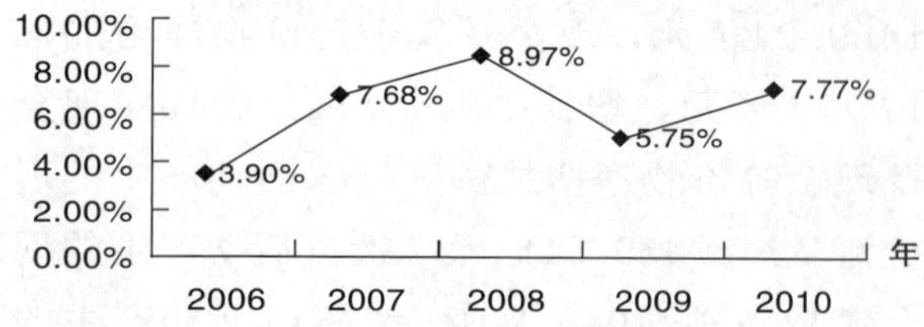

图15　总资产报酬率变化图

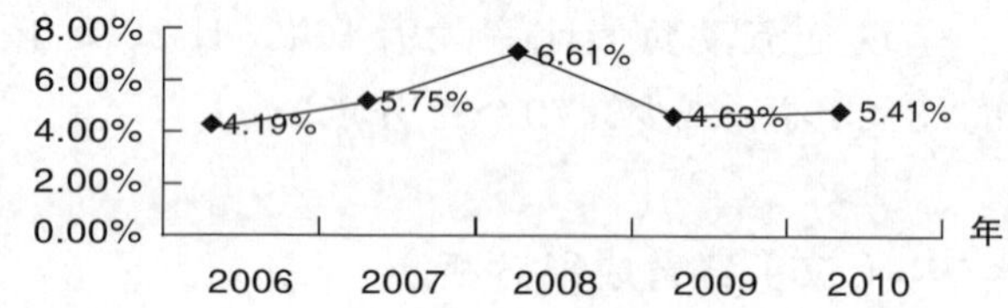

图16　利润增长率变化图

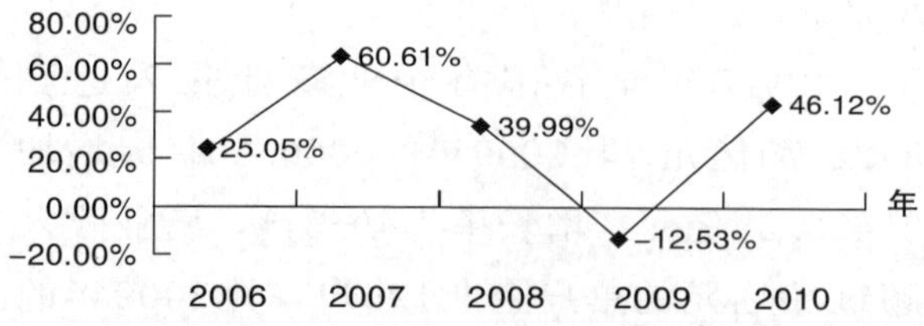

图17　成本费用利润率变化图

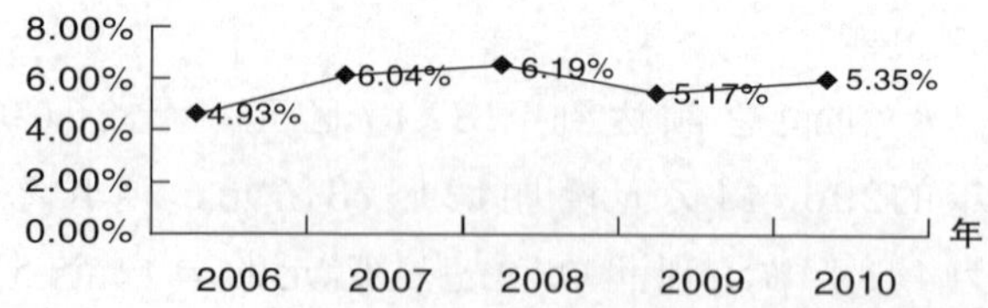

图18　成本费用总额占主营业务收入的比重变化图

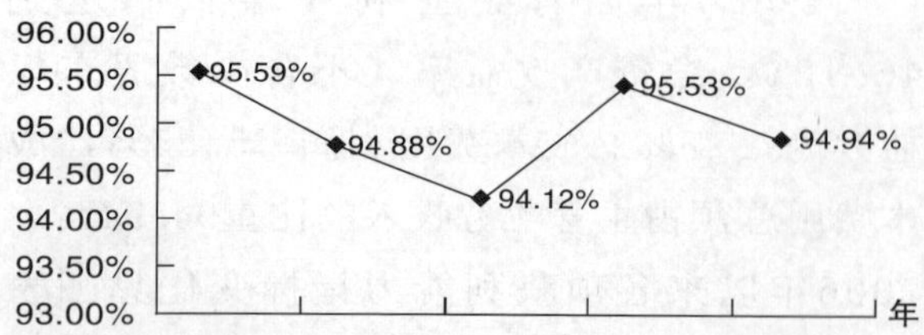

四、国有资产增减变动情况及其原因分析

2010年初国有资本及权益总额2,361.03亿元，本年国有资本及权益增加403.24亿元，国有资本及权益减少63.61亿元，年末国有资本及权益总额2700.66亿元，比年初国有资本及权益净增加339.63亿元，增长率为14.38%。年末其他国有资金4.39亿元，年末国有资产总量达到2705.05亿元。

国有资本及权益增加主要来源于国家、国有单位直接或追加投资和国有企业的经营积累，分别为达到370.32亿元、261.83亿元，占国有资本及权益增加额的比重分别为17.44%、64.93%。国有资本及权益减少主要为经营减值36.06亿元，占到国有资本及权益减少额的56.69%。

企业经营活动引起国有资本及权益的变动中企业经营积累261.83亿元，经营减值36.06亿元，增减相抵企业经营活动引起国有资本及权益的增加额为225.77亿元。

2006年以来国有资本及权益增加额变化见图表19所示：

图19　国有资本及权益增加额变化图

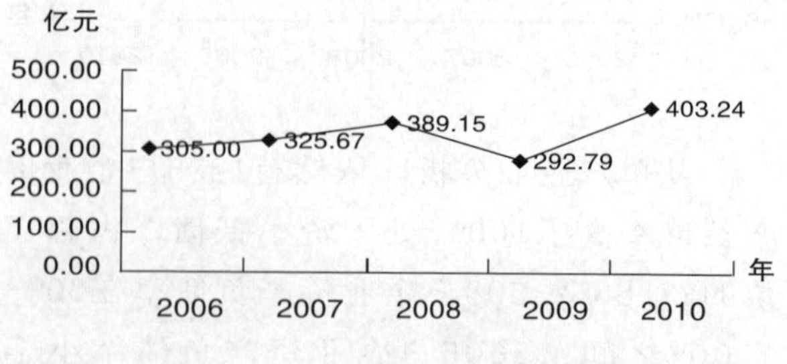

2006年以来国有资本及权益减少额变化见图表20所示：

图20　　国有资本及权益减少额变化图

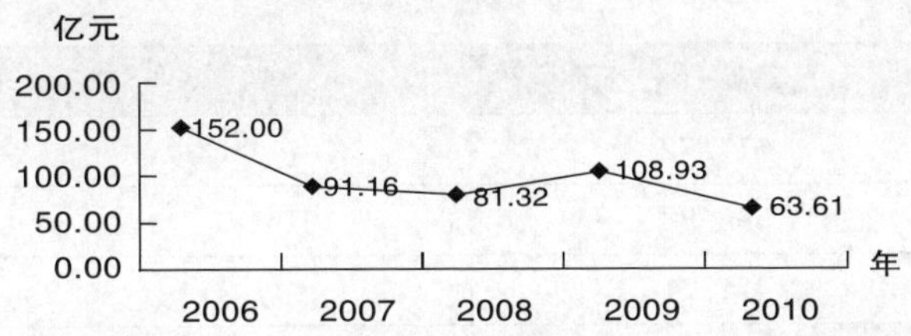

五、国有资产保值增值结果及其影响因素分析

全省国有企业连续实现国有资产的保值增值，保值增值的原因主要来源于国有企业经营增值，国有资产得到保全并持续增长，国有企业权益资本的稳定增加，保证了国有企业较高应付风险的能力和较强的持续发展能力。

（一）国有资产保值增值结果

总体实现资本保值增值。2010年全省国有企业保值增值率实现109.56%，比2009年的108.01%增加1.55百分点。2006年以来保值增值率见图表21所示：

图21　　保值增值率变化图

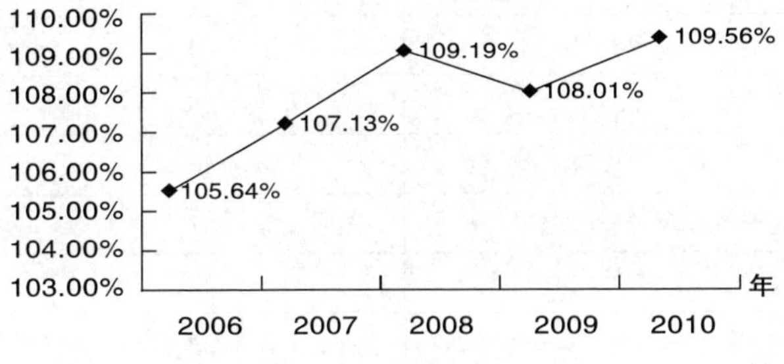

（二）国有资产保值增值影响因素分析

1.国有企业资本积累率继续保持较高的增长率，拉动国有资本的保值增值

2010年国有企业资本积累率为15.97%，比2009年的11.90%增长4.07个百分点。2010年末国有企业所有者权益为2804.31亿元(不含少数股东权益)，比年初的2449.39亿元增长354.92亿元。其中，实收资本增加64.21亿元，增长率为4.70%，资本公积增加65.76亿元，增长率为10.09%，盈余公积增加34.84亿元，增长率为25.07%，未分配利润增加136.92亿元。2006年以来国有企业的资本积累率见图表22所示：

图22　　资本积累率变化图

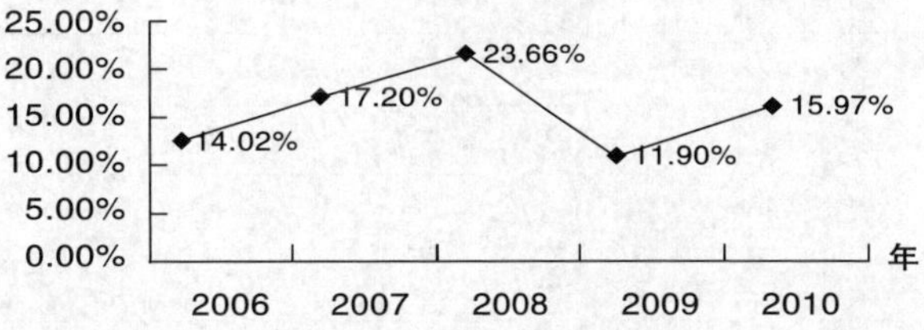

2.国有资本保值增值率主要来源于省属监管企业的贡献

从分布结构来看，省属监管企业实现109.65%的保值增值率，贡献国有资本及权益2033.73亿元；省属非监管企业保值增值为104.75%；市级及市级以下企业保值增值为112.11%。

附表：

附表1：2010年山西省国有单户企业资产总额前50名

附表2：2010年山西省国有单户企业销售收入前50名

附表3：2010年山西省国有单户企业利润总额前50名

附表4：2010年山西省国有单户企业实际上缴税金总额前50名

2010年山西省国有单户企业资产总额前50名

企业名称	资产总额（亿元）	名 次
大同煤矿集团有限责任公司	677.72	1
山西太钢不锈钢股份有限公司	593.83	2
山西晋城无烟煤矿业集团有限责任公司	471.21	3
阳泉煤业有限责任公司	420.16	4
太原钢铁有限公司	390.80	5
山西焦煤集团有限责任公司	349.18	6
山西煤炭运销集团有限公司	346.08	7
山西西山煤电股份有限公司	326.67	8
山西潞安矿业有限责任公司	304.85	9
山西汾西矿业有限责任公司	209.40	10
山西潞安环保能源开发股份有限公司	203.39	11
西山煤电有限责任公司	191.34	12
山西煤炭进出口集团有限公司	173.97	13
霍州煤电集团有限责任公司	157.06	14
太原重工股份有限公司	148.77	15
山西国阳新能股份有限公司	142.19	16
潞安集团财务有限公司	139.98	17
山西水务投资集团有限公司	130.96	18
山西国际电力集团有限公司	130.11	19
山煤国际能源集团股份有限公司	128.72	20
山西省交通建设开发投资总公司	108.83	21
大同煤业股份有限公司	103.85	22
山西兰花科技创业股份有限公司	101.59	23
山西漳泽电力股份有限公司	98.26	24
华晋焦煤有限责任公司	93.43	25
山西能源交通投资集团有限公司	91.38	26
阳泉煤业集团财务有限责任公司	91.07	27
山西太长高速公路有限责任公司	90.82	28
山西阳煤丰喜肥业(集团)有限责任公司	85.24	29
山西焦煤集团财务有限责任公司	81.14	30
山西煤炭运销集团临汾有限公司	78.95	31
山西国际能源集团有限公司	77.07	32

续表

企业名称	资产总额（亿元）	名 次
同煤大唐塔山煤矿有限公司	76.55	33
天脊煤化工集团股份有限公司	75.83	34
晋城蓝焰煤业股份有限公司	74.85	35
山西省经济建设投资公司	73.64	36
山西晋煤集团赵庄煤业有限责任公司	73.05	37
保德县桥头煤矿	71.73	38
晋煤集团财务有限公司	70.55	39
山西焦化股份有限公司	70.32	40
沁和能源集团有限公司	66.08	41
山西煤炭运销集团晋城有限公司	65.24	42
山西三维集团股份有限公司	62.96	43
山西离柳焦煤集团有限公司	61.76	44
山西三元煤业股份有限公司	56.66	45
山西兆丰铝业有限责任公司	56.49	46
北方铜业股份有限公司	56.40	47
山西新景矿煤业有限责任公司	54.26	48
太原煤气化股份有限公司	51.81	49
山西潞安集团余吾煤业有限责任公司	51.25	50

2010年山西省国有企业销售收入前50名

企业名称	销售收入（亿元）	名 次
山西太钢不锈钢股份有限公司	753.40	1
大同煤矿集团有限责任公司	408.76	2
山西焦煤集团有限责任公司	344.26	3
山西晋城无烟煤矿业集团有限责任公司	237.86	4
山西西山煤电股份有限公司	230.30	5
太原钢铁国际经济贸易有限公司	216.18	6
山西潞安环保能源开发股份有限公司	187.90	7
山西国阳新能股份有限公司	171.68	8
山西焦煤集团国际贸易有限责任公司	160.17	9

续表

企业名称	销售收入（亿元）	名 次
山西汾西矿业有限责任公司	151.02	10
山西潞安煤炭经销有限责任公司	146.36	11
山西潞安矿业有限责任公司	136.49	12
山西潞安矿业日照国贸有限公司	130.83	13
东方联合资源(香港)有限公司	126.39	14
山西国阳新能国际贸易有限公司	124.68	15
山西焦煤集团国际发展股份有限公司	117.93	16
西山煤电有限责任公司	116.66	17
太原钢铁有限公司	107.48	18
太钢进出口（香港）有限公司	104.34	19
太原重工股份有限公司	96.54	20
晋城市公路煤炭销售有限公司	84.97	21
阳泉煤业（集团）有限责任公司	79.94	22
山煤国际能源集团股份有限公司	74.02	23
晋城蓝焰煤业股份有限公司	71.07	24
太钢集团临汾钢铁有限公司	69.56	25
山西焦化股份有限公司	64.06	26
霍州煤电集团有限责任公司	62.19	27
同煤大唐塔山煤矿有限公司	60.10	28
山西煤炭运销集团临汾有限公司	59.71	29
山西煤炭运销集团阳泉盂县有限公司	56.68	30
山西煤炭运销集团吕梁柳林有限公司	55.48	31
山西新临钢钢铁有限公司	51.56	32
山西焦炭集团国际贸易有限公司	51.17	33
山西阳煤丰喜肥业有限责任公司	50.30	34
山西煤炭运销集团吕梁有限公司	48.20	35
山西国阳新能天元煤炭销售有限公司	45.51	36
大同煤业股份有限公司	45.15	37
山西省煤炭运销集团晋中南铁路煤炭销售有限公司	44.99	38
北方铜业股份有限公司	43.93	39
山西漳泽电力股份有限公司	42.50	40
山西煤炭运销集团长治襄垣有限公司	42.23	41

续表

企业名称	销售收入（亿元）	名 次
山西省煤炭运销集团晋东南铁路煤炭销售有限公司	42.00	42
阳泉太行投资管理有限责任公司	41.67	43
山西煤炭运销集团长治市长治县有限公司	40.88	44
山西兰花科技创业股份有限公司	40.42	45
山煤国际能源集团晋城有限公司	38.77	46
山西焦化集团有限公司	38.68	47
山西焦炭集团国内贸易有限公司	38.26	48
山西兆丰铝业有限责任公司	38.09	49
长平煤业有限责任公司	37.36	50

2010年山西省国有单户企业利润总额前50名

企业名称	利润总额（亿元）	名 次
山西晋城无烟煤矿业集团有限责任公司	47.10	1
山西西山煤电股份有限公司	36.83	2
山西潞安环保能源开发股份有限公司	36.35	3
山西太钢不锈钢股份有限公司	26.28	4
山西国阳新能股份有限公司	23.37	5
同煤大唐塔山煤矿有限公司	22.04	6
山西兰花科技创业股份有限公司	21.09	7
太原钢铁有限公司	19.85	8
保德县桥头煤矿	18.85	9
山西汾西矿业有限责任公司	16.27	10
山西三元煤业股份有限公司	15.88	11
晋城蓝焰煤业股份有限公司	14.56	12
山西省长治经坊煤业有限公司	14.54	13
沁和能源集团有限公司	12.63	14
山西潞安集团司马煤业有限公司	10.59	15
同煤国电同忻煤矿有限公司	10.55	16
山西潞安矿业有限责任公司	10.40	17
大同煤业股份有限公司	10.40	18

续表

企业名称	利润总额（亿元）	名次
山西潞安集团余吾煤业有限责任公司	8.51	19
霍州煤电集团有限责任公司	7.53	20
山西杏花村汾酒厂股份有限公司	7.27	21
太原重工股份有限公司	6.72	22
乡宁县毛则渠煤炭有限公司	6.06	23
山西大平煤业有限公司	6.02	24
山西襄矿晋平煤业有限公司	6.01	25
晋城市公路煤炭销售有限公司	5.35	26
山西新景矿煤业有限责任公司	5.13	27
山东联盟化工股份有限公司	5.12	28
阳泉太行投资管理有限责任公司	5.06	29
乡宁县地方国营台头煤矿	4.68	30
山西长治王庄煤业有限责任公司	4.49	31
山西神州煤业有限责任公司	3.91	32
山西杏花村汾酒销售有限责任公司	3.88	33
武乡县马堡煤矿	3.81	34
山西襄垣县七一煤矿	3.79	35
霍州煤电集团吕梁山煤电有限公司	3.53	36
山煤国际能源集团股份有限公司	3.52	37
湖北三宁化工股份有限公司	3.48	38
山西兰花集团东峰煤矿有限公司	3.48	39
山西新元煤炭有限责任公司	3.45	40
山西能源交通投资集团有限公司	3.34	41
山西省高平市新庄煤矿	3.33	42
山西省交通建设开发投资总公司	3.30	43
长平煤业有限责任公司	3.11	44
阳城县竹林山煤炭有限责任公司	2.86	45
山西地方电力股份有限公司	2.84	46
西山煤电有限责任公司	2.81	47
山西三元福达煤业有限公司	2.80	48
山西潞安矿业集团慈林山煤业有限公司	2.68	49
山西晋中路桥建设集团有限公司	2.62	50

2010年山西省国有单户企业实际上交税金前50名

企业名称	上缴税金（亿元）	名次
山西西山煤电股份有限公司	36.38	1
阳泉煤业有限责任公司	26.75	2
山西潞安环保能源开发股份有限公司	26.21	3
大同煤矿集团有限责任公司	25.02	4
山西晋城无烟煤矿业集团有限责任公司	23.70	5
山西国阳新能股份有限公司	23.58	6
晋城蓝焰煤业股份有限公司	21.09	7
山西汾西矿业有限责任公司	18.95	8
西山煤电有限责任公司	17.97	9
同煤大唐塔山煤矿有限公司	13.37	10
山西兰花科技创业股份有限公司	12.03	11
大同煤业股份有限公司	11.90	12
霍州煤电集团有限责任公司	10.47	13
山西三元煤业股份有限公司	8.83	14
山西杏花村汾酒厂股份有限公司	8.64	15
保德县桥头煤矿	8.61	16
山西太钢不锈钢股份有限公司	8.47	17
山西新景矿煤业有限责任公司	8.11	18
长平煤业有限责任公司	7.59	19
霍州煤电集团吕梁山煤电有限公司	7.26	20
山西潞安集团余吾煤业有限责任公司	6.81	21
同煤国电同忻煤矿有限公司	6.79	22
太原重工股份有限公司	6.61	23
太原钢铁有限公司	6.33	24
晋城市公路煤炭销售有限公司	6.28	25
山西省长治经坊煤业有限公司	6.08	26
山西潞安集团司马煤业有限公司	6.07	27
阳泉太行投资管理有限责任公司	6.02	28
山西汾河焦煤股份有限公司	5.75	29
山西地方电力股份有限公司	5.54	30
山西新元煤炭有限责任公司	5.16	31

续表

企业名称	上缴税金（亿元）	名 次
山西汾西新阳煤业有限责任公司	5.01	32
太原煤气化股份有限公司	4.76	33
山西汾西新峪煤业有限责任公司	4.44	34
华晋焦煤有限责任公司	4.15	35
山西晋煤集团赵庄煤业有限责任公司	3.99	36
沁和能源集团有限公司	3.91	37
山西襄矿晋平煤业有限公司	3.74	38
山西省煤炭运销集团晋中南铁路煤炭销售有限公司	3.73	39
山西阳煤寺家庄煤业有限责任公司	3.57	40
山西大平煤业有限公司	3.41	41
大同煤矿集团轩岗煤电有限责任公司	3.22	42
山西平舒煤业有限公司	3.09	43
山西杏花村汾酒销售有限责任公司	3.07	44
乡宁县毛则渠煤炭有限公司	2.97	45
山西襄垣县七一煤矿	2.82	46
山西长治王庄煤业有限责任公司	2.75	47
山西煤炭运销集团阳泉有限公司	2.54	48
乡宁县地方国营台头煤矿	2.51	49
山西潞安矿业集团慈林山煤业有限公司	2.48	50

山西省省属企业财务情况分析

2010年省属监管企业深入贯彻落实科学发展观，各项工作都取得了新的进展。面对复杂的国内外经济环境对企业经营发展带来的重大影响，在国家各项宏观调控政策措施引导下，在省委、省政府正确领导下，积极寻求危机应对策略，着力推进各项工作，在危机中寻找机遇获取发展空间，经济发展总体仍呈现出上升态势。

一、监管企业总体运营特点

（一）监管企业总体运营效率稳中有升，呈现出营业收入、净资产同步增长、资产质量不断改善的态势，监管企业在全省国民经济中的中坚力量和骨干作用进一步呈现

1.资产总额持续增长，企业规模不断扩大。截至2010年底，资产总额达到8,882.54亿元，占全省国有企业的77.62%，比2009年增长20.41%。比国资委成立时的2004年增长256.90%，平均每年增长28.54%。资产的增长一方面来源于企业利润增长等因素导致的权益增长，另一方面来源于企业规模扩张引起的负债增长。

截至2010年底，所有者权益达到2,873.28亿元，比2009年增长17.09%，占全省国有及国有控股企业（3,692.01亿元）的77.82%。其中未分配利润增加80.31亿元，增长37.01%。到2010年底，负债总额达到6009.26亿元，其中长短期借款2,596.70亿元，比2009年增加409.71亿元，增长18.73%。随着煤炭资源整合的完成，新收购矿井的开工建设，负债还会呈持续上升的态势。2010年34户监管企业的平均资产负债率为67.65%，处于较合理的水平。但需要引起关注的是监管企业中部分企业的资产负债率已超过80%，其中山西建筑工程（集团）总公司96.15%，山西省国有资产经营有限责任公司92.28%，山西省医药集团有限责任公司87.14%，山西煤炭进出口集团有限公司85.41%，山西省国新能源发展集团有限公司83.58%。

2.收入、效益稳步增长。2010年度，省属监管企业收入达到7,419.79亿元，比2009年度增长43.47%（其中实现主营业务收入7,020.40亿元，比上年增长40.11%），占全省国有及国有控股企业(8,001.62亿元)的88.09%。其中收入排名前十户的企业有太原钢铁（集团）有限公司、山西煤炭运销集团有限公司、山西焦煤集团有限责任公司、山西潞安矿业（集团）有限责任公司、阳泉煤业（集团）有限责任公司、山西晋城无烟煤矿业集团有限责任公司、大同煤矿集团有限责任公司、山西煤炭进出口集团有限公司、山西省国新能源发展集团有限公司、山西省焦炭集团有限责任公司，收入的稳步增长，主要得益于煤炭企业煤炭价格的稳步上升，以及近年来，煤炭企业非煤产业的产能扩张和兼并重组。其中煤化工行业占到总收入的51.28%。

2010年度实现利润318.86亿元，比上年增长39.58%，占全省国有及国有控股企业（428.17亿元）的74.47%。其中利润排名前十户的企业有山西焦煤集团有限责任公司、山西煤炭运销集团有限公司、山西晋城无烟煤矿业集团有限责任公司、山西潞安矿业（集团）有限责任公司、阳泉煤业（集团）有限责任公司、太原钢铁（集团）有限公司、大同煤矿集团有限责任公司、山西煤炭进出口集团有限公司、山西杏花村汾酒集团有限责任公司、太原重型机械集团有限公司。

（二）着力培育大企业集团，重点扶持能源、冶金和电力等产业领域，积极推进国有经济布局和结构调整

进一步加大整合力度，把山西省建设成为国家新型能源和工业基地，重点发展能源、金属材料等产业领域，推动国有资本向重点产业领域的大集团、大公司集中是省国有企业改革的重点。

大企业集团的规模效应明显提高。截止2010年底，资产超过百亿元的集团企业有12户：

金额单位：亿元

序号	单位名称	金额
1	焦煤集团	1,255.17
2	太钢集团	1,027.27
3	同煤集团	1,023.25
4	晋煤集团	1,002.79
5	阳煤集团	911.44
6	煤运集团	886.07
7	潞安集团	818.85
8	煤炭进出口	380.85
9	太重集团	221.39
10	国际电力	188.75
11	建工集团	121.03
12	天脊集团	109.02
	合计	7,945.88

上述12户企业的资产总额为7,945.88亿元，占到全部监管企业资产总额的89.46%；营业收入为6,765.69亿元，占到全部监管企业营业收入的91.18%；利润总额为292.18亿元，占到全部监管企业利润总额的91.63%。

重点产业领域更加集中。按行业划分，12户企业中煤炭工业5户、冶金工业1户、物资贸易2户、机械工业1户、建筑业1户、化学工业1户和电力工业1户。这些重点行业的大企业集团，规模效益好，具有持续赢利能力和抗风险能力，他们已成为山西省结构调整、产业升级的骨干和依托。

（三）企业管理水平进一步提高，风险意识加强，整体上的持续发展能力、长短期偿债能力和抗风险能力得到优化，资本结构更加合理，核心竞争能力大幅度提高，做

大、做强的基础得到夯实

2010年度，省属监管企业继续落实省政府《关于进一步加快推进国有企业改革的意见》，积极优化调整企业内部组织结构，完善法人治理结构，推动现代企业制度建设，管理水平进一步提高，为企业发展营造了良好的内部环境，取得了显著成绩。成本控制效果显著，成本费用利润率达到4.50%，比上年下降0.06个百分点；成本费用总额占主营业务收入的比率为95.46%，比上年增长0.40个百分点；长短期偿债能力和抗风险能力得到优化，流动比率达到1.21，已获利息倍数为3.64倍，资产负债率为67.65%，资本结构比较合理。资产负债率维持在较为合理的水平，已获利息倍数的大幅度增加和较为充足的经营活动现金净流量，保障了企业较高的收益质量和偿债能力。

（四）通过加大国有资产监管力度与监管企业改革的深化，确保了国有资本的保值增值

监管企业年初国有资本及权益总额1,791.59亿元，剔除客观因素后，年末国有资本及权益总额为1,964.48亿元，比年初增加172.89亿元，国有资本保值增值率为109.65%，实现了国有资产的保全和持续增长。国有企业权益资本的稳定增加，保证了企业较高抗风险能力和较强的持续发展能力。

（五）积极履行社会责任，上缴税费连创新高

2010年共对外捐赠4.01亿元，年末职工人数96万人，全年实际发放工资总额493.04亿元，本年应交税金总额586.23亿元，本年实际上缴税金总额583.85亿元。

（六）各项成本费用逐年增长，应积极采取降本增效措施

2010年度共发生各项管理费用481.70亿元，比2009年的366.27亿元增加115.43亿元。其中管理人员薪酬为174.46亿元，比2009年的127.4亿元增加47.06亿元。共发生业务招待费12.21亿元，比2009年增加2.55亿元。管理费用的持续增长，必然导致利润的下降。随着贷款规模的不断攀升，财务费用的支出惊人，2010年共占利润总额的36.41%。

（七）逾期应收款项比例上升，应积极采取措施以免形成坏账

截至2010年底，企业的应收款项达到1377.44亿元，比2009年增加346.48亿元。占资产总额的15.51%。其中三年以上177.78亿元，占期末应收款项的12.91%。逾期应收账款极易形成坏账，蚕食企业的利润。企业应高度重视做好应收款项的信用分级管理，及时清收到期应收款项。

（八）监管企业户数持续上升，增加集团公司的管理难度

2010年监管企业户数为34户。共包括1326家三级以上子公司。从今年的企业发展来看，子公司的户数呈持续上升态势，给集团公司的管理造成了困难。主要有以下几个方面：

1. 子企业户数、级次过多问题。针对子企业较多的情况，积极要求企业推行扁平化管理，减少子企业级次，实施主导产业板块化经营和相近业务专业化重组，突出抓好组织结构扁平化改造和人力资源科学化配置。集团公司加强对外长期股权投资的管理，特别是对二级以下子企业的对外投资行为严格控制，实行集团公司统一管理、审批，并对现有的三级以下子企业进行重组工作，努力压缩子企业层级和户数，以提高贵集团的管理效率。

2. 投资主体过多、交叉持股问题。部分集团公司近年来有大量新增子企业，有些子企业相互持股、或母公司与另外二级子企业、三级子企业投资另一个二级子企业，投资主体甚至多达二十家，使得投资人为复杂化，使得财务核算增加难度，或不能严格按企业会计准则——长期股权投资准则进行核算。集团内部的投资尽量简化投资主体，特别是要避免下级子企业投资上级子企业的投资。

3. 子公司制度建设问题。部分集团公司近年来收购了大量化工企业和小煤矿，其中大部分企业在收购前为民营企业，内控制度建设不完善，会计核算较为薄弱，加大了集团公司的管理难度。各监管企业在收购这类企业前加强调研工作，将其内控制度建设和会计基础作为重大影响事项来评估收购的可行性。如果其内控制度建设不完善，会计核算较为混乱，即使由于其他方面的考虑仍要进行收购，也应在收购后立即要求其限时完善内控制度，进行会计工作的整改。

总体来看，省属监管企业整体竞争力和发展的内在动力明显增强，经济效益显著提高。这些成绩的取得是省委、省政府的正确领导和省国资委各项改革与监管措施的进一步推进，企业认真贯彻党中央、国务院以及省委、省政府的一系列方针政策，以科学发展观为指导，紧紧围绕建设新型能源和工业基地，继续深化国有企业改革，积极推进国有经济布局和结构战略性调整的结果。

二、监管企业主要指标情况

（一）资产总额情况

2010年34户监管企业资产总额为88,825,440.97万元，其中煤炭工业企业的资产总额为51,103,254.99万元，占到省属监管企业资产总额的57.53%；冶金行业资产总额为10,998,016.23万元，占全部监管企业的12.38%。

各行业资产总额分布情况表

按行业划分	企业户数	资产总额（万元）	比重（%）
监管企业	34	88,825,440.97	100.00
煤炭工业	6	51,103,254.99	57.53
冶金工业	2	10,998,016.23	12.38
电力燃气工业	2	2,843,807.34	3.20
投资公司	9	2,615,831.44	2.94
化学工业	2	1,924,635.42	2.17
物资贸易	6	14,301,137.29	16.17
建筑业	1	1,210,304.37	1.36
机械工业	1	2,213,854.92	2.48
其他工业	1	240,848.44	0.26
地方铁路	1	394,248.33	0.43
道路运输业	1	333,862.62	0.37
商业贸易	1	141,065.53	0.15
酒和饮料制造业	1	504,574.05	0.56

（二）所有者权益情况

2010年34户监管企业所有者权益为28,732,791.69万元。

各行业所有者权益总额分布情况表

按行业划分	企业户数	所有者权益（万元）	比重（%）
监管企业	34	28,732,791.69	100.00
煤炭工业	6	15,534,503.28	54.07
冶金工业	2	4,294,127.71	14.95
电力燃气工业	2	1,665,490.34	5.80
投资公司	9	2,078,997.28	7.24
化学工业	2	569,650.16	1.98
物资贸易	6	3,318,993.71	11.55
建筑业	1	46,554.61	0.16
机械工业	1	758,322.47	2.64
其他工业	1	18,602.45	0.06
地方铁路	1	86,740.82	0.30
道路运输业	1	69,579.57	0.24
商业贸易	1	18,135.78	0.06
酒和饮料制造业	1	273,093.51	0.95

（三）营业收入及主营业务收入情况

2010年34户监管企业实现营业收入74,197,940.71万元。其中煤炭工业的营业收入在各行业中比重最大，占到全部监管企业收入的50%左右，达到37,099,525.20万元。

各行业营业收入分布情况表

按行业划分	企业户数	营业收入（万元）	比重（%）
监管企业	34	74,197,940.71	100.00
煤炭工业	6	37,099,525.20	50.00
冶金工业	2	12,141,251.06	16.36
电力燃气工业	2	510,739.23	0.69
投资公司	9	193,535.54	0.26
化学工业	2	947,019.98	1.28
物资贸易	6	19,132,882.04	25.79
建筑业	1	1,405,680.18	1.89
机械工业	1	1,340,377.55	1.81
其他工业	1	53,116.12	0.07
地方铁路	1	93,912.83	0.13
道路运输业	1	488,797.93	0.66
商业贸易	1	252,404.83	0.34
酒和饮料制造业	1	538,698.22	0.73

各行业主营业务收入分布情况表

按行业划分	企业户数	主营业收入（万元）	比重（%）
监管企业	34	70,203,536.56	100.00
煤炭工业	6	34,193,658.49	48.71
冶金工业	2	11,488,632.47	16.36
电力燃气工业	2	497,780.71	0.71
投资公司	9	191,440.11	0.27
化学工业	2	921,776.01	1.31
物资贸易	6	18,785,458.04	26.76
建筑业	1	1,385,254.27	1.97
机械工业	1	1,333,792.64	1.90
其他工业	1	51,179.35	0.07
地方铁路	1	91,429.19	0.13
道路运输业	1	475,436.12	0.68
商业贸易	1	251,138.65	0.36
酒和饮料制造业	1	536,560.51	0.76

（四）利润总额情况

2010年34户监管企业实现利润3,188,625.97万元。

各行业利润总额分布情况表

按行业划分	企业户数	利润总额（万元）	比重（%）
监管企业	34	3,188,625.97	100.00
煤炭工业	6	1,907,140.06	59.81
冶金工业	2	267,071.06	8.38
电力燃气工业	2	66,176.62	2.08
投资公司	9	69,048.84	2.17
化学工业	2	-17,617.46	-
物资贸易	6	725,070.11	22.74
建筑业	1	1,578.66	0.05
机械工业	1	80,436.75	2.52
其他工业	1	-11,647.61	-
地方铁路	1	3,836.50	0.12
道路运输业	1	1,356.24	0.04
商业贸易	1	1,405.22	0.04
酒和饮料制造业	1	94,770.98	2.97

（五）净利润情况

2010年34户监管企业实现净利润2,114,699.36万元。

各行业净利润分布情况表

按行业划分	企业户数	净利润（万元）	比重（%）
监管企业	34	2,114,699.36	100.00
煤炭工业	6	1,189,488.57	56.25
冶金工业	2	207,391.02	9.81
电力燃气工业	2	48,686.40	2.30
投资公司	9	64,756.45	3.06
化学工业	2	-24,823.34	-

续表

按行业划分	企业户数	净利润（万元）	比重（%）
物资贸易	6	496,053.42	23.46
建筑业	1	1,038.75	0.05
机械工业	1	77,478.98	3.66
其他工业	1	-11,648.67	-
地方铁路	1	2,281.59	0.11
道路运输业	1	402.13	0.02
商业贸易	1	1,088.93	0.05
酒和饮料制造业	1	62,505.13	2.96

三、煤炭工业及所属单位主要指标

（一）财务效益状况

1.净资产收益率

煤炭工业净资产收益率情况图

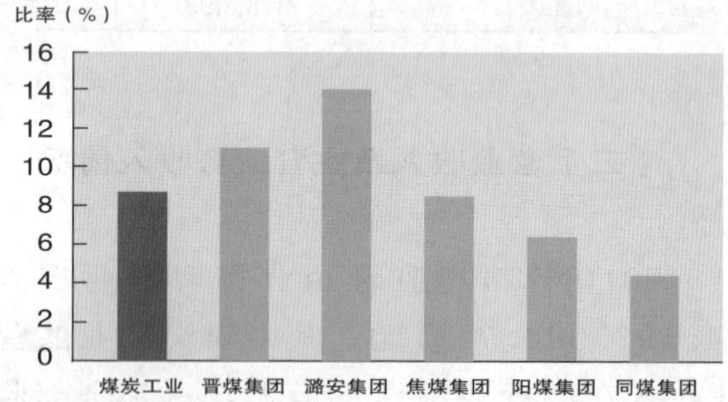

煤炭工业是我省的主要支柱产业，2010年省属煤炭工业净资产收益率为8.60%，比2009年的5.89%下降了2.71个百分点。各单位排序情况为：潞安集团（13.70%）、晋煤集团（10.09%）、焦煤集团（8.63%）、阳煤集团（6.32%）、同煤集团（3.44%）。

2. 总资产报酬率

煤炭工业总资产报酬率情况图

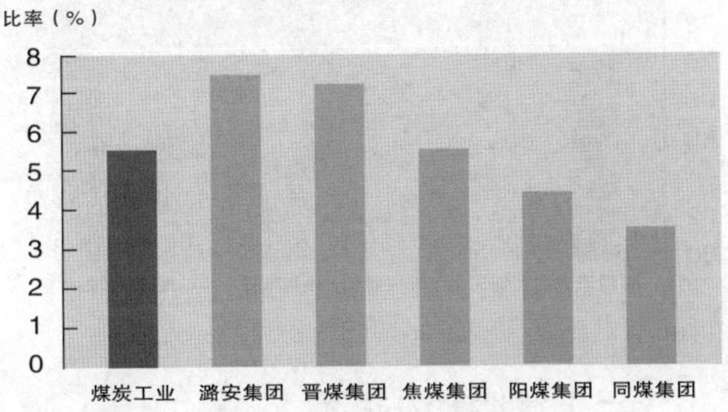

2010年省属煤炭工业总资产报酬率为5.63%，比2009年的5.82%下降了0.19个百分点。各单位排序情况为：潞安集团（7.36%）、晋煤集团（7.05%）、焦煤集团（5.58%）、阳煤集团（4.48%）、同煤集团（3.68%）。

3. 主营业务利润率

煤炭工业主营业务利润情况图

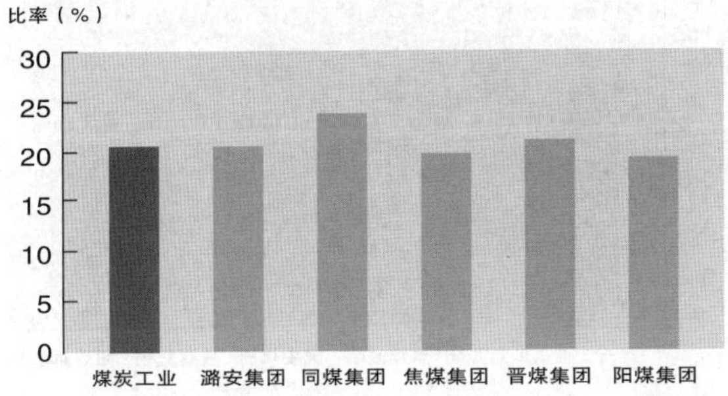

2010年省属煤炭工业主营业务利润率为20.54%。各单位排序情况为：同煤集团（24.09%）、晋煤集团（20.75%）、潞安集团（20.36%）、焦煤集团（19.00%）、阳煤集团（18.51%）。

4. 成本费用利润率

煤炭工业成本费用利润率情况图

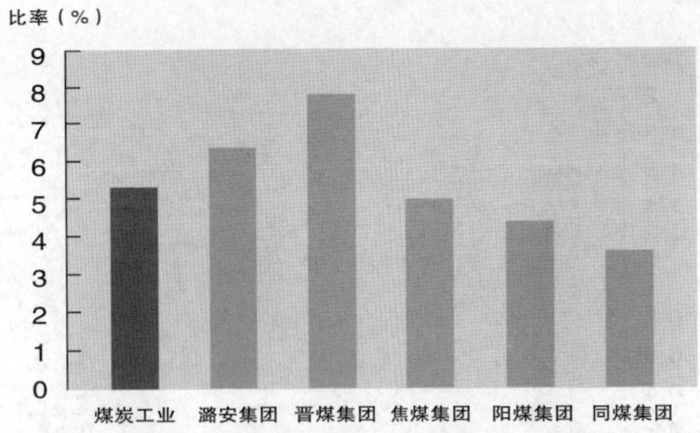

2010年省属煤炭工业成本费用利润率为5.40%。各单位排序情况为：晋煤集团（7.72%）、潞安集团（6.27%）、焦煤集团（5.10%）、阳煤集团（4.23%）、同煤集团（3.66%）。

（二）资产运营状况

1. 总资产周转率（次）

煤炭工业总资产周转率（次）情况图

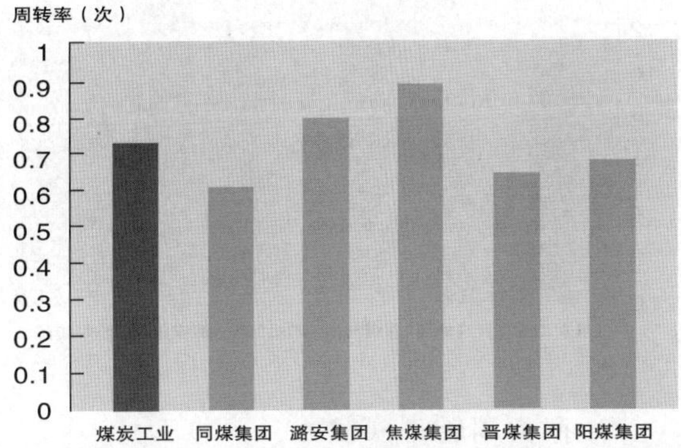

2010年省属企业煤炭工业总资产周转率为0.73次。各单位排序情况为：焦煤集团（0.92次）、潞安集团（0.79次）、阳煤集团（0.66次）、晋煤集团（0.65次）、同煤集团（0.61次）。

煤炭工业流动资产周转率（次）情况图

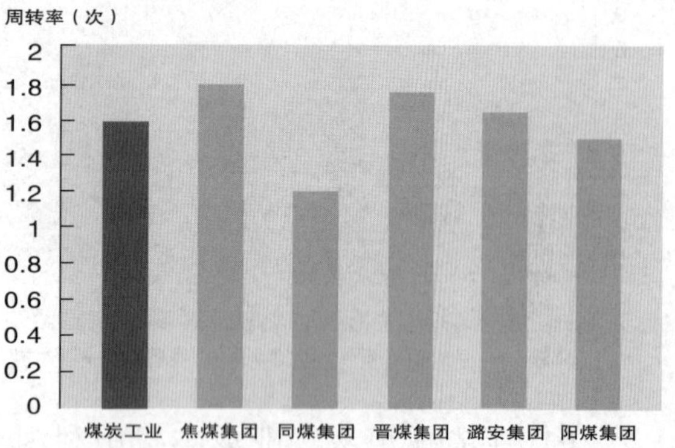

2. 流动资产周转率（次）

2010年省属煤炭工业流动资产周转率为1.59 次。各单位排序情况为：焦煤集团（1.80次）、晋煤集团（1.73次）、潞安集团（1.67次）、阳煤集团（1.52次）、同煤集团（1.24次）。

煤炭工业存货周转率（次）情况图

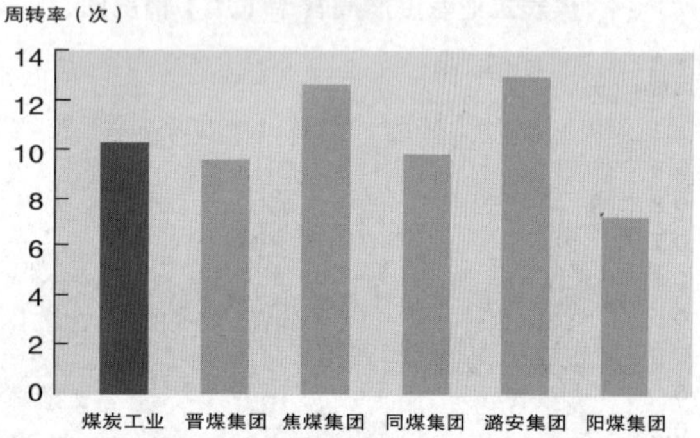

3. 存货周转率（次）

2010年省属煤炭工业存货周转率为10.47次。各单位排序情况为：潞安集团（12.62次）、焦煤集团（12.44次）、同煤集团（9.95次）、晋煤集团（9.70次）、阳煤集团（7.65次）。

煤炭工业资产负债率情况图

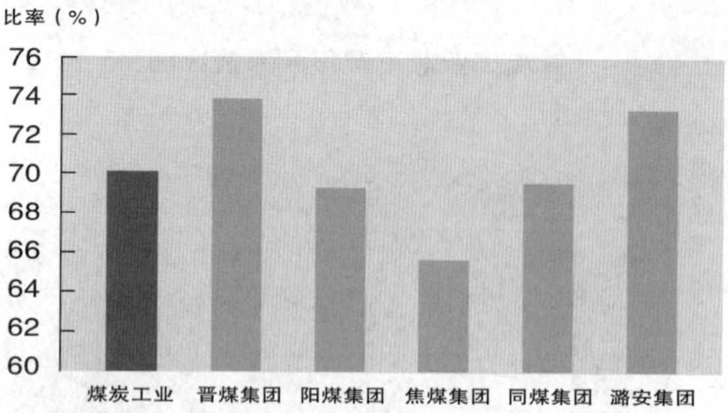

（三）偿债能力状况

1. 资产负债率

2010年省属煤炭工业资产负债率为70.22%。各单位排序情况为：晋煤集团（73.54%）、阳煤集团（69.42%）、潞安集团（73.04%）同煤集团（69.76%）、焦煤集团（65.33%）。

煤炭工业速动比率情况图

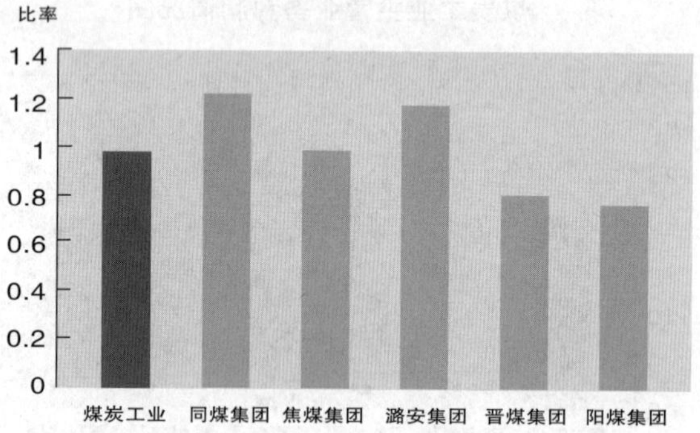

2. 速动比率

2010年监管企业煤炭工业速动比率为0.98。各单位排序情况为：同煤集团（1.25）、焦煤集团（0.98）、潞安集团（1.14）、晋煤集团（0.77）、阳煤集团（0.75）。

附表1

2010年34户省属监管企业按行业划分情况表

序号	行业分类	企业	单位名称
1	煤炭工业	1	山西焦煤集团有限责任公司
		2	大同煤矿集团有限责任公司
		3	山西晋城无烟煤矿业集团有限责任公司
		4	阳泉煤业（集团）有限责任公司
		5	山西潞安矿业（集团）有限责任公司
		6	太原煤炭气化（集团）有限责任公司
2	冶金工业	1	太原钢铁（集团）有限公司
		2	中条山有色金属集团有限公司
3	化学工业	1	太原化学工业集团有限公司
		2	山西天脊煤化工投资有限公司
4	建筑业	1	山西建筑工程（集团）总公司
5	物资贸易	1	山西煤炭进出口集团有限公司
		2	山西煤炭运销集团有限公司
		3	山西省物资产业集团有限责任公司
		4	山西省焦炭集团有限责任公司
		5	山西能源产业集团有限责任公司
		6	山西省国新能源发展集团有限公司
6	投资公司	1	山西省经济建设投资公司
		2	山西省经贸投资控股集团有限公司
		3	山西省煤炭资产经营有限责任公司
		4	山西金通投资管理有限公司
		5	山西省农业资产经营有限责任公司
		6	山西省科技基金发展总公司
		7	山西省国有资产经营公司
		8	山西省环境保护基金有限公司
		9	山西省能源交通投资集团有限公司
7	电力燃气工业	1	山西国际电力集团有限公司
		2	山西国际能源集团有限公司
8	机械工业	1	太原重型机械集团有限公司
9	地方铁路	1	山西地方铁路集团有限责任公司
10	商业贸易	1	山西省医药集团有限责任公司
11	酒和饮料制造业	1	山西杏花村汾酒集团有限责任公司
12	道路运输业	1	山西汽车运输集团有限公司
13	其他工业	1	山西省国有资产经营有限责任公司

附表2

2010年34户省属监管企业主要指标排序表

金额单位：万元

序号	资产总额		负债总额		所有者权益		其中:少数股东权益	
	监管汇总	88,825,440.97	监管汇总	60,092,649.27	监管汇总	28,732,791.69	监管汇总	8,371,041.30
1	焦煤集团	12,551,686.58	焦煤集团	8,199,640.10	焦煤集团	4,352,046.48	阳煤集团	1,456,435.01
2	太钢集团	10,272,741.05	晋煤集团	7,374,061.45	太钢集团	3,941,135.42	焦煤集团	1,239,336.76
3	同煤集团	10,232,487.76	同煤集团	7,138,478.25	同煤集团	3,094,009.51	太钢集团	1,117,115.41
4	晋煤集团	10,027,877.33	煤运集团	6,465,670.48	阳煤集团	2,787,455.41	晋煤集团	1,001,812.34
5	阳煤集团	9,114,444.64	太钢集团	6,331,605.63	晋煤集团	2,653,815.88	潞安集团	801,491.02
6	煤运集团	8,860,735.01	阳煤集团	6,326,989.23	煤运集团	2,395,064.53	同煤集团	702,683.27
7	潞安集团	8,188,489.66	潞安集团	5,980,638.64	潞安集团	2,207,851.02	太重集团	498,882.56
8	煤炭进出口	3,808,538.88	煤炭进出口	3,253,020.05	国际电力	1,045,027.89	煤运集团	367,845.30
9	太重集团	2,213,854.92	太重集团	1,455,532.45	太重集团	758,322.47	煤炭进出口	257,598.28
10	国际电力	1,887,463.80	建工集团	1,163,749.76	经建投	694,714.46	煤气化	220,496.16
11	建工集团	1,210,304.37	国际电力	842,435.92	能源交通	667,492.21	天脊集团	171,639.17
12	天脊集团	1,090,151.62	天脊集团	746,037.08	国际能源	620,462.45	国际电力	163,901.52
13	煤气化	988,269.02	国新能源	654,104.06	煤炭进出口	555,518.83	中条山	94,087.21
14	国际能源	956,343.54	太化集团	608,948.18	煤气化	439,324.98	汾酒集团	59,498.17
15	能源交通	913,786.86	煤气化	548,944.04	中条山	352,992.29	国际能源	55,565.02
16	太化集团	834,483.80	焦炭集团	393,735.85	天脊集团	344,114.54	太化集团	46,572.72
17	国新能源	782,605.07	中条山	372,282.89	汾酒集团	273,093.51	国新能源	36,890.42
18	经建投	767,693.20	国际能源	335,881.08	太化集团	225,535.62	焦炭集团	19,666.73
19	中条山	725,275.18	地方铁路	307,507.51	经贸投资	198,499.10	能源集团	19,039.68
20	焦炭集团	560,395.18	汽运集团	264,283.05	煤炭资产	189,243.21	地方铁路	17,655.74
21	汾酒集团	504,574.05	能源交通	246,294.65	焦炭集团	166,659.33	建工集团	13,359.65
22	地方铁路	394,248.33	汾酒集团	231,480.54	金通投资	147,994.04	汽运集团	9,942.17
23	汽运集团	333,862.62	国资有限	222,245.99	国资经营	131,166.41	物产集团	4,559.25
24	煤炭资产	269,845.83	能源集团	130,094.91	国新能源	128,501.01	经建投	4,484.29
25	经贸投资	242,901.41	医药集团	122,929.75	地方铁路	86,740.82	科技基金	2,040.53
26	国资有限	240,848.44	物产集团	85,518.23	汽运集团	69,579.57	煤炭资产	2,035.15
27	能源集团	176,364.79	煤炭资产	80,602.62	建工集团	46,554.61	国资经营	352.46
28	金通投资	167,308.53	经建投	72,978.73	能源集团	46,269.88	农业资产	92.45
29	医药集团	141,065.53	科技基金	54,560.67	科技基金	29,325.26	环保基金	33.85
30	国资经营	132,242.32	经贸投资	44,402.31	物产集团	26,980.13	能源交通	0.00
31	物产集团	112,498.36	金通投资	19,314.49	国资有限	18,602.45	金通投资	0.00
32	科技基金	83,885.94	农业资产	14,450.08	医药集团	18,135.78	经贸投资	0.00
33	农业资产	26,764.54	环保基金	3,154.69	农业资产	12,314.47	医药集团	-41.87
34	环保基金	11402.81	国资经营	1,075.91	环保基金	8,248.12	国资有限	-14,029.12

2010年34户省属监管企业主要指标排序表（续1）

金额单位：万元

序号	营业收入		利润总额		净利润		资产负债率（%）	
	监管汇总	74,197,940.71	监管汇总	3,188,625.97	监管汇总	2,114,699.36	监管汇总	67.65
1	太钢集团	11,654,838.00	焦煤集团	511181.27	焦煤集团	343206.97	建工集团	96.15
2	煤运集团	11,588,079.98	煤运集团	492746.91	煤运集团	342257.62	国资有限	92.28
3	焦煤集团	10,572,890.51	晋煤集团	450692.18	潞安集团	281776.26	医药集团	87.14
4	潞安集团	7,070,709.11	潞安集团	415211.03	晋煤集团	266,674.68	煤炭进出口	85.41
5	阳煤集团	6,520,181.06	阳煤集团	263320.87	太钢集团	194,044.68	国新能源	83.58
6	晋煤集团	6,239,736.89	太钢集团	251299.68	阳煤集团	162,106.42	汽运集团	79.16
7	同煤集团	6,180,733.52	同煤集团	215584.77	煤炭进出口	120,323.96	地方铁路	78.00
8	煤炭进出口	4,062,147.01	煤炭进出口	185248.44	同煤集团	102,425.99	物产集团	76.02
9	国新能源	1,557,373.84	汾酒集团	94770.98	太重集团	77,478.98	能源集团	73.76
10	焦炭集团	1,509,236.96	太重集团	80436.75	汾酒集团	62,505.13	晋煤集团	73.54
11	建工集团	1,405,680.18	煤气化	51149.94	国际电力	35,678.19	潞安集团	73.04
12	太重集团	1,340,377.55	国际电力	47415.38	能源交通	33,390.45	太化集团	72.97
13	汾酒集团	538,698.22	能源交通	33390.45	煤气化	33,298.25	煤运集团	72.97
14	天脊集团	517,721.03	国新能源	24151.4	国新能源	17,607.92	焦炭集团	70.26
15	国新能源	515,274.11	焦炭集团	20058.28	焦炭集团	13,963.68	同煤集团	69.76
16	经建投	503,837.60	国际能源	18761.24	煤炭资产	13,888.50	阳煤集团	69.42
17	汽运集团	488,797.93	中条山	15771.38	中条山	13,346.34	天脊集团	68.43
18	焦炭集团	486,413.06	煤炭资产	15133.65	国际能源	13,008.21	太重集团	65.75
19	汾酒集团	429,298.95	经建投	11311.24	经建投	9,862.81	焦煤集团	65.33
20	地方铁路	290,760.78	天脊集团	7118.03	经贸投资	5,081.80	科技基金	65.04
21	汽运集团	252,404.83	经贸投资	6526.26	地方铁路	2,281.59	太钢集团	61.64
22	能源集团	125,283.47	地方铁路	3836.5	金通投资	1,307.29	煤气化	55.55
23	经贸投资	102,855.22	物产集团	1827.03	物产集团	1,229.28	农业资产	53.99
24	地方铁路	93,912.83	建工集团	1578.66	医药集团	1,088.93	中条山	51.33
25	国资有限	53,116.12	医药集团	1405.22	建工集团	1,038.75	汾酒集团	45.88
26	经建投	46,692.21	汽运集团	1356.24	科技基金	805.35	国际电力	44.63
27	煤炭资产	22,632.19	金通投资	1307.29	天脊集团	684.65	国际能源	35.12
28	农业资产	8,788.88	能源集团	1038.05	能源集团	670.96	煤炭资产	29.87
29	国际能源	6,901.63	科技基金	873.08	汽运集团	402.13	环保基金	27.67
30	国资经营	6200.96	国资经营	279.63	国资经营	211.02	能源交通	26.95
31	科技基金	3331.71	农业资产	176.66	农业资产	171.29	经贸投资	18.28
32	金通投资	2572.47	环保基金	50.58	环保基金	37.94	金通投资	11.54
33	环保基金	461.9	国资有限	-11647.61	国资有限	-11,648.67	经建投	9.51
34	能源交通	0.0	太化集团	-24735.49	太化集团	-25,507.99	国资经营	0.81

2010年34户省属监管企业主要指标排序表（续2）

序号	总资产报酬率（%）		净资产收益率（%）		主营业务利润率（%）		成本费用利润率（%）		成本费用总额占主营业务收入比率（%）	
	监管汇总	5.40	监管汇总	7.89	监管汇总	14.80	监管汇总	4.50	监管汇总	95.46
1	汾酒集团	21.98	汾酒集团	25.73	金通投资	98.73	能源交通	269.47	国际能源	154.86
2	煤运集团	8.18	煤炭进出口	24.47	科技基金	97.38	国际能源	175.54	国资有限	114.73
3	煤炭进出口	7.56	国新能源	15.67	环保基金	92.90	金通投资	146.93	太化集团	106.48
4	能源交通	7.54	煤运集团	15.52	煤炭资产	54.46	煤炭资产	86.15	农业资产	105.03
5	潞安集团	7.36	潞安集团	13.70	汾酒集团	36.49	科技基金	44.40	国资经营	101.43
6	晋煤集团	7.05	太重集团	12.14	经建投	28.29	经建投	29.07	汽运集团	100.24
7	煤气化	6.47	晋煤集团	10.90	国资经营	26.17	汾酒集团	20.76	天脊集团	100.00
8	煤炭资产	6.25	焦炭集团	8.74	煤气化	25.24	环保基金	12.57	建工集团	99.93
9	焦煤集团	5.86	焦煤集团	8.63	同煤集团	24.09	煤气化	11.13	能源集团	99.68
10	太重集团	4.86	煤气化	7.83	晋煤集团	20.75	国际电力	9.94	物产集团	99.55
11	国新能源	4.75	煤炭资产	7.59	潞安集团	20.36	晋煤集团	7.72	医药集团	99.40
12	阳煤集团	4.48	能源交通	6.90	焦煤集团	19.00	经贸投资	6.65	焦炭集团	99.37
13	焦炭集团	4.27	阳煤集团	6.32	阳煤集团	18.51	太重集团	6.41	国新能源	98.60
14	太钢集团	4.07	医药集团	6.15	国际电力	18.14	潞安集团	6.27	中条山	98.40
15	国新能源	3.70	太钢集团	5.13	地方铁路	15.37	焦煤集团	5.10	太钢集团	96.58
16	经建投	3.68	物产集团	4.62	太重集团	15.14	煤炭进出口	4.78	阳煤集团	95.41
17	物产集团	3.64	中条山	4.00	国新能源	13.87	煤运集团	4.46	同煤集团	95.41
18	焦炭集团	3.27	国际电力	3.59	天脊集团	13.78	国资经营	4.45	经贸投资	95.39
19	汾酒集团	3.11	同煤集团	3.44	经贸投资	11.08	地方铁路	4.29	煤炭进出口	95.34
20	地方铁路	2.38	科技基金	2.87	煤运集团	10.09	阳煤集团	4.23	煤运集团	95.28
21	汽运集团	2.26	地方铁路	2.67	煤炭进出口	9.42	同煤集团	3.66	地方铁路	95.16
22	医药集团	1.95	经贸投资	2.55	国资有限	9.38	中条山	3.30	焦煤集团	94.86
23	科技基金	1.81	建工集团	2.38	太钢集团	7.77	太钢集团	2.23	国际电力	94.67
24	经建投	1.53	国际能源	2.15	中条山	7.25	农业资产	1.91	潞安集团	93.72
25	地方铁路	1.52	能源集团	1.51	农业资产	6.64	国新能源	1.57	太重集团	93.62
26	汽运集团	1.35	经建投	1.43	医药集团	6.59	天脊集团	1.37	晋煤集团	93.61
27	金通投资	0.79	农业资产	1.40	能源集团	6.28	焦炭集团	1.34	煤气化	89.18
28	能源集团	0.77	金通投资	0.89	建工集团	5.60	能源集团	0.83	环保基金	87.10
29	农业资产	0.69	汽运集团	0.58	汽运集团	5.33	物产集团	0.63	汾酒集团	84.72
30	环保基金	0.51	环保基金	0.46	物产集团	2.65	医药集团	0.56	经建投	83.32
31	建工集团	0.50	天脊集团	0.20	太化集团	2.51	汽运集团	0.28	煤炭资产	77.62
32	国资经营	0.21	国资经营	0.16	焦炭集团	0.91	建工集团	0.11	科技基金	59.03
33	太化集团	-1.40	太化集团	-10.72	能源交通	0.00	太化集团	-5.41	金通投资	34.59
34	国资有限	-4.92	国资有限	-49.4	国际能源	-13.42	国资有限	-19.11	能源交通	0

2010年34户省属监管企业主要指标排序表（续3）

序号	销售（营业）增长率（%）		总资产周转率（次）		流动资产周转率（次）		存货周转率（次）		应收账款周转率（次）		速动比率（%）	
	监管汇总	43.47	监管汇总	0.86	监管汇总	1.78	监管汇总	9.93	监管汇总	15.27	监管汇总	1.02
1	国资经营	195.59	物产集团	3.07	物产集团	4.39	农业资产	190.87	中条山	176.29	金通投资	9.49
2	农业资产	151.10	焦炭集团	2.68	焦炭集团	3.87	物产集团	67.83	国资经营	133.22	国资经营	5.01
3	潞安集团	116.89	国新能源	2.03	汽运集团	3.87	科技基金	38.74	农业资产	130.41	经贸投资	3.10
4	科技基金	111.56	医药集团	1.91	太钢集团	3.68	焦炭集团	34.48	汾酒集团	52.53	能源交通	2.74
5	物产集团	106.95	汽运集团	1.50	国新能源	3.51	国新能源	33.65	晋煤集团	50.00	煤炭资产	2.23
6	煤炭进出口	89.55	煤运集团	1.45	医药集团	2.21	经贸投资	32.89	太钢集团	38.64	环保基金	2.13
7	国新能源	83.81	煤炭进出口	1.28	煤运集团	1.91	煤运集团	28.76	潞安集团	30.02	煤运集团	2.03
8	中条山	72.78	建工集团	1.27	煤炭进出口	1.82	国际电力	28.30	天脊集团	28.92	农业资产	1.84
9	经贸投资	67.52	汾酒集团	1.21	焦煤集团	1.80	汽运集团	25.28	汽运集团	27.05	煤炭进出口	1.51
10	阳煤集团	62.68	太钢集团	1.10	晋煤集团	1.73	煤炭资产	24.19	环保基金	25.12	经建投	1.28
11	环保基金	62.30	焦煤集团	0.92	地方铁路	1.71	地方铁路	22.98	经建投	23.29	同煤集团	1.25
12	国资有限	61.38	潞安集团	0.79	潞安集团	1.67	煤炭进出口	14.98	焦煤集团	20.79	潞安集团	1.14
13	煤运集团	59.75	能源集团	0.72	汾酒集团	1.60	国资经营	12.69	煤炭进出口	18.69	太重集团	1.13
14	同煤集团	44.61	中条山	0.70	阳煤集团	1.52	潞安集团	12.62	煤运集团	17.54	汾酒集团	1.12
15	国新能源	41.87	太重集团	0.68	煤气化	1.47	焦煤集团	12.44	金通投资	17.24	焦炭集团	1.01
16	经建投	37.49	阳煤集团	0.66	建工集团	1.39	医药集团	12.07	焦炭集团	16.00	煤气化	1.00
17	焦煤集团	36.47	晋煤集团	0.65	国际电力	1.33	同煤集团	9.95	物产集团	15.67	国际能源	1.00
18	焦炭集团	34.97	同煤集团	0.61	同煤集团	1.24	晋煤集团	9.70	同煤集团	15.64	焦煤集团	0.98
19	汾酒集团	29.55	煤气化	0.55	天脊集团	1.22	阳煤集团	7.65	国新能源	15.61	能源集团	0.95
20	地方铁路	25.50	天脊集团	0.50	中条山	1.22	能源集团	7.61	国际电力	13.28	物产集团	0.94
21	汽运集团	33.87	太化集团	0.49	能源集团	1.00	建工集团	7.44	阳煤集团	12.27	国际电力	0.93
22	晋煤集团	22.64	经贸投资	0.43	太化集团	1.00	太钢集团	6.69	煤气化	9.33	科技基金	0.92
23	建工集团	22.55	农业资产	0.34	农业资产	0.97	煤气化	6.68	经贸投资	8.88	国新能源	0.91
24	煤气化	19.69	国际电力	0.29	国资经营	0.90	国资有限	4.44	国际能源	8.68	医药集团	0.89
25	太化集团	18.10	地方铁路	0.24	太重集团	0.88	天脊集团	4.31	煤炭资产	8.27	建工集团	0.81
26	医药集团	17.93	国资有限	0.22	经贸投资	0.86	太化集团	3.88	太化集团	5.51	天脊集团	0.78
27	金通投资	17.30	煤炭资产	0.08	经建投	0.57	太重集团	3.69	能源集团	5.38	晋煤集团	0.77
28	经建投	16.51	经建投	0.06	国资有限	0.52	汾酒集团	2.39	地方铁路	4.95	阳煤集团	0.75
29	焦炭集团	16.49	国资经营	0.05	金通投资	0.32	中条山	1.93	医药集团	4.28	太化集团	0.58
30	太钢集团	14.98	科技基金	0.04	煤炭资产	0.16	经建投	1.18	建工集团	2.56	国资有限	0.51
31	天脊集团	7.56	环保基金	0.04	科技基金	0.07	国际能源	0.20	太重集团	1.92	中条山	0.50
32	能源交通	0.00	金通投资	0.02	环保基金	0.07	能源交通	0.00	国资有限	1.58	地方铁路	0.49
33	能源集团	-1.06	国际能源	0.01	国际能源	0.03	环保基金	0.00	科技基金	0.00	汽运集团	0.48
34	国际能源	-37.95	能源交通	0.00	能源交通	0.00	金通投资	0.00	能源交通	0.00	太钢集团	0.46

2010年34户省属监管企业主要指标排序表（续4）

序号	流动比率（%）		人均利润（元/人）		人工成本占主营业务收入的比率（%）		人工成本占成本费用总额的比率（%）		全年职工人均工资（元/人）	
	监管汇总	1.21	监管汇总	33,467.81	监管汇总	10.22	监管汇总	10.13	监管汇总	48,273.93
1	金通投资	9.49	能源交通	11,925,159.28	环保基金	48.84	环保基金	52.14	能源交通	82,751.04
2	国资经营	5.59	煤炭资产	507,840.46	国际能源	37.71	金通投资	35.31	金通投资	75,051.47
3	经贸投资	3.20	金通投资	421,707.32	地方铁路	26.28	地方铁路	26.89	焦煤集团	68,280.08
4	能源交通	2.74	国际能源	347,430.40	煤气化	24.49	煤气化	26.05	科技基金	66,457.93
5	煤炭资产	2.23	经贸投资	196,573.95	国资有限	22.93	国际能源	24.34	潞安集团	62,979.14
6	煤运集团	2.16	煤炭进出口	185,415.32	同煤集团	19.27	科技基金	23.41	煤炭进出口	62,330.06
7	环保基金	2.13	科技基金	171,192.92	焦煤集团	18.22	同煤集团	19.30	经贸投资	58,549.55
8	农业资产	1.84	经建投	148,052.82	阳煤集团	17.36	国资有限	19.26	农业资产	56,734.50
9	经建投	1.75	国新能源	116,168.37	科技基金	14.52	焦煤集团	18.91	煤气化	53,253.34
10	汾酒集团	1.71	汾酒集团	113,416.68	晋煤集团	13.84	阳煤集团	15.65	太重集团	49,251.31
11	煤炭进出口	1.71	煤运集团	76,380.66	潞安集团	12.84	晋煤集团	14.34	煤炭资产	48,035.22
12	中条山	1.40	国际电力	58,364.57	金通投资	12.21	汾酒集团	12.40	阳煤集团	46,485.07
13	太重集团	1.38	潞安集团	57,537.14	国际电力	11.05	国际电力	11.49	汾酒集团	45,950.67
14	同煤集团	1.37	太重集团	54,242.87	国资经营	11.03	煤炭资产	11.28	同煤集团	45,446.87
15	国新能源	1.28	焦炭集团	51,816.78	汾酒集团	10.55	潞安集团	11.16	国新能源	44,479.43
16	经建投	1.18	太钢集团	37,857.74	煤炭资产	9.42	国资经营	10.86	煤运集团	43,460.60
17	焦炭集团	1.15	物产集团	37,670.76	天脊集团	8.89	太重集团	8.92	晋煤集团	42,963.94
18	焦炭集团	1.12	晋煤集团	37,177.23	太重集团	8.4	天脊集团	8.79	物产集团	42,805.30
19	汾酒集团	1.07	煤气化	32,925.61	中条山	8.12	中条山	7.93	太钢集团	40,139.06
20	地方铁路	1.05	农业资产	32,715.37	经建投	6.4	经建投	7.64	国际电力	39,237.96
21	汽运集团	1.04	焦煤集团	29,015.05	太化集团	6.3	太化集团	5.66	国际能源	37,982.99
22	国新能源	1.01	中条山	22,517.68	汽运集团	5.19	汽运集团	5.03	天脊集团	37,386.11
23	国际能源	1.01	阳煤集团	20,358.34	建工集团	4.83	建工集团	4.77	焦炭集团	32,402.17
24	物产集团	0.99	国资经营	14,795.14	农业资产	4.52	农业资产	4.29	环保基金	30,605.76
25	建工集团	0.98	同煤集团	12,387.44	太钢集团	4.37	太钢集团	4.28	中条山	29,804.10
26	国际电力	0.97	环保基金	10,762.15	煤运集团	3.45	煤运集团	3.53	医药集团	27,805.69
27	晋煤集团	0.92	能源集团	10,668.54	经贸投资	2.76	经贸投资	2.89	经建投	25,415.20
28	科技基金	0.92	天脊集团	8150.73	能源集团	2.58	能源集团	2.55	地方铁路	25,356.73
29	阳煤集团	0.89	医药集团	7,050.79	医药集团	2.17	煤炭进出口	2.22	国资经营	24,920.83
30	太钢集团	0.87	地方铁路	4,994.79	煤炭进出口	2.13	医药集团	2.17	能源集团	22,743.71
31	太化集团	0.75	汽运集团	964.54	焦炭集团	1.17	能源交通	2.03	建工集团	20,193.80
32	汽运集团	0.58	建工集团	815.84	国新能源	0.89	焦炭集团	1.15	太化集团	13,308.51
33	国资有限	0.57	国资有限	-10,604.16	物产集团	0.87	国新能源	0.89	汽运集团	11,770.88
34	地方铁路	0.52	太化集团	-19,536.76	能源交通	0.00	物产集团	0.87	国资有限	6,823.86

附表3

2010年度全省国有企业主要指标表

单位：万元/人

企业名称(户数)	资产总计	所有者权益合计	营业收入	主营业务收入	利润总额	本年应交税金	年末从业人员人数
山西省国有企业(4438户)	114,455,245.35	36,920,052.28	84,227,469.29	80,016,241.30	4,281,720.57	6,970,563.32	1,280,350.00
山西省省级企业汇总(1750户)	96,602,393.74	31,206,616.34	77,331,399.89	73,287,360.27	3,316,266.08	6,031,722.33	989,861
山西省非监管企业汇总(424户)	7,776,952.79	2,473,824.64	3,133,459.15	3,083,823.68	127,640.11	169,449.71	61,442
山西省国资委监管企业汇总(1326户)	88,825,440.95	28,732,791.70	74,197,940.74	70,203,536.58	3,188,625.97	5,862,272.63	928,419
监管企业占全省国有企业比重	29.88%	77.82%	88.09%	87.74%	74.47%	84.10%	72.51%
山西省省级以下企业汇总(2688户)	17,852,851.61	5,713,435.94	6,896,069.40	6,728,881.03	965,454.49	938,840.99	290,489.00
晋城市(431户)	4,514,007.76	1,929,444.00	1,788,087.98	1,759,943.59	512,120.93	353,172.35	65,545
太原市(492户)	4,265,253.97	869,986.41	1,572,537.59	1,510,093.50	-74,030.47	105,431.44	61,837
运城市(219户)	719,998.27	56,535.73	221,508.31	210,786.61	-39,783.38	7,775.48	9,686
阳泉市(181户)	1,066,870.95	255,954.36	448,515.03	424,617.22	-14,064.23	41,792.03	22,166
大同市(138户)	787,993.17	102,377.87	229,721.23	225,899.91	-15,448.77	16,002.13	21,024
晋中市(87户)	1,006,275.73	429,648.25	431,247.56	422,214.76	39,671.20	43,531.87	16,227
临汾市(284户)	1,131,880.20	551,373.07	436,548.48	429,912.60	135,519.27	99,560.19	18,973
长治市(270户)	1,092,274.58	415,343.00	589,229.32	577,646.67	162,905.34	104,341.43	22,794
吕梁市(218户)	1,457,054.68	418,405.87	386,985.01	385,090.60	27065.98	47,339.52	19,578
朔州市(67户)	358,099.29	81,284.59	213,793.63	212,148.12	29,292.45	38,314.63	10,950
忻州市(301户)	1,453,143.01	603,082.79	577,895.26	570,527.45	202,206.17	81,579.92	21,709

山西省国有资产监督管理法制建设

2010年，山西省国有资产监督管理法制建设工作在加强依法监管制度建设，推进依法治企、企业法律风险防范体系建设、企业知识产权管理与保护，以及法制宣传教育工作等方面，取得了较大的成效，为进一步完善国有资产监管体制和推进国有企业改革与发展，提供了更加扎实的法制基础。

一、进一步完善国有资产监管制度建设

（一）落实全国、全省依法行政工作会议精神，对山西省国资委成立以来出台的文件进行全面清理。对仍在执行的、以及需要补充制定的文件在全省国资系统以及各省属企业征求意见。对与市场经济不相适应的、有缺陷的、不便于操作的，进行修改完善；对现实需要而尚未建立的，积极着手起草制定。

（二）制定出台了《关于规范上市公司国有股份管理若干意见》（晋国资发〔2010〕17号）、《山西省国资委贯彻落实全国依法行政工作会议精神实施办法》（晋国资发〔2010〕19号）、《省属企业对外捐赠管理暂行规定》（晋国资发〔2010〕19号）、《关于完善煤炭资源整合煤矿兼并重组后省属国有及国有控股煤矿企业暂行管理的规定》（晋国资发〔2010〕28号）、《关于省属企业试行企业年金制度意见》（晋国资发〔2010〕30号）、《关于做好省属企业财务管理信息化建设工作的意见》（晋国资评价〔2010〕66号）、《关于推进学习型党组织建设的实施意见》（晋国资党发〔2010〕19号）、《关于进一步推进国有企业贯彻落实“三重一大”决策制度的意见》（晋国资党发〔2010〕29号）等国有资产监管制度。

（三）健全机关内部管理制度，印发了《省国资委关于印发《首办负责制》等行政效能制度的通知》（晋国资发〔2010〕22号），出台了《一次性告知制度》、《企业来文限时办结的规定》、《服务承诺制》、《公开工作制度》、《新闻发布和新闻发言人制度》、《省属企业重点建设项目跟踪服务制度》、《规范性文件前置审查制度》等12项内部管理制度。

二、继续推进省属企业法律风险防范体系建设

（一）加大力度推进省属企业法制工作第二个三年目标的落实。指导各省属企业按照《关于进一步推进省属企业法律风险防范机制建设的通知》要求，在集团公司及所属重点二级企业配备总法律顾问，并设置独立的法律事务机构。指导各省属企业认真落实规章制度、重要经济合同和重大决策法律审核把关率达到100%的规定要求，基本杜绝因违法经营发生新的重大法律纠纷案件，基本解决历史遗留的重大法律纠纷案件。

（二）继续推进企业总法律顾问制度建设。山西省经贸投资控股集团有限公司于2010年10月配备总法律顾问。到2010年12月底，省属34户企业中，已有13户企业配备了总法律顾问，2户重点二级企业配备了总法律顾问。

三、加强知识产权管理与保护工作

按照省政府的要求，积极开展打击侵犯知识产权和制售假冒伪劣商品专项工作。

（一）组织省属企业全面开展知识产权自查自纠工作，认真梳理知识产权保护方面存在的问题，查找薄弱环节，加强知识产权侵权预警应急方案的制订，自觉抵制知识产权侵权行为。

（二）对委机关和各省属企业使用计算机软件情况自查自纠，加强软件正版化的宣传培训，推进正版软件使用。

（三）指导各省属企业结合专项行动的有利时机，就他人对本企业知识产权和商品的侵权行为进行调查、举报，积极维护自身的合法权益。

（四）各省属企业把打击侵犯知识产权和制售假冒伪劣商品专项工作作为实施知识产权战略，梳理工作思路，交流工作信息的良好契机，积极开展知识产权管理与保护工作。

四、开展“五五”普法依法治企检查验收工作

2010年，是“五五”普法规划的最后一年，为更好地推动普法依法治企工作，总结经验，查找不足，省国资委组织开展了“五五”普法依法治企检查验收工作，共抽查了21户省属企业和1户市国资委。

（一）检查验收的重点内容：领导重视，制定“五五”普法依法治企规划，机构健全，职责明确；建立健全法律知识学习宣传、培训、考试、考核制度，企业领导人员带头学法用法，全体员工分层次、分内容学习、培训，利用网络、报刊等媒体资源建设法律文化阵地；企业法律风险防范体系建设，企业法律工作者在重大事项中发挥风险控制职能的情况；知识产权管理与保护；适合本企业生产经营、战略发展的工作制度体系，各项工作的规范化、程序化程度。

（二）检查验收的方式：邀请省属企业总法律顾问和部分副总法律顾问共同参与检查验收工作，采取查看资料、召开座谈会、现场考查等形式，对于好的经验以及不足之处，当面给予肯定或提出整改建议，并在检查验收工作结束后，全部反馈书面意见。

五、积极开展法制宣传活动

（一）开展多种形式的法制宣传学习活动。2010年6月27日，在太原五一广场举办“法治山西在国企”大型宣传活动，省属25户企业参加了宣传活动。2010年11月18日上午，组织“五五”普法依法治理检查验收考试，全系统约1.7万人参加了考试。“12.4”全国法制宣传日，组织省属企业开展街头宣传活动，省国资委与山煤集团联合举办街头法律知识展览、法律咨询活动。

（二）开展依法治理示范工作，突出模范人物和标兵单位的示范作用。经省国资委组织推荐，山煤集团总法律顾问康真如荣获第二届“山西省十大法治人物”（同时荣获“山西省五一劳动奖章”），太重集团荣获首届“山西省省级依法治理标兵单位”，太钢集团和国际电力为山西省依法治理示范单位。

山西省省属企业规划发展和投资监管工作

一、编制“十二五”规划

（一）组织企业编制“十二五”规划。2010年初即下发了编制规划的通知及大纲，2010年3月份，同国务院国资委研究中心一同组织企业相关人员进行了规划编制的培训，明确了规划编制的要求，共同探讨研究了未来五年的国际、国内经济形势和省属企业面临的机遇和挑战。

（二）编制省属国有企业“十二五”规划。制定了规划编制方案，成立了规划编制工作领导组，对规划的编制进行了分工。规划的编制最终分了两个层次，即七户煤炭大企业规划和省属企业的整体规划，同时，分煤炭、电力、冶金、煤化工、装备制造、物流、燃气等7个产业分别编制省属国有企业各产业规划以及人才、科技、循环经济、国有企业改革等分规划。截止2010年底，规划已基本编制完成。

二、加强省属企业投资管理

（一）组织企业上报年度投资计划。经过收集、汇总企业上报的计划，与企业进行认真核对、沟通，根据委领导安排，研究调整了2010年省属企业投资计划。33户省监管企业，2010年计划投资项目545个，计划投资总额1000亿元。

（二）逐月进行投资完成情况统计。全年34户省属企业全年完成投资1050亿元，完成年计划的105%，同比增长21%。从整体上看，投资完成情况好于历年。

（三）加强项目审核、备案。按照《投资管理办法》，省国资委规划发展处对企业年度投资计划中的主业项目进行了备案，同时，对批至规划处需履行审核程序的项目进行研究批复。

三、加强项目协调，促进项目建设

（一）2010年，确定了50个亿元以上重点项目，建立的重点投资项目库，重点进行跟踪服务和协调推进，按月收集项目投资进度和建设过程中遇到的问题，发现问题及时协调解决。2010年重点项目计划投资293.3亿元，全年完成投资290亿元，完成年投资计划的99%。

（二）省国资委规划处与国资委纪委一起，对各企业的重点建设项目进行了监督检查，促进项目建设，同时对检查出的问题及时进行纠正解决。

四、加强招商引资工作

（一）组织企业参加“能博会”、“中博会”、“装备制造业博览会”和“东博会”等大型招商引资活动。省属企业全年共签约36项，引资115.8亿元。

（二）邀请并组织国务院国资委有关领导及部分中央企业来山西省交流，洽谈合作事宜。

五、组织企业做好技术创新、节能减排等方面工作

一年来，配合省科技厅、省经信委、省环保局等有关政府职能部门共同对企业在技术创新、节能减排等方面工作进行指导，先后组织申报了2010年山西省技术创新项目、2010年度专利推广实施项目，参加了省节能目标责任制考核等，组织申报了2010年矿产资源保护专项资金。

六、其他工作

（一）继续推进太化、煤气化搬迁工作，协调华源电化关停事宜。截至2010年底，太化搬迁工作方案已基本制定完成，煤气化搬迁方案正在制定中。

（二）组织企业积极参加援疆建设工作，与新疆代表团一起走访企业，选择援疆项目。

（三）组织企业与中石油在燃气方面进行合作。

山西省省属国有企业改革工作

一、整合重组监管企业，做大做强一批优势企业

按照省委、省政府提出的“国有企业要以资产资本化、资本股权化、股权多元化为重点，实现跨地域、跨行业、跨所有制的兼并重组，实现低成本扩张、高端化发展，发展几个行业龙头企业和全国全球500强企业”的要求，省国资委对省监管企业间的重组整合进行了认真的研究。按照与省委省政府签订的目标责任书，省国资委监管企业要在2010年内由34户调整到25户左右。省国资委经过深入的沟通和研究，对出资的22户省属国有企业的整合重组提出了意见，向省政府上报了9个整合重组的方案。截至2010年底，这9个整合重组的方案中有4个可以实施，1个拟作调整，其他4个待批。这些整合重组实现后，省国资委出资的省属国有企业将由目前的34户变为21户。一是山西潞安集团整合重组天脊煤化工集团，使其变为潞安集团的全资子公司。双方重组时，潞安集团向天脊煤化工集团注入5亿元资金，用于支持天脊煤化工集团的发展。二是山西能源交通投资公司整合重组地方铁路集团、汽运集团有、能源产业集团和物产业集团4户企业，

使其变为山西能源交通投资有限公司的全资子公司。三是阳煤集团整合重组太化集团。先将太化集团交由阳煤集团托管，逐步使其变为阳煤集团的全资子公司。四是煤销集团整合重组焦炭集团，使其变为山西煤炭运销集团有限公司的全资子公司。五是煤炭资产经营有限公司整合重组金通公司、农资公司和环保基金公司3户企业，使其变为山西省煤炭资产经营有限公司的全资子公司。六是经贸投资控股集团整合重组山西科技基金发展总公司，使其变为山西省经贸投资控股集团有限公司的全资子企业。七是国有资产经营有限公司与国有资产经营公司整合重组。

通过重组整合，各企业之间可以实现资源共享、优势叠加，功能放大，获得更大的发展空间。有利于减少低水平重复投资建设和同业竞争，提高资源的配置与利用效率，降低省内同行业企业的交易成本，做大做强行业龙头企业。

二、深入推进煤炭资源整合和企业兼并重组工作

煤炭企业兼并重组整合是全省经济社会发展的重大战略，是煤炭产业实现“三个发展”的根本保证。2010年，省国资委改革处把煤炭企业兼并重组整合做为省国资委的工作抓手，紧紧地抓在手上，多次召开会议，积极解决推进过程中遇到的困难和问题，用具体明确的政策指导和保证兼并重组整合健康有序快速推进。

通过简化审批手续，提高办事效率，强化目标考核，加大对六大员到位情况的督促检查力度，在“整”的基础上，加大做好“合”的文章。要求七户煤矿企业领会山西省煤矿企业兼并重组整合一系列会议精神，根据整合重组的进展情况分阶段安排部署省属企业兼并重组煤矿工作，解决整合重组过程中的具体问题，并在七户企业中推广潞安集团和焦煤集团的做法。整合后期省国资委与每个企业建立了专人联系制度和每月召开例会制度，积极协调整合中遇到的各种问题和矛盾，与企业间形成目标一致、运转协调、相互支持、密切配合的工作机制，既依法严格监管，又提升服务质量，确保煤矿企业兼并重组整合工作按照省委省政府确定的目标完成。

截止到2010年11月底，省属七户煤炭企业经省煤矿企业兼并重组整合工作领导组会议确定的整合煤矿数1012座，整合后384座；正式协议签订率为96.9%，采矿证换领率为95%，接管到位率为93%，按协议进度统计的资金补偿到位率为98%，移交接管确认书签订率为79%，实际关闭矿井278座，关闭率为56.7%。

三、通过引进战略投资者，实现跨越发展

2010年6月29日国务院国资委副主任黄丹华带领26户央企负责人与山西省合作发展举行座谈会，旨在深化山西省与中央企业合作。8月份，山西省医药集团有限责任公司与中国医药集团总公司签订了共同投资组建中国医药集团总公司山西有限责任公司合作意向书。在第三届中国（太原）国际新能源产业博览会上，山西省政府与中国华能集团、中国华电集团、中国建筑材料集团、中国电

子科技集团、中国国电集团就全面加强合作、谋求共赢发展分别达成战略合作框架协议，几大集团“十二五”期间在山西的总投资达到4500亿元。截至年底，有47家央企在山西省设有分公司和进行投资，兴办企业190户，项目涉及煤炭、电力、冶金、食品、新能源等诸多领域，央企在山西的投资有力地支持了全省的经济建设和社会发展。

山西省企业国有资产产权管理工作

一、产权基础管理工作

（一）加强企业国有资产评估管理工作

1. 对2009年度国有资产评估项目进行了统计分析，并向国务院国资委上报了《山西省2009年度国有资产评估项目统计分析报告》（晋国资产权〔2009〕24号）。同时转发了国务院国资委《关于做好2009年度国有资产评估项目统计报告工作的通知》（国资厅发产权〔2010〕1号）。

2. 有序开展监管企业日常资产评估项目核准（备案）和全省产权登记季度信息汇总上报工作。

截至2010年12月31日，省属企业资产评估项目共108项，评估前资产总额244.10亿元，净资产99.87亿元，评估后资产总额276.95亿元，增值13.46%，净资产134.67亿元，增值34.85%。其中核准项目80项，评估前资产总额241.18亿元，净资产98.54亿元，评估后资产总额275.26亿元，增值14.13%，净资产134.33亿元，增值35.48%。（其中核准煤炭资源整合项目9项，共涉及34座煤矿，其中31座煤矿评估前资产总额30.02亿元，评估后资产总额18.45亿元，增值-38.53%；其中3座煤矿评估前净资产8.36亿元，评估后净资产8.04亿元，增值-3.86%）；备案项目28项，评估前资产总额2.92亿元，净资产1.33亿元，评估后资产总额1.69亿元，增值-42.34%。净资产0.34亿元，增值-74.66%。

3. 研究提出了“我委监管企业涉及矿业权评估项目核准（备案）的意见”，具体为：

（1）山西省本次资源整合中，经省煤矿企业兼并重组整合工作领导组批准的省属国有煤炭企业兼并重组中小煤矿涉及矿业权评估项目，按省政府出台的《晋政办发[2008]83号》和《山西省人民政府办公厅会议纪要（2009）27次》执行。

（2）除本意见第一条外，企业发生资产重组、产权转让、对外投资等经济行为涉及的矿业权评估项目，如果经济行为中，各方均为国有及国有控股企业涉及的矿业权评估项目，企业应将矿业权评估结果报省国土资源部门核准（备案）后，纳入经济行为涉及的企业整体资产（或资产组合）评估结论中，再报省国资委办理资产评估项目核准（备案）手续。若国土资源部门不予核准（备案），并出具不予核准（备案）的书面意见，省国资委根据企业情况，拟予以核准（备案）。

如果经济行为中，各方为省国资委监管企业与非国有企业之间（包括：国资委监管企业公开转让产权涉及矿业权事项）涉及矿业权的评估项目，和除本意见第一条、第二条第一款以外的涉及矿业权评估项目，比照《晋国资发[2009]23号》，授权监管企业对资产评估项目（含矿业权）进行核准（备案），此条每项评估核准（备案）授权，均需提交省国资委领导办公会议研究决定。

（二）加强产权登记工作

1. 认真组织全省各级国资监管机构和省属企业完成2009年企业国有资产产权登记年度检查工作。结合全省工作实际制定下发了《关于做好2009年度企业产权登记年度检查及数据汇总工作有关事项的通知》（晋国资产权函〔2010〕78号），全面部署山西省2009年度产权登记年度检查工作。省属企业年度检查的重点：一是省属企业主辅分离辅业改制完成后，是否办理了产权登记相关手续；二是省属企业对外投资是否及时办理产权登记相关手续；三是企业改制重组后，是否办理产权登记相关手续。在对上报数据进行审核、调整、汇总、分析的基础上，写出分析报告，按时上报国务院国资委，一次通过审核验收。

经对各市国资监管机构和省属企业年度检查结果认真评选，省国资委以《关于表彰2009年度企业产权登记工作先进单位、先进个人的决定》(晋国资产权函〔2010〕157号)对2009年度产权登记工作突出的先进单位和先进个人给予表彰。

2. 继续有序开展省属企业日常产权登记和全省产权登记季度信息汇总上报工作。

截至2010年12月31日，共办理省属企业产权登记36户，其中：占有登记10户，变更登记25户，注销登记1户。

（三）加大了对产权交易工作的监管力度

1. 严格执行国务院国资委关于产权转让系列政策文件，并指导山西省产权交易市场依据国务院国资委下发的《企业国有产权交易操作规则》，制订出符合山西省国有产权转让的一系列进场交易操作规则。

截至2010年12月31日，批复产权转让项目22项，其中协议转让项目为9项，无偿划转项目2项。

全省产权交易机构累计进场交易项目109宗，成交额约30亿元，实现平均增值率4.21%。其中，所监管企业累计进场交易项目42宗，成交额约20.03亿元，实现增值率0.15%。

山西省产权交易市场2010年1-12月累计进场交易项目60宗，成交额约26.48亿元，实现增值率14.7%。

2. 指导交易机构提升服务功能，努力提高交易项目竞价率。

采用金马甲网络竞价方式，通过网络竞价方式进行交易，保证了竞价过程的公开、公平、公正，并且从各方面取得了良好的收益。2010年10月，山西省产权交易市场组织实施了阳泉辰光电厂火电机组设施转让项目，该项目就是采用了金马甲网络竞价方式，起始价630万元，经过42轮激烈竞价，以985万元成交，实现溢价率56.35%。这种创新的交易方式需要进一步广泛推广与应用。

3. 安装使用全国企业国有产权交易信息监测系统

全国企业国有产权交易信息监测系统是国务院国资委重点建设的一套产权交易信

息监测平台，通过对企业国有产权交易过程的信息监测，实现国资监管机构对企业国有产权交易过程的动态监管，规范企业国有产权交易行为；通过对企业国有产权交易信息的统计分析，建立企业国有产权交易的监测预警系统，为企业国有产权管理和宏观决策提供参考依据，通过全程即时监控，保证公开、公正和公平，实现“阳光交易”。

二、股权管理工作

（一）通过多种方式，积极推进省属企业上市工作

1.通过买壳方式实现企业上市。积极推进阳煤化工上市工作，阳煤化工上市工作已取得了实质性进展，壳公司“东新电碳”已于2010年11月24日停盘，省国资委原则同意阳煤化工拟以资产认购东新电碳非公开发行股份预案。

2.启动天然气（国新能源）首发上市工作。

3.审核批复山西国际电力集团有限公司、山西国际电力资产管理有限公司与通宝能源重大资产重组方案，该方案现已提交中国证监会审批，待本次资产重组完成后，国际电力对通宝能源的持股比例将由现在的48.38%增加到60.70%。

（二）上市公司股权管理工作

转发了国务院国资委《关于建立国有控股上市公司运行情况信息报告制度通知》；对太钢投资公司作为国有第一大股东参股的中交通力拟上市，国有股划转社保基金进行审核批复；审核办理了太化集团国有股质押备案等工作。

（三）承办股权多元化公司中省国资委股东职责的相关工作

1.及时受理和承办阳煤集团、同煤集团、晋煤集团及煤气化集团等企业召开股东会会议事项，牵头与有关处室进行审核，提出意见，报委领导参考决策。

2.就建行转让阳煤集团股权事宜，研究提出收购价格和资金来源的处理意见，上报省政府。

3.就华晋公司股权调整、收购煤气化股权等事宜，与中煤集团进行具体协商沟通工作。

4.就开行提出将所持晋煤集团股权转让给其全资公司国开金融公司；信达公司提出焦煤集团债转股重组上市有关问题，与相关股东进行沟通，并和企业共同研究提出处理意见。

（四）企业再融资工作

积极帮助企业拓展再融资渠道，截止2010年12月31日，审批省属企业发行债券融资203.44亿元（含上市公司），具体情况如下：

太原重工（上市公司）发行债券，发行规模8.44亿元；阳煤集团发行短期融资债券，发行规模20亿元；潞安集团发行中期票据，发行规模27亿元；太钢集团发行中期票据，发行规模40亿元；阳煤集团发行中期票据，发行规模20亿元；山西煤炭进出口集团发行短期融资券，发行规模18亿元；汽运集

团发行企业债券，发行规模5亿元；汽运集团发行短期融资券，发行规模5亿元；同煤集团发行企业债券，发行规模40亿元；国际电力发行公司债券，发行规模20亿元。

三、煤炭资源整合工作

积极推进煤炭资源整合工作，根据省国资委下发的《关于省属七户重点煤炭企业兼并重组地方煤矿资产评估相关事项的通知》（晋国资发〔2009〕23号），七户企业二级以下子公司出资作为股东兼并重组地方中小煤矿的资产评估项目，由七户企业进行核准（备案）；七户企业直接出资作为股东兼并重组地方中小煤矿的资产评估项目，仍由省国资委进行核准（备案），截止2010年12月31日，省国资委产权处共核准煤炭资源整合项目9项，共涉及34座煤矿，其中31座煤矿评估前资产总额30.02亿元，评估后资产总额18.45亿元，增值-38.53%；其中3座煤矿评估前净资产8.36亿元，评估后净资产8.04亿元，增值-3.86%。

四、参与有关企业股东会议，行使股东权利

及时受理和承办阳煤集团、同煤集团、晋煤集团等企业召开股东会会议事项，并对有关审核事项牵头与有关部门进行审核，提出意见，报委领导参考决策。股东会议后，及时整理有关资料。

五、其他工作

审核批复了国际电力等5户企业的对外投资项目；审核办理了太钢集团辅业改制、潞安集团自办中小学移交资产、汽运公司解除授权土地核减资本金等8个涉及资本金变动事项；配合改革处做好推进煤炭资源整合相关工作。

山西省国有企业关闭破产工作

稳妥推进关闭破产工作

依照国家和山西省的关闭破产政策，在破产案件审理中严格按《破产法》实施，继续稳妥地推进了关闭破产工作。截止2010年12月31日，国家批准山西省政策性关闭破产项目123户（不含在晋的中央企业、军队武警及军工企业），共涉及资产178.32亿元，负债229.79亿元，净资产-74.28亿元。现已终结68户，资产变现46.78亿元，核销国有金融机构债权72.89亿元，中央、地方财政及关闭破产企业上级集团补助128.74亿元。共涉及职工37.62万人，现已安置职工18.35万人。

截止2010年12月31日，山西省实施依法破产项目共418户，安置职工9.8万人，共涉

及资产95.27亿元，负债164.71亿元，累计亏损额22.12亿元，资产变现15亿元，省市财政补助资金27.67亿元。

截至2010年12月31日，省属企业中已批准实施政策性和依法破产的共165户（含下放各市监管的原省属国有企业15户。其中：政策性破产企业54户，依法破产企业111户），共涉及资产171.28亿元，负债240.76亿元，职工30.16万人，拟核销金融机构债权89.83亿元。从实施进度上看，已破产终结、进入破产法律程序和不实施破产的企业共93户，占全部已批准省属破产企业总数的56%；等待法院受理的企业19户，占全部已批准省属破产企业总数的12%；进行前期准备工作的企业53户，占全部已批准省属破产企业总数的32%。通过中央财政补助、省级财政补助或借支的方式，已有24万多名职工按关闭破产的政策规定得到安置，占需安置职工总数的80%。其余约6万名职工中，除潞安五阳矿，焦煤集团曹村煤矿、白龙煤矿三户煤炭企业的1.5万名职工需中央财政补助给予安置外，尚有约4.5万名职工需省级财政补助给予安置。

国资委监管企业中已批准实施政策性和依法破产的有85户，占全部省属破产企业总数的52%。共涉及资产123.31亿元，负债157.64亿元，职工25.87万人，拟核销金融机构债权55.54亿元。这些企业绝大多数是工业生产性企业，规模较大，人员较多，在资产、人员上分别占全部省属破产企业的72%和86%。

从实施进度上看，已破产终结、进入破产法律程序和不实施破产的企业共79户，占省国资委监管破产企业总数的90%，有6户企业等待法院受理。

省直部门监管企业中已批准实施政策性和依法破产的有65户，占全部省属破产企业总数的39%。共涉及资产30.67亿元，负债61.69亿元，职工1.02万人，拟核销金融机构债权26.63亿元。从实施进度上看，进入破产法律程序和不实施破产的企业共10户，等待法院受理的企业11户，进行前期准备工作的企业44户，关闭破产工作推进十分缓慢。

下放各市监管的原省属企业中已批准实施政策性和依法破产的有15户，占全部省属破产企业总数的9%。共涉及资产17.7亿元，负债21.43亿元，职工3.27万人，拟核销金融机构债权7.76亿元。从实施进度上看，已破产终结的企业2户，进入破产法律程序的企业7户，其余6户企业在进行前期准备工作。

山西省省属企业经营业绩考核工作

一、落实经营责任，与省监管企业签订2010年度经营业绩考核责任书

2010年初，业绩考核处深入三十多户省监管企业调研协商，依据对经济形势的分析判断并充分考虑企业的实际情况，提出企业的目标责任。总的原则是：（1）2010年目标值不低于前三年的平均值；（2）七大煤炭主体企业增长速度原则上不低于20%，

其他行业的企业原则不低于8%。省监管企业2010年度营业收入目标值核定为：6088.48亿元；较2009年实际完成5221.91亿元增加16.55%，有力地支持了省政府保八的目标。

在省国资委工作会议上，省国资委主任张崇慧与履行出资人职责的32户企业签订《省属企业领导人员2010年度经营业绩考核责任书》。

二、完成了2009年度企业经营业绩考核工作

从2010年4月份以来，历时两个多月，对省监管32户国有企业逐户进行了考核认定（不包括煤气化、能源交通）。2009年省国资委监管企业共计完成营业收入5221.9亿元，比上年增长1.45%；实现利润228.44亿元，比上年增长9.31%。21户企业的利润总额、净资产收益率、营业收入三项主要指标完成或高于目标值，分别是：晋煤、潞安、阳煤、煤炭进出口、太重、国际能源、汾酒、医药、焦炭、省建总、省汽运、省地铁、经建投、经贸资产、科技、金通、农资、环保、国资经营、煤炭资产、国资有限（按工作目标考核）。

依据经审定的企业财务报告以及企业的实际经营情况，根据考核计分办法核定，经国资委党政联席会议研究通过，2009年度32户省监管企业经营业绩综合评定A级企业15户，B级企业8户，C级企业7户，E级企业2户。

三、对第二任期经营业绩指标完成情况进行了全面核实认定

省监管企业第二任期国有资本保值增值率全部达到100%以上，其中：晋煤、潞安、国新能源、省煤销、杏花村汾酒、焦炭、煤炭进出口、太重、同煤等9户企业国有资本保值增值率达到150%以上；经省国资委党政联席会议研究通过，第二任期（2007-2009）经营业绩综合评定特殊贡献企业3户、A级企业10户、B级企业11户、C级企业8户。

四、举办经济增加值（EVA）考核培训

为进一步完善国有企业经营业绩考核体系，引导企业关注价值创造，做好经济增加值考核工作，8月举办了经济增加值（EVA）考核培训班。邀请国务院国资委综合局局长刘南昌博士举办讲座。省国资委、34户省属企业的领导和同志共150多人参加了培训。

国务院国资委公布实施了《中央企业负责人经营业绩考核暂行办法》(国务院国资委令第22号)，在中央企业全面引入了经济增加值(EVA)考核，标志着中央企业已由传统的战略(全面预算)管理进入价值管理的新阶段。EVA考核的引入必然对中央企业的战略制定、预算管理、业务运作、资本融资、并购整合、业绩考核、薪酬与长效激励产生系统而深远的影响。实行经济增加值考核的主要目的：一是有利于企业实现可持续发展，引导企业增加科技创新等方面的投入；二是有利于企业进一步做强主业；三是有利于遏制企业投资冲动，合理控制风险。

五、加快完善考核体系 修订考核办法

根据省委、省政府“转型发展、跨越发展”以及“十二五发展”的要求，为推动省监管企业经营业绩考核工作上水平、更规范、更精准，进一步落实深入学习实践科学发展观，落实好国有资产保值增值责任。根据省国资委工作安排，结合国务院国资委和兄弟省市的先进经验，考核处对《山西省省监管企业领导人员年度（任期）经营业绩考核办法》作了重新修订和完善。

（一）对指标体系进行修订

一是基本指标坚持“加快推进转型发展和跨越发展”的原则。年度主要考核利润总额、净资产收益率、营业收入三项指标。任期主要考核国有资本保值增值率和三年营业收入平均增长率。均为出资人关注的指标。

二是为加快转型发展，针对七大煤炭企业设立了“分类指标”非煤收入所占营业收入的比重。非煤收入为煤炭的加工、转化、延伸产业链所实现的收入。

三是引导企业增强价值创造能力，提升资本回报水平。将经济增加值作为“辅助指标”纳入年度考核体系。突出企业的资本属性。

四是强化了“以煤为基，以煤兴产，以煤兴业，多元发展”的理念。并将煤炭资源整合作为阶段性工作纳入考核目标，给予奖惩，办法另定。

五是为“推动转型发展、跨越发展”，制定了节能降耗、安全生产等约束性指标。引导企业更加重视自主创新，更加重视优化结构，更加重视战略投资。

（二）明确了经营业绩考核目标值确定的原则

年度利润总额、净资产收益率考核目标建议值原则上不低于前三年考核指标实际完成值的平均值或者年度目标与完成值的平均值。凡企业年度利润总额目标值低于上述两个平均值中较低值的，最终考核结果原则上不得进入A级。

年度营业收入目标建议值以上年实际完成值为基数，必须符合国家及省委省政府提出的宏观调控目标，并与企业发展规划目标相一致。

任期考核目标建议值原则上不低于前一任期考核指标目标值和实际完成值的平均值，结合本任期内企业发展规划实施进度和效益预测等情况确定上报。

（三）对计分办法进行了修订

针对以往考核过程中计分办法存在的一些问题，对计分办法做了修订。总的原则是要鼓励先进，经营业绩好的考核得分越高。对个别企业刻意压低目标的问题，在计分办法中给予适当制约。

（四）对任期考核中安全生产否决指标进行了修订

对发生重特大事故的企业考核在年度经营业绩考核办法中做了规定，为否决指标，年度绩效薪酬为零。如果任期考核再否决，则存在重复否决的问题。据了解，央企是执行年度否决，因此新的办法取消了对原任期考核办法中安全生产事故否决

延期绩效薪酬的条款。

（五）提出设立单项特别奖

参考央企及兄弟省市的考核办法对企业在“转型发展、跨越发展”中的自主创新（包括自主知识产权）、节能降耗、资源节约、管理创新、煤炭资源整合等方面取得突出成绩，做出重大贡献的企业领导人员，提出给予单项特别奖，办法另定。

经营业绩考核是省国资委监管企业的一个重要手段。基本稳定的考核制度和考核方法，对于考核工作的连续性和树立考核工作的权威性都十分重要。新的《考核办法》本着循序渐进、稳中提高的原则，总体上保持了《考核办法》的稳定，同时又针对当前的新形势、新任务做了适当修订和完善。

山西省省属国有企业审计工作

一、内部审计工作体系继续完善

通过完善制度、明确要求，积极推动省属企业内部审计工作深入开展，促进省属企业加快内部审计工作体系建设。一是继续建立健全了内审工作机构，为内部审计工作顺利开展提供了组织保证。2010年国际电力集团法律审计部、国有资产经营有限公司审计部、经贸投资公司审计部先后成立，省属部分建立了专职的内部审计队伍，部分企业的内审机构已经覆盖到重要子企业，内审组织的机构在今年得到了进一步发展壮大。就以目前开展审计工作较好的山西焦煤和煤销集团为例：焦煤集团共设有审计机构74个，审计人员165名；煤炭运销集团共有内审机构25个，内审人员近200名。二是进一步建立了较为完善的内部审计规章制度，促进了工作的规范化、程序化和标准化。太钢集团建立了以“内部审计和风险管理”两个层次为主体的内审制度体系，制定了《全面风险管理办法》和《对审计处理决定和审计建议实施闭路循环检查的规定》等公司级制度3项、业务管理制度11项、项目工作制度（专业规范）6项，形成了一套完整的审计工作体系。焦煤集团及所属重要二级企业制定《山西焦煤集团公司内部审计工作考核办法》，制定了《山西焦煤集团公司安全费用审计实施办法》。同时，焦煤集团、煤运公司、建工集团、山煤集团、经贸投资集团、国际电力公司等单位继续修订和制定了《内部审计工作规定》、《内部审计工作手册》、《审计工作规范程序》等几十项制度，进一步规范了从审计立项到审计复议等各环节的流程和要求。三是积极更新工作理念，使内部审计工作更好地服务于企业。太钢集团、晋城煤业、潞安集团等一批企业在审计工作中引入了国际先进的审计理念，内部审计工作已经由传统的查错防弊、保护资产安全向增加企业价值、实现企业战略转变。阳煤集团在提出了审计监督与服务并重理念的基础上，进一步明确了内部审计的职能定位及其在现代企业中的功能作用。太钢集团、潞安集团和煤运集团审计部强调“价值贡献”理念，不仅有效地控制企业成本费用，而且帮助管理者识别与控制风险，提高企业运营效益；晋城煤业、山煤集团等很多企业审计部门强调“服务定位”，着力提供以公司治理、内部控制、风险管理为主要内容的内部鉴证与咨询服务，寓监督于服务之中。

二、内部审计工作领域进一步拓展

省属企业结合本企业的治理结构和经营管理实际，适应内部审计工作发展的趋势与要求，积极拓展内部审计工作范围与领域，逐步探索内部审计职能由财务收支审计，向以风险为导向的管理审计和效益审计转型。一是财务收支审计已经常态化，成为企业内部审计的一项日常性、基础性工作任务。二是经济责任审计在做到“离任必审”的同时，积极探索开展了任中经济责任审计，部分企业还实行了任职三年必审制度。晋城煤业集团、阳煤集团、经贸资产和国新能源发展公司审计部门依托派驻子公司监事会力量，扩大审计工作覆盖面，并将主要子公司纳入审计监管范围。太钢集团、太重集团、山西建工集团、山西汽运集团等单位的审计部门的经济责任审计工作同人事、组织部门合作，要求把审计结果纳入个人档案，作为干部任免与考核的重要依据。三是专项审计工作全面展开。太钢、焦煤集团、西山煤电、霍州煤电、建工集团等企业组织开展了工程建设项目、物资采购、成本费用、专项资金等审计工作。潞安集团、晋城煤业、建工集团等企业逐步开展了对子企业的绩效审计工作。焦煤集团、阳煤集团、汾酒集团组织开展了工程项目合同审计、工程结算审计、项目跟踪审计、安全环保审计、节能减排和安全费用等专项审计。四是省煤炭企业在煤炭资源整合工作中都积极参与了资源整合审核的各项工作。阳煤集团、山西焦煤及其下属各二级企业的审计部门，作为资源整合兼并重组领导组的成员单位，在审计范围、权属情况、重要事项的披露、负债情况、资产剥离和资产清查等方面对资源整合专项审计报告进行严格审核。煤运集团审计部在煤矿资源整合工作中，派出专人参加资源整合审计组、评估审核组和协议审核组。潞安集团审计处对新整合煤矿的公司治理结构、各项内控制度的建立和执行、财务管理、资金的筹集、管理和使用、生产销售、技改扩建等情况进行监督指导。山煤集团审计处全力配合集团公司煤矿整合工作，全处审计人员与中介机构一起深入煤矿，对资源整合审计工作进行全方位的参与和监督，全处人员加班加点、吃住在煤矿，保障了资源整合前期工作高效、有序进行，为集团公司战略发展做出了重大贡献，得到了上级部门和集团公司的一致好评。

三、内部审计工作组织方式不断改进

优化的组织方式是有效实施内部审计工作的组织保障。省属企业积极借鉴国际大型跨国公司实施集团集中化管理的实践，结合自身业务模式和管理体系，不断创新组织方式，加大集团审计资源的集中统一管理，提高了审计工作效率，节约了企业审计成本。一是加强了集团总部审计资源的集中管控和整合，提高了审计工作的独立性和监督效果。太钢集团、同煤集团、阳煤集团、潞安集团、晋煤集团根据业务板块和地域板块的需要，将内部审计人员划分为几个专业审计科室，实现了人员专业化管理，提高了审计工作的质量和效率。重点强化地域的审计机构建设，提高了审计覆盖面，提升了集团审计监督的权威性和有效性。二是部分企业积极探索构建"大监督体制"，发挥了监督合力。晋煤集团、经贸资产、省煤运集团等相当一部分省属企业尝试构建了"大监督体制"，将内部审计、监事会监督、风险管理、纪检监察等监督力量整合，增强了工作合力。三是一些企业较好地发挥了内外部审计的协同和联动效应，将财务决算审计、经济责任审计、专项审计等各类审计项目合理融合，做到同计划、同部署、同实施，大大节约了审计资源，提高了审计效率。

四、内部审计工作方法不断创新

有效的工作方法是内部审计工作深入开展的重要基础。一是许多企业开始逐步采用信息技术进行辅助审计，显著提高了内部审计工作效率。阳煤集团、国新能源发展公司等一些企业运用审计信息系统，形成远程资源共享，规范审计过程管理，提高审计工作效率。二是许多企业采取以查带促的工作方法，实现监督与服务相结合，对审计发现的问题，提出审计整改建议，帮助整改落实，提高了审计的实效性。三是许多企业改变了过去审计工作与业务工作脱节的格局，将内部审计与企业生产经营全面融合，有效推进了内审工作的深入，促进内部审计工作更好地服务于企业生产经营。

五、开展了经济责任审计

2010年各企业内部审计机构经过不懈努力，对任期经济责任审计已逐步走向规范化、制度化。按照省国资委领导的安排，省国资委完成了对经济建设投资公司、山西煤炭进出口集团、科技基金发展总公司、汽运集团等四户省属企业领导人员的经济责任审计。对同煤轩岗煤电公司、山西医药集团、焦煤集团西山煤电公司和山西焦化公司等四户企业的原董事长进行了离任审计。

部分企业对下属公司负责人进行了经济责任审计工作。山西焦煤集团在2010年开展好领导干部离任审计的基础上，开始对部分单位尝试性地开展了领导干部的任中经济责任审计。一是由纪委、组织、审计联合成立审计组，强化了被审计单位对任中审计意义和作用的认识。二是对重点单位的领导实行跟踪审计，建立经济责任审计数据库，加强经济责任审计动态管理。三是通过任中审计与专项审计相结合的方式，在资源共享、结果互用上进行了有益尝试，不断优化审计成果，切实提升了审计效率。2010年山西焦煤各级审计机构开展领导干部任期经济责任审计82项，为集团组织部门考察任用干部提供了重要依据，在促进领导干部勤政廉洁和全面履行职责方面起到了重要作用。晋城煤业集团2010年完成经济责任审计项目27项。其中，集团审计部共完成5项，发现的涉及企业资产管理、计划管理、财务预算管理、工资管理等方面的问题，都已进行了整改。经济责任审计工作的开展，为晋煤集团组织人事部门考察、使用和管理干部提供了参考依据。潞安集团审计部2010年完成5项经济责任审计，提出合理化管理建议18条，全部被审计单位采纳。阳煤集团的经济责任审计已成为企业领导干部任期的一项必经内容，规定任期3年的行政主要领导必须进行任中审计。2010年来实施了13项经济责任审计，查出问题198条，涉及金额2.99亿元。同煤集团公司把经济责任审计与常规审计相结合，董事会授予审计部“三个一票否决”权力，即：年终兑现实行审计一票否决，各单位指标完成情况必须经过审计部门认可，不经审计不得兑现；资金分配实行审计一票否决，无论采购资金，大修理资金或办理抵抹账，不经审计不得付款，不经审计不得抹账；评选先进实行审计一票否决，凡在本年度审计中，查出有重大违纪违规的单位和个人，不得评为先进集体、先进个人。使内部审计工作做到了有职有权，从而提高了审计的地位，树立了审计的威信，充分发挥了审计的职责。今年经过审计又有多个单位取消或扣减了领导人员年终兑现奖。省煤销集团对任免的15位领导人员进行了任期经济责任审计。通过经济责任审计，加强了领导干部权力制约和监督，改善了企业内部管理，促进了廉政建设，约束了企业领导干部的个人行为，为干部考核和任用提供了依据。太重集团通过经济责任审计为集团公司党委、总部加强对基层领导干部的管理和监督、正确评价其经营业绩提供了必要的参考依据；经济责任审计结果是基层领导班干部“年薪兑现”指标完成情况的依据。按照集团公司经营业绩考核要求，对所有二级企业的经济责任审计必须在每年的5月31日前完成，满足了集团公司对二级单位经济责任考核及年薪兑现的需要。2010年建工集团总公司对二公司、三公司、四公司、五公司、机械公司五个子公司三年任中经济责任审计，并对经济责任进行了评价。建立责任追究制度；建立了重要岗位实行定期轮换制度；加强项目管理和职能部门等对其的过程监控；加强相关部门协调沟通，使企业内控措施落实到位。国际电力集团为保证离任经济责任审计的客观性、独立性与公平性，集团公司组成工作小组通过招标中介机构，选聘具有胜任能力的会计师事务所，2010年对三家子公司及一户前期项目负责人的离任进行了经济责任审计。汾酒集团2010年对所属16个生产经营单位负责人进行了工作调整，在短短三个月的时间里，审计人员克服了时间短、任务重的困难，完成了对集团公司所属单位主要领导人经济责任审计16项，客观公正地评价了原负责人在任职期间做出的业绩和对存在的问题应承担的责任，为公司提供了决策依据。山西经贸集团审计处对有色公司、冶金公司、盛世公司及三裕制药进行了2009年度经济责任审计，对实业公司原董事长和冶金公司原执行董事进行了离任审计。2010年国新能源发展集团法规审核处就集团公司子企业法人的七项离任进行了审计。

山西省国资委宣传和群众工作

一、配合省“转型跨越”战略，对省属企业转型发展情况进行全方位主题宣传

（一）2010年8月4日至6日，与省委宣传部联合发起“转型跨越看国企”主题网媒行宣传活动。组织人民网山西频道、新华网山西频道、中新网山西新闻和黄河新闻网、山西新闻网、山西视听网等10家网络媒体对晋煤集团、潞安集团、太重集团和太钢集团转型发展、跨越发展的新实践、新成效进行了深入广泛报道。

（二）与山西日报合作推出“再造一个新山西·企业老总访谈”专栏。邀请太钢、焦煤等10户企业的董事长就转型跨越发展谈做法、成效和打算，并在山西日报一版显著位置连载10天，集中展示了省属企业解放思想，开拓创新，锐意进取，务实稳健的精神风貌，以及在转型跨越发展过程中所做的可贵探索和巨大成效。系列稿件刊发后，社会反响良好。

（三）与研究中心、绩效评价中心一起，联合《国有资产管理》杂志，共同推出山西国企“转型跨越发展”专刊。组织10余户企业集中展示山西国企转型跨越发展整体状况，在全国范围内对山西国企进行了一个全方位的宣传，社会反响很好。

（四）2010年12月16日，山西电视台新闻联播“市厅长访谈录”专栏对朱晓明主任进行专访，向全社会公布了国资委的工作思路和目标。

二、完善对外宣传制度，夯实外宣基础，围绕委中心工作进行专题宣传

（一）起草了《省国资委新闻发布和新闻发言人制度（试行）》。对省国资委对外新闻发布的内容、形式、新闻发布会主题及审批程序、新闻发布稿的形成及审批程序，以及新闻发言人和新闻联络员的任职资格、岗位职责都做了详细规定，使省国资委对外新闻发布工作有据可依，更加规范。

（二）与省电台共同制作播出“政风行风评议”节目。节目内容主要以介绍省国资委职能和贯彻落实袁纯清书记讲话精神，推动省属企业转型跨越发展为主，同时采取电话连线的方式与听众直接对话，接受群众咨询、建议和投诉，取得了很好的互动效果。

（三）举办“法治山西在国企”主题宣传活动。根据省委宣传部、省普法领导组办公室要求，6月27日在五一广场举办了“法治山西在国企”主题宣传活动，省属企业及国资委通过版面的形式集中展示了法制建设情况，现场散发法律法规宣传资料，免费为市民提供法律咨询。

（四）加强网络对外宣传。截止2010年11月30日，共在“山西国资网”刊发和转发全国国资监管、国企改革等相关新闻信息

2500余条，尤其是在“委内工作动态”栏目刊发委内工作新闻70余条，适时向外界宣传了国资委的工作进展情况，提高了社会公众对国资委工作的了解和认知度。

三、指导省属企业认真开展创建学习型党组织活动

按照中央和省委统一部署，在2010年4月份召开山西省省属企业宣传工作会议，对省属企业开展创建学习型党组织活动进行了安排部署，并于7月13日召开了动员大会，成立了省国资委创建学习型党组织活动领导组，下设办公室，对省属企业开展创建学习型党组织活动进行指导，省属企业创建学习型党组织活动全面展开。

9月8日至17日，领导组办公室组织人员对省属企业开展创建学习型党组织活动进行了督导检查，并对检查过程中发现的先进典型的经验进行了认真的总结，以简报的形式下发省属企业进行交流，促进了省属企业两项活动质量的全面提升。

11月18日召开山西省监管企业创先争优暨学习型党组织建设推进会，会上，潞安集团、太钢集团、山西焦煤集团官地矿、晋煤集团成庄矿、山煤集团、潞安集团漳村矿、同煤集团塔山矿、建工集团等七户企业分别就创先争优活动或学习型党组织建设先进经验进行了现场交流，山西省国资委党委对前一阶段省属企业两项活动开展情况进行了总结，并就下一阶段两项活动提出了新要求，对两项活动的进一步全面深入开展起到了巨大的推动作用。

四、开展创先争优活动和创建学习型党组织活动宣传

（一）制定宣传方案。及时制定了《宣传方案》，以领导组办公室文件下发到各企业，对宣传重点、宣传形式和工作要求等几方面进行了安排，各企业都积极行动，踊跃投稿，使稿源得到了保障。

（二）及时编发《简报》。一是及时准确地反映企业两项活动的进展情况，有些重要内容以电子版的形式直接报送省委领导组。二是简报注意了“两个突出”。突出企业领导带头参加两项活动；突出与企业生产经营实际紧密结合，有力地促进了企业的改革发展。活动开展以来，已编发简报29期。

（三）开辟网络专栏。除主要新闻在国资委网站报道外，还开辟了两项活动专题，通过领导讲话、文件通知、简报等形式及时反映情况，并开辟了网上互动栏目，把学习体会、意见建议通过网络平台进行交流。

五、省属企业精神文明创建深入推进

（一）在省属企业大力推进“讲文明树新风”活动。各企业在宣传普及礼仪知识的基础上，依托社区活动中心等阵地，利用自办报刊、广播电视、橱窗、版面等多种载体，运用公益广告、宣传漫画、知识竞赛等多种形式，引导职工掌握礼仪知识，践行文明礼仪，取得了明显效果。

（二）积极做好省属企业推荐第三届山西道德模范工作。坚持面向基层，吸引群众参与，使评选、推荐的过程成为开展道德实

践、促进道德养成的过程，在此基础上，向省文明委推荐了10名第三届山西道德模范候选人，经群众投票、专家评议，同煤集团韩忠同志获“山西助人为乐模范”荣誉称号、孟利平同志“山西敬业奉献模范提名奖”。同时，积极组织省属企业参加了中央文明办开展的“我推荐、我评议身边好人活动“。

（三）继续引深群众性文化活动，丰富职工的精神文化生活。在省属企业广泛开展了“我们的节日”主题活动，以春节和元宵、清明、端午、七夕、中秋、重阳等传统节日为重点，引导职工认知、尊重、继承和弘扬中华民族优秀传统文化。

（四）进行了省属企业2009年至2010年度文明单位申报工作。截至2010年底，各企业申报工作已结束，检查验收工作正在紧张进行。

（五）安排了省级文明单位和“社会主义新农村建设重点推进村”进行结对帮扶。按照省文明委要求，在2009年省级文明单位和“社会主义新农村建设重点推进村”结对帮扶，共建文明和谐村活动基础上，2010年又安排了20个省属企业的省级文明单位和“社会主义新农村建设重点推进村”进行结对帮扶工作。

六、统战工作深入开展，充分调动广大统战成员为企业改革发展服务的积极性

（一）组织省属企业统战人士学习国家及各级政府对统战工作的精神和政策，及时组织传达党的方针、政策，学习邓小平理论、“三个代表”重要思想、科学发展观等，以统一思想，凝聚力量，增强贯彻落实科学发展观的自觉性和坚定性。

（二）组织各级统战干部认真学习，深刻领会党的统战政策，增强做好统战工作的本领，10月11日至20日，组织省属重点企业的统战科长参加了省委统战部在中央社会主义学院举办的统战干部培训班。

（三）对统战人士实行动态管理，随时了解统战人士的变化情况，及时了解统战人士的思想动态，认真做好重点人群的管理，有针对性地做好思想政治工作。传统节日对统战人士开展慰问活动，确保统战队伍的稳定。

（四）在省属企业积极开展加强民族团结进步工作，太钢集团党委统战部获山西省民族团结进步先进集体、晋煤集团党委统战部统战科长梅爱新同志获山西省民族团结进步先进个人。

七、开展特色企业文化建设工作

（一）2010年6月18至19日，组织开展“太重一日”采风比赛活动，省属企业近100名摄影家及爱好者参加了比赛活动，丰富了省属企业职工文化生活。

（二）为了加强企业文化交流，组织省属企业参加了7月由中国企业文化研究会举办的“四实”企业文化研讨会，并到宁煤集团等企业文化建设先进单位进行了观摩学习。

（三）推荐太钢集团、潞安集团、晋煤集团参加由中国企业文化研究会组织的“新中国60年企业精神暨2010年企业文化建设”系列表彰活动，晋城煤业集团被中国文化管理学会授予“中国企业文化建设50强”称

号。在“新中国60年企业精神传承与创新暨中外企业文化2010年峰会”上，晋城煤业集团“不怕榜上无名，坚信脚下有路”的企业精神，被中国企业文化研究会授予“新中国60年企业精神60佳”称号。

（四）成功举办了第五届“挑战杯”省属企业乒乓球大赛。来自省国资委机关和24家企业的38支男女代表队、200余名选手参加了公司级领导干部和处级领导干部单打友谊赛、男子团体、女子团体、男子单打、女子单打六个项目的比赛。通过比赛，各参赛队在切磋球技中增进了友谊，在差异比较中开阔了视野，充分达到了以球会友、加强合作的目的，带动了省属企业广大干部职工积极参与全民健身的热情。

八、加强基层团的组织建设，提高团组织的影响力和战斗力

（一）“五四”运动91周年之际，省国资委团委表彰奖励了在王家岭透水事故救援工作中做出突出贡献的先进集体13个，先进个人32人，分别授予他们省属企业五四青年奖状和奖章，陈杰、郭焱等5名同志还荣获山西省“五四青年奖章”；阳煤集团矿山救护大队三中队等7个先进集体荣获山西省“五四青年奖状”。通过表彰，用榜样身上展示出的奋不顾身、争分夺秒、全力救援、顽强拼搏、积极进取的精神去引导和激励广大省属企业团员青年认真学习先进事迹，从中汲取精神动力和思想营养，为本企业的改革发展稳定工作多作贡献。

（二）2010年9月25日，为学习贯彻袁纯清书记7．29重要讲话精神，山西省属企业青联在省国新能源集团天然气公司召开“气化山西”战略研讨会，近30多家省属企业的企业家和青年代表参会，与会代表听取了省国新能源集团在推进“气化山西”方面的情况介绍，研讨了气源建设、运行机制等课题。会议号召省属企业的青年以“气化山西”为契机，集思广益，凝心聚力，加强交流协作，为实施“气化山西”战略贡献青春力量。

（三）随着省属企业重组改制和煤炭资源整合的推进，企业新建、分立、合并现象增多，10月11日至13日，召开省属企业共青团工作会议，要求各企业团组织要跟踪了解、调查研究、及时跟进，凡是有团员的地方都要想方设法建立团的基层组织，保证团组织在年底前实现全覆盖。要求省属企业团员青年在转型跨越发展中要发挥好生力军和突击队作用，提高团组织的影响力和战斗力。

山西省国有企业绩效评价中心工作

一、积极开展2010年省属企业综合绩效评价工作

在完成了2006年试点、2007年扩大试点、2008年模拟运行、2009年绩效评价工作的基础上，根据年初省国资委重点工作目标

责任分解的要求，中心完成了2010年绩效评价工作。

2010年绩效评价是以2009年度财务决算数据为基础，对照国务院国资委颁布的《2010年企业绩效评价标准值》得出评价结论的。纳入2009年度财务决算的户数为33户，绩效评价实际完成33户。

2010年企业绩效评价结果总体情况为：汾酒集团等4户企业为优（A），占总户数的12.12%；煤销集团等7户企业为良（B），占总户数的21.21%；金通投资等19户企业为平均（C），占总户数的57.58%；地方铁路等1户企业为低（D），占总户数的3.03%；中条山等2户企业为差（E），占总户数的6.06%。从结果来看，监管企业主要分布在平均以上，占总户数的90.90%（优良企业户数占总户数的33.33%），总体上保持了较好的水平。从各企业的排名情况来看，评价结果比较准确地反映了企业的实际情况。

二、做好日常清产核资工作

根据《山西省省财政性委托贷款核销和转增国家资本金办法》（晋政办发[2008]100号）和《关于山西省省级财政性委托贷款核销和转增国家资本金有关事项的通知》（晋国资发[2009]3号）的规定，在完成了8户资产公司财政性委托贷款转增资本金工作后进行了清产核资工作。2010年2月，中心对省经贸资产等8户资产公司的清产核资结果进行了审核批复，其中经贸资产、经建投和金通投资三家公司经税务局批准税前列损失共计4.8亿元，已减免所得税5753万元，彻底完成了省国资委交给的转增资本金工作。

严格清产核资程序。2010年对能源产业公司清产核资工作进行了批复；针对2008年底以前，经省产权事务中心全面清收后，省属企业清产核资应收未收不良资产清收工作召开了协调会，根据各个企业的不同情况，分别提出了处理意见；对太矿集团整体搬迁进行的清产核资工作给予政策指导、研究和协商；严格按照清产核资工作的程序，认真做好档案管理、数据收集、文件收发等日常清产核资工作。

三、做好省属企业财会业务培训工作

根据《山西省国资委监管企业财会业务培训工作纲要》和《山西省国资委监管企业2006-2010年财会业务培训工作规划》的要求，2010年，中心先后举办了以行为金融学、企业并购重组和宏观经济形势分析为内容的培训班，完成了全年三期的培训任务，300多名省属企业高级财务管理人员参加了培训。

山西省企业考核分配事务中心工作

一、完成了对省属企业工资总额管理和企业领导人员薪酬收入情况的专项稽核工作

按照省国资委下发的晋国资分配函[2010]353号《关于做好2010年度省属企业薪酬收入检查工作的通知》要求，山西省企业考核分配事务中心（以下简称中心）对省属31户企业2008年领导人员薪酬兑付情况、2009年度集团本部及其全资分、子公司、控股公司和部分相对控股公司工资总额的提取和发放情况、个人所得税、“五险一金”缴纳情况、内退人员管理情况、领导人员职务消费情况、领导人员收入公示等情况进行了全面的检查稽核。

从2010年的检查稽核情况看，企业已经普遍重视这项工作，执行情况总的是好的，对稽核中提出的问题都能够认真进行整改，违规现象明显减少，薪酬兑付和工资总额执行情况逐步向好，省属企业的分配秩序和内控机制逐步得到规范和完善。但仍有少数企业对稽核中检查出的问题重视不够，整改的不够彻底，工资总额管理和领导人员薪酬兑付中存在的问题仍不容忽视，譬如：在工资总额管理方面，有些企业工效挂钩或包干方案报批滞后，致使工资总额管理流于形式，有的挂钩基数重复使用，效益基数和工资基数不对等，有的漏统漏报工资总额，工资收入项目列支不合规；在企业领导人员薪酬管理方面，领导人员职务消费、所属分子公司领导人员薪酬确定随意性较大，有些企业领导人员仍存在在批准的薪酬外取薪现象，有的兼职取酬不规范等；在统计口径方面，企业普遍存在劳资、财务两个部门不一致问题，一些企业的劳资统计未将相对控股、重组后的所属企业纳入统计范围；在企业保险福利管理方面，一些企业对历史欠账问题，仍没有引起足够的重视，拿出切实可行的清欠计划，有的超标准发放医疗补助等等。

二、继续做好省属企业经营业绩指标基础数据评估核实工作

2010年，中心配合业绩考核处，从5月4日开始至6月底，历时两个月时间，完成了对32户省属企业2009年年度经营业绩考核指标和领导人员第二任期考核指标核定所涉及的基础数据的核实工作，为业绩考核处和分配处确定省属企业2010年度经营业绩考核指标和2009年度企业领导人员薪酬提供了基础数据保障。

三、积极做好省企业工资管理协会变更事项工作

由于机构改革的原因，省企业工资管理协会换届工作未能按期进行，为了理顺关系，做好换届工作，中心与省人社厅协商并报经省民政厅批复，同意将省企业工资管理协会的主管部门由省人社厅变更为省国资委，协会名称变更为“山西省省属企业工资管理协会”。2010年9月下旬召开了常务理事会议，表决通过了变更主管部门和变更名称事宜。

山西省产权事务中心工作

一、企业国有资产产权登记工作

（一）完成了全省企业国有资产产权登记2009年度检查工作及数据汇总分析工作

按照国务院国资委《关于做好2009年度企业产权登记年度检查及数据汇总的通知》文件要求，结合山西省实际，省国资委制定并下发了《关于做好2009年度企业产权登记年度检查及数据汇总工作有关事项的通知》。中心根据《通知》精神，全面部署山西省2009年度产权登记年度检查工作，明确检查重点和要求。

根据各市国资监管机构和省属企业上报的数据，编制了《2009年山西省企业国有产权登记数据汇总分析报告》，上报国务院国资委和省国资委。《报告》为其及时了解山西省企业国有资产产权登记工作提供了全面翔实的书面资料，为其制定国资监管措施提供了有重要价值的依据。

根据汇总结果，截止2009年12月31日，全省累计办理企业产权登记3939户，其中占有产权登记3388户，变动产权登记463户，注销产权登记88户。

（二）做好日常产权登记工作

1. 季报工作。根据省国资委的要求，各地市国资监管机构必须将每一季度的产权登记情况上报中心，中心将其与省属企业产权登记情况汇总后，上报国资委。根据全年季报汇总结果，2010年全省产权登记部门共办理产权登记161户，其中占有产权登记61户、变动产权登记86户、注销产权记14户。

2. 2010年共办理省属企业产权登记36户，其中占有产权登记10户、变动产权登记25户、注销产权登记1户。

3. 由于从2010年6月1日起，省直部门所属企业划归财政部门登记，为了保障业务上的延续性，经请示分管领导，与财政部门协调，由中心受省财政部门委托继续对省直部门所属企业的产权进行登记。自6月至12月，中心共办理21户省直部门的产权登记，其中占有登记4户、变动登记17户、注销登记0户。

二、清产核资已核销的企业不良资产的清收、处置工作

（一）上缴国库不良资产处置收益286万元

根据省财政厅2010年1月下发的晋财企（2010）2号文件精神，中心将2006年至2009年底的不良资产处置累计收益286万元上缴国库。

（二）向企业催收不良资产变现收益

根据2010年1月6日，省清产办下发的《山西省省属企业清产核资不良资产清收工作协调会会议纪要》精神，中心按3.59%向有关企业催收丢失、领用资产已核销所有者权益的不良的变现收益。截至12月31日，中心共收回企业不良资产变现收益21万余元，并上缴国库。

（三）通过省产权交易市场公开处置8户企业不良资产

2010年8月，中心委托中介机构对省冶金物资总公司等8家企业的不良资产进行资产评估，报省国资委审核备案后，委托省产权交易市场公开拍卖，拍卖所得已上缴国库。

山西省国资委研究中心工作

一、编纂出版《山西省国有资产监督管理年鉴》

《山西省国有资产监督管理年鉴》（以下简称《国资年鉴》）作为省国资委组织编纂的大型权威工具书，创刊于2006年，其汇编了国资监管工作的政策、法规和统计数据，记载了全省国资监管事业和全省国企改革发展情况的基本资料。全书共分八个篇目。分别是：重要经济文献、省国有资产监督管理概况、各市国有资产监督管理概况、省国资委监管企业改革与发展概况、省国有资产统计资料、省国有资产监督管理政策法规选编、重点企业介绍及附录。截至2010年底已连续编纂出版4卷。

在省国资委党委的高度重视下，为保证年鉴编纂出版工作的健康发展，研究中心主要从以下四个方面着手开展工作：

1. 以年鉴工作站为平台，建立了较稳定的年鉴撰稿队伍。

2. 每年召开年度编纂出版工作暨培训会议，总结上年度编纂工作和安排部署下年度编纂工作任务，对年度内在年鉴编纂工作中做出突出贡献的先进单位、先进个人进行表彰。同时，对撰稿人员集中培训，进一步提高编纂队伍的整体素质。

3. 坚持创新、规范运作，不断提高《国资年鉴》的编纂质量。一是根据国资监管工作的新局面新任务，及时调整和补充新的栏目和条目；二是建立执行主编、副主编终审制度。即年鉴编辑部在完成一系列三审三校三改后，由执行主编召集全体编委人员对总纂成书、即将付印的全书清样重新互校、他校、交差校、协校。最大限度地控制了年鉴的差错率。

4. 加强与年鉴界交流，促进年鉴发展。一是作为中国版协年鉴工委会的会员单位，通过参加年鉴工委会组织的相关活动，进一步加强了编辑人员的业务培训，提升了业务水平；二是与中国学术期刊（光盘版）电子杂志社签订著作权许可使用协议，加入“中国年鉴全文数据库”，以电子和网络形式出版，向社会提供知识服务。为国资年鉴走出山西，走向全国，建立了桥梁与平台。

山西省国资委是全国省级国资监管机构中率先、唯一编制出《国资年鉴》的单位。在继2009年获得第四届全国年鉴编纂出版质量评比综合奖二等奖和分类奖（条目编写）二等奖之后，2010年11月，《国资年鉴》又荣获全国地方志系统第二届年鉴质量评奖三等奖。

二、承担山西改革国有企业改革与发展研究会秘书处工作

（一）办好会刊《山西国资》

《山西国资》以“探索国资监管，服务国企发展”为办刊宗旨，坚持“深入、深刻、深度”的办刊思路，积极践行“三贴近”，截至2010年底已连续出版32期，受到了省属企业和社会各界的认可和好评，为推进国企改革发展发挥了积极的作用，成为了国资委的窗口和国资监管系统交流与宣传的重要平台。

2010年，《山西国资》按照省国资委和新闻出版局的相关业务要求出版6期，策划了县级国资监管、山西经济转型等专题文章，服务报道了太重太矿、太原煤气化、国际电力等企业。圆满完成了编辑、出版、赠阅工作。

同时，积极开展与省属企业内部报刊和省外国资系统的交流学习。与《湖北国资》《河北国资》《浙江国资》《江西国资》等省外刊物进行了采编交流。与《山东国企在线》进行了双向经验观摩交流。

参加了新闻出版总署和新闻出版局的相关业务培训，加强了编辑队伍建设。

（二）积极开展课题研究

研究会秘书处在积极为会员单位提供服务的同时，还开展了课题研究以及一些大型活动。

山西省国资委信息网络中心工作

一、加强局域网和计算机维护，确保信息安全

（一）维护网络的畅通和各应用服务器的正常工作，定期收集、整理和维护数据库信息并做备份。按照保密规定加强信号传输加密、安全检测等软、硬件设备，提升了安全防护级别。

（二）按照国资委信息安全工作组要求，每月对机关计算机进行逐台安全检查，协助办公室做好安全检查工作，并通过了省保密局的安全检查。

（三）计算机分类管理，即把计算机分为上网机、工作机、涉密机、单机运行机，同时进一步优化机关办公内网，改造方案已列入2011年计划。

二、强化网站功能，服务监管企业

（一）配合省国资委办公室、宣传处发布“山西国资网”信息。2010年全年共发布网站信息3572条，图片新闻502条，浏览人次200余万。内网网站发布信息2393条。报送国务院国资委网站信息240条，被刊用61条。通过非涉密电子公文传输系统向省属企业发送公文249件。

（二）为加强网络宣传力度，配合有关处室在原有“国企党风廉政建设”专栏的基础上，又陆续开辟了“节能减排”“山西•转型跨越看国企”“法治山西在国企”“深入开展创先争优活动”和“推进学习型党组织建设”等专栏。

（三）3月份对“山西国资网”网站进行了升级改版，增设了“省属国有企业改制方案审批办事指南、山西省国有企业清产核资办事指南、企业国有产权管理”等办事指南，加大了政府信息公开力度。在全省政府网站绩效评估排名中，由上一年的62名上升至35名。

（四）开通公共参与栏目，共发布信息445条，收到“在线咨询”25个，已通过网上回复、电话回复等多种形式回复15个。

三、做好机关办公自动化工作

开通“省国资委视频会议系统”，覆盖32户省属企业。对机关200余台计算机和110部电话进行管理和维护。

四、实施“十一五”规划，编制“十二五”信息化发展规划

按照“十一五”信息化规划的内容，已完成物理隔离环境下的国资委内网建设；并通过逻辑隔离接入国务院国资委专网和省委省政府公务内网。

在完成“十一五”规划的基础上，中心与国务院国资委信息化工作处、信息中心，省经信委以及省国资委规划发展处就“十二五”信息化发展规划进行了交流学习，同时积极编制“十二五”信息化发展规划，组织企业申报“工业化”和“信息化”两化融合项目。

山西省产权交易市场工作

一、业务完成情况

2010年全年共完成项目60宗，评估值23.082亿元，成交额26.483亿元，实现平均增值率14.7%。产（股）权交易项目累计进场48宗，成交额24.62亿元，其中批准协议转让进场交割5宗，成交额4.24亿元；资产交易项目累计进场10宗，成交额1.509亿元；业务拓展项目累计进场2宗，成交额0.354亿元。市场严把交易工作各项关口，确保项目稳妥交割，充分发挥了价格发现功能，既保障了国

有资产安全，又保障了从源头上预防与治理腐败，维护了社会和谐稳定。

二、信息平台建设

市场与北京产权交易所联合全国30多家同业机构投资组建了金马甲网络交易服务平台，是基于互联网技术，为交易活动提供动态报价、网络竞价、网络路演、网络招标、网络采购等一体化平台。其标志性功能是动态报价，革新了产权市场的挂牌交易方式，打破时间和空间的限制，竞买人无须到现场，只要在规定的时间内履行注册报名、账户激活等程序，即可按照预先约定的竞价规则以匿名形式实现对标的的网络竞价。采用“匿名”竞价制具有高度私密性，规避了传统拍卖中可能出现的“举牌”无效现象，杜绝了现场干扰和相互串标等行为。金马甲是覆盖全国的产权网络交易服务第一平台，为山西省国有产权交易搭建起标准化、规范化的网络共享服务平台，为国有资产的保值增值营造了更为高效便捷、安全阳光的服务环境，被媒体称为“报价大王”；动态报价被称为“永不落幕的网络交易平台”，也被誉为产权市场的“大盘”。

阳泉辰光热电有限责任公司2*15MW发电机组及附属设施采用金马甲网络系统成功增值。这是山西省实施关停小火电机组工作，首次进场处置关停资产。市场领导高度重视，成立了项目处置工作组，多次到省经信委电力处展开调研，认真了解国家的相关政策要求。在接受意向报名阶段严格地把好审核关，由于意向受让方的资质证书种类繁多，查证范围涉及国家建设部、各省建设、局、工商局、质监局等发证部门，查证难度大。市场组织人员通过上网查询、电话咨询、传真核实等方式，对每一家意向受让方递交的资质证件都严格把关。鉴于该项目报名人数多，涉及地域广，意向受让方情况复杂，为有效地规避风险、实现增值，杜绝违规违纪行为的发生，市场与转让方研究决定采用金马甲网络竞价，特别邀请了省国资委纪委政风行风评议小组、转让方及其上级主管单位领导观摩督导网络竞价会现场。通过金马甲网络竞价，项目评估价590.98万元，起始价为630万元，加价幅度5万元，14名竞买人经过42轮激烈竞价，最终以985万元成交，溢价率56.35%。这是山西省首次采用金马甲网络竞价系统实现国有资产竞价转让的案例，为全省创新交易竞价方式开创了先河，《山西经济日报》派驻记者进行了专题报道。市场通过创新服务手段确保国有资产公开、公平、公正地在阳光下保值增值。

三、服务体系建设

（一）制度建设

一是健全完善了内部管理制度和业务操作细则，制定了交易规则和流程在市场网站公开发布，汇编成操作指南宣传册陈列于交易大厅并分送相关部门和单位，确保工作规范、服务到位。二是推行首问责任制、限时办结制、责任追究制、服务承诺制、实行企务公开等规范化服务，增强服务功能，强化市场公信力。三是简化工作环节、优化内部职能，对每个工作环节都严格把关，确保零失误。四是积极培育市场、开展广泛合作，拓展服务层次、积极解难题、办实事，开通绿色通道提供快捷服务。五是加强社会监督，挂牌竞价的交易项目，邀请省国资委纪检部门和委托方代表参加竞价活动全过程，增强交易过程的透明度，接受社会监督，杜绝暗箱操作造成国有资产流失的行为。

（二）信息建设

形成了完善的信息网络，市场网站（www.sxpre.com）实现与全国主要兄弟机构同步互联互通，力求项目信息披露和征集受让方的范围更为广泛，挂牌信息在市场网站、《山西经济日报》、同行机构网站、金马甲网络交易服务平台统一同步披露；对接了国务院国资委监测系统，实现国务院国资委对产（股）权交易信息全程实时监控，保证了交易操作的公开、透明，杜绝了暗箱操作，使规范化运作水平跃上新台阶；开发了产权交易电子管理系统，从委托初期到交易鉴证结束全程电子化管理，实现了工作的规范化、标准化、公开化；开通了电子竞价系统，按照价格优先的原则最大限度地发现市场价值、降低了交易风险和交易成本，实现了交易功能的新突破，从技术层面上确保交易更加公正、规范。

（三）队伍建设

一是强化目标管理和岗位责任制。树立主动服务的意识，完善服务规程与细则，各部门分工明确，各岗位责任清晰，运转有序，确保交易行为的合法性、规范性，二是建立健全学习型组织，形成长效学习机制。市场每年都制定年度和中远期培训计划，坚持全体员工周五学习制度，今年还特别邀请法律专家开展普法知识培训，系统讲授《经济法》、《合同法》、《拍卖法》、《招投标法》等法律法规；开展多种形式的业务培训，结合交易项目组织岗位练兵，把专业理论知识运用到业务实践中。经培训，员工的知识结构得到充实完善，队伍整体素质取得明显提升。目前市场已经具备了注册拍卖师、会计师等专业人才，为提高市场服务水平和服务质量打下良好基础。

四、当选为中国企业国有产权交易机构协会理事单位

国务院国资委主管的中国企业国有产权交易机构协会正式成立。省国资委根据《关于选择确定全省企业国有产权交易定点机构有关问题的通知》（晋国资产权[2006]28号），确定山西省产权交易市场为山西省国有产权交易的定点机构。按照中国企业国有产权交易机构协会的要求，省国资委推荐市场作为中国企业国有产权交易机构协会理事单位唯一候选提名单位。2010年11月3日，中国企业国有产权交易机构协会筹备成立大会暨第一次会员大会在京召开，山西省产权交易市场当选为理事单位，市场将借助协会平台，更好地服务于我省经济建设，为山西省产权交易开创一个更加规范和健康的新时代。

市场是北方产权交易共同市场副理事长单位；是山西省财政厅指定的全省承办行政事业单位资产处置的定点机构、金融企业国有产权交易服务的定点机构；是北京金马甲产权网络交易有限公司股东之一。

五、创建山西环境交易所

山西省产权交易市场投资成立了山西环境交易所（有限公司），是目前山西省内唯一一家集各类环境权益交易服务为一体的专业化市场平台。经营范围包括：提供节能环保技术转让与投融资服务平台；提供排污权（包括SO2、COD等）与节能量交易服务平台以及CDM信息服务与生态补偿促进服务等业务。山西环境交易所的设立是利用市场化手段解决环境问题的一个尝试，依托山西省产权交易市场并通过其先进的交易系统、广泛的会员网络和合作伙伴，努力实现山西节能减排领域的资源优化，降低污染治理的成本和交易成本，提高环境治理的效率。

六、领导关怀市场建设情况

（一）国务院国资委副主任孟建民一行莅临市场检查指导工作

9月16日，国务院国资委副主任、党委委员孟建民一行莅临山西省产权交易市场参观调研。刘胜总经理就交易市场近几年的发展情况、项目进场交易情况、下一步的发展目标向领导们作了详细的汇报。孟建民副主任认真听取了市场的工作汇报后指出，省产权交易市场建立了较为健全完善的制度体系，搭建了规范的交易平台，肯定了市场在推进国有产权交易制度改革，实现国有产权阳光交易方面所做的工作及所取得的成绩。孟建民副主任强调，国务院国资委积极推动产权交易市场的培育和发展，高度重视企业国有产权交易的监管工作，形成了较为有效的工作机制，省产权交易市场要增强责任感和使命感，继续加大规范力度，为国有产权进场交易工作保驾护航。

（二）省长王君率省政府有关领导莅临市场参观调研

11月23日，省长王君率省政府有关领导莅临市场参观调研。刘胜向王君省长介绍了市场的基本情况、规范机制、业务范围、取得的主要成绩以及下一步将要开展的工作，并希望王君省长及各级领导今后继续对产权交易市场的工作给予关注和支持。王君省长充分肯定了省产权交易市场规范的交易程序和严格的交易规则是国有产权依法依规流转的基本保证，产权交易市场发挥了资源配置、价格发现以及从源头预防腐败的重要功能，为科学发展观的落实、和谐社会的建设担负起使命。王君省长鼓励市场继续以健全机制、规范运作为基础，走创新发展之路，为山西省国有企业改革和结构调整、对外开放及招商引资、从源头预防和治理腐败做好服务，为助推全省经济发展发挥出应有的作用。

2011

SHANXI PROVINCE STATE-OWNED ASSETS SUPERVISION AND ADMINISTRATION YEARBOOK

山西省国有资产监督管理年鉴

山西省各市国有资产监督管理概况

第三篇

山西省国新能源发展集团有限公司

国新能源同中国石油大学校企战略合作框架协议签约仪式

山西省国新能源发展集团有限公司成立于1981年，是以燃气、煤炭、贸易产业为主，水泥、油页岩产业为辅的多元化、规模化、现代化国有大型能源企业集团。2010年营业收入突破百亿大关，2011年跨入中国企业500强、中国企业文化建设百强、山西企业100强前10名以及山西先行先试国有大型企业行列。

近年来，国新能源始终秉承“学无止境、追求卓越”的企业精神，树立“没有永远的第一，但要敢于永远地追求第一”的核心价值观，坚持服务低碳生产力，服务低碳消费，用足用好低碳政策，为全省社会经济发展提供能源引擎。目前，国新能源总资产107.5亿元，下属41家子公司，年煤炭外运能力4500万吨，拥有全省100亿立方米天然气独家经营权及148亿立方米混合燃气资源主导运营权。2011年全面完成气化山西一期工程，建成长输管线2190余公里、省级天然气调控中心1座、天然气分输站50座、CNG站23座，年管输能力超过100亿立方米，管网覆盖全省10市91县（市、区），市场覆盖全省86县（市、区）、497个村镇、302个重点工业用户、70个旅游景点，供热面积达1020万平方米，燃气汽车置换24118辆，气化居民用户161.6万户600万人，累计向下游供气45.6亿立方，拉动投资超过400亿元。

面对“十二五”战略决战期，国新能源紧抓气化山西发展主线，坚定不移地走高碳能源低碳化

参加第六届中部博览会忻州市招商引资项目签约仪式

寿阳、榆次城市燃气管网煤层气天然气贯通点火仪式

国新能源同交通银行山西省分行银企战略合作签约仪式

利用的发展道路，全力推进燃气产业，巩固发展煤炭产业，带动贸易产业，参股水泥产业，布局油页岩产业，实现销售收入500亿元，利润20亿元，资产规模200亿元，年销气量达到100亿立方米，煤炭发运5000万吨，参股煤矿产能1000万吨，参股水泥产能1200万吨，完成贯穿全省3300公里管网建设布局，气化覆盖全省91县（市、区）、1098个新农村、十大产业集群、100个旅游景点，拉动投资1000亿元，实现人均效益全省第一、人均利润全省第一、人均工资收入全省第一和国新人幸福指数全省第一。

国新能源将一如既往追求技术和利润高端，按照“十二五”规划，加快主动转型，早日实现转型跨越、气化山西既定目标，努力建设成为国际标尺衡量的，富有生命力、竞争力和可持续发展力的新能源企业！

荣获2011年企业文化建设百强单位称号

在“颂歌献给党”大型歌咏比赛中获得一等奖

2011年工作会议

兴能发电

西山煤电（集团）

董事长、党委书记、总经理 薛道成

西山煤电（集团）有限责任公司(简称西山集团)是山西焦煤集团的子公司，总部位于山西省太原市，其前身为1956年1月成立的西山矿务局。历经半个多世纪的发展，已经壮大为以煤为主、多业并举、综合发展，跨地区跨行业，产权多元、产业多元、产品多元的大型国有能源集团，是全国最大的炼焦煤生产基地、全国首批循环经济试点单位，拥有全国最大的燃用洗中煤坑口电厂。企业历史悠久，文化底蕴深厚，社会贡献卓著，社会形象优良，党和国家领导人胡锦涛、江泽民、吴邦国、朱镕基、李瑞环等先后亲临西山视察指导工作。

西山集团现有22座矿井、9座选煤厂、3座发电厂、3座焦化厂和机电修造、建筑建材、商贸服务等生产经营单位，拥有1个A股上市公司——西山煤电股份公司，初步形成煤—电—材、煤—焦—化两条循环经济产业链。截至2010年9月底，共有子分公司165个，职工81166人，资产总额411亿元。

办公楼

西山集团主要开采西山、河东、霍西三大煤田的煤炭资源，开采面积为789.03平方公里，资源总量92.6亿吨。煤种有焦煤、肥煤、1/3焦煤、气煤、瘦煤、贫瘦煤等，其中焦煤、肥煤为世界稀缺资源，被誉为世界瑰宝。煤炭产品主要有炼焦精煤、喷吹煤、电精煤、筛混煤、焦炭等，其中炼焦精煤具有中低灰、中低硫、低磷、粘结指数高、结焦性强等多种优点。

西山集团与宝钢、鞍钢、华能国际等国内多家知名

棚户区改造葡萄苑小区一景

花园式工厂

斜沟全景图

有限责任公司

企业建立了长期战略合作伙伴关系，产品畅销全国20多个省、市、自治区，并出口日本、韩国、德国、印度、巴西、西班牙、比利时等国家。“西山煤电”股票自2000年上市以来，连续9年跻身中国股市100强，备受投资者青睐。

西山集团先后被授予“全国五一劳动奖状”、“全国思想政治工作优秀企业”、“全国模范职工之家”、“全国五四红旗团委”、“全国安康杯竞赛优胜企业”、“国家职业卫生示范企业”、“煤炭工业科技进步先进企业”、“特级安全高效矿井”、“联合国清洁煤技术示范企业”等荣誉称号。

展望未来，西山集团将深入贯彻落实科学发展观，继续秉承“奉献社会，造福员工”的企业宗旨，以转型发展为主线，以跨越发展为目标，夯实安全基础，加快科技创新，强化经营管理，发挥人才效能，推进企业文化建设，进一步优化产业结构，改善生态环境，转变发展方式和经济增长模式，实现经济总量快速增长，质量效益全面提升，生活水平稳步提高，矿区环境和谐稳定，全面打造安全、富足、宜居、幸福的新西山。到2015年，建成煤炭主业突出、煤电化工并举、新兴产业多元的现代新型能源化工集团，实现“116611”奋斗目标，即：煤炭产能达到1亿吨，焦炭产量达到1000万吨以上，电力总装机容量达到600万千瓦以上，化工产能达到600万吨以上，销售收入达到1000亿元以上，职工人均收入达到10万元以上。

领导下基层

瓦斯发电

全断面岩巷掘进机

调度室

霍州煤电集团公司

8月30日，山西省副省长刘维佳在集团公司调研指导工作

6月28日，省委巡视组在集团公司巡视指导工作

5月21日，山西省总工会主席郭海亮在集团公司观摩调研

霍州煤电集团有限责任公司前身霍县矿务局始建于1958年，2000年改制为霍州煤电集团有限责任公司（以下简称霍州煤电），2001年加入山西焦煤集团有限责任公司并成为其子公司。

霍州煤电位于晋中、晋北煤炭基地内，主要开采的煤田有霍西煤田、沁水煤田、河东煤田、宁武煤田，矿区分布在临汾、吕梁、忻州、长治和运城5市所辖10个县（市、区），目前拥有矿权的总面积718.5平方公里，地质储量54.86亿吨，主要赋存有肥煤、1/3焦煤、焦煤和贫瘦煤等煤种，主导产品为冶炼精煤、电煤、焦炭共20多个品种级别，享有“冶金工业细粮”之美称，市场覆盖国内20个省（市），并出口韩国、印度、日本等国家。

霍州煤电下辖分公司及全资子公司11个，控股子公司15个，参股公司6个，资产总额222亿元，员工4万人。2001年被国家工商局列为首批“守合同重信用企业”，2003年获“全国五一劳动奖状”。

霍州煤电是一个以煤为主，多业并举，煤—电—材、煤—焦—化两条主产业链综合发展的大型企业。

煤炭产业现有11座生产矿井，煤炭产能2240万吨/年；6座洗煤厂，入洗能力1680万吨/年。兼并重组整合矿井24座，产能1995万吨/年。

非煤产业由电力、焦化、机制、建筑建材、多种经营五个板块组成。现有3座坑口电厂，装机容量170MW。控股1座焦化厂，设计年产焦炭60万吨；控股1座柠檬酸厂，年产能4万吨；参股建设一座化肥厂，设计年产合成氨18万吨、尿素30万吨、甲醇2万吨。机械修造产值2亿元/年。建筑产值4亿元/年；水泥产能30万吨/年；粉煤灰制品年可生产6000万块标砖和15万m3混凝土砌块。多经综合销售收入15亿元/年。

公司将抓住本世纪前20年这一重要战略机遇期，以科学发展观为指导，全面落实山西焦煤发展规划，实施安全、高效、发展战略，到“十二五”末建成5000万吨级现代化煤电联合企业。

9月23日，建设中的吕临能化千万吨项目

2月19日，集团公司第九届“煤电杯”职工文艺汇演

3月1日，山西霍宝干河煤矿公司210万吨/年新建矿井项目通过竣工总验收

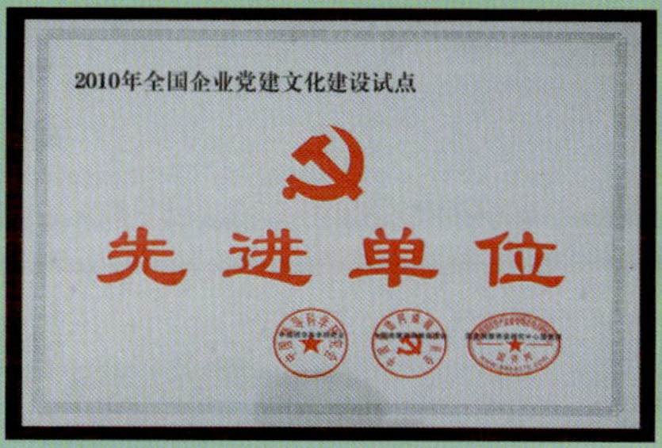

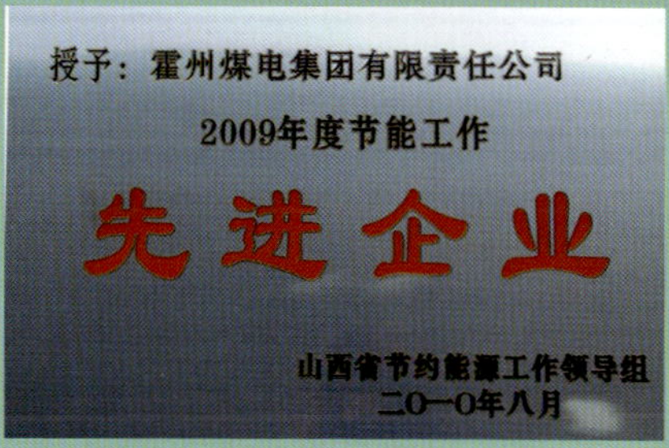

3月20日，集团公司董事会秘书高端培训班在太原举行

3月22日，集团公司采取封闭式、准军事化脱产集中培训方式，分两期对公司资源整合煤矿22个板块、133名“六长”进行了集中培训

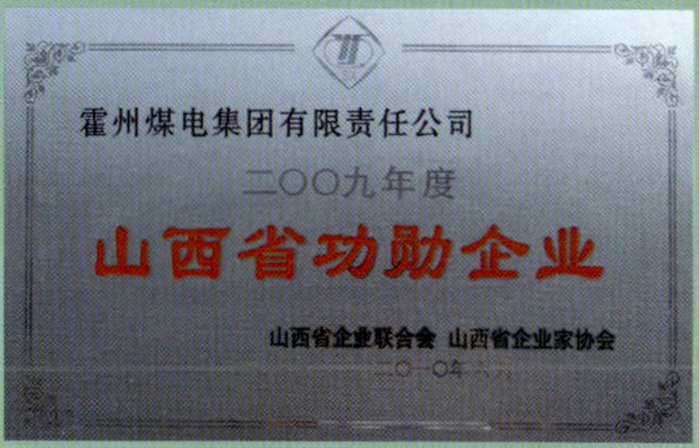

6月11日，霍州煤电与华电山西能源公司就合作建设忻州煤电项目签约

10月23日，集团公司领导现场观摩汾东花苑示范小区建设

霍州煤电集团公司办公大楼

华晋焦煤

董事长、党委书记 刘建高

总经理 达善荣

华晋焦煤有限责任公司成立于1992年，由原国家计委、能源部和山西省政府联合组建，国务院生产办公室批准成立。2001年2月按照国务院国办通[2000]10号文精神，改组为国有股份制企业，股东为中国中煤能源集团公司和山西焦煤集团有限责任公司，各持50%的股份。2011年4月按照山西省人民政府办公厅[2011]19次会议纪要，华晋焦煤有限责任公司由山西焦煤集团控股，持有51%的股份，中煤集团持股49%。公司的主要任务是开发建设山西河东煤田的离柳矿区和乡宁矿区，建设大型、特大型矿井和选煤厂。经营煤炭开采、电力生产、煤炭加工（原煤、精煤、焦炭及副产品）、矿用设备修理，技术开发与服务。

公司在离柳矿区拥有丰富的优质煤炭资源，属于国家保护性开发资源。离柳矿区井田面积138.3535平方公里，地质储量22.52亿吨，可采储量12.76亿吨，煤种主要为低灰、低硫、特低磷、高发热量、强粘结性的优质主焦煤。在乡宁矿区拥有井田面积28.15平方公里，地质储量2.35亿吨，煤种主要为中灰、低硫、特低磷的优质瘦煤，是极好的炼焦配煤。公司所属沙曲矿生产的焦煤已注册“华晋焦煤”品牌，享有“中国瑰宝”之美誉。

截止2011年末，公司注册资金51987.65万元，总资产

有限责任公司

公司领导班子

769393.31万元，现有员工4978人，公司机关下设21个职能处室、6个直属单位、5个二级单位、1个全资子公司、2个控股公司、3个参股公司。

2011年，公司煤炭年生产能力为420万吨/年,销售收入46.08亿元,上缴税费4.7亿元。“十二五”期间，公司规划建立离柳矿区煤层气抽采及综合利用工业园区、临汾煤炭循环经济工业园区。煤炭产业建设规模2190万吨/年；电力产业建设规模1316.5MW（其中控股116.5MW）。

煤炭产业：建设规模年产原煤2190万吨/年，其中离柳矿区工业园区800万吨/年；临汾工业园区390万吨/年。

电力产业：建设规模1316.5MW，其中离柳煤层气抽采及综合利用工业园区1288MW（其中控股88MW）；临汾煤炭循环经济工业园区28.5MW(控股)。

公司始终以科学发展观为统领，按照山西焦煤集团的统一部署，本着以“安全、项目、管理、提升”为工作主线，坚持“文化强企，三高一流”的企业理念，以“高品位定位、高科技支撑、高效益运行”的工作目标，做到“经营工作做精、管理工作做细、安全工作做实”，努力把公司建设成为国内一流的现代化精品焦煤企业、一流的瓦斯综合治理示范矿井，一流的循环经济工业园区。

公司负责人：刘建高

公司电话：0358-8296368

公司网址：www.hjjm.cn

联 系 人：秦生平

联系电话：0358-8296378

华晋焦煤瓦斯防治实验室在京揭牌成立

万吨精煤储煤仓

大同煤矿集团

大同煤矿集团公司副总经理、轩岗煤电公司董事长 张良海

大同煤矿集团公司副总经理、轩岗煤电公司党委书记 高峰

大同煤矿集团公司副总经理、轩岗煤电公司总经理 李云江

大同煤矿集团轩岗煤电有限责任公司的前身为轩岗矿务局，总部位于山西省原平市轩岗镇，于1954年建局，原为煤炭部直属的94个统配矿务局、山西省8大矿务局之一，属国家大型二类煤炭企业。1998年下放山西省政府管理。2002年实施政策性破产，同年8月由大同煤矿集团整体收购，并重组改制,组建为大同煤矿集团轩岗煤电有限责任公司，是大同煤矿集团公司最大的子公司，山西省国有资产监督委员会监管的重要子公司之一。

重组以来，在省委省政府及同煤集团的坚强领导下，轩岗煤电公司广大干部员工精诚团结、务实进取,一路攻坚克难、拼搏进取，一举实现了由破到立、由乱到治、由弱到强的重大转折。企业步入了以人为本、全面协调、可持续发展的轨道。

公司现有二级单位及子公司23个，已初步形成煤炭生产为主导产业，火力发电、化工生产、汽车货运、机电修理、建筑安装、水泥、印刷、林业、住宿、餐饮等多业并举，综合配套、协调发展的产业格局。

公司现有10对生产矿井，七套综采五套高档，采煤机械化程度达100%。矿井分布在忻州市的原平、宁武，吕梁市的岚县，运城市的河津。主要商品煤种为气煤、贫瘦煤，并创立大友5号、大友6号等知名品牌，产品主要销往华北地区京、津、唐各大电厂，以及湖北、湖南和省内各电厂。

“十二五”期间，公司将以科学发展观为指导，牢牢把握集团公司“两新”发展目标、“五个一”总体要求和“三个三”工作思路，瞄准“双十”系统工程和“双千亿”奋斗目标，以转型跨越为主线，按照“立足轩岗发展轩煤、走出轩岗壮大轩煤”的发展方略，全力抓好“1156”战略规划的推进和实施，为建设新轩煤、打造新生活作出不懈努力。

公司办公大楼

轩岗煤电公司

公司文明小区

公司组织开展丰富多彩的文体活动

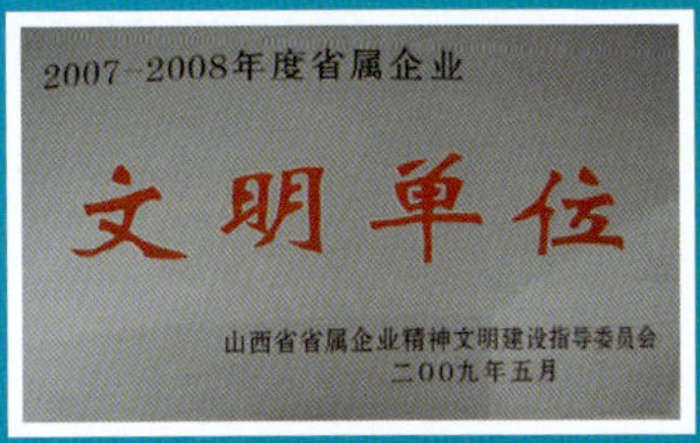

省文明单位

意气奋发的轩煤人

“轩岗-原平”矿工号专列开行

井下综采工作面

公司元宵节夜景

大同煤矿集团

刘家梁矿工业区

刘家梁发煤筒仓

刘家梁矿

轩岗煤电公司刘家梁矿位于山西省原平市轩岗镇，矿井始建于1973年12月，设计生产能力90万t/a，服务年限62年，井田面积10.2737km2，煤田工业储量为31226.8万t，可采储量15237万t。1983年12月28日矿井建成投产，1990年达产。

该矿现在员工2663人。设有20个职能科室；9个生产队组：两个综采队，一个高档普采队，一个综掘队，三个掘进队，两个开拓队；另有8个辅助队和4个地面队。

近年来，在公司正确领导下，该矿安全工作稳步发展，员工综合安全素质不断提升，矿井质量标准化建设不断提高，基础环境设施明显改善，文明创建活动取得新成效，和谐矿区建设呈现新局面，党风廉政建设工作进一步巩固，惠民工程效果显著，整个矿井呈现出跨越式发展的良好态势。

轩煤医院

轩煤医院是一所综合性二级甲等医院，医院始建于1959年，50多年来，特别是轩煤公司重组改制以来，在历届党政领导的高度重视和大力支持下，全院员工坚持以科学发展观为指导，以“病人为中心，提高医疗质量”为主题，紧紧抓住“强素质、树品牌、构建和谐满意医院”这条主线，打造“平安、和谐、温馨、诚信”医院，使医院在规模、人员素质和院容院貌等方面有了长足的进步和发展。

近年来，医院先后被山西省卫生厅、忻州市教科文卫体工会联合会授予“五一标兵单位”；被山西省社会事务调查中心授予“百佳公众满意放心医院”；被山西省爱国卫生运动委员会授予“先进单位”；被公司评为“先进党委”、“先进单位”和“文明单位”。

目前，医院编制床位300张，开放床位248张，现有临床科室17个、医技科室4个、职能科室13个。员工总数346人，其中专业技术人员252人，具有高级技术职称14人，中级技术职称100人。年门诊量34000余人次，收治住院病人7600余人次。在公司的大力支持下，先后投入了3000多万元对医疗设备和医疗设施进行了更新和改造，新添置了螺旋CT、彩超、腹腔镜、500mA X光机、全自动生化分析仪、电子胃镜、C型臂、全自动麻醉机、全自动呼吸机等现代化的大型医疗设备100多台/件，并建成了忻州地区一流的ICU、CCU病房等，为进一步改善医疗环境，提升服务质量奠定了坚实的基础。

轩煤医院举办二甲医院、二院协作医院挂牌剪彩仪式

轩岗煤电公司

阳方口矿业

阳方口矿业有限责任公司原是山西省忻州市市营煤炭企业，1954年建矿，2003年参组大同煤矿集团公司，划归轩岗煤电公司管理。

公司位于宁武县阳方口镇，占地18公顷，矿区总人口近万人。截止目前，公司资产总额7.4亿元，在册员工2649人，其中管理人员749人，生产系统1680人，后勤辅助系统220人。

自1998年改制以来，公司按有限责任公司经营运行，设有董事会、监事会、党委会、经理层。

公司现有石湖煤矿和程家沟煤矿两座生产矿井，矿井可采储量合计1760万吨，年设计生产能力合计180万吨，可采煤层属气煤煤种，为动力用煤，发热量在4500大卡左右。其中，石湖煤矿开采石湖井田，布置有两个综采工作面，四个掘进队（机掘三个队、炮掘一个队），年生产150万吨左右；程家沟煤矿开采阳方村井田，一个高档采煤队、四个掘进队，年生产50万吨左右，程家沟90万t/a改扩建完成后，将实行综采，届时增加两个综采队、一个机掘队。

阳方口矿业公司员工公寓舒适幽雅

阳方口矿业公司人人都是通风员宣传长廊

实业公司

实业公司黄甲堡分公司

实业公司是轩煤公司的子公司，公司领导班子7名成员，有5个职能科室，即办公室、财务部、人劳部、生产营销部、党委工作部（纪委、工会、宣传、团委、信访、计生）。共有员工 540人，其中在职全民工 113人，集体工159人，（计272人），外聘人员268 人（退休员工、子弟、工残家属）。下设有11个分支机构，即黄家堡分公司、刘家梁分公司、焦家寨分公司、六亩地分公司、综合加工厂、煤焦发运站、综合利用厂、轩峰宾馆、综合商场、电器修理厂、印刷厂。

经营范围有：机械加工、铸造、修理、建筑材料、原煤、精煤、劳保服装加工、矿用导风筒加工、铝矾土烧结、金属网编织、印刷、商饮、住宿。

大同煤矿集团

焦家寨矿

焦家寨矿工业广场

焦家寨矿生产楼休闲广场

焦家寨矿塑胶篮球场

焦家寨矿景

大同煤矿集团轩岗煤电公司焦家寨煤矿于1958年7月开工建设，1966年10月投产，1994年底改扩建项目竣工之后，矿井设计能力达到150万吨/年。2010年，焦家寨矿被国家安监总局、煤监局联合命名为“国家级安全质量标准化矿井”；被中国煤炭工业协会评为全国煤炭行业二级安全高效矿井；被省科协、省人力资源和社会保障厅、省财政厅、省国资委授予2010年度山西省“科技奉献奖”先进集体三等奖；被省总工会、省安全生产监督管理局联合评为“2009—2010年度‘安康杯’竞赛优胜企业”；被忻州市委、同煤集团公司和轩煤公司评为“先进基层党组织”；被集团公司授予2010年度“宣传思想工作标兵单位”。

轩岗煤电公司

梨园河矿

梨园河矿办公大楼

梨园河矿副平峒

梨园河矿生产区全景

梨园河矿井下安全文化长廊

梨园河矿生产区办公场所

大同煤矿集团轩岗煤电公司梨园河矿位于忻州市宁武县薛家洼乡境内，距离轩岗本埠30公里，原为年产不足2万吨的乡办联营煤矿，2001年7月由原轩岗矿务局整体收购，轩岗矿务局重组改制后成为同煤集团轩岗煤电公司的一个生产矿井。

建矿十年来，在集团公司和轩煤公司党政的正确领导和关心支持下，全矿广大干部员工面对异地经营、基础条件极其艰苦的生产生活条件，打破矿井建设的常规模式，因陋就简，因地制宜，经过艰苦卓绝的努力，取得了矿井规模、煤炭产量、固定资产、员工收入、矿容矿貌、效益盈亏等十个方面的历史性突破，并培育出了“艰苦创业，求实创新”的梨园河精神，使企业从无到有、从小到大，快速发展成为具有综合机械化水平的、轩煤公司三大主力矿井之一，走出了一条资源整合矿井外延拓展、低成本扩张的成功之路。

近年来，该矿被省国资委评为省属企业精神文明先进单位，并多次被集团公司、忻州市委、大同市委授予先进党委、先进基层党组织、先进模范单位等荣誉称号，矿工会被全国总工会授予“模范职工小家”。未来的梨园河矿将在集团公司“建设新同煤，打造新生活”的伟大实践中创造出更加美好、更加灿烂辉煌的成绩。

梨园河矿全景

“晋牌水泥”光耀三晋待今朝

——前进中的山西晋牌水泥集团有限公司

党委书记、董事长 庞瑞林

总经理 刘宇红

法人代表：庞瑞林

地址：山西省潞城市西郊

电话：（0355）6768568　6768571

传真：（0355）6768568

网址：http://www.jpsnjt.com

邮编：047508

CERTIFICATE

质量管理体系认证证书

注册号：CQM-00-2000-1941-0001

兹证明

山西晋牌水泥集团有限公司

住所：山西省潞城市西郊
认证地址：山西省潞城市西郊（047508）

管理体系符合

GB/T 19001-2000 idt ISO 9001:2000标准要求

覆盖的产品及其过程

42.5级普通硅酸盐水泥和32.5级A型、42.5级A型矿渣硅酸盐水泥的生产

证书号：00208Q15188R2M

初次颁证日期：2003年12月2日　有效期至：2011年10月27日

总经理：张伟　二零零八年十月二十八日

方圆标志认证集团

“晋牌水泥”在腾飞

山西晋牌水泥集团有限公司（原山西水泥厂）是山西省“八五”重点建设项目，属国有大型二类企业，现有职工1069多人，固定资产9.48亿元。1992年9月开工兴建，1995年11月建成投产。该项目采用加拿大富乐·史密斯公司具有当时世界先进水平新型干法窑外预分解水泥生产工艺技术及主机设备，设计生产能力为年产高强度等级水泥75万吨。公司整条生产线技术装备新，自动化程度高，工艺布局紧凑、合理。从国外引进的集散控制系统、新型干法窑外预分解生产工艺及混合破碎、五级旋风预热器、超短回转窑、大布袋收尘系统等技术和设备皆为山西省首次采用。

公司技术力量雄厚，检测手段齐备，产品质量优良，现已通过GB/TI9002—ISO9002质量体系认证。公司坚持“坚持持续改进、增强顾客满意、实现良性互动、提升双方效益”的质量方针，不断满足用户需求，公司生产的“晋”牌系列低碱水泥具有快硬、早强、凝结时间短、抗冻融性好、耐磨性强等优点，尤其以色泽好、碱含量低享誉各地，广泛应用于各种工业与民用建设工程。产品畅销北京、天津、武汉、郑州、西安及本省各地区，被誉为首选产品和信得过产品，普遍受到用户好评，扩大了晋牌水泥的社会知名度和影响力。公司视满足用户要求为己任，努力搞好产品售前、售中和售后服务，产品历

晋水集团生产区全貌

来均实现水泥出厂合格率、富裕标号合格率、包装袋重合格率三个100%。牌水泥多次被评为“国家免检产品”、“山西省名牌产品”和“山西省建材行首选产品”。“晋”牌商标被评定为“山西省著名商标”。“晋”牌水泥已成享誉三晋乃至全国建材行业响当当的品牌。晋牌水泥集团连年被评为“山西建材行业优秀企业”、“山西省用户满意企业”。晋牌水泥集团还是“全国建产品质量服务信誉AAA级企业”、“山西省质量服务信誉AAA级企业”和、市工商局评定的“守合同重信用企业”。

在生产经营实践中，晋牌水泥集团高度重视发展循环经济，狠抓节能效，全面推进资源综合利用和清洁生产工作，营造了高水平指标、高质量产、高经济效益和低能源消耗的生产氛围。企业在技术创新、发展循环经济、进节能减排等方面走在了同行业前列，为指导和引领水泥行业健康发展积了丰富的实践经验，为山西建材行业发展发挥了良好的示范和带头作用。公始终把节能减排与 “双增双节”活动有机结合，发动干部职工广泛开展技技措、岗位练兵、技术比武、提合理化建议等群众性技术创新活动，晋牌水集团公司已有多项QC小组成果荣获省、市及国家级奖励。低碱水泥的成功制并批量生产，彻底改写了山西省不能批量生产高标号优质低碱水泥的历。为促进水泥工业健康快速发展，企业充分发挥其在人才、技术和管理等诸

备检修

面的优势，积极对外提供技术培训或设备安装生产调试等多项技术服务，进了水泥企业间技术共享和共同发展。对外提供技术培训和“劳务输出”为晋牌水泥集团新的经济增长点。

晋牌水泥集团在搞好生产的同时，尽己所能，勇担社会责任，积极以捐资物等形式，全力支援地方经济和各项社会发展事业。多年来，晋牌水泥集团累计投入上百万元资金，用于向灾区捐款捐物、扶贫济困等各项社会公益善事业，展示了晋牌水泥集团良好的社会形象。

在科学发展观的指引下，晋牌水泥集团积极实施“走出去、引进来”战，充分依托集团公司在人才、技术及管理等优势，在陕西承包了5000t/d新干法水泥熟料生产线项目，积极实施分流减负。目前他们正积极与华润水泥谈合作事宜，双方拟定在现有生产线的基础上，共同出资建设一条4800t/新型干法水泥熟料生产线项目（带余热发电），实现合作共谋发展。届时牌水泥集团将形成年产340万吨水泥的生产能力，对盘活企业的闲置资产源），发展循环经济，加快长治地区水泥产业的结构调整，全力打造全国知水泥制造业基地将起到积极的推动作用。

公司的质量方针：坚持持续改进，增强顾客满意，实现良性互动，提升双效益。

公司承诺：用户的需求就是我们不懈的追求！

干群同乐闹元宵

金秋助学

党员干部赴八路军太行纪念馆重温入党誓词

面向未来，走向成功

职工文体活动异彩纷呈

解放思想　转变观念　开拓创新　建设

太原矿山机器

董事长 张克斌

省委副书记金道铭到公司视察

太原矿山机器集团有限公司始建于1925年，属国有大型一类企业，现有在岗职工2000余人。2005年12月，在山西省委、省政府振兴山西装备制造业、加快煤机产业发展的政策引导下，由太原重型机械集团有限公司牵头，通过整合太原矿山机器集团有限公司、山西煤矿机械制造有限责任公司的国有产权，联合山西焦煤集团、大同煤矿集团、阳泉煤业集团、潞安矿业集团、晋城无烟煤矿业集团、山西煤运总公司、山西煤炭进出口公司等7家省属煤炭生产经营企业，共同组建了太原重型机械集团煤机有限公司（简称"太重煤机"），太矿集团成为太重煤机的核心企业。企业可生产煤炭采掘设备、输煤设备、提升设备、洗选设备、辅运设备、矿用减速机、液压系统及元件、电控系统及元件、瓦斯抽送设备、安全设备十大类产品，已形成年产采煤机200台、掘进机200台、液压支架2000架的能力，具备了"三机一架"综采设备的试验、组装成套供应能力。"十一五"期间，生产经营主要指标逐年高速递增。2011年，太重煤机实现销售收入50亿元，其中太矿集团销售收入突破了25亿元。

作为山西省煤机成套制造的龙头企业，太矿集团按照打造一流的煤机制造基地的定位，充分发挥太重和太矿品牌效应，致力于成为全省煤机成套的领头羊。对外积极探索"与用户联合开发新产品"及"和科研院所'产、学、研'联合开发新产品"的技术研发思路，组建了"三个中心"（"山西省煤机行业技术中心"、"煤矿装备研究生教育中心"、"山西省金属轧制精整装备工程研究中心"），建立起适应市场需求的技术创新体系。由于这个体系的形成，提高了新产品的研发速度和能力，争取并承担了国家"十一五"科技支撑项目《高效综采机电一体化成套装备及其关键技术研究工作》，太矿集团承担的主项目2500电牵引采煤机于2009年9月顺利出产，实现了我国大型综采设备国产化并替代进口的目标，太矿集团也以此为契机站在了世界采煤机技术的制高点，并为带动和提高山西省煤机装备制造业关键性技术创新能力提供了有力的技术支撑。内部大胆尝试"经销与技术紧密结合"、"市场开发与产品开发紧密结合"的组织方式，新产品开发和市场开发工作取得突出的效果，采煤机产品呈系列化、多样性并逐步成套化。三年来根据用户需求共开发出采煤机新产品十余项，平均每季度出一项重大新产品，其中主导产品930电牵引采煤机，获全国煤炭工业十大新产品，1800电牵引采煤机被国家四部委命名为国家级重点新产品，2007年在平朔安家岭一号井创放顶煤全国采煤最高纪录，2008年在神华集团金烽昌汉沟矿创一矿一井一面年产1015万吨，月产118万吨一次采全高全国采煤最高纪录。

2011年，又成功地争取到国家"十二五" 发展专项，继续承担了"煤炭综采成套装备智能系统开发与示范应用"项目，标志着太重煤机将继续引领煤机装备先进技术的发展方向。与此同时，与煤炭工业太原设计研究院签订了战略合作协议。此项协议的签署对推动双方优势互补，发挥整体优势，扩大和延伸对煤矿的服务，尤其是在煤矿建设工程总承包方面形成的紧密合作，对提升公司的服务能力有着十分重要的意义；与中国矿业大学签订的《共建现代采掘装备研究院及全面合作协议》，加快了公司在采掘装备的高新技术、智能化矿山装备研究等方面的步伐；与北科大、天津规划院、太原科大、煤炭

中国一流、世界著名的煤机企业集团

集团有限公司

工业太原设计研究院等科研和高校机构在冶金、洗选设备成套领域的合作，进一步提高了公司在这些产品领域的市场影响力。

太原矿山机器集团有限公司将全面贯彻落实科学发展观，通过实现“四个一流”（装备一流、技术一流、产品一流、服务一流），实现高端制造的目标；通过建设“四个国家级基地”（制造基地、研发基地、综试基地、培训基地），把太矿集团建设成中国一流、世界著名的煤机企业集团。进一步创新发展理念，创新经营思路，为实现“十二五”宏伟蓝图而努力奋斗！

车间

MG1000/2500-WD电牵引采煤机

3000KW电牵引采煤机

(左)董事长、党委书记 郭文
(右)副董事长、总经理 卫正

山西焦化集团有限公司

山西焦化集团有限公司是一家集炼焦生产、煤焦油及粗苯加工、化肥、甲醇、精细化工、电子科技、化工设计、建筑安装、物流贸易、对外参股等为一体的煤炭综合利用企业，是国务院确定的520户国家重点企业、全国首批82家循环经济试点企业和山西省工业转型发展百强潜力企业之一，是山西焦煤确定的煤焦化产业链示范基地。

公司筹建于1969年，现有职工8600余人，占地面积325公顷，总资产81.54亿元，主要生产装置38套，年产焦炭360万吨、尿素13万吨、硫酸铵2.5万吨、甲醇20万吨、炭黑8万吨，加工煤焦油30万吨/年，加工粗苯10万吨/年，生产51种产品。公司下设7个子分公司，其中，山西焦化股份有限公司于1996年8月在上海证券交易所上市，是全国焦化行业第一家上市公司。

“十二五”期间，山西焦化将紧紧抓住山西省“以煤为基，以煤兴产，以煤兴业，多元发展”的战略机遇，以加快转变经济发展方式为主线，以经济效益为中心，以科技创新和重点项目为支撑，依托母公司山西焦煤集团的优势和平台，以“煤、焦、化”为重点，围绕“煤炭、焦炭、化工、物流贸易、新产业、投融资”六大板块，努力建设资源节约型、环境友好型企业，实现煤化工产业的转型和升级，将山西焦化打造成山西焦煤“煤—焦—化”产业链示范基地、山西省现代煤化工企业、中国新型煤焦化循环经济一体化园区。

“十二五”规划项目预计投资626.4亿元,届时该公司将形成以煤、焦、化为主体，集物流贸易、投融资、电子科技、工程设计、对外服务等为一体的新型煤化工基地。煤炭生产及洗选能力达到2800万吨/年,年产焦炭1500万吨、甲醇180万吨、聚乙烯30万吨、聚丙烯30万吨、炭黑8万吨、煤系针状焦10万吨，年加工煤焦油60万吨、粗苯15万吨、工业萘10万吨、洗油8万吨、蒽油30万吨。预计到2015年公司资产规模达到700亿元以上，销售收入达到508亿元以上，利润41亿元。

山西省副省长任润厚在公司调研

2011年5月27日，山西省副省长任润厚（前排左二）携省经信委主任洪发科、省煤炭工业厅副厅长王学军、省煤监局副局长梁云祥、山西省焦化行业协会副会长张岗峰在省市县有关部门负责人陪同下到山西焦化调研。

60万吨/年烯烃工程开工奠基现场

2011年8月1日，山西焦煤3000万吨煤焦化循环经济一体化项目洪洞工业园区60万吨/年烯烃工程开工奠基仪式在山西焦化烯烃工程现场隆重举行。山西省省委书记袁纯清对烯烃工程开工奠基作出专门批示，山西省省长王君发来专题贺信。山西省人大副主任靳善忠、副省长刘维佳、省政协副主席令政策，省经济和信息化委员会副主任陈官虎等领导出席奠基仪式。

360万吨焦炉及配套化工生产 装置全景

太原市

一、太原市国有资产监督管理工作综述

2010年，太原市国资委在中共太原市委、太原市人民政府的正确领导下，在山西省国资委的指导下，按照转型跨越发展的新要求，重点推进企业破产重组、项目发展、资源整合工作，夯实了国资监管工作基础，促进了国有资产保值增值和出资企业的改革发展，完成了全年各项工作任务。资产总额171亿元，比上年增加43亿元，增长33.6%；所有者权益20亿元，比上年增长35%；国有资产保值增值率达到90%。出资企业实现营业收入50.6亿元，比上年增长38%；工业总产值完成38亿元，同比增长21.09%；工业增加值完成10亿元，同比增长14.15%；产品销售收入完成38.5亿元，同比增长22.26%；实现利税4亿元，同比增长25.39%。

（一）进一步深化国有企业改革

1.企业搬迁改造工作。2010年，太原市国资委把企业搬迁改造工作作为实施产业结构调整和升级，进一步转变经济增长方式和运行模式，推动企业快速发展的有效途径，下大力气全力推进，取得积极进展。山西长城微光器材股份有限公司实施“退城入园”，完成了整体搬迁，搬迁后该公司各项经济指标均有大幅提高，实现了“全年产值6300万元，创汇840万美元，利润1200万元，员工人均薪酬3.82万元”的目标。太原狮头集团积极有序推进新厂搬迁改造建设，新厂址占地700亩，已完成搬迁项目可研性报告、环境影响评价、新生产线总图布置、设备选型、征地协议签订；支付1800万元土地和青苗补偿金；新的生产线从工艺流程、环保指标到节能降耗、安全生产均按照国际先进水平设计施工。太原锅炉集团投资12.5亿元实施企业搬迁改造，已投入资金1.8亿元新建大型循环流化床锅炉制造基地项目。太原新凯纺织印染有限公司新厂基建工程基本完成；纺纱车间主体、南北附房、职工轮班休息楼、高压配电室、空压机房、4个成品仓库均已完工，国外引进的机器设备已全部到位，并进行安装调试。山西电机厂、太原第一机床厂的搬迁改造工作也按整体规划逐项推进。

2.企业破产工作。2010年，太原市国资委完成了太原变压器厂、太原铜业公司的破产终结工作，加强了对破产后新成立的太原长风佳苑物业管理有限公司和太原同苑物业管理有限公司的监督管理，合理解决了这两户破产企业的遗留及个案问题。完成了山西建设机械厂的职工安置和资产处置工作。完成了太原地方建筑材料厂、太原市标准件厂、山西无线电一厂、太原第一毛纺织厂、太原瓷厂的职工安置工作；继续稳步推进太原灯泡厂、太原绒织印染厂、太原洗涤剂厂的职工安置工作。

3.“三个平台”建设。2010年，太原市国资委以深化改革，整合资源，进一步优化国有资本结构为目标，加大力度，全力推进投资控股，辅业资产管理和退休人员管理三个平台建设，取得较好成绩。太原物产集团全面运行“三个平台”，实施集团一体化运

作，对所属的太原木材公司、太原金属回收公司、太原机电公司、太原化轻公司、太原建材公司、太原物贸中心等6户企业以资产为纽带进行了全面整合，率先在国资委系统实行统一核算、统一管理、统一运营。太原饮食集团积极推进“三个平台”建设，退休人员已实行统一托管、统一核算、统一支出工作。

（二）项目建设

2010年，太原市国资委组织实施了10个重大资产重组与产业整合项目。中国华能集团投资150亿元，与太原东山煤矿有限公司合作，建设4×350MW超临界电热冷三联产热点项目和东山寿阳煤矿及重组煤矿项目。中国建材集团投资100亿元与太原狮头集团合作，建设太原市建材工业园区、薄膜太阳能电池及光伏建筑一体化产业和建材物流基地。山东青岛新天地有限公司投资16亿元，与太原物产集团合作，建设山西新天地静脉产业园区。太原东山煤矿有限公司整合东昇、东兴、五龙、东峰等煤矿，重新开工建设，新增产能285万吨。太原锦地公司华天利装备制造园自主研发煤矿刮扳机、焦烟除尘车以及冶金成套产品，已具备冶金设备及煤机环保设备批量生产能力。太原锦地公司安帝工业园已建成投产，实现产值1579万元。太原田和食品集团肉联厂改扩建工程一期项目已竣工投入试运营。太原晋东小商品市场改扩建工程和石油钻采、棚户区改造项目按计划推进。太原广东酒家与太原饮食集团、太原外贸集团新建晋韵大厦项目建设已进入土地出让阶段。

（三）不断提高国资监管工作水平

1.企业经营业绩考核工作。2010年，太原市国资委把业绩考核作为履行出资人职责、落实国有资产保值增值责任的重要内容，制订了《2010年监管企业经营业绩考核通知》和《企业奖励办法》，对企业领导人员经营业绩进行了全面考核，按照各企业分类指标完成情况，确定考核等级和企业负责人的基本薪酬和绩效薪酬，并严格跟踪监控，有效地落实了国有资产保值增值责任。

2.产权管理工作。2010年，太原市国资委认真落实国有资产产权界定、登记、划转、核销、处置及产权纠纷调处规定，严格审核监管企业资本金变动、产（股）权转让和资产评估，理顺了企业国有产权转让与投资行为。太原产权交易市场全年完成产权交易19宗，涉及资产总额4.88亿元，交易额1.3亿元，交易额比转让评估值增值2983万元，增值率达30.16%。

3.解决企业历史债务工作。太原市国资委以太原市国有资产经营公司为平台，积极解决企业历史债务包袱，减轻企业负担。与中国信达资产管理公司山西分公司签订了债券回购协议，用8150万元回购中国信达资产管理公司本息合计6.24亿元不良债务，为国企改制资产运营提供了先决条件，也为下一步资产处置、资源整合、企业战略重组赢得了发展空间。

4.开展“对标”活动。太原市国资委全面开展“对标”活动，建立起同武汉、郑州、南昌、长沙、合肥等中部省会城市暨西安、石家庄、呼和浩特等周边省会城市的“6＋3”工作交流机制。通过学习外地经验，查

找监管差距和薄弱环节，进一步夯实了基础管理、提升了监管和履行出资人职责水平。

（四）党建工作取得显著成绩

2010年，太原市国资委党委以“爱岗位，强本领，抓项目，促发展”为主题，在全系统深入开展创先争优活动，采取多项措施，努力打造一支政治素质高、工作能力强的战斗队伍，为各项任务顺利完成提供有力保障。

1.干部自主选学。为了提升干部素质，太原市国资委党委组织监管企业570名领导干部参加了第一批全省干部自主选学，使干部教育培训工作更具有针对性、实用性和有效性。

2.国企领导班子建设。太原市国资委党委制订了国企领导人员选拔任用程序，全面实施班子成员年度综合考核，同时，大力加强企业后备干部队伍建设，对35名国企后备干部进行了集中培训。

3.宣传理论工作。太原市国资委围绕中心工作，及时做好理论学习和宣传报道工作，7篇理论文章在省市报刊发表；省市新闻媒体对太原市国资委系统国企改革发展做了100多次全面系统报道。

4.老干部工作。太原市国资委充分发挥安置、管理、服务职能，老干部工作水平有了新的提高，改制、关闭、破产企业老干部的安置、管理、服务、政治生活待遇等得到了全面落实。全年申报核拨发放老干部和建国前参加工作老工人生活补贴5353万元。

（五）廉政建设

2010年，太原市国资委以落实党风廉政建设责任制为抓手，以学习贯彻《廉政准则》为重点，充分发挥纪检监察的作用，在反腐倡廉制度建设、构建警示训诫防线等方面取得了新的成效。委领导班子高度重视廉政建设和反腐败工作，认真履行“一岗双责”的政治责任，认真抓好职责范围内的党风廉政工作，从而使廉政责任制得到了较好的落实。全系统的“反腐倡廉制度建设年”活动、政风行风评议、狠刹“三股歪风”、治理商业贿赂、工程建设领域突出问题专项治理、国有企业“小金库”专项治理等各项工作都取得了实效，推动了全系统反腐倡廉工作的顺利开展，为企业的改革和发展创造了良好的工作环境。

（六）企业安全稳定工作

2010年，太原市国资委进一步加大了对信访稳定工作的组织领导，一是加大积案交办专项工作力度。定期或不定期地召开专题会议，研究案情，落实责任，及时处理。二是坚持上下联动，信访、纪检、改革等相关处室“多位一体”的矛盾纠纷排查化解机制，实行零报告制度，加大了对矛盾隐患的督查督办力度，及时化解矛盾隐患。三是采取主要领导亲自接访，领导班子成员现场接访、责任企业具体承办、委领导带案下访、“一把手”重点约访的方法，狠抓落实，强化初访办结率。全年信访总量为317件次，比上年减少50%；其中，受理转办件和群众来信31件，比上年减少40%；来访中集体上访 49批（1060人次），批次比去年减少30%，来访中个体上访237批（373人次），与上年基本持平；委领导阅批群众来信31件，办结31件，按期办结率为100%。

安全工作事关职工生命财产安全，太原市国资委始终把安全工作作为头等大事来抓，采取相关措施，确保安全无事故。一是坚持“安全第一、预防为主、综合治理”的方针，扎实开展“安全生产年”活动，继续深化“三项行动”，积极推进“三项建设”。二是制定、完善并严格执行相应的规定和办法，层层签订《安全目标责任书》。三是严格执法，认真开展安全生产大检查工作。四是建立健全了安全生产应急救援体系。由于各项工作认真扎实，具体措施落实到位，全年未发生安全生产事故。

在认真做好信访和安全工作的同时，太原市国资委从解决好困难企业职工的生产生活入手，精心维护稳定大局。2010年，在有关部门的大力支持和配合下，发放关闭破产企业补助364万元；发放军转干部补贴357万元；发放困难企业冬煤补助费145万元。此外，还按时为非监管的特困企业退休职工生活补贴发放办理了相关手续。

（七）机关建设

2010年，太原市国资委继续以“廉政、高效、服务、学习、创新”五型机关建设为目标，围绕中心开展工作，积极、热情、主动为企业服务。一是开展“一年一个中心、一月一个主题、一季度一次读书交流、一周一次集中学习、全年一次学习标兵评比”的“五个一”活动，不断提高机关干部职工的综合素质和工作能力。二是通过“请进来”、“走出去”等多种有效形式，邀请国内一流的专家学者讲课，派出干部参加专门培训，加强干部职工的政治理论、经济理论、专业知识等内容的学习。三是完善行政效能监察操作规范，提高工作标准化程度。邀请行风监督员对机关效能建设进行监督，机关内部分组进行督察，从而提高了委机关服务企业，服务改革，服务发展的自觉性。2010年，荣获“山西省政风行风评议工作先进单位”、“太原市文明和谐标兵单位”称号，被评为“太原市政风行风评议优秀经济管理部门”、“太原市政风行风评议工作先进单位”、“人才工作先进单位”和“创建学习型组织先进单位”，多项工作受到省、市及有关部门的表彰和奖励。

二、太原市国资委领导班子成员名录

王建生	太原市人民政府副市长、委党委书记
赵利民	主任、党委副书记
王千文	党委副书记、纪委书记
黄建民	党委副书记
张东生	副主任、党委委员
李振忠	副主任、党委委员
韩东来	副主任、党委委员
郭晓亭	副主任、党委委员
宋连斌	党委委员、副调研员
赵国琦	党委委员
屈广志	调研员

大同市

一、大同市国有资产监督管理工作综述

2010年，大同市国资委在大同市委、大同市人民政府、山西省国资委的正确领导下，认真落实和全面实践科学发展观，按照大同市委、市政府提出的加快转型发展，实现绿色崛起的战略目标，依法履行出资人职责，各项工作取得明显成效，圆满完成了工作任务。

（一）国有企业改革工作

2010年，大同市国有企业改革的工作重点是实施关闭破产。一是按照大同市城市建设总体规划对涉及拆迁的困难企业实施关闭破产，二是对关门停业资不抵债的企业实施关闭破产。2010年市企业改革领导组共审查批复实施关闭破产、改革重组的企业197户，其中实施破产的企业195户，实施关闭的企业1户，实施重组的企业1户。2010年破产终结的企业30户，大同市中级人民法院已裁定破产正在清算的企业104户。按照关闭破产政策采取各种措施妥善安置了25247名职工，解决了职工的后顾之忧，做到了老有所养，病有所医，维护了社会稳定。

大同市政府为了彻底解决关闭破产企业的遗留问题，要求关闭破产企业在破产终结后，原企业职工的劳动人事档案资料移交到大同市劳动和社会保障局管理，原企业财务档案资料移交到市财政局或原企业主管部门管理，原企业技术档案资料移交到市档案局管理，原企业职工家属住宅小区物业管理移交到市房管局管理。为了做好移交工作，大同市政府出台了《关于市属关闭破产企业职工档案移交管理及劳动事务代理的实施意见》，大同市国资委、大同市财政局、大同市档案局共同研究制定了《关于对市属关闭破产企业会计档案进行移交管理的通知》、《关于做好市属关闭破产企业专业技术档案处置工作的通知》。大同市国资委与大同市房管局一起制定了关闭破产企业职工家属住宅小区物业管理移交方案，对全市市属企业职工家属住宅小区的物业管理情况进行调查登记，登记了110户企业的职工家属住宅小区216处，楼房458幢，21296套，141.3万平方米，平房16921间，34.4万平方米。为了做好关闭破产企业资产清算和档案移交工作，大同市国资委还抽调各科业务骨干组成11个协调小组，分别对11个行业部门的关闭破产企业资产清算和档案移交工作进行协调、督促和检查。截至2010年12月31日，已有50户企业移交了职工档案，20户企业移交了职工家属住宅小区的物业管理。

为做好关闭破产企业职工安置工作，大同市国资委要求各清算组组织劳动和社会保障部门、财政部门人员对职工安置方案进行论证，并与大同市中级人民法院进行沟通和协调，接受大同市中级人民法院的指导培训，严格履行法律程序，最大限度地保障职工的合法权益。2010年全年共支付破产企业职工安置费用17306万元，为65户涉及拆迁的关闭破产企业1940名达到“4050”条件的职工发放内退生活费880.7万元，为关闭破产企业的5305名达到提前退休条件的职工办理

了提前退休手续，为关闭破产企业的4079名达到内退条件的职工办理了内退手续，为关闭破产企业的19688名职工办理了保留三项保险关系，为在2008年后已领取安置费和经济补偿金的13户企业的1102名职工办理了自愿退回安置费和经济补偿金手续。对已分配到市属关闭破产企业但还没有安置的转业士官，按职工安置有关优惠政策进行了安置。

（二）国有资产监督管理工作

1.进行国有资产产权登记和2009年年度产权证年检工作。对420户国有企业进行国有资产产权登记证年检，办理20户企业国有资产产权登记，完成了2009年年度国有资产产权登记年检分析和相关数据的汇总上报。

2.对改制企业的资产进行审计、评估和论证。2010年，在大同市三江有限责任公司集体股权转让，大同市飞天有限责任公司联合重组工作中，大同市国资委组织审计人员和有关专家对这两个企业的资产进行了审计和评估论证，为企业改制顺利进行创造了条件。

3.加强对国有资产处置的审核。按照国有资产审核处置的相关规定，严格履行资产审核和处置程序。2010年对市煤气公司、市建安总公司、市建筑一公司、市建筑二公司等单位部分资产的处置进行了审核批复，做到国有资产不流失。

4.完成了2009年年度国有企业财务决算报表的编制工作。按照《企业国有资产统计报告办法》的规定，对企业财务人员进行了业务知识培训，组织全市国有及国有控股企业进行企业财务决算工作，根据2009年年度会计决算报表数据，圆满完成决算报表的审核、汇总和上报。对全市2009年国有企业财务状况、资产结构、分布、质量、营运使用情况进行了分析，编制了《2009年度大同市企业国有资产营运分析报告》。

5.依法对监督企业开展内部审计。通过审计发现有问题资金318万元，纠正问题68个。通过审计监督，实现了关闭破产企业职工安置费用账务管理规范化。

6.对关闭破产企业职工安置情况和资产收益进行了调查。对关闭破产企业的资产收益进行了登记，对关闭破产企业的职工安置情况进行了检查。

（三）重点项目建设进展顺利

2010年，大同市国资委强化对重点项目的管理工作，帮助企业协调解决项目建设中遇到的问题，要求各项目单位抓紧项目建设，按时报送项目进展情况。大同冀东水泥两条日产4500吨熟料水泥生产线项目计划总投资15.2亿元，2010年完成投资3.4亿元，累计完成投资13.3亿元，已全面投产，空冷余热电站已并网发电。雨润集团百万头生猪屠宰项目计划投资2亿元，实际完成投资5200万元，主厂房已封顶，冷库开始改造，附属工程正在建设中。大同煤气公司工业遗址公园项目完成规划设计、勘察和污水处理等前期工作。

（四）招商引资工作

2010年，大同云威矿药与山西金恒化工集团达成合作意向，山西金恒化工集团拟对云威矿药公司进行整合重组，金恒集团已投入资金1800万元。市城建开发公司与中房集团联合置业有限公司联合改造开发振华南街项目在2010年9月中博会上正式签约，中房集团拟投资对振华南街实施改造重建。石料厂发煤站与天津欣凯达供热服务公司签订合作意向，合作经营煤炭运销业务。

（五）配合城市改造进行国企拆迁工作

2010年大同市政府按照城市建设的总体规划，实施16项历史文化名城复兴工程和37条道路建设工程，涉及拆迁28户国有企业，涉拆面积13万平方米。为了配合大同市政府有关部门做好拆迁工作，大同市国资委抽调部分业务骨干，深入大同市五交化批发公司、大同市纺织品批发公司、大同市黄花街8户外贸企业，大同市煤炭物资配送中心、大同市棉毛针织厂、大同市变压器厂等企业，积极协调涉拆有关问题。重点解决了变压器厂搬迁、伟业制衣有限公司拆迁过渡生产用房等问题，做到了涉拆国有企业的平稳拆迁。

（六）企业党的建设和廉政建设工作

1.认真开展创先争优活动。按照大同市委要求，为把创先争优活动落实到实处，对机关及监管企业创先争优活动进行了全面的安排部署。在创先争优活动中立足改革实际，分类推进。认真做好企业职工思想稳定工作，切实维护好职工切身利益，为关闭破产工作提供坚强的组织保证。

2.加强党员队伍建设。指导企业党组织做好发展党员工作，尤其做好发展企业生产一线的党员工作。2010年共发展党员320名，其中发展生产一线党员220名。加强对党员的教育和管理，积极引导党员自觉履行义务，保障党员充分行使权利。同时积极做好对困难党员的帮扶工作，为他们排忧解难。

3.强化廉政教育。一是完善学习制度。二是增强教育的针对性，在学习上级有关会议精神和党政纪律条例规定的同时，还针对工作实际，组织机关全体人员学习了《公司法》、《企业破产法》等国有资产监管的政策法规，开展了廉洁从业教育。三是组织开展形式多样的廉政宣传教育活动。领导班子成员参加市纪委组织的廉政书法征集活动，组织机关全体职工和所属企业有关人员观看《关键岗位职务犯罪风险防范电视教材》，展开警示教育活动。四是加强作风建设，整肃工作纪律。认真贯彻落实省纪委《关于进一步整肃工作纪律狠刹不良风气的通知》精神，严格执行“五个不准”的规定。深入开展“六治六督”活动，从严落实“十条禁令”，狠刹“闲话风、吃喝风、玩乐风”这三股歪风，赴山西右玉县实地学习“右玉精神”，切实解决作风方面存在的突出问题。

4.全面落实党风廉政建设责任制。按照大同市党风廉政建设会议和纪检监察工作会议的要求，专题研究当前国有企业的党风廉政建设和反腐败工作，并结合国资委工作实际，将反腐倡廉各项任务进行分解，同时加强检查考核和责任追究，年终还对企业领导班子和班子成员履行“一岗双责”的情况进行考核，考核结果作为企业领导人员业绩评定、奖励惩处、选拔任用的重要依据。认真学习《国有企业领导人员廉洁从政若干规定》，提高廉洁从政意识。

（七）信访工作

一是抓好日常信访接待工作。按照“有访必接，有接必果，有果必公”的要求，认真办理每一件群众来访案件，并对所有信访案件都造册登记并归类整理。2010年共接待来访职工238批，6352人次，其中：集体访161批6155人次，全部当场进行了答复。上访人员对办理结果的满意率达到95%，有效地遏制了上访势头，减少了集体上访、越级访、重复访。二是坚持开展系统领导接待群众日活动。按照向社会公开承诺的信访接待日的时间、地点，认真开展系统领导接待群众工作。2010年共组织国资委领导接待上访群众日活动12次，接待上访群众79批。并对上访群众反映的问题及时进行办理，使大量重复上访案件得到解决，同时为广大上访职工解决了许多实际困难。三是上级交办、领导批示重要信访案件办结率达100%。2010年共承办上级交办、批示案件6件，大同市信访局批转交办案件15件。每一起案件都认真地进行了办理，并及时将情况上报有关领导或部门。

二、大同市国有资产总量与结构分析

截至2010年12月31日，大同市共有国有和国有控股企业133户，比2009年减少21.3%，资产总额78.8亿元，比2009年增加1.8%，净资产10.2亿元，比2009年减少12.7%，实现利润-1.5亿元，上缴税金1.6亿元。

2010年大同市国有企业指标表

单位：亿元

项　目	金　额
资产总额	78.79
净资产	10.23
营业收入	22.97
利润总额	-1.54
实际上缴税金总额	1.65

大同市国有企业户数情况表

项　目	2009年	2010年	同比增减（%）
户数（户）	169	133	-21.3

2010年大同市国有资产地区分布情况

地　区	国有资产（亿元）	占国有资产总量比重（%）
市级	12.07	70.6
城区	0.22	1.3
矿区	0.03	0.2
南郊区	0.63	3.7
新荣区	0.01	0.1
浑源县	0.07	0.4
灵丘县	0.46	2.7
广灵县	0.64	3.7
大同县	0.28	1.7
天镇县	0.01	0.1
阳高县	0.09	0.6
左云县	2.56	14.9

2010年大同市国有资产行业分布情况

行　业	国有资产（亿元）	占国有资产总量比重（%）
工业	8.55	50
其中、煤炭工业	2.76	16.2
建材工业	0.78	4.6
化学工业	0.19	1.1
食品工业	1.47	8.6
医药工业	0	0
机械工业	0.06	0.3
电力工业	0.56	3.3
市政公用工业	2.71	15.9
其他工业	0	0
建筑业	0	0
仓储业	1.63	9.5
运输业	4.01	23.4
贸易业	1.37	8
餐饮业	0.05	0
房地产业	1.46	8.5
服务业	0.08	0.6
其他行业	0.01	0

2010年大同市国有资产经营规模分布情况表

经营规模	国有资产（亿元）	占国有资产总量（%）
大型	2.39	14
中型	3.62	21.2
小型	11.09	64.8
合计	17.11	100

三、大同市国资委领导班子成员名录

柴　毅　　党委书记、副主任
荆　虎　　主任、党委副书记
田四同　　党委副书记（正处）
戴守国　　党委副书记
宋玉斌　　党委委员、副主任
郭天禄　　党委委员、副主任
吕振林　　党委委员、纪委书记
白　福　　党委委员、总经济师
李福英　　助理调研员

忻州市

一、忻州市国有资产监督管理工作综述

2010年，忻州市经济委员会和忻州市人民政府国有资产监督管理委员会合并组建忻州市经济和信息化委员会（挂忻州市人民政府国有资产监督管理委员会牌子），坚持“全面部署、分类指导、扎实有序、重点突破”的改革思路和“尽量减轻财政负担、保障国有资产安全、多种形式并重、致力招商引资、争取优惠政策、妥善安置职工、全力维护企业稳定、务实推进国企改革”的指导思想，以解决改制资金缺口为切入点，实现共赢为结合部，有效提升了忻州市国有资产运行质量。

2010年忻州市共有市直监管国有企业26户，截至12月底，账面总资产386165万元，其中：固定资产57066万元、流动资产282651万元、长期投资19640万元、无形及递延资产26807万元；账面总负债422436万元，其中：欠金融机构本息247166万元、欠职工各种款项39945万元、其他债务135325万元，资产负债率为109.4%。共有职工20974人，其中在册职工15248人，包括：在岗职工5614人、下岗职工8737人、内退职工897人；离退休职工5726人，包括：离休职工130人、退休职工5596人。26户企业中忻州通用机械有限公司生产正常，忻州药业（集团）有限公司、山西云河集团有限责任公司勉强维持生产，山西忻州神达能源集团有限公司正在进行资源整合还未正式投产，忻州锻压机床有限责任公司、忻州市铁合金厂、忻州市购物中心、忻州市七一商场等10户企业以多种形式部分运转，忻州市钨丝厂、忻州市煤机厂、忻州市酒厂、忻州市玻璃瓶厂、原平肉联厂等12户企业均处于停产状态。

二、忻州市国有资产监督管理工作进展情况

（一）国有企业改革工作

1. 组建山西忻州神达能源集团有限公司。为搞好煤炭资源整合，彻底解决忻州市煤炭企业散、小、乱，安全生产难保障、资源浪费严重的局面，忻州市人民政府出资2亿元注册成立山西忻州神达能源集团有限公司，将全市38处矿井通过兼并重组整合为15座，井田面积扩大为92.6平方公里，新增16.6平方公里；年生产能力增加到1650万吨，年新增能力693万吨；保有储量为14.6亿吨，新增储量3.4亿多吨。形成年生产能力300万吨的矿井1座，120万吨的矿井5座，90万吨的矿井8座、30万吨的矿井1座。

2. 组建忻州市水务有限责任公司。为提高城市供水能力，加快污水处理，促进全市经济与环境协调发展，忻州市人民政府决定由市国资委履行出资人职责，出资3000万元注册成立忻州市水务有限责任公

司，对市政府授权范围内的水务方面的国有资产进行整合运作，建立城市制水、供水、排水、污水处理及利用的一条龙服务体系，实现水务一体化发展。截至2010年12月底，忻州市水务有限责任公司设立了忻州市供水公司、忻州市污水处理厂、忻州市水工建材销售有限公司三个全资子公司，固定资产达2.4亿元。

3.组建忻州市燃气有限公司。为提高城区环境质量，改善市民生活用气品质，忻州市人民政府决定对城区双气源（煤气、天然气）燃气供应体制进行改革，撤销忻州市煤气供热公司和忻州市天然气公司，以原忻州市煤气供热公司和忻州市天然气公司部分资产为主要股东，组建新的股份制企业忻州市燃气有限公司，负责忻州城区燃气的供应、运营、管理和发展。截至2010年12月底，忻州市燃气有限公司已经正式运营，原企业的人员也顺利完成分流安置。

4.忻州通用机械有限公司与山西省煤炭运销集团公司联合重组。2009年12月14日，忻州市人民政府第46次常务会议同意忻州通用机械有限公司与山西省煤炭运销集团公司组建股份制企业。2010年8月10日在中国（山西）装备制造业博览会上，忻州市经信委（国资委）与山西省煤炭运销集团公司签订合作框架协议，在忻州市经济技术开发区组建煤机工业园区，建设投资规模达10亿元的矿用刮板输送机、转载机、破碎机等矿用设备合作项目。截至2010年12月底，忻州通用机械有限公司与山西省煤炭运销集团公司合作的可行性研究报告已完成，山西省煤炭运销装备制造公司已注册成立，并于2010年12月31日与忻州市经济技术开发区签订购地（550亩）协议。

5.忻州市南白水泥厂引资技改。忻州市南白水泥厂引进山西晋汇科工贸有限公司资金近2亿元，进行日产2000吨熟料回转窑技术改造。截至2010年12月底，设备安装已完工，可安置近400名企业职工上岗就业。

6.忻州市钨丝厂承债式重组。忻州市钨丝厂承债式兼并重组、退城入园的改制方案经忻州市人民政府常务会议审议原则通过，在投资方承担该厂债务和安置职工费用的条件下，将忻州市钨丝厂有效资产（生产经营性资产）和国有划拨土地通过招标的形式转让给投资方，投资方在原址开发建设商品住宅小区，并在忻州市经济技术开发区新征土地建厂，保留原企业的钨钼加工生产项目，安置260至300名企业职工上岗就业。截至2010年12月底，忻州市规划局已经批准新增用地规划，新增用地勘界工作已经结束。

7.忻州市五交化供应站盘活土地资产。忻州市五交化供应站通过引进投资商在原闲置土地上新建20层写字楼和职工再就业商场，盘活土地资产，创造800个就业岗位。截至2010年12月底，大楼正在紧张施工建设，企业改制方案正在积极酝酿。

（二）国资监管工作

1.完成国有资产年报和产权登记工作。

（1）2010年一季度前圆满完成了2009年度全市353户国有企业的国有资产年报工作，按时上报山西省国资委，并被山西省国资委评为2009年度产权登记先进单位。

（2）按照山西省国资委每月10日前报出国资监管企业财务快报的要求，每月按时报送山西省国资委。

（3）按照山西省国资委产权登记工作要求，圆满完成2010年208户国有企业的产权登记年度检查工作和季度季报工作。截至2010年12月底，共登记、变更企业17户，其中新登记15户，变更登记2户。

2.做好资产经营和产权管理工作。

（1）完善了山西忻州神达能源集团有限公司资产组合、资产处置、财务统计工作和日常产权管理处置等工作。

（2）完成了忻州水务有限责任公司的组建、扩建、登记、资产监管等工作。

（3）帮助企业处置不良债务。由于历史原因，忻州市国资监管企业在中国东方资产经营公司、信达资产经营公司、国家扶贫办等单位拥有不良债务本息合计60453万元，其中本金26821万元，利息37632万元，忻州市国资委积极与债权单位协商，并经忻州市人民政府同意出资1977万元，由忻州市资产经营公司全部回购（除卖出部分外）了22户市直企业不良贷款本息合计60453万元。

（4）对市直监管企业2009年度资产、债务进行摸底调查，核实企业债务，并对企业产权进行动态管理。

（三）业绩考核工作

1.对忻州市国资监管企业工伤保险及待遇落实情况进行调查。2010年7月，按照山西省人力资源和社会保障厅、山西省国资委和山西省财政厅的安排，忻州市国资委与忻州市人力资源和社会保障局、忻州市财政局联合对国资监管企业职工工伤人员参保情况及待遇落实情况进行了摸底调查、汇总上报。

2.举办忻州市国资监管企业财务管理人员培训班。为进一步提高忻州市企业财务管理人员业务水平，指导帮助企业建立健全内部财务制度体系，规范财务行为，合理控制财务风险，提高企业经营管理水平，促进企业健康科学发展，忻州市国资委与忻州市财政局企业科联合举办企业财务管理培训班，对全市国资监管企业财务管理人员、财务部门负责人和财务人员进行了培训。

3.对忻州市国资监管企业财务收支情况进行检查。为规范企业财务管理，建立健全企业管理制度，忻州市国资委对监管企业执行财务制度、开展“小金库”治理情况，2005年以来解困资金等政策性补贴资金发放使用以及房屋、车间、门市、柜台承包租赁等管理使用情况，企业领导人员薪酬管理、职务消费、个人主要事项报告等情况做了全面检查。

4.对监管企业职工工资支付情况做了专项检查。为维护劳动者合法权益，按照国家人力资源和社会保障部、公安部、住房和城乡建设部、国资委、全国总工会安排部署，忻州市国资委与忻州市人力资源和社会保障局等六部门联合对全市国资监管企业拖欠职工工资情况进行了专项检查。

（四）维护企业稳定工作

1.继续坚持“三抓(抓苗头、抓领导、抓群体上访)七访(主动下访、热情待访、耐心劝访、有序陪访、积极接访、个别约访、不断化访)一例会(信访例会制度)”的维稳工作机制及时化解各种矛盾，确保全系统企业稳定。实现了“四个下降”，即信访总量、集体访、非正常上访、重复访下降；确保了“两个未发生”，即未发生集体进京上访，未发生影响本市大局稳定的重大信访事件；确保了“三个基本”，即信访矛盾基本受控、工作目标基本实现、稳定态势基本平稳。截至2010年12月底，到忻州市人民政府上访共120人次，同比下降61.8%；到忻州市国资委上访共281人次，同比下降49.2%。

2.协助山西省国资委处理山西省汽运集团忻州汽车运输公司兼并忻州市云母材料厂过程中出现的问题。2001年忻州市云母材料厂被山西省汽运集团公司忻州运输分公司兼并，由于实施过程中对有关兼并事项处理不当，引发忻州市云母材料厂职工连年多次群体大规模上访，造成了资产、土地、人员等全部划入了山西省汽运集团公司忻州运输分公司，而职工上访等矛盾和问题留在当地的局面。忻州市国资委从大局出发，积极协助山西省国资委寻求解决办法，截至2010年12月底，该问题已得到初步解决。

（五）应急和安全生产工作

1.根据《忻州市突发事件总体应急预案》的要求，2010年忻州市经信委（国资委）牵头编写了《石油中断应急预案》、《通信保障应急预案》、《物资储备应急预案》、《防震减灾应急预案》、《万家寨水利枢纽应急预案》和《天桥水电站应急预案》，其中前两个应急预案已经专家评审。

2.忻州市国资委及时传达忻州市安委会和忻州市安监部门的文件精神和工作部署，开展了安全宣传、安全生产大检查、安全隐患大排查、安全隐患整改等工作，并与市直监管企业签订《安全生产责任状》，截至2010年12月底，市直监管企业未发生安全生产事故。

（六）党建和企业领导人员管理工作

1.开展“创先争优”活动。在全党开展创先争优活动是党的十八大召开之前全党的一项重大活动，忻州市国资委以加强党的建设为根本目标，以“四强四优”为平台，通过加强领导，组建机构，宣传发动，统一认识，选树典型，以点带面，公开承诺，接受监督，领导点评，群众评议等环节，使全体党员受到了先进性教育，增强了党性观念，焕发了工作热情。截至2010年12月底，共有3019余名党员作出了公开承诺，200余名党员挂牌上岗。

2.开展“素质提升”工程。作为全市国资系统精神文明创建活动的主要内容，忻州市国资委制定了《市经信委（国资委）系统干部职工素质提升工程实施办法》，并通过召开促进会，制作图版，开办专栏，印资料，发传单等措施加以落实，在全市国资系统形成了讲文明、树新风、重品质、严操守的工作氛围。

3.开展学习右玉精神活动。2010年11月3日忻州市国资委召开全委机关及监管企业负责人大会，大张旗鼓地宣传学习右玉精神，并组织80余人赴右玉参观学习，学习右玉人艰苦奋斗，不屈不挠，不达目的誓不罢休的精神。

4.开展学习型组织、学习型机关建设。坚持每月一次党委中心组（扩大）学习不动摇，坚持一课三会制度不走样，坚持干部培训不放松。2010年先后分两期，为期五天，对市直监管企业200余名管理人员开展了以“转型发展、跨越发展”为主题的集中培训；“七一”期间，举办为期一周的入党积极分子培训，40多名一线员工、技工、妇女同志参加培训，经过严格培养考察，吸收35名同志加入中国共产党，同时对全市国资系统11个基层党组织、46名优秀共产党员、21名优秀党务工作者进行了表彰。

5. 干部任用工作。2010年忻州市机构改革整并运行后，忻州市国资委严格执行《党政领导干部任用条例》和四项监督制度，坚持程序到位，公开透明，群众满意的原则，两次共调整、提拔27名科级干部。

（七）纪检监察工作

1. 构建惩防体系建设。

按照忻州市委关于加快推进惩防体系建设的工作部署，制定出台了《忻州市经信委（国资委）2010年党风廉政建设和反腐败工作任务分解意见》和《忻州市经信委（国资委）系统2010年纪检监察工作要点》，分解了党风廉政建设和反腐败工作责任，对每位领导和各科室落实党风廉政建设和反腐败工作提出了具体要求，明确了“党委一把手负总责”的反腐倡廉领导体制，形成了“党委统一领导，党政齐抓共管，部门各负其责，纪检组织协调，群众积极参与”的反腐倡廉工作运行机制。紧紧围绕教育、制度、监督、改革、纠风、惩治等内容，对2005年以来原忻州市经济委员会和忻州市人民政府国有资产监督管理委员会制定出台的99项反腐倡廉制度进行了全面清理和评估，并根据新形势和新任务的要求制定出台了一批管用、实用的新制度。

2. 加强企廉工作。

制定出台了《忻州市国有监管企业执行“三重一大”制度的暂行办法》、《忻州市国有企业党风廉政建设责任制考核办法》及《考核细则》等一系列反腐倡廉制度和规定，同时积极推行厂务公开，扩大民主监督，监管企业厂务公开，基本形成了“党委领导，工会运作，行政主办，各方配合”的工作机制，并在以人事、采购、分配为重点的“三公开”的基础上，逐步向群众关心的热点问题扩展。

3. 解决突出问题，深化专项治理。

根据中央及省、市关于开展工程建设领域、煤焦领域、民生领域、国有及国有控股企业“小金库”治理等会议文件精神，及时建立健全组织领导机构和工作运行机制，制定工作方案，明确规定对专项治理的指导思想、治理范围、具体内容、方法步骤、时间要求。深入企业进行督促检查，对督查中发现的问题及时纠正。

4. 开展政风行风评议，推进效能建设。

制定下发了《忻州市经信委（国资委）关于开展“提高行政效能、狠抓工作落实”年活动实施方案》和《忻州市经信委（国资委）2010年民主评议政风行风工作实施方案》。面向服务对象和社会作出了《忻州市经信委（国资委）公开承诺》，并设立行政效能投诉中心、政务公示栏、政风行风评议监督箱以及电子投诉邮箱，公布了监督投诉热线电话。采取“三室联动”（三室联动机制、科室互动机制、奖惩促动机制）方式，对机关工作秩序、工作纪律、效能建设情况每半年进行一次明察暗访，并通报查访结果。

（八）其他工作

1. 落实惠企政策。2010年1月忻州市经信委（国资委）发出《关于重点扶持100户优势企业和25户国资监管企业的通知》、与中国人民银行忻州中心支行联合下发《关于建立银企信息合作交流长效机制的实施意见》，与市国税局制定下发了《关于贯彻落实增值税转型和改革及配套政策的若干意见》，努力争取政策支持，寻求企业利益的最大化，共为全市纳税人办理和抵扣固定资产进项税款27334万元。

2. 开展五五普法。认真开展“五五”普法总结验收工作，精心组织“五五”普法总结验收考试，积极参与“12•4”忻州市市法制宣传日活动，组织开展涉企收费专项治理、惠企政策落实等各项工作。

3. 完成机构改革。按照忻州市人民政府2009年机构改革方案完成了忻州市经济和信息化委员会（忻州市人民政府国有资产监督管理委员会）的组建工作，实现了机构的平稳过渡。

三、忻州市国有资产保值增值综合分析评价

截至2010年12月31日，市直监管企业纳入年终统计范围的企业为26户，比2009年增加了2户。资产总额为38.62亿元，比2009年的25.53亿元增加了13.09亿元，增长51.3%。

2010年市直监管企业主要指标表

单位：亿元

项　目	2010年	2009年
户数（户）	26	24
资产总额	38.62	25.53
净资产	-3.62	-2.58
营业收入	7.44	6.16
利润总额	-0.60	-0.14
实际上缴税金总额	0.13	0.12

截至2010年12月31日，市直监管企业资产总额38.62亿元，分行业看，煤炭工业20.88亿元，占资产总额的54.1%。净资产-3.62亿元，同比减少1.02亿元，纺织工业减少最多，7个行业大类只有其他工业和批发零售企业实现了国有资产的保值增值。

2010年市直监管企业行业保值增值情况表

行业	户数	资产总额	2010末净资产	保值增值额（亿元）
煤炭工业	1	20.88	1.52	-0.47
机械工业	4	4.95	-0.02	-0.15
建材工业	1	0.65	-0.90	—
冶金工业	1	0.35	-0.81	-0.06
纺织工业	1	2.96	-1.41	-0.50
其他工业	3	4.22	-0.59	0.08
批发零售企业	15	4.61	-1.41	0.08
合计	26	38.62	-3.62	-1.02

四、忻州市国有资产总量与结构分析

截至2010年12月31日，市直监管企业资产总额38.62亿元，从经营规模来看，大型企业占到全部资产的46.2%。国有资产总量为-3.62亿元，主要集中在大型企业。大型企

业国有资产为1.52亿元，中型企业为-0.92亿元，小型企业为-4.22亿元。

2010年市直监管企业国有资产经营规模分布情况

经营规模	户数	资产总额（亿元）	国有资产（亿元）
大型	1	20.88	1.52
中型	3	8.36	-0.92
小型	22	9.38	-4.22
合计	26	38.62	-3.62

五、忻州市国资委监管企业负责人考核与选人、用人机制改革情况

2010年，忻州市国资委在不断完善和坚持原有基本制度的基础上，配合忻州市委组织部制定了《市管国有企业领导人员管理的暂行规定》，经市委、市政府同意，以忻州市委办公厅73号文件印发，对市管企业领导班子成员职数、条件、任期等做出了明确的规定：市管企业领导人员由市国资委管理，市委有另行规定的，按市委规定执行。同时对选拔任用的方式、程序也做出了明确规定，在考核评价方面，对考核的主体、考核的种类、考核的内容、考核的方式以及考核等次、考核结果的运用都做出了明确的规定，同时规定，引进激励监督机制，开展离任和任期届满时经济责任审计，同时把信访稳定责任列入对企业领导人员考核的重要内容，实行一票否决。

六、忻州市国资委领导班子成员名录

张勇强　忻州市经济和信息化委员会（忻州市人民政府国有资产监督管理委员会）党委书记、主任

杨继文　忻州市经济和信息化委员会（忻州市人民政府国有资产监督管理委员会）党委副书记、副主任

张树勋　忻州市经济和信息化委员会（忻州市人民政府国有资产监督管理委员会）党委副书记、副主任

贾绪怀　忻州市经济和信息化委员会（忻州市人民政府国有资产监督管理委员会）党委副书记、副主任

齐林槐　忻州市经济和信息化委员会（忻州市人民政府国有资产监督管理委员会）党委委员、副主任

段国华　忻州市经济和信息化委员会（忻州市人民政府国有资产监督管理委员会）党委委员、副主任

王爱生　忻州市经济和信息化委员会（忻州市人民政府国有资产监督管理委员会）党委委员、副主任

张振华　忻州市经济和信息化委员会（忻州市人民政府国有资产监督管理委员会）党委委员、副主任

贾巨玺　忻州市经济和信息化委员会（忻州市人民政府国有资产监督管理委员会）党委委员、纪检书记

吕少春　忻州市经济和信息化委员会（忻州市人民政府国有资产监督管理委员会）党委委员、副主任

庄波泽　忻州市经济和信息化委员会（忻州市人民政府国有资产监督管理委员会）党委委员、总经济师

郭同保　忻州市经济和信息化委员会（忻州市人民政府国有资产监督管理委员会）党委委员、总工程师

晋中市

一、晋中市国有资产监督管理工作综述

（一）分层次、有重点推进国有企业改革

1. 如期终结山西晋华纺织厂、山西锦纶集团、山西轻工机械厂（以下简称“三厂”）政策性破产企业的法律程序。

2010年，市国资委主要围绕维护稳定、落实资金、安置职工、法院审理四个方面，按照职能做了以下工作：

（1）召开会议，安排部署。4月20日，市国企改革领导组召开领导组会议，研究三户企业土地处置方案、职工安置方案说明及公益性岗位安置办法。4月27日晚，市国企改革领导组召开三厂职工安置工作启动动员会，三厂职工安置进入实质性操作阶段。

（2）在综合协调和维稳方面：完成了1999年度清产核资审计和破产清算审计工作；草拟了《关于晋华、锦纶、轻机三户企业破产后后续管理工作的意见》及说明；制定了《关于进一步加强晋华等三厂政策性破产职工安置阶段工作责任落实的意见》和《晋华、锦纶、轻机三户政策性破产企业工作责任分解表》；制定了《关于晋华、锦纶、轻机三户政策性破产企业职工安置有关问题的说明》、《晋华、锦纶、轻机三户政策性破产企业职工安置工作方案》；定期召集三厂破产管理人，研究破产中的具体问题；重点做好破产期间稳定工作。

（3）在职工安置方面：对职工档案进行了审核和公示；组织职工对安置去向的选择进行填表；测算各类人员安置费用；组织发放退休人员非统筹费用；接待答复大量的职工上访和政策咨询；负责职工生活后勤的水电暖气保障工作；负责企业安全保卫工作；配合破产清算审计和资产评估工作。到2010年底，三厂1.4万余名职工99%以上都按照职工安置实施细则得到了妥善安置。其中7000余名退休职工领取了非统筹费用，享受了医疗保险待遇；1300余名距离法定退休年龄不足5年的职工通过了省人社厅审批；700余名全民固定工领取了安置费；1000余名全民合同工领取了经济补偿金；1800余名职工办理了托管自养手续；1200余名职工办理了离职自养手续；公岗安置500余人；剥离办社会移交人员400余人。

（4）完成了对三户政策性破产企业国有划拨土地及破产财产备案手续，为下一步与省国有企业改革工作领导组、省财政厅协调解决兜底资金创造了条件。

2. 启动晋中药材公司改制工作。2010年1月29日，市药材公司召开工作组及药材公司班子工作会，研究各县公司改制问题，明确先理顺班子、清理底子的思路，为改制工作做好准备；8月26日，召开工作组及市药材公司班子工作会；9月10日，召开药材系统工作会，系统上下形成共识：一是不要存有任何幻想，坚定改制信心，二是各法人单位必须建立一个强有力的领导班子，三是

争取省财政托底。一年来，市药材公司在工作组的协调调动下，重点对平遥、太谷、祁县班子进行了调整，各县公司对广大职工进行了广泛的宣传发动，打消了部分职工存在的“等、靠、要”思想，明确了改制工作的程序和任务。目前正在结合各自实际制定改制方案，昔阳县药材公司已完成审计、评估工作；太谷县药材公司已与正大集团达成初步意向，待上级批准后具体实施。

3.积极督促指导各县（区、市）企业改制工作。按照2000年底的统计口径，全市882户国有和规模以上集体企业，职工人数12.19万人。目前，完成改制和破产的企业820户，占总数的92.97%；采取各种办法安置职工85609人，占总数的70.22%。累计支付经济补偿金7.84亿元。目前，全市有62户企业未改制，占总数的7.03%，其中各县（区、市)未改制企业23户，涉及职工3791人，市直和部门企业未改制的企业39户，涉及职工15713人，企业已经改制但职工身份未置换的96户，涉及职工16787人。

2010年情况：各县（区、市）完成改制的6户（昔阳5户，寿阳1户），共安置职工1635人，支付补偿金826万元。目前，彻底完成国企改制的县（区、市）有：左权、榆社、寿阳。与上年年底情况一样的县（区、市）有：榆次区、祁县、介休、平遥、灵石。工作有进展的县（区、市）有：太谷县主要是太纺，男25，女20一次缴养老保险金的163人，安置合同职工102人，补偿金102万元；昔阳县完成5户企业改制，安置职工1370人，发放补偿金423.79万元；和顺县继续完善去年三户改制企业，今年上半年共发放补偿金300万元。

（二）有目标、分步骤做好国有资产监督管理工作

1.认真做好企业国有产权登记及年度检查。2009年7月，全市企业国有产权登记工作布置后，11个县（区、市）、市属各部门和企业立即行动，明确资产管理部门，认真按照市里的统一安排和部署，具体组织产权登记组织、培训、申报和初审，通过对申报资料严格把关，全年全市已发放企业国有资产产权登记证136户。同时市国资委根据省国资委的统一安排，从三月开始，认真组织全市占有、使用国有资产的企业产权登记年度检查工作，并形成分析报告上报省国资委。

2.加强国资监管制度建设。为规范晋中市市属企业国有产权界定行为，出台了《晋中市市属企业国有产权界定程序》，从产权界定的提出、受理、审核、确认及责任主体单位等进行了规范；起草了《市国资委监管企业经营业绩审计办法》（讨论稿），待进一步完善后，在市属企业推行。

3.加强对国有企业运营状况的统计评价。完成了2009年度全市国有资产统计及2009年度财务决算工作，并按时上报省国资委；在统计评价与财务分析方面，以电子申报为主要载体，以财务快报和财务分析为主要内容，在市政府授权正常经营的18户监管企业中，初步建立和完善了统计评价体系的基本框架，当月快报具备次月正常上报的条件；在业绩考核方面，研究制定了《晋中市市属参股企业负责人经营业绩考核办法》。

4.完成了市政府交付的相关工作。对三户破产企业2010年冬取暖并网工作进行了详细测算，并向市政府上报《晋中市国资委关于将晋华等三户政策性破产企业职工宿舍加入热电联产供热管网的请示》；对市属困难企业冬季取暖补助进行摸底，市政府已发放210万元。

按照市政府领导的要求和安排，市国资委展开信达资产公司在晋中市债权的调查核实工作：一是走访信达公司山西分公司，对其出售的目的进行初步了解，形成专题报告；二是组织介休、灵石等五个县（区、市），深入企业及担保或保证单位，进行摸底调查，形成调查报告上报市政府。三是协助市政府领导与信达资产公司主要负责人就债务处理意向达成初步共识。

根据山西晋中华信审计事务公司提交的《关于对山西和顺大池能源公司2006年11月至2008年底经营情况审计报告》显示，该企业在决策体制、治理机制、经营核算等方面存在着诸多不容忽视的问题，市国资委就审计报告中涉及的问题形成了意见并出台了《关于对和顺天池能源公司<2006.11-2008.12经营情况审计报告>的意见》（市国资发〔2010〕21号），提出以股东和股权结构调整为新起点，在各方股东相互尊重、平等协商的前提下，依法规范公司治理行为。7月中旬出台了《晋中市国资委关于和顺天池公司严重亏损问题的报告》并上报市政府。

（三）按部署、创造性开展大招商大引资工作

根据市委、市政府要求，市国资委成立了国资系统招商引资工作领导组，并出台了《晋中市国资委关于开展“大招商、大引资”工作的组织实施方案》，重点推进了如下工作：一是帮助格芙兰引入战略投资者；二是帮助金恒化工集团股份有限公司引入战略投资者后，大力实施技术改造项目，目前正在加快投产达效步伐；三是推进义棠煤矿企业兼并重组工作，引进战略投资者，实现煤炭资源的有效整合；四是创造性地开展“大招商、大引资”工作，市国资委根据市政府授权，在积极和中国信达资产公司山西分公司就债权债务打包等相关法律问题进行洽谈中，变被动为主动，由应诉方为战略合作方，于10月20日，由市国资委牵头召开了市属重点公用基础设施项目向国家、省金融机构推介会，加大了社会融资力度，力争加速推进晋中市基础设施建设项目进度。

（四）下工夫、尽全力搞好信访和维护稳定工作

2010年信访稳定工作尤为重要，对此市国资委制定了具体工作目标：即通过扎实细致的工作，最大限度地化解矛盾，减少群体上访，杜绝越级上访。通过及时贯彻中央、省、市维护稳定暨信访工作会议精神，做到周密部署；通过加强领导，强化值班，认真制定了信访、稳定、安全等各种应急预案；通过深入重点企业排查信访隐患，及时化解了不稳定因素。全年共接待上访79批次，上访人数870人次，办结信访案件4件，信访答复率100%。三厂职工情绪平稳，配合破产，没有出现非正常上访和赴省进京正常访的现象。

（五）建制度、强监督，加强党风和廉政建设工作

1.加强党风廉政教育和学习。重点安排学习了《中国共产党党员领导干部廉洁从政若干准则》；认真组织学习了中纪委五次全会精神，学习了胡锦涛、贺国强等领导同志的讲话精神；认真贯彻落实省委《关于加强领导干部党性修养、大力树立和弘扬良好作风的意见》；督促企业领导人员认真学习并严格执行《国有企业领导人员廉洁从业若干规定》；起草下发了《晋中市国资委2010年纪检监察及党风廉政建设工作要点》、《市国资委2010年党风建设和反腐败工作任务分解意见》、《关于2010年晋中市国资委深入开展民主评议政风行风工作的实施意见》。组织机关科级以上领导干部及企业党政负责人参观了廉政警示教育基地，每人写出了心得体会并汇编成册。组织干部职工及其家属观看了首部廉政警示教育现代晋剧《母爱无疆》，营造风清气正的良好氛围。

2.以小金库专项治理为载体，督查国有及国有控股企业资金规范入账工作。成立了市国有企业“小金库”治理工作领导小组，印发了《晋中市国有及国有控股企业“小金库”专项治理实施办法》，完成了自查和申报工作，已进入重点检查阶段。以领导干部婚丧嫁娶操办情况检查工作为重点，开展了贯彻执行《廉政准则》情况的监督检查。

3.积极学习外地先进经验，组织机关有关人员于8月底赴河南省郑州市、安阳市国资委进行了学习交流，还组织机关科级以上干部及有关企业领导干部于9月底赴右玉县、内蒙古自治区等地进行了实地考察学习，进一步解放了思想，激发了领导干部的主观能动性。

二、晋中市国有资产基本情况

根据2010年度国有资产统计报表，对当年纳入市国有企业决算汇总企业财务状况分析说明如下：

（一）企业基本情况

晋中市国有企业2010年末资产总额为1006275.73万元，负债总额为576627.48万元，所有者权益为429648.25万元（其中：少数股东权益809.68万元，归属母公司所有者权益428838.57万元），资产负债率57.3%；2010年全年实现主营业务收入422214.76万元，实现利润总额39671.20万元，净利润32102.19万元。

1.企业盈亏情况。2010年晋中市国有企业决算汇总纳入财务决算合并范围的录入一级企业户数为87户，其中：盈利企业44户，盈利额为45917万元，盈利面为50.57%；亏损企业43户，亏损额为6246万元，亏损面为49.43%。

2.人员及工资。2010年末晋中市国有企业决算汇总从业人员总数为16227人，全年平均从业人数为15705人，全年实发职工工资总额为44939.55万元；在岗职工工资总额为44508.11万元。

3.审计情况。2010年度晋中市国有企业91户（含4户二级企业）决算报表审计情况如下：对47户公司出具了标准无保留意见审计报告；对10户公司出具了保留意见审计报告；

有34户公司未经中介机构审计。

（二）企业财务状况

1.资产负债结构。2010年末晋中市国有企业决算汇总资产总额1006275.73万元，比上年增长18.22%；负债总额576627.48万元，比上年增长17.64%，其中：流动负债389695.55万元，占负债总额比例达67.58%；资产负债率为57.3%，比上年下降11个百分点；流动比率为1.04，比上年减少0.09。另有18户企业资不抵债。

2.经济效益状况。2010年晋中市国有企业决算汇总主营业务收入为422214.76万元，比上年增收23.81%；利润总额为39671.20万元，比上年增长168.24%；净资产收益率为8.12%，比上年增加6.76个百分点。

3.现金流量情况。2010年晋中市国有企业决算汇总经营活动产生现金流量32993.53万元，投资活动产生现金流量-70353.66万元，筹资活动产生现金流量46697.29万元。截至2010年末，晋中市国有企业决算汇总货币资金余额为46361.83万元（详见附表）。

三、晋中市国资委领导班子成员名录

张柱小　主任、党委副书记
连民跃　党委常务副书记
宋文杰　副主任、党委委员
张炳钢　副主任、党委委员
王永明　纪委书记、党委委员

2010 年晋中市国有企业基本情况表

金额单位：万元

项　目	行　次	金　额
一、职工人数情况（人）：	1	—
（一）年末从业人员人数	2	16227
（二）全年平均从业人员人数	3	15705
（三）年末职工人数	4	17121
其中：年末在岗职工人数	5	14754
（四）全年平均职工人数	6	17192
其中：全年平均在岗职工人数	7	14841
（五）年末离休人数	8	108
（六）年末退休人数	9	7112
（七）参加基本养老保险职工人数	10	14074
（八）参加补充养老保险（年金）职工人数	11	0
（九）参加基本医疗保险职工人数	12	12991
（十）参加补充医疗保险职工人数	13	1285
（十一）参加失业保险职工人数	14	8723
（十二）参加工伤保险职工人数	15	8404
（十三）参加生育保险职工人数	16	5336
（十四）接收军队转业、复员退伍人员总数	17	208
其中：当年接收军队转业、复员退伍人员数	18	8
（十五）实行工效挂钩职工人数	19	1272
二、企业不在岗职工及劳动关系处理情况：	20	—
（一）年初不在岗职工人数（人）	21	2453
其中：内退人数（人）	22	747
（二）年末不在岗职工人数（人）	23	2367
其中：内退人数（人）	24	596
（三）本年累计解除劳动关系人数（人）	25	6
（四）本年累计支付经济补偿金额	26	0.0
其中：财政负担部分	27	0.0

续表

项　目	行　次	金　额
三、工资及福利情况：	28	—
（一）全年应发工资总额	29	45403.3
（二）全年实际发放工资总额	30	44939.9
其中：全年实际发放职工工资总额	31	44939.6
其中：全年实际发放在岗职工工资总额	32	44508.1
（三）企业提取的工资总额	33	45130.5
1.非工挂企业工资总额	34	31961.7
2.工挂企业工资总额	35	13168.8
(1)核定的工挂企业工资总额基数	36	13168.8
(2)工挂企业提取的新增效益工资	37	0.0
（四）离退休人员养老金及福利性补助	38	218.7
（五）企业负责人薪酬总额	39	1119.8
企业负责人人数（人）	40	291
（六）本年列支的职工福利费	41	2388.8
（七）本年支付的医药费	42	214.6
其中：离退休人员医药费	43	46.2
（八）本年企业负担的职工住房费用	44	2733.0
其中：本年提取的住房公积金	45	2267.4
本年一次性支付的住房补贴	46	1.7
本年按月发放的住房补贴	47	304.9
四、本年支付的职工培训费用	48	356.0
五、产值（按现行价格计算）：	49	—
（一）工业总产值	50	299873.0
（二）工业增加值	51	128456.4
六、本年收到的财政性资金	52	2921.7
（一）基本建设性资金	53	55.0
（二）生产发展性资金	54	145.0
（三）社会保障性资金	55	72.2
（四）其他	56	2649.5
七、本年科技资金来源及支出情况：	57	—
（一）本年科技资金来源合计	58	13.8
1.政府拨款	59	10.0

续表

项　目	行　次	金　额
2.企业自筹	60	3.8
3.其他	61	0.0
（二）本年科技支出合计	62	53.7
1.研究开发费用合计	63	53.7
其中：科技人员人工支出	64	49.9
研究开发性固定资产支出	65	0.0
其他研究开发支出	66	3.8
2.购买新技术、科研设备等支出	67	0.0
3.其他科技支出	68	0.0
八、固定资产情况：	69	—
（一）按使用情况划分（原价）	70	494378.2
1.在用固定资产	71	488861.3
2.未使用固定资产	72	4044.9
3.不需用固定资产	73	1472.0
（二）主要类别固定资产情况：	74	—
1.固定资产原价合计	75	494378.2
其中：土地资产	76	15508.2
房屋、建筑物	77	131150.6
机器设备	78	123121.2
运输工具	79	13348.7
2.当年计提的固定资产折旧总额	80	44802.6
其中：房屋、建筑物	81	3634.7
机器设备	82	9796.9
运输工具	83	1354.4
3.当年计提折旧的平均固定资产原价	84	498204.9
（三）当年固定资产投资总额	85	25461.3
1.购置固定资产	86	19369.6
2.基建投资	87	4834.5
3.其他投资	88	1257.2
九、投资收益	89	509.0
其中：长期股权投资	90	507.9
交易性金融资产	91	0.0

续表

项　目	行　次	金　额
交易性金融负债	92	0.0
持有至到期投资	93	0.0
可供出售金融资产	94	0.0
其他收益项目	95	1.1
十、拥有的自主知识产权专利数量（项）	96	0
其中：本年度新增专利数量（项）	97	0
十一、当年企业提取的安全生产费用	98	4655.4
十二、当年企业支出的安全生产费用	99	4594.9
十三、当年企业支付的环境保护及生态恢复支出	100	9.4
其中：（一）本年度上交政府统筹的支出	101	0.0
（二）本年度企业提取或据实列支的支出	102	0.0
十四、当年企业支出的节能减排费用	103	0.0
十五、企业累计向境外投资额	104	0.0
其中：企业当年新增向境外投资额	105	0.0

2010 年晋中市国有企业利润表

金额单位：万元

项　目	行　次	本期金额	上期金额
一、营业总收入	1	431247.6	346460.3
其中：营业收入	2	431247.6	346460.3
其中：主营业务收入	3	422214.8	341006.5
其他业务收入	4	9032.8	5453.8
△利息收入	5	0.0	0.0
△已赚保费	6	0.0	0.0
△手续费及佣金收入	7	0.0	0.0
二、营业总成本	8	396458.0	337147.2
其中：营业成本	9	323408.0	273959.3
其中：主营业务成本	10	318724.2	271263.0
其他业务成本	11	4683.8	2696.3
△利息支出	12	0.0	0.0
△手续费及佣金支出	13	0.0	0.0
△退保金	14	0.0	0.0
△赔付支出净额	15	0.0	0.0
△提取保险合同准备金净额	16	0.0	0.0
△保单红利支出	17	0.0	0.0
△分保费用	18	0.0	0.0
营业税金及附加	19	6696.5	4782.4
销售费用	20	10457.8	11135.0
管理费用	21	42543.1	33631.7
其中：业务招待费	22	787.8	737.2
研究与开发费	23	0.0	0.0
财务费用	24	13303.9	12235.3
其中：利息支出	25	10818.7	8823.7
利息收入	26	331.6	209.0
汇兑净损失（净收益以“-”号填列）	27	1.9	1.5
资产减值损失	28	48.7	1403.6

续表

项　目	行　次	本期金额	上期金额
其他	29	0.0	0.0
加：公允价值变动收益（损失以“-”号填列）	30	0.0	0.0
投资收益（损失以“-”号填列）	31	509.0	716.6
其中：对联营企业和合营企业的投资收益	32	2.5	40.4
△汇兑收益（损失以“-”号填列）	33	0.0	0.0
三、营业利润（亏损以“-”号填列）	34	35298.5	10029.7
加：营业外收入	35	6041.2	6310.5
其中：非流动资产处置利得	36	188.0	1244.2
非货币性资产交换利得	37	0.0	0.0
政府补助	38	3004.3	2952.8
债务重组利得	39	802.3	0.0
减：营业外支出	40	1668.5	1550.9
其中：非流动资产处置损失	41	314.3	1.1
非货币性资产交换损失	42	0.0	0.0
债务重组损失	43	0.0	0.0
四、利润总额（亏损总额以“-”号填列）	44	39671.2	14789.2
减：所得税费用	45	7569.0	6503.1
五、净利润（净亏损以“-”号填列）	46	32102.2	8286.1
归属于母公司所有者的净利润	47	32210.8	8336.5
★少数股东损益	48	-108.6	-50.4
六、每股收益：	49	—	—
基本每股收益	50	0.0	0.0
稀释每股收益	51	0.0	0.0
七、其他综合收益	52	0.0	0.0
八、综合收益总额	53	32102.2	8286.1
归属于母公司所有者的综合收益总额	54	32210.8	8336.5
★归属于少数股东的综合收益总额	55	-108.6	-50.4
	56		

2010 年晋中市国有企业资产负债表

金额单位：万元

项　目	行　次	期末金额	年初金额
流动资产：	1	—	—
货币资金	2	46361.8	37024.7
△结算备付金	3	0.0	0.0
△折出资金	4	0.0	0.0
交易性金融资产	5	0.1	0.1
应收票据	6	1242.4	2236.2
应收账款	7	36336.4	31295.2
预付款项	8	38326.6	23659.2
△应收保费	9	0.0	0.0
△应收分保账款	10	0.0	0.0
△应收分保合同准备金	11	0.0	0.0
应收利息	12	42118.7	42118.3
其他应收款	13	108005.5	99390.4
△买入返售金融资产	14	5693.0	4216.5
存货	15	89809.1	71546.8
其中:原材料	16	18101.9	10106.1
库存商品(产成品)	17	39193.6	36067.3
一年内到期的非流动资产	18	17.2	7.7
其他流动资产	19	39008.0	40164.2
流动资产合计	20	406918.9	351659.2
非流动资产：	21	—	—
△发放贷款及垫款	22	0.0	0.0
可供出售金融资产	23	0.0	0.0
持有至到期投资	24	1.1	1.1
长期应收款	25	772.0	772.0
长期股权投资	26	143364.1	93628.0
投资性房地产	27	62.5	65.4
固定资产原价	28	494378.2	472430.3
减：累计折旧	29	127095.7	109547.0

续表

续表

项　目	行　次	期末金额	年初金额
固定资产净值	30	367282.5	362883.3
减：固定资产减值准备	31	0.0	0.0
固定资产净额	32	367282.5	362883.3
在建工程	33	23624.2	19168.1
工程物资	34	45.0	45.2
固定资产清理	35	45.3	44.1
生产性生物资产	36	1032.6	1032.6
油气资产	37	0.0	0.0
无形资产	38	54707.0	13364.4
开发支出	39	0.0	0.0
商誉	40	0.0	0.0
长期待摊费用	41	7102.2	7314.6
递延所得税资产	42	0.0	0.0
其他非流动资产	43	1318.4	1211.8
其中：特准储备物资	44	0.0	0.0
非流动资产合计	45	599356.9	499530.6
	46		
	47		
	48		
	49		
	50		
	51		
	52		
	53		
	54		
	55		
	56		
	57		
	58		
	59		
	60		
	61		
	62		

续表

项　目	行　次	期末金额	年初金额
	63		
资产总计	64	1006275.7	851189.8
流动负债：	65	—	—
短期借款	66	127988.9	83255.8
△向中央银行借款	67	0.0	0.0
△吸收存款及同业存放	68	0.0	0.0
△拆入资金	69	0.0	0.0
交易性金融负债	70	0.0	0.0
应付票据	71	3253.0	700.0
应付账款	72	45164.2	37659.8
预收款项	73	57469.5	55444.9
△卖出回购金融资产款	74	0.0	0.0
△应付手续费及佣金	75	0.0	0.0
应付职工薪酬	76	10730.1	9166.0
其中：应付工资	77	4909.7	4725.5
应付福利费	78	539.8	793.3
#其中：职工奖励及福利基金	79	0.0	0.0
应交税费	80	14972.6	16130.2
其中：应交税金	81	13340.0	14066.9
应付利息	82	1499.9	1469.6
其他应付款	83	108597.4	101437.6
△应付分保账款	84	0.0	0.0
△保险合同准备金	85	0.0	0.0
△代理买卖证券款	86	0.0	0.0
△代理承销证券款	87	0.0	0.0
一年内到期的非流动负债	88	14200.0	15200.0
其他流动负债	89	5820.1	5521.3
流动负债合计	90	389695.5	325985.1
非流动负债：	91	—	—
长期借款	92	160684.4	153145.2
应付债券	93	0.0	0.0
长期应付款	94	14319.8	5478.3
专项应付款	95	6453.2	3184.8

续表

项　目	行　次	期末金额	年初金额
预计负债	96	598.5	1042.9
递延所得税负债	97	0.0	0.0
其他非流动负债	98	4876.0	1318.7
其中：特准储备基金	99	0.0	0.0
非流动负债合计	100	186931.9	164169.8
负 债 合 计	101	576627.5	490154.9
所有者权益（或股东权益）：	102	—	—
实收资本（股本）	103	285722.9	269976.8
国家资本	104	76237.2	76016.7
集体资本	105	1006.5	1006.5
法人资本	106	199379.1	183775.9
其中：国有法人资本	107	164572.2	164572.2
集体法人资本	108	10506.9	10428.7
个人资本	109	9100.1	9177.7
外商资本	110	0.0	0.0
#减：已归还投资	111	0.0	0.0
实收资本（或股本）净额	112	285722.9	269976.8
资本公积	113	184806.6	154166.2
减：库存股	114	0.0	0.0
专项储备	115	17108.6	6888.6
盈余公积	116	8069.6	6649.1
其中：法定公积金	117	5839.4	4867.1
任意公积金	118	3.5	3.5
#储备基金	119	0.0	0.0
#企业发展基金	120	0.0	0.0
#利润归还投资	121	0.0	0.0
△一般风险准备	122	0.0	0.0
未分配利润	123	-66869.2	-77292.8
外币报表折算差额	124	0.0	0.0
归属于母公司所有者权益合计	125	428838.6	360388.0
★少数股东权益	126	809.7	646.9
所有者权益合计	127	429648.2	361034.9
负债和所有者权益总计	128	1006,275.7	851189.8

2010 年晋中市国有资产变动情况表

金额单位：万元

项　目	行　次	金额
一、年初国有资本及权益总额	1	298470.8
二、本年国有资本及权益增加	2	22907.1
（一）国家、国有单位直接或追加投资	3	50.1
（二）无偿划入	4	56.0
（三）资产评估增加	5	2543.6
（四）清产核资增加	6	0.0
（五）产权界定增加	7	0.0
（六）资本（股本）溢价	8	0.0
（七）接受捐赠	9	50.0
（八）债权转股权	10	0.0
（九）税收返还	11	0.0
（十）补充流动资本	12	0.0
（十一）减值准备转回	13	0.0
（十二）会计调整	14	190.0
（十三）中央和地方政府确定的其他因素	15	390.0
（十四）经营积累	16	19627.4
三、本年国有资本及权益减少	17	26396.9
（一）经国家专项批准核销	18	0.0
（二）无偿划出	19	9.0
（三）资产评估减少	20	0.0
（四）清产核资减少	21	0.0
（五）产权界定减少	22	1146.1
（六）消化以前年度潜亏和挂账而减少	23	136.0
（七）因自然灾害等不可抗拒因素减少	24	0.0
（八）因主辅分离减少	25	0.0
（九）企业按规定已上缴利润	26	0.0
（十）资本（股本）折价	27	0.0
（十一）中央和地方政府确定的其他因素	28	132.0
（十二）经营减值	29	24973.8
四、年末国有资本及权益总额	30	294981.0
五、年末其他国有资金	31	9514.6
六、年末合计国有资产总量	32	304495.6

2010 年晋中市国有资产主要指标分析表

金额单位：万元

指标名称	行 次	本年数	上年数
一、绩效指标：	1	—	—
（一）盈利能力指标：	2	—	—
1.净资产收益率（含少数股东权益）（%）	3	8.1	1.4
2.净资产收益率（不含少数股东权益）（%）	4	8.2	1.4
3.总资产报酬率（%）	5	5.4	2.4
4.营业利润率（%）	6	8.2	0.0
5.成本费用利润率（%）	7	10.0	1.4
6.盈余现金保障倍数	8	1.0	831.3
7.成本费用总额占营业总收入的比率（%）	9	91.9	99.9
（二）资产质量指标：	10	—	—
1.总资产周转率（次）	11	0.5	0.9
2.流动资产周转率（次）	12	1.1	1.7
3.存货周转率（次）	13	4.0	9.0
4.资产现金回收率（%）	14	3.5	4.1
5.存货增长率（%）	15	25.5	-14.4
（三）债务风险指标：	16		
1.资产负债率（%）	17	57.3	68.3
2.已获利息倍数	18	4.7	2.1
3.流动比率	19	1.0	1.1
4.速动比率	20	0.8	1.0
5.现金流动负债比率（%）	21	8.5	7.8
6.短期借款占全部借款的比率（%）	22	44.3	28.8
（四）经营增长指标：	23	—	—
1.营业总收入增长率（%）	24	24.5	-25.7
2.主营业务收入增长率（%）	25	23.8	-26.0
3.营业利润增长率（%）	26	251.9	-99.5
4.利润增长率（%）	27	168.2	-65.9

续表

指标名称	行次	本年数	上年数
5.国有资本保值增值率（%）	28	98.2	100.3
6.资本积累率（%）	29	19.0	-1.5
7.资产增长率（%）	30	18.2	19.1
8.固定资产增长率（%）	31	4.7	8.3
9.技术投入比率（%）	32	0.0	0.0
二、人均指标：	33	—	—
（一）从业人员人均利润（元/人）	34	25260.2	5973.6
（二）从业人员人均资产（元/人）	35	620124.3	510230.3
（三）职工人均利润（元/人）	36	23075.4	6095.4
（四）职工人均资产（元/人）	37	587743.6	497604.3
（五）全年职工人均工资（元/人）	38	26139.8	20420.1
（六）全年在岗职工人均工资（元/人）	39	29990.0	23426.6
（七）人均实际上交税金（元/人）	40	25476.5	26432.6
三、其他指标：	41	—	—
（一）固定资产投资占主营业务收入的比率（%）	42	6.0	5.4
（二）实发工资占应发工资的比率（%）	43	99.0	96.3
（三）平均固定资产折旧率（%）	44	9.0	5.2
（四）年末法定盈余公积占实收资本的比率（%）	45	2.0	3.5
补充资料：	46	—	—
一、纳入合并范围二级子企业录入户数（户）	47	4.0	4.0
二、纳入合并范围三级子企业录入户数（户）	48	0.0	0.0
三、纳入合并范围企业录入总户数（户）	49	87.0	87.0
四、纳入合并范围盈利企业户数（户）	50	44.0	59.0
五、纳入合并范围亏损企业户数（户）	51	43.0	77.0
六、纳入合并范围盈利企业盈利额	52	459170805.3	457884549.5
七、纳入合并范围亏损企业亏损额	53	-62458824.1	-220001187.8

吕梁市

一、吕梁市国有资产监督管理工作综述

2010年，吕梁市国资委以科学发展观为统领，坚持推进改制与加强监管相结合，国资监管工作逐步走上制度化、规范化轨道。

（一）市属国有企业改制取得新进展

1. 完成吕梁丝织印染厂改制工作。一是安置了职工。按照《吕梁丝织印染厂职工安置方案》，安置621名职工。二是依法处置资产。聘请中介机构对企业地上资产进行评估，吕梁信源拍卖行对企业地上资产进行公开拍卖，拍卖价102万元。三是改造职工家属区附属生活设施。根据《职工安置方案》，对家属区严重老化的水、暖管网进行彻底改造，保证职工正常生活。四是解决了重大债权债务纠纷。因吕梁丝织印染厂与陕西华兴航空机轮公司债务纠纷，陕西省咸阳市中院将吕梁市政府追加为被执行人，要求偿还500万元债务。吕梁市国资委聘请专业律师，妥善处理了这次纠纷。

2. 继续推进山西第四纺织机械厂改制工作。完成职工档案审核、职工安置方案拟订、职工个人情况公示和方案征求意见等工作。

3. 铺开永固制砖有限责任公司改制工作。根据市委、市政府的安排，在广泛征求职工意见，全面掌握企业基本情况的基础上，出台了《吕梁永固制砖有限责任公司完善改制方案》、《吕梁砖厂完善改制工作实施方案》，提交市群体上访审核研判工作组，待审核通过后实施改制。

4. 推进离柳集团分离移交子弟学校工作。离柳集团子弟学校建于1982年，为初中小学一贯制学校，截至2010年底，共有小学12个班级，学生323人，初中2个班级，学生39人；教职工98人，离退休人员16人。近日，离柳集团与孝义市政府分别成立了领导组，企业与孝义市政府及有关部门达成一致意见。孝义市拟接收教职工88人，已完成经费测算工作，其他各项工作也在有序进行。

（二）进一步加强市属国有企业管理工作

1. 大力推动市属国有关闭破产企业和特困企业职工参加城镇职工基本医疗保险。根据《吕梁市人民政府办公厅关于印发吕梁市属国有关闭破产企业退休人员和国有特困企业职工参加城镇职工基本医疗保险暂行办法的通知》（吕政办发〔2010〕182号）要求，审核认定了9户市属特困企业，分别是：吕梁地区医药药材公司（含离石医药药材公司）、山西第四纺织机械厂、吕梁永固制砖有限公司（原地区砖厂）、市建筑安装总公司、市化工供销站、市建筑材料工业供销站、市工业供销综合公司、吕梁能源开发总公司、市轻工供销公司，并将企业提供的职工名单提交市劳动局和市财政局。市劳动和社会保障局随后安排市医疗保险中心完成了医疗保险缴费的测算工作。由于该项工作涉及几个部门，且特困企业对文件规定的应缴纳的50%的集体缴费部分也难以负担，该项工作仍在协调推进中。

2.做好困难企业职工廉租房租金补贴工作。对下属原地区砖厂、市工业供销综合公司、吕梁中药厂、市建筑材料工业供销站2010年符合廉租住房补贴条件的人员进行调查、核实、公示，并报市住房办复查确认。

二、国有资产总量与结构分析

截至2010年底，全市累计办理产权登记106户，其中：占有未变动登记企业92户，已变动产权登记企业14户。新登记企业5户，较2009年的10户减少了5户，变动比率为50%，5户企业全部为一级企业，占用国家资本1690万元。其中，占有产权登记3户（无新注册登记企业，3户均为补办占有登记），变动产权登记2户。

（一）国有企业分布情况

截至2010年底，产权登记企业106户，市属56户、县市区50户，其中，文水24户，临县6户，交城5户，离石5户，柳林4户，岚县1户，孝义5户（见表1）。

表1　市县区国有企业分布表

单位：户

项目	行次	全市	市属	县（市、区）	其中						
					文水县	临县	交城县	离石区	柳林县	岚县	孝义市
栏次		1	2	3	4	5	6	7	8	9	10
2010年登记企业	1	106	56	50	24	6	5	5	4	1	5
2009年登记企业	2	103	53	50	24	6	5	5	4	1	5
2010年比2009年增加企业	3	3	3	0	0	0	0	0	0	0	0

（二）组织形式分析

1.市级企业。截至2010年底，56户市级企业按照级次分布，主要集中在一级企业，占85.71%，二级企业占14.29%。

2.县（市、区）级企业。截至2010年底，县（市、区）出资企业累计登记企业户数为50户（登记企业户数为占有+变动，不含注销企业户数），与2009年持平。50户登记企业全部为一级企业。

表2　市级企业基本情况表

项目	行次	2009年登记户数	2010年登记户数	2010年比2009年增加户数
合计：	1	53	56	3
一级企业：	2	45	48	3
二级企业：	3	8	8	0
三级企业：	4	0	0	0
四级企业及以下：	5	0	0	0

（三）行业分析

截至2010年底，市级56户出资企业涉及国民经济全部98类行业中的30类，按行业由多到少排名依次为：（一）批发和零售、餐饮业18户，占56户的32.14%。18户企业主要分布在贸易业中的物资贸易、商业贸易、粮油贸易等行业；（二）工业11户，占56户的19.64%。11户企业主要分布在煤炭、冶金、化学、森林、食品、医药、机械等行业；（三）交通运输仓储业7户，占56户的12.5%。7户企业主要分布在仓储业、道路运输业；（四）建筑业6户，占56户的10.71%；（五）社会服务业6户；（六）科学研究和技术服务业4户；（七）农林牧渔业1户；（八）房地产业1户；（九）信息技术服务业1户；（十）教育文化广播业1户；（十一）地质勘察及水利业0户；（十二）邮电通信业0户；（十三）金融业0户；（十四）卫生体育福利业0户；（十五）机关社团及其他0户。

表3　　市级国有企业行业分布表

单位：万元

行次	排名	项目	登记户数	占有比例
1		合计：	56	
2	一、	**批发和零售、餐饮业**	18	32.14%
3		（一）贸易业	18	
4		1、商业贸易	5	
5		2、粮油贸易	2	
6		3、物资贸易	11	
7		4、商业经纪与代理业	0	
8		（二）餐饮业	0	
9	二、	**工业**	11	19.64%
10		1、煤炭工业	1	
11		2、石油和石化工业	0	
12		3、冶金工业	1	
13		4、建材工业	0	
14		5、化学工业	1	
15		6、森林工业	1	
16		7、食品工业	1	
17		8、烟草工业	0	

续表

行次	排名	项目	登记户数	占有比例
18		9、纺织工业	0	
19		10、医药工业	1	
20		11、机械工业	1	
21		12、军工工业	0	
22		13、电子工业	0	
23		14、电力工业	1	
24		15、市政公用工业	1	
25		16、其他工业	2	
26	三、	交通运输仓储业	7	12.50%
27		其中：铁路运输业	0	
28		道路运输业	2	
29		水上运输业	0	
30		航空运输业	0	
31		仓储业	5	
32	四、	建筑业	6	10.71%
33	五、	社会服务业	6	10.71%
34	六、	科学研究和技术服务业	4	7.14%
35	七、	农林牧渔业	1	1.79%
36		其中：农业	1	
37		林业		
38		畜牧业		
39		渔业		
40	八、	房地产业	1	1.79%
41	九、	信息技术服务业	1	1.79%
42	十、	教育文化广播业	1	1.79%
43	十一、	地质勘察及水利业	0	0.00%
44	十二、	邮电通信业	0	0.00%
45	十三、	金融业	0	0.00%
46	十四、	卫生体育福利业	0	0.00%
47	十五、	机关社团及其他	0	0.00%

三、公司制改制情况

（一）市级出资企业

市级出资56户登记企业按隶属关系分，市监管企业22户（其中：吕梁市建筑安装总公司共登记6户有一级企业1户、二级企业5户；山西省煤炭运销总公司吕梁分公司共登记4户有一级企业1户、二级企业3户；吕梁市物资管理中心共登记6户一级企业）、非监管企业34户；按组织形式分国有企业52户，公司制企业3户，其他企业1户。由于多方面原因，公司制改建进展缓慢，分别占比92.86%、5.35%、1.79%。2010年登记户数中国有企业占比2009年度的94.34%降低了1.48个百分点，公司制企业占比2009年度的3.77%提高了1.58个百分点。56户登记的一级、二级（无三级、四级及以下企业）中的国有企业户数依次是44户、8户，其所占同级次企业户数的比例分别为91.67%、100%，较2009年度53户登记的一级、二级（无三级、四级企业及以下）中的国有企业所占同级次企业户数的比例93.33%、100%，分别下降了1.66%、0.00%。

已登记56户企业占有国有资本43514.9万元，一级企业占有国有资本42589万元，一级企业公司制企业占有国有资本14350.5万元，占同级次企业占有国有资本总额的比例为33.7%。

表4　　市级出资企业国有资本分布情况表

单位：户/万元

项目	行次	登记户数	实收资本合计	其中				
				国家资本	法人资本		外商资本	个人资本
					国有法人资本	非国有法人资本		
栏次		1	2	3	4	5	6	7
合计：	1	56	49439.9	42123.4	1391.5	2565	0	3360
一级企业	2	48	48514	41927.5	661.5	2565	0	3360
二级企业	3	8	925.9	195.9	730	0	0	0
三级企业	4	0				0	0	0
四级企业及以下	5	0				0	0	0

（二）县（市、区）级出资企业

截至2010年底，县（市、区）级出资企业累计登记企业户数为50户。在50户登记企业中，国有企业41户，公司制企业9户，分别占50户企业的比例为82%、18%。2010年登记户数中，国有企业占比与2009年度的82%持平，公司制企业占比2009年度的18%持平。50户登记的一级、二级、三级、四级及以下企业中的公司制企业户数依次是9户、0户、0户、0户，其所占同级次企业户数的比例分别为18%、0%、0%、0%，与2009年度50户登记的一级、二级、三级、四级企业中的公司制企业持平。

已登记50户（一级企业）企业占有国

有资本16699.4万元，公司制企业占有国有资本4306.7万元，占同级次企业占有国有资本总额的比例为25.79%。市县两级实行分级管理。

吕梁市国资委无国有控股上市公司。

四、国有经济运行情况

（一）总资产

截至2010年年底，吕梁市国有企业资产总计1464539万元，比上年1168497万元增加296042万元，增幅25.3%。其中，非流动资产合计903850万元,同比增加254439万元。主要增减情况包括：固定资产净额351914万元，同比增加27972万元；在建工程153072万元，同比增加38077万元；固定资产清理1068万元，同比增加242万元。

流动资产合计560689万元，同比增加41603万元。主要增减情况：货币资金137115万元，同比减少49802万元；应收票据61836万元，同比增加44299万元；应收账款44127万元，同比减少3451万元。其他应收款157413万元，同比增加55963万元；预付账款52553万元，同比增加15383万元；其他流动资产55776万元,同比减少18707万元。无形资产205722万元，同比增加83943万元。长期待摊费用6691万元，同比增加977万元。其他非流动资产15802万元，同比减少66万元。

（二）总负债

负债总计1045579万元，比上年860443万元增加185136万元。主要包括：

流动负债年末数合计593847万元，同比增加100877万元。主要科目增减情况：短期借款249626万元，同比增加121885万元；应付票据23万元，同比减少73613万元；应付账款82060万元，同比增加8284万元；其他应付款151117万元，同比增加32325万元；预收款项48769万元，同比增加21956万元；应付职工薪酬17853万元，同比增加60万元；应交税费20957万元，同比减少8011万元等。

非流动负债合计451732万元，比上年367473万元增加84259万元。主要是：长期借款342550万元，同比增加35469万元；长期应付款83250万元，增加42460万元；专项应付款23696万元，比上年增加5884万元；其他非流动负债559万元，同比减少1198万元等。

（三）所有者权益

所有者权益合计418960万元，比上年308054万元增加110906万元。所有者权益类主要项目情况如下：

实收资本（股本）合计201385万元，同比增加55077万元。具体包括：国家资本114321万元，同比增加38487万元；集体资本1185万元，同比增加292万元；法人资本82624万元，同比增加16297万元。其中：国有法人资本63024万元，占法人资本的76.3%、占全部实收资本的31.3%；个人资本3254万元，占实收资本的1.6%，与上年持平。资本公积224858万元，同比增加72282万元。盈余公积13845万元，同比增加2064万元。未分配利润-22753万元，比上年-2987万元增亏19766万元。

五、国资委机关及党风廉政建设情况

1.加强廉政教育，提高党员干部拒腐防变和抵御风险能力。一是认真学习全市党风廉政建设干部大会和市纪委二届七次全会会议精神，出台了《吕梁市国资委2011年反腐倡廉建设工作要点》。二是及时组织干部职工学习十七届五中、六中全会、中纪委十七届六次全会、胡锦涛“七一”讲话、国务院廉政会议、省纪委九届六次全会、省九届十一次全会、市三次党代会精神。进一步增强了干部廉洁自律意识，提高了拒腐防变和抵御风险能力。三是定期不定期开展警示教育，学习《廉政准则》等党纪条例的学习，增强干部职工廉洁自律意识。

2.加强制度建设，创造良好政务环境。建立完善了《关于开展廉政风险防控管理的工作实施方案》、《关于加强领导班子自身建设的意见》、《关于建立培养人才提高机关干部职工素质三年规划》，重新修订了《反腐倡廉工作制度》、《党建工作制度》、《会议制度》、《学习制度》、《人事制度》、《财务制度》、《接待制度》、《安全制度》等八大项21分项机关日常管理工作制度，进一步加强机关建设。

3.强化责任，认真履行党风廉政建设责任制。按照党风廉政建设责任制“一岗双责”要求，将国资委承担的加强和改进国有企业反腐倡廉工作、深化干部人事制度改革、清理涉企乱收费和各种乱摊派，减轻基层企业负担等四项牵头任务和一项配合任务分解到相应科室，及时跟踪工作进度，确保承担任务的圆满完成。

4.加强政风行风建设、树立良好的机关形象。一是制定了《吕梁市国资委关于全系统深入开展2011年民主评议政风行风工作的实施方案》，就政风行风评议要求、评议内容和重点、评议方法和步骤及工作要求作了安排。二是成立了吕梁市国资委政风行风评议领导组，领导组下设办公室。形成了党委组织领导、纪检监察牵头协调、各科室紧密配合协同的工作格局。三是聘请了10名党风廉政建设监督员，主动接受社会各界的监督。四是按照市行评办的安排，5月11日参与制作了吕梁人民广播电台组织开办的《政风行风热线》节目。五是开通了政风行风监督热线，开通了投诉举报电话、诉求网址，在机关办公楼设立了政风行风意见箱，通过媒体向社会公开承诺。六是发放了政风行风评议调查表。围绕机关管理、服务承诺、廉洁自律、工作作风、产业结构调整等十四个方面征求意见，并根据反馈意见责成有关科室进行整改和建章立制。七是举办了政风行风民主评议听证对话会。政风行风监督员和服务单位代表对委机关的政风行风建设做了充分的评议，对改进国资委政风行风提出了宝贵的意见和建议。

5.加强企业廉政文化建设，营造政风行风建设良好氛围。组织国有企业党员领导干部认真学习《国有企业领导人员廉洁从业若干规定》，不断增强企业党员干部拒腐防变的能力和廉洁从业的自觉性。离柳焦煤集团通过“诚信、崇廉、律己、敬业”的廉洁文化理念，弘扬的离柳精神，树立“以人为本、以德兴企”的价值观；建筑公司提出“廉洁文化进企业、进机关、进工地、进班组、进家庭”的“新五进”，并把“诚信立业，廉洁从业”的廉洁理念纳入到《企业文化手册》。企业内营造“以廉为美、以廉为乐、以廉为荣”的廉洁文化理念和工作生活氛围。

6.加强专项整治，扎实推进煤焦领域专项斗争，认真开展 “小金库”专项治理工作和公务用车问题专项治理工作。一是深入推进煤焦领域反腐败专项斗争。出台了《吕梁市国资委关于对煤矿企业兼并重组补偿资金支付、能源基金、煤炭可持续发展基金等拨付使用中存在的突出问题进行专项治理的实施办法》。并召开全体人员大会进行了安排部署，目前煤矿企业兼并重组已签订了《煤矿企业兼并重组协议》，资产转让款和职工安置补偿费已经全部支付完毕。二是认真开展“小金库”专项治理工作。企业按照文件要求，对本单位是否存在“小金库”认真进行了全面复查，再未发现“小金库”。

六、吕梁市国资委领导班子成员名录

刘平泽	吕梁市国资委主任
郭建生	吕梁市国资委副主任
王振安	吕梁市国资委副主任
李志龙	吕梁市国资委副主任
高志明	吕梁市国资委副主任
郑金生	吕梁市国资委副主任
冯吉才	吕梁市国资委副主任
温明理	吕梁市国资委纪检书记
车振斌	吕梁市国资委总工程师
刘祺虎	吕梁市国资委总会计师
王宪君	吕梁市国资委调研员
李乐寅	吕梁市国资委调研员

阳泉市

一、2010年国有资产监督管理工作综述

（一）突出抓好重点项目建设，促进企业转型跨越发展

2010年是市政府确定的“项目工程年”。面对出资企业经济结构不优、市场竞争力不强等问题，面对全市转型跨越大发展的形势，国资系统以重点项目建设为龙头，加快推进国有企业转型升级，取得了明显成效。

一是重点项目建设成效显著。全系统重点实施了16个项目，全年完成投资4.38亿元，累计完成投资16.28亿元。其中，高压电瓷厂高雅融发建材会展中心项目、甘河硫铁矿棚户区改造工程项目、建工集团住宅楼工程项目、上社煤炭有限公司矿井技改、燕龛煤炭有限公司矿井技改等5个市政府重点考核项目进展顺利，共计完成投资2.33亿元。隆鑫商厦、百纺公司、食品总厂、蔬菜副食公司、赛鱼百货大楼等5户商业企业的短平快项目，完成投资1531万元，累计完成1742万元，其中4个项目当年投资，当年完工，当年见效。隆鑫商厦和百纺公司全年实现利润同比分别增长18%和30%。

二是企业经济效益明显提高。企业狠抓内部改造和结构调整，经济效益明显提高。

阀门公司创新思维方式，引进外部资金调整产品结构，闸阀设计能力由∮1600扩大到∮2200，蝶阀由∮2400扩大到∮4850，提高了市场占有率。华联商厦面对激烈的市场竞争形势，进一步调整商品经营档次，实现了由中档为主、高档为辅向高档为主、中档为辅的跨越，商品销售收入连续两年增长，增幅分别达18.4%和15.7%，2010年实现销售收入19311.9万元，毛利额2422.6万元，利润160.9万元，一举改变了开业以来的亏损局面。饮食公司投资180万元对兴达旅店、西来顺饭店等门店进行了改造，全年实现利润增长14.9%。

三是争取项目扶持资金取得积极进展。为解决项目筹资困难，加快重点项目建设，国资委举办了企业固定资产投资建设项目申报培训班，并和企业共同努力，完善项目申报程序，努力争取上级部门的项目资金支持，全年共争取到省有关部门项目扶持资金1762万元。主要有铝业公司1050万元、物资集团400万元、云阁肉制品公司150万元、华龙超市67万元、阀门公司40万元、蔬菜公司40万元、粮油公司15万元。

四是履行社会职责作出积极贡献。围绕全市“三城同创”目标和部署，矿业公司、高压电瓷厂、标件厂、速凝剂厂等10户监管企业，以全市大局为重，克服困难，对临街建筑进行大力整治，圆满完成了目标任务，整治费用和拆除资产损失共计352.9万元。为确保完成全市节能目标，市铝业公司、隆鑫商厦公司、百纺公司、华龙超市等企业采取非常性措施节电降耗，按时圆满完成了节电指标。蔬菜副食公司、云阁肉制品公司等企业努力履行稳定市场物价的社会责任，确保了阳泉市蔬菜、肉制品市场供应。

（二）加快国企改革重组，努力优化国有经济布局结构

围绕“做大做强一批、放开搞活一批、关闭退出一批、逐步消化一批”的改革总体思路，国资委制定了“2010年国企改革实施方案”，加大力度推进改革重组，取得积极进展。

一是加强与优势企业合作，推进骨干企业改革重组。为做大做强重点国有企业，国资委和企业积极寻找战略合作伙伴，加大与阳煤集团、阳泉煤运公司等大型国企及优势民企的协商合作力度，积极推进铝业股份有限公司、阀门股份有限公司、水泵厂有限责任公司、电工机械有限责任公司等企业改革重组。与阳煤集团、阳泉煤运公司等大企业、大集团进行了充分协商，对企业进行了充分调研，就合作重组进行了深入探讨，做了大量前期准备工作。华龙超市拟引进民营企业山西金虎便利连锁有限公司进行改革重组，已制定改革方案，待市政府批复后具体实施。

二是有效整合资产，组建资产管理中心。市建虹无机化工厂、速凝剂厂、建筑材料一厂、信利塑胶有限公司、晋玛陶瓷工业有限公司、泰达建材有限公司等6户建材企业，均已停产多年，仅靠出租资产艰难维持。为确保国有资产保值增值，维护企业和职工的合法利益，对上述6户企业进行整合，组建了信建资产管理中心，共涉及资产总额9873万元，负债总额17083万元，职工858人。将建筑材料机械厂划归虹玮新型建材有限公司管理。为支持市政重点工程建设，组建了信泉资产管理公司，对需要拆迁而实施歇业关闭的企业进行管理。

三是加大劣势企业退出力度，对7户企

业实施关闭清算。粮油副食品经营中心、粮食工业公司、大连路加油站、电子科研所、计算机服务公司关闭清算工作基本完成，对职工进行了妥善安置。经过努力协调，新药特药经营部的省托底资金340.5万元已先期到位，破产关闭工作进入尾声。郊区药材公司的破产关闭正在实施。7户企业共涉及职工553人，资产2471.2万元。

四是围绕全市中心工作，完善国企改革政策。随着全市“三城同创”步伐的加快，市政工程建设将逐步涉及24户市属企业。为支持市政重点工程建设，解决拆迁企业的职工安置、资产管理等问题，在充分调研的基础上，制定了《关于市政工程建设拆迁市属企业有关问题的处理办法》和相关实施细则，经市政府批准，已正式下发执行。对涉及企业进行了相关费用测算，将按市政工程建设进度适时进行改革。目前，广阳路建设涉及的泉东化工有限公司已进入歇业关闭程序。

五是深化企业内部改革，实现放开搞活。阀门公司进一步改革分配体制，重点鼓励市场销售、技术研发、生产一线职工多劳多得，按业绩进行考核兑现，极大地调动了职工的工作积极性，企业经济效益稳步增长，全年实现利润300万元，同比增长16.2%。国新能源公司利用用户投资建设7000吨储煤场，当年单项获利24万元。义井选煤厂借鸡下蛋，与民营企业合作经营，企业经济效益显著提高，年实现利润121.4万元，同比增长20.2%。

（三）强化规范协调服务，国资监管效能有了新的提高

市国资委进一步规范完善国资监管体系，强化协调服务，国资监管效能有了新的提高。

一是财务监督管理水平进一步提高。财务管理是国资管理的核心内容。市国资委进一步加强企业财务动态监管，财务月报、财务分析、预决算管理日趋规范完善，准确性和时效性明显增强。各监管企业努力加强财务人员业务素质培训，财务管理水平进一步提高。

二是绩效考核和薪酬管理进一步完善。认真完成了2009年度经营业绩考核兑现工作，对签订经营业绩责任书的44户企业进行了考核。从考核结果看，44户企业的法人代表薪酬总额为264.2万元，平均薪酬水平为5.9万元，比上年实际水平增长4.5%；2010年，市国资委进一步扩大考核范围，与61户监管企业签订了经营业绩责任书，在全省市级国资委率先实现了企业经营业绩考核和薪酬管理全覆盖；在确定考核指标方面，增加改革改制、结构调整、招商引资、企业管理、党建廉政、职工工资兑现率和社保缴费率等方面专项考核内容；在实施分类考核方面，对正常运行的企业，把利润总额和净资产收益率作为考核的基本指标，促进了企业经济效益和资产运营效率的提高，实现了国有资产的保值增值；对停产和以资产租赁为主的企业，重点考核资产保全和维稳工作，考核指标更加符合企业实际；在规范薪酬管理方面，基本形成了定量与定性考核相结合、考核档次与薪酬奖惩相挂钩的综合考核及薪酬管理体系。

三是国有产权管理进一步规范。监管企业的产权转让和资产处置全部实现了进场交易，粮食工业公司、泉东化工公司等5户企业的闲置资产变现收入116.3万元。

四是企业管理进一步强化。全系统围绕“强化管理夯基础、奋力拼搏促发展”这一主题，狠抓企业内部经营管理，管理成效显著提高。召开了管理工作专题会议，表彰了信达投资管理公司、五金电器有限公司、服装工业公司等12户管理先进企业，阀门公司等5户企业进行了经验交流。糖酒公司和五金电器公司等企业从劳资管理入手，精简人员，精干队伍，劳动效率大幅提高。华龙超市围绕成本核算，从内部挖潜入手，推行全员优化管理法，经济效益逐年提高。水泵厂有限公司强化过程控制，努力挖潜降耗，年节约成本上百万元。服装工业公司、饮食服务有限公司等企业盘活存量资产，规范资产租赁行为，根据市场变化及时提高租赁水平。全系统通过加强劳资管理，有效地裁减了冗员，控制了一般人员进入，在册职工年减少1000多人，年节约人工成本2000多万元。通过强化企业管理、强化节能降耗等措施，全年消化增支减利因素6000多万元。

五是解决职工困难力度进一步加大。认真落实阳泉市解决困难企业职工有关问题的政策措施，为65户（其中涉及一级监管企业34户，占企业总数的55.7%）困难企业7000名困难职工，以借资形式按月发放生活补助费，全年发放1615万元，累计发放3920万元。积极协调财政和劳动保障部门，帮助困难企业解决医疗保险等问题，为54户困难企业、上万名在职职工、6800多名退休职工解决了基本医疗保险问题。部分企业积极争取劳动保障部门支持，充分享受122号和150号文件待遇。几年来，市第一钢铁厂有405人享受了122号文件待遇，解除劳动关系职工达521人，目前发放生活费的职工仅剩1人。市甘河、中源、三泉和泉东4户硫铁矿企业共有250多人享受了122号文件政策，649人与企业解除了劳动关系。

六是安全工作进一步加强。全系统将安全工作放在突出位置，形成了齐抓共管、全员参与的安全工作格局。市国资委进一步加强对安全工作的组织领导，强化委领导联系企业制度，组织了7个督察组，深入企业开展安全督察，累计督察221次，查改安全隐患210项。各企业认真落实安全生产主体责任，深入开展“安全生产年”、“奋战六十天、坚决控事故、全力保平安”活动，杜绝了重大安全生产事故，安全生产形势持续好转，全年仅发生隆鑫商厦一起安全责任事故。

（四）深入开展创先争优活动，党建和党风廉政建设进一步加强

一是以实施“456”党建创新工程为主线，深入开展 “创先争优”活动。全系统所属72个党组织的6052名党员，围绕“国资监管有新突破，兴企惠民有新成就，创先争优有新发展”的活动主题，加强宣传，营造氛围，抓承诺、搞点评、强督导、求实效，深入开展“创先争优”活动。组织30余名企业党组织书记前往安徽小岗村学习，组织800多人观看了电影《第一书记》，全系统“学先进、当模范、做贡献”蔚然成风。

二是以开展“争创学习型党组织、争做学习型好干部”活动为载体，进一步加强企业领导班子和党组织建设。全系统深入开展“争创学习型党组织、争做学习型好干部”活动，举办了学习贯彻党的十七届五中全会精神暨党风廉政建设集中脱产培训，300多人参加了学习。举办企业管理培训班，50多名企业领导人员赴上海交通大学等地进行了专题培训。邀请国内知名教授到阳泉市举办了两场转型跨越发展专题讲座，660余人聆听了报告。加强党组织建设，对党组织的换届情况进行了摸底调查，完成了9个直属党组织和73个下属党组织换届工作。

三是以打造和谐稳定环境为目标，全面加强企业信访维稳工作。为维护稳定大局，全系统共同努力，及时排查解决各类上访案件，努力将矛盾化解在基层，有效防控越级上访事件的上升势头。市国资委千方百计解决职工上访问题，为职工排忧解难，共接待上访308人次，78批次，同比分别下降31%和37%，总体上保持了和谐稳定的局面。

四是以加强党风廉政教育为主线，全面加强党风廉政建设。认真汲取经贸资产公司和阳钢留守处两起违规违纪案件教训，以加强党风廉政教育为主线，全面加强了党风廉政建设工作。年初，组织4个专题调研组，对全系统党风廉政建设工作进行了认真调研，制定下发了《关于进一步落实“七项要求”等规定，促进企业领导人员廉洁从业的具体办法》、《企业“三重一大”事项集体决策暂行办法》等文件，举办了“阳泉市国资系统党风廉政建设主题文艺晚会”。在全系统扎实开展了“小金库”专项治理工作，在企业自查的基础上，组织3个检查组，对15个企业进行了重点检查，检查面超过了全市20%的总体要求。对涉及企业领导人员不廉洁行为、损害职工群众利益等方面问题的举报，及时进行调查核实，初核信访件5件，进行诫勉谈话1人。各企业结合自身实际，围绕廉政文化创建、从业行为规范、廉政风险监督等，扎实开展了企业党风廉政建设。总体上讲，全系统党风廉政建设成效明显。

国资工作中存在的突出问题和矛盾。一是独资和控股企业停产面大，占到54%。二是社保欠费严重，49户企业均存在不同程度的欠费情况，累计欠费额达2.4亿元。三是企业资金紧张，融资十分困难，企业很难争取到金融部门的资金支持。四是工业企业人员及债务包袱重，理想合作伙伴难寻，部分工业企业所处地理位置多属城市规划范围，面临搬迁。五是随着阳泉市民营企业的扩张，市属商贸流通企业及建筑企业面临的市场竞争更加激烈，生存发展空间受限。六是企业管理及专业技术人才匮乏，制约企业发展壮大。

二、阳泉市国有资产总量与结构分析

（一）按省国有资产统计报表的国有企业口径统计分析国有资产总量与结构

2010年末，阳泉市上报省国有资产统计报表共汇编全市国有企业181户。其中：市直企业138户，市属以下国有企业43户。183户企业拥有资产总额106.69亿元，同口径比上年增长8.36%；负债总额81.09亿元，同口径比上年增长8.9%，其中：流动负债64.96亿元，占负债总额比例达80.11；资产负债率为76.01%。流动比率为0.76；速动比率为0.59。所有者权益总额25.6亿元，比年初的23.99亿元增长6.71%。其中：实收资本18.74亿元，比年初的14.84亿元增加3.9亿元，增长26.28%；其构成是：国家资本111496万元，占实收资本总额的59.51%，比上年增长1.82%；集体资本总额616万元，占实收资本总额的0.33 %；法人资本70259万元，占实收资本总额的37.5%，其中国有法人资本65486万元，占实收资本总额的

34.95%；个人资本4987万元，占实收资本总额的2.66 %。2010年汇编户数较2009年减少2户，其中:2010年本年新增13户;本年减少15户。减少的15户企业中：改制企业1户；合并3户；隶属关系改变5户；歇业1户；其他原因减少5户。

2010年末，阳泉市181户国有企业实现营业总收入44.85亿元，同口径比上年32.48亿元减少12.37亿元，增长38.08%；营业总成本46.85亿元，同口径比上年34.03亿元增长12.82亿元万元，增长37.67%；销售费用16418万元，同口径比上年12669万元增加3749万元，增长29.59%；营业税金及附加5160万元，同口径比上年3704万元增加1456万元，增长39.31%。营业成本的增加导致，营业利润亏损19834万元，比上年的亏损13766万元增亏6068万元，增亏幅度44.08%；营业外收入9092万元，同口径比上年9052万元减少增加40万元，增长0.44%；管理费用60761万元，同口径比上年52501万元增加8260万元，增长15.73%，相当于营业总收入的13.55%；财务费用7573万元，同口径比上年6110万元增加1463万元，增长23.94%，相当于营业总收入的1.69%；利润总额亏损14064万元，比上年的亏损7696万元增亏6368万元；缴纳所得税2616万元，同口径比上年的2603万元增加13万元，增长0.5%；净利润亏损16680万元，同口径比上年亏损10299万元增亏6381万元，增亏幅度61.96%。

2010年末，阳泉市181户国有企业年末职工人数31104人，其中年末在岗职工人数19063人，占年末职工人数的61.29%；全年应发工资总额4.12亿元，全年实际发放工资总额3.97亿元，工资发放率为96.36%。

（二）2010年末，阳泉市国资委履行出资人企业的144户独立核算企业，按行业分类

非煤工业企业41户。资产总额24.25亿元，占144户企业资产总额的20.49%；负债总额23.17亿元，占144户企业负债总额的25.85%；所有者权益1.07亿元，占144户企业所有者权益总额的3.75%。

商品流通企业59户。资产总额12.21亿元，占144户企业资产总额的0.31%；负债总额44.43亿元，占144户企业负债总额的12.75%；所有者权益0.78亿元，占144户企业所有者权益总额的2.70%。

煤炭企业19户。资产总额62.32亿元，占144户企业资产总额的52.38%；负债总额36.97亿元，占144户企业负债总额的41.25%；所有者权益25.03亿元，占144户企业所有者权益总额的87.09%。

其他行业企业25户。资产总额19.91亿元，占144户企业资产总额的16.82%；负债总额18.06亿元，占144户企业负债总额的20.15%；所有者权益1.86亿元，占144户企业所有者权益总额的6.46%。

（三）2010年末，阳泉市国资委独资、控股、参股的144户独立核算企业，按股权分类

市国资委独资企业79户。资产总额30.99亿元，占144户企业资产总额的26.18%；负债总额29.10亿元，占144户企业负债总额的32.47%；所有者权益1.89亿元，占144户企业所有者权益总额的6.58%。

市国资委控股企业48户。资产总

额23.59亿元，占144户企业资产总额的19.93%；负债总额21.51亿元，占144户企业负债总额的24%；所有者权益2.08亿元，占144户企业所有者权益总额的7.24%。

市国资委参股企业17户。资产总额63.79亿元，占144户企业资产总额的53.89%；负债总额39.02亿元，占144户企业负债总额的43.53%；所有者权益24.77亿元，占144户所有者权益总额的86.18%。

三、企业资产保值增值综合分析评价情况

（一）企业资产保值增值情况

2010年末，阳泉市国资委履行出资人企业资产总额为118.37亿元，较年初的108.69亿元增加8.68亿元，增长7.91%；负债总额为89.63亿元，较年初的83.22亿元增加6.41亿元，增长7.7%；所有者权益总额为28.74亿元，较年初的26.47亿元增加2.27亿元，增长8.58%。资产保值增值率为107.91%。

按股权划分来看，市国资委独资企业年末所有者权益总额为1.89亿元，资产保值增值率为89.81%；控股企业年末所有者权益总额为208亿元，资产保值增值率为72.25%；市国资委参股企业所有者权益总额为24.27亿元，资产保值增值率为115.33%；按行业划分来看，煤炭企业年末所有者权益总额为25.03亿元，资产保值增值率为115.44%；商品流通企业年末所有者权益总额为0.78亿元，资产保值增值率为91.07%；公用企业年末所有者权益为1.07亿元，资产保值增值率为55.87%；其他行业年末所有者权益总额为1.86亿元，资产保值增值率为92.79%。

（二）企业偿债能力状况

截至2010年末，市国资委独资、控股、参股的144户企业资产负债率为75.72%，流动比率为0.69，速动比率为0.56。2010年，144户企业承担的债务总额为896273万元，平均每个企业负担6224万元，企业包袱沉重。

（三）企业获利能力状况

2010年，阳泉市国资委独资、控股、参股的144户企业的总资产报酬率为7%；净资产收益率为16.24 %。

按股权分类来看，独资企业的总资产报酬率为-0.63%；净资产收益率为-10.93%；控股企业的总资产报酬率为-2.02%；净资产收益率为-27.79%；市国资委参股企业的总资产报酬率为14.4%；净资产收益率为23.84%。

（四）企业管理营运能力状况

2010年，144户企业流动资产周转率为1.38次，资金周转有所缓解。从企业的经营状况看，市国资委独资、控股、参股的144户企业营业总收入599362万元，其中营业总成本为528363万元，占营业总收入的88.15%；销售费用、管理费用、财务费用等期间费用为97359万元，占营业总收入的16.24%。

四、阳泉市经济和信息化委员会（阳泉市国有资产监督管理委员会）领导班子成员

名录

黄少英　经济和信息化委员会（市政府国有资产监督管理委员会）
党委书记、副主任

杨晋波　经济和信息化委员会（市政府国有资产监督管理委员会）
党委副书记、主任

栾进喜　经济和信息化委员会（市政府国有资产监督管理委员会）
党委副书记、副主任

胡元农　经济和信息化委员会（市政府国有资产监督管理委员会）
党委副书记、副主任

郭建民　经济和信息化委员会（市政府国有资产监督管理委员会）
党委委员、副主任

闫　亮　经济和信息化委员会（市政府国有资产监督管理委员会）
党委委员、副主任

姬振良　经济和信息化委员会（市国有资产监督管理委员会）
党委委员、副主任

刘志钧　经济和信息化委员会（市国有资产监督管理委员会）
党委委员、副主任

李建平　经济和信息化委员会（市政府国有资产监督管理委员会）
党委委员、纪检书记

程祯喜　经济和信息化委员会（市政府国有资产监督管理委员会）
总会计师

宋剑龙　经济和信息化委员会（市政府国有资产监督管理委员会）
监事会主席

晋城市

一、晋城市国有资产监督管理工作综述

2010年，市国资委在市委、市政府的正确领导下，按照全市经济工作会议和全省国资监管工作会议的安排部署，以科学发展观为指导，以强化国资监管、深化国企改革、优化结构布局为抓手，以构建和谐稳定发展环境为落脚点和着力点，积极推进市属国有经济转型跨越发展，市属国有企业呈现平稳较快的发展势头，有效发挥了国有企业在国民经济发展中的支柱和带动作用。截至2010年底，监管企业资产总额达241.53亿元，同比增长18.30%；所有者权益108.83亿元，同比增长18.32%；实现全年营业收入98.84亿元，同比增长15.81%；实现利税38.83亿元，同比增长8.17%；实现利润22.51亿元，同比增长23.94%。

（一）积极推进产业调整，国有经济活力进一步增强

1.立足主业优势，加快跨越发展。积极推动监管企业参与煤炭资源整合重组，兰花集团在立足技改扩建和新建矿井的基础上，先行一步实施“走出去”战略，在临汾、朔州、内蒙古收购和托管6个矿，在

晋城本地整合5个包，玉溪煤矿240万吨/年新建项目开工建设，机械化改造全面完成后可新增产能1000万吨；化肥化工方面，通过改造提升和优势扩张，尿素年产能达到140万吨，甲醇达40万吨，二甲醚20万吨。天泽煤化工集团面对尿素市场持续低迷、煤炭价格居高不下、节能减排形势严峻的复杂局面，坚持抓好节能降耗、科技创新和安全生产，实现了生产经营稳定运行。绿洲纺织、太行民爆等企业也积极应对挑战，开拓市场，力保主业取得长足进展。

2.依托项目建设，加快转型发展。2010年市属骨干企业新建项目7项，续建项目11项，全年完成投资5亿多元。其中兰花重庆太阳能一期建成投产，兰花大宁煤层气发电项目建成投运，兰花集团成功取得伯方区块煤层气探矿权，兰花国际物流园区奠基开工，王莽岭旅游景区开发项目发展势头良好；天泽煤化工继续实施项目带动战略，年产40万吨氨醇、60万吨大颗粒尿素项目前期工作进展顺利；太行民爆、粮油食品、竞成食品也积极研判市场形势，上马了一批企业重点项目。

3.依托自主创新，加快科学发展。面对市场萎缩、资金紧张等严峻形势，市属骨干企业把强化管理、苦练内功、降低成本、技术创新作为应对危机的重要措施。“山西纺织行业丝麻技术中心”在梅花丝麻集团挂牌成立。兰花集团、天泽煤化工集团全面推行管理技术创新，绿洲纺织采用高新技术改造提升传统产业，新完成的《抗菌纤维材料功能化过程的界面物理与化学研究》获国家技术发明二等奖，是全省纺织行业所获唯一奖项。

（二）稳步实施国企改革，国有经济结构进一步优化

1.市属重点企业改革成效显著。纳入改革重点的市属国有企业中，市凤凰织品、民爆器材、钻石水泥、晋东南印刷厂4户企业改制基本完成，新企业运转正常；11户涉及关闭破产特困企业，市阳丝、端丝，丝绸试验厂、丝绸进出口公司沁水分公司破产已经终结。市农机公司的破产资产已经处置，职工安置基本结束。晋钢破产扫尾工作稳步推进，原晋钢医院已移交城区政府管理，262名工伤人员已妥善安置，首批220.7亩土地及地面资产拍挂处置，获得资产处置收益6亿多元。市盛唐丝纺职工安置基本结束，资产处置正在进行。累计安置职工总数达10239人。全力推进第二批市属企业自办学校分离移交工作，经过和有关县区反复谈判协商，双方已基本达成意向。

2.新启动3户市属企业改革工作进展平稳。在做好以上企业改制破产工作的同时，上年又适时启动了市粮油食品工业公司、森鹅服装公司改制和凤源食品公司破产工作。目前，森鹅服装公司改制方案已经市政府第65次常务会议批准实施，春节前已依法完成国有产权转让。市凤源食品公司破产预案已经市国企改革办审核并批复企业。市粮油食品工业公司改制预案正在修改完善。

各县（市、区）国企改革也取得一定进展。

此外，配合有关部门解决了晋煤集团39名退休教职工移交地方管理后工资无法落实的问题。会同财政部门对已回购的165户市属国有企业金融资产包分类进行处置，其中市直资产包已移交市国鑫资产经营公司进行处置。

（三）不断创新监管方式，国资监管体系逐步完善

1. 国资监管制度更加完备。出台了《关于直接监管企业执行“三重一大”决策制度有关规定的通知》、《国有及国有控股企业监事会监督管理暂行办法》等一系列制度规定，为国资监管工作实现科学规范化运作奠定了扎实基础。

2. 国资监管基础性工作继续加强。积极搭建国有资产运营平台，以太行民爆、竞成食品为试点有序开展了国有资产授权经营工作。对部分企业领导人员进行了任期经济责任审计，对中介机构进行了专项整治。继续完善清产核资后续工作，巩固清产核资工作成果。积极配合中纪委督查组一行，按照有关要求对监管企业“小金库”专项治理进行抽查，认真开展了对监管企业“小金库”的专项治理工作。

3. 业绩考核和薪酬管理工作渐趋规范。以经营业绩考核为抓手，建立健全了国有资产保值增值责任体系。与天泽煤化工集团、兰花集团、市城建开发总公司、绿洲纺织、市医药药材、市竞成食品6户企业签订了《2010年度经营业绩责任书》，并完成了上述6户企业上年度经营业绩责任考核工作。拟制了国有企业领导人员薪酬管理讨论稿。根据省人社厅等六部门的安排，对市直企业工资支付情况进行了专项检查，完成了市属国有企业军转干生活补贴的审定上报。

4. 产权管理与产权交易工作扎实推进。认真开展企业国有产权登记年检：共年检企业144户，其中市属企业78户，阳城县22户，泽州县40户，城区2户，开发区2户。办理企业产权登记29户，其中占有登记3户，产权变更登记25户，产权注销登记1户。完成太行无烟煤集团资本减持工作，变更为国有独资公司。完成了山西兴高能源股份有限公司国有股权转让确认工作。

5. 认真做好全市国有煤炭企业兼并重组整合中清产核资资产评估工作。积极推动国有煤炭企业资源整合和兼并重组，出台了《关于认真做好煤矿企业兼并重组整合中清产核资资产评估工作的意见》（晋市国资产权字〔2009〕68号），严格规范了市属煤炭企业兼并重组整合中有关资产评估的核准和备案程序，加强了对各县（市、区）此项工作的监督指导。对兰花科创在朔州拟收购两处煤炭资源资产评估进行了备案，对山西蓝盟科技开发有限公司出资45%实物资产评估予以了核准。

（四）国有企业党的建设和党风廉政建设进一步加强

1. 企业党的建设呈现新局面。党员管理日趋规范，健全完善了党员信息库。重点开展了创建学习型党组织活动和创先争优活动，从企业一线培树了一批先进典型在全系统进行宣传表彰。大力开展了学习弘扬“绿洲精神”活动，“绿洲精神”得到中央、省市高度关注，《半月谈》、《中国经济日报》、《中国青年报》、《山西日报》等多家媒体先后予以宣传。加强党务干部培训，先后组织23户企业102名党务工作者，分两批在苏州农村干部学院进行培训。大力发展党员队伍，全年培训入党积极分子163名。扎实推进所属企业党组织换届，分两批对确定的20户企业进行了党组织换届工作。

2. 企业领导班子建设稳步推进。全面开

展了市属国有企业“四好”领导班子创建活动。继续做好企业领导干部选拔管理，调整充实了绿洲纺织的领导班子，班子平均年龄由原来的53岁下降到49岁，年龄知识结构均得到优化。面对原晋钢安全稳定工作日趋严峻的需要，对晋钢党委班子进行了调整。对国鑫公司领导班子进行了考察调整，充实了两名班子副职。狠抓企业领导干部考核，上半年配合市委组织部对部分市属国有企业领导班子进行了全面考核评价，对县处级企业后备干部进行了推荐。

3.企业党风廉政建设和反腐倡廉工作不断走向深入。进一步推动了国资委系统的党风廉政建设。一是加强领导，认真落实党风廉政建设责任制。注重发挥领导带头示范作用，完善各项制度，加强督促检查，突出责任分解、责任考核和责任追究三个环节，狠抓责任落实到位。二是突出重点，认真贯彻落实《廉洁从业若干规定》和《廉政准则》。组织企业纪检监察机构开展了对企业执行民主集中制、“三重一大”的开展执行情况和中央扩大内需、促进经济政策措施执行情况等四项内容的监督检查工作。三是认真开展了煤炭领域反腐败和工程建设领域专项斗争。四是惩防体系制度建设稳步推进，编制完成了《市国资委惩防体系基础制度汇编》一书，全书收录各类规章制度53个。五是认真排查，廉政风险预警防控工作成效明显，全委排查高风险点13个，中级20个，低级39个。六是注重结合，“五严守、五禁止”活动措施落实到位。七是加强整顿，机关作风建设和政风行风评议工作持续增强。八是提高管理，效能监察得到进一步强化。九是推进公开，职工合法权益得到保障。2010年所属煤运公司荣获“全国厂务公开先进单位”，是晋城市唯一获此殊荣的单位。

（五）牢固树立责任意识，圆满完成保稳定、保民生的任务

1.全力以赴抓好信访稳定工作。认真做好来信来访接待工作，共接待群众来信来访226批1227人次，集体上访群众201批。努力做好市委市政府、市信访局交办案件办理工作，办结率达93%以上。注重化解矛盾纠纷，通过疏理排查的矛盾纠纷107件，已化解104件，化解率达97%。以“化解信访积案、服务平安世博”为主题，开展了“信访工作五个一”活动。

2.继续落实保民生任务。把维护职工合法权益作为各项工作的落脚点，一批困难企业的重点民生问题逐步得到重视和解决：会同市劳动保障、财政部门完成了市属12户特困企业认定。对市属19户特困企业特困职工实施了救济。2010和2011年元旦、春节期间慰问困难职工、困难党员近7000人次，发放慰问金及物资近700万元。

2010年市国资委先后被评为“全省厂务公开民主管理考核一等奖”、“全省企业国有资产产权登记工作先进单位”、“全市政府系统信息工作先进单位”、“市级文明和谐单位”等荣誉称号。

二、晋城市国有资产总量与结构分析

（一）基本情况

由于煤运系统隶属关系改变，为保持同比口径一致，以下数据比较都不包含煤运系统数据。

1.汇编户数情况。截至2010年底，纳入全市国有企业国有资产统计报表编制范围的企业共有378户，所属独立核算单位431户。其中：市级国有企业106户（其中独立核算单位159户），县级国有企业272户。在市属国有企业中市国资委直接监管有20户（其中独立核算单位68户），委托监管的企业有86户（其中：企业化管理的事业单位有11户）。

2.资产结构情况。截至2010年底，晋城市资产结构情况如下：资产总额：全市国有企业资产总额达到4514007.76万元，比上年同期3703987.45万元增加了810020.31万元，同比增长21.87%。其中：市级资产总额2901947.74万元，占总额的64.29%，比上年同期2435477.60万元增加了466470.14万元，同比增长19.15%；县级资产总额1612060.02万元，占总额的35.71%，比上年同期1268509.86万元增加了343550.16万元，同比增长27.08%。

晋城市国资委直接监管企业资产总额达到2415268.86万元，比上年同期2041642.02万元增加了373626.84万元，同比增长18.30%。其中：流动资产1028046.44万元，固定资产合计1112076.04万元（其中固定资产净值763018.91万元），长期投资152882.06万元，无形及其他资产122264.32万元。

国有资产总量情况：截至2010年底，全市国有企业国有资产总量达到1068588.31万元，比上年的859770.36万元增加了208817.95万元，同比增长24.29%。其中：市级国有资产总量643373.67万元，占总量的60.21%；县级国有资产总量425214.64万元，占总量的39.79%。晋城市国资委直接监管的企业国有资产总量为513697.57万元，比上年的401468.49万元增加了112229.08万元，同比增长27.95%。

负债总额：全市国有企业负债总额2584563.76万元，比上年同期2100565.76万元增加了483998.00万元，同比增长23.04%，其中：流动负债1817249.38万元（短期借款664131.04万元）；非流动负债767314.38万元（长期借款537015.06万元）。

晋城市国资委直接监管的企业负债总额1326978.16万元，比上年同期的1121845.94万元增加了205132.22万元，同比增长18.29%，其中：流动负债1013005.30万元（短期借款444282.57万元）；非流动负债313972.86万元（长期借款284960.45万元）。

所有者权益：全市国有企业所有者权益总额1929444.00万元，比上年同期的1603421.69万元增加了326022.31万元，同比增长20.33%，其中实收资本437187.71万元，资本公积259684.33万元；盈余公积149801.34万元，未分配利润588138.32万元。

晋城市国资委直接监管的企业所有者权益总额1088290.70万元，比上年同期的919796.08万元增加了168494.62万元，同比增长18.32%，其中实收资本160255.67万元，资本公积136316.69万元，盈余公积28146.73万元，未分配利润299887.55万元。

3.职工基本情况。截至2010年底，全市国有企业年末从业人数为66745人，年末职工人数70122人（其中在岗人员60581人），离退休人员8544人。其中：晋城市国资委直接监管企业年末从业人数为30523人，年末职工人数31647人（其中在岗人员28452

全市国有及国有控股企业资产总额前十名排序

单位：万元

企业名称	资产总额	排序
山西兰花煤炭实业集团有限公司	1840489.32	1
沁和能源集团有限公司	660788.32	2
山西天泽煤化工集团股份公司	355091.10	3
晋城市城市经济发展投资有限公司	173228.27	4
阳城县竹林山煤炭有限责任公司	98916.31	5
晋城市经贸资产经营有限责任公司	87361.80	6
山西省高平市新庄煤矿	87006.47	7
山西阳城阳泰集团晶鑫煤业股份有限公司	79341.68	8
高平市赵庄煤矿	68251.28	9
山西泽州天泰锦辰煤业有限公司	64585.43	10
合计	3515059.98	

人），离退休人员3994人。

2010年底，全市国有企业年末在岗职工平均工资为35442.42元，较上年的26750.22元增加了8692.20元。晋城市国资委直接监管企业年末在岗平均工资为37220.75元，较上年的31114.14元增加了6106.61元。

4.社会统筹情况。截至2010年底，全市国有企业参加基本养老保险人数62493人，占年末职工人数89.12%；参加基本医疗保险人数57451人，占年末职工人数81.93%；参加工伤保险人数56348人，占年末职工人数80.36%；参加失业保险人数50682人，占年末职工人数72.28%。晋城市国资委直接监管企业参加养老保险人数29136人，占监管企业年末职工人数92.07%；参加基本医疗保险人数29029人，占监管企业年末职工人数91.73%；参加工伤保险人数28127人，占监管企业年末职工人数88.88%；参加失业保险人数26241人，占监管企业年末职工人数82.92%。

（二）主要经济指标分析

主营业务收入：全市国有企业主营业务收入1759943.59万元，比上年的1342823.61万元增加了417119.98万元，同比增长31.06%。其中：市级国有企业主营业务收入1042381.02万元，占全市国有企业的59.23%。县级主营业务收入717562.56万元，占全市国有企业的40.77%。

晋城市国资委直接监管企业主营业务收入970128.72万元，占全市国有企业的55.12%。其中同比增长较大的为：山西兰花煤炭实业集团有限公司主营业务收入718463.16万元，较上年595459.79万元增长123003.37万元，同比增长20.66%。

利润总额：全市国有企业实现利润512120.93万元，较上年的299038.60万元增加了213082.33万元，同比增长71.26%。其中：市级国有企业实现利润221838.31万元，占全市国有企业的43.32%。县级290282.61万元，占全市国有企业的56.68%。晋城市国资委直接监管企业实现利润225139.16万元，占全市国有企业的43.96%。

上缴税金：全市国有企业上缴税金329874.19万元，其中市级国有企业上缴167307.34万元，占全市国有企业的50.72%。晋城市国资委直接监管企业上缴税金163157.84万元，占全市国有企业的49.46%。其中：兰花集团完成154949.97万元，天泽完成5551.00万元，两家重点企业上缴利税占监管企业上缴税金的98.37%。

工业总产值：全市国有企业工业总产值实现1927826.99万元，同比增加65.77%。其中：市级1150986.98万元，县级776840.01万元，在市级国有企业中市国资委直接监管企业的工业总产值实现1124205.40万元，占全市国有企业总产值的58.31%。

工业增加值：全市国有企业工业增加值实现1085012.88万元，同比增加了48.63%。其中：市级549131.93万元，县级535880.95万元，在市级国有企业中市国资委直接监管企业的工业增加值实现542910.24万元，占全市国有企业工业增加值的50.04%。

国有资本保值增值率：全市国有企业国有资本保值增值率为113.87%。其中：市级103.15%，县级133.88%，在市级国有企业中市国资委直接监管企业的国有资本保值增值率为102.64%。

国有及国有控股企业利润总额（5000万元以上）排序表

单位：万元

企业名称	利润总额	名　次
山西兰花煤炭实业集团有限公司合并	218280.40	1
沁和能源集团有限公司	126313.31	2
山西省高平市新庄煤矿	33338.19	3
阳城县竹林山煤炭有限责任公司	28552.11	4
山西高平申家庄矿业有限公司	26071.31	5
高平市赵庄煤矿	18890.12	6
山西泽州天泰岳南煤业有限公司	14703.64	7
山西阳城阳泰集团晶鑫煤业股份有限公司	12492.42	8
陵川县关岭山煤矿	11932.88	9
阳城县地方国营义城煤矿	10853.83	10
山西泽州天泰锦辰煤业有限公司	9520.36	11
山西阳城西冯街煤业有限责任公司	8449.33	12
山西天泽煤化工集团股份公司	5174.27	13
合　　计	524572.17	

资产负债率：全市国有企业资产负债率为57.26%。其中：市级58.11%，县级55.72%，在市级国有企业中市国资委直接监管企业的资产负债率为54.94%。

总资产报酬率：全市国有企业的总资产报酬率为13.47%。其中：市级9.56%，县级20.75%。在市级国有企业中市国资委直接监管企业的总资产报酬率为11.56%。

净资产收益率（不含少数股东权益）：全市国有企业的净资产收益率为23.83%。其中：市级12.57%，县级36.85%，在市级国有企业中市国资委直接监管企业的净资产收益率为15.76%。

晋城煤运系统资产总额1317532.61万元，同比增长21.48%，负债总额862499.74万元，同比增长35.54%，所有者权益455032.87万元，同比增长1.53%。国有资本总量达到465137.86万元，主营业务收入1401483.47万元，实现利润70928.79万元，上缴税金109212.59万元。

国有及国有控股企业国有资本保值增值率与上年对比表

单 位	国有资本保值增值率（%）	
	上 年	本 年
全市国有企业	116.71	113.87
市级	115.96	103.15
其中：直接监管企业	120.49	102.64
各县（市、区）	118.21	133.88
其中：城　区	131.76	135.88
阳城县	108.40	157.94
泽州县	115.13	119.53
沁水县	120.92	113.80
陵川县	219.41	132.86
高平市	122.01	136.20

（三）经济运行情况分析

从晋城市的国有企业经济运行情况来看，2010年晋城市国有企业整体经济运行保持平稳发展状态。

1.工业生产快速发展，经济效益稳步提高。从晋城市国有企业经济运行情况来看，2010年市国有企业经济效益大幅提升，销售收入、实现利润同比增长均有所提高。以建设新型能源和煤化工工业基地为目标，以独特的资源优势，加大经济结构调整的力度，一大批技改项目达产达效。

2.增加国有资本存量，确保国有资本保值增值。随着国企改革、股权投入多元化的推动和深入，国有资本的存量资产得到了明显改善，增量资产主要集中在重要领域和重要行业，国有资本结构得到了进一步的优化，有影响的企业经济实力明显增强。

3.加强内部管理，创新管理理念。企业在确保经济快速增长的同时，加强企业内部管理，不断创新经营管理理念，加强内控成本管理，降低能源消耗，以最小的投资产出最大的效益，实现了销售和利润的同步高速增长，企业经济实力得到大幅提升。重点通过创新管理体制机制，进一步引深全面预算管理、内部市场化管理、信息化管理三大管理，加强对管理环节上的规范化、精细化、现代化改造，企业素质显著增强。自身管理方式方法、制度、流程更趋合理高效，实现了内部资金流、物流、信息流等整个流程的再造，进一步提高了资源配置效率和效益。

三、晋城市国资委领导班子成员名录

闫培烈　党委书记、主任
张余庆　党委常务副书记（正处）
李廷祥　党委副书记
毕前胜　党委委员、纪检委书记
徐跃山　党委委员、副主任
司秀春　党委委员、副主任
刘建光　党委委员、副主任
刘云芳　党委委员、总经济师
田有富　党委委员、副调研员
任晋君　党委委员、副调研员

长治市

一、长治市国有资产监督管理工作综述

2010年，长治市国资委在市委、市政府的正确领导和省国资委的监督指导下，全面落实科学发展观，认真贯彻中央、省、市关于深化国有资产管理体制改革、推进国有企业改革发展的一系列决策部署，紧紧围绕全市国有资产监管和国有企业改革发展的各项目标，依法依规履行国有资产监督管理职能，较好地完成了各项工作任务。

（一）国企改革稳妥推进

2010年，长治市国资委进一步加快国有企业改制步伐，国有企业改革工作稳妥推进。一是长治轴承（集团）有限公司政策性破产工作进展顺利。企业职工安置工作已完成，职工社保接续、进入失业保障等有关手续已办理；企业办医院、技校、幼儿园等社会职能整体移交工作有序推进；企业家属区等非经营资产已整体移交长治市国谐置业有限公司管理；企业机器设备等部分破产财产重组工作，完成了资产评估、发布公告、征集战略合作方、实地考察等有关程序，已和合作方签订合作协议，完成了新公司注册的前期工作。二是通过国有股权转让、资产重组、关闭清算等形式，稳妥推进长治潞苑建材有限公司、长治市煤化机械厂等25户企业的改制工作。山西潞华(集团)公司一厂、长治市木材总公司职工安置工作已完成，企业家属区剥离改造、机器设备资产处置等工作有序推进；长治市潞苑建材有限公司、长治市陶瓷厂、长治市交通燃料公司、长治市纸面石膏板厂、长治市煤化机械厂等企业清产核资、资产评估、改制成本测算等工作已完成，拟进行产权转让或资产处置，其他企业改制工作在有序推进中。

（二）国资监管规范有序

2010年，长治市国资委围绕国有资产保值增值责任，积极推进监管基础工作，国资监管体系不断完善。一是对拟改制企业严格进行了清产核资、资产评估、土地评估（土地测绘）、专项财务审计等项工作，为企业改制的决策提供了可靠的依据，有效避免了国有资产的流失。二是积极推进产权交易市场建设，全面推行企业国有资产进场交易制度，重点将国有资产进场交易工作推

向县区。2010年，长治市产权交易市场累计完成资产交易17宗，交易金额达41810万元，确保了国有资产处置收益最大化。三是加强国有产权管理，严格产权登记表证有关材料的报审工作，2010年长治市共办理新增产权登记企业5户，变动登记企业13户，注销登记企业9户，并圆满完成了全市2009年度企业国有产权年检及产权登记汇总工作，被省国资委表彰为“2009年全省产权年检工作先进单位”。四是认真开展监管企业统计评价，健全监管企业财务统计制度。完成了2009年度财务决算审核和汇总，进一步完善了长治市国资委企业年度财务决算报告体系，全面推行和落实监管企业财务快报制度，对企业资产、财务和经营情况进行动态监测，进一步提高了监管企业的经营管理水平。五是扎实开展“小金库”专项治理工作。按照中央、省、市治理“小金库”工作安排，长治市国资委对监管的12户正常经营的国有及国有控股企业开展了“小金库”专项治理工作，已完成了自查自纠、重点检查阶段。

（三）维稳工作成效明显

2010年，长治市国资委认真履行指导国有企业改革发展职能，切实维护职工合法权益，确保企业与社会稳定。一是高度重视信访工作，2010年长治市国资委系统共接信访人员120余名，63批次，有效处理信访事件并结案62起，及时化解了10起突发的矛盾纠纷，有力地维护了全市国资系统的稳定。二是深入国资系统25个企业进行安全生产工作的专项检查工作，排查隐患3起，并加以认真解决；答复市委书记市长公开电话来电卡141件，答复率100%。三是分门别类做好维护稳定工作。认真做好改制企业职工的稳定工作，妥善解决改制工作中的遗留问题。如企业拖欠职工的费用、社会保险的落实等具体问题，都依据有关政策规定，积极主动与劳动保障等相关部门协调，尽量予以解决，保证改制企业职工的合法权益。2010年协助劳动、财政等部门完成了49户困难企业加入医保的确认工作，解决了11000多名困难职工医疗保险的问题。四是严格落实省、市委的老干部政策，国庆前对全系统198名老干部进行健康体检。元旦、春节、七一、重阳节等节日安排企业党组织有关人员上门慰问看望老干部200多人次，送去了党和政府的关心和温暖。

（四）国企党建和谐推进

2010年长治市国资委围绕国资监管中心工作，服务企业改革发展稳定大局，进一步抓好国有企业党建工作。一是创先争优活动扎实开展。根据省、市委的安排，长治市国资委严格按照程序，精心组织了49个基层单位、220个企业党组织、4552名党员参加活动，引导基层党组织和广大党员进一步明确争创目标、细化争创计划，做出发展经济、维护稳定和服务群众的“双向承诺”，并取得了良好的效果。二是进一步加强基层党组织建设。完成了8家基层党组织的换届选举，选举产生新领导班子成员35人；及时调整了基层党组织设置，组建成立了长治市国和有限公司党委，将11个基层党组织划归国和党委管理；批准长治市防爆电器有限公司党总支升格为党委，并选举产生了新一届党委领导班子成员；举办了长治市国资委系统第五期入党积极分子培训班，培训学员120人，转正36人，发展党员83人，为基层组织增添新鲜血液。三是抓好党风廉政建设。深入开展廉政文化进企业、进家庭活动，抓好企业效能监察工作，继续开展煤焦领域反腐败专项治理工作，进一步建立健全国企党风廉政建设和反腐败斗争工作机制，确保实现“国有资产不流失、领导人员不失足、群众利益不受损”的目标。

（五）国资监管水平加强

2010年长治市国资委牢固树立服务意识，坚持一切工作围绕监管企业开展，主动、热情为企业服务。一是强化学习教育，进一步加强政治理论、业务知识和相关法律法规的学习和培训，创造良好的学习氛围，坚持每周四上午组织机关干部群众集中学习，成为机关人员的自觉行为，努力建设学习型机关。二是转变工作作风，牢固树立出资人意识，准确把握职能定位，坚持做到“不缺位、不错位、不越位”，在创新服务上多做文章，增强服务和廉洁意识，切实将“管人、管事、管资产”的各项职责落到实处。三是健全和完善各项规章制度，严格执行“服务承诺制”、“首问责任制”、“岗位责任制”，促进机关作风进一步好转，进一步提高工作效率。

二、长治市国有资产结构分析

根据长治市2010年国有企业资产产权登记情况，全市共办理企业国有资产产权登记企业539户（其中：市级企业190户，县级企业294户，注销企业55户），较上年488户减少4户（新登记5户，注销9户），办理变动登记13户(其中:监管企业1户,非监管企业12户)。全市占有登记484户企业中一级企业460户，二级企业24户；国家资本180925（其中：市级企业119071万元，县级企业61853万元）万元。

（一）市、县、区国家资本分布

从表1可看出，长治市市级企业190户，县级企业294户，分别占企业总户数的39.26%和60.74%；市级企业占有、使用国家资本119071万元，县级企业占有、使用国家资本61853万元，分别占国家资本总额的76.64%和23.36%。

（二）国家资本组织形式分类

从表2可以看出,长治市国有企业占有、使用国家资本122238万元,占国家资本总额的67.56%,占企业户数的87.81%；有限责任公司占有、使用国家资本56301万元,占国家资本总额的31.12%,占企业户数的11.16%；股份有限公司占有、使用国家资本2302万元,占国家资本总额的1.27%,占企业户数的0.83%；联营企业1户，使用国家资本84万元。

（三）国民经济产业结构分类

从表3可以看出，长治市一级企业460户，国家资本180925万元，主要分布在第二产业，占全市国家资本总额的52.43%（其中:工业企业占第二产业国家资本总额的93.07%,占全市国家资本总额的47.44%）；

全市占有、使用国家资本的企业主要分布在第三产业，占全市总户数的64.46%，国家资本总额占46.39%，其中：批发零售业和仓储业分别占到第三产业户数的55.13%、22.12%，占全市总户数的35.54%、14.26%。

三、长治市国有资产运营状况分析

2010年长治市共汇总国有企业报表271户，比2009年276户减少5户，比2008年338户减少68户。本年度新增报表15户，其中：新增企业3户，新设合并1户，上年应报未报8户，其他4户；本年度减少户数20户，其中：改制15户，隶属关系改变2户，歇业1户，改名2户；2010年企业户数减少的主要原因为粮食企业改制和一些县煤运公司隶属关系改变。

按企业规模划分：大型企业3户，占总户数的1.1%；中型企业15户，占总户数的5.54%；小型企业253户，占总户数的93.36%。按企业级次划分：市级企业90户，占企业总数的31.21%；县级企业181户，占企业总数的68.79%。按组织形式划分：国有企业211户，占总户数的77.86%；公司制企业40户，占总户数的14.76%；其他类型企业20户，占总户数的7.38%。按盈利或亏损划分：盈利企业151户，占总户数的55.72%；亏损企业120户，占总户数的44.28%。按行业划分：农林牧渔业11户，占总户数的4.07%；工业企业72户，占总户数的26.58%；建筑业7户，占总户数的2.59%；交通运输业6户，占总户数的2.22%；仓储业44户，占总户数的16.44%；贸易业83户，占总户数的30.63%，餐饮住宿业8户，

表1　市、县、区国家资本分布情况

单位：万元

市县区	户数	%	排名	国家资本	%	排名
合　计	484	100%		180925	100	
市级企业	190	39.26%	1	119071	76.64	1
襄垣县	35	7.23%	2	10186	4.42	3
长治县	25	5.17%	3	8888	2.10	5
武乡县	36	7.44%	4	5672	1.82	6
郊　区	21	4.34%	5	1892	0.87	11
屯留县	25	5.17%	7	3620	1.58	7
长子县	37	7.64%	6	14171	5.16	2
沁源县	20	4.13%	8	2409	1.05	9
壶关县	23	4.75%	9	6451	2.82	4
沁　县	24	4.96%	10	2135	0.93	10
潞城市	18	3.72%	11	1958	0.86	12
黎城县	14	2.89%	12	1473	0.65	13
平顺县	16	3.31%	13	2998	1.09	8

表2　国家资本组织形式分类情况

单位：万元

项　目	户数	%	国家资本	%
合　计	484	100%	180925	100%
国有企业	425	87.81%	122238	67.56%
有限责任公司	54	11.16%	56301	31.12%
股份有限公司	4	0.83%	2302	1.27%
其他企业	1	0.21%	84	0.05%

表3　国家资本按产业分类情况

单位：万元

行　业	户数	%	国家资本	%
第一产业	18	100%	2144	100%
1、农业	6	33.3%	797	37.18%
2、林业	1	5.55%	37	1.73%
3、畜牧业	1	5.55%	49	2.26%
4、水利管理业	10	55.6%	1261	58.83%
第二产业	130	100%	94852	100%
1、工业	121	93.07%	85837	90.5%

续表3

行　业	户数	%	国家资本	%
2、建筑业	9	6.93%	9015	9.5%
第三产业	312	100%	83929	100%
1、水利服务业	3	0.96%	1301	1.55%
2、交通运输业	13	4.17%	12932	15.41%
3、仓储业	69	22.12%	4798	5.72%
4、教育文化广播业	11	3.53%	1718	2.05%
5、批发零售和餐饮业	172	55.13%	33495	39.91%
6、房地产业	7	2.24%	3798	4.53%
7、社会服务业	31	9.94%	25004	29.79%
8、其他	6	1.92%	883	1.05%

占总户数的2.95%；房地产业8户，占总户数的2.95%；社会服务业16户，占总户数的5.91%；教育文化广播业8户，占总户数的2.96%；其他行业8户，占总户数的2.95%。

通过以上可以看出，小型企业占总户数的93.36%。非公司制国有企业占到总户数的77.86%，盈利企业占总户数的55.72%，汇总结果显示长治市国有企业以中小企业为主，大量分布在县级企业的粮食仓储、贸易行业中，这些企业大多亏损，2010年度比上年亏损企业减少，由于粮食企业多数已改制，减少了亏损户数。小型企业比重较大，且盈利能力弱，盈利企业主要还是集中在煤炭行业和公司制企业中。

(一)企业资产质量稳步增长

2010年度长治市国有及国有控股企业汇总资产总额为1157927万元，比上年同期897325万元增加260602万元，增幅为29.04%。

表4　国有企业户数情况

单位：户

县 区	户　数		
	2010年	2009年	增减%
市级企业	90	88	2.3%
其中：市级监管企业	25	24	4.2%
市级非监管企业	65	64	1.6%
长治县	27	20	35.0%
长子县	5	5	
壶关县	18	18	
郊　区	5	5	
潞城市	16	16	
平顺县	11	13	-15.4%
沁　县	8	11	-27.3%
沁源县	18	18	
黎城县	12	12	
襄垣县	33	33	
屯留县	1	1	
武乡县	27	36	-25.0%
全市合计	271	276	-1.8%

按企业规模划分：大型企业汇总资产总额301491万元，占全市资产总额的26.04%；中型企业汇总资产总额420326万元，占企业资产总额的36.3%；小型企业汇总资产总额436110万元，占企业资产总额的37.66%。

按组织形式划分：国有独资企业汇总资产总额78871万元，占全市资产总额的6.81%；非公司制独资企业汇总资产总额654461万元，占全市资产总额的56.52%，有限责任公司汇总资产总额289024万元，占全市资产总额的24.96%；股份制企业汇总资产总额113205万元，占全市资产总额的9.77%，其他企业汇总资产总额为22367万元，占全市资产总额的1.93%。

按企业隶属关系划分：市级企业汇总资产总额495207万元，占全市资产总额的42.77%；县级企业汇总资产总额662720万元，占全市资产总额的57.23%。

按行业划分：农林牧渔业汇总资产总额4483万元，占全市资产总额的0.39%；工业企业汇总资产总额800836万元，占全市资产总额的69.16%；建筑业汇总资产总额54052万元，占全市资产总额的4.67%；交通运输业汇总资产总额32236万元，占全市资产总额的2.78%；仓储业汇总资产总额65896万元，占全市资产总额的5.69%；贸易业汇总资产总额55186万元，占全市资产总额的4.77%，餐饮住宿业汇总资产总额5161万元，占全市资产总额的0.45%；房地产业汇总资产总额32238万元，占全市资产总额的2.78%；社会服务业汇总资产总额85323万元，占全市资产总额的7.36%；教育文化广播业汇总资产总额15726万元，占全市资产总额的1.36%；其他行业汇总资产总额6788万元，占全市资产总额的0.58%。

在工业企业800836万元资产中，按各行业所占资产与工业企业总资产比重排序为：煤炭工业资产总额510408万元，占工业企业资产总额的63.73%，占全市资产总额的44%；食品工业16648万元，占工业企业资产总额的2.08%，占全市资产总额的1.07%；医药业资产总额81105万元，占工业企业资产总额的10.13%，占全市资产总额的6.99%；化学工业14210万元，占工业企业资产总额的1.77%，占全市资产总额的1.23%；电力工业10085万元，占工业企业资产总额的1.26%，占全市资产总额的0.87%，市政公共业资产总额81043万元，占工业企业资产总额的10.12%，占全市资产总额的6.98%。

表5　　各县区资产分布情况

单位：万元

县区名称	户数	资产总额	负债总额	所有者权益总额	国有资产总额
市级企业	90	495207	355179	140028	130972
长治县	27	127150	80266	46884	42653
长子县	5	6048	3765	2282	2282
壶关县	18	12032	9582	2450	2450
郊　区	5	6066	5966	100	100
潞城市	16	8754	7152	1602	1602
平顺县	11	15256	9180	6076	6076
沁　县	8	5145	4690	454	462
沁源县	18	8271	7358	913	453
黎城县	12	4622	2984	1638	1123
襄垣县	33	365994	174669	191326	191326
屯留县	1	375	431	-56	-56
武乡县	27	103008	66051	36957	36958
合计	271	1157927	727273	430654	416401

通过以上可以看出，长治市国有及国有控股企业在资产分布上，主要集中在煤炭行业、医药行业，市政公共业（电力、供水、燃气等），小型企业、贸易业、餐饮业在不断减少，资产分布主要还是集中在资源型企业，以煤炭型企业所占比例最大，其他行业数量多、资产少。

（二）企业负债率呈下降趋势

长治市国有及国有控股企业2010年度负债总额为727273万元，比上年同期594436万元增加132837万元，增幅为22.35%，汇总企业资产负债率为62.81%，比上年降低0.38

个百分点；流动比率为 1.15，比上年增加0.01个百分点；速动比率为0.96，比上年降低了0.03个百分点。

负债总额按企业规模划分：大型企业负债总额152963万元，占全市负债总额的21.03%；中型企业负债总额269804万元，占全市负债总额的37.1%；小型企业负债总额304506万元，占全市负债总额的41.87%。

按组织形式划分：国有独资企业负债总额23805万元，占全市负债总额的3.27%；非公司制独资企业负债总额457483万元，占全市负债总额的62.9%，有限责任公司负债总额147971万元，占全市负债总额的20.35%；股份制企业负债总额84694万元，占全市负债总额的11.64%；企业化管理事业单位负债总额13320万元，占全市负债总额的1.83%。

按企业隶属关系划分：市级企业负债总额355179万元，占全市负债总额的48.84%，资产负债率71.72%；县级企业负债总额372094万元，占全市负债总额的51.16%，资产负债率56.15%。

按行业划分：农林牧渔业负债总额4077万元，占全市负债总额的0.56%，资产负债率为90.94%；工业企业负债总额464034万元，占全市负债总额的63.8%，资产负债率为57.94%；建筑业负债总额44678万元，占全市负债总额的6.14%，资产负债率为82.66%；交通运输业负债总额18954万元，占全市负债总额的2.61%，资产负债率为58.8%；仓储业负债总额63298万元，占全市负债总额的8.7%，资产负债率为96.06%；贸易业负债总额56820万元，占全市负债总额的7.81%，资产负债率为102.96%；餐饮住宿业负债总额3126万元，占全市负债总额的0.43%，资产负债率为60.58%；房地产业负债总额27690万元，占全市负债总额的3.81%，资产负债率为85.89%；社会服务业负债总额27390万元，占全市负债总额的3.77%，资产负债率为32.1%；教育文化广播业负债总额15378万元，占全市负债总额的2.12%，资产负债率为97.79%；其他行业负债总额1828万元，占全市负债总额的0.25%，资产负债率为26.92%。

通过以上可以看出，长治市国有及国有控股企业负债状况有以下特征：一是随着资产的不断增加，企业负债也呈逐年增加趋势，负债增幅小于资产的增幅；二是一些行业资产负债率过高，如仓储业资产负债率将达100%，贸易业已超过100%，整体上已经是资不抵债；三是小型企业负债虽然占总负债比例较低，但企业户数多，多是县级企业，总体偿债能力较差，资金流动不畅。

（三）国有资产与企业资产等幅增长

截至2010年底，长治市汇总企业国有资产总额为416401万元，比上年增长43.88%，其中：国家资本158365万元，比上年增长3.77%，法人资本47594万元，比上年增长310.68%，个人资本4571万元，与上年持平。资本公积79571万元，比上年增加16.59%，盈余公积20828万元，比上年增长74.25%；未分配利润 110167万元，比上年增长115.24%。2010年度全市国有资产保值增值率为113.71%。

按企业规模划分：大型企业国有资产总额为148528万元，占国有资产总额的

35.67%;中型企业国有资产总额为141192万元，占国有资产总额的33.91%；小型企业国有资产总额为126681万元，占国有资产总额的30.42%。

按组织形式划分：国有独资企业国有资产总额为55065万元，占全市资产总额的13.22%；非公司制独资企业国有资产总额为197060万元，占全市资产总额的47.32%，有限责任公司国有资产总额为136365万元，占全市资产总额的32.75%；股份制企业国有资产总额为18864万元，占全市资产总额的4.53%；其他企业国有资产总额为9047万元，占全市资产总额的2.17%。

按企业级次划分：市级企业国有资产总额为145225万元，占全市国有资产总额的33.72%；县级企业国有资产总额为285429万元，占全市国有资产总额的66.28%。

按行业划分：农林牧渔业国有资产总额为406万元，占全市国有资产总额的0.11%；工业企业国有资产总额为326162万元，占全市国有资产总额的80.83%；建筑业国有资产总额为9392万元，占全市国有资产总额的2.32%；交通运输业国有资产总额为9461万元，占全市国有资产总额的2.35%；仓储业国有资产总额为2607万元，占全市国有资产总额的0.65%；贸易业国有资产总额为-1527万元，占全市资产总额的-0.38%，餐饮住宿业国有资产总额为2035万元，占全市资产总额的0.5%；房地产业国有资产总额为4548万元，占全市资产总额的1.13%；社会服务业国有资产总额为44997万元，占全市资产总额的11.16%；教育文化广播业国有资产总额为357万元，占全市资产总额的0.08%；其他行业国有资产总额为4961万元，占全市资产总额的1.24%。

综上分析全市国有企业国有资产稳步增长，特别是煤炭企业的国有资产总额增长速度较快；虽然长治市经济保持健康、稳步、有效发展的良好轨道，国有资产仍集中于大中型企业，在煤炭行业和水、电、气等市政行业仍然居于主要地位。2010年全市国有资本新增投资78612.93万元，主要集中在高新科技产业和煤炭产业，表明长治市国有资本新增投资符合当前全市产业结构调整方向。

（四）国有及国有控股企业销售收入及利润持续增长

2010年度长治市国有及国有控股企业实现销售收入599371万元，比上年增长63.99%，比往年增长速度较快。利润总额162913万元，比上年增长182.22%，利润增长速度较快的原因是由于市属几户煤矿利润增长较快，一些粮食企业改制后核销不良资产，导致汇总报表利润大幅提高。净利润127722万元，比上年增长192.9%。全市总资产报酬率17.39%，比上年上升9.68个百分点，净资产收益率34.82%，比上年上升21.18个百分点，成本费用利润率37.53%，人均利润59716.77元，比上年提升了将近一倍。

按规模分析：大型企业主营业务收入168624万元，占总收入的28.69%，中型企业主营业务收入271107万元，占总收入的46.12%，小型企业主营业务收入148057万元，占总收入的25.19%。大型企业实现利润75922万元，占总利润的46.6%；中型企业实现利润63753万元，占总利润的39.13%；小型企业实现利润23238万元，占总利润的14.26%。

按组织形式划分：国有独资企业主营业

务收入为24071万元，占全市主营业务收入的4.1%;非公司制独资企业主营业务收入为332672万元，占全市主营业务收入的56.6%;有限责任公司主营业务收入为177470万元，占全市主营业务收入的30.19%；股份制企业主营业务收入为43103万元，占全市主营业务收入的7.34%；其他企业主营业务收入为10472万元，占全市主营业务收入的1.78%。国有独资企业实现利润为23246万元，占全市利润总额的14.27%;非公司制独资企业实现利润为73578万元，占全市利润总额的45.16%;有限责任公司实现利润61198万元，占全市利润总额的37.57%；股份制企业实现利润5040万元，占全市利润总额的3.1%；其他企业亏损149万元。

按企业级次分析：市级企业主营业务收入161740万元，占总收入的26.98%，县级企业主营业务收入426048万元，占总收入的73.02%。市级企业实现净利润2480万元，占总利润的2%；县级企业实现净利润125242万元，占总利润的98%。

按行业划分：主营业务收入：农林牧渔业主营业务收入4587万元，占总收入的0.78%，工业企业主营业务收入401646万元，占总收入的68.35%，建筑业主营业务收入25751万元，占总收入的4.38%，交通运输业主营业务收入17670万元，占总收入的3.01%，仓储业主营业务收入57528万元，占总收入的9.79%，贸易业主营业务收入39869万元，占总收入的6.78%，餐饮住宿业主营业务收入453万元，占总收入的0.08%，房地产业主营业务收入2390万元，占总收入的0.41%，社会服务业主营业务收入32813万元，占总收入的5.58%，教育文化广播业主营业务收入3589万元，占总收入的0.61%，其他行业主营业务收入1493万元，占总收入的0.25%。

综合以上分析，2010年长治市国有经济形势较上年有大幅度的好转，增幅较大的主要原因是：煤炭行业收入、利润大幅增加，影响了全市汇总收入和利润的大幅增加，其他大部分行业经营效益不佳，特别是小型企业和仓储、贸易等行业都还处于亏损状态，有的行业亏损额还较大，如全市贸易企业户数多，亏损大。县级企业的利润增长较大，主要是煤炭企业利润增幅较大。

（五）国有及国有控股企业税金平稳增长

2010年长治市国有及国有控股企业应缴税金总额为104799万元，全年实际缴纳税金100598万元。其中：增值税本年应交53815万元，本年已交56907万元；营业税本年应交2389万元，本年已交2513万元，资源税本年应交1863万元，本年已交2029万元；城建税本年应交1018万元，本年已交1047万元；企业所得税本年应交39960万元，本年已交32324万元；其他各税本年应交4076万元，本年已交4034万元。长治市国有企业税金缴纳呈平稳增长趋势，企业拖、欠税现象极少。

综上分析，2010年度长治市国有及国有控股企业总体运营状况良好，各项经济指标呈增长趋势，资产、销售收入和利润大幅增长，但带动增长的还是主要集中在煤炭行业，资产、销售收入和利润分别占全市的44%、53%和81%；医药行业呈逐年上升趋势，资产、销售收入和利润分别占全市的7%、26%、3.4%；其他行业盈利能力较低，其中：商贸服务行业户数多、资产质量较差，多数处在亏损状态，工业企业中的加工制造类企业资产质量和盈利能力一般，呈逐年下滑的趋势。汇总分析表明，长治市国有企业在煤炭行业和水、电、气等市政行业仍然居于主要地位，产业结构仍以能源型企业为主，需要通过产业结构调整，提升一般性竞争领域企业的资产质量、竞争能力和盈利能力，盘活国有存量资产，使国有资本运营效益实现最大化。通过兼并重组、引进战略投资者等资本运营方式，使资本从低效益领域向高效益领域转移、从传统产业向新兴产业转移，使全市国有企业产业结构和国有资本分布更加趋于合理。

四、长治市国资委领导班子成员名录

魏书校	长治市国资委主任
王建军	长治市国资委副主任
李新富	长治市国资委党委副书记
王晓勇	长治市国资委副主任
卫玉玺	长治市国资委总经济师
郭　军	长治市国资委副主任
陈宏彬	长治市国资委副主任

临汾市

一、临汾市国有资产监督管理工作综述

2010年，在省国资委的支持下，临汾市人民政府国有资产监督管理委员会严格按照《中华人民共和国企业国有资产法》等法律法规的规定，进一步转变作风，狠抓工作落实，国企改革、国资监管、党建工作、廉政建设、政风行风评议、直属企业的安全生产及信访稳定等工作都取得了一定进展。

（一）国企改革工作

一是临汾纺织厂、山西橡胶厂、山西电控厂、襄汾纺织厂、临汾造纸厂等五户政策性破产企业分别于5月26日、6月23日、6月26日宣告破产终结。二是职工安置清算工作基本结束。截至破产终结之日，五户企业共安置11719人，安置率达97.19%；清偿人数17757人，清偿率90.19%。三是破产移交工作全面启动。五户企业的生产用地使用权及动产部分已划转或移交市投资建设开发有限公司（山橡除外）；非破产财产、生活区及各类人员大部分移交新组建的托管机构。四是市属企业改制及规范进展顺利。市政设施养护管理处改制前期工作（清产核资、财务审计、资产评估）已经完成，改制方案和职工安置方案已经全体职工大会通过，改制报

告已批复，即将启动改制程序；轻纺供销公司清产核资、资产评估工作已完成；正源油脂公司、原临汾地区粮油运销公司、市饲料厂的规范改制意见正在等待批复或审核。

（二）国资监管工作

一是完成了全市2009年度企业国有资产统计工作。汇编的288户企业中，共有127户企业国有资产保值增值率超过100%，占汇编企业的43.94%；二是依法开展企业国有资产产权登记工作。起草了《企业国有资产产权登记实施细则》，对已办理产权登记的企业进行了全面检查。全年办理企业国有资产产权登记13户，占有国家资本金2018万元；三是按照《市属企业国有资产评估项目核准备案审核办法》的要求，严把制度、程序、审核关，全年办理3个项目核准、2个项目备案；四是完成了改制企业的清产核资工作。共受理4户企业的清产核资审计报告，经审核通过，下达了资金核实批复，共核销损失270.15万元；五是解决了临汾染化集团改制后的遗留问题，帮助企业顺利召开了股东会、董事会、监事会，逐步引导企业步入规范化、制度化的现代企业发展轨道；六是逐步建立规范国资监管制度。起草了《市属企业国有资产处置办法》，进一步明确了审批主体、审批程序和权限；起草了《市属企业国有资产评估办法》，进一步规范了企业国有资产评估行为，严防国有资产流失。

（三）安全生产工作

一是强化组织领导，严格责任落实。年初与直属企业签订了安全生产目标责任书，进一步明确了责任，建立了分级负责、条块结合、快捷、高效的安全管理运行机制。二是完善应急预案，强化应对演练。进一步修改、完善了《安全生产事故应急预案》。同时要求系统内各单位进一步修改、完善《安全生产事故应急预案》，并结合自身实际进行应急演练。2010年度，共组织系统内企业举行了内容不同、形式各异的演练8次。7月，临汾染化集团针对液氯超过30℃不易运输的特点，进行了液氯泄漏的应急演练；侯马纺织厂针对纺织企业易发生火灾的情况，在厂区进行了消防应急救援演练，通过演练进一步提高了职工处置突发火灾事故的能力。三是针对不同时段、不同情况，按时下发各类文件指导直属企业的安全生产。及时下发了《汲取王家岭煤矿事故教训开展安全生产隐患大排查的通知》、《切实做好汛期防汛安全工作 》、《继续开展安全生产年活动的实施方案》等7个文件，促进了安全生产应急工作的有效落实。四是强化培训教育，提高安全意识。通过举办各类培训班、广播、报纸、宣传栏等方式，加大对广大干部职工的安全生产、应急等方面的教育和培训。同时，还通过一些典型事例对企业干部职工进行安全教育。6月初，组织有关企业和人员参加了全市组织的“安全咨询日”活动，印发安全防范资料12000余份；临汾染化集团针对企业实际，聘请专业人员举办了7期安全培训班，覆盖面达100%，有效提高了广大干部、职工的安全意识和操作技能。五是加大安全投入，确保本质安全。临汾染化集团投资110万元对硝化、氯化等危险工艺实施安全连锁自动化改造，提高了生产安全性；投资5000万元对现有锅炉和煤气发生炉进行了煤气综合利用技术改造，实现了供气、供热全部使用煤气作为清洁能源，提高了安全使用性。侯马纺织厂及时清理了前纺车间消防管道，并全部配齐了消防龙头和消防带，保障了消防栓水源畅通和消防设施的完好。六是认真检查，全面整改。通过听企业法人代表汇报、查阅记录、档案、现场检查生产车间、库房等方法对企业认真进行督促检查。全年组织综合和专项安全检查14次，检查出一般安全隐患26条，全部整改完毕，整改率达100%。同时，与质监部门联合在全系统开展了“春雷行动”，严厉打击非法违法生产经营。七是加强安全防范，做好应急值守。建立了专人24小时值班制、领导带班制和生产安全事故专门报告制度，确保信息畅通。

（四）信访稳定工作

一是加强领导，明确责任。年初与各直属单位（企业）签订了信访稳定责任书，进一步落实完善了委领导包企业、企业领导包车间、车间领导包班组、班组长包个人的“四包”工作网络，并明确了5项纪律要求。二是修订完善应急预案。重新修定完善了《信访维稳工作应急预案》。从指导思想、适应范围、工作原则、组织保障、应急处置、善后工作、建立责任追究制定等七个方面进行了细化。三是认真接待，妥善处置。全年共接受群众来信39件，接待来访群众62批1685人，办理信访案件9件。全年没有发生大的集体上访事件。四是精心排查，化解稳控。组织了7次大的排查，排查出各类矛盾问题65个，已解决、化解42个，系统内赴省进京上访大幅减少。

（五）党建工作

一是在全系统开展了“创先争优”活动。在企业开展了“争创四强党组织争做四优共产党员”活动，在机关开展了创建文明和谐单位和创建“五型机关”活动；二是在全系统开展了“爱、树、建”活动。明确了以“五型机关”的创建为载体推动全系统主题活动的开展。系统内各单位结合自身实际开展了丰富多彩的活动，营造了浓厚的氛围，有效推动了各项工作的开展；三是在全系统组织开展了“百日思想大解放活动”；四是举办了入党积极分子培训班。参加培训的36名受训人员全部取得了培训合格证；五是举办了纪念建党89周年系列活动。慰问了老党员和困难党员，聘请市委党校教授讲了一次党课，组织优秀党员和优秀党务工作者赴延安接受了革命传统教育等；六是进一步强化基层组织建设。对71个基层党组织进行了换届，换届率达到83.5%；七是调整充实了基层领导班子。对临汾染化集团、市木材公司等党政班子进行了调整充实。

（六）廉政建设工作

一是建立健全了党风廉政建设责任制，与各直属单位（企业）签订了责任书，进一步明确了廉政责任，并于5月、9月分两次对责任制落实情况进行了督查；二是重点推进了《廉政准则》和《国有企业领导人员廉洁从业若干规定》和国有企业“三重一大”决策制度的贯彻落实，并分别于5、9月进行了检查。在机关内部开展了贯彻落实《廉政准则》为主要内容的学习教育活动，聘请市委党校老师举办了专题讲座，进一步提高了大家贯彻落实准则的自觉性；三是分别于3月15日至4月15日、11月11日至12月30日在委机关全体党员干部中集中开展了两次警示教育活动，通过学习文件、观看警示片、座谈等方式，帮助大家筑牢拒腐防变的防线；五是集中力量抓了煤焦领域反腐败、工程建设领域突出问题、“小金库”治理等三个专项治理工作。同时对全系统14户企业是否存在假发票进行了检查。

（七）作风效能建设

一是在全系统集中开展了为期一个月的思想纪律作风整顿，进一步强化了机关的思想作风和效能建设，并取得了实效，得到了上级领导和群众的好评，此项活动被市纪委的内部专刊和临汾日报进行了报道；二是制定并实施了《关于在全系统开展作风建设专项监督检查的实施方案》。组织明察暗访36次、口头通报10次、书面通报6次；三是出台实施了行政效能约谈、行政效能告诫、过错责任道歉、离岗告示等5项制度；四是进一步改善服务态度，提高办事效率。对机关12个行政审批项目进行了清理。认真办理了企业申报项目的备案及申报工作。全年受理各类申报项目148个，其中：核准项目117个，备案31个。除一个核准项目有特殊情况外，其余都在5日内办理完毕，分别比承诺时间缩短了10天和3天。

二、临汾市国资委领导班子成员名录

白建荣　　党委书记
王　超　　副书记、主任
杨宏俊　　副书记
赵新喜　　纪检委书记
邢云彪　　副主任
徐新荣　　副主任
高向阳　　副主任
李国庆　　监事会主席
杜志学　　总会计师
王文江　　调研员
宋文明　　调研员
谢武生　　副调研员
张英瑞　　副调研员

运城市

一、运城市国有资产监督管理工作综述

（一）企业改革取得新进展

在全面摸清企业情况的基础上，按照以人为本和又好又快发展的原则，依据监管企业分类改制意见，全面启动了市属国有企业改革工作，取得了较大进展。一是企业改制工作积极开展。市百纺公司通过实施土地开发收入1000万元，企业全部职工实行买断安置，并补足了拖欠的“三金”和欠发工资；市无线电厂职代会通过了改制方案，拟进行开发经营，对所有职工进行妥善安置；市商业肉联厂同开发商联手，对厂区进行改造，建设一座运城市目前最大的水产品批发市场，此项目已经发改委立项，并获得盐湖区

政府的大力支持；五色石有限公司利用省经委立项的日产2500吨熟料项目与龙门科技集团合作，总投资1.9亿元建设一条现代化的水泥熟料生产线，同时对五色石有限公司进行改制；粮油食品厂、麦丽谷业公司、粮油贸易公司、粮食储备库、粮油物资公司等七家企业，统一打包交给麦丽谷业公司负责开发改制，截止目前，七家企业的1000名正式职工，已有628人买断工龄；市医药公司下属尚未改制的10个县（市、区）分公司实施管理层收购的改制方式，改制方案已经拟定，正在进行讨论。亚宝集团有意收购市医药药材公司，建设医药配送中心；新绛煤机厂计划整体划转新绛县政府，此事正在协商中。二是积极帮助企业解决实际问题，确保正常发展。在永纺、新纺子弟学校移交当地政府之后，2010年运城市国资委着手解决关铝子弟学校的移交工作。经多方努力，盐湖区政府于8月10日召开协调会议，确定了正式启动移交工作，人员、财产已交盐湖区教育局，正在积极向市政府协调解决过渡期经费问题。三是企业破产工作稳步推进。永济纺织厂在做好稳定工作的同时，通过媒体等多种途径，积极寻找收购伙伴，先后赴河南等地考察了解，并积极向省里申请解决破产资金。食品公司破产土地已收回土地局，正与规划部门协商，待规划条件下达后即可拍卖现有土地及地面资产，用于安置企业职工。

（二）产权管理工作进一步加强

一是产权登记和产权交易管理日益规范，交易程序制度化程序化，为保证全市国有资产保值增值做出了贡献。全年共发布《国有资产产权交易告》15宗，成交9宗，涉及评估值2266.3146万元，实际成交价2146.8万元，平均增值率为-5.3%。二是发挥产权管理作用，积极为城市建设融资服务。按照运城市委、市政府以城投公司为龙头，整合供水、供热、供气、污水处理等部门，实行资产整合，融资发债100亿元的总体部署，积极办理各项产权手续，确保此项工作又快又好的顺利进行。三是组建企业集团，促进企业发展。为充分发挥市建公司的技术优势、人才优势、资金优势，在更大范围和更高层次上参与竞争，促进企业再次提升，实现规模发展，运城市国资委积极筹备组建“山西运城建工集团公司”，此项工作的相关手续正在积极办理中。

（三）企业干部管理及激励约束机制日趋完善

一是配合运城市委组织部，对关铝集团、市建领导班子进行了考察调整，进一步提高了企业领导班子的整体素质和凝聚力、战斗力。二是对所有监管企业党委（支部）班子进行十七届五中全会精神培训，完成了换届考察、考核等工作，为充分发挥企业党组织政治核心作用和战斗堡垒作用，推动企业改革发展奠定了坚实基础。三是通过发放调查问卷，深入企业调研等多种形式，对全市500家规模以上企业经营管理、专业技术人才进行了认真细致的调研，并拿出详细的调研报告，为运城市十二五人才规划的制定、出台奠定了良好的基础。四是完成了监管企业领导人员年度经营业绩考核工作，在此基础上严格奖惩兑现，分三类对企业领导人员薪酬进行了审批，促使市属监管企业真正建立起了激励约束机制。

（四）企业党建工作进一步加强

一是扎实做好了党员队伍建设工作，全年共发展党员47名，并组织举办了国资委第四期入党积极分子培训班，参加培训的积极分子达60余名。二是组织监管企业开展了以争创“四强四优”活动为主题的创先争优活动。同时，根据运城市委安排负责指导中央、省属驻运企业的创先争优活动。各企业以全员承诺和树立典型为抓手，积极推进争优活动，整个活动开局良好，进展顺利。三是对老党员、生活困难党员以及新农村包点村和扶贫点村党员进行了春节慰问。共慰问党员306人（其中企业老党员47人，困难党员209人），使用资金43700元，全部以慰问金或年货的形式送到了每个慰问对象手中。并对帮扶困难党员活动进行了动员安排和摸底。四是积极监督检查远程教育网络的运行情况，充分利用远程教育网络对党员进行综合教育，并对部分企业远程教育网络使用过程中出现的问题进行指导、协调和帮助，保证了远程教育工作的正常进行。

（五）纪检监察工作稳步有序

一是积极开展廉政教育。组织机关全体人员和监管企业领导班子成员在市警示教育基地集体接受警示教育，看影像、谈感想、写体会、搞宣誓，不断提高党员干部的廉洁自律意识，做到了警钟长鸣。二是做好了信访工作，全年共接到各类信访案件28批次87人次，认真做好了接待、登记工作，积极解决群众的上访问题。三是认真开展案件查处工作。完成了商业肉联厂、新绛医药药材公司、清华水泥厂等案件查处工作。在查办案件的同时，诫勉谈话15人次。四是改进和完善工作机制，深入开展企业廉政文化建设，营造了讲廉政、宣传廉政的浓厚氛围。五是与监管企业、机关各科室签订了《党风目标责任书》，做到了责任到人，任务到科，职责明确。

二、国有资产总量与结构分析

根据2010年度国有资产统计报表统计，全市219户国有企业占有国有资产总量合计为53783.96万元。

（一）国有资产总量分布结构现状

1. 按隶属关系分布。从隶属关系划分看，全市国有资产主要集中在市级国有企业。2010年底市级国有企业占用国有资产总量32648.04万元，占全市的 60.71%，其中：监管企业国有资产总量16215.92万元，占全市的30.15%。

2. 按地区分布。从地域分布看，全市国有企业占用国有资产主要集中在运城市区域内，2010年底运城市区域内国有企业占用国有资产总量为18572.28万元，占全市国有资产总量的34.53%。

3. 按组织形式分布。从组织形式分布看，有限责任公司占有国有资产比重较大。2010年底有限责任公司占有国有资产总量为31100.85万元，占全市国有资产总量的57.83%。

4. 按规模分布。从规模分布看，大中型国有企业集中了大部分国有资产。2010年底10户大中型国有企业占有国有资产31680.32

万元，占全市国有资产总量的58.90%；其中：2户大型国有企业占用国有资产总量14042.04万元，占全市国有资产总量的26.11%。

5.按行业分布。从行业分布看，工业企业集中了大量国有资产。2010年工业企业占用国有资产总量40396.53万元，占全市国有资产总量的76.81%。

（二）国有资产分布结构特征

从统计情况看，国有资产分布结构有如下特征：

1.国有资产主要分布在市级企业、监管企业、大中型企业和独资公司。

2.国有资产主要集中在工业企业。其中：

（1）冶金行业国有资产总量为14405.29万元，占全市国有资产总量的26.78%；

（2）自来水、燃气和电力、热力的生产供应行业国有资产总量为18634.89万元，占全市有资产总量的34.65%；

（3）纺织行业国有资产总量为9026.57万元，占全市的16.78%；

（4）化工行业国有资产总量为4652.84万元，占全市的8.65%。

（三）国有资产分布结构存在的问题

1.国有资产行业分布比较分散，53783.96万元的国有资产分布在219户企业、26个行业分类里。

2.小企业过多，经济效益较差，国有资产集中度处于较低水平。全市国有企业中仍存在大量的小型企业，这些小型企业实力

全市国有企业国有资产总量隶属分布情况

单位：万元

项　目	国有资产总量
全市合计	53783.96
市级	32648.04
市级监管企业	16215.92
市级非监管企业	16432.12
市级以下	21135.92
盐湖区	68.54
临猗县	1662.85
万荣县	4314.38
闻喜县	1236.72
稷山县	4250.69
新绛县	-363.06
绛　县	976.50
垣曲县	683.36
夏　县	-565.58
平陆县	1758.03
芮城县	-767.67
永济市	7007.28
河津市	873.88

全市国有企业国有资产总量按组织形式分布情况

单位：万元

项　目	国有资产总量
合计	53783.96
独资公司	5393.59
非公司制独资企业	5992.94
有限责任公司	31100.85
合资或合营企业	172.87
企业化管理事业单位	11123.71

全市国有企业国有资产总量地区分布情况

单位：万元

项　目	国有资产总量
合　计	53783.96
市辖区	18572.28
盐湖区	3177.02
临猗县	1662.85
万荣县	4178.35
闻喜县	1098.16
稷山县	4378.20
新绛县	8728.95
绛　县	976.50
垣曲县	293.20
夏　县	-626.39
平陆县	1848.62
芮城县	-892.84
永济市	9179.57
河津市	757.94
省　外	451.55

全市国有企业国有资产总量按规模分布情况

单位：万元

项　目	国有资产总量
合　计	53783.96
大型	14042.04
中型	17638.28
小型	22103.64

全市国有企业国有资产总量按行业分布情况

单位：万元

行　业	国有资产总量
合　计	53783.96
农业	1616.90
工业	40396.53
建筑安装业	4357.23
批发业	-1015.90
仓储业	6262.17
零售业	948.89
住宿业	-1722.30
餐饮业	-39.99
商务服务业	1195.59
水利管理业	274.01
新闻出版业	1524.73
其他服务业	-44.68
广播、电视、电影和音像出版业	30.78

弱、资源少、经营效益普遍较差，国有资产损失严重。2010年全市国有企业中仍有209户小型企业，占总户数的95.43%。

（四）主要措施和建议

1.进一步加大改制力度。加快各县粮食企业改制步伐；在妥善安置职工的条件下，对资不抵债企业实施破产。

2.积极扶持盈利企业及有发展潜力的企业，协调相关部门及时解决企业发展中存在的问题。对其生产经营状况进行动态监控。及时提出对策加以解决；建立财政、金融、税务、铁路、交通、电力、统计、国资、物价等多个部门的联席会议制度，解决企业生产经营所面临的重大问题，确保工业经济平稳、健康运行。

3. 高度关注大型企业发展中遇到的困难和问题，如关铝热电公司，因企业运营困难，亏损严重，严重影响了全市各项经济指标的完成。

4. 继续加快国有资产从一般竞争性领域退出的步伐，促进国有资产向优势产业流动。推动国有资产向大公司、大集团流动，提高国有资产集中度。

三、国有资产保值增值情况

全市国有资本保值增值率67.36%，比上年提高了0.37个百分点。其中市级企业国有资本保值增值率59.37%，比上年降低了10.74个百分点，监管企业国有资本保值增值率44.12%，比上年降低了22.67个百分点，非监管企业国有资本保值增值率92.13%，比上年提高了0.53个百分点；市级以下企业国有资本保值增值率90.15%，比上年提高了39.48个百分点。

四、企业改制、破产情况

（一）企业破产

1. 运城市食品公司于2007年3月5日由市中院宣告破产，正抓紧实施，土地已收回国土局，正与规划部门协商，待规划审批下达后即可拍卖现有土地及地面资产，用于安置企业职工。

2. 永济纺织厂2008年底进入破产程序，2010年，在做好稳定工作的同时，通过媒体等多种途径，积极寻找收购伙伴，并积极向省里申请解决破产资金。

（二）企业改制

1. 运城市百纺总公司通过土地开发实施改制。企业在册职工共有239名，根据国家政策，已有97%的职工解除了劳动关系，并得到补偿，享受到了每月650元的失业保险，并为87名退休职工参加一次性医保。该企业改制工作已接近尾声。

2. 运城市商业肉联厂经过多次谈判，已与海德公司达成协议，以500万元收回原有资产并解除银行债务，同时与开发商联手，对厂区进行改造，建设运城市水产批发市场。第一期工程正在建设中，通过开发，已解决全部企业职工医疗保险，并为职工解决了原欠发工资和医疗费用。正在制订改制方案，待市场二期开发后进行改制。

3. 运城市无线电厂的改制工作。正在与土地部门协商，对土地进行公开出让，2010年企业筹措资金，已提前将全部职工养老、失业、医保解决，企业职工安置工作基本完成。

4. 原粮食系统七家企业改制工作进展顺利，先后对655名职工解除劳动关系，对尚未置换身份的剩余职工采取逐步消化、到龄退休的办法，两到三年内彻底完成改制。

5. 运城市医药药材公司剩余十个县（市、区）分公司改制，运城市国资委在认真摸底的基础上，确定稷山、河津和城区三个县（市、区）公司作为先期改革试点。三个县（市、区）分公司的财务审计和资金评估工作已完成，改制方案和职工安置方案也已经职代会讨论通过。

五、企业主辅分离改制情况

山西关铝集团有限公司子弟学校共有教师49人，其中，干部42人，工人7人，有职称证41人，有教师证45人。经多方努力，运城市盐湖区政府于2010年8月10日召开协商会议，确定了正式移交工作。截至2010年底，该校人员、财务已移交盐湖区教育局，运城市国资委正积极向市政府汇报，协调解决三年过渡期经费问题。

六、运城市国资委领导班子成员名录

卫明泽　市经信委党组书记、市经信委（国资委）主任

卢天狮　市经信委党组副书记、市国资委党委书记、市经信委（国资委）副主任

李引平　市经信委（国资委）党组成员（党委委员）、调研员

侯全友　市经信委（国资委）党组成员（党委委员）、调研员

郭守义　市经信委（国资委）党组成员（党委委员）、调研员

廉运杰　市经信委（国资委）党组成员（党委委员）、市节能监察执法支队支队长

乔望生　市经信委（国资委）党组成员（党委委员）、副主任

薛清华　市经信委（国资委）党组成员（党委委员）、副主任

赵红泽　市经信委（国资委）党组成员（党委委员）、市经信委（国资委）纪检组长（纪委书记）

张炳奎　市经信委（国资委）党组成员（党委委员）、副主任

李运喜　市经信委（国资委）党组成员（党委委员）、副主任

任永强　市经信委（国资委）党组成员（党委委员）、总工程师

王正武　市经信委（国资委）党组成员（党委委员）、总经济师

李　岩　市经信委党组成员、市国资委党委副书记

潘志英　市经信委（国资委）党组成员（党委委员）、副调研员

2011

SHANXI PROVINCE STATE-OWNED ASSETS SUPERVISION AND ADMINISTRATION YEARBOOK

山西省国有资产监督管理年鉴

山西省国资委监管企业改革与发展概况

第四篇

太原煤炭气化（集

环保型煤矸石热电厂

清洁生产的炼焦系统

太原煤炭气化（集团）有限责任公司是1981年经国务院批准，由原煤炭部和山西省共同发起设立的国内首家煤炭综合利用大型联合企业。现有9个分公司、4个全资子公司和5个控股子公司。截至2010年末，总资产98.83亿元，共有员工16000余人。

公司始终坚持国务院赋予的“建成煤炭综合利用示范性企业、实现太原城市煤气化”两条办企宗旨，致力于发展煤炭综合利用和城市燃气事业。经过不懈努力，目前已发展成为集煤炭开采、洗选、炼焦、制气、煤化工产品生产、煤矸石发电供热、煤气表灶管制造和城市煤气输配、服务、管理为一体的煤炭综合利用企业，煤—焦—气—化—电煤炭综合加工利用产业格局初具规模。截止2010年底，形成了年产原煤430万吨、煤炭洗选360万吨、冶金焦炭175万吨、人工煤气3.3亿立方米、城市煤气输配6亿立方米、天然气输配4亿立方米、煤化工产品10万吨、发电1.8亿度、供热40万吨的综合生产能力；有4个在建煤矿项目，原煤生产能力740万吨、煤炭洗选能力650万吨。与此同时，城市燃气事业得到长足发展，现已形成集设计施工、管理运营、应急抢险、安全保障、人员培训和客户服务为一体的燃气输配管理体系，建成城市燃气输配管网近2500公里，太原市和晋中市区75万户居民、工业、营业和福利用户用上了管道煤气和天然气，太原城市气化率近90%，位居全国大中型城市前列，为省城优化能源结构，实施蓝天碧水工程做出了突出贡献。2000年，集中优质资产发起设立的太原煤气化股份有限公司（简称“煤气化”，股票代码：000968）在深交所挂牌上市，连续多年都是深成指100指数公司之一。

太原煤气化秉承“知时求进，事在人为”的核心理念，发扬“艰苦创业、开拓创新、服务创优、求实创效”企业精神，抢抓机遇谋发展，深化改革增活力，强化管理夯基础，各项工作取得长足进步，综合实力显著增强，煤气化事业得到持续、协调和全面发展。“十一五”期间，职工人均收入每年以17.7%的速度递增。2010年，实现营业收入51.53亿元，实现利润5.11亿元，比“十一五”末增长了83.38%、281.34%；并连续两年实现了安全生产“零死亡”的奋斗目标。

太原煤气化办公楼夜景

团）有限责任公司

燃气输配系统

太原煤气化办公楼夜景

综采工作面

洗选系统

综采工作面

主要生产厂区

携手创业 催化成果
推动科技成果转化的先锋
——山西省科技基金发展总公司

转型发展，科技当先，实现科技创新和科技成果产业化是山西经济腾飞的必由之路。在推动山西科技创新和科技成果产业化的建设大军中，有一颗闪耀的明星——山西省科技基金发展总公司。

山西省科技基金发展总公司是专门从事促进本省科技成果转化工作的国有投资公司，也是国内最早运用政府资金进行创业风险投资实践的机构之一。公司的宗旨和职能是：管理和运用山西省公共财政预算中的一部分科研资金，通过创业风险投资方式，执行科技计划，带动和吸引社会资金，支持科技企业，促进科技成果转化和高新技术产业的发展，并保证国有资产的保值和增值。

山西发展创业风险投资业已有16年的历史，并走在了全国的前列。而基金公司则是本省第一家从事创业风险投资的企业，也是本省创业风险投资行业的“旗舰”，受到国家有关部门和山西省委省政府的高度关注。

基金公司成立十几年来，对促进山西省科技成果转化和高新技术产业发展做出了积极的贡献。

公司注册资本由1998年的8000万元发展到2010年的2亿元；管理政府资金规模也发展到8亿元。截止2010年共承担国家和山西省各类科技计划80多项，支持科技项目200多项，累计投入资金10亿多元，并吸引包括银行资金在内的社会各类资金近20亿元，充分发挥了政府资金的引导带动作用。

基金公司成立以来，围绕创业风险投资服务于科技成果转化的根本宗旨，开拓创新，深入实践，求真务实，稳健发展。作为我省科技投资和促进科技成果转化的主体，基金公司通过十多年的努力探索实践，成功实现了“四个一”。

郭江明总经理

第一，走出了一条本土国有创投机构在经济欠发达地区全方位促进科技成果转化、发展创业风险投资事业的创新示范道路。

第二，初步建成了一个集投融资、开放式研发、管理财务法律咨询、商业策划、技术产权交易、行业协会等子平台协同运行，全方位、多角度促进科技成果转化的综合服务平台。

第三，培育了一批规模效益突出、引领本省产业发展的科技企业。

第四，培养了一支高素质的创业风险投资人才队伍。

基于多年的努力和不断积累的业绩，公司提高了其在山西科技、金融和投资等领域的商誉，从而逐步确立了其在山西科技投资和创业风险投资领域的主体地位，同时也赢得了国家各级部门和领导的赞誉、同行的尊重和国内外的声誉。由于公司的出色业绩，多次受到国家科技部的表彰。

1999年获科技部“全国先进科技单位”和“全国保护知识产权先进单位”奖励；

2003年获科技部“全国优秀创业风险投资机构”奖励；

2010年获科技部“中国二十五家优秀创业投资机构产业投资奖”。

公司还连续3年被省直工委评为“文明和谐单位”。

基金公司十几年来的持续探索和务实创新，撬动了资本杠杆，加速了成果转化，助推了产业换代升级，为山西经济的转型发展做出了突出贡献，成为本省国有企业践行科学发展观的典范。

目前，基金公司已做好迎接新的挑战，跨越发展的准备。为建设全国重要的现代化制造基地，中西部物流中心和生产性服务大省、文化大省做出更大的贡献！

携手创业，共铸辉煌！

公司领导考察投资企业

公司产权交易大厅

公司办公大楼

吕梁市国有资产监督管理委员会

市国资委主任　张志刚

吕梁市国有资产监督管理委员会（简称吕梁市国资委）于2004年11月挂牌成立，是吕梁市政府直属特设机构，与吕梁市经信委合署办公，两块牌子、一套人员。主要职能是代表市政府履行出资人职责，对国有资产进行监督管理，代表市政府推进国有企业的改革和重组。国资委内设产权管理科、企业改革科、考核统计科、监事会工作科四个主要业务科室，共监管22户企业。

多年来，吕梁市国资委在省国资委的大力指导下，在吕梁市委市政府的坚强领导下，坚持以科学发展观统领全局，推进企业改制与加强国资监管相结合，做了大量积极有效的工作，印发了《吕梁市市属企业国有资本收益收取管理试行办法》，实行企业财务快报、国有资产统计报送制度，进一步加强企业领导人员管理、国有资本经营预算管理、企业财务管理，国资监管工作逐步走上制度化、规范化轨道。

企业改制是实现国有资产保值增值，解决困难企业职工生活问题的必由之路。市国资委大力推进市属国有企业改制工作，取得了积极进展。2011年，完成了吕梁丝织印染厂和山西第四纺织机械厂改制工作，实现国有资产和职工身份"双退出"。推进山西离柳焦煤集团有限公司与山西青鸟联盛能源投资有限公司实现投资合作。2012年重点推进永固制砖有限责任公司改制工作，取得阶段性成果。

产权登记是加强国有资产管理、切实维护出资人权益的重要手段。截至2011年年底，吕梁市国资委为106户企业办理了产权登记，其中，监管企业22户，非监管企业84户。涉及物资贸易、仓储、社会服务、商业贸易、煤炭工业、食品工业、建筑工业等30个行业。

在积极推进业务工作的同时，机关建设取得新成效，2011年在政风行风评议中取得排名第四的好成绩。2012年，委机关组织全体干部职工认真学习中央、省、市有关党风廉政建设的会议讲话及文件精神，出台了《吕梁市经委、国资委2012年反腐倡廉建设工作要点》。按照市委安排，深入开展了保持党的纯洁性教育活动、整治"吃拿卡要"创优发展环境等活动，努力营造"合作共事、务实、规范、高效"的机关工作氛围。同时，在国有企业中大力开展保持党的纯洁性教育活动，"大排查、大接访、大化解"活动，组织国有企业党员领导干部认真学习《国有企业领导人员廉洁从业若干规定》，不断增强企业党员干部拒腐防变的能力和廉洁从业的自觉性。

"十二五"时期是建设综改试验区，实现转型发展、跨越发展的关键时期，吕梁市国资委将按照省国资委及市委、市政府安排，做好国资监管和国企改制各项工作，为吕梁转型跨越发展、改革稳定做出新的更大的贡献。

抓住机遇迎挑战 全员拼搏创辉煌

厂长、党委书记 李忠群

总装备部北京军事代表局张宝檩局长与山西省国防科学技术工业办公室温国贵主任一行来厂视察指导工作

国营东华机械厂（国营第六九O厂）是国家首批军用特种车辆定点生产厂家和国内大板方舱、车辆改装的重点生产企业，参与了多项国家重点型号，高新一期、高新二期工程、“杀手锏”工程、研制出高性能、防电磁信息泄露方舱，在国内处于领先水平。

从2008年起，实现了连续多年生产任务“零”结转目标，出色完成“专项任务”。本着“稳定老用户，寻求新突破”的市场开发原则，预见性制定开发计划。

2009年全年共签订军品合同38个品种223台舱车，军品销售收入首次突破亿元大关，达到10295万元。

2010年实现销售收入12588万元；工业增加值1700万元、实现利润26万元；完成48个品种，345台舱车生产任务；职工人均收入18892元，较2009年增长12%。

2011年全年实现销售收入10400万元；工业增加值1906万元；实现职工人均收入23056元，较2010年增长22%。

2010年，在总装基型军用方舱集中采购招标中，国营东华机械厂在全国22家企业激烈竞争中脱颖而出，是唯一一家参加竞标样车全部进入前五名的单位。

2011年倍受全厂职工企盼的工厂生产能力建设技改项目全线竣工。总投资2912万元的“基础设施和保密技防项目”于2011年9月9日科工局正式批准批复立项。

企业连续6年被山西省国有资产投资控股集团有限公司评为“绩效考评先进单位”，大同市“先进基层党组织”，山西省国防科技工业先进单位。

产品车

山西宁武煤业集团有限责任公司

山西省委副书记金道铭莅临宁煤集团调研

山西宁武煤业集团有限责任公司（简称宁煤集团）是以宁武能源投资有限责任公司为主体组建的地方煤炭集团企业，下辖南沟、庄旺、老窑沟、德盛、张家沟五个煤业公司和一个煤矸石砖厂，井田总面积27.5960km2，资源总储量58452万吨，生产总规模450万吨/年，职工总人数3100余人，集团拥有资产21亿元人民币。

宁煤集团在团结奋进的集团领导班子的带领下，坚持科学发展、和谐发展和安全发展，形成了强大的企业凝聚力、执行力和战斗力。近年来宁煤集团荣获了“全国五一劳动奖状、全国模范劳动关系和谐企业、全国安康杯优胜企业、山西省安全生产工作先进范围、山西省模范劳动关系和谐企业、山西省煤炭科技双十佳煤矿、山西省功勋企业”等三十余项国家和省、市荣誉。

集团正在进行矿井综合机械化采煤和安全质量标准化矿井建设，矿井全部达产达效，年销售收入可突破15亿元、可实现税费4.6亿元。目前，大运华盛南沟煤业公司120万吨/年、大运华盛庄旺煤业公司90万吨/年的综采工程已在2011年10月份转入联合试运转，2012年竣工投产。同时两公司率先实现省一级安全质量标准化矿井。年产1.2亿块煤矸石砖厂8月份开工，为宁煤集团转型发展、低碳经济发展节能减排迈出了第一步，为地方经济的发展做出更大的贡献。

宁煤集团“十二五“期间，将继续以科学发展观为指导，紧紧围绕市委提出的“三五”工作要求和县委提出的坚持“科教兴县、生态立县、煤电强县、旅游活县”的发展战略，瞄准“三个主攻方向”、引深“七大攻坚行动”、全力实施“四个十工程”，培育发展新兴产业——投资1.02亿元，2012年年产1.2亿块的煤矸石砖厂竣工投产；拟投资3.6亿元日产气100万M3的小庄煤炭地下气化示范工程项目2012年开工建设；拟投资8.5亿元、年吞吐量600万吨的煤炭发运站2012年落地开工；拟投资3.5亿元年洗（选）煤能力500万吨的群矿洗（选）煤厂，2012年开工；投资8000万元建设矿山设备综合修配厂，2012年建成投产。

扩大产业发展空间，调整产业结构，大力发展循环经济和煤炭工业清洁生产，积极推广节能减排、低碳经济发展，宁煤集团正昂首向技术现代化、生产规模化、管理精细化、培训制度化、矿井机械化、地面园林化的全面协调发展阔步迈进。

集团调度指挥中心

培训实验室

忻州市委书记董洪运在集团公司视察指导工作

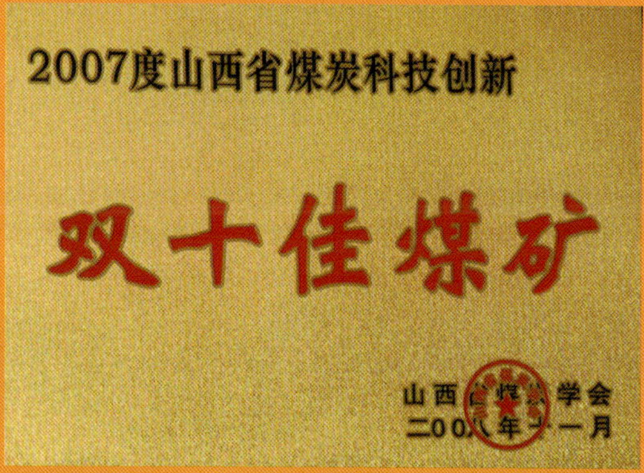

忻州市市长郑连生在宁煤集团调研

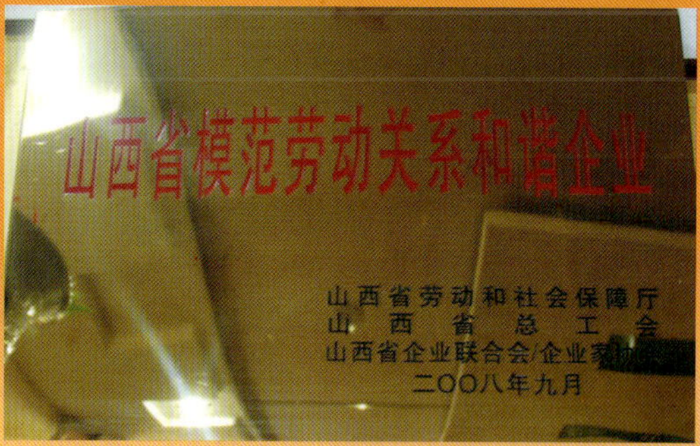

山西新景矿煤业有限责任公司

新景公司董事长、总经理　韩宝鸿

我们要大力实施科技兴企、科技兴安战略，突出以人为本，严细管理。不断强化基础管理和标准化建设，牢牢抓准“瓦斯治理和控制零打碎敲”两条主线，上措施、上产量、提效益，不断增强我公司的综合实力，提高企业经济效益和员工收入。努力形成严细管理保平安，创新机制求发展，人文关爱促和谐的局面，实现企业安全发展，和谐发展，打造新景新形象。

新景公司党委书记、副董事长　张宝元

我们新景公司自一九九八年十月成立以来，以精干高效为目标，以创新机制为手段，以科技进步为先导，以企业文化为动力，以强化管理为基础，增强了员工素质，提升了企业管理水平，向现代化矿井的方向迈出了坚实的步伐。今后我们将认真贯彻落实党的十七大精神，全面增强综合素质，继续提升管理水平，努力建设安全、高效、和谐、精品新景。

山西新景矿煤业有限责任公司（简称新景公司）隶属阳煤集团，注册资本21亿元，占地面积45万余平方米。位于山西省阳泉市西北部的赛鱼西路，距阳泉市中心8公里，濒临307国道，雄踞太旧公路与石太铁路北侧，交通便利，地理位置优越。公司1998年10月1日正式建矿，2009年9月30日，顺应企业改革发展大局，改制为山西新景矿煤业有限责任公司，成为阳泉煤业子公司。公司内部实行专业化三级管理，下设22个井区部室，58个队。现有在册员工7800余名。

建矿之初，新景公司就本着“安全第一、以人为本、品质至上、追求卓越、诚信办企”的原则，从严格规范安全生产管理、产品质量管理入手，在安全设施投入上，逐步建立了完善科学的通风系统、瓦斯监测监控系统，供电系统安装了6kv防越级跳闸保护装置，并拥有井下辅助运输信集闭系统，开通了泄露通讯、小灵通电话，所有皮带运输实现了集中控制，同时还配备有巷道顶板离层自动监测报警系统、KJ-251型井下人员定位系统等先进设备，在硬件设施上确保了公司的安全生

公司文化苑

新景公司全貌

公司总调度室

产。在煤炭产品加工上，公司建有年处理能力可达850万吨的矿井型洗煤厂，采用先进的重介洗选工艺，对公司主采的3#、8#、15#煤全部进行分类洗选加工，主要产品有1号喷粉煤、块煤、中煤、末煤等，广泛应用于动力、冶炼、化工等行业。其中，拳头产品1号喷粉煤获“山西省优质名牌产品”称号，出口海外，远销韩国和日本。

近年来，新景公司以科学发展观为指导，坚持走转型跨越发展之路，对外开疆拓土，联营兼并，目前已跨地市联营兼并临汾翼城县堡子、上河、河寨、森杰四座煤炭公司，初步形成了两地五矿大发展战略格局，2013年将步入阳煤千万吨矿井行列。

在创业发展的历程中，新景公司始终立足高境界，追求高品质，以建精品团队，创精品管理，树精品形象，取精品业绩为使命，全力打造精品新景。近年来，先后荣获了“全国煤炭系统安全高效矿井”、“国家行业一级安全高效矿井”、“全国煤炭工业科技创新型矿井”、“全国煤炭工业省级高产高效矿井”、“全国煤炭工业企业文化示范矿”、“全国煤炭系统文明煤矿”、 “全国绿化模范单位”、“全国能源化学系统先进工会”等荣誉称号。

新景新发展，新景新作为。站在十二五的新征程，新景公司正顺应转型跨越发展的时代潮流，在阳煤“亿吨双千亿”的旗帜引领下，意气奋发，与时俱进、攻坚克难、锐意进取，阔步迈向安全新景、高效新景、和谐新景、精品新景新目标。

井下“一通三防”培训区

公司办公楼

公司副立井

公司队组会议室

矿长 王冬平

党委书记 祁致祥

阳煤集团五矿

阳煤集团五矿位于阳泉市以南平定县境内，北距市区18公里，东距平定县城6公里。阳泉市著名文化旅游胜地——冠山，雄踞矿区北端；太旧高速公路和铁路专用线立体交叉，贯穿矿区中部。风景秀丽，交通、通讯便利。近年来，进一步扩大了管理幅度和管理范围，先后对山西石港煤业有限责任公司、山西安泽登茂通煤业公司、山西蒲县天煜新星煤业公司实行托管，规划了后备资源，进一步拓展了五矿的发展潜力，是阳煤集团十大主体生产矿井之一。

五矿正式成立于1984年12月。现有大井、五林井两对井口，主采15#煤层。与矿井配套的主要专用设施有：年运输能力400万吨、全长16公里的铁路专用线一条，年洗选能力680万吨和100万吨的选煤厂各一座。采、掘、开、机、运、通、选等工种和专业成龙配套，形成了独立的生产体系。生产的煤种主要有：3#筛选末煤、选中块、选小块、末煤、煤泥、中煤等。

矿井井田面积82.3平方公里，可采储量2.11亿吨，服务年限36年。井田范围内地质构造错综复杂，无炭柱星罗棋布。面对复杂恶劣的地质条件，全矿员工在矿党政的正确领导下，团结奋进，艰苦创业，开拓进取，负重拼搏，各方面都取得长足的进展，使五矿迅速实现了由小到大、由大到强的历史跨越。2011年产量完成555.85万吨，职工人均收入达73000元，同比增长18.5%。

辉煌的历史，骄人的业绩，使五矿名声鹊起，共获得100多项荣誉：被国家评为全国煤炭工业先进集体、被省国资委评为先进基层党组织、被省企协会评为功勋企业、被省国资委评为文明和谐单位……还先后取得全国安普知识竞赛三等奖、煤炭工业科技进步先进矿井、中国制造业信息化最佳实践奖、山西省文化工作先进单位等多个专项荣誉。

地址：山西阳泉平定贵石沟
电话：0353-7051434
传真：0353-7051003
邮编：045209

假山流水

绿色五矿

劳模、标兵一条街

集团公司董事长、党委书记、总经理赵石平到五矿指导工作

安全生产月高潮日活动

万众一心雕像

职工技术比武

“七一红歌赛”

“盛世中华”魅力五矿主题灯

奋进中的阳煤集团二矿

阳煤集团二矿成立于1951年5月1日，坐落于太行山西麓，阳泉市西南6公里处，石太铁路和307国道横穿矿区工业广场而过，地理位置优越，交通便利，是阳煤集团的特大型骨干矿井之一。1999年12月31日，二矿以优质资产重组进入阳泉煤业（集团）股份有限公司。

二矿矿井核定生产能力810万吨/年，井田面积60.06平方公里，工业储量6.95亿吨，可采储量为4.33亿吨。井田地质构造简单，煤层稳定，赋存丰富，主要可采煤层有3号、8号和15号煤，拥有中块、小块、喷粉煤、末煤等多个生产品种，广泛用于冶金、电力、化工、民用、机械及建材行业，在国内外都有较好的市场和良好的品牌信誉。

二矿现有职工9963人，采用直线职能生产经营指挥系统，实行矿、井区（科）、队三级管理体制，下属12个职能科室，2个生产井

全国劳动模范李国栋

安全联保到井口

井下运输大巷

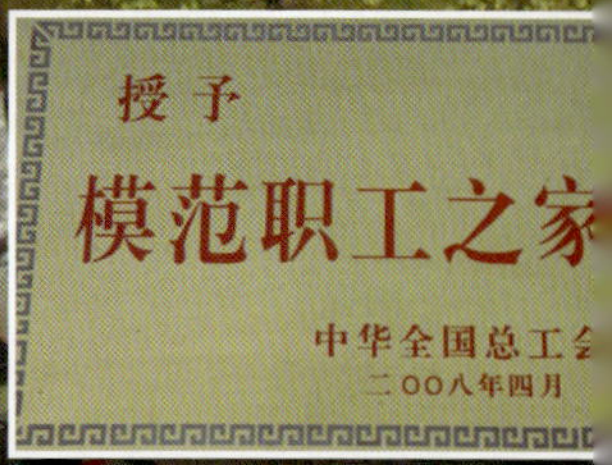

区、1个工程区、4个辅助车间和1个选煤厂。全矿现有3个低位放顶煤采煤队、2个普通综采队、11个掘进队。采掘、运输、提升、洗选及装车外运全部机械化作业。

近年来，二矿以科学发展观为指导，依靠技术进步，形成了原煤产量年年攀升、职工生活逐步改善、企业实力不断增强的良好局面。同时，托管了山西圣天宝地清城煤矿，兼并控股了保德县孙家沟煤矿和五鑫煤矿、静乐县任家村煤矿，资源总量扩大，发展后劲充足。2009年煤炭总产量在阳煤集团率先突破1000万吨，并连续三年保持了千万吨水平，2011年，产量达到1146万吨，销售收入实现25.3亿元，利润完成2.42亿元，在岗职工人均工资达到7.8万元，连续9年领跑阳煤集团煤炭主业。

建矿60年来，二矿已累计生产煤炭1.97亿吨，为阳泉市及山西省的经济建设做出了积极的贡献。先后荣获了“全国先进基层党组织”、全国“五一”劳动奖状、“全国模范职工之家”、“全国特级安全高效矿井”、“全国煤炭系统文明煤矿”、“全煤系统科技创新型矿井”等60多项省部级以上荣誉。

在“十二五”期间，二矿将全面建设“安全二矿、百亿二矿、文明二矿”，锐意进取，奋力拼搏，为阳煤集团实现“亿吨双千亿”宏伟目标做出更大的贡献。

地址：阳泉市桃南西路3号　　电话：0353-7022112

现代化的调度指挥中心

职工俱乐部

团结奋进的领导班子

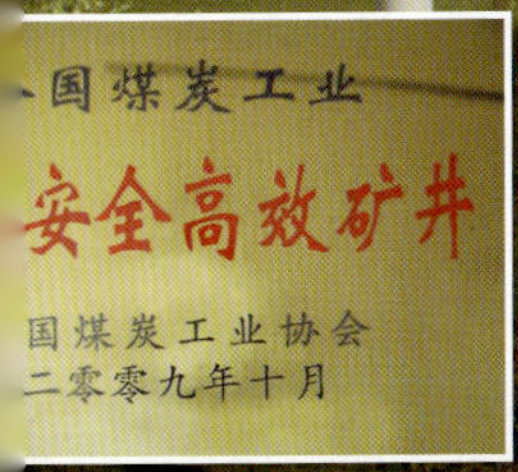

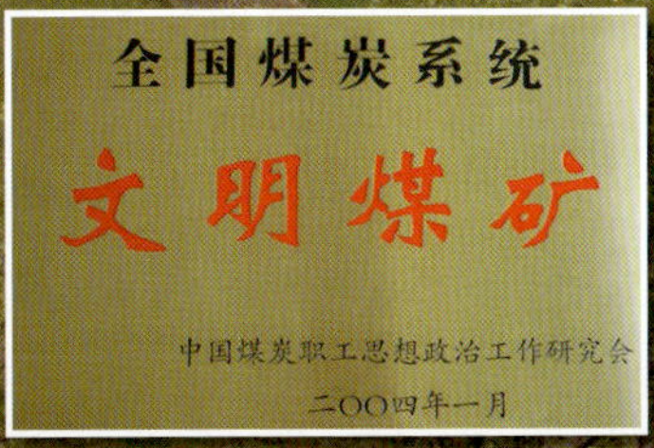

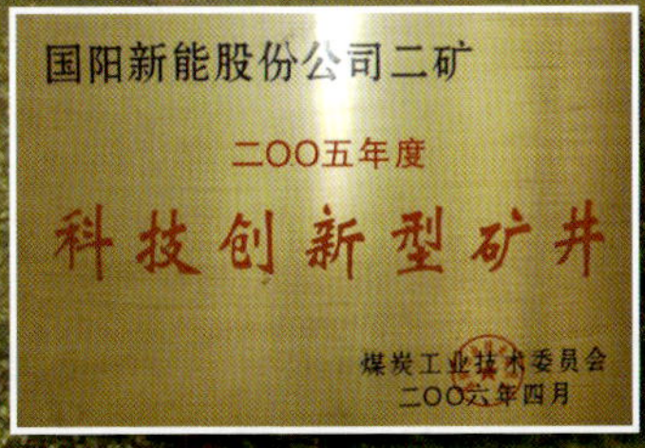

二矿全貌

主斜井口

机电实训基地

井下人车巷

阳煤集团山西平舒

山西平舒煤业有限公司(以下简称平舒公司)由山西统配煤炭经销总公司、山西德华能源投资有限公司、寿阳博大经贸公司等八家股东于2004年3月共同出资组建。同年6月6日，平舒公司在寿阳县温家庄乡大兴庄村举行奠基仪式。2007年1月6日，阳泉煤业集团有限公司以56.3%的股比对平舒公司进行控股经营，并把平舒公司规划为十大主体矿之一。平舒公司注册资本1.03亿元，工程概算总投资4.1亿元，比初始概算节省1.7亿元，成为阳煤集团新建矿井中“工期短，投资省、质量好”的样板。

平舒公司地理位置优越，交通便利，主要开发的煤田位于寿阳县境内沁水煤田北部边缘，井田面积27.8平方千米，主采煤层为申请批准的$3^{\#}$、$8_1^{\#}$、$8_2^{\#}$，地质储量13169万吨，可采储量8287.6万吨，矿井设计能力90万吨/年，可采期64年。

平舒公司始终坚定安全工作大于、优于、高于一切的原则，以扎实的基础管理工作，狠抓干部现场“四个环节”把控，确保了正常高效的生产组织衔接，同时以“444222”职工培训体系和“3468”安全宣教工作体系为抓手，不断提高职工素质，夯实安全基础，为实现效益最大化矿井提供了有力保障。

建企以来，平舒公司以全力打造安全平舒、和谐平舒、样板平舒、十强平舒为目标，各项事业也取得了辉煌的成绩：2007年被评为晋中市花园式企业；2008年一季度，我国南方多城市出现凝冻气候，平舒公司积极响应国家和省政府号召，强化生产组织，圆满完成了原煤生产任务，被省政府评为“全省电煤保安全保生产保发运活动”先进集体。2009年，平舒公司被评为“山西省优秀企业”、“省属企业文明单位”、“山西省生态示范矿井”。2010年被中国煤炭工业协会评为“煤炭工业先进煤矿”。2012年被山西省煤炭工业厅评为“山西省煤炭系统模范单位”。

通讯地址：山西省晋中市寿阳县温家庄乡山西平舒煤业有限公司

联系电话：0353-7030508　0353-7030564

邮政编码：045400

储运系统

文化广场

井下中央配电室

煤业有限公司

阳煤集团董事长、党委书记赵石平（中），副总经理王付云（右一）、娄淼根（左一）等领导到公司调研

阳煤集团总经理裴西平（左二）到公司井下调研指导工作

平舒公司董事长、党委书记申永善（右二）深入井下工作面调研

平舒公司总经理杨志林（左一）陪同寿阳煤炭管理公司领导进行质量标准化检查

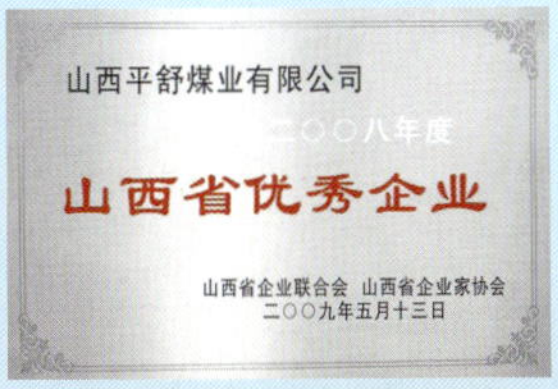

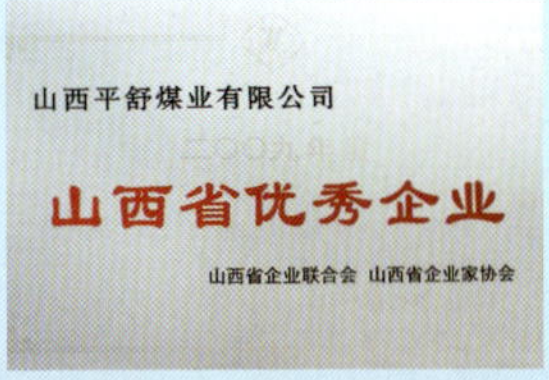

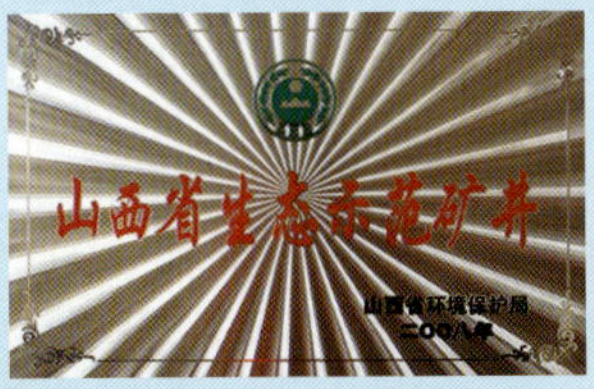

阳煤新大地公司

集团公司董事长、党委书记赵石平到公司实地调研

集团公司领导带队调研泊里前期工作

群山环抱、绿树成荫的新大地公司

实现转型发展的四矿新貌

“四矿一处”职工代表合影

阳煤集团新大地公司成立于2009年5月20日，它的前身是有着百年开采历史的阳煤集团四矿。上世纪末期以来，面对资源枯竭、破产安置、寻求出路等问题，老四矿开始了二次创业。十余年来，四矿人辗转吕梁、晋城、晋中三地市，终于控股运裕，收购新大地，接管裕泰、成立泊里公司，形成了“四矿一处”的工作格局。如今，四千多名四矿职工终于有了新的战场、新的阵地，终于找到了新的饭碗、找到了干事创业的平台。从老四矿到新大地，四矿人在转型发展中迈出了实质性的步伐。

近三年来，高举阳煤旗帜，传承四矿精神的新大地“四矿 一处”干部职工经过不懈努力，先后完成新大地和运裕两座煤矿的提能改造验收；裕泰煤矿提能改造工程正在有序推进之中；泊里500万吨现代化矿井建设前期准备工作如期推进；过去的四矿矿区已经建设成了高楼林立、配套齐全的四矿职工宜居小区。年产煤炭千万吨的企业架构已经搭建，老四矿实现了真正意义上的转型。

踏上新的征程，新大地公司将严格落实我省转型跨越发展思路，践行阳煤集团开疆拓土使命，进一步加强与地方政府的沟通协作，积极推进泊里现代化矿井建设和碛口煤矿运作步伐，力争再建一个百年新四矿，为全省转型跨越发展做出新的更大的贡献。

环境怡人的职工公寓楼

裕泰煤矿拔河比赛

运裕煤矿职工开展越野赛跑

山西忻州神达能源集团有限公司

董事长 何保国

山西忻州神达能源集团有限公司是忻州市人民政府于2009年6月批准成立的地方国有大型煤炭企业，主要从事煤炭开采、加工、运销和煤炭化工、煤炭发电。公司实施以集团公司安监局、县安监分局、驻矿安监站、煤业公司四级安全责任主体为基础的集团化管理体制和运行模式，现有宁武、原平、保德、河曲4个安监分局，15个煤业公司，井田面积近91.23平方公里，煤炭资源储量15亿吨，年设计产能1650万吨，职工2500余人，是全省煤炭资源整合中唯一做成做实的市级大型煤炭集团。近三年的资本运作和生产建设，靠市政府2亿元的注册资本金，目前，属于集团公司的资产已达到78亿元，增长了3倍多，确保了国有资产的大幅增值。

公司近期目标是：将15个煤业公司全部建设成质量标准化、本质安全型现代化矿井，实现年产量2000万吨，销售收入80亿元，上缴税金20亿元，企业利润10亿元。

公司中长期规划是：组建煤炭运销公司，实施煤、电、路、港一体化发展战略，完成煤炭发运站、电厂、铁路专用线、选煤厂和煤机制造等14个延伸产业链项目建设任务，形成煤焦、煤电、煤化、运销的产业布局，实现经济循环发展。同时，大力进行资本运作，借助资本市场的价值发现功能和放大效应，使公司得到跨越式发展，使集团公司成为忻州市最具实力的龙头企业，山西省最大的地方煤炭企业，跨入全国煤炭百强企业，力争进入前50名。

公司将时刻铭记企业的政治责任、经济责任和社会责任，秉承“科学发展、和谐共赢”的理念，追求员工、企业、社会、自然的和谐共荣，用更好更快的发展成果报效国家，奉献社会。

神达集团与山东龙矿集团合作签订会

原平工业园区

庆七一职工文艺晚会

2010年新建的栖凤煤业公司办公大楼广场

太原钢铁(集团)有限公司

【概况】 太原钢铁（集团）有限公司（以下简称“太钢”）是集铁矿山采掘、钢铁生产、加工、配送和贸易为一体的特大型钢铁联合企业和全球最大、工艺技术装备水平最高、品种规格最全的不锈钢企业。现已形成年产1000万吨钢，其中300万吨不锈钢的能力。目前，在中国企业500强中列第71位、中国制造业500强中列第27位。

太钢致力于不锈钢、特殊钢和高等级碳素钢的研究开发和生产加工，拥有雄厚的研发实力和可靠的质量保障能力。太钢技术中心在全国575家国家认定企业技术中心中排名第二。铁路行业用钢、双相钢、耐热钢、车轴钢、9%Ni钢等20多个品种国内市场占有率第一，产品远销80多个国家和地区。同时，太钢积极开展多元经营，能源资源、工程技术、金融、贸易、物流、房地产、医疗卫生等非钢业务快速成长。

太钢注重和谐发展，大力推进绿色经济、低碳经济，全力建设冶金行业节能减排和循环经济示范企业，重点能源环保指标行业领先，实现了钢厂与城市的和谐共融。

太钢先后获得“全国质量奖”，全国20家“最具社会责任感企业”、“全国自主创新能力行业十强企业”、“全国企业文化建设优秀单位”等荣誉，被中宣部和国务院国资委选树为全国九家国有企业改革发展典型之一。

【生产经营】 2010年，面对复杂多变的经营环境，太钢全体干部职工团结一致，砥砺奋进，实现了公司业绩稳定增长。全年产钢959万吨，同比增长1.37%，其中不锈钢272万吨，同比增长9.68%，继续保持全球第一。实现营业收入1115亿元，同比增长10.07%；实现利润25亿元，同比增长140.38%；实现利税42亿元，同比增长35.48%。

2010年太原钢铁（集团）有限公司主要财务指标

项目	2010年实际完成	2009年实际完成	2010年比2009年
盈利能力指标			
销售利润率	2.16%	1.04%	1.12%
总资产报酬率	4.07%	2.71%	1.36%
净资产收益率	5.13%	2.54%	-0.61%
偿债能力指标			
资产负债率	61.64%	63.12%	-1.48%
流动比率	87.21%	0.8	7.21%
速动比率	45.64%	0.39	6.64%
营运能力指标			
应收账款周转率	41.49次	57.90次	-16.41次
存货周转率	6.89次	5.71次	1.18次
资本保值增值率	108.76%	102.39%	6.37%

2010年太原钢铁（集团）有限公司主要经济指标完成情况

	计量单位	本年实际	上年实际	比上年增长(%)
甲	乙	1	2	3
一、工业产值				
工业总产值（现价）	万元	9657880	7183402	34.45
其中：新产品产值	万元	801492	992499	-19.25
销售产值（现价）	万元	9675882	7228418	33.86
其中：出口交货值	万元	732000	308316	137.42
工业增加值（收入法）	万元	1668153	1480590	12.67
二、主要产品产量				
铁矿石原矿	吨	19208776	19174337	0.18
烧结铁矿	吨	10927562	11238117	-2.76
生铁	吨	7760109	8176879	-5.10
粗钢	吨	9597210	9456139	1.49
其中：不锈钢	吨	2716392	2479705	9.54
坯材	吨	9317578	9061879	2.82
其中：不锈材	吨	2477042	2234028	10.88
焦炭	吨	2686622	2633731	2.01
铁合金	吨		5043	
三、销售及库存				
钢材销售量	吨	9293358	9056508	2.62
钢材库存量	吨	226352	258684	-12.50
钢坯销售量	吨	105935	122205	-13.31
钢坯库存量	吨	109950	119418	-7.93
产品销售率（实物）	%	100.88	100.76	0.12
产品销售率（价值）	%	100.19	100.63	-0.44
四、产品质量及物耗				
生铁一级品率	%	52.92	62.57	-9.65
炼铁原料矿石消耗	千克/吨	1624.24	1610.04	0.88
综合焦比	千克/吨	485.89	477.40	1.78
喷煤比	千克/吨	166.51	176.28	-5.55
粗钢钢铁料消耗	千克/吨	979.81	997.16	-1.74
生铁消耗	千克/吨	833.74	866.59	-3.79
废钢消耗	千克/吨	146.07	79.49	83.76
转炉炉衬寿命	炉	10838.88	13483.86	-19.62

续表

	计量单位	本年实际	上年实际	比上年增长(%)
电炉冶金综合电耗	千瓦时/吨	431.34	371.65	16.06
钢材质量等级品率	%	70.26	65.52	4.74
钢材质量优等品率	%	29.40	22.39	7.01
锭坯至材综合成材率	%	93.55	93.91	-0.36
五、能耗				
能源消耗总量	吨标煤	5334528	5403828	-1.28
万元产值能耗	吨标煤/万元	0.55	0.75	-26.35
吨钢综合能耗	千克标煤/吨	555.84	571.46	-2.73
吨钢可比能耗	千克标煤/吨	510.86	521.46	-2.03
六、劳动工资				
全员劳动生产率（现价总产值）	元/人·年	2380841	1727859	37.79
全员劳动生产率（工业增加值）	元/人·年	411230	380928	7.95
年末全部从业人员	人	40091	41172	-2.63
全部从业人员平均人数	人	40565	41574	-2.43
全部从业人员工资总额	万元	214600	205075	4.64
七、固定资产投资				
本年固定资产投资完成额	万元	404694	389425	3.92
八、安全环保				
千人负伤率	‰	0.10	0.192	-0.09
千人工亡率	‰	0.06	0.016	0.04
死亡人数	人	4	1	
工业废水排放处理率	%	100	100	0
工业废气排放处理率	%	100	100	0
九、外经外贸				
出口创汇率	%	7.57	4.27	3.30
钢铁产品出口额	万美元	108349	45159	139.93
钢材	万美元	108349	45159	139.93
其中：不锈材	万美元	91749	29191	214.31
钢坯	万美元			
钢铁产品出口量	吨	581088	398087	45.97
钢材	吨	581088	398087	45.97
其中：不锈材	吨	322864	134617	139.84
钢坯	吨	0	0	

【钢铁主业】 重点项目加紧实施。太钢无缝钢管、精密带钢、径锻机工程竣工投产，分别形成年产5万吨不锈钢及高合金无缝钢管、2万吨高强度精密带钢、10万吨高等级特钢型材的能力，为太钢产品结构的进一步优化创造了条件。新烧结机投入运行，2×300兆瓦发电机组并网发电，有效提升本部的配套能力和节能减排水平。天津太钢天管公司不锈钢二期扩建工程2011年有望投产，焊管项目一期工程正在推进，将形成年产40万吨冷轧不锈钢板和45万吨焊管的能力，太钢沿海制造基地和出口基地初具雏形。

兼并重组稳步推进。按照国家及山西省钢铁产业政策要求，推进整合山西省钢铁企业工作，先后组织洽谈并推进太钢并购重组山西海鑫钢铁集团有限公司、山西中宇钢铁有限公司、山西美锦钢铁有限公司等相关工作。与中钢集团公司及中钢钢铁有限公司签署战略合作意向书，进一步推进了山西中宇钢铁有限公司的并购重组步伐；10月31日，太钢与山西美锦钢铁公司正式签订委托经营管理合同，抽调管理、技术和操作人员进驻美锦钢厂全面启动生产准备工作，实现了渐进式重组业务模式的创新。

【资源战略进展】 自有矿山开发加快推进。太钢袁家村铁矿项目在资源整合、征地、施工等方面取得了较大进展，预计2011年下半年可部分投产。尖山铁矿、峨口铁矿扩建项目已发挥功效，进入接续工程。

海外资源开发取得新成效。太钢与中国有色集团正式签署合同，共同投资开发缅甸镍资源，竣工投产后，每年可供高品位镍铁8.5万吨。土耳其铬矿合资公司治理结构明显改善，现已实现稳定供货，产能翻番，收益逐步显现。

参与山西省内煤炭资源开发有新突破。太钢煤钢联能源开发公司控股的蒲县煤矿项目预计2011年可投产出煤，形成年产120万吨主焦煤的能力。晋煤太钢能源公司的临县煤矿项目已获山西省发改委批准，具备前期开工条件，建成后将形成年产600万吨优质煤的能力。

【多元产业】 太钢整合内部优势资源，成立太钢工程技术有限公司，在工程技术总包、工程项目管理、计算机软硬件及网络系统研发、冶金新产品新材料推广应用等方面，向社会提供高附加值、高层次、知识型的综合服务，培育太钢新的效益增长点。与山西明盛公司共同出资组建钢盛房地产开发公司，依托太钢的品牌、资本、资源、技术优势，实施社会化房地产开发，已经起步。太钢花园国际大酒店文体活动中心初步建成，休闲中心招商引资已确定合作方，五星级酒店的综合服务功能进一步完善。设立了新材料事业部，积极抢占新材料产业发展制高点，在新兴产业培育上已开展项目寻源。

【绿色发展】 一批节能减排项目陆续投产。太钢建设的不锈冷轧废混酸再生项目每年可回收HF 1.45万吨、HNO3 1.24万吨，节约石灰2.5万吨，减少污泥外运量2.3万吨，回收金属氧化粉7770吨；烧结烟气余热回收发电项目每年可回收环冷机余热8.6万吨标煤，发电2.2亿度；烧结机烟气脱硫脱硝制酸项目每年可减少SO2排放1.4万吨，减少NOX排放2400吨，可制备98%的浓硫酸2.2万吨；高炉矿渣超细粉项目可年产矿渣超细粉120万吨；废钢加工提质项目、液态渣扬尘治理项目也都先后投产。

在建项目加紧推进。太钢冶金除尘灰资源化项目进展顺利，投产后每年处理含铁尘泥42万吨、回收金属32万吨。冶金伴生物开发项目已同美国公司正式签约，利用钢渣、尾渣等，开发农用肥料和草坪肥料、钢渣超细粉、炼钢炉料、水泥添加剂。节能减排绩效进一步提升。为上海世博会山西馆提供了外墙用粉煤灰砖，受到好评。主要节能环保指标继续保持国内领先、国际一流水平。荣获“全国绿化模范单位”称号，成为冶金行业绿色发展的排头兵。

【创新工作】 技术创新平台得到拓展。太钢投资1.7亿元的中试基地投入使用，已完成试验300余批次，取向硅钢的中试取得重大进展。先进不锈钢材料国家重点实验室建设计划通过科技部专家论证，实验室建设进入实施阶段。

产品开发取得突出成绩。太钢新开发出一批市场有需求、附加值高、效益好的产品。双相不锈钢品种开发量超过1万吨，创历史新高，全面替代进口；T4003实物质量达到国际先进水平，国内市场占有率95%以上；汽车排气系统用超纯铁素体不锈钢销量突破14万吨，市场占有率70%以上；核电用不锈钢销量超过6000吨，成为国内目前唯一可向二代半核电项目成套提供核级奥氏体不锈钢材的企业；高牌号、高磁感冷轧硅钢销量突破15万吨，连续四年保持国内第一；低温压力容器用9%Ni钢销量超过8000吨，完全替代进口；高强韧热轧卷板实物质量达到国际先进水平，销售35万吨；车轴钢、车轮钢、管线钢开发也取得新成绩。

【职工生活】太钢投资8亿多元用于改善民生，职工的薪酬福利、住房条件及医疗条件进一步改善。

不断提高职工收入水平。2010年，太钢职工人均年收入比上年增长5%。提高内退人员实际生活费，人均每月增加215元。提高病伤残等不在岗职工生活费，人均每月增加170元。为离休人员增发生活补贴，人均每月增加288元。提高工伤人员伤残津贴标准，人均每月增加134元。提高离退休、内退职工冬季取暖补贴标准，在原有基础上实现翻番。进一步优化薪酬结构，逐步缩小收入分配差距，提高了低收入群体的收入水平。

加快改善职工居住条件。太钢补贴土地出让金、补贴物业管理费用上亿元，为职工新建和拆迁改造了一批职工宿舍小区，改善了职工住房条件；同时，力争把一些老的职工宿舍区改造项目纳入太原市保障性住房重点工程。结合2×300兆瓦发电机组投产运行，投资1亿多元对周边地区低真空供热系统进行改造，为800万平方米的住宅提供优质过冬热源，使该地区的供暖得到明显改善。对一些职工宿舍区环境设施进行美化优化。发动职工群众积极参与争创“文明单元”、“文明楼座”、“文明宿舍”活动，极大改善了职工居住软环境。

继续改善职工就医条件。太钢职工总医院进入“三甲医院”，成为山西医科大学附属医院。以此为契机，太钢投资2亿元，为总医院新建一座拥有1000张病床的综合住院大楼，把总医院办成山西省内规模较大、服务一流的综合性医院。同时，改善部分社区卫生中心和服务站设备、设施条件，方便职工就医。

投入3000多万元，用于全员健康体检、困难职工救助、金秋助学等惠民工作。

【公司治理结构】本公司设立董事会和监事会，按照《公司法》的规定行使各自职责，实行董事会领导下的总经理负责制。截至2010年12月31日，太钢集团所属二级全资及控股子公司23户。与2009年相比合并范围无变动。

【社会责任】切实履行社会责任。太钢向玉树灾区等爱心捐款438万元；组织人力、物力积极参与王家岭煤矿透水事故抢险；向西南旱区捐赠9万瓶矿泉水；继续实施“金秋助学”，荣获“山西省慈善突出贡献企业奖”、“山西希望工程20年特殊贡献奖”。股份公司发布第二份可持续发展报告，全面展示了在经济、社会、环境等方面履行社会责任的绩效，展现了太钢可持续发展能力。

加强与民众的沟通。太钢举办“公众参观日”活动，邀请社会各界群众走进钢城，感受发展，赢得了广泛赞誉。“公众参观日”活动已安排3700余位市民参观。进一步办实办好“在线倾听”网络互动平台，通过对职工群众网络留言的公开发布和回复，促进了职工宿舍区供暖、基层管理漏洞、领导干部作风等热点问题的解决，展示了太钢民主、开放的形象，促进了和谐企业建设。

山西焦煤集团有限责任公司

【概况】　山西焦煤集团有限责任公司(以下简称“山西焦煤”)组建于2001年10月，是我国煤炭行业首家以资产为纽带重组设立的煤炭大集团，是全国最大的炼焦煤生产企业和炼焦煤市场的主供应商。公司下设西山煤电、汾西矿业、霍州煤电、华晋焦煤、山西焦化、煤炭销售、国际发展、国际贸易、投资公司、财务公司等11个子分公司，拥有西山煤电和山西焦化两个A股上市企业。

公司是以煤炭开采洗选、发电、焦炭化工、物流贸易为主业，兼营建筑建材、机电修造、民爆化工、煤层气开发利用等产业的多元化大型企业集团。现有六大主力生产和建设矿区，地跨山西省7个地市的24个县，下辖99座煤矿（其中新增整合煤矿67座）、28座洗煤厂、5座焦化厂、7座坑口综合利用电厂、8座煤层气及余热气电厂、3座水泥厂、168个新产业生产厂（公司）。

【主要经济指标】　2010年，山西焦煤全力抓安全生产、资源整合、经营调控和市场营销三件大事，全面铺开八项改革发展重点工作，形成了百座煤矿生产建设格局，实现了销售收入过千亿元，原煤产量跨亿吨的“双亿”跨越。全年完成原煤产量10129

万吨，同比增幅25.38%；精煤产量4033万吨，同比增幅16.04%；商品煤销售量8031万吨，同比增幅21.7%；发电量59.3亿度，同比减幅0.42%；焦炭产量705万吨，同比增幅177.37%；销售收入1057亿元，同比增幅36.47%；利润51亿元，同比增幅24.83%。

2010年山西焦煤主要经济指标完成情况表

指标	单位	2010年实际	2009年实际	增减额度（+、-）	增减幅度（%）
一、主要经济指标					
现行价工业总产值	万元	6793888	4726534	2067354	43.74
工业增加值	万元	2959493	1757363	1202130	68.41
原煤产量	吨	101290034	80788432	20501602	25.38
精煤产量	吨	40328989	34755356	5573633	16.04
发电量	万千瓦时	592718	595240	-2522	-0.42
焦　炭	吨	7051187	2542133	4509054	177.37
二、主要技术指标					
炼焦精煤综合产率	%	51.45	56.78	-5.33	-9.39
原煤全员效率	吨/工	7.17	6.55	0.62	9.50
采区回采率	%	83.08	83.06	0.02	0.02
百万吨死亡率	人/百万吨	0.049	1.16	-1.111	-95.78
三、主要经营指标					
销售收入	万元	10572891	7747572	2825318	36.47
利润总额	万元	511181	409518	101663	24.83
实现税费	万元	1282390	990565	291825	29.46
在册平均职工人数	万元	178321	160528	17793	11.08
在册职工工资总额	人	1146171	868925	277246	31.91

2010年山西焦煤分行业收入情况表

单位：亿元

行业	2010年	2009年	增加额	增幅	2010年比重	2009年比重	比重差
一、煤炭行业	489.77	370.89	118.87	32.06%	46.32%	47.87%	-1.55%
二、非煤行业	567.52	403.89	163.63	40.51%	53.68%	52.13%	1.55%
1、电力行业	18.09	12.90	5.19	40.23%	1.71%	1.67%	0.05%
2、焦化行业	146.49	45.03	101.46	225.32%	13.86%	5.81%	8.04%
3、机制机修	4.41	0.20	4.21	2105.00%	0.42%	0.03%	0.39%
4、建筑建材	14.25	13.25	1.00	7.55%	1.35%	1.71%	-0.36%
5、贸易服务	362.49	318.20	44.29	13.92%	34.28%	41.07%	-6.79%
6、其他	21.79	14.31	7.48	52.27%	2.06%	1.85%	0.21%
合计	1057.29	774.76	282.53	36.47%	100.00%	100.00%	0.00%

【财务状况】 2010年末山西焦煤资产总额1255.17亿元，比年初1008.11亿元增加247.06亿元，增幅24.51%。负债总额819.96亿元，比年初647.85亿元增加172.11亿元，增幅26.57%，占资产总额的65.33%。所有者权益合计435.2亿元，比年初360.27亿元增加74.93亿元，增幅20.8%，占资产总额的34.67%。

2010年，山西焦煤成本费用总额1006.48亿元，较2009年732.39亿元增加274.09亿元，增幅37.42%。其中：销售成本850.8亿元，同比增加227.37亿元，增幅36.47%；三项期间费用139.01亿元，同比增加41.84亿元，增幅43.06 %；营业税金及附加13.09亿元，同比增加2.9亿元，增幅28.46%。

2010年，山西焦煤主营业务销售毛利197.15亿元，同比增加54.41亿元，增幅38.12%。其中：煤炭行业实现销售毛利185.77亿元，占比94.23%，同比增加50.05亿元，增幅36.88%。非煤行业实现销售毛利11.38亿元，占比5.77%，同比增加4.37亿元，增幅62.34%。

2010年山西焦煤现金流入总额1223.4亿元，同比增加280.06亿元，增幅29.69%。现金流出总额1221.14亿元，同比增加325.15亿元，增幅36.29%。现金净流量2.26亿元。

2010年山西焦煤国有资本及权益311.27亿元，2009年 269.79亿元，扣除客观增减因素后，资本保值增值率为115.35%。

2010年山西焦煤资产增减变动表

单位：亿元

项 目	年初数	年末数	增减额	增减率
货币资金	188.70	191.14	2.44	1.29%
应收票据	76.74	114.47	37.73	49.17%
应收账款	46.94	48.35	1.41	3.00%
预付款项	56.44	44.38	-12.06	-21.37%
其他应收款	99.76	152.91	53.15	53.28%
长期股权投资	26.50	15.43	-11.07	-41.77%
固定资产净额	286.79	386.21	99.42	34.67%
在建工程	118.06	140.04	21.98	18.62%
无形资产	39.36	47.37	8.01	20.35%

2010年负债及所有者权益增减变动表

单位：亿元

项目	年初数	年末数	增减额	增减率
一、负债				
短期借款	88.45	75.76	-12.69	-14.35%
应付账款	136.68	181.45	44.77	32.76%
预收款项	69.18	78	8.82	12.75%
应付职工薪酬	59.73	69.46	9.73	16.29%
应交税费	15.03	15.24	0.21	1.40%
其他应付款	65.21	98.82	33.61	51.54%
应付票据	10.06	25.62	15.56	154.67%
长期借款	98.42	114.23	15.81	16.06%
应付债券	86.57	126.65	40.08	46.30%
其他长期负债	2.76	3.52	0.76	27.54%
二、所有者权益				
实收资本	133.74	133.74	0.00	0.00%
资本公积	26.76	31.40	4.64	17.34%
未分配利润	30.54	57.10	26.56	86.97%
母公司所有者权益	269.79	311.27	41.48	15.37%
少数股东权益	90.47	123.93	33.46	36.98%

【改革发展】

1. 安全管控有力有效，安全生产形势明显好转。积极探索安全生产的治本之策，创新推出“321”安全工作制度，全年共召开安全办公例会26次，组织各联点包片组活动165次，督查督导基层单位149家，共督查各类安全隐患1524条，起到了有效的监管、保障作用。严格执行安全红线和安全问责“双三十条”制度，扎实推进“法定代表人安全生产承诺制”，促进了各级安全责任制的落实。

全年重点围绕瓦斯治理、矿井防治水、防灭火、机电提升运输等专业开展了安全示范矿井建设。全面推行高瓦斯矿井区域性预抽，年内12座高瓦斯矿井全部抽采达标，瓦斯超限次数由2009年的936次下降至296次，降低了68.38%。深刻吸取“3•28”事故教训，集中开展矿井防治水专项整治活动，组建专业化防治水队伍67个，严格执行“有掘必探，有采必探，有疑必钻”工作方针，杜绝了同类事故的发生。加快矿区供电系统和机电运输装备改造升级，确立并主抓了10项机电运输安措工程建设。

全面加强安全管理，启动安全生产“四个按钮”。一是严格规范领导带班下井制度，把领导带班下井作为了转变作风、密切干群关系的重要抓手；二是推广“手指口述”安全操作法，共组织各级各类竞赛100余场次，促进了职工标准化作业行为的养成；

2010年山西焦煤现金流量增减变动表

单位：亿元

项　目	2010年	2009年	增减额	增减率
一、经营活动产生的现金流量：				
经营活动现金流入	993.17	760.73	232.44	30.55%
经营活动现金流出	888.45	651.43	237.02	36.38%
经营活动产生的现金流量净额	104.72	109.29	-4.57	-4.18%
二、投资活动产生的现金流量：				
投资活动现金流入	4.09	2.13	1.96	92.02%
投资活动现金流出	148.36	147.62	0.74	0.50%
投资活动产生的现金流量净额	-114.27	-145.49	31.22	-21.46%
三、筹资活动产生的现金流量：				
筹资活动现金流入	226.14	180.48	45.66	25.30%
筹资活动现金流出	184.33	96.94	87.39	90.15%
筹资活动产生的现金流量净额	41.82	83.54	-41.72	-49.94%

三是落实班组长素质准入管理办法，带动班组建设水平不断提高；四是开展应急预案现场演练101场次，参演17600人次。开展地面安全质量标准化建设，扎实推进安全隐患集中治理工作，实现了地面安全管理水平的同步提高。

整肃劳动组织纪律，加强职工教育培训。全年共清退外包队伍30个，开展各级各类培训教育27万人次，投入培训资金1.59亿元，建立安全教育培训档案18.9万份。全面开展基层基础工作，组织开展了“外学白国周、内学杨晓敏”活动。

2.生产组织科学合理，工业产能全面达产达标。立足于优化矿井生产系统，合理生产布局，积极推广建设“一井一面”矿井，全员工效由2009年的6.551吨/工上升到7.26吨/工。加大装备投入和核心技术改造力度，共有6座矿井达到400万吨/年以上的生产规模。大力推进开掘工作上水平，积极开展万米掘进队伍建设，全年共建成万米综掘队2个，6000米综掘队21个。

积极推进资源整合兼并重组工作，共整合地方煤矿169座，整合为69座，新增井田面积657平方公里，地质储量59.27亿吨，规划产能7086万吨/年，圆满完成省政府下达的“五个百分百”目标任务。建立资源整合领导组月度例会制度，实施“确认、拆关、派人、加快”八字工作方针，明确整合重组董事长负责制，对进度、目标、任务层层签订责任状，确保了整合重组工作的积极稳妥推进。组织召开资源整合现场推进会，大力推广霍州煤电木瓜矿、店坪矿的典型经验，为整合矿井安全、高效、绿色发展奠定基础。

大力实施“精煤战略”，强化煤炭洗选、储装运能力建设和存量入洗能力挖潜，原煤入洗率达到72%以上，同比增加2个百分点，精煤产量首度突破4000万吨。

开展电力产业专业化管理、程序化运行、系统化考核，加快焦化产业新项目投产运行，新产业系统加快产业整合，盘活内部资源，全年新产业系统实现销售收入100亿元，利润同比减亏1.23亿元。

高度重视环境保护和节能减排工作。全年万元产值综合能耗1.93吨标煤，二氧化硫和化学需氧量排放量分别降至12747吨和1142吨。

3.经济运行管控有力，各项经济指标再创佳绩。不断加强计划投资、费用预算、工资奖金分配、资金预算管理四项工作，定期组织召开经济运行分析会议，确保了经营调控的质量和效果。全面加强财务经营审计工作，全年可控费用同比下降7.9亿元，留存发展储备资金及工资储备资金84亿元。积极调整融资结构，降低融资成本，二期40亿元中期票据的成功发行可节约财务费用2亿余元。对五项重点监管指标进行月度打分、排名、点评，有力促进了经济总量的快速增长。

对山西焦化实行超常规、超严格、超精细的“三保一促”措施。成立“三保一促”领导组，指导协调山西焦化调整产品结构、优化经济配煤、严格费用支出，内部挖潜、提质提效。在原料煤供应、资金支持方面出台多项优惠政策，将焦炭销售纳入统一销售大平台，全面实行煤种、合同、拉运“三优先”措施，全年焦炭产销率达到100%。

围绕“三稳”、“三保”目标开展运销市场调研和业务调整，全年铁路用户数从293户压缩至263户，合同量与资源量比例保持在1.49:1，煤炭产品综合平均售价达到767.6元/吨，同比增加120.84元，全年增收91亿元以上。加强煤质管理，建立健全三级质量管理体系，商品煤稽查率达到100%，合格率保持在94%以上。积极探索多种所有制矿井煤炭统一销售模式，华晋焦煤吉宁矿率先实现销售票据统一领取、使用。

积极推动物流贸易产业发展，开展煤钢、煤焦、煤矿石互保业务，实现贸易主体与销售市场主体的全面对接。推行销售贸易一体化管理，三个贸易公司进入销售总公司日常运营，形成统一洽谈、自主衔接的销贸互保机制。国际发展、国际贸易、香港公司全年实现营业收入415亿元，为“千亿焦煤”跨越作出了突出贡献。国际贸易与舟山港务局合作开发的海运项目，成为集团公司“煤港”战略发展的突破口。

4.企业发展提速升温，转型跨越迈出实质性步伐。加大重大项目和重点工程推进力度，离柳矿区和西山矿区总体规划顺利批复，14宗资源接替项目取得实质性进展。全年下达重点工程建设和项目66个，完成投资117亿元，除王家岭项目外，列入省重点工程名录的项目全部完成计划投资。

全面开展“十二五”发展规划编制工作，按照“五建设”、“五翻番”、“五转型”的总体目标要求，多方调研，反复论证，形成15个特色产业和循环经济工业园区、65个重点项目，包括6个骨干支撑项目的总体发展框架，勾画了山西省品牌支柱企业、中国一流能源企业、全球五百强企业发展的蓝图。

加快对外交流与合作，先后赴宝钢集

团、陕煤集团学习调研煤化工技术、管理等方面的先进经验，与吕梁市政府、陕西煤业签订合作框架协议。与神华集团沟通、交流，形成了合作开发3000万吨煤焦化循环经济一体化项目的意向。

加强科技创新工作力度，积极推进沿空留巷、Y型通风等先进实用技术研究，组织并通过了煤炭工业协会14项科技成果鉴定，7项科研项目获得煤炭工业协会颁发的技术奖项。与武汉理工大学建立校企合作关系，围绕四大课题开展技术研究和成果应用，形成产学研一体化的技术创新格局，集团公司被国家人力资源和社会保障部批准成立博士后科研工作站。

学习借鉴晋煤集团管理经验，明确了“组织结构扁平化、煤业经营板块化、非煤产业专业化、要素配置科学化”的体制机制改革方向。先后设立焦化产业发展局、质量管理与监督服务中心、整合矿井销售管理与监督服务中心，在技术中心、新闻中心实行了集团设中心、子公司设分中心的管理运行体制，推动了资源共享、业务整合和专业化发展。重组设立公共事业发展公司，推进公共事业的专业化服务、产业化发展，霍州煤电完成了对矿区物业管理资源的整合。

【法人治理结构】

山西焦煤在公司治理结构和职权定位上，形成了三个中心的管理运行机制，即集团公司是资本运营中心，主要职责是战略决策管理和投融资管理，行使重大决策权、资产受益权和经营者选择权；子分公司是利润中心，主要职责是围绕集团公司制定的战略规划目标，自主经营，不断提高经济增长的质量和效益；各矿、厂单位是成本中心，主要职责是围绕子分公司利润目标的实现，抓好生产组织，抓好安全管理，抓好过程控制，实现产出投入比的最大化。

【领导班子成员名录】

白培中	董事长、党委书记
金智新	副董事长、党委常委、总经理，兼西山煤电集团公司董事长、党委书记
高斌旗	党委常务副书记、纪委书记
潘得国	董事
李建胜	董事、党委常委
张树茂	董事、总会计师，兼财务公司董事长
申晋鸣	副总经理
李东刚	副总经理
邓保平	董事、党委常委、工会主席
杨根贵	董事、党委常委、副总经理
游　浩	董事、党委常委、总工程师
王绍进	副总经理
李堂锁	党委副书记
曹耀丰	副总经理，兼霍州煤电董事长、党委书记
曲剑午	副总经理，兼煤炭销售总公司总经理
廖拴柱	副总经理，兼公共事业发展公司经理
翟　红	董事，兼任汾西矿业集团公司董事长、党委书记
薛道成	党委常委
胡文强	副总经理

山西国际电力集团有限公司

【概况】 山西国际电力集团有限公司（以下简称“集团公司”）于1989年1月经山西省人民政府批准成立，是代表省政府进行电力投资、建设和经营的电力企业，是占有发电和配电两端市场、控股上市公司和金融机构、集生产经营和资本运营于一体的特大型集团公司。

集团公司致力于传统能源新型化和新兴能源规模化，逐步形成了以电力和燃气为核心、以金融和投资为支撑的产业格局。发电产业涉及火电、水电、风电以及生物质能发电等，率先建设了山西省第一座风力发电厂、第一座大型并网光伏电站和第一座生物质能发电厂。配电产业负责山西12个县级电网的建设运营，供电区域为2.3万平方公里，占山西省15%国土面积。燃气产业拥有横穿河东煤田7个煤层气区块，途经37个县区，总长度1500余公里的省级煤层气主管网，实施了CNG、LNG、焦炉煤气甲烷化、燃气发电以及城市燃气等一批大型燃气综合开发利用项目。控股经营山西金融租赁有限公司，参股了晋商银行、山西证券、山西信托、中国光大银行，同时投资了水务、置业物流等领域，培育了一批新技术、新材料的拟上市公司。

集团公司现行三级管理体制。总部设6个管理部门，分别为：集团工作部、财务部、人力资源部、产业管理部、投资管理部、法律审计部，即战略管理中心、投融资管理中心、人力资源管理中心；下设通宝能源、发电、配电管理、金融租赁、资产管理、燃气公司、置业公司、投资公司等8个二级公司，为运营管理中心；全资或控股的46个发、配电等三级公司，为利润中心。集团公司注册资本金60亿元人民币，共有员工7805人。

【主要经济指标】 2010年，集团公司权益装机容量为390.57万千瓦（含在建）；集团公司控股机组全年完成发电量82.1亿千瓦时，配电企业完成售电量48.56亿千瓦时，同比增加20.71%；全年实现主营业务收入49.09亿元；实现利润4.70亿元。完成了省国资委下达的经营目标。

注：经过2007年的重组，集团公司的资产总额、控股机组容量及发电量均有所减少。

截至2010年底，集团公司总资产达到188.75亿元，净资产104.50亿元，实现销售收入49.09亿元、利润4.70亿元。权益发电装机容量为390.57万千瓦（含在建）。

【产业发展及重点工作进展】

1. 多元产业竞相发展。集团公司将加快发展作为首要任务，投资方向逐步由单一电力产业向综合能源产业转变，投资手段逐步由基本依赖项目开发向项目开发和并购重组并重转变，投资方式逐步由简单关注单个项目向延伸产业链条转变，投资体制逐步由主要依靠集团公司向激发二级公司活力转变，经过艰苦努力，集团公司基本形成了以电力和燃气为核心，投资和金融为支撑的产业格局。

2005年～2010年间主要经营目标完成情况

年　度	资产总额（亿元）	控股机组容量（万千瓦）	发电量（亿千瓦时）	配网售电量（亿千瓦时）	主营业务收入（亿元）	利润（亿元）
2005	220	273	149	25.80	43	5.90
2006	260	395	187.46	30.80	50	8.50
2007	172.40	148.88	162	34.50	54.87	8.78
2008	157.60	147.08	83.21	38.72	39.90	4.69
2009	157.14	141.58	76.68	40.23	39.44	4.39
2010	188.75	141.58	82.10	48.56	49.09	4.70

文水、交城电源项目取得核准前全部基础文件，进入国家发改委审批流程；平遥项目抓紧办理电网接入手续；兴县电厂具备进入国家规划条件；光伏发电项目建设按计划推进；蒲县生物质发电项目投产；平鲁一期、右玉一期扩容项目、平鲁二期项目获得核准；启动高炉尾气发电、干熄焦余热利用等项目。全年核准电网建设项目58项，临县220千伏变电站二期等4项工程建成投运。经省政府授权，集团公司正式成为我省“四气”产业一体化开发利用市场主体之一，获准建设贯穿河东煤田7个煤层气区块，途经38个区县，总长度1500余公里的省级煤层气输气主管网；全年共有24个项目获得省发改委同意前期工作批复，9个项目获得核准；开工建设了一批输气管线项目；朔州年产40亿立方米煤制气项目通过省内评审，上报国家能源局申请开展项目前期工作；加大对下游市场地方燃气企业的整合力度。兴县水务项目获得核准；煤炭物流开始运营；山西中部物流园区项目启动；清徐千万吨级战略装车基地完成重组。金融租赁资产规模超过10亿元，业务规模实现翻番，融资渠道初步打开，风险管控能力进一步提升。太原高新区总部基地项目、晋阳街商业开发项目、阳泉房地产项目正式启动。完成恒泰制动器项目股权收购及30万件高碳低合金汽车轮毂技术改造。集团公司参股金融资产投资价值大幅跃升，随着光大银行和山西证券的成功上市，获得了数倍的投资增值。与中石油、中海油、中国铝业、吕梁市、临汾市、朔州市、太原科技大学、太原理工大学签署合作协议。组织并编制完成集团公司“十二五”发展规划及各二级公司2010至2012年“三年发展规划”。

2.完善基础管理手段。按照全面客观、不断进步的原则，在控股公司中推行了星级评价办法，在参股企业中推行了等级评价制度。引入平衡计分卡战略管理执行工具，并以此为龙头，充分整合原有的全面预算管理、对标管理、星级评价等管理手段，层层分解，权责明晰，成为支撑和保障集团公司“十二五”整体战略目标实现的主要控制措施，也是今后集团公司考核各二级公司业绩的主要奖惩依据。全年完成了集团公司、6个职能部门、8个二级公司和43个三级公司的战略图和计分卡开发工作，具备了应用实施的条件。通过强化基础管理，各分、子公司经营业绩有所提高，地电股份、阳光发电、天桥水电等公司营业利润取得了一定的成绩。

3. 创新管理体制机制。根据战略发展需要，通过不断调整，基本确立了集团公司、八个二级产业公司、各三级企业的管理架构。集团公司重点推进了投资管理机制的创新，整合流程、规范审批、服务发展、放权增效，从各公司三年规划入手，建立起统领全局的发展目标。通过股权划转、有效授权、机制更新和流程优化，明确划分各级职责，充分激发二级公司的工作积极性和主动性，着力将各二级公司打造成为能够担当起集团公司发展重任的产业管理中心，培育成真正的市场主体和竞争主体。在此基础上，集团公司通过指导、跟踪、协调、考核，初步形成了上下互动、高效协作、流程简明、决策迅速的良性工作机制。

4. 积极推进资本运作。根据整体发展战略规划，对管理架构进行了适当调整，突出了控股上市公司通宝能源作为集团公司资本运作平台和整体上市战略实施载体的地位和作用，以充分发挥资本市场的融资功能和放大效应，逐步将集团公司优质资产注入上市公司，推动实现集团公司资产资本化、资本证券化进程。2009年快速启动了将地电股份整体注入通宝能源的重大资产重组项目，完成标的资产审计评估、国资委审核备案、项目方案编制报送等工作。本次重大资产重组，通过定向发行股份，集团公司持有通宝能源的总股本将由8.73亿股增至11.46亿股，持有的股份将由48.38%上升为60.70%。

5. 强化人力资源支撑。进一步加强高管人员管理，从班子职数控制、任职交流、年薪制管理、履职考核、培训教育、廉洁从业、提高执行力、严格问责等八个方面提出了从严管理的要求。加强高管人员选拔任用工作，进一步树立了重品行、重实绩、重公论、重基层的选人用人导向。建立“民主公开、群众公认，注重实绩、定量考核与定性评价”相结合的高级管理人员多维度考核评价体系，完成了87名高管人员的年度考核工作。出台了《专业技术人才和岗位技能人才管理办法》，拓宽了专业技术人才和岗位技能人才的选拔任用渠道。实行全员教育培训档案管理和学分制管理，先后举办第二期后备高级管理人员培训班、高级管理人员集中培训、自主选学和财务人员业务轮训等培训活动，不断强化人力资源支撑，适应集团公司快速发展的需求。

6. 提升资金管理水平。完成资金集中管理系统的建设，资金平台实现资金的上收归集及下拨支付，资金集中收支工作运行正常，既有效提高了资金的使用效率，又降低了财务费用。全面预算管理模式渐进成熟和完善，编制、执行、控制、考核等各个环节的工作水平逐年提升，成本费用控制取得明显成效。获批发行短期融资券和中期票据各15亿元，分别发行8亿元，通过债务性金融产品的调整，优化了筹资结构，降低了财务费用，同时解决了银行借款资金用途受到限制的问题，有效满足了集团公司项目投资的资金需求。

7. 进一步加强管控监督。围绕集团公司工作重点，严格审计监督和法律审查，提升风险管控意识。对各分、子公司及部分参股企业50个项目实施了审计，在财务检查的基础上重点加强了招投标管理、工程管理及工程结算、原材料采购、资金管理、资产购置与处置等重要领域和关键环节的监督，提出了整改建议，改善了经营管理，降低了成本费用。引入全面风险管控理念与方法，对包括集团本部在内的12个单位进行了全面风险测评，明晰了3大领域32类181件重大风险事件，形成了改进建议报告。开展法律审查、创新普法形式、规范制度建设，初步实现了对风险的事前、事中、事后的全过程和全方位的监督管控。

8. 完成信息化一期工程建设。围绕集团发展战略，按照“统一规划、分步实施”的原则，通过两年的建设，已经搭建起信息化基本架构。应用平台方面，先后完成了基础网络平台、数据中心平台、集团级视讯应用平台、信息安全体系以及IP电话的建设工作。应用系统方面，财务核算、全面预算、资金管理、人力资源、协同办公、工程管理、移动办公、邮件系统、统计报表、集团门户完成上线运行。形成了“有效管控、快速部署、信息共享”为特点，集数据、语音、视频等多种业务应用的立体化信息系统，为集团公司强化管理、提升效率提供了支撑。

9. 高度重视安全管理。按照“完善制度、落实责任、监督到位”的总体思路，完成了安全规程修编和应急预案修订，安全管理基础进一步夯实，保持了良好的安全生产局面。集团公司召开了继续深入开展“安全生产年”活动动员大会。天桥大坝除险加固工程安全度汛事关下游几十万群众的生命财产安全，按照“一切服从安全度汛”的原则，立足于防大汛、抢大险，制定并严格落实应急抢险疏散预案，加强安全隐患排除，采取了一系列积极有效的防范措施，安全度过了汛期。根据电监办安排，组织完成了“吕梁西部电网2010年迎峰度夏联合应急演练”活动。“3·28”王家岭煤矿透水事故发生后，集团公司有关单位迅速行动，圆满完成了安全保电任务。

【加强党建和企业文化建设】 召开了集团公司第一次党代会，明确了今后五年的发展目标，选举产生了新的集团党委和纪委班子。组织开展创先争优和学习型党组织建设活动。进一步加强作风建设，努力营造干发展、抓转型、促跨越的氛围。开展企业文化理念宣贯系列讲座，举办了职工书法摄影竞赛。积极参展第三届能博会，承办了晋电外送专题论坛和地电论坛。纪委认真开展“反腐倡廉制度建设年”活动，深入推进工程建设领域突出问题专项治理、“小金库”专项治理和廉政风险防控等工作。工会利用多种形式推进企务公开工作，组织开发了“企务公开网络公开系统”并正在逐步推行；组织了龙舟赛和广播操比赛，活跃了员工文化生活。

【全力开展王家岭透水事故抢险保电工作】 2010年3月28日13时40分，正在建设中的中煤山西乡宁王家岭煤矿发生透水事故，153名施工人员被困井下，生死未卜。

王家岭煤矿“3·28”透水事故发生后，地电乡宁分公司经理谢国荣立即放下春检工作，于16时28分第一时间赶到事故现场，并集结全部员工迅速从春检作业现场转入事故抢险保供电工作。事发当天，远在外地出差的集团公司董事长常小刚闻讯，电话指示地方电力公司，采取有力措施，调动一切力量，倾全力确保抢险救援供电工作。

在这场王家岭煤矿“3·28”透水事故抢险救援中，集团公司以高度的责任感和快速反应的行动能力，上下齐心，全力以赴，先后出动30余辆车，投入了大量的人力、物力和财力，争分夺秒，连续作战，有效保障了抢险救援工作的电力供应，受到了抢险救援指挥部和救援单位的充分肯定，以实际行动诠释了公司的社会责任理念，用无私的大爱演绎了“奉献绿色能源、服务山西发展”的企业使命。

【公司领导班子成员名录】

常小刚　董事长、党委书记、总经理
傅志明　董事、党委副书记、纪委书记
白　雷　党委委员、副总经理
刘世文　党委委员、副总经理
樊　洪　董事、党委委员
张　然　党委委员、副总经理
曹　冬　党委委员、副总经理
郭永和　董事、党委委员、工会主席
刘会成　党委委员、副总经理
薛文晔　党委委员、副总经理

大同煤矿集团有限责任公司

【概况】　大同煤矿集团有限责任公司（以下简称“同煤集团”）前身大同矿务局，成立于1949年8月30日。同煤集团现已发展成为以煤炭为主，电力、化工、冶金、机械制造、建筑建材、旅游外贸等多业并举的特大型现代化综合能源集团。年煤炭总量1.5亿吨，总资产1200亿元以上，销售收入1000亿元以上，现有20万员工，80万员工家属。建企以来，在技术、装备、管理等方面已累计创造了100多项行业全国第一，荣获了众多国家级荣誉。

【主要经济指标】　2010年，总资产1023亿元，净资产309亿元，煤炭总量1.5亿吨，销售收入618亿元，利润21.56亿元，上缴税费95亿元，员工人均收入5.06万元，安全百万吨死亡率由“十五”时期的平均0.1左右，降至2010年的0.059。

【公司治理结构】　2003年底，同煤集团为六家股东持股的公司；2005年12月11日实施债转股，中国信达公司将享有的对原大同煤矿债权所对应的资产作为其对公司的出资，同煤集团成为七家股东持股的公司。公司建立了完善的现代法人治理结构，股东会、董事会、监事会、经营层各司其职，规范运作。制定了股东会、董事会、监事会的议事规则，通过严格的制度和工作流程，促进了公司治理的规范运行。

【国有资产保值增值】　截至2010年底，同煤集团国有资产保值增值率为107.06%，完成了省国资委下达的考核任务。

【公司主要工作及管理经验】　同煤集团工作重点放在了狠抓产业结构调整、推进体制机制改革等方面，逐步实现由传统发展方式向循环经济发展方式的跨越，由单一煤炭企业向煤电化能源大集团的跨越，重点抓了六个方面决策，实现了“六个提升”：

1.抓决策机制，向规范化、高效化提升。决策是董事会的核心职能之一，通过完善制度、健全机制、严抓执行，确保决策的科学性和精准性。

抓好决策前期的研究论证。充分发挥董事会各专业委员会的职责，特别是所有项目投资在董事会决策前，全部由投资审核委员会组织专家对项目投资可行性、投资额度等全方位审核把关。2010年共召开6次审核会议，对6个项目投资进行了审核。

抓好集体研究决策。对关乎企业长远发展的重大项目、重大投资、重大内部组织结构调整等事项，严格履行公司章程有关规定，采取集体研究，集体决策。特别是，在各位董事的高效配合下，一些重大紧急事项的决议都以书面表决形式进行了表决，提高了决策效率。

抓好决策后的执行考核。进一步强化了决策执行考核奖惩体系，出台和实施了加强子公司考核监管和综合考核评价办法等制度。董事会所有决议由集团公司考核委员会和董事会秘书处进行督办。2010年，董事会通过的有关投融资、战略重组、机构设置等53项决议，全部落实到位。同时，全面加强绩效考核管理，围绕年度目标，坚持定量和定性、过程和结果考核相结合，进一步加强领导人员业绩考核，以及涵盖安全、生产、经营等各系统的月度考核，强化结果通报和跟踪落实，严格奖惩兑现，增强管控力和执行力。

2.抓市场营销。面对外部市场的急速变化，国家宏观政策的不断调整，行业竞争的激烈态势，同煤集团把握动力煤产品的销售环境，数次召开了各类会议对销售工作进行研究部署，仅董事长亲自组织召开的专题会议达10多次。在营销工作中，树立了“走市场，创效益”的总体销售指导方针，确立了“抓合作，三量匹配定计划，抓市场，适应变化争创效”为主要内容的创效增盈的一揽子营销措施，极大地提高了销售工作的灵活性和科学性。进一步优化了产品销售结构，推出喷吹煤等新品种，拓展市场新空间，实现效益最大化。

3.抓重点项目，向产业相关联、能源一体化提升。董事会将重点项目推进列为决策的重中之重。“十一五”投资500亿元的31个重点项目全部落实，其中：13个项目已经建成投产，10个项目开工，8个项目开展了前期工作。

重点项目的快速实施，提升了企业的整体实力。煤炭主业实现了优化提升，在亿吨产能中，千万吨级矿井产量占到1/3；电力装机容量达到314万千瓦，成为非煤的龙头；煤化工产业向甲醇及多联产、精细化迈进，奠定了晋北煤化工基地的基础；冶金产业提高竞争力，钢铁公司实施了技改，100万吨氧化铝项目起步实施；煤机制造产业走向专业化、规模化，正在建设晋北最大煤机制造基地；建材产业由小做大，向规模化拓展迈进；旅游、服务、建筑、外贸和工程项目承包等蓬勃兴起。2010年，集团公司作为全省重点项目投资第一名受到了省政府的表彰。

4.抓资源接替，向后劲有保障、发展持续化提升。近年来，同煤集团大力实施重建扩源战略，通过向国家争取，省市支持，千方百计扩充后备资源。同时，集团公司成立了资源接替领导组，加快推进接替资源的划界、探矿权、办理证件等前期工作。对服务年限在20年以下的矿井，通过矿井延伸和转移战场，全面进行了接替安排。不仅使资源衰竭矿井的生产实现了有序接替，也为10多万员工家属的未来生产、生活提供了保障。按照省委、省政府的安排和部署，集团公司对省内6市14县区的78座煤矿进行了兼并重组资源整合，整合形成了30座煤矿。整合矿井的协议签订、证照办理、技改升能等工作推进快速有序，一直走在全省的前列。

5.抓改革创新，向管控科学化提升。2010年是集团公司确立的“子公司建设年”，围绕组织机构、运行机制、法人治理结构等内容，进一步强化子公司责、权、利到位，使子公司逐步成为集团的产业支撑和利润增长中心。按照五大产业的构架，先后成立了大同煤业、轩岗煤电、朔州煤电、地煤公司、煤炭运销、电力能源、机械装备制造公司、同生煤炭管理公司、临汾宏大公司9个二级直属子公司。进一步完善母子公司构架，通过激活内部运行机制，子公司责任意识和使命意识进一步增强，工作的积极性和主动性也大大提升。建立起了大集团大融资格局，实现了多渠道融资，保障发展资金需求。依托大同煤业上市平台，成功完成了对燕子山矿现金收购。发行了企业债券和中期票据50亿元。加强银企合作，签订战略合作协议，获得500亿元授信额度。后勤服务市场化改革不断深入，“十一五”期间为社会提供了2万多个就业岗位。

6.抓文化管企。2010年董事会在创新管理上，按照“制度管企，文化管人”总体思路，着力以文化引领，制度保障，构建起了精细化、人性化的企业管理模式。

在文化建设上全面推进。全面拓展经营理念，“人人精打细算，个个当家理财”、“不花该省的钱，不省该花的钱”等理念内化于心，外化于行，固化于制。深入推进快乐工作法，进一步拓展人性化管理。

在制度建设上全面覆盖。形成了以重大决策和内部控制制度为主线，涵盖了资金审批、投资审核、招投标、重点项目、材料配件采购供应、储备资金管理、资本收益收取、物资采购管理等方面制度管理体系。2010年，修订和完善经营管理36条措施和11个管理办法，通过强化落实，取得了良好的经营效果。

阳泉煤业(集团)有限责任公司

【概况】 阳泉煤业（集团）有限责任公司（以下简称“阳煤集团”）前身为阳泉矿务局，为山西省五大煤炭集团之一，是全国最大的无烟煤生产基地。阳煤集团具有得天独厚的巨量资源赋存，交通畅达便利，人文环境优越，管理扎实严细，装备设施精良，科技实力雄厚。经过60余年的发展，现已成为一个以煤炭和煤化工为主导产业，铝电、建筑建材地产、煤机化机装备制造、贸易服务四大辅助产业强势发展的煤基多元化企业集团。目前，集团拥有阳泉煤业、山西三维和太化股份三个上市公司在内的502个分、子公司，总资产996亿元，职工16.5万人，位列中国企业500强第108位，中国煤炭企业100强第10位。2010年，集团销售收入实现755亿元，实现利税100亿，煤炭产量突破5000万吨。

“十二五”期间，阳煤集团将紧紧围绕山西省委、省政府转型跨越发展部署，大力实施“强煤强化，五年双千亿”战略，五年完成固定资产投资1000亿元以上，建设亿吨煤炭集团和中国最大的无烟煤生产基地，建设山西最大、中国五强煤化工集团，建设山西产业链条最完整、规模最大的建筑建材地产企业，建设山西第一大煤机化机成套制造企业，建设以现代服务业为核心的山西第一大综合商社，建设晋东百万吨级全循环铝工业基地，确保营业规模超过2000亿元，进入世界企业500强。

【主要经济指标完成情况】 原煤产量：实际完成5158万吨，比上年同期的4346万吨增加812万吨。其中：矿井产量实际完成4748万吨，比上年同期的4144万吨增加604万吨。掘进总进尺：计划为33.85万米，实际完成31.46万米，完成计划的92.94%，比上年同期的31.10万米增加0.36万米，增幅为1.16%。块炭产量：计划420万吨，实际完成497万吨，完成计划的118.33%，比上年的456万吨增加41万吨，增幅为8.99%。喷粉煤产量：计划428万吨，实际完成539万吨，完成计划的125.93%，比上年的497万吨增加42万吨，增幅为8.45%。工业总产值（现行价）：本年实际完成4740287万元，比上年同期的3001561万元增加1738771万元。煤炭外运量：本年实际完成4611万吨（其中：铁路外运量3171万吨、公路外运量1441万吨），比上年的3913万吨（其中：铁路外运量3068万吨、公路外运量845万吨）增加698万吨。商品煤销量：本年实际完成4777万吨，比上年的4058万吨增加719万吨。商品煤售价：本年实际完成481.61元/吨，比上年的437.99元/吨增加43.62元/吨。利润总额：本年实现利润263321万元，比上年实际146610万元增加116711万元。其中：国阳股份实现利润332002万元；三维集团实现利润1051万元。营业收入：全年实现营业收入6520181万元，比上年的4180064万元增加2340117万元。其中：煤炭收入2300598万元；铝电收入639919万元；化工收入1408270万元，建筑建材500463万元；服务贸易1640882万元，其他30049万元。百万吨死亡率：本年计划完成0.27人/百万吨，实际完成0.33人/百万吨，比计划增加0.06人/百万吨，比上年的0.09人/百万吨增加0.24人/百万吨。

【经营业绩与财务分析】

1．阳煤集团2010年末财务状况分析（见表1）。2010年末，阳煤集团总资产达9114444万元，比年初的7861461万元增加1252983万元；负债总额为6326990万元，比年初的5521785万元增加805205万元；所有者权益为2787475万元，比年初的2339676万元增加447778万元，其中：归属于母公司的所有者权益为1331020万元，比年初增加135501万元。2010年末资产负债为69.42%，比年初的70.30%减少了0.88%。

2010年末，集团公司资产总额达到了9114444万元，比年初资产总额（调整后）增加1252983万元，其中：流动资产增加836003万元，非流动资产增加416980万元。流动资产的增加主要是应收票据增加197247万元，应收账款增加283906万元，预付账款增加179026万元，存货增加152967万元。非流动资产的增加主要有：固定资产净额2865611万元，比年初增加46251万元；在建工程1087232万元，比年初增加287577万元；无形资产627092万元，比年初增加23471万元，主要是采矿权价款；投资性房地产增加13599万元。

2010年集团公司负债总额比年初增加

805205万元，其中：流动负债增加758807万元，主要是预收账款增加150204万元，应付账款增加301410万元；非流动负债增加46398万元，主要是长期借款减少74072万元，应付债券增加101856万元。所有者权益较年初增加447778万元，其中：专项储备增加57870万元。

2. 阳煤集团2010年度利润完成情况分析（见表2）。2010年，集团公司实现利润263321万元，比上年同期的146610万元增加116711万元。

影响利润增加的主要因素有：（1）煤炭产品销量、售价增加影响利润增加309277万元。一是商品煤销量增加，影响利润增加100928万元。二是商品煤售价提高，影响利润增加208349万元。（2）财务费用减少，影响利润增加23277万元。（3）非煤产业及其他业务利润同比增加143069万元。

影响利润减少的主要因素有：（1）煤炭产品销售成本及税金增加影响利润减少161770万元。一是煤炭销售成本增加，影响利润减少148607万元。二是煤炭产品销售税金及附加吨煤增加2.61元，影响利润减少12480万元。（2）管理费用增加影响利润减少110861万元，主要原因为：一是企业合并范围变化产生的影响，新增恒通化工公司，长沟煤矿转入生产，四个区域公司开始运作，中小企业集团整合重组集体企业的步伐加快，瓦斯治理公司、九洲园林公司、财务公司2010年正式运作等原因，致使管理费用增加；二是企业扩张、销售收入增加带来的管理费用正常增加。（3）资产减值损失增加影响利润减少34757万元。主要为沙钢投资公司计提的投资坏账损失37,122万元。（4）投资收益减少影响利润减少29058万元。主要原因为：一是2009年成立化工投资公司股权转让导致增加投资收益近2亿元，2010年没有此类特殊事项；二是2010年各合营和联营企业分红减少，致使集团公司投资收益减少。（5）营业外收入减少影响利润减少10509万元。（6）补贴收入减少影响利润减少4514万元。（7）营业外支出增加影响利润减少7440万元。

【改革发展】

1. 煤炭产业三路并进。煤炭产业继续坚持老矿挖潜、新井建设和兼并重组三路并进。全力推进“双高”建设，单产突破12.5万吨，单进达到235米。努力加快矿井基建进度，运裕、新大地公司完成竣工验收，寺家庄、孙家沟、泰安、平舒二期首采工作面投产。大力推进兼并重组煤矿工作，71个整合煤炭项目中43个已按要求关闭，剩余28个煤矿中已取得开工报告6个，安全专篇批复7个，初步设计批复12个，地质报告批复16个，正式交易协议签订率达到97%。

2. 化工产业全面复苏。化工产业全年完成营业收入140亿元，同比增长32.07%；主要化工产品产量达到621万吨，增幅为52.2%。成功托管太化集团。化工投资公司借壳上市取得实质进展。巨力化肥15万吨氨醇改造项目，丰喜集团氨醇系统优化节能改造项目和正元集团稀硝酸项目顺利完工。对标管理取得实效，专业管理水平大幅提高。

3. 辅助产业加快发展。铝电产业全年完成收入62亿元，电解铝一期项目顺利投产，氧化铝二期项目正式开工，金属镓提取项目正在开展前期工作，铝土矿资源申请取得实质进展；服务贸易产业全年完成收入203亿元，国贸公司煤炭进出口量均超百万吨，药林会议中心成为了全国煤炭系统、全省国有大型企业和阳泉市首家五星级酒店；建筑建材地产业全年施工产值达到50亿元；装备制造业全年实现收入29亿元；中小企业集团继续推进产权改制，全年实现参、控股企业80家，实现收入26亿元。

4.安全工作从严从紧。从干部教育、作风、纪律和现场管理入手，开展了现场管理和干部作风“两大整顿”；从解决基层安全管理问题入手，开展了百日安全活动。加大瓦斯抽放力度，全年瓦斯超限次数同比下降80%，超限时间同比下降71%。开展水害隐患排查专项行动，全面推行干部走动管理。采取断然措施，强力推进兼并重组矿井关闭和安全监管。加强安全问责力度，全年对100人次矿处级干部实施安全问责，65名科队级以上干部受到撤职免职处分。

5.管理体制机制不断创新适应形势。在继续坚持以基数增长制为核心的经营机制和以专业二级公司为核心的管理体制的基础上，逐步建立健全调度指挥机构，完善新兼并重组企业的安全机构和党组织机构。深化成本管理，全年四项费用单位成本和可控单位成本分别降低5%和2%。通过发行债券、争取各种财政补助、引资等方式共计融资54亿元。试行总会计师委派制度，加强财务管理。落实项目法人责任制，建立项目概算审查委员会，通过概算审查节约资金8.7亿元。

6.科技创新和人才引进注入动力。国辰公司成为全国煤炭企业下属设计公司中唯一一家甲级设计公司。“高瓦斯厚煤层一次采全高技术”等高产高效关键技术获得阶段性进展。组建完成省级煤矿瓦斯综合治理工程技术研究中心和国家级技术中心实验室、博士后科研工作站。严格落实节能评估制度和主要产品能耗限额管理。集团所属各电厂脱硫设施投运率达95%以上，脱硫效率达90%以上，矿井水回收利用率达90%以上。全年引进主体及急需专业高校毕业生641人，对134名非主体专业高校毕业生进行转专业培训，选派101名优秀青年技工赴中国矿大培训。

7.三项建设深入实施成效显著。持续加强班子队伍矿风三项建设，扎实开展创先争优活动和六大主题教育活动。建立完善三级培训网络体系，累计培训三项岗位人员14667人，其他从业人员69011人。深入开展干部教育、作风和纪律整顿。党委巡视制度、纪检监察机构派驻制度和纪委书记两报告制度已建立运行。完成效能监察43项，严肃查处违纪案件和失职渎职行为，处分处级以上干部22人。继续加强信访稳定工作，全年接待群众来访1293批次5264人次，95%以上问题得到妥善解决。

8.着力改善民生构建和谐矿区。全年员工人均收入达到55000元。棚户区改造和采煤沉陷区全年完成施工面积150万平方米。全年新增就业岗位8600个，安置职工子女4686人就业。矿区公益设施改造再投资11891万元，三年改造工程基本完成。矿区供热、供水工程完成投资5000万元。矸山治理完成面积210亩，矿区新增绿化面积62万平方米。为困难群体发放慰问金641.2万元，向5424名困难职工发放困难救济资金137万元。

【结构调整】 2010年，阳煤集团产业结构调整又有新突破。在化工产业方面，顺利托管太原化学工业集团公司，收购重组盂县煤炭化工公司，齐鲁一化7万吨丁辛醇投产达产，临猗45万吨甲醇改尿素工程顺利完成，三维集团120万吨焦化项目收购重组完成，7.5万吨BDO装置顺利投产，销售收入创出历史最好水平。在铝电产业方面，电解铝12万吨扩建顺利结束，氧化铝二期70万吨如期开工，铝矾土矿形成80万吨供矿能力。在装备制造业方面，继续推进广瑞达机械制造公司收购重组。在服务贸易业方面，顺利实现国际贸易香港公司、物资贸易太原公司、铝业贸易公司和运输公司、三维上海技术许可和工程总承包公司落地挂牌。非煤在建重点项目顺利推进：和顺“18•30”尿素项目。项目由山东化工规划设计院、国辰公司设计，选址在晋中市和顺县平松乡石南坪村与白泉村交界处，占地398亩，一期建设规模为年产18万吨/年合成氨、3万吨/年甲醇、30万吨/年尿素。项目于2010年9月开工，截至2010年底，累计完成投资51450.24万元；

氧化铝项目二期。项目由东大设计院设计，在原有40万吨/年氧化铝生产能力基础上技改增能70万吨/年，投产后生产能力为110万吨/年。项目于2010年7月3日开工，截至2010年底，累计完成投资2648.42万元；

三维化工研发中心项目。该项目由太原市建筑设计研究院设计，总建筑面积为32715㎡，地面以上建筑17层，地下2层，项目于2009年6月14日开工，截至2010年底，项目除部分装修工程已基本完工，累计完成投资12714.48万元；

【公司国有资产保值增值情况】

年初，阳煤集团国有资本及权益总额为1195519万元，当年国有资本及权益增加135501万元，年末国有资本及权益总额为1331020万元。扣除客观因素后，国有资本保值增值率为108.8%（见表3）。

客观增减因素包括：中央和地方政府确定的其他因素增加29874万元，是根据阳泉煤业集团三矿煤业有限责任公司破产清算组阳煤三清字（2010）1号文《阳泉煤业集团三矿煤业有限责任公司关闭破产员工安置实施方案》、阳煤集团三矿十五届八次职工代表大会第二次全体会议关于《阳泉煤业集团三矿煤业有限责任公司关闭破产员工安置实施方案》的决议及安置协议书，本集团已安置阳泉煤业集团三矿煤业有限责任公司关闭破产员工5633人，阳泉煤业集团三矿煤业有限责任公司破产清算组支付本集团安置费29874万元，本集团增加资本公积29874万元。

【重大项目进展情况】

1.煤炭项目。

山西寺家庄煤业有限责任公司（寺家庄矿井）。寺家庄矿井位于山西省昔阳县境内，井田面积126Km^2，地质储量为117484万吨，设计生产能力500万吨/年。该项目为国家发改委核准的重点建设项目，同时配套建设同等能力的选煤厂和铁路专用线。项目概算投资338191万元，建设工期46个月。截至2010年底累计完成投资288963.46万元。

山西新元煤炭有限责任公司（新元矿井）。新元矿井位于山西省寿阳县境内，是山西省重点工程建设项目之一。矿井地质储量143671.12万吨，设计生产能力500万吨/年，一期按300万吨/年建设，二期按200万吨/年建设，项目概算总投资320219.78万元。一期工程于2002年12月20日开工建设，2007年4月1日建成试生产。二期工程于2007年8月开工，预计2011年12月竣工投产。二期工程项目概算总投资90126万元。截至2010年底累计完成投资44382.27万元。

五矿扩区赵家分区。五矿扩区位于五矿现有井田西部，扩区井田面积约101.18km^2，总资源储量为88707万吨，改扩建后达到300万吨/年的设计生产能力，项目建设总资金48851万元，截至2010年底累计完成39168.60万元。

七元矿。七元井田位于山西省寿阳县境内，设计生产能力800万吨/年、井田面积194.36km^2，地质储量1618.34Mt，主采煤层8号、15号，采煤方法全部采用综采。工程预计投资35亿元。项目已取得国家发改委批准的路条，采矿权正在办理中。截至2010年底累计完成9050.62万元。

2.联营整合地方煤矿

长沟煤矿。长沟煤矿位于和顺县境内，井田面积9.09km^2，批准生产能力15万吨/年。2007年1月26日，阳煤集团出资10495万元将其全资收购，并对其进行90万吨/年改扩建，项目概算投资为45750万元，2010年1月底首采面正式投产。

山西阳煤坪上煤业有限责任公司（坪上煤矿）。坪上煤矿位于昔阳县乐平镇，井田面积约7.8km^2，地质储量6003万吨。2007年3月，阳煤集团对其进行整合重组，出资6547.48万元置换坪上煤矿51%的股份，并对其进行控股经营。90万吨/年技改工程项目概算投资为43537万元， 2010年2月首采面正式投产。

左权永兴煤化有限责任公司（永兴公司）。永兴公司位于左权县，下辖有洗煤厂、焦化厂、永佛寺煤矿。2007年5月，阳煤集团下属的石港公司整合重组永兴公司，对其进行90万吨/年改扩建，项目概算投资为66038.71万元，截至2010年底累计完成投资20806.99万元。

山西平舒煤业有限公司（平舒矿井）。平舒矿井位于寿阳县境内，系集团公司2007年初整合的煤矿，集团公司占56.311%的股份。矿井地质储量13169万吨，90万吨/年矿井从2004年9月开工建设，于2007年9月进入试生产阶段。集团公司对平舒矿井实施了二期扩建工程，使生产能力达到300万吨/年的规模。工程投资估算为120973万元。2008年6月6日开工建设，2010年12月首采面正式投产。

山西景福煤业有限公司(景福矿井)。景福矿井位于寿阳县境内，为阳煤集团寿阳开元矿业有限责任公司控股子公司。矿井地质资源量7822万吨，矿井建设规模为90万吨/吨，项目总投资为76172.5万元，截至2010年底累计完成投资6639万元。预计2011年12月建设完毕。

孙家沟煤矿(孙家沟矿井)。孙家沟矿井位于保德县孙家沟乡，资源储量12708万吨，矿井建设规模120万吨/年，矿井建设项目总造价为3.2亿元。项目于2008年11月1日正式开工，2010年10月首采面正式投产。

山西右玉元堡煤矿（元堡矿井）。右玉元堡煤矿位于右玉县城东南的元堡子镇，地质储量4.11亿吨，可采储量2.27亿吨，矿井建设规模300万吨/年，矿井服务年限58.3年。截至2010年底累计完成投资93053.90万元，预计2011年8月投产。

榆树坡煤矿。榆树坡煤矿位于宁武县内，原井田面积1.02km^2，现井田面积15.0km^2，地质储量4.21亿吨，可采储量2.55亿吨。榆树坡矿井建设规模120万吨/年，矿井服务年限108.1年。项目于2010年11月18日正式开工建设，截至2010年底累计完成投资5729.38万元。

泰安煤矿。平朔泰安公司井田位于宁武煤田平(鲁)—朔(州)矿区北端，朔州市平鲁区白堂乡窝窝会村东，行政隶属朔州市平鲁区管辖，面积4.20km^2，地质储量7862万吨。矿井生产规模90万吨/年，项目总投资29101万元，2010年5月首采面正式投产。

南岭煤矿。南岭公司驻地在原清徐县桑树洼股份合作煤矿，地处清徐县东于镇南岭村附近，驻地以南与原清徐县南岭煤矿相邻，西与交城县接壤，井田面积9.02km^2，地质储量8797万吨，矿井建设规模90万吨/年，服务年限43年。截至2010年12月底累计完成投资3347.36万元。

【公司治理结构】 2005年12月，阳煤集团改组为由山西省国资委、中国信达公司、省建行共同持股的有限责任公司。按照《公司法》规定，阳煤集团建立了由董事会、监事会、经理层组成的公司治理结构，同时设党委常委会、职工代表大会。

2010年，阳煤集团董事会由12人组成，其中：董事长1人、副董事长2人、董事9人。董事会对股东会负责，行使对集团公司重大事项的决策权，即公司改革发展战略和中长期发展规划；决定组织结构和对总经理班子的提名、聘任及解聘；重大的投融资活动等。

监事会由5人组成，设监事会主席1人、监事4人；监事会行使对董事会、经理层的监督权，并有权检查公司财务、提议召开临时股东会、列席董事会会议等。

经理层由10人组成，其中：总经理1人、副总经理7人、总工程师1人，总会计师1人。总经理由董事会聘任或解聘。经理层对董事会负责，组织实施董事会决议，主持公司的生产经营管理工作。

党委常委会由8人组成，其中：党委书记1人、党委副书记3人、党委常委4人。党委常委会与董事会、经理层实行交叉任职，党委在集团公司履行监督、保证和参与公司重大决策的职责。

职工代表由集团公司逐级选举产生，3年一届。职工代表大会代表职工行使审议建议权、审查同意和否决权、审议决定权和评议监督权等。

【公司产权制度改革情况】2010年，阳煤集团继续对中小企业集团开展产权制度改革。中小企业集团出资480万元，宏厦一建出资460万元，组建第六公司。对华越多营、宏鹏实业公司进行了审计评估，第七、第八公司的改制进入实质性阶段，至此，二级子公司的框架建构基本完成。改制深度上，通过直接货币注资和下属厂队配送干股等方式，两级公司对所属企业进行了股权改革，共投资4142.63万元，控股企业22家，参股企业67家，股权的深度改革，使中小系统建立了明晰的产权关系，形成了以股权关系为纽带的现代企业集团。

【公司领导人员经营业绩考核体系与薪酬制度建设】

1.领导人员经营业绩考核。阳煤集团正职严格按照省国资委确定的年薪标准执行。副职年薪标准的确定坚持向分管生产、安全与技术的副职适当倾斜的原则，按照集团公司制定的领导人员分工与业绩考核办法和各项分管工作完成情况进行考核后，根据业绩拉开分配差距。

2.薪酬制度建设。阳煤集团不断加快薪酬制度改革的步伐，通过不断完善岗薪绩效工资制，“以岗定薪，岗动薪动”的岗位工资制度已成为基本薪酬制度；通过大力推行安全技能账户，安全结构工资比例达到全部工资40%，有力地促进了安全生产水平的提高；通过改革二级单位工资总额“计划预算制”为“基数增长制”，效益决定工资的思路更加明确；通过重点向岗位责任重、技术要求高、贡献突出等关键管理、技术岗位和工作负荷大、劳动环境差的井下人员倾斜薪酬分配，各类人员分配关系更加合理。建立起了有效的薪酬分配约束激励机制。

一是对集团公司所属各单位的经营层，在考虑其市场及行业竞争程度的基础上，实行基薪收入与管理幅度、管理责任、员工平均工资挂钩考核，效益收入与利润以及其他主要生产经营指标挂钩考核的年薪制。同时，根据煤炭行业特点，增加了安全风险抵押金制度，加大了对安全奖励的考核力度。

二是工作有量可计的岗位继续实行计件工资制，强化定额管理，加强民主监督，保证分配的公平公开。同时，制定重点采掘队组台阶工资指导价位，促进高产高效工作。

三是对工作不易计量的一般管理人员及操作人员实行岗位绩效工资制，以岗定薪，岗变薪变。同时，对一般管理人员推行职级管理，按个人综合素质、工作经验、工作能力和工作实绩确定职级，按职级确定岗位系数。

四是对技术专家、技术能手以及技师提高技术津贴标准，实行科研成果重奖制度，提高生产效率和企业竞争力。

五是对营销人员实行与销售量、售价、货款回收挂钩的提成工资制。

六是对企业急需各类短缺人才实行协议工资制。用人单位参照市场工资指导价位，经双方协商报集团公司批准后按协议支付工资。

七是制定了引进人才薪酬政策，提出各类专业人才的工资指导价格，并明确住宿条件与生活补贴等福利待遇以吸引高等院校毕业生。

【公司主要管理经验】

一是坚持安全第一，瓦斯为天的理念，牢固树立瓦斯可控、可防、可以变害为利，安全与生产的关系可以统一与技术和管理创新的指导思想，确保安全生产特别是瓦斯治理所需要的资金、人才、机构、制度、装备、技术、管理、培训、教育、监督监察十个到位。

二是坚持解放思想、实事求是、与时俱进的思想路线，把中国特色社会主义理论、省委省政府的战略部署与企业改革发展实际相结合，创造性地开展工作，努力在结合上狠下工夫，下够功夫。

三是坚持“发展才是硬道理”的科学理论，坚持用发展的办法解决前进中遇到的矛盾和困难，不断开辟企业发展的新天地、新境界。

四是坚持一为国家做贡献，二为职工谋福利的办企业宗旨。从决策和制度上把国家利益、企业利益、职工利益紧密结合起来，不断激发广大职工奉献国家，维护企业，合理谋求个人生活改善的积极性、主动性、智慧和创造力。

五是坚持敢为天下先的进取精神，紧跟市场变化和技术进步步伐，积极慎重地推进体制创新、制度创新、管理创新、技术创新和发展方式创新，确保企业始终站在时代前沿，保持相对先进性。

六是秉持追求永续发展，建设百年企业的历史使命，从决策和经营管理上坚决反对各种形式的短期行为，从资源型企业的发展规律出发，既放眼世界，占有资源，保证基础产业的长期稳定发展；也面对区域性资源必然衰竭的现实，把及时转型发展作为重大战略任务，确保资源衰竭矿区的长期繁荣稳定和广大职工群众的福祉。

七是正确处理改革、发展、稳定的关系，努力实践物质文明和精神文明两手抓、两手硬的方针，在稳定的前提下推进改革和发展，在改革、发展中实现更高水平的和谐稳定。

【公司领导班子成员名录】

任福耀	董事长、党委书记
赵石平	党委常委、总经理
白　英	副董事长、党委副书记
李彦璧	党委副书记、纪委书记
裴西平	党委副书记、副总经理
张建起	党委常委、工会主席
廉　贤	党委常委、总会计师
靳培宏	党委常委、副总经理
崔建军	常务副总经理
王付云	副总经理
聂建民	副总经理
余北建	副总经理、安监局长
娄淼根	副总经理
张庆恒	总工程师

表1

2010年阳煤集团资产负债表

单位：万元

项目	行次	期末金额	年初金额
流动资产：	1	—	—
货币资金	2	1,573,689.69	1,520,969.89
△结算备付金	3		
△拆出资金	4		
交易性金融资产	5	196.24	6.10
应收票据	6	402,234.90	204,988.35
应收账款	7	568,360.42	284,453.85
预付款项	8	371,910.97	192,885.14
△应收保费	9		
△应收分保账款	10		
△应收分保合同准备金	11		
应收利息	12	4,047.30	1,217.18
其他应收款	13	526,762.49	558,125.07
△买入返售金融资产	14		
存货	15	662,033.06	509,066.19
其中:原材料	16	195,374.56	145,231.19
库存商品(产成品)	17	245,279.36	193,128.55
一年内到期的非流动资产	18		
其他流动资产	19	288.76	1,808.80
流动资产合计	20	4,109,523.82	3,273,520.56
非流动资产：	21	—	—
△发放贷款及垫款	22		
可供出售金融资产	23	2,873.68	3,325.26
持有至到期投资	24	59,685.18	54,639.75
长期应收款	25		
长期股权投资	26	105,947.24	123,104.40
投资性房地产	27	14,114.78	516.00
固定资产原价	28	4,754,844.43	4,299,219.77
减：累计折旧	29	1,883,850.22	1,474,997.93

续表

项　目	行　次	期末金额	年初金额
固定资产净值	30	2,870,994.22	2,824,221.84
减：固定资产减值准备	31	5,383.08	4,861.92
固定资产净额	32	2,865,611.13	2,819,359.92
在建工程	33	1,087,231.60	799,655.00
工程物资	34	33,627.15	14,049.68
固定资产清理	35	864.45	48.04
生产性生物资产	36		
油气资产	37		
无形资产	38	627,091.67	603,621.21
开发支出	39		
商誉	40	103,072.18	101,997.97
长期待摊费用	41	29,656.07	16,144.96
递延所得税资产	42	74,881.00	51,479.11
其他非流动资产	43	264.68	
其中：特准储备物资	44		
非流动资产合计	45	5,004,920.82	4,587,941.30
	46		
	47		
	48		
	49		
	50		
	51		
	52		
	53		
	54		
	55		
	56		
	57		
	58		
	59		
	60		
	61		
	62		

续表

项　目	行　次	期末金额	年初金额
	63		
资产总计	64	9,114,444.64	7,861,461.86
流动负债：	65	—	—
短期借款	66	940,332.27	1,033,500.52
△向中央银行借款	67		
△吸收存款及同业存放	68	26,627.02	
△拆入资金	69		
交易性金融负债	70		
应付票据	71	181,801.86	126,861.65
应付账款	72	1,123,022.90	821,613.31
预收款项	73	446,501.65	296,297.91
△卖出回购金融资产款	74		
△应付手续费及佣金	75		
应付职工薪酬	76	370,492.27	283,973.53
其中：应付工资	77	284,392.54	223,583.63
应付福利费	78	429.51	491.68
#其中：职工奖励及福利基金	79	410.95	454.12
应交税费	80	111,296.55	204,840.34
其中：应交税金	81	85,849.24	163,765.53
应付利息	82	4,584.19	3,899.13
其他应付款	83	867,814.36	767,235.63
△应付分保账款	84		
△保险合同准备金	85		
△代理买卖证券款	86		
△代理承销证券款	87		
一年内到期的非流动负债	88	334,578.64	211,555.92
其他流动负债	89	206,719.65	105,186.12
流动负债合计	90	4,613,771.36	3,854,964.07
非流动负债：	91	—	—
长期借款	92	1,219,854.89	1,293,927.07
应付债券	93	342,331.12	240,474.87
长期应付款	94	19,052.56	23,321.87
专项应付款	95	34,559.52	34,688.21

续表

项　目	行　次	期末金额	年初金额
预计负债	96	462.32	462.32
递延所得税负债	97	27,188.04	30,060.20
其他非流动负债	98	69,769.43	43,885.58
其中：特准储备基金	99		
非流动负债合计	100	1,713,217.87	1,666,820.12
负 债 合 计	101	6,326,989.23	5,521,784.18
所有者权益（或股东权益）：	102	—	—
实收资本（股本）	103	726,475.12	726,475.12
国家资本	104	378,030.11	378,030.11
集体资本	105		
法人资本	106	348,445.01	348,445.01
其中：国有法人资本	107	348,445.01	348,445.01
集体法人资本	108		
个人资本	109		
外商资本	110		
#减：已归还投资	111		
实收资本（或股本）净额	112	726,475.12	726,475.12
资本公积	113	299,873.89	265,573.18
减：库存股	114		
专项储备	115	454,364.17	396,494.25
盈余公积	116	36,146.39	36,146.39
其中：法定公积金	117	36,146.39	36,146.39
任意公积金	118		
#储备基金	119		
#企业发展基金	120		
#利润归还投资	121		
△一般风险准备	122		
未分配利润	123	-185,790.67	-229,169.53
外币报表折算差额	124	-48.52	
归属于母公司所有者权益合计	125	1,331,020.40	1,195,519.41
★少数股东权益	126	1,456,435.01	1,144,158.26
所有者权益合计	127	2,787,455.41	2,339,677.67
负债和所有者权益总计	128	9,114,444.64	7,861,461.86

表2

2010年阳煤集团利润表

金额单位：万元

项　目	行　次	本期金额	上期金额
一、营业总收入	1	6,520,181.06	4,007,893.72
其中：营业收入	2	6,511,167.34	4,007,893.72
其中：主营业务收入	3	5,599,023.76	3,465,112.48
其他业务收入	4	912,143.58	542,781.24
△利息收入	5	9,013.72	
△已赚保费	6		
△手续费及佣金收入	7		
二、营业总成本	8	6,270,211.51	3,920,441.43
其中：营业成本	9	5,400,698.96	3,235,958.29
其中：主营业务成本	10	4,484,416.19	2,728,099.11
其他业务成本	11	916,282.77	507,859.18
△利息支出	12	206.34	
△手续费及佣金支出	13	42.25	
△退保金	14		
△赔付支出净额	15		
△提取保险合同准备金净额	16		
△保单红利支出	17		
△分保费用	18		
营业税金及附加	19	99,737.67	67,227.09
销售费用	20	71,385.63	55,692.05
管理费用	21	545,342.38	413,542.99
其中：业务招待费	22	11,291.95	6,768.43
研究与开发费	23	15,371.28	20,891.28
财务费用	24	103,715.92	125,728.16
其中：利息支出	25	116,670.57	130,584.98
利息收入	26	17,175.28	8,982.05
汇兑净损失（净收益以“-”号填列）	27	-348.63	225.70
资产减值损失	28	49,082.37	22,292.85

续表

项　目	行　次	本期金额	上期金额
其他	29		
加：公允价值变动收益（损失以“-”号填列）	30	0.14	2.39
投资收益（损失以“-”号填列）	31	-2,820.25	30,336.78
其中：对联营企业和合营企业的投资收益	32	-3,977.84	-3,116.69
△汇兑收益（损失以“-”号填列）	33		
三、营业利润（亏损以“-”号填列）	34	247,149.43	117,791.47
加：营业外收入	35	42,072.34	50,492.39
其中：非流动资产处置利得	36	1,344.95	8,359.10
非货币性资产交换利得	37		1.34
政府补助	38	23,694.21	23,942.95
债务重组利得	39	2,039.68	4,572.45
减：营业外支出	40	25,900.90	18,895.64
其中：非流动资产处置损失	41	2,399.05	4,154.76
非货币性资产交换损失	42		
债务重组损失	43	3.00	228.24
四、利润总额（亏损总额以“-”号填列）	44	263,320.87	149,388.22
减：所得税费用	45	101,214.45	192,349.36
五、净利润（净亏损以“-”号填列）	46	162,106.42	-42,961.14
归属于母公司所有者的净利润	47	47,660.20	-94,415.80
★少数股东损益	48	114,446.22	51,454.66
六、每股收益：	49	—	—
基本每股收益	50		
稀释每股收益	51		
七、其他综合收益	52	64,543.24	174,329.66
八、综合收益总额	53	226,649.66	131,368.51
归属于母公司所有者的综合收益总额	54	77,639.21	-120,363.05
★归属于少数股东的综合收益总额	55	149,010.45	251,731.57
	56		

表3

国有保值增值表

金额单位：万元

项　目	行　次	金额
一、年初国有资本及权益总额	1	1,195,519.41
二、本年国有资本及权益增加	2	135,500.98
（一）国家、国有单位直接或追加投资	3	0
（二）无偿划入	4	0
（三）资产评估增加	5	0
（四）清产核资增加	6	0
（五）产权界定增加	7	0
（六）资本（股本）溢价	8	0
（七）接受捐赠	9	0
（八）债权转股权	10	0
（九）税收返还	11	0
（十）补充流动资本	12	0
（十一）减值准备转回	13	0
（十二）会计调整	14	0
（十三）中央和地方政府确定的其他因素	15	29,874.00
（十四）经营积累	16	105,626.98
三、本年国有资本及权益减少	17	0
（一）经国家专项批准核销	18	0
（二）无偿划出	19	0
（三）资产评估减少	20	0
（四）清产核资减少	21	0
（五）产权界定减少	22	0
（六）消化以前年度潜亏和挂账而减少	23	0
（七）因自然灾害等不可抗拒因素减少	24	0
（八）因主辅分离减少	25	0
（九）企业按规定已上缴利润	26	0
（十）资本（股本）折价	27	0
（十一）中央和地方政府确定的其他因素	28	0
（十二）经营减值	29	0

续表

项　目	行　次	金额
四、年末国有资本及权益总额	30	1,331,020.40
五、年末其他国有资金	31	0
六、年末合计国有资产总量	32	1,331,020.40

表4

阳煤集团2010年员工情况表

类　别	人　数	学　历	人　数
年末从业人数	120433	研究生	382
年末职工人数	120433	本科生	6322
其中:在岗职工	117713	专科生	14418
年末离休人数	309	中专生及以下	99311
年末退休人数	33766	合计	120433
年　龄	人　数	构成	人　数
55岁以上	2362	生产工人	80442
50-54岁	8047	工程技术人员	3010
40-49岁	32510	管理人员	12446
30-39岁	40452	服务人员	18228
29岁以下	37062	其他人员	6307
合计	120433	其中：井下人员	38572
		合计	120433

山西潞安矿业(集团)有限责任公司

【概况】 山西潞安矿业（集团）有限责任公司（以下简称“潞安集团”）是山西省五大煤炭企业集团之一，其前身是成立于1959年1月1日的潞安矿务局，有着50年的光荣发展史。企业管理水平、技术装备、效率效益始终名列全行业前茅。

20世纪60～70年代，以“艰苦奋斗，勤俭办矿”的石圪节矿风享誉全国，被周恩来总理亲手选树为全国工交战线的五面红旗之一；80～90年代，率先建成“全国第一个现代化矿区”，三次获得全国企业管理最高奖—“金马奖”，自主创新的综采放顶煤技术被誉为“潞安采煤法”，引领了世界厚煤层采煤技术的发展潮流。先后受到江泽民、李鹏、朱镕基、宋平等党和国家领导人的高度赞誉。

2000年8月，企业整体改制为潞安集团公司，制定实施了“中国潞安”三步走战略，实现了由传统煤炭企业向集约高效、安全和谐、绿色新型的高标准现代化煤炭企业转型，由单一煤炭生产企业向以循环经济为主的煤电油化硅综合发展的绿色新型能化集团，由资源驱动型企业向创新驱动型企业转型，被誉为“高碳能源低碳利用的典范”，成为“全国循环经济试点企业”和“全国创新型试点企业”。

截至2010年底，潞安集团公司拥有员工7万人，下属75个子、分公司，在中国企业500强中排名第100位，比上年前移27位；省国资委年度和任期绩效考核双双名列全省第一，被授予全省“特殊贡献企业”。

【主要经济指标】 2010年，煤炭产量7098万吨，同比增加1589万吨；营业收入850亿元（财务口径707亿元），同比增加350亿元；实现利润42亿元，同比增加4亿元；资产总额818亿元，同比增加189亿元。

【改革发展】 与天脊煤化工集团公司联合重组，集团发展新型煤化工的综合实力进一步增强；潞安华亿实业公司成功改制。潞新公司煤炭产量达到1362万吨，创50年来最好成绩；参股经营的凤凰胶带公司，经济绩效持续提升，全年分红达到500万元；授权经营的防爆电机公司，产品技术不断拓展，建成了全国最先进的矿用防爆电机、矿用电器及其自动化产品科研生产基地。中小企业系统营业收入达到40.7亿元，实现利润7277万元，创造历史最好水平。

营销工作。坚持“以喷吹煤为核心、效益煤为主导”的销售结构，精煤、喷吹煤销售收入占到煤炭产品总销售额的58%，进一步巩固了潞安效益型煤炭销售格局，潞安成为“联合国清洁煤技术示范和推广企业”。天脊集团把握市场机遇，产品结构调整和市场营销创新取得新跨越，带动和促进了经营绩效的大攀升。

物流贸易。铁路运营公司不断拓展自备车运输业务，物资贸易公司、国际贸易公司、煤炭经销公司发挥优势、拓展资源、创新经营。全年，物流贸易产业超额完成了全年各项指标，实现利润3.5亿元，取得突破性成就。

金融功能。把握国家政策，争取国家安全补助资金、省煤炭可持续发展基金及贴息贷款合计1.69亿元。发行20亿元的短期融资券和27亿元的中期票据，节约利息1.92亿元。加强与各大商业银行的联系，获得综合授信822亿元。开辟融资租赁、分割授信、资源整合专项借款等渠道，筹集资金65亿元，并在银行基准利率的基础上下浮10%，节约财务费用1.03亿元。财务公司全年为成员单位提供资金支持93.54亿元，营业收入突破3亿元，实现利润1.8亿元。上海投资公司强化直接股权投资，稳健运营二级市场投资项目，实现投资收益1.83亿元。潞安环能公司加强和创新资金管理，节约财务费用1.08亿元；享受“国家级高新技术企业”15%的企业所得税优惠，年增加效益3.3亿元；环能股票市值达到700亿以上，被调入上证50指数，连续荣获“最具持续投资价值上市公司”、“最重回报上市公司”。

【结构调整】 煤基合成油项目成效显著。21万吨/年示范项目全部建成并保持长周期稳定运行，IGCC正式发电，示范项目全部建成，生产的欧V柴油、石脑油、石蜡、硫黄、尿素等产品销往山东、河南、上海、广东、香港等地，并进入上海世博会。煤基合成油多联产产业化项目被列为全省转型发展的“1号工程”，潞安与中科院联合组建了“上海低碳能源转化技术中心”。

高纯硅业·太阳能一体化循环经济园区建设进展顺利。1GW光伏太阳能项目一期工程建成投产，二期工程正式奠基开工，6万吨/年工业硅、1万吨/年高纯度多晶硅、40万吨/年聚氯乙烯一期工程进展顺利。

【重大决策与重大项目进展】 煤炭资源整合成效突出。潞安深入推进资源整合，“集约化整合”、“以矿带矿”、“以煤补农”等做法，特别是创新推出的成套设备融资租赁办法，得到省委省政府的充分肯定，形成了“潞安模式”，《山西日报》头版头条报道了“潞安整合模式”。通过资源整合，形成了潞安本部、武夏、忻州、临汾、晋中、潞安新疆六大矿区，煤炭总储量达到400亿吨，为亿吨级煤炭大集团建设奠定了坚实基础。

整合矿现代化建设快速推进。完善了以队带队、以专业带专业等机制，实施了隔离开采、锁定管理、专家会诊、红线管理、六长每日工作运行卡等“特区特管制度”；整合矿井机构、人员在省里要求的“六长”和“五部一室”基础上，增加为“七长”和“六部一室”，其中，“七大员”全部从现有矿井的副矿长、副总工程师、科室正职中选派，管理和技术人员都具有8年以上的专业技术任职资历，高素质人才占管理和技术人员比例由原来的7%，提升为78%，坚持“三条主线、四个推进、五个保障”工作思路，整合矿井现代化建设快速高效推进，涌现出了一大批“示范矿井”和“特色矿井”形成了20个综采面、39个掘进面，实现了16个技改矿井开工建设。

【主要管理经验】

1.安全发展方面。在本部矿井地质条件日趋复杂，整合矿井处于转型期、过渡期、危险期，安全管理幅度增大，瓦斯、水患等重大事故威胁增加，新兴产业管理难度加大等情况下，始终坚持“安全第一”方针，突出源头安全、动态安全、变化安全三个重点，“众志成城抓安全，齐心协力保平安”，全面构建了以安全为中心的管理体系，煤炭百万吨死亡率0.028。集团公司连续12年荣获“安康杯”竞赛优胜企业，被评为“全国安康杯竞赛示范企业”。国家安监总局、国家煤监局在潞安召开现场会，“潞安新型煤矿防护救援系统建设经验”在全国推广。

2. 集约高效优势不断巩固。以装备重型化、系统自动化、功能智能化和管理信息化为目标，对16座老矿全面进行数字化改造升级。王庄矿建成了千万吨矿区，“特厚煤层安全开采关键装备及自动化技术”荣获国家科技进步二等奖，采掘工人减少一半，综放工作面年产量从500万吨提高至800万吨，回采率提高2.6%，不仅取得了显著的经济和社会效益，而且为煤矿无人化采掘技术突破奠定了基础。集团全员效率、回采工效、掘进工效继续保持全国领先水平。

3. 技术创新成果。潞安喷吹煤成为全国高新技术产品，潞安累计销售386704万吨，可替代3093.92万吨焦炭。按照每冶炼一吨焦炭会产生废气1.549kg，粉尘3kg，废水1.2t计算，可减少产生废气47924.8吨，粉尘92817.6吨，废水3712.7万吨。潞安被中国冶金协会授予“中国喷吹煤基地”称号，并共同创建了“中国喷吹煤研发中心”，荣获“联合国清洁煤技术示范和推广企业”；具有自主知识产权的潞安煤基合成油两项关键技术达到国际领先水平；与中科院上海高等研究院共同组建成立了“上海低碳能源转化技术中心”，相关技术研究有序推进。集团共获国家科技进步奖1项、国家发明奖1项、省部级科技进步奖14项，6项达到国际领先或国际先进水平。“王庄矿区生态环境重构研究”荣获国家级企业管理创新成果二等奖，潞安环能公司被评为全煤系统唯一一家国家级高新技术企业，集团连续12次荣膺“煤炭工业科技进步十佳企业”，被命名为“国家级创新型企业”，在全国科技大会上被表彰为“十一五”科技计划执行先进单位。

4. 立体化人才队伍建设。招聘高素质专业人才1206人，为整合矿井选配高素质“六大员”262名，122名优秀班组长进入“专业技术素质提高班”学习，订单式招聘1006名优秀高中毕业生充实到煤炭生产一线，工程技术人员的“星级制管理”试点工作顺利推进。职业技能鉴定工作逐步拓展到整合矿井和新兴产业，王庄矿、漳村矿、余吾煤业的技能大师工作室初见成效。集团高学历人才占到员工总数的1/10，非煤专业人才占到人才总量的41.2%，高技能人才占到生产技能岗位人员一半以上。

【和谐企业建设】

1. 绿色开采技术。贯彻绿色设计理念，现有矿井均配套建设了五倍于产量的储煤仓，实现了“煤不见太阳、煤不落地、煤不见风”；研发了处于世界领先水平的《绿色开采关键技术及配套装备》，资源回收率达到83%；坚持煤气共采、煤水共采、煤与伴生物共采，建成了世界领先水平的五阳低浓度瓦斯发电站，高浓度瓦斯成为煤基合成油项目的重要氢源；矿井水处理率100%，复用率91%；强化生态恢复与环境治理，老矿矸石山全面实现生态化治理，“黑色矸石山”变成了“绿色新景观”，加强土地复垦、水土保持，受到中国水土保持学会高度评价。

2. 员工收入。全年人均工资73351元，同比增加7302元。相应福利待遇不断提高，人均年金收入达到6280元，住房公积金收入达到6480元。参股司马矿的员工人均分红达到1万元，当年收益率200%。

3. 井下员工生产生活条件。不断强化质量标准化精品矿井建设，井下作业环境更为优化。班中餐、下井津贴和夜班津贴、井口免费营养餐标准不断提高，井下员工免费喝上了加热的能量水，员工不仅吃得饱，而且吃得好。深入开展了“两塘一舍星级达标活动”，为井下一二线员工进行了职业健康体检，建立了职业健康档案。潞安员工进一步实现了体面劳动、幸福生活。

4. 绿色潞安建设。贯彻绿色设计理念，现有矿井均配套建设了五倍于产量的储煤仓；研发了处于世界领先水平的《绿色开采关键技术及配套装备》，资源回收率达到83%；坚持煤气共采、煤水共采、煤与伴生物共采，建成了世界领先水平的五阳低浓度瓦斯发电站，高浓度瓦斯成为煤基合成油项目的重要氢源；矿井水处理率100%，复用率91%；强化生态恢复与环境治理，老矿矸石山全面实现生态化治理，加强土地复垦、水土保持，受到中国水土保持学会高度评价。矿区绿化覆盖率达到41%，大气质量持续保持国家二级以上标准。一流文明矿区建设取得新成效，五阳、王庄、常村、侯堡四个社区进入“全国和谐社区建设示范社区”500强，集团社区整体被评为“全国文明社区”、“全国和谐社区建设示范街道”。

5. 弱势群体关爱。全年安置动态特困户子女就业15名；解决了713名“五七家属工”的养老保险遗留问题；103名贫困家庭子女就学得到及时资助，资助总额40万元；168名适龄残疾子女得到安置，矿区适龄残疾子女实现全部就业。

6. 员工培训。全年各类培训达到5万人次。潞安职业技术学院以优异成绩通过教育部高校“人才培养水平”验收评估。创造性地开展“二学位培养”工作，137名非主体专业员工子女大学生到中国矿大等高等院校攻读集团需要的主体专业。各基层单位积极开展形式多样的培训活动，本科、硕士工作导师制有效开展，广大员工充分享有了培训这个最大的福利，员工与企业共同发展的基础得到进一步夯实。

【公司领导班子成员名录】

任润厚　　董事长、党委副书记
王安民　　党委书记、副董事长
李晋平　　总经理、董事
王光彪　　副董事长 党委常委
徐贵孝　　副总经理
刘仁生　　副总经理
师文林　　副总经理
郭金刚　　副总经理
王俊彦　　副总经理
郭贞红　　副总经理
孙玉福　　副总经理
刘克功　　总工程师
王志清　　副总经理
张万金　　工会主席
肖亚宁　　副总经理
洪　强　　总会计师
张丛林　　党委副书记
王观昌　　副总经理
刘　斌　　副总经理

山西晋城无烟煤矿业集团有限责任公司

【概况】 山西晋城无烟煤矿业集团有限责任公司（以下简称“晋城煤业集团”）是全国最大的煤层气开发利用集团，全国最大的煤化工企业集团，全国最大的绿色发电集团，全国重要的无烟煤生产集团和山西省最具发展潜力的煤机装备企业。

晋城煤业集团前身是始建于1958年的晋城矿务局。2000年8月28日，经山西省人民政府批准，改制为国有独资的“山西晋城无烟煤矿业集团有限责任公司”。2005年12月11日，经国务院批准，通过实施债权转股权，进一步改制为由山西省国资委控股、股权结构多元化的有限公司。

2010年，晋城煤业集团全体员工在党的十七大和十七届五中全会精神指引下，以科学发展观为指导，以“保安全、保稳定、促发展”为主线，强化集团管理，熔炼团队精神，增强联动优势，提升发展水平，推动企业经济规模和效益在高起点上实现了新的突破和发展，圆满完成了“十一五”规划确定的各项目标任务，为“十二五”时期加速转型跨越发展奠定了坚实基础。

【主要经济技术指标】 截至2010年底，企业总资产1002.49亿元，同比增加155.07亿元，增长18.3%。完成生产经营总额685.45亿元，同比增加131.10亿元，增长23.65%。实现营业收入623.97亿元，同比增加115.20亿元，增长22.64%。实现利润45.07亿元，同比增加1.49亿元，增长3.41%。上缴税费75.46亿元，同比增加13.82亿元，增长22.42%。完成原煤产量4597.28万吨，同比增长7.9%；商品煤销量3917.22万吨，同比增长4.14%。完成总氨产量1005.45万吨，同比增长27.38%；尿素产量819.22万吨，同比增长6.65%；甲醇产量246.25万吨，同比增长57.78%，均约占全国总产量的15%。井上、下煤层气抽采量15.61亿立方米，同比增加3.97亿立方米，增长34.10%，占全国抽采总量的18.4%；煤层气利用率达64.4%。完成发电量17.97亿度，同比增长9.69%。全年在岗员工人均收入63234元，同比增长15.59%。位列2010中国企业500强第106名、全国煤炭工业企业100强第9名，企业社会形象和影响力显著增强。

【安全生产】 2008年，晋城煤业集团夯实基础，突出重点，超前防范，强化管理，取得安全生产的较好成绩。一是全年无地面生产死亡事故，原煤生产百万吨死亡率为0.027，同比下降0.035；二是加大千米钻机的使用和考核力度，加强区域性递进式瓦斯抽放，总结出“指标不超限、瓦斯不断电、构造找清楚、进尺翻一番”的防治瓦斯超限和突出的宝贵经验；三是积极实施“三年抽掘采衔接计划”，大力推广应用大采高和连掘工艺，逐步探索出一套提高掘进效率、解决冒顶难题、改善支护质量的办法和工艺；四是组织开展富有成效的安全文化创建活动，积极推行“安全手指口述确认法”，促进了职工“想”与“干”的一致、

“知”与“行”的统一。

【转型发展】 2010年，晋城煤业集团紧扣煤炭生产“紧平衡”的特点，坚持正规循环作业，注重“四量”平衡，不断优化产品结构和市场结构，精心组织生产外运，原煤产量、商品煤销量、商品煤销售收入稳步提升，煤炭主业的基础地位、核心地位更加稳固。

面对跌宕起伏的市场考验，晋城煤业集团坚持向科学管理要效益，向节能降耗要效益，向技术进步要效益，煤化工产业完成生产经营总额331.69亿元，同比增长34.82%；实现营业收入329.54亿元，同比增长34.46%；实现利润14.48亿元，同比增长21.8%，煤化产业链联动发展优势进一步得以验证。

晋城煤业集团按照“对内以治理瓦斯为主，对外积极争取气源”的指导思想，在省内外全面开展煤层气跨区域合作。截至2010年底，累计完成地面钻井2503口，其中，在阳泉、古交等矿区成功施工钻井470余口。煤层气产业完成生产经营总额25.27亿元，同比增长23.57%；实现营业收入19.29亿元，同比增长9.25%；实现利润2.24亿元，同比增长99.86%；全年争取国家煤层气产业政策补贴3.03亿元，其中已到账1.22亿元。煤层气产业的安全效益、环保效益和社会影响力进一步扩大。

晋城煤业集团紧紧抓住山西大力发展装备制造业和煤炭资源整合煤矿兼并重组的有利契机，围绕“三机一架”的产品定位，成功研制出具有自主知识产权的7.6米高端液压支架、短壁采煤机，形成了一整套适合于大、中、小型现代化矿井的成套煤炭开采装备和技术工艺，填补了国内外多项技术空白。煤机产业完成生产经营总额23.3亿元，同比增长98.98%；实现营业收入8.93亿元，同比增长79.37%；实现利润1.3亿元，同比增长272.64%。

晋城煤业集团在抓好在运电厂生产经营的同时，加快推进重点项目建设，电力产业完成生产经营总额7.3亿元，同比增长24.15%；实现营业收入4.51亿元，同比增长37.96%；实现利润0.82亿元，同比下降27.04%。

晋城煤业集团按照“归核化、靠上去、闯出来、走出去”的发展思路，不断巩固提升现有的PVC管材、电缆、锚杆、矿建、土建、汽运物流等生产辅助型产业，多经产业完成生产经营总额55.33亿元，同比增长25.35%；实现营业收入38.08亿元，同比下降0.11%；实现利润2.7亿元，同比增长103.51%。

【资源整合情况】 2010年，晋城煤业集团按照山西省委、省政府的总体部署，稳步推进煤矿企业兼并重组整合工作，整合规划包43个，资源储量22.26亿吨，可采储量9亿吨，设计总产能3090万吨/年。已和地方政府签订了39个整合包的移交接管确认书；已换领采矿许可证43个；全部应补偿资金79.86亿元，已到位资金71.64亿元；应关闭矿井75座，已关闭73座。申领开工报告11个，3座矿井已开工建设；4座能力核定矿井均取得能力核定批复；3座矿井已恢复生产，产能共计90万吨/年。

晋城煤业集团继续加快推进矿井技改扩建及新井建设，岳城矿150万吨/年生产能力改造取得山西省煤炭厅能力核定批复，长平矿井技术改造项目全部通过验收，古书院矿15号煤延深项目通过竣工验收；赵庄二号井进入试生产，胡底矿井、龙湾矿井项目奠基，郑庄矿井、樊庄矿井等项目有序推进。

同时，晋城煤业集团积极争取后备资源，加紧办理山西省政府配置的8宗煤炭资源相关手续，资源储量39.77亿吨；寺河矿扩区由国土资源部划定范围，新增资源储量9.25亿吨；通过与内蒙古恒源公司、太钢集团、山西省煤运公司、山西金和能源加强合作，成功控股巴愣井田、三交一号井田、东大井田、鑫和井田共44.46亿吨的资源储量。截至2010年底，晋城煤业集团累计新增煤炭资源储量115.74亿吨。

【项目建设情况】 2010年，晋开公司65万吨氨醇技改工程、日月公司续建3万吨DMF项目、三宁公司68万吨高浓度磷复肥改造工程、昊源公司30万吨尿素产品结构调整项目建成投产；全长92.23千米的晋城北石店至长治苏店煤层气管道工程胜利完工；郑庄至端氏、成庄区块至中心站管线全部试运成功；易高公司二期扩建工程完工；太原7个加气站各项核准手续基本办理完毕，进入申领《危险化学品经营许可证》程序；晋城8个加气站加紧办理各项核准手续。2010年4月，晋城煤业集团取得国土资源部颁发的晋城矿区成庄和寺河（东区）区块的煤层气采矿许可证，登记面积共107.74平方公里，成为我国第一家获得煤层气采矿许可证的煤炭企业。

同时，晋开公司百万吨氨醇项目、金石公司配套制氨及硝酸铵搬迁和化肥生产装置技改项目、金象公司“18•30”项目、日月公司3万吨苯胺和2万吨异丙胺项目、联盟石油公司20万吨/年C4深加工项目、中能公司低碳循环经济煤化工产业园项目、晋银公司“26•40”搬迁项目、双多公司“20•30”扩能项目、昊源公司20万吨/年合成氨路线改造工程、王台一期30万方/天煤层气液化项目等重点工程加快推进。成庄热电厂20兆瓦扩容项目、王台热电厂30兆瓦扩容改造项目，完成科研、设备招标采购等前期工作。阳城晋煤能源有限公司2×135兆瓦煤矸石综合利用热电联产项目，工程主厂房基础完工，主机设备完成招标，相关支持性文件获得批复。金鼎煤机五大基地项目完成投资3亿元，中心基地投入运营，其他基地加快规划设计。

【内部改革与集团管理】 2010年，晋城煤业集团成立企业上市领导组和组织机构，制定下发《关于整体上市工作的安排意见》，按照“时间任务计划表”全力以赴推进企业上市；按照“构建两级战略主体、三种管理模式”的思路，组织制定了《关于构建集团战略管理体系的指导意见》、《投资项目后评价管理暂行办法》等一系列管理制度，在晋城煤业集团董事会下增设6个专业委员会，成立了经营管理研究院，完善了集团管理体系。

晋城煤业集团大力开展立标、对标工作。通过层层签订目标责任书，将总体目标分解成为各单位具体目标，形成了“人人有目标、事事有责任、件件有落实、任务有考核、考核有兑现”的目标管理体系；修订完善了晋城煤业集团《预算考核办法》，引入了经济增加值（EVA）考核指标；出台了《资产管理办法》、《对外投资管理办法》、《融资管理办法》等制度，大力加强了全面预算管理工作。2010年，晋城煤业集团净资产收益率11.66%，国有资本保值增值率119.18%，成本费用利润率 7.71%，进一步提高了企业经济运行质量。

【人才开发】 2010年，晋城煤业集团健全完善了“有职必有责、任职必负责、失职要问责”的干部考评机制；实施了《昨日要情》工作制度，对正处级以上干部每日的工作重点，以及领导下井跟班带班等情况，在晋城煤业集团OA系统上予以公示，加强了信息沟通，强化了工作落实。

晋城煤业集团创造性地研究提出了“3451”人才工作思路，即：统筹推进“管理岗位、专业技术、操作岗位”三大序列人才队伍建设；全力实施“高端创新型人才引进、主导和新兴产业紧缺人才开发吸纳、青年英才培养和开发、人才队伍素质提升”四大人才工程；系统优化“人才培养开发、人才考核评价、人才选拔任用、人才流动配置、人才激励保障”五个人才工作机制；制定下发了晋城煤业集团历史上第一个《中长期人才队伍建设战略规划纲要（2010～2020年）》，统筹推进各类人才的引进、培养、开发、使用、激励等工作。

晋城煤业集团成功举办了第十届“岗位技能竞赛”活动。聘请来自中国工程院、清华大学、中国矿业大学等科研院所，在国内外煤炭开采、煤层气、煤化工等领域被业内公认为学科带头人的19名院士、教授和专家、学者，为晋城煤业集团特聘专家，开创了通过人才柔性流动的方式，加快高层次人才集聚，借力“外脑”推进企业转型升级的新局面。

【科技创新和节能减排】 2010年，晋城煤业集团加强自主创新管理体系建设，共完成科技研发投入2.2亿元，完成科技项目70项，通过科技成果鉴定项目11项，其中9项达国际先进水平；取得省部级科技奖励14项；49项专利获国家授权，万人专利率位于全省前列。

坚持绿色发展，完善循环经济管理、制度、目标体系，加大煤矸石井下回填技术、矿井水和生活污水净化复用技术、低浓度瓦斯利用技术研究，不断提高资源综合利用水平；不断加大环保投入，严格执行环境保护、水土保持与主体工程“三同时”制度。2010年，晋城煤业集团COD减排2341吨；减排SO2188吨；单位产值综合能耗0.63吨标准煤/万元，同比下降4.55%；产品节能量8.20万吨标准煤，超额完成山西省下达的节能目标。

【安全生产管理】 2010年，晋城煤业集团把安全工作摆在更加突出的位置，提出了“安全高于一切，一切服从安全”、“瓦斯超限就是事故”、“安全管理要关口前移”等10个安全新理念，积极倡导主要精力、主要措施、主要资金优先向安全倾斜。以瓦斯综合治理和矿井防治水为重点，大力开展安全技术“会诊”、动态检查和互检工作。修订完善了《安全生产条例》、《事故报告和调查处理规定》、《瓦斯超限事故责任追究制度》、《瓦斯地质预测预报管理制度》等规定，为依规治安奠定了坚实基础。坚持每周一早调度会对上周安全工作进行通报，每月召开一次安全讲评会、每季度召开一次安委会扩大会议，及时沟通安全生产信息，掌握安全生产动态，针对性地采取安全措施，企业安全生产保持了平稳态势。

【员工生活】 将员工基本医疗保险统筹基金最高支付限额由13万元提高到23万元，将特殊病种范围扩大到19种，医疗费用报销比例提高到86%，高于全国平均水平11个百分点。为保护劳动者健康及相关权益，加强工作场所夏季防暑降温工作，将高温津贴补助标准提高到每工10元；为员工缴纳15项保险金13.1亿元。其中，养老保险7.23亿元、医疗保险1.04亿元、失业保险3494万元、工伤保险3429万元、生育保险1132万元；缴纳住房公积金3.35亿元、住房补贴2654万元。企业年金运营实现收益9456万元，收益率6%。

开发职工住宅面积74.29万平方米、住房7407套。其中，已竣工1105套，正在开发建设的沉陷区住房、经济适用房、普通商品房6302套，极大地缓解了企业无房员工的住房需求；总医院外科住院大楼主体工程完工，“晋煤大道”拓宽改造工程实现了双向试通车。

【党群工作及廉政建设】 2010年，晋城煤业集团开展创先争优活动，不断深化“四五六”创建活动，“五位一体”思想政治工作法、“干事干净”管理法，形成了独具晋煤特色的党建品牌。荣获“中国企业文化建设50强”、“全国百佳先进基层党组织”等荣誉称号。企业精神“不怕榜上无名，坚信脚下有路”荣获“新中国60年企业精神60佳”荣誉称号。

按照中央和山西省委统一部署，集中开展了煤焦领域反腐败、工程建设领域突出问题、“小金库”、干部选拔任用中行贿受贿等专项整治，全面排查并认真整治存在问题，针对性建立完善规章制度，严格执行“三重一大”事项集体决策制度，有效防范了违法、违规、违纪事件的发生。

晋城煤业集团结合企业改制10周年，开展了多种形式的主题宣传和教育活动，激发了广大员工心系企业、热爱企业、奉献企业的热情，增强了企业的凝聚力、向心力和战斗力。

【公司领导班子成员名录】

朱晓明	董事长、党委书记（2010.6止）
武华太	董事长、党委书记（2010.7始）
杨茂林	副董事长、总经理（2010.7止）
贾国华	党委常务副书记、纪委书记
郭爱堂	工会主席（2010.3止）
文士华	副总经理（2010.12止）
苏清政	副总经理
李鸿双	副总经理
张虎龙	党委副书记、工会主席（2010.5兼任工会主席）
李国彪	副总经理
王　毅	副总经理
都新建	副总经理
王保玉	副总经理（2010.5始）
王茂盛	副总经理（2010.5始）
闫振东	副总经理（2010.5始）
张宏永	副总经理（2010.5始）
王锁奎	副总经理（2010.5始）
曹建平	副总经理（2010.5始）

太原重型机械集团有限公司

【基本概况】 太原重型机械集团有限公司（以下简称“太重集团”）是新中国自行设计、建造的第一座重型机器厂，下属企业主要有太原重工股份有限公司、太原重型机械集团有限公司煤机有限公司（主要包括太矿集团和山西煤机）、榆次液压集团有限公司等，凭借卓越的技术实力，太重集团为我国以及全球二十多个国家和地区提供优质产品与服务。截至2010年底，太重集团总资产为221.39亿元，净资产75.83亿元，职工1.37万人，主营业务收入列居全国重矿行业第二位。

太重集团服务领域广阔，产品门类众多，主要产品涵盖起重设备、挖掘设备、轧钢设备、锻压设备、油膜轴承、铁路轮轴产品、减速机、焦炉设备、航天发射装置、舞台设备、煤炭机械、煤炉、压力容器、液压元件和应用系统、大型和精密铸锻件等诸多领域，建厂五十多年来，太重为冶金、矿山、水电、交通、化工、建筑、航空航天等行业，特别是为国家重点建设项目提供了1000余种、20000多台（套）装备，创造了360多项国内外第一，被誉为“国民经济的开路先锋”。太重先后培育了起重机、油膜轴承、减速机三个“中国名牌”产品。太重研制生产的神舟七号飞船、嫦娥卫星航天发射塔架，三峡1200t桥式起重机，480t铸造起重机，20m^3～55m^{3}矿用挖掘机，Φ340mm无缝管轧机，西气东输螺旋焊管机组，10000吨铝合金挤压机，残奥会白玉盘舞台以及国家大剧院舞台设备都是其标志性产品。

【主要指标】 2010年完成工业总产值137.23亿元，为年计划的114.35%，同比增长23.39%；完成工业增加值28.25亿元，为年计划的117.71%，同比增长4.55%；实现主营业务收入133.38亿元，为年计划的112.64%，同比增长22.87%；实现利润8.04亿元，为年计划的138.68%，同比增长36.05%；累计订货255.61亿元，为年计划的116.19%，同比增长30.63%；国有资产保值率为108.07%，完成了指标的101.00%；净资产收益率为7.46%，完成了指标的106.57%。

【改革发展】

1. 市场营销。2010年，针对严峻的市场形势，太重集团专门召开经销动员大会，积极调整经销组织结构，推出新的激励政策，为经销工作注入了活力和张力。挖掘机、煤机、大型压机、轮轴增长强劲。棒线材轧机订货呈现良好态势，掘进机逐渐打开市场。液压板块适应市场能力进一步增强。首台套订货成绩显著，200MN自由锻造液压机、660t履带起重机、660t全路面桁架臂起重机、500t全路面伸缩臂起重机、7650t/h半移动破碎站、5MW风电增速器等新产品实现订货，落实了开发依托项目。成套项目取得突破性成果，签订了泓元海水淡化褐煤干燥成套项目、扬州龙川高合金钢管成套项目、韩国日进等三条连轧管生产线、河北金牛煤机成套等，成套订货31.3亿元。出口订货大幅增长，管轧机组出口沙特、韩国、印度，大型挖掘机出口俄罗斯、智利、蒙古，铸造吊出口印度、越南、伊朗，轮轴产品出口加拿大、阿根廷、土耳其，全年实现出口订货14亿元。

2. 生产组织。2010年，太重集团干部职工克服任务不均衡、资金紧张、新产品、重点产品比例增多、难度加大等困难，实现了高产、超产。太原重工迈上了月产值10亿元的新台阶，单月生产3台大型挖掘机、2台大型压机、钢轮25000片、车轴8000根，创历史新高。单月生产轮对1000付，增速器50台，实现了批量产出。钢水量实现连续高产，二季度月均超过10000吨，4500吨水压机产量连续两月超过3000 吨。太矿集团规范外协外购工作，专业化协作取得明显成效。山西煤机采取增加核心设备、扩大外协等多项措施，单月铺设台数屡创新高。榆液集团推进体制机制调整，按产品板块专业化运营，产能得到释放。机械企业公司产品结构调整取得明显成效，规模增长35%以上。

3. 自主创新。2010年，太重集团各单位大力推进技术创新，开发项目多，工作布置得力，成绩突出。公司被确定为全国第二批知识产权示范单位。“干熄焦开发应用”项目获得国家科技进步二等奖。首台套产品改进取得突出成绩。技术、生产、质量等部门密切配合，勇克难关，55m^{3}挖掘机、1.5MW风电整机、80MN快锻、墨龙Φ180连轧管生产线、聊城Φ273钢管生产线、起重机行星包等首台套重大新产品经过改进完善，达到国际先进水平，获得了用户肯定。55m^{3}挖掘机取得5台订货，市场地位进一步巩固。超重型刮板输送机受到市场肯定，取得4套订货。新型船用马达经过改进完善，得到用户认可，成为新的增长点。产品开发顺利完成。7m焦炉、2MW风电整机、EBZ200掘进机、EBZ160掘进机、SGZ1000/3×855三驱动刮板输送机、SGZ1350/700转载机等实现了当年开发、当年出产，增强了公司的发展后劲。7650t/h半移动破碎站、15m^{3}液压挖掘机、TZC660履带吊、75m^{3}挖掘机、660t桁架臂起重机、500t全路面伸缩臂起重机等完成开发设计工作，极大地拓展了产品领域。液压板块完善激励机制，加大研发投入，国家科技支撑计划——“高性能电磁伺服比例阀及其控制系统研究与应用”项目完成验收。

4. 企业经济运行情况。资本运作成果显著，集团发行企业债为动车齿轮箱项目融资8.4亿元，重工非公开发行为轮轴新线项目融资16.86亿元，有力地支持了公司的大项目建设；太矿旧区土地拍卖14.34亿元，土地净收益转增资本金，提高了集团对太重煤机的股权比例，为后续的发展打下了基础；太重煤机竞购澳大利亚威利朗沃国际集团已经预中标。管理创新工作积极开展，建立了集团机关工作例会制度，制定下发了第一批管理制度汇编，管理工作逐渐步入规范化、制度化；分别召开了新能源、环保产业、海洋工程装备等战略研讨会，开阔了发展思路；组织了集团公司精益制造培训，选派20名骨干人员参加天津英语强化班，年度在岗人员培训率达到40%以上；依法治企扎实推进，学法用法成为常态，荣获了山西省“依法治理标兵单位”；门禁管理开始运行，厂区秩序逐步好转。降本增效取得新成绩，全员全过程的成本管理得到加强，挖焦、轮轴、山西煤机等实现利润比较突出；国产配套件实现直供，优化了供应商结构，降低了采购成本；下发执行了《差旅费管理办法》、《协议酒店暂行管理办法》，首批办公用品完成集中招标，非生产性成本得到有效控制。

质量管理继续加强，太原重工顺利通过压力容器ASME、轮对压装AAR和欧洲轮对EC认证；实施了重点产品、出口产品质量跟踪制度，质量改进受到用户肯定；太矿集团召开品牌动员大会，加强质量体系建设，“太矿牌”成功申报中国驰名商标；山西煤机成立售后服务部，深入用户全方位提供支持，受到用户好评。安全节能环保工作稳步推进，加强安全技能培训和隐患排查整治力度，安全形势总体平稳；节能工作扎实推进，成为国家首批60家“两化融合促进节能减排示范企业”；环保工作成绩明显，荣获“太原市创建绿色工业企业先进单位”、“绿色十佳”等称号。

【重大决策与重大项目】 临港项目一期重型厂房主体结构完工，生活配套项目已经开工，所购研发中心大楼主体施工至十三层。万吨项目西区库房建设完成，废钢厂搬迁完毕，丙烷站、联合泵站工程基本完工；炼铸钢厂主要设备招标完成，开始桩基施工；变电站、大型锻造厂房、热处理厂房具备开工条件。高速列车关键零部件国产化项目于12月17日隆重举行了奠基仪式，正式开工建设；车轮锻轧线、热处埋线、加工线、检测线等主体设备完成招标。此外，办公大楼、体育馆、玉河街及厂区美化改造等三小工程保质保期完成，为庆祝建厂六十周年献上了一份厚礼；太重集团榆次液压工业有限公司开始运营，新园区550亩土地得到落实；核电装卸料机试验厂房竣工投产，为核电产品发展创造了良好的条件；公司各单位技改技措顺利完成，核心制造能力得到提升。

【法人治理结构】 太重集团自1996年整体改制为国有独资公司，随后逐渐建立起健全的现代企业制度，形成和完善了法人治理结构。按照《公司法》，确立了公司《章程》，设立了董事会、监事会和经理层，制定了《董事会议事规则》、《党委常委会议事规则》、《总经理办公会制度》等制度，明确了董事会、监事会、经理班子、党委会、职工代表大话和党政联席会议的工作职能和议事规则。2010年，太重集团继续在法人治理结构框架内规范运行。

【公司领导人员经营业绩考核体系与薪酬制度建设】 太重集团领导人员经营业绩考核体系与薪酬制度，按照《山西省人民政府国有资产监督管理委员会关于省属企业领导人员经营业绩考核的暂行办法》（晋国资发［2004］11号）、《山西省人民政府国有资产监督管理委员会关于省属企业领导人员薪酬管理的暂行办法》（晋国资发［2004］12号）、《山西省人民政府国有资产监督管理委员会关于印发省属企业领导人员薪酬管理补充办法的通知》（晋国资发［2005］2号）和《山西省人民政府国有资产监督管理委员会关于省属企业领导人员薪酬计算办法（暂行）的通知》（晋国资发［2005］5号）的有关规定执行。2009年度太重在省国资委经营业绩考核中名列前茅。

太重内部对规模以上生产经营单位经营管理者的薪酬，比照省国资委考核办法，按照《太重集团公司经营管理者年度薪酬及经营业绩考核管理办法》执行。重点考核年度利润总额、销售收入、净资产收益率（或回款）和质量、安全以及集团公司年度方针目标中的其他分解目标。

【公司领导班子成员名录】

岳普煜　　董事长、党委书记
王创民　　副董事长、总经理、党委常委
张玉牛　　董事、总法律顾问

王春明　党委常委、工会主席、董事
张克斌　党委常委、副总经理
介志华　董事、副总经理
林　经　党委常委
荆冰彬　副总经理
王　敏　副总经理
王吉生　副总经理、总工程师
丁永平　党委副书记
张志德　董事

山西煤炭运销集团有限公司

【概况】 山西煤炭运销集团有限公司（以下简称“集团公司”）是山西省重点国有企业，是集煤炭生产、煤炭物流和多元产业为一体的现代化大型企业集团，是山西省委、省政府确定的“十二五”期间实现工程的五大企业集团之一。

集团公司前身是山西省煤炭运销总公司，成立于1983年，2007年7月，经省政府批准，由省国资委和11个市国资委出资，在原总公司的基础上重组改制，组建山西煤炭运销集团有限公司，注册资本101.56亿元。

经过多年发展，集团公司形成了煤炭生产、煤炭物流和多元非煤三大支柱产业。煤炭生产业经过资源整合，拥有煤炭资源储量106亿吨，规划产能1.3亿吨，覆盖全省六大煤田，所产煤种多达十大类；煤炭物流拥有遍布全省主要铁路、高速公路、重点公路干线的铁路发运站、煤焦管理站、储配煤场，在站点、网络、储配、加工和运输等方面具有独特优势；多元产业已经形成煤化工、清洁能源、高端装备制造、新材料、酒店旅游等五大业务板块。

目前，集团公司旗下拥有山西焦炭集团、11个市级子公司、97个县级子公司和26个控股企业（各子公司和控股企业下属煤矿、铁路发运站、出省煤焦管理站、煤焦营业站、储配煤场等各类子公司1000余家）。2010年，集团生产煤炭2800万吨，煤炭运销量2.6亿吨，实现营业收入1158亿元，利税100亿元，成为山西省第三家经营规模超千亿的大型企业。

【主要经济指标】 全年营业收入完成1158.5亿元，同比增加434.4亿元，增幅60%；实现利润总额45.8亿元，同比增加4.2亿元，增幅10%；生产煤炭2801.4万吨，同比增加1514.3万吨，增幅117.7%；发运煤炭2.85亿吨，同比增加8737.1万吨，增幅44.3%；经销煤炭1.93亿吨，占集团总运量的67.6%，同比增加5500万吨，增幅40%(同口径比)；集团资产总额达849.8亿元，同比增长19.9%。

【煤炭资源整合】 由于整合煤矿数量多、地域分布广、情况复杂，整合工作时间紧、任务重、相关配套政策滞后，集团资源整合三级领导小组、整合办及相关部门密切配合，发扬艰苦奋斗、连续作战的精神，提出并运用“综合经济效益评价法”，有效破解了集团资源整合遇到的一系列难题，顺利推进了煤矿资产评估、实质性接管、法人治理结构建设、证照办理、“四大专篇”编制报批等工作，较好地完成了资源整合第二阶段的任务。集团整合煤矿签约、接管率

95.7%，采矿许可证换证率97.6%，资金补偿按协议进度到位率98.3%，圆满完成省政府下达的任务目标。掌控煤炭资源达100多亿吨，矿井规划生产能力1.3亿吨，为长远发展奠定了坚实基础。

【安全管理和生产建设】 建立了“集团公司监管、二级公司直管、煤矿全面负责”的安全责任体制，形成了“统一管理、分级负责”的安全工作运行机制。制定了130多个安全管理制度，初步建立了安全管理制度体系、安全责任体系和以总工程师为核心的技术管理体系。开展“安全生产年”活动，着力抓好专项整治和隐患排查治理，全年发现、排查各种隐患3640条，取得了百万吨死亡率为零的佳绩。

切实加快矿井建设，全力抓好煤矿生产，全年生产煤炭2800万吨，进尺27万米。年初确定的33座重点建设矿井中，16座进入建设程序；22座重点达标投产矿井中，10座达到联合试运转条件。全年建成一级标准化矿井9座、二级标准化矿井6座，建成安全高效矿井5座，其中：国家特级1座，一级3座，二级1座。三元王庄煤矿完成技改，初步建成数字化矿井。被列为全省重点工程的王家岭煤矿建设项目，矿建、土建、设备安装等工程进展顺利。

【两路经销和物流配送】 铁路经销实现稳步增长，站点布局不断优化。各市县公司在积极组织本地煤炭货源的同时，重点加强陕蒙煤采购上站，全年上站煤采购量5496万吨，比上年增长55%。集团铁路自营经销比例达90%，30家大客户占铁路总运量的30%。大同、朔州铁路发运业务得到恢复。区域性铁路营销整合取得突破，长治公司以明华为主体整合分散的发煤站，形成了区域内铁路煤炭统一销售模式，机制一变，运量、效益大幅攀升，长期亏损、濒临破产的9个发煤站全部扭亏为盈，为集团整合铁路销售体系提供了有益借鉴。

公路站点管理进一步加强，物流经销扎实推进。全面推行“三权制衡”管理模式和微机联网开票，从体制机制层面有效地解决了长期困扰站点和票据工作的“管理难”问题，促进了煤炭销售集中度的提高和经销比例的上升，公路煤炭运销六项经济指标创历史最好水平。各市公司积极争取地方政府支持，实行市域煤炭统一经销，大力推进驻矿销售，集团地方公路煤炭统一经销主体地位得到巩固。大同万方、朔州宝兴、阳泉德运昌等公司，通过整合社会车辆，煤炭物流配送扎实推进。晋城兰煜物流公司建立大型储配煤场，为集团煤炭集散超市建设趟出了路子。晋昌源积极开展过境煤的物流营销，全年经销陕蒙煤125万吨，承运配送400多万吨；晋通公司大力推进省内电煤配送，销售收入大幅增长；晋华公司克服重重困难，圆满完成了全年各项任务。

【非煤经营业】 成立集团公司多元产业管理局，完善多元产业管理体制，重点项目加快建设和推进。艾尔吉（中国）矿业装备制造项目和山西美佳矿业装备制造项目已开工建设。忻州经济技术开发区煤机工业园和大宗物资仓储基地550亩购地协议已经签订，进入招拍挂程序。晋中中航兰田特种车辆制造项目已达成三方协议。压缩天然气公司在建项目部分管线实现通气试运行，首批运煤通道CNG加气站项目，前期申报的69个加气站已获得省发改委的批复，具体实施工作已全面展开。和中石油（昆仑）燃气集团合作建设日产200立方米LNG工厂项目框架已经签订，集团控股的大元新能源公司已成立，规划的104个LNG加气站已报省发改委立项审批。晋银公司全年实现销售收入3亿元，利润2000万元，刁泉银铜矿顺利复产，宗银公司进入设备安装调试阶段。万景苑小区项目快速推进。长治公司海森生物疫苗、华富秸秆发电项目，阳泉公司金属粉末材料、煤层气加工利用项目，晋城兰煜房地产项目，孝义市煤气化总厂技改项目等进展顺利，为集团多元产业的进一步发展奠定了较好的基础。

【主要管理经验】

集团体制改革试点。在长治公司构建了“一体两翼”的管理体制，进行了资产和业务的整合重组，为集团体制转型探索了路子。

人力资源管理。推进薪酬制度改革，加强工资总额预算管理，推行工效挂钩和全员安全绩效工资制。加强人才引进和培养，选聘大中专学生580人，招聘专业人才500余人。构建“大教育、大培训、大体系、大提升”的培训格局，成立集团教育培训工作委员会、教育培训部、培训中心，加大教育培训力度，对集团副处以上领导干部进行了两期煤矿专业知识普及培训。

财务管控能力。出台了煤炭销售统一结算管理办法，为下一步集团财务管控奠定了基础。拟订了会计集中核算管理办法，加强了集团对各单位会计核算人员的管理和监督。朔州公司通过定岗、定编、定员、定费用，全年可节约经费6000多万元。

资本运作能力。完成了70亿元的五年期信托融资和10亿元的五年期并购贷款融资；顺利完成两期共20亿元的中票发行；租赁融资、发行企业债券工作正在积极推进。全年共计融资150亿元，实现了多元化、多品种、多渠道融资，优化了融资结构。积极开展清产核资和摸底调查工作，初步建立起集团系统企业的产权登记管理数据库。

绩效考核。实行月排队、季考核，提高了绩效考核的频率和力度，各市、县公司呈现出争先奋进的良好局面。长治公司销售收入超过200亿元，利润突破30亿元，朔州、忻州公司主要经济指标增长幅度超过50%，运城公司主要经济指标实现翻番，孝义、高平、阳城、和顺、左权、长治县、阳泉郊区、临汾尧都区等一批县级公司，经济总量快速增长，为集团公司完成全年任务做出了重要贡献。

【企业党建】 极开展“创先争优”、创建“学习型”企业和“解放思想大讨论”活动。出台了《“三重一大”决策失误责任追究办法》，制定了落实“三重一大”、贯彻专项治理、完善招投标监管等8个方面30余项制度规定，初步形成具有煤销特色的惩防体系；引深煤焦领域和工程领域“两个专项治理”，推广“三权制衡”管理机制；加强招投标监管和项目监察，严把招投标程序，实行集体审批和计划管理制度，促使集团招投标逐步走上规范轨道；落实“两严”工作部署，加强作风纪律整顿，对11名违反工作纪律人员做出相应处理。严查腐败案件和站点违纪问题，全年各级纪委初步核实线索43件，立案查处31件，对128人给予党纪政纪处分，有效遏制了腐败问题高发多发态势。召开了集团首次宣传工作会议，成立了新闻中心，对集团报纸和网站进行了全面改版，初步建立起了集团新闻宣传体系。成立集团劳动竞赛委员会，建立健全劳动竞赛实施办法和激励机制。组织开展“安康杯”煤矿安全知识竞赛、创建煤矿安全班组活动和庆“三八”女职工健排舞比赛等群众性文体活动。积极开展扶贫、植树造林和为灾区捐款献爱心等活动。13个单位被评为省属企业文明单位标兵和文明单位。晋中公司获“全国文明单位”称号，太原、临汾蒲县公司被授予“全国精神文明建设工作先进单位”称号。获得全国劳动模范1名，省特级劳模1名，省劳动模范18名。三元煤业荣获全国煤炭工业“双十佳煤矿”、“安全高效矿井”等荣誉称号，晋城公司获得“全国厂务公开民主管理先进单位”称号。

【公司领导班子成员名录】

刘建中　董事长、党委副书记
赵进明　党委书记、副董事长
王建设　执行董事、党委副书记
石魁英　董事、常务副总经理
荣海涛　董事、副总经理
王利君　董事、工会主席
龙孝忠　总经济师
张银元　副总经理
张泽田　纪委书记
徐忠和　副总经理
郑　涛　副总经理
张　树　副总经理
韩振贵　副总经理
于喜东　总工程师
王东文　董事、副总经理
蔚振廷　总会计师

山西国际能源集团有限公司

【概况】　山西国际能源集团有限公司（以下简称“集团公司”）由山西省国有资产监督管理委员会以（晋国资改革[2006]127号）文批准成立，是山西省人民政府国有资产监督管理委员会履行出资人职责的国有独资公司。公司总部位于山西省太原市府西街69号国贸中心A座40-42层，注册资本为52亿元人民币，截至2010年底，公司总资产达到319亿元。业务领域以投资能源项目为主，包括电力、煤炭、煤层气、新能源、水务、房地产和旅游等七大领域的开发。

经过20多年的发展历程，山西国际能源集团参控股运营的发电企业达到38家，其中控股25户，参股企业13户。公司拥有电力、新兴能源（风能、太阳能、城市垃圾处理、生物质发电）、煤层气、煤炭、水务、房地产、旅游等产业。电力参控股企业19户，已投产和在建控股装机容量742万千瓦，其中风电投产14.7万千瓦，垃圾焚烧发电2.4万千瓦，是省调企业中最大的发电运营商，同时是山西第一大清洁能源发电运营商。拥有世界上技术最先进、全国装机容量最多、单机容量最大的煤矸石发电项目，投产、在建控股参股矸石发电项目5个，装机容量255万千瓦；煤炭板块参股6座煤矿；煤层气板块控股建设长治-和顺-太原煤层气管线，具备年输气20亿立方米的能力；水务板块具备年处理污水4800万吨、日处理污泥100吨的能力，拥有国内现代化程度最高的污水处理厂，以及省内晋商文化最有影响力的载体常家庄园等一流产业。

【主营业务】 公司定位为综合性大型能源投资企业，以电力、煤炭投资为基础，实施多元化的发展战略，电力、煤炭、煤层气、基础设施、水资源、旅游资源等一体化开发，主要经营以下业务：

1. 依法经营山西省人民政府授权范围内的国有资产和国有股权；

2. 从事电源的投资、建设、生产经营和管理，组织电力（热力）的生产和销售，主要包括火力发电、风力发电及城市垃圾发电等；

3. 从事煤矿的投资、建设，进行煤炭的生产、加工、销售，以及从事煤层气的开发；

4. 从事城市基础设施的投资、建设及经营和管理；

5. 从事城市污水处理项目的投资、建设、运营管理，以及参与中小型水库的投资建设及经营；

6. 参与旅游项目的投资、经营和管理。

7. 根据国家有关规定，经国家批准，从事国内外投资、融资业务。

【经营业绩】 2010年，集团公司全年完成发电量215亿千瓦时，同比增长39.8%；上网电量完成200亿千瓦时，同比增长43.8%；电厂平均利用小时完成5012小时。集团总资产达到319亿元，同比增长16.5%；实现营业收入61亿元，同比增长58%，上缴税收8亿元，圆满完成了省国资委确定的全年经营目标和各股东期待的目标。

2009～2010年主要经济指标

数据名称	2009年	2010年
主营业务收入（万元）	411865	613236
利润总额（万元）	21532	18761
净利润（万元）	13790	13008
成本总额（万元）	347107	561861
资产总额（万元）	2876816	3186993
总资产报酬率（%）	2.47	2.54
净资产（万元）	1313934	1314583
净资产收益率（%）	1.59	0.68
资产负债率（%）	46	58
所有者权益总额（万元）	550696	557505
职工人数（人）	9800	10800

【改革发展】 2010年，受经济增长呈现“前高后低”、煤价不断连续上涨、电力需求增长趋缓，以及有关部门为完成节能减排目标限制发电等因素的影响，全国火电行业亏损面持续加大，特别是中南部地区火电亏损严重，山西省的情况尤为突出，发电企业遇到前所未有的艰难和困境。

面对如此严峻的经营形势，集团发电企业管理人员和广大员工按照年初确定的经营目标，严格控制各项成本，想方设法挖潜增效，采取了一系列强有力的措施，付出了大量的心血和汗水改进管理，发电企业运营管理水平得到了明显改善。在全国火电行业普遍亏损的大环境下，发电企业完成了各项工作目标，取得了来之不易的成绩。

2010年，天石公司机组利用小时实现“7339”，居于全省前列，提前完成了全年发电任务，在全国循环流化床机组中继续保持领先地位；平朔煤矸石公司4#锅炉连续安全运行193天，创下国内300MW循环流化床机组最好的运行记录，取得良好的经济效益、社会效益，成为省调电厂最具影响力的发电企业；柳林公司实施精细化管理，一次性购入西龙池3亿千瓦时电量，为超额完成年度经营目标奠定了扎实基础，取得了可喜的经营业绩；河坡公司围绕“现役机组稳定运营、全面提升员工技能、快速推进上大压小项目”三大任务，群策群力，坚持不懈，提前197天完成全年发电任务，标煤单价继续保持本地区同行业最低；华光公司全面推行清洁生产方式，积极探索“运行稳、能耗低、效率高、环保好”的路子，有效克服了上半年4#机组停产检修带来的不利影响，全面提升了企业综合实力；兆光公司管理者冲在管理的最前沿，在燃煤管理上实施细化管理，监督把关，有效降低了成本，在稳定设备运行、强化经营管理、提升员工素质方面做了很多工作；云光风电建设速度快，设备调试安全高效，三个风场15万装机全部投运，实现了当年投产当年盈利的良好业绩，成为全省最大的风电企业；同舟公司加强设备整治，焚烧垃圾占太原市垃圾总量的一半以上，继续保持了全省垃圾无害化处理“龙头企业”的地位；参股企业漳山、榆社、阳城强化成本管理，完善内控机制，加大控制力度，有效降低了成本，减少了亏损；西龙池抽水电站积极做好设备理赔和机组恢复工作，维护了股东利益。

【产业发展及重大项目进展】 2009年山西省调投了388万千瓦的装机，山西国际能源集团投了195万千瓦装机，占全省投运发电装机的一半以上，成为山西电力建设的主力军、领跑者。2010年山西国际能源集团还有8台30万千瓦机组的在建项目，预计将于2011年投运，将继续巩固山西国际能源集团作为山西电力建设主力军的地位。

2010年重大项目情况进展：

山阴昱光2×300MW项目是山西省第一家由设计院实施的EPC项目，从优化设计、工程降造上有效发挥了设计院优势，在国内循环流化床机组中首创应用三塔合一新技术、建设亚洲最大空冷塔。

柳林宏光2×300MW项目与工地周边建立了和谐、融洽的合作关系，工程建设实现了零干扰，施工速度快，工程质量高，预计2011年年底双机投产运行。

瑞光一期2×300MW热电联产项目，在上电集团受金融危机影响退出EPC总承包后，积极克服由此造成的人员紧张、管理缺失、工作衔接难度大等困难，真抓实干，预计2011年年底投产发电。

右玉2×300MW项目工期已经过半，管理科学规范，工程质量得到有效保障，预计2011年双机投产。

河坡“上大压小”项目，在国内首次采用350MW超临界循环流化床机组，国内三大主机投标商格外关注，招标价格实现了最优，开工前准备工作进展顺利。

盂县2×1000MW向北京输电项目发扬右玉精神，坚定信心，奋力拼搏，项目取得了突破性进展；古城2×1000MW、高平2×600MW项目作为晋苏两省能源合作的省外输电重点项目，常务副省长李小鹏和江苏副省长徐鸣一同到国家发改委能源局协调项目，两省政府达成了加强能源合作的框架协议，列入山西和江苏电力工业“十二五”规划；平朔三期2×350MW机组、平朔四期2×350MW机组、应县银光2×600MW机组、昱光二期2×350MW机组、天石二期2×350MW机组五个项目也已列入山西省煤矸石“十二五”综合利用发展规划，标志着集团煤矸石综合利用再上一个台阶，此外，安泽、翼城、河津二期、瑞光二期、浑源、天镇等项目的前期工作都在平稳有序推进中。

【法人治理结构】 公司董事会现有3名董事组成，行使法律及公司章程规定范围内的职权。设有监事会，由5名监事组成，监事会成员由省国资委委派，同时按照有关程序选举兼职监事，行使法律及公司章程规定的职权。公司设总经理1名，副总经理3名，经理及总经理由国资委提名，董事会批准。公司总经理对董事会负责，组织负责公司的日常生产经营管理工作。集团公司设立党委，党委委员由山西省国资委任命。

【企业文化建设】 山西国际能源集团成立后，以文化引领企业发展，大力传承“人人为企业，企业为人人”的公司文化，营造“团结、紧张、严肃、活泼”文化氛围。通过加强企业文化建设，丰富企业文化内涵，用先进的文化和理念凝心聚力，引导集团所属企业共同发展。简而言之就是“一种精神”、“两种方法”、“三种模式”、“四种关系”和“十大原则”。一种精神：就是“团结 紧张 严肃 活泼，人人为企业、企业为人人”的公司精神。这是企业文化的灵魂，也是持续发展的源泉。两种方法：做人要坚持诚实守信，仁爱孝敬，勇敢智慧，公平正义；做事要坚持认真勤奋，敬业完美。三种模式：坚持“三个一”的管理模式；坚持EPC总承包的建设管理模式；坚持契约式的运营管理模式。四种关系：人与人之间要坚持爱心、坦诚、平等、尊重；上级对下级要坚持关心信任、帮助指导；下级对上级要坚持尊重理解、支持服从；对下属企业要坚持商定指标、建议督导、协调服务；对外面协作单位要坚持礼貌协商、求同共赢。十大原则：坚持直接对话的原则；科学迅速决策的原则；复杂事情简单化的原则；先做强再做大的原则；资产、资本共同流动的原则；专门人做专门事的原则；节能环保优先的原则；为基层企业服务的原则；廉洁自律奉公守法的原则；扶危济困多做善事的原则。

【主要管理经验】 山西国际能源集团在组织机构管理方面积极创新，率先在本部实行扁平化的组织结构管理。扁平化的组织结构不设具体职能部门，根据各个员工专业及工作经历确定一个主要的岗位，同时兼顾相关的工作。公司通过设置财务、投资、工程及综合协调四类专职岗位，由公司高管（董事、总经理及副总经理）根据工作需要统筹调度员工，以项目形式将员工组织起来完成各项工作，保证了各项工作的高效运转。扁平化的组织结构具有显著的优越性，提高了公司决策和管理效率，减少了管理层级、提高了信息传递速度、避免了信息在传递过程中失真，高管层和执行层沟通紧密、开阔了决策层视野，使决策更科学、迅速。

在对控股企业的管理上推行“三个一”管理模式。围绕用人机制、激励机制、约束机制三个核心管理环节，在全资和控股发电企业成功地实施了“选好一个总经理，用好一个年薪制，定好一个指标”的管理模式，突出体现总经理在企业经营和发展中的核心地位，将用人机制、激励机制和约束机制有机结合，充分调动基层管理者的积极性，增强其责任感。

在控股电厂经营管理中集团公司在控股电厂推行先进的“一体化管理、契约式运营”管理模式。以市场为导向，以合同为纽带，通过招标方式，将生产运行、设备维护、物资仓储以及物业管理，都以“契约式”管理方式对外承包，充分利用专业化、社会化的服务机构，并通过企业的一体化管理整合利用各种社会资源，从而实现公司健康、高效、安全运行，企业效益最大化。“一体化管理、契约式运营”新型管理模式与传统发电企业管理模式最大的区别在于，发电企业与委托的运行、维护、物业管理等机构均为独立经济主体，相互之间为合同关系，而非传统发电企业的行政隶属关系。发电企业与各承包公司在合同约束下，以市场经营手段而非行政手段来管理承包单位。同时，承包公司内部也打破了传统的分工界线，岗位之间相互补充，培养“全能型”技术人员，大大提高了工作效率，降低了劳动力成本，体现出“契约式”机制的优越性。

在基建项目中推行国际通用的EPC（交钥匙）总承包模式，即设计、采购、建设“交钥匙”总承包模式，达到降造、廉政和提高投资效益的目的，对于提高工程质量、降低工程造价、缩短工期、提高投资效益有显著的成效。

【公司领导班子成员名录】

郭　明	董事长、党委书记、总经理
郭钛星	董事、党委委员、纪委书记
白祚祥	副总经理、党委委员
任晓彤	副总经理、党委委员
曹　阳	董事、党委委员、工会主席
冯培一	副总经理、党委委员

山西能源交通投资有限公司

【公司概况】 山西能源交通投资有限公司（以下简称“公司”）是2009年8月24日经山西省人民政府晋政函〔2009〕91号文件批准成立，是省政府出资设立的国有独资公司，注册资本63.3亿元，公司总资产193亿元。是承担山西省铁路、交通、新能源基地建设等重点工程项目投融资的大型骨干企业。经营范围包括铁路、交通基础设施及能源项目的投资和资产管理；铁路沿线货物仓储设施的建设与经营；政府划拨资产的管理和运营等。参与部省合资建设的铁路项目有：山西中南部铁路通道、大同至西安客运专线、太原至兴县铁路通道、太原铁路枢纽等10条新建和改扩建铁路项目。公司按照“政府主导、企业主体、多元参股、资本运作”的投融资运作模式，建设“投资主体多元化、资产结构优质化、经营运作市场化、公司管理现代化”的特大型投融资企业集团，打造山西省内最大的能源交通投资与管理集团。

【项目完成情况】 圆满完成铁路投资任务。2010年是公司全面起步、正式运行的第一年。公司紧紧围绕新建铁路投融资这一中心任务，边完成公司组建，边抓铁路投融资，各项工作取得令人满意的成绩，得到省委省政府的表扬与肯定。2010年，公司认真履行了省政府赋予的铁路投资使命，创新投融资方式，积极拓宽融资渠道，全年完成铁路投资466720万元，其中：大西客专275900万元、中南通道95600万元、太兴铁路28000万元、吕临支线5000万元、石太客专太原枢纽征地拆迁60000万元、黄韩侯铁路2220万元。认真履行省政府赋予的铁路投资使命，为确保山西省重点铁路工程建设，促进全省投资增长做出了贡献，受到省委省政府肯定。

开展战略装车点布局工作。战略装车点是新时期铁路现代化的装车作业场所，也是公司未来发展重要战略经营资源。中南铁路沿线拟规划建设25个战略装车点（含专用线），经广泛深入调研，公司主动与铁路沿线市县政府和企业进行接洽，向省政府上报提出了由公司为主体参与建设山西境内段新建铁路战略装车点（含专用线）的建议，2010年11月17日省政府专题会议已明确由公司单独或控股建设新建铁路山西段的战略装车点。

【公司治理结构】 坚持高起点规划、高标准建设，健全法人治理结构，加强班子队伍建设，初步建立起一个团结务实、风清气正的领导班子和一支懂经营、善管理、能开拓的管理队伍，圆满完成公司组建任务。根据《公司法》制定了公司《章程》，按照现代企业制度要求，设立了规范的法人治理结构，设置了董事会、监事会和经理层，形成了有效的监督制衡机制。由省国资委行使股东会职权，董事会是集团公司的决策机构，成员由省国资委按照董事的任期委派或更换，每届任期三年。公司董事长是公司法定代表人。省国资委监事会对公司行使监督职能。经理层是公司的执行机构，对公司董事会负责。公司总经理由董事会提名，报经省国资委批准后，由董事会进行聘任或解聘；副总经理、总工程师、总经济师、总会计师由总经理提名，报经省国资委同意后，由公司董事会进行聘任和解聘；总经理、副总经理、三总师等任期为三年，可以连聘连任。

制定了《山西能源交通投资有限公司董事会议事规则》、《山西能源交通投资有限公司总经理议事规则》。完善了公司内设机构和涉及行政、人事、财务、投资等方面20余项规章制度。

【国有资产保值增值】 2010年初，国有资本及所有者权益为475300万元，年末为846500万元，国有资产保值增值率为100.78%。

【公司改革发展情况】 2010年12月，省政府决定以山西能源交通投资公司为主体，兼并重组山西汽车运输集团有限公司、山西地方铁路集团有限责任公司、山西能源产业集团有限责任公司、山西省物资产业集团有限责任公司四户企业。2010年12月24日上午，省能源交通投资有限公司整合重组地方铁路、汽运集团、能源产业和物资产业集团会议在省国资委召开，宣告省能源交通投资有限公司整合重组4户企业的工作正式开始，进入到具体实施阶段。

省国资委党委书记、主任朱晓明，副主任、党委委员王晓勇，副书记王靖凯，副主任、党委委员朱成基和5户企业的主要领导参加会议。会议由朱晓明主任主持。会上，朱成基副主任宣布了省国资委《关于省能源交通投资有限公司整合重组地方铁路、汽运集团、能源产业和物资产业集团有关事宜的通知》，王靖凯副书记宣读了对省能源交通投资有限公司部分领导人员的任命和人选提名。

根据省政府赋予公司的铁路投资使命、建设大型物流企业集团战略定位，结合划拨省属企业资产情况，公司起草了“十二五”规划初稿，两次在清华大学召开专题座谈会，广泛听取省内外专家的意见，反复进行修改。结合公司“十二五”规划的制定，起草《接收划转省属国有企业重组计划（草稿）》，并主动与拟划拨企业进行先期接洽，帮助解决生产经营中遇到的困难和问题。

【强化内部管理】 公司成立伊始，坚持把人才招聘作为企业发展的头等大事，把公开招聘作为选拔人才的重要手段。通过公开招聘的方式，公开选拔了12名融资、财务、战略、行政、经营等方面优秀人才，实施聘任制和试用考核制，制订实施《工作量测评办法》，对公司班子副职领导及其分管部门进行测评考核，部门每周填写《工作量测评表》，经每周例会测评后，通过挂牌 “红五星”的方式上板公布测评结果。其次，结合创先争优活动，推动企业科学发展。公司以组织承诺、集中学习、树立模范、深入调研等为载体，积极开展创先争优活动，形成了领导率先垂范、党员奋勇争先、群众不甘落后的干事创业氛围。在制度建设方面，制定《党委会议事规则》、《党委中心组学习制度》等党委工作制度，促进党建工作的制度化、规范化；制定了《三重一大决策制度实施办法（试行）》，规范领导班子决策和管理行为。落实《廉政准则》，对新聘用的党员干部进行任前廉政谈话。学习右玉精神，强化作风建设，引导各级管理人员自觉树立和弘扬良好作风。

【公司领导班子成员名录】

曹晨明	董事长、党委书记
武　强	副董事长、总经理、党委委员
郝瑞珍	董事、党委副书记
边荣军	副董事长、副总经理
张海清	副董事长、副总经理
郭鹏飞	党委副书记
刘　波	党委副书记
任　秀	董事、党委委员
梁润德	党委委员、副总经理
荣建民	党委委员、副总经理
张广明	董事、党委副书记、纪委书记
郑福和	董事、副总经理
杜　峰	董事、党委委员
邢海洋	党委委员、副总经理
潘来喜	党委委员、总会计师
赵敏崎	党委委员、副总经理

附表　**山西能源交通投资有限公司2010年国有资本保值增值情况表**

单位：万元

项　目	行　次	金额
一、年初国有资本及权益总额	1	475350.14
二、本年国有资本及权益增加	2	375794.91
（一）国家、国有单位直接或追加投资	3	338431.87
（二）无偿划入	4	247.10
（三）资产评估增加	5	0
（四）清产核资增加	6	0
（五）产权界定增加	7	0
（六）资本（股本）溢价	8	0
（七）接受捐赠	9	4.89
（八）债权转股权	10	0
（九）税收返还	11	0
（十）补充流动资本	12	0
（十一）减值准备转回	13	0
（十二）会计调整	14	0
（十三）中央和地方政府确定的其他因素	15	33390.45
（十四）经营积累	16	3720.59
三、本年国有资本及权益减少	17	4588.63
（一）经国家专项批准核销	18	0
（二）无偿划出	19	3150.01
（三）资产评估减少	20	0
（四）清产核资减少	21	0
（五）产权界定减少	22	1206.37
（六）消化以前年度潜亏和挂账而减少	23	0
（七）因自然灾害等不可抗拒因素减少	24	0
（八）因主辅分离减少	25	0
（九）企业按规定已上缴利润	26	0
（十）资本（股本）折价	27	232.26
（十一）中央和地方政府确定的其他因素	28	0
（十二）经营减值	29	0
四、年末国有资本及权益总额	30	846556.42
五、年末其他国有资金	31	83.07
六、年末合计国有资产总量	32	846639.49

山西省国有资产经营有限责任公司

【公司简介】 山西省国有资产经营有限责任公司（以下简称“公司”）是山西省人民政府在2002年省级机构改革中，为解决工业厅局撤销后所属企业的归口管理问题，推动我省国有资产经营管理体制改革而组建的国有独资大型企业，于2003年初挂牌成立。通过省政府授权经营的方式，承接了省属六个厅局，涉及机械、军工电子、纺织、冶金、化工、建材、建筑等7个行业的26户大中型企业。根据省政府2002年第86次常务会议决定，公司职能是“根据省人民政府的授权对其全资、控股或参股企业的国有资产行使所有者职能，享有出资人权利，并承担国有净资产的保值增值责任，通过搞好资本运营，盘活存量资产，实现资本滚动发展，不断发展壮大自身实力”。随着我省产业结构和企业组织结构的调整，现有授权经营企业20户，分布在我省大同、太原、吕梁、临汾、运城等市，其中大型企业4户，中型企业16户，职工总数30809人，其中在册职工18660人，离退休职工12149人。由于这些企业大多是工厂制企业，体制机制落后，历史包袱沉重，推动企业改革解困和维护企业稳定成为公司的阶段性任务。

【生产经营】 2010年，为进一步加强对所属企业经济运行的管理，公司研究出台了《经济运行监督管理暂行办法》等一系列规定，整顿和改进了经济运行指标统计制度，建立了每月一次的生产经营例会制度，及时掌握所属企业生产经营和经济运行情况，帮助企业解决生产经营工作中遇到的困难和问题，取得了良好的效果。承担着军品科研生产任务的大众、东华等企业生产订单逐年增加，生产规模不断扩大，大众机械厂实现销售收入三亿元，创造了企业历史以来的最好记录。东华机械厂完成了年产46个品种345台车的生产订单，实现销售收入1.2亿元，并做到了扭亏为盈，一举结束了连续七年的亏损局面。永明无线电厂在搞好破产工作的同时，积极想方设法开展生产自救，通过新产品的开发使企业竞争力得到了显著提升，没有因为企业破产而使生产经营工作受到影响，多次受到省国资委、省高院、市中院的表扬。平板玻璃厂在两条生产线相继停产、承包租赁经营到期的困难情况下，千方百计寻求解决办法，与利虎公司达成了继续租赁经营、加快改制步伐的协议，停产近两年的浮法二线再次点火投产，有效维持了企业经营运转，保持了职工队伍的稳定。涤纶厂、运拖厂、临机、临铸、临动、滤清器、农机公司等无法组织正常生产的企业也充分利用闲置厂房和设备，争取来料加工、外协合作或开展商业贸易、租赁等，千方百计增加收入，基本保证了留守人员工资和下岗职工生活费等的发放。在技改项目方面，大众、东华等企业抓住老军工企业恢复性调整的契机，先后完成了多个技改项目的立项工作，争取到技改资金近1.5亿元。其中，大众机械厂研制保障条件建设项目已经开始实施，为下一步改革发展奠定了良好基础。在抓好生产经营工作的同时，公司上下始终坚持“安全第一，预防为主，综合治理”的方针，积极组织开展各项安全生产整治和宣传活动，努力提高职工的安全生产意识，为企业营造安全、和谐的良好氛围。几户生产经营正常的企业，针对企业实际相继建立了安全生产巡查制度，确保了生产经营工作的顺利开展。平板玻璃厂在浮法一线窑龄到期，浮法二线紧急抢修的情况下，积极与承包方配合，制定了特殊时期的安全生产责任制，定岗、定人、定时检查记录熔窑变化情况，坚持运行210天，未发生一起安全生产事故。还有些企业如临动、临机、运拖、化纤所等，着力加强对出租房屋、建筑工地等的安全消防大检查，建立安全值班和应急预警制度，有效预防了重大事故的发生。

【改革发展】

1. 企业破产工作。2010年，对于已进入破产法律程序的5户企业，公司认真履行管理人职责，克服人手紧、经费短缺、经验不足等诸多困难，层层明确各处室和各企业留守人员工作责任，确保了企业破产工作平稳推进。这些企业在时间紧、任务重的情况下，努力克服各种困难，扎实做好资产清查、财务审计和资产评估等各项工作，付出了常人难以想象的艰辛和努力。5户企业的破产清算和破产裁定均已完成，四家湾金铜矿、建山机器厂、弘莹硅厂的破产费用已通过省财政厅、省国企改革办核准，进入了资产处置、费用核拨和职工安置阶段。永明无线电厂、东声器材厂的破产工作也进展顺利，费用审核工作正在抓紧进行。

2. 改革解困工作。对于拟改制企业，因企制宜、各个击破，一年来无论是在思路的确定，还是方案的制订和实施方面都有新的进展。山西旋耕机厂、临汾铸造厂从企业发展和职工切身利益出发，通过实施债务重组和“退二进三”的经营战略，改制成国有控股公司，并制定了3～5年产业转型发展规划。临汾铸造厂在实施改制的同时，抓住政府办校、企业转型的有利时机，认真测算和制定职工安置方案，积极争取建校补偿资金，为企业转型、职工安置做了大量的工作。山西涤纶厂、临汾动力机械厂根据企业地理环境优势，提出的开发解困、转型发展方案已经得到批复，企业围绕项目融资、土地性质的变更、规划手续的办理等做了大量工作，项目开发工作已迈出了重要步伐。为进一步深化金阳器材厂的整体改革工作，通过调整充实企业领导班子，广泛调研和资产清查，企业改革的步伐明显加快，目前已经完成了清产核资、资产审计和评估等工作，金阳厂和金山公司职代会、股东大会等已经顺利召开，改制重组工作正在抓紧进行。

针对平板玻璃厂承包租赁期满的实际，通过深入开展摸底调研、清产核资、财务审计等工作，积极和省国企改革办沟通联系，理清了企业改革思路，改制框架方案已经上报省国资委。大众机械厂是我省最大的老军工企业之一，列入国家破产计划多年，职工近万人，历史遗留问题较多，近年来，企业围绕生产经营和重组减负做了大量工作。目前，企业生产经营形势明显好转，军品科研生产任务逐年增加，内外环境和职工思想状态发生了根本变化。针对这些情况，提出了震动小、周期短、成本低、易操作的改革解困方案，得到了省国资委和省国企改革办的肯定。在企业改革解困方案上报省政府的基础上，近期又根据上级领导的指示，对方案进行了重新修订和完善，为下一步企业改革解困各项措施的落实奠定了良好基础。

【党建工作和党风廉政建设】

1.精心组织，扎实开展创先争优活动。按照中央、省委和省国资委党委的安排部署，公司党委精心组织，扎实开展创先争优活动。围绕“推动改革发展，促进企业和谐，服务职工群众，加强基层组织”的目标要求，把开展好“创先争优”活动与推进企业改革解困工作紧密结合起来，认真做好活动规定动作，引导党员积极践诺，努力在推进企业改革解困工作中建功立业。通过活动的深入开展，广大党员进一步增强了宗旨意识、大局观念，增强了做好本职工作的责任感，各级党组织的凝聚力、号召力、战斗力进一步增强，有力地推动了公司所属企业的改革解困进程。东华机械厂紧紧围绕生产经营这个中心，把生产经营与创先争优活动有机结合起来，涌现出了无数的先进人物和先进事迹。在工资收入很低、加班加点不计报酬的情况下，广大党员干部凭借对军工事业的无限热情，一次次刷新产品开发和生产的新纪录，保证了生产经营目标的超额完成。其他企业也认真按照公司党委的统一安排，圆满地完成了创先争优活动的有关内容，为提升企业凝聚力、战斗力，维护企业稳定发挥了重要作用。

2.深入开展定点扶贫工作。2010年初，公司被省委确定为定点扶贫单位，接到任务后，公司党委高度重视，在自身非常困难的情况下，对扶贫工作进行了认真的安排和部署，公司领导和扶贫队员多次深入定点扶贫单位—临汾市吉县柏山寺乡进行考察和调研，紧密结合公司和乡里实际，制定和落实扶贫计划，为柏山寺乡的苹果冷库建设项目捐赠了3台叉车，为敬老院建设项目捐赠了60余吨水泥、20余吨钢材，为农业机械化项目捐赠了11台微耕机，总价值达40多万元，给当地经济社会的发展和农民生活的改善尽了绵薄之力，有力地促进了当地的新农村建设。

3.进一步加强党风廉政建设工作。公司在加强党建和班子建设的同时，着力加强党风廉政建设工作。按照上级党委和纪委的要求，在所属企业认真开展“小金库”和工程建设领域突出问题专项治理等工作，并抽调专人成立“工程领域开发项目效能监察调研组”，深入太原、临汾等有重点开发项目的企业开展专题调研，及时发现和纠正在工程领域及项目开发工作中出现的问题，进一步扩大了效能监察范围，有力地促进了企业开发解困和改制重组工作的顺利推进。按照省国资委纪委的要求，公司抓住反腐倡廉制度建设这一契机，对公司组建以来下发的有关改革发展稳定和廉政建设方面的一系列规定、监督管理制度进行了修订和完善，基本形成了一套比较科学、完善的反腐倡廉制度体系，进一步规范了公司的管理和运行，加强了党风廉政建设工作。

【主要管理经验】

1.坚持把解放思想贯穿始终，切实转变观念，不断推动企业改革解困工作向纵深发展。以科学发展观为指导，坚定不移地按照“改制、开发、增值、发展，破产、退出、重组、新生”的既定思路开展工作，用创新的思维和发展的眼光去思考改革，用资产经营和资本运营的手段去推动改革，用市场的观点和改革的方法去解决改革中的实际困难。灵活运用国企改革政策，不断挖掘企业的产品、市场、土地、人力等各种有效资产和资源，发挥资源整合和资产重组的整体效应，推动企业改革解困工作深入开展。

2. 坚持“因企制宜、分类指导、整体推进、各个击破”的工作方法，强化企业破产改制工作推进机制，分解细化工作任务，精心组织，层层落实，责任到人，严格按照政策程序组织安排好各个环节的工作。倡导深入实际、现场办公的工作作风，加强指导督查力度，主动协调解决工作中遇到的各种问题。建立健全上情下达、互通有无的信息沟通交流机制，及时总结企业好的工作经验，注重宣传推广应用，确保企业破产改制各项工作的快速有序推进。

3. 努力为企业排忧解难，千方百计做好信访稳定工作，营造和谐稳定的改革环境。公司始终高度重视信访稳定工作，进一步健全和完善了突发事件和集体上访事件应急处置机制，加强事前防范，畅通信息渠道，确保对各种集体上访事件信息掌握及时，应对有力，努力为企业改革创造和谐稳定的内外部环境。特别是针对改制难度大和已进入破产程序的企业，主动做好政策宣传和解释工作，及时向职工通报企业改革工作进展情况，依法按政策解决好职工的合理诉求，及时化解不稳定因素；将维护职工合法权益放在首位，严格按照有关政策、法律规范操作，在企业改制、破产的整个过程中，对一些涉及职工群众个人利益和国有资产处置的敏感问题，坚持做到公开、公正、透明，切实维护好职工的合法权益，确保国有资产不流失；坚持把加强思想政治工作与解决实际问题相结合，努力为困难职工争取和落实政策，有效地化解了不稳定因素，有效防止了各种集体上访事件的发生。公司5户企业进入破产法律程序的时间已将近两年，通过大量艰苦细致的工作，截至年底，没有发生一起非正常上访事件。

【公司领导班子成员名录】

王师民	董事长、党委书记
乔日永	董事、党委副书记、纪委书记
张继宏	董事、党委委员、副总经理
张学平	董事、党委委员、副总经理
安　静	党委委员、副总经理、总会计师

山西建筑工程(集团)总公司

【公司概述】 山西建筑工程(集团)总公司(以下简称“集团”)是山西规模最大的综合性建筑集团。山西建筑工程（集团）总公司具有国家建设部批准的房屋建筑工程总承包特级资质和多项总承包与专业承包一级资质，并具有国家商务部批准的对外工程承包和对外贸易经营权。

集团创建于1953年，原系国家建工部华北工程管理局、国家建委第八工程局，1970年下放山西，改称山西省建筑工程局，1983年省级机构改革时改为山西省建筑工程总公司。1995年经省政府部门批准，以省建总公司为母体，与所属11个企业组成山西建筑工程集团。1997年集团总公司获得省政府批准的国有资产授权经营权。同年被国家建设部确定为重点支持的全国33家大型建筑企业之一。

集团的主营业务为建筑业、房地产业和海外经营。以集团总公司为母体的山西建筑工程集团，具有建筑科研设计、建筑施工、设备安装、建筑装饰、道桥施工、工程机械制造、建筑构件生产、房地产开发、工程监理、机具租赁、建筑技术开发和教育培训等综合经营能力，能够独立承包国内外大型工业项目和高级高层民用工程等。

集团长期坚持“立足山西、面向全国、开拓海外”的经营方针和“实施名牌战略，营造时代精品”的质量方针，创建近六十年来，承建了一大批国家和省、市重点工程及海外工程项目，创建优质工程万余项。近十余年，先后获得“鲁班奖”24项，“汾水杯”157项，在全省同行业占绝对优势。集团2010年进入中国企业500强，排名第486位。荣获“2010年山西省百强企业称号”，比2009年进了3位，排名第12位。集团企业连续七年进入“中国承包商60强”，2010年排名第36位。

【主要经济指标】 市场开发。全集团承揽任务277.5亿元，同比增长了21.12%。全集团综合经营额1592500万元，同比增长了26.8%。竣工面积完成492.6万平方米，与2009年持平。实现利税61100万元，同比增长了24.44%。安全生产创省级及以上安全标准化工地54项，其中国家级1项，中建协AAA级9项。人均年工资26713元，同比增长了22.74%，超额完成了“增长幅度不低于15%”的目标。

【海外业务】 2010年，集团的海外业务开展取得较好成绩。一是集团承接海外项目26000万元，同比有较大幅度的增长，特别是中标了18498.33万元的喀麦隆雅温德一号政府部委楼精装修工程，是集团取得的第一个EPC(设计-采购-施工)项目，为提升集团总公司的经营层次创造了条件。二是国际公司的进出口贸易新签合同额同比大幅度地增长，达到2600万多美元。进出口业务也实现了质的飞跃，尝试了新的业务合作方式，将原来的进出口代理业务发展为自营业务，利润率提高了10余倍。进出口业务的市场已拓宽至泰国、韩国、英国、巴西、美国、南非等国家和地区。

【国有资产保值增值】 截至2010年末，集团资产总额为1210300万元，国有资本及权益总额期初数为30191.46万元，剔除影响国有资本增减变动的客观因素后，集团2010年期末国有资本及权益总额为32443.36万元，资本保值增值率为107.46%，国有资本实现增值。

【推进科技进步】 2010年集团确定的年度科技项目198项，总投入为8051.85万元。其中集团投入2564.08万元，带动各单位投入5487.77万元。集团承担并完成了《地下防水工程质量验收规范》、《屋面工程质量验收规范》等国家规范的修编工作。参加编制的行业标准《建筑外墙防水防护技术规程》通过专家审查，达到了国内领先水平。集团系统申报的68项省级工法，评审通过53项，通过率为80%，占全省的30%，其中12项被推荐为国家级工法。

2010年，集团系统获得山西省科技进步奖2项；通过省科技厅科技成果鉴定2项；通过建筑业科技示范工程验收12项，其中省级11项，国家级1项，即三公司承建的太原市残疾人中心项目获得“全国新技术应用示范工程”。

【全面质量管理】 2010年，集团先后组织了全面质量管理理论知识、施工企业质量管理规范和GB/T19001～2008标准的培训。在省建协组织的QC成果发布会上，集团系统获得一等奖24项、二等奖2项、优秀奖53项，其中获国家级成果一、二等奖7个，优秀奖15个。牵头完成了住建部“先进适用技术对保证工程质量作用的研究”课题任务，完成了《建筑工程施工细部做法》的出版工作，对重点工程、特殊工程和关键部位工程实施了重点质量督查。2010年，集团系统创“鲁班奖”工程两项（为计划外完成），占全省的100%；创“汾水杯”工程14项，占全省的40%；创“太行杯”工程14项、省优工程20项；此外还有“广厦奖”、结构“长城杯”金奖各1项，“天府杯”4项，全国建筑工程装饰奖和“三晋杯”装饰奖各1项。全年单位工程竣工交付合格率100%，未发生较大质量事故。

【两项工程获“鲁班奖”】 2010年，由集团所属山西四建集团有限公司承建的丁陶国际大酒店和山西八建集团有限公司承建的中国人民银行太原支行附属楼工程获得“鲁班奖”。同时集团荣获“创国家优质工程特别荣誉企业”称号。

【集团技术中心获得国家级企业技术中心认定】 2010年11月，经国家发改委会同财政部、海关总署、国家税务总局、科技部依据国家产业政策、初评结果及专家综合评审意见等进行综合审查后，山西建工集团技术中心成为山西省唯一认定的第十七批国家认定企业技术中心。目前全国共有国家级技术中心729家，其中建筑施工企业仅有5家，分别是上海建工集团、中建总公司、北京城建、山西建工和青岛建工。山西省目前共有18家国家级技术中心。

2010年9月，集团与太原理工大学签订了长期合作协议，并联合设立了山西省土木工程研究生教育创新中心。10月，集团总公司获得国家人力资源与社会保障部批准设立博士后科研工作站。

【编制完成集团“十二五”规划】 根据省国资委关于编制“十二五”规划的要求，集团在2010年初印发了《山西建工集团总公司“十二五”规划编制方案》及《规划编制大纲》，明确了编写任务和时间要求。各子公司按照集团的通知和编写大纲的要求，先后启动了“十二五”规划的编制工作，对集团的发展进行了战略性、宏观性和务实性的思考与描述。经过集中编写、反复修改，包括对子公司发展规划的审核，于2010年底前完成了《集团总公司“十二五”发展规划》（送审稿）的编印工作。

山西省医药集团有限责任公司

【概况】 山西省医药集团有限责任公司（以下简称“集团公司”）成立于2000年7月7日，是在原山西省医药总公司所管理的182户企业基础上组建起来的，注册资本14400万元，为省政府授权经营的国有重点骨干企业。公司原有直属企业31个（其中：商业企业23个，工业企业7个，规划设计院1个），实行省市县垂直管理。经过几年来的改革改制，部分商业企业和几个工业企业下放地方，形成了集团控股公司管理模式，截至2010年底，拥有成员企业23户，其中：10户全资企业、6户控股企业、7户参股企业。

2010年末集团公司总资产141100万元，总负债122900万元，所有者权益18200万元，资产负债率87.1%。

2010年末，集团公司职工总数人3545（其中：在册职工人数2240人，离退休1305人）。本部设10个职能部室，领导成员6人，工作人员29人。

【主要经济指标】 2010年，集团公司工商合计完成销售收入294600万元，完成全年目标任务274500万元的107.32%，比上年同期248500万元增加46000万元，增幅18.55%；实现利润1415万元，完成全年目标任务1310万元的108.02%，比上年同期实现利润568万元增加847万元，增幅为149.12%。

【改革发展】

1.生产经营有序运行，整体经济实现平稳较快增长。2010年一方面受国家宏观经济环境总体企稳回升的影响，医药经济总体运行呈现出工业生产稳步增长，商业销售增势平稳，效益水平增势良好的发展格局，另一方面随着医改方案和各项配套政策的加速实施，改革环境和市场环境更加有利于大型医药商业企业和一些资本雄厚，机制灵活企业的发展，对集团公司所属中小型医药商业企业形成了巨大冲击，特别是下半年集团公司与中国医药集团重组工作开始以后，集团公司及所属企业积极采取有效措施，全力保增长、拓市场、严管理，通过大力发展药品零售连锁业态扩大药品零售规模和效益、积极开展地产中药材购销业务、全面强化企业的精细化管理、努力做好基本药物和医疗卫生招标采购配送工作等措施，做了大量扎实有效的工作，始终保持了生产经营稳定较快增长的发展态势，取得了较好的成绩。

2.深化改革，创新机制，改制重组进展顺利。2010年8月19日，在省政府和省国资委主导下，集团公司与中国医药集团公司签订重组意向书，随之重组的各项工作全面展开。这是自集团公司成立以来一次涉及全面的改革，对集团公司来说是一次重大转折，重组符合全省干部大会精神，适应当前医药经济发展形势，是集团公司创新机制、联大靠强求发展的需要。为切实加强重组工作的领导，有序推进重组工作，集团公司成立了“山西省医药集团公司重组工作领导组”，下设四个专业的工作小组与国药对接，分别由公司领导担任各小组组长。截至2010年底重组工作进展顺利，完成了重组的尽职调查工作，审计评估工作已经开始并正在进行中。

3.企业关闭破产工作取得突破性进展。集团公司始终将破产工作作为一项重点工作认真抓紧抓好，特别是新班子上任后，更是将破产工作作为重中之重加以推进，多次专项研究部署，安排指导三户破产企业进一步加大工作力度，加快清算退出步伐。截至2010年底，太药破产项目自2009年11月20日宣告至今，经过一年多时间的艰苦努力，破产资金已拨付到位，已进入到职工安置阶段；困扰昔阳药厂破产项目的农民工问题已得到省劳动厅答复，为破产宣告扫清了障碍；省医疗器械厂破产项目已召开了第二次债权人会议。

4.加强基础设施建设和信息化建设，为企业的科学发展和现代化管理夯实基础。一是加强现代医药物流体系建设以适应向终端快速配送的市场要求。山西双鹤药业公司顺利完成了仓储区规划改造项目，采取WMS系统实施电子标签RF零货分拣，实现整零货分区储存，提高劳动生产率，大大缓解了制约企业规模扩大的物流瓶颈。二是加强企业信息化建设，提升科学管理水平。山西双鹤药业公司通过实施资源信息系统（ERP）项目，有效提升了企业的资源整合能力和资源利用效率，提高了企业的综合管理水平。三是联博公司投资对太药工业园区的水电气及污水处理设备设施进行更新改造，有效缓解了节能减排及环保压力，初步解决了入园企业动力蒸汽供应紧张矛盾，保证了企业生产经营的正常运行。

5. 积极探索盘活集团内部存量资产，努力发掘新的经济增长点。集团公司充分发挥和利用资源、技术优势，积极盘活存量资产，在实现多元发展的同时，努力发掘新的经济增长点。一是对集团存量土地资源进行摸底调查的基础上，加强综合利用与开发，依托山西正翔房地产开发公司，完成了集团公司综合楼项目、山西双鹤综合楼项目、龙堡街住宅楼项目、寇庄西路住宅楼项目等开发项目的前期准备工作。二是依托我省中药材资源优势和近年来集团在中药现代化种植研究方面取得的科研成果，山西医药集团农泰中药科技开发有限公司在市场调研的基础上，立足短期收益与长远发展并重的原则，确立了公司中长期发展设想和近期生产种植、经营计划，按规范化种植要求，在太谷、原平等地完成了35亩扳兰根试验田的种植工作，积累了经验，为实施中药材科研和生产经营一体化发展战略迈出了第一步。三是进军社会物业管理新领域，丰富集团多元化发展项目，山西医药集团信泰物业公司3月份接管东太堡红源国际青年城一期工作的物业管理，目前各项管理工作已步入正轨，为物业公司早日进入市场化运作搭建了平台、奠定了基础。

6. 加强内控体系建设，基础管理得以加强。一是加强制度建设，制定出台了《集团公司值班工作制度》等制度规范，进一步完善制度体系；二加强产权管理工作；三是妥善处理改制遗留问题，进一步巩固改革成果；四是围绕企业生产经营的中心任务，积极开展财务监管、审计监督、普法教育、效能监察等工作，加强财务审计、法律监察等内控体系建设，促进了企业规范管理，提高了风险防控能力。

7. 重视做好安全生产工作，实现了集团公司安全发展。按照省政府确定的安全生产年的各项安排和要求，紧紧围绕“安全第一，预防为主，综合治理”的方针，树立系统管理和以人为本的思想，严格落实安全生产责任制，进一步强化安全意识和安全技能教育，突出做好安全生产的超前管理和超前预防，并结合企业特点进一步编制并完善了安全生产应急救援预案，建立起安全管理的长效机制，通过科学、有效、扎实地开展各项安全管理工作，全年未发生一起安全事故，全面完成了省国资委下达的目标任务，确保了安全生产的长治久安。

8. 以人为本，注重稳定全局，积极做好帮扶工作，实现了集团公司稳定发展。集团公司将稳定工作作为一切工作的前提和基础，投入大量人力物力财力努力做好稳定工作，维护了职工利益，维护了企业稳定。一是根据全省信访工作会议和省国资委召开的省属企业信访工作会议精神，为了进一步畅通信访渠道，倾听职工群众的呼声，切实解决职工群众的实际问题，从5月10日至7月20日在全集团组织开展了“领导大接访”活动，通过开展“大接访”活动，集中处理了一批信访突出问题，进一步推动了信访稳定工作，为集团又好又快发展营造了一个和谐稳定的环境。二是积极落实国家有关政策，解决好关系职工切身利益的问题。按时申报、及时发放省财政核准的部分所属企业离休干部统筹外生活补贴资金；协调所属特困企业向省财政申报拨付了冬季取暖补助费用；办理了集团本部及原太原中药厂2010年度企业离退休人员领取基本养老金资格认证等工作。三是重点做好破产企业的维护稳定工作。随着破产工作深入推进，各类矛盾纠纷不断显现，大规模的群体性不稳定事件时有发生，为了维护企业的稳定，集团公司投入了大量的人力、物力、财力，特别是进入9月以来，太药连续发生群体性事件，公司领导每次都是全体出动，给职工做深入细致的思想工作，平息事态，维护稳定。同时，集团公司在财力有限的条件下，本着“以人为本”的理念，千方百计筹措资金，尽可能解决广大职工的实际困难，如根据省国资委安排办理了太药五七农场职工基本生活补贴的发放；筹资解决了省医疗器械厂职工基本生活费的发放和医疗保险费的缴纳；承诺解决太药破产职工诉求强烈的九项问题等等。

【国有资产保值增值】 2010年末，国有净资产18135万元，比年初净资产17289万元增加846万元，国有资产保值增值率105%。

【法人治理结构】 公司法人治理结构由董事会、监事会、经理层组成。2010年4月集团公司领导班子调整，公司董事会现有4名董事，其中董事长1人、董事3人。董事会依照法律规定和公司章程行使职权，决定公司重大事项，对省国资委负责。监事会由省国资委委派，依照法律规定和公司章程行使职权，对集团公司经营行为及国有资产实施监管。经理层由4人组成，其中总经理1人，副总经理3人。总经理依照法律规定和公司章程行使职权，组织实施董事会决议，主持公司生产经营管理工作。

【公司领导班子成员名录】

张　侃	董事长、党委书记
王　军	总经理、党委委员、董事
朱雅宾	党委副书记、副总经理、董事
秦英杰	副总经理、党委委员
董德平	纪委书记、工会主席、董事、党委委员
高红玉	副总经理、党委委员

中条山有色金属集团有限公司

【概况】 中条山有色金属集团有限公司（以下简称“中条山集团”）成立于1956年，是以铜为主，多业并举，集采选冶炼、加工贸易、发电运输、建筑建材、机械制造、科研设计为一体的大型企业集团，是我国重要的产铜基地之一，为山西省人民政府授权资产经营企业。2007年荣列中国最大1000家企业第625位，中国大企业竞争力500强第358位，2008年荣列山西省工业30强第15位，2009年荣列全国有色行业50强第35位。

中条山集团共有员工12046人，主要产品有阴极铜、硫酸、金锭、银锭、水泥、耐磨材料等。年产能为：采矿510万吨、选矿580万吨、阴极铜10万吨、硫酸28万吨、水泥130万吨、耐磨材料1.5万吨。“中条山”牌高纯阴极铜为“国家免检产品”、“山西省著名商标”、“山西省名牌产品”，产品质量达国际水平，2010年获国家有色金属产品实物质量“金杯奖”。

【生产经营指标】 2010年，实现销售收入46.7亿元，同比增长73.8%；实现利润1.57亿元；实现利税2.58亿元。完成精炼铜7.9万吨，同比增长23.3%；硫酸16.5万吨，与上年同期持平；金锭895千克，同比增长145.9%；银锭53894千克，同比增长44%；水泥71.34万吨，为上年同期的95.5%；熟料81.53万吨，同比增长1.3%。2010年末资产总额72.5亿元，同比增长12.26亿元；资产负债率51.33%，同比增长3.35个百分点，低于行业平均值；国有资产保值增值率110.09%。

【改革发展】

1.积极开展科技攻关，推动企业内涵式发展。中条山集团结合企业可持续发展战略和生产经营实际，加大技术攻关力度，增强了企业的内生发展动力。2010年，中条山集团荣获“全国资源综合利用科技工作先进集体”，并再次荣获山西省“科技进步奉献奖集体特等奖”。

《冶炼渣选矿方法综合回收铜、铁试验研究》项目获得成功，各项指标达到工业化生产标准，被评为2010年度山西省科技进步项目。完成了《钼选厂尾矿中残余硫化钠循环利用小型试验》项目，硫化钠消耗量降低10%，年可创效60万元。《稀贵金属的存储状态与元素工艺流向分析研究》填补了山西省该领域的研究空白，为开展稀贵金属综合利用和产品销售提供了科学依据。参与起草制定的《阴极铜》、《铜阳极泥化学分析方法》国家标准分别荣获有色国家标准科技成果一、二等奖。《提高圆盘浇铸机生产效率》QC小组获得“全国优秀QC小组”称号。

2.加大节能减排和安全环保力度，促进企业安全发展、清洁发展。中条山集团高度重视节能降耗工作，层层分解指标，强化考核、能效对标，提高了能源利用效率，全年节能8800吨标煤，超额完成了省政府下达的年度节能计划。

深入贯彻落实国家和省安全生产文件精神，进一步完善各项安全管理制度，加强安全基础工作，全面落实安全主体责任。中条山集团下辖的铜矿峪矿、篦子沟矿、胡家峪矿及尾矿库安全标准化创建工作顺利通过了省安监局组织的验收，成为山西省非煤矿山领域首家通过验收的三级企业。

加大污染源治理和环境综合整治工作力度，主要污染物SO2、COD排放量圆满完成了“十一五”减排目标，下辖的胡家峪矿业公司、篦子沟矿业公司等7个单位获得企业环境行为评价蓝色等级。

3.加强企业文化建设和精神文明建设，关注民生，和谐创建成绩斐然。以精神文明和企业文化建设为主线，以社区建设为载体，不断推进企业和谐发展。加强企业文化建设，修订完善了220余万字的制度汇编，推进企业制度与企业文化有机融合。广泛开展丰富多彩的文艺活动，陶冶职工情操，文学、摄影、音乐、舞蹈等一批群众文化作品相继在国家、省市报刊、大赛中发表、获奖，集团公司文联荣获山西省“文学创作成绩奖”，张新乐同志的小说《108道弯》荣获“赵树理文学奖”。

加快住房建设速度，全年共有15栋646套新建住房建成出售给职工。实施“美化、绿化、亮化、硬化、净化”工程，添置先进医疗设备，进一步改善了职工居住、医疗卫生等社区环境。

根据国家政策，配合地方政府规范

运作，完善了企业社会保障体系，1196名“五七家属工”纳入基本养老保险统筹范围，8400余企业职工家属纳入城镇居民基本医疗保险范围，使广大职工家属更好地享受到改革发展成果，百里矿区呈现出和谐稳定的良好局面。

【重大决策】

1.科学编制“十二五”发展战略与规划，确定了“双超双百亿”奋斗目标。中条山集团综合分析世界铜工业、铜市场和铜资源形势，紧密结合我国铜行业、山西省发展方向和企业实际，科学制定了“十二五”发展战略与规划。按照“做强铜业、拓展两翼，再铸辉煌”的战略定位，“十二五”期间计划投资85亿元，实施十大重点工程，加快结构调整和发展方式转变的步伐。到“十二五”末，铜冶炼产能达到35万吨/年适度规模，矿山产铜突破4万吨/年，综合回收金锭10吨/年、银锭300吨/年；非铜产业新型干法水泥达到400万吨，耐磨材料和铸品铸件产能达到2.25万吨/年，建成镁合金10万吨项目；资产总额和销售收入双超200亿元，实现双翻番；利税突破10亿元；员工人均工资收入持续较快增长，生活水平稳步提升，综合实力进入中国铜工业企业前列。

2.加快淘汰落后产能。依据国家产业政策，决策在2011年关闭淘汰垣曲冶炼厂密闭鼓风炉，拟投资16亿元进行技术改造，采用列入国家“十二五”产业技术支撑计划的“富氧底吹熔炼多金属捕集技术”，设计规模年处理多金属矿50万吨。

【重大项目进展情况】

1.铜矿峪矿二期工程。项目设计采选能力600万吨/年，建设总投资11亿元。2010年完成投资2.6亿元。按照建设国内非煤矿山井下采矿规模最大、技术装备先进、国内一流的节能示范型矿山的目标，严格工程质量，加快工程建设，井下运输、通风、供风、排水等系统基本形成，井下采矿系统基本建成投产。选矿厂改扩建工程完成了主要设备的招标和驱动站、皮带廊、转运站等土建工程，并设计实施了选矿厂22号皮带廊措施工程，实现了新老系统的衔接，确保了选矿厂改造期间铜矿峪矿400万吨产能的持续稳定。

2.篦子沟矿四期工程。项目投资4740万元，设计能力30万吨/年。2010年，完成了工程招标，签订了施工合同，外委工程队已进场施工。篦子沟矿业公司抓紧井下自营工程施工组织，完成工程量7963立方米，超额完成年计划。

3.垣曲冶炼厂年处理50万吨多金属矿综合捕集回收技术改造工程。2010年完成了可行性研究报告，在山西省经信委备案立项，开展了初步设计评审、施工图设计、安全评价、环境评价等工作。

4.《胡家峪铜矿接替资源勘查》项目。按照“充分利用和获取资源”的思路，积极推进矿山边深部资源勘探工作。2010年该项目完成地表钻探3751.6米、坑探867米、坑内钻探770米，控制铜金属量5.2万吨、远景10万吨，钴金属量0.10万吨，伴生金445公斤。该项目通过国家危机矿山办年审，并得到了高度评价。

5.美国内华达项目。在外部合作开发资源方面，美国内华达铜矿项目已通过山西省政府审批，上报国家发改委。

【公司治理结构】 按照《公司法》要求和国家《关于进一步推进国有企业贯彻落实“三重一大”决策制度的意见》，遵循决策机构、监督机构、经营执行机构相互独立、相互制约、权责分明、各司其职的原则，修订完善了《关于集体研究“三重一大”事项的实施办法》、《对外投资管理办法》等，进一步规范了法人治理结构。董事会、监事会和经理层各司其职、规范运作，促进了中条山集团的决策、管理和监督系统的协调运转和有效制衡。

【主要管理经验】

1.加大市场分析力度，促进稳健经营。2010年，铜市场高位宽幅振荡，波动幅度最高达21700元，钢材、电煤、化工产品等原辅材料价格也大幅波动。面对剧烈的市场变化，中条山集团在坚持经营方案批复制、主产品销售集体定价制的基础上，每月增加了铜市场分析和铜原料采购平衡专题会议，促进了决策的科学、准确。依据市场预测，高价位加快产品销售、低价位减缓销售，并做好套期保值工作，全年阴极铜、硫酸平均售价比市场平均价高732元/吨、50元/吨，实现价差效益7900万元。

2.调整原料采购结构，增强盈利能力。及时调整铜原料采购政策，加强国内粗杂铜、阳极板采购，全年国内铜原料采购完成年计划的131%，比上年增长111%，创历史最好水平，增强了企业的盈利能力。

3.强化物资系统管理，实现了低储备运营。深化招标采购，降低了采购成本，实现采购价差效益1652万元。减少库存占用，集团公司89个三级库全部取消，清理储备资金1338万元；电煤、焦炭实现了零占用，储备资金占用比上年降低1459万元。

4.深化资金集中统一管理，提高了资金使用效率。继续坚持资金全面预算管理，加大银行资金限额管理、收支两条线管理力度，加大网络稽核力度，严格资金计划和经济责任制考核，降低各种可控费用开支，确保了重点工程、重点项目所需资金，确保了生产经营的正常运行，确保了职工收入的稳定。

5.调整非铜产品结构，积极拓展社会市场。非铜产业各单位依据市场需求调整产品结构，以优质产品和服务拓展市场，增创效益。新型建材公司加大高标号水泥生产量，拓展高端市场，先后中标大西高铁、临长高速等国家、省级重点工程；机电分公司研发出适销对路的高强度煤机铲挡板、截齿等新产品，市场占有率进一步提高。

【公司领导班子成员名录】

王树琪	董事长、党委书记
刘广耀	董事、总经理
刘正国	副董事长、党委副书记、纪委书记
张新乐	董事、工会主席
何小青	董事、副总经理
董效林	副总经理
许新强	副总经理

山西杏花村汾酒集团有限责任公司

【概况】 山西杏花村汾酒集团有限责任公司(以下简称“汾酒集团”)是国家520户重点企业和山西省12户授权经营企业之一，是全省“513”工程农产品加工龙头企业。拥有“杏花村”、“竹叶青”两个中国驰名商标。

汾酒集团地处驰名中外的山西杏花村，占地面积230万平方米，建筑面积76万平方米，2010年末资产总额50.46亿元。集团下属3个全资子公司，7个控股子公司，3个参股子公司，3个隶属单位。其中，汾酒厂股份有限公司为集团核心子公司，于1993年在上海证券交易所挂牌上市，为中国白酒第一股，山西第一股。公司在册员工8000余人，党员2091名。

汾酒文化源远流长，和华夏文明、黄河文明、晋商文化同根同源、一脉相承。早在1500年前的南北朝时期，汾酒就作为宫廷御酒被载入廿四史；晚唐大诗人杜牧的《清明》诗使汾酒再度成名；明清时期，汾酒伴随着晋商的足迹传遍祖国的大江南北，成为酒品至尊，独领风骚；1915年，在巴拿马万国博览会上汾酒一举荣获中国白酒品牌唯一甲等大奖章，使汾酒名扬海内外；新中国成立以后，汾酒5次蝉联国家名酒，竹叶青酒3次被评为中国名牌产品，并五次获得国际金奖。可以说，汾酒是中国白酒产业的奠基者，是传承中华五千年酒文化的火炬手，是中国白酒酿造技艺的教科书，是中国白酒发展历史的活化石，被誉为中国酒魂。

2010年是汾酒集团极不平凡的一年，是赶超战略开始启动、汾酒文化有力复苏、市场营销开拓创新和基础管理日渐夯实的一年，更是汾酒事业取得骄人业绩的一年。2010年，汾酒集团认真贯彻落实省委、省政府和省国资委的指示精神，勇做全省转型跨越发展的排头兵，按照“七个明确、七大支撑”的发展思路，以“国酒之源，清香之祖，文化之根”为战略定位，以“创建和谐，凝聚力量，奋起直追，再铸辉煌”为指导思想，以“追赶、超越、领先”为战略指针，紧紧围绕“夯实基础、创新管理、深度营销、加速发展”的年度经营方针，改革创新、奋力开拓，全年集团公司各项经济指标超计划完成，汾酒人向社会交出了一份骄人的“成绩单”。

【经营指标】 2010年是汾酒集团经济总量最大、增速最快、效益最好、职工收入最高的一年，营业收入、利税、利润总额等主要经济指标均达到了40%以上的增长，处于行业领先水平，实现了“十一五”的完美收官。全年完成现价工业总产值33.67亿元，同比增长27.16%；完成销售收入53.73亿元，同比增长41.52%；实现利税20.02亿元，同比增长40.71%；实现利润9.87亿元，同比增长53.78%；上缴税金12.42亿元，同比增长22.70%；出口创汇4052万美元，同比增长114.05%；商品酒销售量54406千升，其中高档汾酒销量为1340千升，同比增长33.60%。

2010年，生产系统继续保持多年来平稳安全的势头，以销定产、均衡运行，保证了产品质量稳定提高，实现了全年安全生产无事故。汾酒生产原粮出酒率达43.45%，全年汾酒交库特优率6.63%，交库合格率100%；大曲生产优质率83.38%，交库无缺陷率99.97%；成装生产入库无缺陷率99.93%；能源生产全年产蒸汽64.51万吨，总耗煤9.56万吨，总供水271.10万吨，总供电2709.63万度。维修服务及时，主要生产设备完好率达标。

【改革发展】

1.2010年，汾酒集团率先开展了用人的动力机制创新。主要部门领导推行竞聘上岗制，科级干部推行备案制，匡正了用人风气，树立了公开、公平、公正、鼓励人才脱颖而出的用人导向，灵活了用人机制，增强了队伍活力。并从定岗、定员、定编以及岗位评价入手，以经营目标责任书形式实施绩效考核，引导企业朝着符合现代企业管理制度要求的方向发展。

2.在建立快速反应机制方面，根据公司管理要求及职能调整需要，完成了28项制度的修订；对公司原有的34个各类领导组、专业委员会进行评估、梳理，按照企业实际需求，共设立生产安全、价格评审等8个领导组和专业委员会，用以发挥专业指导作用。

3.运用生产调度运行会议、生产经营专题会议以及现场办公会议，及时发现和解决生产、销售中出现的问题。还在销、供、产系统实施了合同化管理模式，促进了部门间的协调运作，从机制上减少了推诿扯皮等不良现象的发生，在建立快速反应机制上向前迈进了一步。

4.梳理产权及法人治理结构。较好地规范了出资人、董事会和经营层的权责，法人治理结构趋于合理，初步形成了符合现代企业制度要求的管理秩序；整合了生产经营资源，优化了相关组织架构，明确职能机构职责范围和上下游衔接关系，较好地发挥了各部门对资源的使用效率。

5.坚持人才建设和干部职工队伍整体能力建设两手抓，两手都要硬。集团成立了职工教育培训中心，逐年增加专项培训经费投入，采取外聘知名专家、学者等多种形式先后培训2000人次，通过培训有361名技术工人通过了省职业技能鉴定中心组织的技师综合评审。着力加强了经营管理、工程技术、市场营销三类人才的建设，聘请了盛初咨询公司对营销人员进行专业化的培训，并分别选送了50名经营管理人才、28名工程技术人才赴清华大学和江南大学进行了为期半年的脱产培训。

6.科技创新方面，紧紧围绕酿酒、包装、防伪和分析检测技术等方面开展工作；在压排酒、调味酒、酒体设计、标准制定等方面做了大量工作，圆满完成了国藏汾酒系列产品的设计工作，研发了适用于“至尊国藏汾酒”的调味酒并应用于生产。采用新的技术手段对竹叶青酒的高端产品进行了科技和质量提升；质量工作注重质量安全，在过程检测和体系建设以及证照取得等方面也取得了良好成绩。

7.扩大产能技改项目工程的新建酿酒车间和包装物料库、成品库工程主体完工，完成了全部工程进度的60%以上。

8.汾酒产业园区保健酒项目，取得省发改委企业投资项目备案，并完成2万吨保健酒扩建项目可行性研究报告的编制、土地勘界、城建规划等前期工作，土地征地手续已经省政府批准。

9.汾酒产业园区保健酒项目，取得省发改委企业投资项目备案，并完成2万吨保健酒扩建项目可行性研究报告的编制、土地勘界、城建规划等前期工作，土地征地手续已经省政府批准。

10.杏花村酒业集中发展区项目奠基开工，现已开始“三通一平”施工，并成立了相应的工作委员会，提前介入工程和工艺设计等工作，提前在管理、技术和市场营销方面积极培养人才，以确保建成后项目尽快投产达效。

【文化营销】 2010年，汾酒文化建设初试锋芒。2010年6月18日，汾酒集团在北京人民大会堂举办了“汾酒唯一荣获巴拿马万国博览会中国白酒品牌甲等大奖章95周年”纪念活动，标志着汾酒文化战略的大幕正式拉开。2010年9月5日，在北京举办了巴拿马大奖95周年纪念版国藏汾酒拍卖会，承诺将全部拍卖所得3076万元用于成立“山西省汾酒集团公益基金会”。同时还宣布今后至少五年内每销售一瓶高端至尊国藏汾酒都将提取200元注入基金会，使之长期从事弘扬中国传统文化、倡导“诚信企业做诚信宣传，诚信经营促社会和谐”的经营理念和捐资助学等社会公益活动。

此外，汾酒集团先后出席了2010中国（重庆）国际食品博览会、第四届中外跨国公司CEO圆桌会议、品牌中国十大年度人物颁奖盛典等一系列活动。同时，集团领导集体行动，展开一系列的公关、慰问、推介活动，倾力汾酒品牌推广。先后在广州、昆明、大连、衡阳等地参与举办了汾酒、竹叶青酒大型品牌品鉴活动；分别对北戴河中央国家机关六个疗养院进行了慰问活动；八一建军节前夕，对解放军总后勤部、五大军区和全国29个省市军区的官兵进行慰问；在济南秋季糖酒会期间，举办了“植物养生，绿动中国”的竹叶青酒推介会，高调推出竹叶青酒“植物养生”消费新概念。

【市场营销】 2010年为夯实营销基础工作，汾酒集团成立了市场部，对整个集团酒类产品的包装设计、品牌规划、市场策划、投入策略等进行专门管理。产品线进一步明晰，价格体系更加合理。规划出了国藏汾酒、青花汾酒、老白汾酒系列和国酿竹叶青酒、精酿竹叶青酒、特酿竹叶青酒系列的产品线。

山西市场通过增加销售人员，提高经销商保证金，合理分割各层级经销商利润比例，加强薄弱地区的市场销售，强化经销商的考评和淘汰，加大对窜货行为的处罚力度等措施，达到了掌控核心终端的目的，稳定了市场价格，确保了根据地市场良性发展。

全国市场上，一是加强了对经销商的评价、甄选和淘汰，把一些优秀经销商吸引到汾酒销售体系中来；二是加强物流管理，产品实行二级分销编码制度，为防止窜货、整顿价格起到了积极作用；三是着力提高自身的谋篇布局、形势研判、文化营销、渠道建设、价格管控、市场维护、团队建设和掌控核心终端等“八个能力”，整体提高营销队伍素质；四是调整组织结构，以事业部形式对接市场。

【民生工程】

1.2010年为员工通过发放年终效益奖，调高冬季取暖补贴标准，发放节日副食补贴、液化气补贴等措施，使员工收入与去年相比增长了十一个百分点。

2.为内退和离退休人员增加生活补贴，按工龄每人每年增加4.5元。2010年共计发放离退休人员退休金差额补贴1434万元。

3.调整了社保基数，规范了社保参保办法，解决了社保遗留问题。

4.按照集团公司《员工子女大中专及技校毕业生接收与安排的暂行规定》，解决了220名毕业生的就业问题。

5.离退休人员活动中心落成 。举办重阳节老年趣味赛、健康体检、外出疗养旅游等一系列关爱离退休人员活动。

6.公司制定出台了《员工子女教育奖励暂行办法》，2010年共有106名考取博士、硕士和大学二本以上的员工子女受到了公司隆重表彰，获得了集团公司奖励的“金秋助学”奖金，共发放助学金50余万元。

7.全年为离退休职工、45岁以上在职职工、女职工以及食品卫生从业上岗人员共7300余人次进行了免费体检。

8.努力改善生产一线职工的工作环境，为东西分厂酿酒车间配置了洗衣设施和专职人员，配备了专用送酒车辆。

9.经过公司“市场化解决职工住房问题领导小组”和相关部门的共同努力，团购住房设计方案及选址已基本完成，并针对多种户型结构进行了意向性摸底。

【年度荣誉】 2010年，公司累计获得各类奖项30余项，其中主要有：

1.山西省经济和信息化委员会授予汾酒集团“山西省工业转型发展百强潜力企业”称号。

2.汾酒集团被国家轻工联合会评为“年度全国轻工行业统计工作先进单位”。

3.国家人力资源和社会保障部与全国博士后管理委员会联合授牌“汾酒集团博士后流动工作站”。

4.汾酒集团被国家七部委联合授予“2010年度全国安全生产月活动优秀单位”。

5.在中国（重庆）国际食品博览会上，汾酒集团被授予“2010年中国（重庆）国际食品博览会金奖企业”。

6.汾酒集团荣获“第四届中外跨国公司CEO圆桌会议”颁发的 “最具安全责任感食品企业奖”。

7.汾酒集团荣获“山西省首届公益事业与企业形象高峰论坛”颁发的“山西省十大公益杰出奖”。

8.国务院新闻办公室主管的中国互联网新闻中心、中国品牌领袖联盟联合主办的中国品牌全球宣言主题发布会暨中国行业优秀品牌推介活动中，汾酒集团荣获“中国行业优秀品牌”和“中国行业领袖品牌”两项殊荣。

9.汾酒厂股份有限公司荣获《证券时报》颁发的“2009年度中国上市公司价值百强”荣誉称号。

10.集团公司公开发布了第一份企业社会责任报告，并在北京召开的中国企业科学发展论坛暨诚信表彰会上，荣获2010年度“全国文明诚信示范单位”。

【公司领导班子成员名录】

李秋喜　　董事长
王敬民　　党委书记
谭忠豹　　总经理
阚秉华　　党委副书记
高润珍　　党委副书记、纪委书记
刘　力　　副总经理
李志龙　　副总经理
高占山　　副总经理
席金龙　　总会计师

山西省经济建设投资公司

【公司简介】 山西省经济建设投资公司（以下简称“公司”）成立于1988年，现注册资本34.7亿元，为国有大型一类企业。截至2010年底，公司总资产76.77亿元，总负债7.30亿元，所有者权益69.47亿元。公司主业为资产管理和实业投资：资产管理业务是根据全省国民经济发展计划，遵照国家和省的有关法律、法规从事经营性存量资产（股权和债权）的管理、使用和回收，确保国有资产保值增值；实业投资主要分布在能源、原材料、交通、房地产、高科技等领域。

【主要经济指标】 2010年，公司实现主营业务收入49527万元，超额完成6527万元，增幅15.2%，同比增长21.8%；实现利润11335万元，超额完成3835万元，增幅51.1%，同比增长36%；净资产收益率3.61%，完成全年任务的124.5%，同比增长2.39%。转变增长方式指标和安全指标全部达标。公司经济效益首次突破亿元大关，在依法维权、盘活资产、项目推进、制度建设等方面有新亮点，为公司的转型跨越发展奠定了基础，积聚了力量。

【法人治理结构】 公司实行总经理负责制，公司总经理为法定代表人。公司党委委员7人，总经理1人，党委书记1人，副总经理4人，工会主席1人，总法律顾问1人，副总工程师、副总经济师各1人。公司本部设13个职能部门：办公室（党委办公室、人力资源处）、企划法规处、行政处、财务处、审计处、监察处、清算办公室、工会、业务一处、业务二处、业务三处、业务四处、业务五处。公司现有7个全资及控股子公司：山西怡和房地产开发有限公司（全资）、山西创业投资有限公司（全资）、山西经泰贸易有限公司（全资）、山西晋投怡苑商务有限公司（全资）、山西晋投民和房地产开发有限公司（全资）、山西晋投立唐环保建材有限公司（控股）、山西晋投夏工水泥有限公司（控股）。

【改革发展】 2010年，根据山西省产业结构调整的方向和目标，围绕省国资委核定的主业范围，公司组织有关处室深入研究经济形势、政策法规、国企改革以及国有投资公司发展趋势，积极寻求既符合国家产业政策、又符合公司实际和利益最大化要求的投资机会和转型项目。在广泛、深入调研的基础上，对加工工业、高科技、现代物流业、文化和旅游业、农副产品深加工等板块进行了全方位研讨，重点调研了特种大型铝合金型材和高速列车车体生产、山西能源工业国际分销物流港、利用废弃塑料生产有机透光性材料、管件液压成形汽车零部件生产、大叶速生槐、旅游以及临汾染化技改扩建等项目，并给予持续关注、跟踪和更进一步的研究，努力培育公司新的利润增长点。为进一步加快转型发展，公司与太原市政府签署了战略合作协议，拟在轨道交通车体用大型铝型材、高精度铝合金板带、轨道交通车体用镁型材、高速铁路车体、城市快速轨道车体、旅游产业、城镇化建设等领域，积极谋求战略合作，在实现自身发展的同时，为加快太原经济发展方式转变、产业结构调整和产业升级做贡献。

【重大决策与重大项目进展】 坚持“有进有退，有所为有所不为”的原则，积极推进了公司在山西晋兴能源有限公司、霍州化工集团有限公司、山西天维尔食品发展有限公司的股权转让工作；严格按照国务院3号令和《国有资产产权管理办法》的有关规定，在省产权交易市场挂牌转让了公司在平陆县关窑煤矿、寿阳县昌泰煤业有限公司、襄垣县三荆沟煤矿、武乡县马堡煤矿等十户企业的债权，盘活资产2663.78万元。同时，抓住机遇，拓展思路，在太原市政府拟将公司在双喜轮胎有限公司4200万元债权全额无偿划转至中国化工集团的情况下，按照省委、省政府提出的“解放思想，创新思路，国有企业要以资产资本化、资本股权化、股权多元化为重点”的要求，积极向省国资委汇报争取支持，积极和企业沟通，经过反复协商，最终形成共识，拟以债转股形式将公司在双喜轮胎有限公司的债权转为股权，可实现国有资产的保值增值。

控股企业重点项目进展情况。山西怡

和房地产开发有限公司完成了怡和·优盘项目（总建设面积41756m^2，住宅面积3万m^2，商铺2716m^2，写字间4800m^2）主楼结构层22层浇注砼、裙楼东侧（共五层）施工和70%的销售工作；完成了怡和·中馨城项目（土地面积26亩，规划可建设多幢高层商品房住宅，建筑面积约10万m^2）前期勘察、坐标定位、基础施工组织设计的审核批准、完善基础及周边建筑的监测方案和基坑支护设计图纸的专家会审工作，目前支护桩打桩工作全部完成；完成了怡和·怡园小区写字楼产权证和职工住宅房产证、鼎太风华小区房屋产权证的办理工作，与业主建立了良好融洽的关系，社会知名度和信誉度得到了较大的提升。2010年实现主营业务收入25023万元，利润5381万元。山西晋投怡苑商务有限公司积极开展山西投资大厦招租工作，认真办好职工食堂，设立了24小时服务热线，完成了地下车库改造的招投标工作和设备的安装工作，山西投资大厦运转顺利，怡苑住宅小区治安良好，工作和生活环境整洁干净，管理效益明显提高，受到了公司职工和业主的广泛好评。山西创业投资有限公司加强了对自主资金项目的管理，积极寻找投资项目，开展了氧化铝贸易业务，取得了一般纳税人资格，年销售氧化铝33000吨，实现主营业务收入7700万元，利润33万元，为下一步开展贸易业务积累了经验。山西晋投夏工水泥公司深挖内潜，节能降耗，狠抓主机设备台时和修旧利废工作，设备全年运转率达到95%以上。取得了矿山安全生产许可证，解决了困扰企业正常经营工商营业执照3年未检的难题。全年共计生产熟料26.5万吨，生产水泥30.1万吨，全年实现销售收入8899万元，上缴税金984万元，利润118万元，开始走上了稳健经营的轨道。

【公司领导人员经营业绩考核体系与薪酬制度建设】 总公司领导班子年薪按与省国资委签订的《省属企业领导人员经营业绩责任书》由省国资委进行考核，根据考核结果兑现年薪。总公司本部员工薪酬分配坚持灵活有效地激励机制，激励与约束相统一，强化目标管理，年初与各部门签订《目标责任书》，实行绩效与分配相挂钩的业绩考核办法。公司对控股企业实行绩效考核制度，年初与控股企业负责人签订《经营目标责任书》，年底按经营指标完成情况进行考核，实现薪酬与责任、风险相一致，突出业绩考核，实现绩效与分配挂钩。

【主要管理经验】

1.创新工作，资金回收取得新成绩。在金融危机影响、煤炭资源整合、资金萎缩的情况下，经过全体员工的共同努力，公司资金回收工作再创佳绩，连续六年实现资金回收总额超亿元。2010年公司回收资金共计17137万元，其中：本金7045万元，利息6372万元，分红2985万元，股权转让735万元。尤其是公司借煤焦领域反腐败东风，协调关系，抓住机遇，乘势而上，全力推进资金回收工作，对在煤炭资源整合中涉及公司债权的项目进行了认真的梳理、分析和汇总，由公司领导带队，公司煤焦办及相关处室分别与各整合主体单位进行接洽，核实并落实公司权益，整理了60多份单行材料上报了省国资委煤焦办及省煤专办。在省国资委纪委和省煤专办的大力支持下，公司有效制止了部分项目单位逃废债务的行为，成效显著。

2.创新手段，依法维权迈出新步伐。一是运用法律手段维护公司权益。公司积极维护权益，向晋中市中级人民法院提起诉讼，要求国投昔阳能源有限公司黄岩汇煤矿、国投昔阳能源有限公司、昔阳县人民政府归还公司本金1026万元、利息1392万元。该案在2009年、2010年先后取得晋中中院一审、省高院终审胜诉，并通过诉前财产保全冻结被告银行存款2418.12万元。二是法律诉讼积极推进。2010年，涉及公司法律纠纷的主要有翔宇担保、立唐股东权益、天骄公司转让、芮城原计委借款等，公司有关处室共同配合，尽最大努力维护公司权益，部分项目已经取得阶段性成果。三是与山西科贝律师事务所签订《债权处置委托代理协议》，由其通过法律途径最大限度地带动公司债权确权和贷款回收工作。四是公司坚持法制教育与法制实践、依法治企和以德治企相结合的原则，深入推进公司依法治企工作，在法制宣传教育工作方面也取得了明显成效。省国资委省属企业“五五”普法依法治企检查验收工作组对公司“五五”普法依法治企工作给予了高度评价。

3.加强制度建设。根据工作需要，公司修订了《山西省经济建设投资公司参控股企业管理手册》，编印了《山西省经济建设投资公司2006—2009年合规性审查汇编》，出台了《控股企业绩效考核评级办法》、《内部业绩考核办法》、《对外捐赠管理暂行规定》、《中介机构聘用管理办法》、《关于进一步推进国有企业贯彻落实“三重一大”决策制度的实施意见》、《地震应急预案》、《冬季采暖费补贴办法》等7项新制度，为员工购买了《中国共产党党员领导干部廉洁从政若干准则》，完成了《公司党员干部廉洁从业手册》和《公司党风廉政建设资料汇编》工作。健全和完善了公司的制度体系，使日常管理工作更加有章可循，有制可依。

4.强化资产管理。进一步夯实基础管理工作，加强了对债权、股权项目的台账管理、时效管理和日常管理，强化了对每项业务的合规性审查，完成合同草拟及审查工作30余份。由审计处牵头，纪检监察处参加，有关业务处室支持配合，对各业务处室抽查的2~3家参股企业的项目台账、会计报表、工商登记、“三会”资料、企业变动情况等进行了检查，对台账记录不完整、三会资料和会计报表不齐全等问题进行了纠正和整改，做到日常基础管理工作规范化。同时为接续债权时效，在《山西日报》、《山西经济日报》上发布了627户债权单位的债权催收公告，要求履行还款义务，落实了公司权益。

5.积极行使审计。严格执行《内部审计制度》，对山西晋投怡苑商务有限公司和职工食堂开办三个月试运行的经营情况进行了内部审计和审核，对公司2009年签署的有效合同的执行情况进行了检查和通报，进一步加强了内部监管力度。

6.规范档案管理。重点对各处室、控股企业对公司红头文件、会议纪要的集中保管和传阅批示情况进行了检查、督办，对控股企业的兼职档案员进行了业务培训，并对公司内部的人事档案再次进行了认真的清理，做到了资料齐全、卷面整洁、归档有序。

7.发挥工会作用。积极开展形式多样的文体活动，组织员工参加了省国资委组织的“挑战杯”乒乓球比赛，荣获“道德风尚奖”；开展了“送温暖、献爱心”社会捐助活动，职工自愿踊跃捐款5720元；完成了公司“职工模范小家”、“工会先进工作者”、“双百优竞赛工人先锋号”的申报工作，积极营造“团结、奋进、和谐”的工作氛围，为推动公司健康可持续发展发挥了积极作用。

8. 安全常抓不懈。始终坚持“安全第一，预防为主”的方针，认真贯彻落实国家、省关于安全生产工作的法律法规和方针政策，公司本部和控股企业都建立了以一把手为主要负责人的安全生产管理组织机构和安全预警防范方案，率先在怡和房地产公司、晋投夏工公司、晋投立唐公司推行了第一责任人安全生产承诺制，设置了负责安全生产的职能部门，建立了较为完善的考核机制。2010年公司系统无任何重大设备和人身伤亡责任事故发生，受到了省国资委和省安全监督管理局的好评。

9. 以人为本，关注民生，凝聚发展动力。2010年，公司组织员工进行了体检，增加了体检项目；为在册员工（含退休、内退人员）统一订制了工作服；提高了公司冬季取暖补贴标准；完善了职工活动室各项设施，添置了跑步机、棋牌桌等设备；努力办好职工食堂；对怡苑小区进行了绿化，加强了治安管理和车库的修建工作；对国师街宿舍外墙进行了涂料滚刷，更换了院门，基本解决了职工的后顾之忧。坚持重要传统节日慰问离退休人员和困难职工，让他们切实体会到大家庭的温暖。上海世博会期间，公司分三批组织全体员工（含退休、内退员工）分赴上海，让职工“了解世博、参与世博、共享世博”。多种形式的活动内容丰富了职工的生活，更提升了人气，激发了活力，使公司呈现出昂扬向上的工作局面。随着公司经济效益的稳步提升，公司不断优化分配制度，职工收入显著提高，共享发展成果，2010年在岗员工年收入人均增长额为2.06万元，较2009年增长了31%；内退员工2010年年收入增长额为1.85万元，较2009年增长了51%；退休人员2010年年收入增长额为0.9万元，较2009年增长了26.27%。公司本部人均收入为8.63万元，较2009年人均收入6.58万元增加了2.06万元。

【公司领导班子成员名录】

张　旭　　总经理、党委委员
李中华　　党委书记
苗平生　　党委委员、副总经理
刘永安　　党委委员、副总经理
梁云兰　　党委委员、工会主席
薄少伟　　党委委员、副总经理
谷建春　　党委委员、副总经理
杨　捷　　总法律顾问

山西省经贸投资控股集团有限公司

【概况】　山西省经贸投资控股集团有限公司（以下简称“集团公司”）是由原山西省经贸资产经营有限责任公司、山西省有色金属工业总公司、山西省科技基金发展总公司、山西省旅游投资有限公司4户省属企业重组而成的省属国有独资大型企业。截至2010年底，集团公司资产总额26亿元，净资产20亿元，共有职工920人。经省国资委初步确定，集团公司主营业务为：实业投资及管理（含资产管理、新兴高科技产业、传统工业产业提升改造）、有色金属及冶金产品贸易、房地产业、旅游服务业，具体可归纳为资产管理、资本经营、工业实体与贸易、科技产业、旅游产业五个板块。

集团公司实行三级管理体制。总部设有8个职能处（室），分别为办公室、党委工作处、纪检监察室、人力资源处、财务处、审计处、业务运行处、法律事务处，为决策、管理和监督一级平台；下设山西经贸集团技改投资有限公司、山西经贸集团煤焦投资有限公司、山西经贸集团节能投资有限公司、山西省经贸投资有限公司、山西省有色金属工业总公司、山西盛世经济发展有限公司、山西省冶金物资投资有限公司、山西经贸集团实业有限公司、山西中圭能源有限公司、山西省科技基金发展总公司、山西省旅游投资有限公司11个全资子公司，为扩张、实体和利润二级平台；下属全资或控股三级子公司为生产、研发基地三级平台。

【发展阶段和发展目标】 集团公司大致经历了以下三个发展阶段：

奠定基础阶段（1995年到2005年），主要是管理回收技术改造资金，促进企业技术进步，代政府持股，为政府理财，配合政府和企业改组改制，代政府行使出资人职能。

调整提高阶段（2005年至2008年9月），也就是国资委成立以后的几年，主要特点：一是转变工作方式，加大资金回收，回款总额逐年提高；二是调整资产结构，提高资产质量，通过盘活存量、吸纳增量、激活变量、核减不良的组合努力，增加了公司的资产总量；三是内部管理和风险控制得到加强。

重组扩张阶段（2008年10月至2010年底），2008年10月，经省政府和省国资委批准，山西省经贸资产经营有限责任公司和山西省有色金属工业总公司重组为新的公司。2010年6月，经省国资委批准、省工商局核准，完成了“山西经贸集团”的组建工作。2010年12月，在省属企业第二轮重组整合中，集团公司分别与山西省科技基金发展总公司、山西省旅游投资有限公司开始进行整合重组，为企业优势互补、快速扩张提供了新机遇。

2010年底，集团公司围绕省委、省政府提出的“转型发展、跨越发展、赶超发展”要求和省国资委对省属企业加快发展的具体部署，按照“贸易服务上规模，产业实体增利润，科技旅游出亮点”的发展思路，提出了确保“双六十”、力争“双百亿”的“十二五”规划目标：即到2015年末，确保总资产达到60亿元，比“十一五”末的26亿元翻一番，力争使总资产达到100亿元；确保实现营业收入60亿元，比2010年的目标任务8亿元翻三番，力争营业收入超过100亿元；净资产和利润也得到同步增长，为进一步把企业做精做强，实现又好又快发展明确了努力方向。

【主要指标】 2010年主要经济指标（以2010年12月底的合并报表为准）：资产总额26亿元，较上年增长13%；净资产20亿元，与上年持平；营业收入10.17亿元，较上年增长66%；实现利润6647万元，较上年增长210%；净资产收益率2.6%，较上年增长2%；资产负债率23%，较上年增长9.8%；国有资产保值增值率102.5%；全年未发生重大安全事故。圆满并超额完成了省国资委考核的各项任务指标。

【主要管理经验】

1.资产清收重点突破，投资能力逐步提高。资产板块是集团公司的传统业务板块和发展基础。2010年，根据省委省政府转变经济增长方式和转型跨越发展的要求，结合集团公司产业调整的方向，成立技改、煤焦、节能3个资产管理公司，强化资本清收工作。一方面克服资产板块小、散、乱的格局，努力将资产向省政府重点扶持的产业、高科技企业等优势企业集中，受资企业由1300户缩减为800户，从而实现从劣势企业向优势企业集中、从被动经营向主动经营集中的“两集中”目标。另一方面，在部门委托资金转为实收资本后，由受托管理转为自主管理，由被动持股变为主动投资，公司变成了完整意义上的企业。2010年，三个资产管理公司回收资金1.58亿元，创历史新高，为山西经贸集团转型发展、跨越发展提供有力资金支持。

2.新股上市又增亮点，资本经营取得业绩。资本板块是集团公司具有后发优势和杠杆作用的板块。2010年初，集团公司出资1亿元成立了山西省经贸投资有限公司，专门从事资本运作业务，取得了一定进展。一是2010年10月，集团公司持股的山西证券成功上市。截至2010年底，集团公司持有省内6家上市公司股票，市值约8.6亿元，率先在省内同类型资产公司中实施了股票动态管理。二是继续推进公司调研、跟踪、储备、培育多年的拟上市公司如康宝制药、天泽化工等公司的上市工作；三是积极调研培育其他优质股权项目；四是，积极探索依法依规、适时适度减持在手股票，为集团发展提供资本支持。

3.贸易业务初具规模，实体项目全面展开。实体板块是集团公司后续发展的强大动力和有效支撑。集团公司根据全省产业政策规划，积极调研，大力开发实体项目，为集团转型发展探寻路子，实体项目建设取得了长足进展。一是贸易业务快速发展。山西省冶金物资投资有限公司继续开拓新的业务，态势良好；山西中圭能源有限公司在较短的时间内打开了市场，实现了内外贸并举；二是大力开发新的产业实体。具体包括：坑口选煤项目、铝土矿开发项目、石灰石开发项目、房地产开发项目等；三是煤矿股权转让顺利完成。山西省有色金属工业总公司积极配合全省煤炭资源整合和煤矿兼并重组工作，3个控股煤矿全部与山西煤销集团进行合作，2010年5月重新挂牌运营。通过股权转让，实现投资收益1.8亿元，使山西省有色金属工业总公司的实力大幅增强，为今后建设新的项目积累了经验和自有资本。

4.优化法人治理结构，不断完善内控机制。集团公司党委不断探索有效监督、和谐监督的渠道和形式，较好地发挥了保证监督作用。一是调整充实了董事会“资金预算审查委员会”、“审计稽核委员会”、“绩效与薪酬委员会”，充分发挥纪检监察、财务、审计、法律等部门的职能作用和职工参与监督的作用，加强协作配合，强化事前、事中监督，形成了监督合力。二是在继续执行“三重一大”有关管理制度的基础上，理清经营理念，加大财务监管力度，严格预算管理和财务审批，落实招投标制度、产权转让规定等制度，并在业务工作中跟踪开展效能监察，为集团公司运营管理提供了制度保障。三是注重制度设计上的互相监督和人事安排上的相互交叉，使公司“三重一大”事项能够规范运行、及时监督，使业务、稽核、监督把关形成相互制约、相互促进的良性循环。四是进一步完善制度建设，全面进行了规章制度的立改废工作。

5.加强领导班子建设，深化党风廉政教育。集团公司党委不断加强党风廉政建设，建立健全教育、制度、监督并重的惩治和预防腐败体系。首先是以落实党风廉政建设责任制为抓手，不断完善内部监督体系，有效保证了各项工作的顺利开展。其次是加强廉政教育，组织学习了《中纪委关于对云铜集团原高管人员严重违纪违法案件的通报》，邀请太原市检察院法制教育宣讲团举办预防职务犯罪法制教育讲座。特别是领导班子多次集体学习了《党员领导干部廉洁从政若干准则》和《国有企业领导人员廉洁从业若干规定》，逐条对照52个不准，进行检查剖析，做到了警钟长鸣。再次是不断完善廉政制度建设，围绕“三重一大”事项，结合实际，健全制度，创新机制，基本做到了从源头上预防和遏制腐败。

6.三个文明协调推进，企业文化深入人心。围绕“事业、团结、开拓、廉洁”的企业理念和“忠于理想、勇于担当、勤于学习、严于律己”的工作作风，开展多种多样的企业文化建设活动。一是开展爱国主义教育，组织职工赴世博会参观学习，组织代表团参加了省国资委举办的“法治山西在国企”大型法制宣传活动。二是注重树立和培养责任观念，开展送温暖、献爱心活动，在“情系玉树、抗震救灾”捐款活动中，全体员工捐款3.68万元，集团公司捐款10万元，充分体现了集团公司高度的社会责任感和经贸员工的博爱之心。三是努力落实以人为本的观念，组织了职工体检，完善了住房公积金等，努力创建和谐单位，实现人的全面发展。四是集团本部和各子公司全部进行了工会换届或新组建了工会组织，召开了集团公司第一届职工代表大会，选举产生了新的工会委员会。五是注重开展乒乓球比赛、羽毛球比赛、青年演讲比赛等文体活动，通过企业文化活动增强职工勤奋敬业的自觉性，形成良好的风气，有力地促进集团公司各项工作和谐发展。

【公司领导班子成员名录】

李　洪	董事长、党委书记
刘桂林	副董事长、党委委员、总经理
闫保安	董事、党委副书记、工会主席
靳秀云	董事、党委副书记、纪委书记
荣培斌	董事、党委委员、副总经理
岳丽华	党委委员、副总经理
王　辉	党委委员、副总经理
杨春权	党委委员、副总经理
牛支元	党委委员、副总经理
王国卿	总法律顾问

山西煤炭进出口集团有限公司

【概况】 山西煤炭进出口集团有限公司（以下简称“山煤集团”）成立于1980年，是具有以煤炭产销、高端制造和金融投资三大产业为核心的综合性大型企业集团。

山煤集团抓住山西省煤炭资源整合契机，先后整合50余家地方煤矿，总体产能达到3000万吨。现有主体矿井21座，分布在大同、忻州、晋中、临汾、长治、晋城六个地市，形成了动力煤、炼焦煤、无烟煤、半无烟煤四大煤炭生产基地。集团着力于创新煤炭产销体系，上游整合资源，中间打通通道，下游整合市场，打造以“现代生产、智能物流、数字配煤、信息金融、集成服务”为特征的科学完备的煤炭供应链。

在中国铁路大提速和山西省转型发展的双重动力牵引下，集团坚持以高精尖产业转型的发展战略，建成了我国首条世界水平的高速动车组轮对生产线，形成了山煤集团新的支柱产业，成为山煤集团乃至山西省国有企业转型发展的成功典范。

集团按照实业资本、贸易资本与金融资本“三结合”的思路，积极尝试进入金融领域，实现了资本运营的重大突破，发展了房地产、化工新材料、IT行业等优势非煤产业，初步形成“各具特色、优势互补、协调发展”的发展新格局。

集团拥有全资、控股企业73户。到“十一五”末，集团总资产达到380亿元。2010年，山煤集团位居中国企业500强第259位，山西省企业100强第9位，山西省服务业60强企业第三位。旗下上市公司山煤国际荣获2010年第六届中国证券市场年会“金凤凰奖”。2010年，在铁道部安全质量大检查中，位居18家被检企业第一名。2010年荣获“山西省工业转型发展百强潜力企业”荣誉称号。连续五年位居省国资委经营业绩考核A级企业前三名，跻身全省重点企业方阵，山煤集团已经发展成为全国四家拥有煤炭出口经营权企业之一；山西省七大煤炭资源整合主体企业之一和山西省“十二五”期间十户“双千亿”重点企业之一。创造了行业内的“两个第一”：组建了山西省第一支自有船队；是山西省拥有国际品牌酒店的第一家企业。实现了“两个进入”：煤炭主营业务在一年时间内整体成功上市，进入了资本市场；自2008年4月高铁轮对投产起，进入了高端机械制造业。

【主要指标】 2010年共完成煤炭贸易量6648.47万吨，同比增加2321.89万吨，增幅为53.66%；实现销售收入406.21亿元，同比增加191.91亿元，增幅为89.55%；实现利润18.52亿元，同比增加7.59亿元，增幅为69.44%；总资产380.95亿元，同比增加130.84亿元，增幅为52.31%;净资产55.55亿元，同比增加12.75亿元，增幅为29.79%;净资产收益率11.17%；全系统实现安全生产无事故，圆满完成了省国资委下达的各项目标任务。

【财务分析】 2010年实现营业收入406.21亿元，实现利润总额18.52亿元，实现净利润12.03亿元，少数股东损益8.99亿元，归属于母公司所有者的净利润3.04亿元。从主营业务收入的结构来看，2010年度主要来自煤炭、高铁轮对等。2010年主营业务收入比上年增长了89.5%。

【改革发展】

1.煤炭供应链体系战略布局初具雏形。上游整合资源，省内，整合形成动力煤、半无烟煤、无烟煤、炼焦煤四大煤炭生产基地；省外，稳步推进内蒙古大红城、红进塔物流园区建设。中间打通通道，突破铁路运输瓶颈，多渠道吸引代发户和合作伙伴，全年铁路发运2507.16万吨，同比增加598.57万吨；拓展煤炭航运业务，太行海运正式运营，完成88航次，承载货运量487万吨；以信息平台建设为助力，与IBM合作搭建煤炭供销综合管理系统。下游整合市场，在河北省唐山湾参股建设两座数字化煤炭储配基地，跻身国家级煤炭战略储备点。在江苏靖江、武汉枝城、珠海高栏、福建可门布局辐射华东、华中、华南市场的数字化煤炭储配中心。同时，积极探索建立“统一营销”管理模式，发挥“出口、进口、内销”三个市场组合营销的优势，准确分析市场走势，适时调整营销策略，全力攻坚货源组织，规范经营秩序，提高运行效能，克服货源短缺、市场疲软等不利因素影响，全年共实现煤炭内销6010.67万吨，同比增长66.59%；煤炭出口196.63万吨，同比增长29.39%；煤炭进口382.97万吨，同比增长58.65%。

2.煤矿生产建设保持良好发展态势。经坊、大平、凌志达3座生产矿井，强化劳动组织，优化生产工序，严格实行正规循环作业，克服综采工作面搬家、采空区上方地面塌陷、采掘工作面淋头水大诸多困难，全年共生产原煤758万吨，完成掘进进尺50505米，实现利润21.68亿元，为确保集团完成全年利润目标，山煤国际实现7.5亿元净利润承诺、稳定股价起到了坚实的保障作用；霍尔辛赫、铺龙湾2座基建矿井，落实责任，倒排工期，及时解决现场挡手难题，全年共完成投资10.02亿元，按预定目标进入了联合试生产阶段；14座整合矿井，多方努力，协调推进，克服谈判艰难、原矿方抵触、矿井资料不全、专业技术和管理人才不足等困难，全部取得地质报告批复、初步设计批复，10座矿井取得安全专篇批复，8座矿井取得开工报告。列为关闭的37座矿井，2010年底前已全部关闭，圆满完成了省委省政府下达的目标任务。煤矿工作由以整合为主的第一阶段转入以高标准、高起点建设为主的第二阶段。

3.高铁装备项目稳步推进。顺利推进轮对生产扩能，第二条车轮加工线、车轴加工线和轮对组装线陆续投产，全年完成投资4.49亿元，新签销售合同8.58亿元，新造轮对6267对、车轮16121片、车轴8060根，维修轮对512对，实现销售收入11.04亿元，实现利润1.82亿元。加强关键技术研发，提高核心竞争力，与意大利路奇霓公司就合作组建实验室达成初步意向；培植竞争新优势，掌握发展主动权，获得发明专利2项，实用新型专利8项；申报2011年科研项目2项，备案项目18项，获得立项项目1项；依托项目优势，争取政策支持，申请各项资金扶持3500万元，被省经信委、科技厅、财政厅、国资委联合列入山西省《重大科技装备自主创新指导目录》；从体系和流程上严格控制产品质量，在铁道部安全质量大检查中，位居18家被检企业第一名，2010年荣获“山西省工业转型发展百强潜力企业”荣誉称号。

4.金融投资领域取得突破性进展。理顺投资关系，优化资源配置，强化内部考核，实现高效运营，金融投资板块所属目标单位2010年各项指标均完成目标任务，全年共实现销售收入24.42亿元，实现利润1.5亿元。启动金融资本业务，创新银企联盟方式，与国信投资、长治市商业银行先后建立战略合作，跨入基金领域，合作组建了盛世金泉（天津）股权投资基金管理有限公司；整合资源优势，提升竞争合力，成立房地产开发有限公司。2010年12月14日经国家工商总局核准，山煤投资集团有限公司正式注册成立，为进一步巩固提升资产经营管理水平，深化开展资本运作，持续搭建融资平台，做新做活金融投资板块奠定了坚实的基础。2010年8月12日，山煤集团与全球顶级的凯宾斯基酒店管理公司就太原凯宾斯基饭店项目举行了签约仪式。该项目的签约，标志着山煤集团在推进转型发展上又迈出了新的一步。

5.科技创新体系建设全面启动。技术中心不断完善技术支撑体系，充分整合技术资源，成为2010年首批首家市级技术中心，通过了工程系列中级职称专业技术职务评审验收；积极搭建科研学术平台，收集整理论文70余篇，出版《山煤集团科技论文专辑》；完成5项技术创新项目减免税工作，争取资金1087.8万元；与德国福伊特公司签署高铁齿轮箱项目战略合作备忘录，为高铁装备项目国产化起到积极地推进作用；围绕全球煤炭行业政策和市场发展趋势，就打造现代化煤炭供应链，与麦肯锡公司合作展开战略咨询。

6.安全工作稳步推进。按照“安全第一、预防为主、综合治理”的方针，认真贯彻落实安全工作会议的各项工作部署，坚持“从零开始、向零奋斗”的安全“零”理念不动摇，大力构建安全长效机制，积极推进本质安全型企业建设，全系统保持了安全生产经营持续稳定发展的良好局面。成立了煤业公司，规范了安全管理流程，健全了安全风险抵押制度，坚持每季度组织安全大检查，层层落实安全责任；建立了数字化、智能化的煤矿调度中心，对15座矿井的瓦斯、7座矿井人员定位和2座矿井的产量进行了联网，实现了瓦斯数据、入井人员、产量数据传输和远距离监控。以创建本质安全型企业为目标，完善验收考核内容，建立奖罚激励机制。组织集团处级以上干部在经坊煤矿召开了质量标准化现场会，通过现场观摩与学习交流，带动和促进了全系统质量标准化水平的稳步提升。2010年，经坊煤矿、大平煤矿、凌志达煤矿3座生产矿井和霍尔辛赫煤矿、铺龙湾煤矿2座基建矿井全部达到了一级安全质量标准化矿井标准。同时，经坊煤矿、大平煤矿通过了长治市本质安全型一级矿井验收，被中国煤炭工业协会评为“行业特级安全高效矿井”。

7.内控体系逐步完善。健全完善管理模式，强化环节控制，取得良好效果。完善绩效管理，继续拓展软件上报平台，加强对专项指标过程监控，引进人力资源和社会保障部劳动工资研究所、北大纵横先进的管理理念，建立起覆盖各板块、各单位、多层次、多维度和便于操作的绩效管理体系。2010年，经坊煤业公司被山西省质量与品牌协会授予“全省实施卓越绩效模式先进企业”荣誉称号。加大风险防控，规范合同管理和重大投资项目的法律审核，全年共审核资源整合、煤矿建设、中介服务、项目投资、银行融资、酒店业务、后勤业务合同502项，涉及资金161.37亿元，风险预控得到进一步强化。拓展融资渠道，通过短期融资券、融资租赁、项目贷款等多种方式建设资金通道，共融资231.55亿元，为完成全年任务，建设和完善煤炭供应链以及资源整合创造了先决条件。加快信息化建设，与IBM合作，启动了涉及集团IT基础设施、安全与生产、煤炭供销、企业管理与财务管理、协同平台与决策支持五大领域共26个项目全系统、全过程、全方位、全覆盖的信息化管理工程。2010年，完成项目核心基础设施和应用系统平台一期工程，经坊、霍尔辛赫2家试点矿实现自动监测、跟踪及矿区工控系统图形化；煤炭供销领域实现采购、运输、销售、贸易、结算一体化，为集团的智能化管理打下基础。强力推进6S管理，通过制定标准、宣传培训、检查考核，专题活动、实地调研等一系列手段，在全系统营造了“比、学、赶、帮、超”的6S活动良性互动氛围，强化了内部管理，提升了企业形象。

8.和谐共建更加浓厚。组织召开了集

团公司第一次党代会，选举产生了新一届党委和纪委，32个基层党组织按程序进行了换届选举，有力促进了党内民主。深入开展了“创先争优”、“四强四优”和“建设学习型党组织”三项活动，在省属企业创先争优暨学习型党组织建设推进会上作了典型经验介绍；引深推动了精神文明和谐单位创建活动，山煤集团荣获“中国最具影响力企业”、“全国企业文化建设百家重诚信单位”、“结对帮扶建设文明和谐村先进单位”等荣誉称号。严格执行“三重一大”，坚持民主决策，强化效能监察，加大综合治理，把党风建设和反腐倡廉工作融入企业经营管理之中，全年效能监察立项84项，修订规章制度1268条，堵塞经济漏洞90多个，参与重大项目招投标监督242次，节约资金2506.47万元，进一步营造了廉洁从业、风清气正的良好氛围。山煤集团工会系统开展了“模范职工之家”创建活动和“读书月”活动，推进了“职工书屋”建设；购买了健身器材，组建了职工活动室；组织了全系统羽毛球比赛和迎新年长跑比赛等活动，丰富了职工的业余文化生活；山煤集团组织干部员工向青海玉树地震灾区和甘肃舟曲泥石流灾区捐款61万元；以项目扶贫、文化扶贫、科技扶贫、教育扶贫为主线，投资126万元落实静乐县定点扶贫项目计划，荣获山西省扶贫工作“先进单位”。积极为职工办实事、做好事，完善员工医疗、养老、用餐、健身和交通设施等一系列福利保障，真正实现了企业大发展、员工得实惠。

【国有资产保值增值】 山煤集团是山西省人民政府国有资产监督管理委员会的国有独资公司，截至2010年底，山煤集团实收资本69826.7万元，资本公积59449.21万元，盈余公积9149.95万元，所有者权益合计555518.83万元，国有资产保值增值状况良好。

【重大项目进展】

1.煤矿项目。

铺龙湾煤矿120万吨改扩建工程项目。该项目开工时间为2007年8月31日，投资总额为3.5亿元。改扩建完成后，矿井年产量达120万吨，矿井服务年限38年，采用综放采煤技术，日生产能力达4000吨。该项目于2010年10月11日取得联合试运转批复。

霍尔辛赫煤业有限公司矿井及配套选煤厂、铁路专用线等项目。霍尔辛赫为山煤集团控股企业，占股份51%；“十二五”期间，山煤集团拟建成年产300万吨、具备煤炭生产、洗选能力的大型煤炭生产企业。2005年6月开工，项目总投资26.92亿元，服务年限60年，该项目于2010年10月取得联合试运转批复。

兼并重组工作方面，除新整合的河曲上炭水矿正在签订协议外，前期整合保留的19座矿井中，有3座生产矿井，2座基建矿井（已转入试生产阶段），其余14座整合矿井均已做到了“协议全部签订、矿井全部接管、六长全部上岗、采矿证全部换发、进度价款全部付清”。均成立了以安全、生产、机电、调度、地测、通风等专业为主的业务职能科室，建立了以安全生产为主的管理制度。各矿以前期的隐患排查治理、设备回撤、井口封闭、办理开工手续为工作重点，开展了各项工作。14座新整合矿井全部取得地质报告批复，11座矿井取得初步设计批复，9座矿井取得安全专篇批复，8座矿井取得开工报告批复。对8座整合矿不利用的18个井筒内的设备进行了回收，共回收设备3084

台（件），电缆123363米，管路9894米；列为关闭的34座矿井已全部关闭。以资源整合的较高质量完成了山西省兼并重组领导组安排的任务，顺利地转入以高标准、高起点建设整合矿井的第二阶段。

2.非煤项目。

高速动车组轮对生产与维修项目。该项目是中国唯一一家由铁道部指定的专业从事时速达200～350公里的高速铁路动车组轮对生产和检修的现代化企业。智奇铁路设备有限公司于2007年10月注册，注册资金1.5亿元，项目总投资约11亿元，其中中方占75%，外方占25%。目前，已建成用以进行CRH系列各车型轮、轴加工和轮对组装的33500平方米的1号厂房、8800平方米的办公楼、7300平方米的职工公寓。二期工程建成用以进行轮对和齿轮箱组装的33500平方米的2号厂房，用以公司后续业务扩展的13320平方米的3号厂房，用以轮对维修的36000平方米的4号厂房，并全面配合智奇公司根据生产工艺设计进行内部改造工作。2010年3月开始三期工程建设，已建成4550平方米的会议展示中心，并完成内部装修，近期将交付使用；完成2.2万平方米的公寓综合楼主体及外墙装修工程。该项目是目前国际上同行业技术最先进、设备最精良、产品最优质的国内唯一的高速轮对生产企业，填补了国内动车设备制造的空白。

【公司治理结构】 随着集团公司顺利实现从贸易型企业向生产贸易型企业转变，山煤集团适时调整了企业组织架构，管控模式由过去的混合型管控转变为战略加财务型管控，将集团公司的规模效应与分支企业的灵活机动融为一体，确保了高效的集团管控。

【公司领导人员经营业绩考核体系与薪酬制度建设】 山煤集团属于省国资委直接考核单位。国资委每年与山煤集团签订经营目标考核责任制，并逐项考核兑现。山煤集团副总以上领导班子实行年薪制，与考核结果直接挂钩。

自省国资委对山煤集团进行经营业绩考核与年薪直接挂钩以来，山煤集团在进一步深化改革、落实责任、加强管理、提高效率上取得了一定的成果，建立了自上而下的内部考核考评体系及国有资产保值增值责任体系，对形成责任落实和压力传递的机制起到了有效的监督和示范作用。

根据省国资委对山煤集团经营业绩考核的具体内容，山煤集团进一步理清了发展思路，调整了发展方向，将总资产报酬率、净资产收益率、流动资产周转率、资产保值增值率、成本费用利润率、总资产周转率等横比指标引入管理之中，由原来的注重规模、数量的快速扩张转向加强内控管理，提高资产质量的可持续发展。

【公司领导班子成员名录】

杜建华	董事长、党委书记
马　进	副董事长、党委委员、总经理
白树民	董事
赵戌林	董事、党委副书记、副总经理
乔春光	董事、党委委员、副总经理
郭永兴	党委副书记、纪委书记
高成春	董事
王雁琳	董事、党委委员、工会主席
宫来喜	董事、党委委员、副总经理
李苏龙	党委委员、总工程师
王松涛	副总经理
杨培雄	董事、总会计师
康真如	总法律顾问

山西省国新能源发展集团有限公司

【公司概况】 山西省国新能源发展集团有限公司（以下简称“集团公司”）成立于1981年，是以燃气、煤炭、贸易产业为主，水泥、油页岩产业为辅的多元化、规模化、现代化国有大型能源企业集团，是省政府扶持发展的重点企业、省国资委监管的20户重点企业和全省十大能源企业之一。集团公司总资产70亿元，下属42家子公司，拥有山西省80亿立方米天然气独家经营权以及147亿立方米混合燃气资源主导运营权，年煤炭外运能力3500万吨。在岗员工1100人，大专以上学历占到其中80%以上，人均收入6.5万元，人均利润21.64万元，人均销售收入1448.27万元。

【主要指标】 2010年集团公司主营及其他业务共实现销售收入155.7亿元，同比增长78.55%，完成省国资委考核指标100亿元的155.7%；实现利润2.41亿元，同比增长37.71%，完成省国资委考核指标2亿元的120.5%；累计折旧提留1.06亿元，同比增长24.58%。

从主营业务看，2010年集团公司销售天然气11亿立方米，同比增长26.9%；发运煤炭3501.68万吨，同比增长65.49%；内外贸易量41.9万吨，同比增长43.69%。

【主营业务】

1.天然气产业。在落实气源上，一方面，加大协调力度，积极与上游企业、焦化企业落实气源；另一方面，加大研发力度，通过与科研单位合作开发气源。与阳泉煤业（集团）有限责任公司（以下简称“阳煤集团”）达成寿阳LCBM含氧煤层气购气合同，与中海油集团签订煤制天然气项目框架协议，与中联煤层气有限责任公司、美国远东公司形成寿阳煤层气供气协议。在管网建设上，累计投资30亿元，建成覆盖全省65个县（市、区）、全长1374公里的省级天然气管线，管输能力超过80亿立方米/年，实现全省管网南北贯通和国家级气源在省内的联通，全省天然气管网架构基本成型。在市场开发上，与3区20县签订输供气合作协议，举行全面气化大同和运城推进会议，满足工业、居民、商业多层次用气，已气化全省10市65县（市、区）400万人口，天然气在全省一次能源消费比重达到1%，用气结构逐步合理，工业用气、城市燃气、CNG用气分别占到天然气用气总量的52%、38%、10%。

2.煤炭发运产业。在煤源落实上，采取省内外双渠道落实煤源，巩固省内煤矿合作，加强省外煤炭采购，赴内蒙、陕西等地组织煤源，严格签订购销合同，提高合同履约率，有效解决煤炭资源短缺难题。在运力协调上，面对全省煤炭资源整合后出现的运力瓶颈问题，一方面，加大与煤炭交易中心沟通力度，提高计划核准率和提报率，另一方面，加强与各主管路局协调力度，积极参加运力协调会，及时掌握相关政策变化，做好运力衔接工作，提高计划兑现率，在太原路局各发运单位中兑现率最高。在帮扶企业上，加大与发煤企业沟通协调力度，详细掌握煤源、煤质、库存、单价、供应量、上煤渠道、储存场地等第一手资料，根据各发煤企业实际情况，及时调整经营思路和站台布局，协调各方关系，做好现场办公，及时解决企业面临的困难。

3.贸易产业。山西远东实业有限公司优化内部管理，形成贸易、焦炭、煤炭、天然气、科技五部门联动机制，开辟碳电极块、型煤产品、化工产品等出口新业务，同平遥、侯马当地企业合作销售焦炭，积极筹建平遥、武乡煤炭发运站台，同山西三益科技有限公司形成燃气具销售的合作计划，阳曲天然气项目实现通气，同山西平遥峰岩煤焦集团有限公司成立合资公司，天然气专供管道已开工。山西省冶金物资总公司强化内部管理，坚持市场导向，密切关注国内外市场变化，及时调整贸易结构，加快调整公司产业结构，同山西国瑞新能源有限公司合作开展东山马庄CNG标准站项目，合资公司已获省工商局预核准，同时加强煤炭发运仓储精细化管理，推进仓库用地开发工作，煤炭发运有序进行，公司实体贸易型企业转型稳步推进。

【项目合作】 加快推进同山西煤炭运销集团有限公司（以下简称“山西煤销集团”）、山西晋城无烟煤矿业集团有限公司（以下简称“晋煤集团”）、阳煤集团、中国石油天然气集团公司（以下简称“中石油”）、华润燃气（集团）有限公司（以下简称“华润燃气”）、香港中华煤气有限公司（以下简称“中华煤气”）等大型企业的十大合作。

1.依托山西煤销集团公路站点合作建设CNG加气站项目，首批建设的69个运煤专线CNG加气站已有38个获得批复。

2.煤层气综合开发利用合作项目，与晋煤集团合作的晋城-长治煤层气管道已完工。

3.同华润燃气合作的天然气项目，大同、阳泉、洪洞、霍州项目已开始供气。

4.同中石油合作的天然气项目，应张大同支线完工，介休城燃一期和杨盘加气母站均开始运营。

5.与华润电力控股有限公司合作的宁武煤矸石电厂项目，已经上报国家发改委。

6.与中华煤气合作的压缩天然气项目，建成原平加气母站1座。

7.同清华大学、中国可再生能源委员会、太原理工大学合作的HCNG项目，河津HCNG项目建设已全面完工，具备通气条件。

8.同阳煤集团合作的煤炭资源整合项目，右玉元堡煤矿完成审计及评估报告，500万吨矿井建设接近尾声。

9.同华润水泥控股有限公司合作的山西1200万吨水泥项目，达成方山500万吨、霍州200万吨两个项目协议。

10.与太原理工大学、中国石油大学等高校合作开展高碳能源低碳化利用研究，现已全面启动。

【人力资源管理】 集团公司人才工作坚持秉承“短期靠聘用、中期靠培训、长期靠培养”的理念。在选人上，加大具有基层管理经验和精通燃气业务的优秀技术人员引进比例，加大研究生层次人才引进力度，特别是引进博士层次高端专业人才，充实到关键岗位。在育人上，先后组织新能源知识培训3期，企业内控和会计准则、燃气知识和企业文化、财务报表分析和风险防范、战略管理和企业文化以及《公司法》、《合同法》实务及典型案例培训各1期。同时，各单位和部门也结合自身实际，开展了安全、文秘、财会、审计、营销、燃气和项目等培训，共计2100人次，收到了良好效果。全年共派遣11名骨干人员赴华润集团挂职锻炼，共计20人报考与太原科技大学联合培养的在职工程硕士考试，组织骨干86人赴上海世博会参观学习，继续和省发改委合作赴德研修生计划，至今已选派19名同志研修。在用人上，初步形成一套培训、挂职、储备、提拔的干部任用流程机制，进一步完善干部任用制度。将机关中一大批中层干部充实到基层一线高层管理岗位，大胆启用了一批80后年轻干部，在管理团队中注入了新鲜血液，使公司的管理架构更加合理，进一步强化有激情、有活力、有理智的团队建设。

【企业文化建设】 企业文化建设项目正式启动，国务院国资委研究中心专家团队历时九个月，在采取问卷、谈话和集体讨论等形式对集团公司企业文化把脉的基础上，出台了《国新能源企业文化诊断报告》和《国新能源“十二五”企业文化建设规划（初稿）》，提炼形成了企业使命、企业精神、企业核心价值观、企业愿景、企业作风、企业标语，各类经营理念30条以及员工的行为规范和企业文化故事集。编印了《国新能源企业文化手册》、《我们走过来了—2006年～2010年度讲话摘要汇总》、《第一次党代会资料汇编》、《新能源工程课程研修必读本》、《财务报表分析与企业内部风险防范》、《成长在国新》、《国新能源监督管理制度汇编》，丰富了企业文化传播载体。开展了“创先争优迎国庆文艺汇演”、“革命传统教育主题活动”、“春之声”诗歌朗诵比赛、“国新能源青年知识大讲堂”、“温暖儿童心，国新在行动”服务奉献日活动以及“低碳生活，从我做起”大型节能签名等活动，增强了企业文化的渗透力。

【公司领导班子成员名录】

梁谢虎	党委书记、董事长
刘　军	董事、党委委员、总经理
王建华	董事、党委副书记、工会主席
凌人枫	董事、党委副书记、纪委书记
丁友建	董事、党委委员、总会计师
陈勇明	董事、党委委员、副总经理
康　勇	副总经理
高志武	党委委员、副总经理
谢　河	副总经理
段德虎	副总经理

山西省国有资产经营公司

【概况】 山西省国有资产经营公司(以下简称“公司”)是1993年经山西省人民政府同意，由山西省财政厅批准成立的专门从事国有资产产权运营与管理的经营机构，也是全国最早成立的国有资产经营公司之一，公司注册资本1.1亿元，是省国资委监管的省属大中型企业之一。

截至2010年底，公司资产总额已经从2005年初的1.6亿元增加到目前的近37亿元，股权债权单位1500余户，涉及煤炭、冶金、机械制造、化工、电力、医药、种植业、养殖业、农副产品加工、民用航空等多个领域，面向全省110多个县区。

公司现设办公室、财务部、党工部、人事劳资部、审计部、企管部六个职能部门和五个业务部门，下辖山西华兰德建筑安装工程公司和山西晋祥实业公司两个全资子公司，三个控股公司。

2010年，主要业务有以下三个方面：

1.依据山西省人民政府（晋政发〔1998〕3号）对经营公司的职责定位，山西省财政厅于2001年9月出台了《山西省财政厅建设性资金授权管理暂行办法》（晋财建〔2001〕227号）文件，公司主要承担了财政建设性资金增量投资股权管理职能；

2.受财政厅委托，承担了财政“拨改贷”资金债权清理回收工作，2009年根据省政府100号文件精神，同时经省财政、省国资委批准，已将该项资金全部转增为公司国家资本金；

3.受省国资委委托，承担了省内企业清产核资报废资产的回收处置工作。

【经营运作】

1.业绩指标完成情况。根据省国资委与公司签订的2010年度经营业绩责任书，2010年公司根据市场变化和产业结构调整等因素，适时选准投资定位和额度，积极拓展了收益增长点，确保了全年经济指标的顺利完成。截至2010年底，公司超额完成了预定目标，比上年度有较大幅度的提高。2010年公司实现营业收入6201万元，利润总额280万元。

2.业务工作拓展情况。完成投资收益的收缴。2010年，对已到期的产业化资金和调产资金授资企业，继续与企业协商收回本金或续签协议，保证了后续投资收益的顺利收回。随着投资企业投资年度的延长及金融危机的影响，有的企业市场发生变化，企业停产或半停产，有的企业有偿使用资金的意识不强，有意拖欠投资收益，造成投资收益回收难度逐年加大，针对以上情况，按地区对往年欠缴收益企业进行实地考察催收，针对不同类型的企业采取了不同的应对措施，解决了以前年度不少棘手的问题，尽最大力量收回以前年度欠缴收益。截至年底共回收各项投资收益657万元。

积极拓展自主投资领域，寻找新的利润增长点，探索企业新的发展方向。2010年，公司在原有基础上加大了自主投资力度，与北京投资控股集团、山西省环保基金公司共同投资的国债项目危废处理中心项目已进入实施阶段。

【主要管理经验】

1.全面推行制度化管理，用制度规范约束行为。公司在基础管理和经营的各个环节，都制定了相应的制度，有效规范了各项工作行为，大大提高了工作效率。同时随着业务工作的进一步发展，公司逐步对各项制度进行了总结补充和完善，努力堵塞管理漏洞，规范工作章程，构建用制度管人，按程序办事的机制。

2.创建学习型企业，坚持以人为本，建立有效的学习制度，加大培训投入，领导干部带头，引导和组织广大员工紧跟时代发展进步的潮流，勤于学习，善于思考，勇于实践，务求实效，敢于创新，全面提高员工队伍素质，不断提升企业的核心竞争力。

3.建立一流的管理模式。在管理思路上，实行专业化经营，一体化管理；在对投资企业管理上，依照资产类型，进行分类管理，并采用项目负责制，公司领导分工负责所投资项目；在管理手段上，用信息化的手段，规范各类人员行为，提升管理效率与层次。

4.领导班子团结协作，对公司的重大事项实行集体决策，广泛听取职工意见，提高决策的科学性和可执行性。同时坚持勤政廉政，以领导成员的良好形象影响党员队伍，使党员队伍成为企业改革和发展的先锋队，以此带动全体员工。

【公司领导班子成员名录】

李　涛　　总经理
王变林　　副总经理
韩小京　　总经济师
刘兰君　　副总经理

山西省煤炭资产经营有限责任公司

【概况】 山西省煤炭资产经营有限责任公司（以下简称“公司”）是山西省人民政府批准并授权经营的国有独资企业。公司成立于2003年7月，注册资本18100万元。公司主营业务是对1995年以来山西省煤炭工业厅（局）发放的山西省地方煤炭发展基金借贷款进行管理，行使债权人职能，负责贷款本息的清收，并结合国家产业政策和山西省产业结构调整导向，进行科学规范的资本运作，最大限度地盘活存量，优化增量，实现国有资产的保值增值。

【主要经济指标】 2010年，公司实现营业收入16808万元，比上年14919万元增长1889万元，增幅12.66%；2010年全年实现利润14964万元，比上年3876万元增长11088万元，增幅286.07%；2010年全年实现利税总额17902万元，比上年5420万元增长12482万元，增幅230.30%；2010年全年回收贷款本息28000万元，比上年37778万元减少9778万元；全年资产保值增值率达103.54%，比上半年提高1.46个百分点，全年净资产收益率为2.39%，比上年提高0.34个百分点；对外投资88318.67万元；资产总额达到265000万元。注册资本由原来的18100万元增加到168170.52万元。

【改革发展】

1.配合省煤炭资源整合及企业兼并重组，推进煤矿转让。2009年9月根据省政府煤矿重组政策的调整，公司推出煤矿整合主体资格。公司先后与山西兰花集团、晋煤集团等达成转让协议，将公司拥有的阳城、沁水、山阴、平陆等五个煤矿包，年产量近400万吨的控股权进行了转让。年内已经与兰花集团进行了阳城、沁水三个煤矿包的全面交接；山阴、平陆两个煤矿包整体转让给了晋煤集团的移交工作全部完成。矿业公司与晋煤集团共同组建了金明矿业有限责任公司，占注册资本的30%。公司的煤矿转让工作取得了阶段性成果。

2.多管齐下采取措施，抓好抓实收贷工作。建立并完善了以省公司为中心，以相关下属公司和协作单位为依托，分片包干，分类监管，覆盖全省的管理网络。继续加强与省煤焦领域反腐败工作组的联系，通过与纪检部门的相互联动，促使贷款企业积极偿还贷款。随着省政府煤炭资源整合及企业兼并重组工作的不断推进，公司的大部分贷款企业被兼并重组，公司继续把确权维权、延续债务主体作为收贷工作的重中之重；贷款单位的相关整合主体全部签订了债务确认协议书，有效地维护了债权人的合法权益和国有资产的安全。对还贷意识差，或蓄意逃债、抗债的企业予以立案起诉，全年新立案4户，加上往年立案企业累计164户，清户47户；法律诉讼回收贷款本息6758万元占收贷总额的58%。

3.拓展开发项目，推进企业转型发展。公司围绕转型发展的指导方针，先后考察调研了铁矿、铜矿项目，农产品加工项目，机械加工项目，房地产项目，LED研发与生产项目，股权交易项目等。房地产开发初具规模，已确立了大同智家堡城中村改造、大同428机车厂经济适用房建设、太原晋阳街北美金棕榈、龙泰财富中心等多个项目。国有资产公司成功注册为天津股权交易所的“做市商”，并获得“保荐机构”认证，获得广泛的社会影响，进一步了提升经济效益和社会效益。下属龙泰投资公司、煤炭资产公司在超额完成收贷任务的同时，在建材、工矿产品、煤炭营销、房地产、服务业等领域积极开拓市场，拓宽经营领域，为公司的多元化发展打下了基础。

【法人治理结构】公司依据《党政领导干部选拔任用工作条例》和《公司法》的规定，经民主推荐、组织考察、任前公示、集体研究等程序，先后选拔和聘用21名既有丰富实践工作经验，又有较高综合素质和工作能力的中青年优秀人才充实到下属公司领导岗位，进一步完善了法人治理结构，为公司转型发展奠定了基础。

【公司领导人员经营业绩考核体系与薪酬制度建设】按照省国资委与企业签订的任期经营业绩责任书，公司对各项指标逐一分解落实，并配合省国资委完成了业绩考核及财务审计，根据考核指标完成情况，及时对公司领导人员兑现并发放了年薪。同时，公司还严格执行工资总额控制管理，在分配上体现责、权、利相统一，贡献与报酬相一致的原则，初步建立起了适应市场经济，符合企业实际的薪酬管理体系。对条件成熟的各子公司领导人员进行经营业绩考核，签订了经营业绩责任书，根据考核指标完成情况，兑现并发放了年薪，极大地调动了各级管理人员的工作积极性。

【主要管理经验】

一是进一步深化内部管理，夯实企业发展基础。公司制定了《关于加强企业管理制度建设的安排意见》并成立了专门的工作机构，明确了职责和分工以及制度制定的期限，并聘请了专家对公司的编撰人员进行了专门培训。干部人事制度改革取得了新突破，公司进行了机构精简和本部全员竞聘上岗，重新调整和增加了部室职能；经过理论考试、竞聘演讲、现场民主评议等程序，13名综合素质优秀、群众公认的中青年干部脱颖而出，走上了公司的中层领导岗位，20名优秀员工找到了适合自我发展的工作平台。

二是监督检查工作取得新进步。公司审计监察部协同财务部和企业管理部，对公司1-3级共12个子公司、2个控股公司的2009年度和2010年上半年的财务状况、经营情况进行了全面的审计检查。审计引用了国际先进的风险导向审计理念，从检查分析企业的内部控制和决策程序入手，规范企业管理行为，并促使审计人员转化传统的督查工作理念为“服务帮助和促进”。

三是围绕安全目标要求，加强管理、监督和安全宣传工作。从“人、车、消防设施”等源头上抓落实，强化日常的检查整改工作，加大安全宣传，提供员工安全意识。定期对消防器材进行维护和保养，定期对车辆驾驶员进行安全培训和考试。通过一系列的工作落实，使安全工作取得了实效。

四是以创先争优和创建学习型党组织活动为契机，全面推动党建工作。公司党委年初成立后，公司在下属7个子公司建立基层党支部，召开了党员大会，选举和产生了支部委员会。2010年新发展党员2名，转正1名，递交入党申请书的积极分子60余名。各级党组织和党员群众积极组织和参与“创先争优”活动，通过成立机构、制订方案、发动宣传、创新载体、课题调研、培训学习等一系列举措，通过编写简报、制作大型展板、张贴宣传标语等方式，营造活动氛围，调动工作热情，提升了党员群众推动科学发展、促进社会和谐的思想认识。

五是精神文明建设与企业文化建设同步进行。公司组织员工学习《为自己工作》一书，进行了“创先争优、爱岗敬业、争做优秀员工”演讲比赛；10月组织员工参加了省国资委乒乓球赛；为青海玉树地震灾区、西南旱灾地区的同胞以及公司患病困难家属捐款；荣获了“文明和谐单位标兵”称号。

【公司领导班子成员名录】

郑福和　　党委书记、总经理
李廷国　　党委委员、副总经理
焦进喜　　党委委员、副总经理
刘占亮　　党委委员、副总经理

山西焦煤西山煤电（集团）有限责任公司

【概况】 山西焦煤西山煤电（集团）有限责任公司（简称“集团公司”）是山西焦煤集团的子公司，其前身为成立于1956年1月的西山矿务局。历经半个多世纪的艰苦奋斗，已经由一个传统的国营煤炭生产企业发展壮大为以煤为主、多业并举、综合发展，跨地区跨行业，产权多元、产业多元、产品多元的大型国有能源集团。公司拥有全国最大的燃用中煤坑口电厂，是全国最大的炼焦煤生产基地和国家首批循环经济试点单位。公司总部位于山西省太原市，距市中心11.5千米。

集团公司主要开采西山、河东、霍西三大煤田的煤炭资源，开采面积为789.03平方公里，资源总量92.6亿吨。煤种有焦煤、肥煤、1/3焦煤、气煤、瘦煤、贫瘦煤等，其中焦煤、肥煤为世界稀缺资源，被誉为世界瑰宝。煤炭产品主要有炼焦精煤、肥精煤、瘦精煤、喷吹煤、电精煤、筛混煤、焦炭等。

集团公司与宝钢、鞍钢、华能国际等多家知名企业建立了长期战略合作伙伴关系，产品畅销全国20多个省、市、自治区，并出口日本、韩国、德国、印度、巴西、西班牙、比利时等国家。

集团公司有22座生产矿井（含12座资源整合矿井）、10座选煤厂、3座发电厂、3个焦化厂，拥有1个A股上市公司（山西西山煤电股份有限公司）和13个控股公司，169个子公司。“西山煤电”股票自2000年上市以来，连续9年跻身中国股市100强，始终保持大型蓝筹、绩优股的良好形象。

“十一五”时期，集团公司全面贯彻落实科学发展观，积极推进产业产品结构调整，加大煤炭资源整合力度，不断提高经济运行质量，努力推进和谐西山建设。累计生产原煤18334.51万吨、精煤7669.6万吨、焦炭707.14万吨，发电量完成240.32亿千瓦时，实现利润113亿元，职工收入保持每年23.62%的增长速度，全面完成了五年规划目标任务。

【主要指标】 原煤产量达到4606万吨，同比增加1095.5万吨，增幅31.2%；精煤产量达到1808万吨，同比增加370.6万吨，增幅25.8%；掘进总进尺完成30.4万米，同比增加6.4万米，增幅26.9%；开拓进尺完成3.88万米，同比增加1.67万米，增幅75.1%；瓦斯抽采进尺完成200.7万米，同比增加60.59万米，增幅43.3%；瓦斯抽采量完成16992万立方米，同比增加6648万立方米，增幅64.3%；焦炭产量完成360万吨，同比增加285.8万吨，增幅384.9%；水泥产量完成53万吨，同比增加7万吨，增幅15.3%；发电量：完成47.6亿度，同比持平；实现销售收入330亿元，同比增加128亿元，增幅63.3%；实现利润35.2亿元，同比增加4.1亿元，增幅13.87%；在岗职工人均收入为69988元，同比增加13097元，增幅23%；安全方面消灭了3人以上和二级以上非伤亡事故，煤炭生产百万吨死亡率为0.086。截至2010年底，企业资产总额达到522亿元，国有资产保值增值率120.04%，同比提高8.65个百分点。

【煤炭生产】 按照“本部稳产、斜沟矿达产、整合矿井补产、选煤厂开足马力生产”的生产工作思路，集团领导联点包片，机关处室现场蹲点各矿，科学组织生产，协调解决难题，克服地质构造复杂、搬家倒面频繁、铁路运力制约、节能拉闸限电等不利影响，确保了正常生产。原煤产量突破4000万吨，实现历史上第4次千万吨跨越。

本部矿井同步推进瓦斯治理、衔接调整、原煤生产，实现了安全稳产高产。斜沟矿率先建成山西焦煤第一个千万吨级工作面，实现年单井产量1240万吨，为西山原煤产量成功跨越作出了积极贡献。整合煤矿稳中推进，加快复工复产步伐，有效补产增量，德威公司年产原煤280.08万吨，整合煤矿成效初步显现。

加强安全高校矿井建设。优化矿井和采区设计，合理集中生产。坚持多措并举，因地制宜，实现生产全过程的瓦斯抽采，6个高瓦斯矿井抽采实现达标。

推广应用新技术、新工艺、新装备，促进煤炭生产升级。继续强化采掘重点队建设，达百万吨创水平的采煤队有18个，开掘队18个队组达创水平指标；斜沟矿两个综掘对达万米综掘队水平。

大力实施“精煤战略”，积极推进优质高效选煤厂建设。推广运用12台快开压滤机，有效提高精煤回收率。通过内调外购原煤，充分发挥洗选能力。适时调整产品结构，内保太选调入洗，外争斜沟万吨列，实现了产销两旺。全年入洗原煤3176.49万吨（不含整合煤矿），精煤产率完成55.37%，综合产率完成77.16%介耗实际完成2.32千克/吨。

2010年，集团公司原煤、精煤产量双创新高，有力支撑了山西焦煤“双亿”跨越目标的实现。

【安全管理】 贯彻落实国家和山西焦煤安全生产工作的一系列决策部署，牢固树立“安全为天比天大”的理念，明确提出“立足于防范重特大事故，着眼预防零敲碎打事故”的安全工作思路。深刻吸取屯兰矿“2·22”事故教训，提理念、转观念、强管理、改方法、上装备、抓队伍、建机制、编规划，全方位治理瓦斯，下大决心、下大力气、下大本钱，全面打响以“瓦斯攻坚”为重点的安全综合整治战役。

全年安全投入21.9亿元，8项“一通三防”安全重点工程如期竣工，屯兰矿事故六项整治措施圆满完成，瓦斯抽采玻璃钢管全部更换完毕，无煤安标志电气设备更换2778台，消除重大A级隐患77条，10个“两进一回”工作面全部取消，各矿井局部通风机双专供、双切换改造全部完成，全面更新使用隔离式自救器，6个高瓦斯矿井提前实现抽采达标。所有矿井全部建立防灭火束管监测系统，使防灭火工作有备无患。矿井安全避险“六大系统”前期工作全面铺开，三年实现达标验收。

深入开展“安全生产大反思、大讨论”活动，开展安全质量标准化达标竞赛活动，启动领导干部带班下井、“手指口述”、班组长素质准入、应急救援演练“四个按钮”，安全管理水平明显提升。井下地面齐抓共管，实施安全立体防卫，高温高压、有毒有害、易燃易爆、交通运输、基本建设、森林防火、矿区消防等安全工作得到强化，有效杜绝了零星冷门事故。从严管理，严格执行安全红线、安全问责“双30条”规定，全年问责处级干部24人、科级干部30人，各级安全责任制得到有效落实。

2010年，煤炭生产百万吨死亡率0.086，低于全国及山西省水平；轻伤事故同比下降40%。

【经营管理】 围绕主业增盈、焦炭电力行业减亏、辅业脱困3个重点，以推行全面预算管理为主线，以实施精细化管理为手段，以成本控制为核心，以煤价上扬为契机，以减亏增效为目标，全面对标，按月分析，严格考核，奖惩兑现，各项经济指标再创新高。

适应市场变化，优化产品结构，合理调配电精煤、喷吹煤和瘦精煤产量，全年商品煤综合售价同比提高104.8元/吨，煤炭收入同比增加55.6亿元，增幅达34.8%。针对焦炭、电力行业性亏损的严峻形势，研究制定扭亏脱困措施，适时对五麟公司、西山热电进行增资，确保正常的生产运营，实现减亏目标。多种经营系统挖潜增效，实现收入30亿元和利润2000万元“双突破”。抢抓新的经济增长点，西山中煤机械、多经杰森管材等新产业快速成长，提升了非煤经济的盈利能力。

用足用好国家技术创新、棚户区改造、节能减排等扶持政策，减免税收8464万元，争取资金2.8亿元。福利企业减免税收796万元。实施避峰用电，节约电费1520万元。加大审计监察力度，全年开展审计68项，完成效能监察42项，提升了管理效能。通过有效经营管控，全年集团公司完成销售收入330亿元，实现利润35亿元，均创历史新高。

【重点工程】 2010年，重点工程项目完成投资42.3亿元。斜沟矿建成试生产，年产量突破千万吨大关。古交电厂二期两台机组点火启动，并网发电。东曲矿至古交发电厂运煤通道地面工程实现当年开工、当年竣工。屯兰矿地面瓦斯抽采系统三期工程、西铭矿刘巴足风井等一批安措工程竣工投运。西山煤气化古交城市气源替代60万吨焦炉建成投产。官地选煤厂储煤场改造工程按期竣工。杜儿坪瓦斯发电二期工程并网发电，屯兰瓦斯发电一期工程通过验收。

为加快政重点工程建设，增强企业发展后劲。集团公司成立重大备选项目审批工作推进领导组，着力推进事关企业“十二五”发展的15项重点项目报批工作。截至2010年底，斜沟矿1500万吨/年项目路条已批复，核准审批快速推进。临县吕家岭600万吨、交城郑家庄300万吨煤矿项目取得资源划界批文，并着手开工前期准备。古交电厂三期项目初可研通过山西省发改委评审，用地、环保等审批工作全面开展。太原西山国家矿山公园项目获国土资源部正式批准。

【资源整合】 吕梁整合区域快速推进整体工作。深刻吸取晟聚煤业“1·19”透水事故教训，建立健全安全生产管理制度，治理重大隐患。努力复工复产，所属4个矿质量标准化建设达到省二级标准。技术改造项目全面开工，全年完成技改资金15428万元。做好办证工作，加强经营管理，完善过程控制，积极探索新公司运行模式。强化自主队伍建设，井下职工全部签订劳动合同。

临汾整合区域攻克难关，明确“3355”工作思路，重点解决资产评估、储量核实、矿井关闭等“卡脖子”问题，接管确认、资产移交、矿井关闭等各项工作都取得了积极进展。加强安全生产管理，组织开展4次观摩现场会，推行准军事化管理，不断提高安全质量标准化水平建设水平。

义城煤业务公司在做好证照办理工作的同时，结合实际建立健全管理制度，加强生产技术管理，开展隐患排查与治理，不断推进标准化建设水平。

2010年，集团公司整合的3个区域12个板块31座煤矿，协议签订率100%、移交确认率100%、接管到位率100%、资金补偿率100%，19座矿井已按政府要求全部关闭，资源整合任务如期完成。所有矿井改扩建涉及的地质、初设、安全、环评等报告，全部编制完成并上报评审，技改工作全面展开。

【非煤产业】 大力实施新产业跟进战略，现有项目优化升级，新项目健康发展，非煤产业全年实现收入114.7亿元，同比增加72.4亿元，增幅171.3%，实现三分天下有其一。

多经板块。按照“同业入园、专业集群、产业集聚”的原则，合并同类厂点，将91个厂点整合为61个，提高了产业简直度和经济效益。杰森公司矿用聚乙烯瓦斯抽放管材三期项目顺利投产，可生产19种不同规格的管材产品，全年销售管材14.4万米，彻底弥补历年亏损，实现盈利1500余万元。西铭多经型煤厂通过改扩建，产能达到20万吨以上，成为太原市获得经营资质的十大型煤厂之一。

机修制造。机电总厂加大新产品开发力度，不断增强自主研发能力，促进核心产品体系的形成。西山中煤公司成功研制出全液压掘进机超前支护装置，解决了安全挡手难题。同时外拓市场，内抓管理，实现当年创利600余万元。

商贸服务。西山大厦荣升四星级酒店，成为集团公司对外展示形象的一张亮丽名片。西山酒店拓宽营销思路，推行“精细化”管理，积极增加收入。捷明经贸公司通过股权转让、增资扩股，改制成为西山贸易公司，经营资质和范围进一步提升扩大。

建筑建材。三大建筑企业内保重点工程完成，外拓社会市场占领，全年完成产值29.4亿元，同比增长44%。西山水泥厂选定搬迁地址，前期工作全面铺开。坚持走循环经济之路，粉煤灰、煤矸石综合利用取得新进展，为企业转型跨越提供了有力支撑。

【职工生活】 2010年，集团公司为职工群众所办的“十件好事”按期完成，矿区民生得到进一步改善。

加强矿区基础设施建设。葡萄园小区、401小区、402小区、西华苑高层小区竣工移交，解决了5862户家庭的住房问题。职工医院矿山急救中心正式启用，医疗条件得到改善，解决了职工看病难的问题。河涝湾公园改造工程竣工开园，为职工群众增添了一处休闲娱乐的场地。投入资金8555万元，对矿区水、电、气、暖等设施进行有序改造，改善了职工的生活条件。全面启动虎峪河南岸道路改造拆迁工作，接通西大街，有效缓解矿区交通压力。成立旧区改造指挥部，拉开旧区改造大幕。标准化小区达到31个，矿区绿化覆盖率达到25.4%。

提高职工群众生活水平。调整提高职工岗位工资基值及年龄工资标准，在岗职工年人均收入增长20%以上。职工医疗保险大病险最高支付限额提高到18万元，企业补充部分提高到10万元，提高了患病职工医疗保障水平。全年企业为职工缴纳住房公积金3.7亿元，缴纳养老、工伤、失业、企业年金等各项保险金12.9亿元。开展星级帮扶中心创建工作，引深“一助一、献爱心”活动，充分发挥十大救助金作用，全年发放救济金、慰问款1781.8万元，为生活困难职工渡难关提供了有力保障。

【党的建设】 2010年9月28日，集团公司召开第八次党代会，全面总结过去四年工作，确定今后五年工作的指导思想，提出“十二五”时期奋斗目标，描绘出全面打造安全、富足、宜居、幸福新西山的宏伟蓝图。

2010年，集团公司以第八次党代会召开为契机，全面加强党的建设。启动“创先争优”暨创建学习型党组织活动，提升了基层党组织的凝聚力和战斗力，政治核心作用和战斗堡垒作用得到有效发挥。广大党员立足岗位，敬业奉献，在各条战线上发挥了先锋模范作用。大力弘扬“紧严细实廉”的优良作风，严格执行党风廉政建设各项规定，领导干部廉洁从政，矿区社会风清气正。以“安全、重组、转型、翻番”和“以思想大解放，推动西山大发展”为主题的大讨论活动，促进了干部职工的思想大解放、作风大转变、视野大开阔。企业先进文化引领，文明和谐建设扎实推进，为2010年各项工作的有力推进提供了强大的政治动力。

2010年，集团公司改革发展事业取得丰硕成果，先后获得“中华环境友好企业”、“全国企业文化建设百家重诚信单位”、“全国绿化模范单位”等荣誉，瓦斯发电项目获联合国减排奖励。西山煤电股份公司先后获得“2010中国上市公司最佳董事会”、“2010中国最佳诚信经营、最具投资价值上市公司100强”等荣誉，企业呈现出蓬勃向上、风清气正的良好局面。

【公司领导班子成员名录】

金智新　董事长、党委书记（2010年7月任）
武华太　董事长、党委书记（2010年7月调离）
薛道成　副董事长、党委常委、总经理

徐俊明　党委副书记、纪委书记
（2010年1月12日任党委常务副书记）
刘志安　董事、党委副书记、工会主席
王玉宝　董事、党委常委、副总经理
胡文强　董事、党委常委
邢崇荣　董事、总会计师
（2010年9月任党委常委）
薛占儒　副总经理
刘成效　副总经理
王成师　副总经理
郭文斌　副总经理
廖拴柱　副总经理
达善荣　副总经理
侯水云　总工程师
郭福忠　副总经理、安监局局长
（2010年9月任党委常委）
王永信　纪委书记、党委常委
（2010年1月12日提任）
王晶莹　总法律顾问

山西焦煤霍州煤电集团有限责任公司

【公司简介】　霍州煤电集团有限责任公司(以下简称“霍州煤电”)前身霍县矿务局始建于1958年，2000年改制为霍州煤电集团有限责任公司,2001年加入山西焦煤集团有限责任公司并成为其子公司。

霍州煤电位于晋中、晋北煤炭基地内，主要开采的煤田有霍西煤田、沁水煤田、河东煤田、宁武煤田，矿区分布在临汾、吕梁、忻州、长治和运城5市所辖10个县（市、区），目前拥有矿权的总面积718.5平方公里，地质储量54.86亿吨，主要赋存有肥煤、1/3焦煤、焦煤和贫瘦煤等煤种，主导产品为冶炼精煤、电煤、焦炭共20多个品种级别，享有“冶金工业细粮”之美称，市场覆盖国内20个省（市），并出口韩国、印度、日本等国家。

霍州煤电下辖分公司及全资子公司11个，控股子公司15个，参股公司6个，资产总额222亿元，员工4万人。2001年被国家工商总局列为首批“守合同重信用企业”，2003年获“全国五一劳动奖状”。

霍州煤电是一个以煤为主，多业并举，煤—电—材、煤—焦—化两条主产业链综合发展的大型企业。

煤炭产业现有11座生产矿井，煤炭产能2240万吨/年；6座洗煤厂，入洗能力1680万吨/年。兼并重组整合矿井24座，产能1995万吨/年。

非煤产业由电力、焦化、机制、建筑建材、多种经营五个板块组成。现有3座坑口电厂，装机容量170MW。控股1座焦化厂，设计年产焦炭60万吨；控股1座柠檬酸厂，年产能4万吨；参股建设一座化肥厂，设计年产合成氨18万吨、尿素30万吨、甲醇2万吨。机械修造产值2亿元/年。建筑产值4亿元/年；水泥产能30万吨/年；粉煤灰制品年可生产6000万块标砖和15万m^3混凝土砌块。多经综合销售收入15亿元/年。

【主要经济指标】　工业总产值（现行价）：实际123.13亿元，比上年同期95.46亿元增加30.67亿元，增长32.13%。原煤产量：实际2162万吨，比上年同期2016万吨增加146

万吨，增长7.2%；比焦煤考核计划2160万吨增加2万吨，完成计划的100.09%。其中：原煤成本产量2047万吨。精煤产量：实际838万吨，比上年同期771万吨增加67万吨，增长8.69%；比焦煤考核计划861万吨减少23万吨，完成计划的97.33%（主要是资源整合矿井未完成精煤计划产量）。掘进进尺：实际21.14万米，比上年同期16.65万米增加4.49万米；比焦煤考核计划21万米增加0.14万米，完成计划的100.67%。煤炭总运量：实际1549万吨，比上年同期1421万吨增加128万吨，增长9%；比焦煤考核计划1751万吨减少202万吨，完成计划的88.46%，主要原因是资源整合单位未完成精煤产量计划。商品煤销售量：实际1569.26万吨，比上年同期1455.6万吨增加113.66万吨，增长7.81%；比焦煤考核计划1751万吨减少181.74万吨，完成计划的89.62%。发电量：实际8.53亿度（其中：中煤电厂3.20亿度，方山电厂5.33亿度），比上年同期8.84亿度减少0.31亿度，降幅3.5%；比焦煤考核计划7.7亿度增加0.83亿度，完成计划的110.78%。焦炭产量：实际45.23万吨，比上年同期48.16万吨减少2.93万吨，降幅6.08%；比焦煤考核计划60万吨减少14.77万吨，完成计划的75.38%。商品煤综合售价：实际740.09元/吨，比上年同期602.61元/吨升高137.48元/吨。原煤售价388.51元/吨，比上年同期304.61元/吨升高83.9元/吨，其中：铁路售价285.01元/吨，比同期255.37元/吨升高29.64元/吨；公路售价397.41元/吨，比同期311.21元/吨升高86.2元/吨。洗精煤售价1103.8元/吨，比上年同期885.55元/吨升高218.25元/吨，其中：铁路售价1135.2元/吨，比同期885.92元/吨升高249.28元/吨；公路售价998.89元/吨，比同期883.29元/吨升高115.6元/吨。洗煤副产品综合售价241.53元/吨，比上年同期206.68元/吨升高34.85元/吨，其中：铁路售价274.53元/吨，比同期236.86元/吨升高37.67元/吨；公路售价205.83元/吨，比同期156.77元/吨升高49.06元/吨。销售收入：实际129.40亿元，比上年同期101.96亿元增加27.44亿元，增幅26.91%；比计划124亿增加5.40亿，完成计划的104.35%。利润总额：实际7.37亿元，比上年同期6.48亿元增加0.89亿元，增长13.73%；比焦煤考核计划6亿元多实现1.37亿元。上交税费：实际28.42亿元，比上年同期22.31亿元增加6.11亿元，增长27.39%。原煤全员工效：实际5.3吨/工，比上年同期5.1吨/工升高0.2吨/工；比计划5.05吨/工升高0.25吨/工。资本保值增值率：实际119.93%，比上年同期109%提高10.93个百分点；比焦煤考核计划111.23%提高8.7个百分点。

2010年主要经济指标完成情况表

单位：万吨/万元

项　目	上年同期	本年实际	增减（+、-）
原煤产量	2016	2162	146
精煤产量	771	838	67
煤炭销售收入	87.71	116.09	28.38
非煤产品销售收入	14.24	13.30	-0.94
利润总额	6.48	7.37	0.89
净资产收益率	6.52	17.46	10.94
总资产报酬率	4.76	11.21	6.45
成本费用利润率	6.99	18.46	11.47
总资产周转率	0.58	0.62	0.04
流动资产周转率	1.33	1.41	0.08
资本保值增值率	109.76	119	9.24

【经营业绩与财务分析】 利润总额为7.37亿元，比上年同期6.48亿元增加0.89亿元，主要因素：

1.商品煤价格升高增利22.78亿元，其中：精煤价格升高218.25元/吨，增利18.39亿元；原煤价格升高83.96元/吨，增利3.17亿元；混煤价格升高34.85元/吨，增利1.22亿元。

2.商品煤销量增加增利5.6亿元，其中：精煤增加39.89万吨，增利3.53亿元；原煤增加57.85万吨，增利1.76亿元；混煤增加15.91万吨，增利0.31亿元。

3.非煤业务收入同比增长0.9亿元，影响增利0.9亿元。

4.销售成本升高影响减利19.27亿元。其中：原煤单位销售成本同比升高134.29元/吨，减利4.3亿元；精煤单位销售成本同比升高203.24元/吨，减利16.32亿元；副产品单位销售成本同比降低140.93元/吨，增利4.69亿元。

5.销售税金及附加2.52亿元，比上年同期2亿元，增加5200万元，影响减利5200万元。

6.管理及财务费用23.00亿元，比上年同期16.19亿元，增加6.81亿元，影响减利6.81亿元。

7.销售费用本年支出3.65亿元，比上年同期4.55亿元，减少9020.93万元，影响增利9020.93万元。

8.资产减值损失12657.86万元，比上年同期-26.45万元，增加12684.31万元，影响减利12684.31万元。

9.投资收益本年5.31万元，比上年同期8.14万元减少2.83万元，影响减利2.83万元。

10.营业外支出净额-96.56万元，比上年同期7779.1万元减少7875.66万元，增利7875.66万元。

资产负债、所有者权益变动情况：截至2010年12月31日资产总额222.23亿元，比年初190.08亿元增加32.15亿元，增幅16.91%。其中：流动资产108.83亿元，比年初增加26.24亿元。固定资产净额73.31亿元，比年初70.62亿元净增加2.69亿元。在建工程总额20.50亿元，比年初17.79亿元增加2.71亿元。

负债总额129.26亿元，比年初112.65亿元增加16.61亿元，增幅14.74%。其中：流动负债比年初减少1.80亿元，长期负债净增加18.42亿元，专项应付款净增加1.37亿元。

所有者权益92.97亿元，比年初77.44亿元增加15.53亿元，增幅20.05%。其中：盈余公积年末2.99亿元，比年初增加1.52亿元，未分配利润年末13.07亿元，比年初增加4.36亿元，专项储备年末35.54亿元，比年初增加7.56亿元。

【改革发展】

一是结合公司生产经营管理需要，对原有体制机制进行改革创新。在2010年2月、4月和5月分别推进拟定了《霍州煤电集团公司后勤体制机制改革方案（讨论稿）》、《霍州煤电集团公司物流贸易改制方案（讨论稿）》、《霍州煤电集团公司新兴产业发展公司改制方案（讨论稿）》，后经董事会审核通过实施。

二是充分发挥企业管理政策研究“转化、引导、管理”三大职能。2010年3月底完成了针对洪洞县四大类9项行政事业性收费和霍宝干河煤炭出境费的摸底调研，收集整理了集团公司历年现行有关税费缴纳的国家政策法规汇编成册。

三是完成八大重点课题调查研究出具报告。2010年4月拟定重大课题研究制度并将八个重点研究课题进行分解落实，建立完善了各课题目标责任和考核工作体系；2010年9月各课题组开始陆续报回各课题研究成果，经汇总整理考核后编印成册，2010年10月参加山西焦煤霍州煤电集团政策应用座谈会，集团公司作了发挥政策效益，促进转型跨越，为建设亿吨级现代型国际化能源化工大集团提供政策保证典型发言。

四是精心做好政研服务引领工作。2010年4月底完成集团公司2009年度管理创新项目申报、评选及创新奖项目表彰通报及兑现工作。

【国有资产保值增值】 归属于母公司所有者权益年末85.77亿元，比年初72.32亿元增加13.45亿元。其中：专项储备增加7.56亿元，盈余公积增加1.52亿元，未分配利润增加4.36亿元。国有资本保值增值率计划100%，实际119%，比计划增加19个百分点，比上年同期109.76%，增加9.24个百分点。

【重大项目进展】

1.干河矿井。位于临汾市洪洞县，井田面积35.5599㎞²，地质储量3.13亿吨，服务年限58.3年，是国家原能源部能源计（1990）1153号文下达批复的团柏矿井接替区，设计生产能力210万吨/年，是山西省人民政府2006年上海商会签约项目，也是山西省“十一五”重点项目之一。该项目于2004年6月开工建设，2010年3月竣工并通过验收，完成投资总额11.79亿元。

2.庞庞塔矿井。位于吕梁市临县城庄，资源面积98.54KM²，地质储量20.77亿吨，设计矿井规模1000万吨，服务年限70.3年，配套1000万吨选煤厂和2X100MW电厂，项目总投资59亿元（不含电厂），项目建成后年可实现销售收入43.3亿元。建设安排矿井一期300万吨/年已形成生产能力，二期700万吨/年，矿井于2008年9月30日举行开工奠基，2009年5月1日正式破土动工，2010年年底井筒工程完成55%（其中主斜井设计长度1415米，已完成527米，1#副立井设计长度1002米，已完成650米，2#副立井设计长度934米，已完成452米，回风立井设计深度248米，已完成185米），地面临时供电系统形成，单身楼、食堂、联合建筑主体完工，计划于2013年建成投产。矿井项目关于开展前期工作的批复已取得。选煤厂计划2011年开工，2013年建成，电厂与京能合作建设同期建成投产。

3.什林矿井。位于山西省霍州市，建设规模90万吨/年，采用两平一斜混合开拓方式，2010年10月开工，概算总投资2.0亿元，2010年底完成投资10705万元。

4.新乐矿井。位于山西省蒲县，建设规模45万吨/年，采用两斜一立混合开拓方式，2010年10月开工，概算总投资2.0亿元，2010年底完成投资11182万元。

【主辅分离辅业改制】 企业办社会机构包括教育、人防、市政、社区、社保、公共卫生、消防、企业自办后勤服务机构八个部分，主要涉及总院、房地产公司、社保公司、林业处、后勤管理中心、水电热力公司、职工培训中心（技校）、应急救援中心（消防）、宣传部（电视台）、养路工区、通讯公司（网络）等单位。截至2009年年末分离办社会总资产4.06亿元，总净资产2.35亿元。年末总在职人员4503人，平均工资3.46万元。退休人员302人，其中：离休9人，退休293人。离退休统外补助1940.38万元，其中离休补助47.58万元，退休1892.8万元。所有机构年收入总额3.75亿元，其中机构收入1651.92万元，企业为机构当年补助额3.58亿元。所有机构年支出总额3.75亿元，其中：人员经费支出1.75亿元，公用经费支出1.44亿元。

2010年，除集团公司本部后勤系统未垂管分离、未托管之外，已经将应急救援中心、职教中心、水电中心、通讯中心、大客车队、总医院（含计生）其余分离办社会单位（系统）全部实现了独立法人或内部单独分离核算，以及多经托管。

【主要经验做法】

1.加强安全制度建设。配套完善了17项一通三防、8项矿井防治水、7项采掘技术标准和操作规范等，建设具有系统性、科学性、实践性和可操作性的安全管理责任、制度、标准体系。

加强重大灾害预防。全年投入安全费用12.3亿元，完成工程项目1152项，重点进行了以瓦斯、煤尘、水、火、供电为重点的重大隐患治理，矿井杜绝了“一通三防”、防治水、安全供电、小煤窑等方面重大事故。

加强员工队伍建设。从干部《下井信息表》评比切入，严格执行煤矿领导带班下井规定，建立领导干部一人一册下井（下现场）管理档案，转变了各级干部工作作风；从井下到地面，以“半月行动”为起点，以规范员工操作行为为目的，大力开展员工“岗位描述、手指口述”安全确认工作法；推行班组长素质准入工程，以“远学白国周、近学杨晓敏、当好班组长、带出好班组”为主题，开展“五个一”工程和“安全管理、以人为本”活动，涌现出“全国优秀班组”辛置矿采一队二小队杨晓敏班组、“全国劳动模范”辛置矿综采一队队长胡红华等一批先进典型。

加强示范工程建设。4个专业化示范矿井通过山西焦煤验收，5个国家级安全质量标准化煤矿通过省厅验收，其余矿井全部达到一级安全质量标准化。

加强地面安全管理。健全了以高温高压、有毒有害、易燃易爆等为重点的地面重大危险源管理，加强对火药库、油脂库、矸石山、制气站、交通运输、食品卫生等重点单位、行业和关键区域、岗位重点监管，各单位实现了环境整洁干净、现场动态达标、职工操作规范、设备运行稳定、设施齐全可靠、防范措施有效、预案落实到位。

加强应急体系建设。形成以应急救援中心为主体、边远矿区应急救援中队、资源整合矿井辅助救援小队相结合的应急救援网络；加强井下创伤急救工作，所有生产矿井健全完善三级创伤体系，8个资源整合矿井与地方医院签署三级急救机构协议。

2.新建、续建项目方面。干河210万吨矿井通过省厅竣工验收，由基建矿井正式转入生产矿井；庞庞塔矿井累计完成投资5.2亿元。2010年12月9日取得了国家能源局开展前期工作的批复。中峪矿井、谭坪矿井完成科研编制、资源手续办理，矿区总体规划、区域环评上报国家能源局。完成了庞庞塔矿300万吨、木瓜矿扩区采矿证办理，回坡底扩区资源办理得到国土资源部批准，三项累计扩充资源面积53.3平方公里、资源储量3.8亿吨。

新产业方面。霍源通新产业公司与北京圆之翰洗煤工程技术有限公司合作成立山西晋源沃德选煤设备制造有限公司，与中国八达电器有限公司合作成立霍州煤电集团亿能电气有限公司，与霍州市政府合作开发旅游项目，已达成框架协议，七里峪旅游公路修建工程已开工。

整合重组方面。霍州煤电资源整合工作共涉及4市8县，整合69座地方煤矿为24个板块，资源面积201.8平方公里，资源量18.6亿吨，规划产能1785万吨/年。集团公司成立资源整合工作组，从并购、复工复产复建、法人治理结构三个方面入手，基本完成了“资源整合攻坚年”各项工作：协议签订率、矿井接管率、资金补偿率、应关闭矿井关闭率达到100%；地质报告批复18座，初步设计批复9座，安全专篇3座，开工报告2座；复工复产复建有选择推进，4座矿井边生产边技改，7座矿井复建，9座复工。

3. 抓主业，煤炭生产实现新水平。全年集团公司开拓、准备、回采三个煤量分别达到20806.09万吨、13621.72万吨、1864.88万吨，可采期为10.3年、80.92月和12.31月，“三量”关系明显改善；投入采煤机等设备1027台（套），生产矿井回采工作面全部实现综采，综掘程度达83%，综合单产、综合单进、回采工效、掘进工效分别同比提高8.5%、1.9%、7%、3.5%，生产效率明显增长；6座矿井实现“一井一面”生产，4座矿井实现“一区一面”生产，7座矿井达到安全高效矿井目标，“一井一面”和“两型三化”矿井建设明显推进。原煤产量完成2162万吨，同比增幅7.24%。

全年内调入洗原煤550万吨，同比增幅36.1%；全年原煤入洗率82%，同比提高1.8%。着手实施辛置、李雅庄、方山选煤厂浮选机、压滤机和浓缩机改造，白龙矿选煤厂113煤场扩容改造，三交河选煤厂煤泥分选工艺改造，三交河、回坡底选煤厂管状排矸皮带改造等，提高了选煤生产整体效率。精煤产量完成838.2万吨，同比增幅8.71%。

4. 抓内涵，企业运行质量得到新提高。一是组织管控能力逐步增强。坚持“统一领导、集体决策、分工负责、分级管理”的基本思路，完善“三会”运行规则，改进集团管控，对分公司、控股子公司、参股公司实行分类管理，集团公司、二级子公司全部召开“三会”，资源整合矿井召开出资人会议，规范理顺了公司法人治理结构。

二是“专业化+区域性公司”管理体制日趋完善。按照减少层级、集约高效和扁平化原则，调整组织架构，逐步形成集团公司、各独立安全生产经营单元“二元”管理结构，矿井只做采掘，其余由公司（集团公司、区域公司、新产业公司）来做。探索并实践了“晋北模式”，矿井只负责直接安全生产，生产辅助、生活服务全部集中在工业园区；组建霍源通新产业投资有限公司，使原有的多种经营管理局逐步从管理性公司过渡到了实业性公司；整合机修制造资源，机电总厂完全自主生产出综采液压支架，实现了由机械修造到制造的历史性转变；整合矿建安装、住宅小区建设和物业管理，统一由云厦公司专业化管理、专业化运营。

三是内部市场化改革稳妥推进。制定内部市场化管理运行方案，完善定额、价格、结算、调控和考核评价五大体系，将集团公司各层级之间以市场与用户的关系加以链接，构建内部市场化管理体系，规范内部经济运行秩序。销售收入完成129.42亿元，同比增幅26.93%；利润完成8.2亿元，同比增幅24.43%。

四是绩效管控能力逐步强化。完善企业经营业绩考核评价办法，实行单位主要经济指标与绩效工资挂钩，班子成员综合绩效评价与薪酬任职评价和问责制度挂钩，加强经营管理过程考核和督导，强化考核评价的导向性、科学性和可操作性，以绩效考核促进绩效管控。

五是风险管控能力得到加强。充分发挥法律事务约束和审计监督作用，严把合同审核关，完成各类经济合同审查签订1376份，完成内部审计11项，企业风险防范能力得到增强。

六是关井破产工作成效明显。白龙、曹村两矿政策性关闭破产中央财政补贴资金8.5亿元，已下拨至山西省财政厅。

5.抓人本，民生改善提上新高度。提高职工工资水平。全年在岗职工工资人均达到67866元，同比增加14387元，增幅26.9%。

实施“居者有其屋“工程。2010年开工建设住宅楼91.87万平方米，栋数85栋，户数10230户，其中：竣工38栋，竣工面积19.54万平方米，户数2192户。

实施“劳者有其工”工程。全公司招收、安置员工子女2434人。

实施“才者有其用”工程。搭建三条线人才工作平台，组织煤炭专业人员、科级以上管理人员学历、各类专业技术人员及特殊工种培训7200余人次；组织职工技能鉴定3016人，40个工种万余人参加技能比武，评选出41名技术状元、40名技术标兵、90名优秀选手；吸引8所煤炭高校17名专家挂职锻炼，成立工程技术人员协会，举办“现代采矿技术论坛”，为解决企业安全发展难题提供技术支撑。

加大矿区环境治理力度。投用南矿区菜市场、食品广场，从根本上解决了脏、乱、差、交通堵塞等现象，投资约7600万元建成了8个文明和谐小区，投资约4013万元完成了矿区“三供”改造工程，打造了宜人、宜居、宜工作的环境。新建、改建了19处文化体育场所，为职工创造了更好的文化生活环境。

完善劳动保护工程。各生产矿井均建成了高标准洗衣房，实现了职工干净工衣下井；组织2270人进行职工疗（休）养，10500人进行职业健康体检，对所有在岗女职工进行了妇科体检、特病医疗保险；辛置矿、团柏矿、白龙矿、李雅庄矿、三交河矿、回坡底矿等单位采掘区队推行“四六制”作业；各矿井加快辅助运输系统改造，为和谐劳动关系建设创造了条件，推动企业又好又快发展。

6.抓示范，党建和企业文化建设开创新局面。集团公司各级党组织和广大共产党员围绕中心，服务大局，不断开创党建工作新局面。着眼于激发活力，突出狠抓了学习型党组织建设、创先争优和“争树增提”竞赛三项活动。大力加强两级领导班子和干部队伍建设，编制“十二五”人才规划，实施煤矿高层专业人才实践工程，各级干部政治业务素质得到有效提升。制定了“霍州煤电优秀传统文化提炼”实施方案，系统加强企业文化建设。以“山西焦煤廉洁文化示范工程”为契机，全面加强“教育、制度、监督”并重的惩防体系建设。以“311”党建目标和“146”党建工程为抓手，各级党组织扎实开展的“党务政工示范工程建设”活动已成为企业党建工作推动安全生产和重点工作的得力抓手和有效平台。

山西焦化集团有限公司

【公司概况】 山西焦化集团有限公司（以下简称“公司”）是一家集炼焦生产、煤焦油及粗苯加工、化肥、甲醇、精细化工、电子科技、化工设计、建筑安装、物流贸易、对外参股等为一体的煤炭综合利用企业,是国务院确定的520户国家重点企业、全国首批82家循环经济试点企业和山西省工业转型发展百强潜力企业之一，是山西焦煤集团的子公司。

公司筹建于1969年，现有职工8600余人，占地面积325公顷，总资产81.54亿元，主要生产装置38套，年产焦炭360万吨、尿素13万吨、硫酸铵2.5万吨、甲醇20万吨、炭黑8万吨，加工煤焦油30万吨/年，加工粗苯10万吨/年，生产51种产品。公司下设7个子分公司，其中，山西焦化股份有限公司为全国焦化行业第一家上市公司。

多年来，公司认真贯彻落实科学发展观，坚持“以人为本、安全发展、和谐发展、转型跨越”的工作思路，持续强化基础管理，超前谋划抢抓机遇，优化资源配置、发挥装置效率、发展循环经济、促进产业转型，累计投资45亿元，建成了90万吨/年焦炉易地改造、150万吨/年焦炉扩建一期和二期、30万吨/年煤焦油加工、20万吨/年甲醇、10万吨/年粗苯精制、8万吨/年炭黑等重点工程项目，形成了生产装置先进、产品结构合理、发展基础扎实的产业规模，在全省乃至全国焦化行业处于领先地位，为打造新型煤化工基地奠定了坚实基础。先后获得“全国‘五一’劳动奖状”、“全国环境保护先进企业”、“全国煤炭综合利用与多种经营先进企业”、“中国AAA级重质量守信誉企业”、“全国思想政治工作优秀企业”、“全国模范职工之家”和“山西省最佳企业”等荣誉称号。

【主要经济指标】 2010年，是公司发展史上具有里程碑意义的一年。面对扭亏脱困的严峻考验，在山西焦煤集团和各兄弟单位的鼎力支持下，坚持科学扭亏、内外并举、效益优先、谋划长远的方针，坚定信心、奋力拼搏，圆满实现了“三保一促”（保安全、保和谐、保扭亏、促发展）的阶段性目标，全年各项主要经济指标同比都有大幅增长（见附表）。

【改革发展】 安全工作。2010年，公司认真贯彻相关安全法律法规和方针政策，全面落实山西焦煤安全工作部署，严格执行领导跟班制和联点包片责任制，积极推行了“手指口述”安全管理法；修订完善了23项安全管理规定和8个公司级应急预案，组织了3次公司级专项演练；组建了安全检查小分队，加强现场安全检查；按照“五落实”要求，持续开展了安全隐患排查和专项整治活动；严格执行安全生产责任制，对“12·9”等事故、故障责任人进行了责任追究，严肃处理；着力创建全省职业卫生示范企业，顺利通过了达标验收；积极开展“安全生产月”、“119消防月”、“安全进家庭”、安全事故反思等活动，不断加强全员安全教育培训。全年，安全投入1306.76

附表

主要财务及经济效益指标

指标名称	2010年实际	2009年实际	同比增减（%）
产品销售收入（万元）	712686.06	292002.85	144.07
实现利税（万元）	19270.78	-56230.47	134.27
上交利税（万元）	13761.50	3150.99	336.74
利润总额（万元）	2448.88	-59144.60	104.14
工业增加值（万元）	71107.17	-16075.98	542.32
产品销售率（%）	102.27	93.83	8.99
总资产（万元）	815405.55	647278.30	25.97
总资产贡献率（%）	5.81	-7.14	181.37
总资产报酬率（%）	3.51	-7.77	145.17
净资产收益率（%）	3.19	-44.15	107.23
成本费用利润率（%）	0.34	-17.54	101.94
总资产周转率（次）	0.96	0.47	104.26
流动资产周转率（次）	3	1.79	67.60
资产负债率（%）	79.60	80.91	-1.62
存货周转率（次）	12.94	6.10	112.13
应收账款周转率（次）	11.62	5.14	120.82
速动比率（%）	0.52	0.36	44.44
流动比率（%）	0.63	0.51	23.53

万元，完成年计划的133.07%；整改安全隐患1063项；安全教育培训13905人次，员工持证上岗率100%；尘毒点检测合格率为99.17%，千人负伤率为0.35‰，职业病发病率为零，职工重伤率为零，没有发生交通死亡事故、重大设备事故、重大灾害性损失和恶性事故。

生产经营。根据阶段性目标任务，公司克服资金紧张、原料紧缺、节能限电等困难，适时调整生产运行模式和生产负荷，五个生产厂均实现了阶段性满负荷生产。充分发挥调度指挥、协调职能，优化工艺，调整配煤比，平衡煤气、水、电、蒸汽等资源，强化现场管理，加强设备维修，协调产、供、销、运各环节，确保了生产装置稳定运行。全年生产焦炭300.10万吨，完成年计划的100.03%，同比增长66.71%；生产甲醇12.68万吨，同比增长172.37%；生产尿素8.87万吨，同比下降5.38%；加工煤焦油25.01万吨，同比增长109.90%；加工粗苯5.67万吨。坚持以山西焦煤集团原料煤为主，开辟“三低”（低灰、低硫、低价）煤采供渠道，努力降低原料煤成本，为经济配煤和满负荷生产创造了条件。全年采购原料煤416万吨，其中采购山西焦煤集团原料煤270万吨，占总采购量的65.07%；全年采购煤焦油14.36万吨、粗苯2.24万吨，采购原辅材料及备品备件9677万元，清仓利库759万元，修旧利废480万元。通过生产准一级焦，使主导产品焦炭回归主流市场。全年销售焦炭318.53万吨、尿素9.02万吨、化工产品40.36万吨，产品销售率104.49%，货款回收率97.67%。积极开展进出口贸易等业务，出口贸易增利60.73万元。积极争取车皮计划，全年进煤车35218车，同比增长53.89%，进空车11057车；完成运输量534.44万吨，同比增长160.16%；车均停时8小时14分钟，车均装载量60.85吨，空车回皮实现100%，吨运输成本同比下降2.77元。支持新产业板块提升资质水平，拓展业务范围，降低内部服务取费标准，积极开辟外部市场，创收增效。全年实现营业收入1.49亿元，实现利润269.6万元，煤炭代理增利4486.28万元。2010年，公司实现营业收入712686.06万元，同比增长144.07%；实现利润2448.88万元。

内部挖潜。紧紧围绕“三保一促”中心工作，三次修订扭亏脱困实施方案，不断强化内部挖潜，全年降成本共计2.04亿元。通过招标、比价采购、加大山西焦煤集团供煤比例等措施，全年原料物资供应及配煤降低成本3465.50万元；通过加大山西焦煤集团火车进煤量、多采购“三低”煤、开辟准一级焦用户、完成主导产品用户由中小钢铁企业向大型钢铁企业过渡等经营管理措施，实现了增收减亏；通过实施节能降耗项目、合理控制维修费用、提高质量检验频次等措施，全年生产系统降低成本6498.29万元；通过核定可控成本费用指标、降低各子分公司取费标准、合理倒贷续贷、实行票据转换、积极理财等措施，全年节约财务费用2953.54万元；通过降低劳务费用、提前办理特殊工种人员退休手续等措施，节支3269.39万元；通过积极与政府有关部门联系，从环保、节能、技术创新、淘汰落后产能、困难企业补贴等方面争取政策支持，共争取补贴资金4237万元。

专业管理。加强绩效考核，实行了安全风险抵押、经营风险抵押和环保专项奖励，修订了绩效管理办法和实施细则，将安全、环保、质量事故和群体性上访事件作为绩效考核的否决条件，严格考核，严肃问责，有力地推进了“三保一促”工作。加强设备管理，完成了《设备维护检修规程》的修订工作，开展了特种设备专项整治活动，严格执行设备分级管理、包机责任制和“五级”巡检制度，加强了设备维修工作，全年完成设备大修34项、设备更新25项、中小修5097项，全部设备完好率99.94%，主要设备完好率99.55%。投用了400吨/小时除盐水站，停用了两套旧装置；实现了焦化四厂空分车间集中氧气和氮气，停用了化肥厂空分装置和三厂制氮机；实施铁运绞车机改造，停用了7台蒸汽机车，通过实施一系列节能措施，万元产值综合能耗有较大幅度下降。加强环保管理，修订《突发环境污染事件应急预案》，加强现场环境监测与治理，“中华环境友好企业”创建活动高分通过了专家组验收；完成了8项环措项目，“三废”达标排放，废气排放达标率99.24%，废水排放达标率99.13%，固体废物综合利用率91.69%。加强技术管理，规范专业技术人员职称管理，按规定对372名专业技术人员进行了聘任；完成了“十二五”发展规划编制，开展了醋酸、针状焦等项目的前期调研和技术准备工作；加强配煤技术研究，优化经济配煤方案，降低了配煤成本；通过强化工艺技术管理，煤焦油和粗苯回收率、煤焦油加工产品回收率等达到了目标值；解决了冷凝液回收、粒焦掺烧等技术问题；完成技改、攻关和研发项目25项、小改小革157项。公司4项专利获得国家知识产权局授权，4个项目通过了省科技厅成果鉴定。加强工程管理，焦化二厂酸气处理、脱硫液提盐等工程按计划建成投用，甲醇、焦炉扩建二期、炭黑、苯加氢等项目通过了安全、消防、职业卫生专项竣工验收，完成了环保监测。加强财务管理，定期开展经济活动分析，加强财务预算、核算、分析等工作，为生产经营决策和绩效考核提供依据；从严控制费用，减少资金占用，合理倒贷续贷，开展银行理财业务，保证资金链正常运转。银行贷款与年初相比下降了6.04亿元；强化对各子分公司的财务检查指导，进一步规范了子分公司的财务管理工作。加强投资监管，修订了《对外投资监督管理办法》，完成了设计研究院增资扩股工作，处理了建材公司破产善后事宜，转让了在山西焦炭集团国内贸易公司持有的股份，对参股本溪北台钢铁公司的股权从法律层面进行了确认，配合公司参股的光大银行、山西证券顺利上市，公司持股总市值近5亿元。加强人力资源管理，建立了员工基本情况信息系统，开展了劳动用工专项检查，107名技术人员竞聘上岗，对生产岗位进行了评价分析；全年投入职教经费55.95万元，职工培训25609人次。加强法律事务工作，审查各类合同827份，涉及金额169.57亿元；组织招标7次，中标额344.09万元；办理诉讼与非诉讼案件24起，为公司挽回、避免经济损失634.93万元；完成了“五五”普法考试和依法治企验收准备工作。

党群工作。召开了第五次党代会，确定了今后五年公司发展的总体思路。认真贯彻“三重一大”议事规则和民主集中制原则，加强了领导班子建设；新组建了3个基层工会和20个分工会，按程序组织了三级工会委员会和两级职工代表的换届选举，在职代会召开、节支减薪、厂务公开等方面大力推进民主管理，维护职工合法权益。与此同时，共青团、女工委、民兵预备役等群众组织，围绕中心工作，开展了技能大赛、合理化建议征集、“青年示范群体”创建、义务劳动等一系列活动，在“三保一促”工作中发挥了重要作用。

民生改善。给有毒有害岗位2565名职工和2228名已婚女职工进行健康体检；安排公司子弟、临洗和建材职工、新分配大学生等401人上岗；为202名特殊工种职工办理了提前退休手续；增加了退休人员养老金；退还了临洗公司退休职工垫付的保险金；恢复绩效考核兑现奖；向所有职工每人发放焦煤“双亿”跨越奖1000元；10月起，发放了兼职基层工会主席、团支部书记和职工代表津贴等；补发了5月、6月职工工资和临洗公司留守人员2007年、2008年的生活费用；在岗职工年均收入26382元，与2009年相比增长了15.88%；开展了大病医疗互助、扶贫济困、“送温暖”等活动，发放救济、慰问金共计31万元；成立了公司职工文体协会，推进“五无文明和谐小区”建设，新建成五栋职工家属楼；认真落实信访稳定责任制和信访工作包保责任制，解决了建材公司破产缺口资金2305万元，向职工返还了煤气报警器和18—22#楼管道改造款，为吉祥小区10#危楼42户职工补贴111.1万元，着力维护职工群众的切身利益，营造了团结奋进、和谐稳定的良好环境。

【结构调整及重点项目进展】 2010年，公司依托现有化肥、焦化、煤焦油加工、甲醇等产业基础，充分挖掘公辅资源与技术优势，不断优化焦化产业结构，围绕做大做优焦化产业，做长做细化工产业的整体战略，积极实施了产业结构调整、循环经济项目—10万吨/年粗苯精制改造工程。

项目主要建设加氢精制、萃取精馏、芳烃精制、PSA制氢等装置及其配套的公辅设施，年生产高纯苯69750吨、高纯甲苯15100吨、二甲苯5100吨。可生产99.9%以上的高纯苯，质量可与石油苯相媲美，能满足下游高端产品苯乙烯、TDI的生产需要。三苯收率比酸洗法高5%以上，产品总收率比酸洗法高6%以上，整体经济效益较好，环境效益好，能够实现清洁生产，是公司以技术进步为支撑，调整产品结构，推动循环经济发展实施的重点项目。

该项目于2008年5月27日开工建设，2010年4月26日投产，总投资28832.43万元；年实现销售收入81324万元，利税18718万元，利润13747万元。项目的顺利投产为公司“十二五”转型、跨越发展奠定了基础。

【国有资本保值增值】 2010年末，公司净资产166333.87万元，比年初的123570.09万元增加42763.78万元。本年度国有资本保值增值率为134.61%。

【公司治理结构】 公司属国有独资性质。设有董事会，董事会成员8人，其中董事长1名，副董事长1名，董事6名；设监事会，由11人组成；公司设经理层，由9人组成。以上机构均严格按照《公司法》规定履行职责，各司其职，各负其责。同时，公司属企业集团性质，实行母子公司管理体制，其经营实体为下属的子公司，各子公司均严格按照《公司法》规定规范运作。

【主辅分离辅业改制】 2010年，公司继续按照省政府、省国资委和山西焦煤集团要求，抓好主辅分离辅业改制工作。对后勤管理业务进行了整合，成立了物业公司，强化了物业管理，职工的后勤生活服务得到了进一步保障。所属建材公司因国家环保要求以及资不抵债等原因，自2008年6月中旬起，公司就着手关闭破产前的基础准备工作，向山西焦煤集团和省国资委报告，2008年12月23日，省国资委以晋国企改办〔2008〕45号《关于山西焦化集团临汾建材有限公司实施关闭破产的批复》同意关闭破产，2009年下半年因破产缺口问题请求焦煤集团支持解决，2010年一季度全部完成建材公司的破产工作。对所属临洗公司进行改制，2008年10月16日省国资委以晋国资改革函〔2008〕457号《关于山西焦化集团临汾洗煤有限公司资产转让有关问题的批复》原则同意临洗公司进行股权转让，相关基础工作准备后，由于金融危机的影响，转让流产；2009年公司经研究决定后，做了临洗公司关闭破产的前期准备工作，于12月15日以山焦字〔2009〕112号《关于山西焦化集团临汾洗煤有限公司实施关闭破产的报告》向山西焦煤集团上报，山西焦煤集团于2010年2月21日以山西焦煤字〔2010〕197号《关于山西焦煤山西焦化集团临汾洗煤有限公司实施关闭破产的报告》上报省国资委，由于不同意土地纳入破产成本，致使破产出现缺口，破产工作一度停滞，2010年底公司决定对临洗公司实施200万吨/年洗煤改扩建项目，相关工作正在抓紧进行。

【公司领导人员经营业绩考核体系与薪酬制度建设】 公司是山西焦煤集团的子公司。根据山西焦煤集团经营业绩考核评价办法，评价指标包括定量指标、定性指标和否决指标三部分，并依据年度工作重点设置指标和权重。山西焦煤集团子分公司经营业绩评价得分分为A、B、C、D、E五个等级，年度评价结果作为山西焦煤集团表彰的依据之一，并同各类先进评比挂钩。山西焦煤集团每半年对山焦指标完成情况进行考核，采取考核指标与奖励预算兑现挂钩的模式，绩效工资与考核挂钩比例为：利润总额25%、销售收入30%、焦炭产量20%、成本费用总额25%。

根据《山西焦煤集团公司领导人员薪酬管理暂行办法》（山西焦煤发〔2006〕471号）的规定，领导人员薪酬分为基薪和绩效薪两部分。基薪按山西焦煤集团年度在岗平均工资计算并予以兑现。绩效薪由经营业绩绩效工资和安全绩效工资组成。经营业绩绩效工资以基薪为基数，根据评价结果，每半年兑现一次，其计算公式为：年度经营业绩绩效工资=基薪×经营业绩考核系数×经营业绩考核调整系数；安全绩效工资由安全月度考核奖励及安全风险抵押考核奖励组成，按月进行考核，季度兑现。

【公司领导班子成员名录】

1月1日～9月2日：

潘得国	董事长、党委书记
卫正义	副董事长、党委委员、总经理、总工程师
张　晋	董事、党委委员、总会计师
孔晓宝	董事、党委委员、副总经理
郭毅民	董事、党委委员、副总经理
史瑞平	董事、党委副书记、工会主席
田世鑫	5月任职，董事、党委副书记
王　茂	党委委员、纪委书记
杨清民	董事、党委委员

9月3日～12月30日

曲剑午	董事长、党委书记
卫正义	副董事长、党委常委、总经理、总工程师
张　晋	董事、党委常委
孔晓宝	董事、副总经理
郭毅民	董事
史瑞平	董事、党委副书记、工会主席
田世鑫	董事、党委副书记
王　茂	党委常委、纪委书记
杨清民	董事、党委常委
郭文仓	董事、党委常委
成向贵	党委常委

12月31日

郭文仓	董事长、党委书记
卫正义	副董事长、党委常委、总经理、总工程师
张　晋	董事、党委常委
孔晓宝	董事、党委委员、副总经理
郭毅民	董事、党委委员
史瑞平	董事、党委副书记
田世鑫	董事、党委副书记
王　茂	党委常委、纪委书记
杨清民	董事、党委常委
成向贵	党委常委

大同煤矿集团轩岗煤电有限责任公司

【概况】 大同煤矿集团轩岗煤电有限责任公司(以下简称“公司”)前身为轩岗矿务局，1954年建局，原为煤炭部直属的94个统配矿务局、山西省8大矿务局之一，属国家大型二类煤炭企业。1998年下放山西省政府管理。2002年实施政策性破产，同年8月由大同煤矿集团整体收购，并重组改制。现为大同煤矿集团控股52.44%，重组员工参股47.56%的股份制企业，为大同煤矿集团公司最大的子公司，山西省国有资产监督管理委员会监管的重要子公司之一。

公司总部位于山西省忻州市原平市轩岗镇，南距太原161公里，北距大同191公里，东经京原铁路距北京581公里。总部距大运高速公路原平出口37公里，北同浦铁路、大运公路横穿矿区，交通十分便利。

公司现有二级单位及子公司23个，已初步形成煤炭生产为主导产业，火力发电、化工生产、汽车货运、机电修理、建筑安装、水泥、印刷、林业、住宿、餐饮等多业并举，综合配套、协调发展的产业格局。

公司现有10对生产矿井，七套综采五套高档，采煤机械化程度达100%。矿井分布在忻州市的原平、宁武，吕梁市的岚县，运城市的河津。主要商品煤种为气煤、贫瘦煤，并创立大友5号、大友6号等知名品牌，产品主要销往华北地区京、津、唐各大电厂，以及湖北、湖南和省内各电厂。

【主要经济指标】 2010年，百万吨死亡率为零；煤炭总量851.6万吨，同比增加120.3万吨，增幅为14%，是2005年的2.2倍；销售收入23.1亿元，同比增加4.9亿元，增幅为26.9%，是2005年的3.5倍；实现利润7500万元，同比增加3880万元，增幅为107.2%，是2005年的12.9倍；企业总资产达到42亿元，同比增加8.7亿元，增幅为26%，是2005年的7倍；员工人均收入达到4.25万元，同比增加1.13万元，增幅为36.2%，是2005年的2.6倍；上缴税费6.06亿元，同比增加1.67亿元，增幅为38%，是2005年的6.7倍。

【重点工程】

1.严格程序,快速推进矿井整合工作。公司有效解决了资源价款、资产评估、股权比例、经营管理权限、地方权益以及当地群众利益等重大问题，规范了资源整合矿井的管理，全部按现代化矿井标准进行技改，有力地推进了矿井整合工作。

一是三个资源整合矿已全部签订正式重组整合协议，购矿价款全部支付完毕。

二是资源整合矿全部建立法人治理结构。以“六长”为主的管理团队全部到位，建立健全了安全管理机构和安全管理责任制度，并收集了原煤矿“一通三防”、地测防治水、生产建设、矿井供电等基础技术资料，对整合矿井实现了全面接管。

三是虎峰、万杰、金海煤业公司井筒关闭工作已全部结束，并通过省局检查验收。

四是深入开展资源整合矿的技术调研和现场勘探工作，完善了矿井技术资料，制定了科学合理的矿井整改方案。虎峰、万杰和金海煤业公司井下隐患治理全部完成。

五是按照集团公司兼并重组矿管理办法和奖惩办法，结合实际制定了相应的管理及考核办法，公司完善了人、财、物的管理制度，规范了整合矿井的安全、生产和经营管理等工作。

六是资源整合矿全部通过资格审查，领取了临时《采矿许可证》。尤其是虎峰煤业公司走在了集团公司前列，已领取了开工报告。

2.合理调配内外市场，拓展销售渠道。针对轩岗电厂投产实际，公司积极调整营销策略，改变公司销售结构，提高销售效益。一是争取占领内部市场，不丢外部铁路运力计划。采取保煤质、占市场、争先机的策略，六亩地煤炭经销公司、实业公司、恒业公司积极组织煤源，确保铁路计划的落实。同时，六亩地矿实现自养80人。二是积极拓宽外部市场，优化用户结构。新开辟了江西市场，扩大了湖北、湖南及省内市场，占总销量的40%，并积极与大唐国际达成互持20%股份的合作框架协议，为抵御市场风险奠定了基础。

3.全力推进“安居工程”。在轩岗旧区规划设计了25栋住宅楼，启动了轩岗历史上规模最大的保障性住房建设工程，员工群众的居住条件将得到极大改善。

【安全管理】

1.抓作风，重落实，强化了安全责任。狠抓干部作风转变，强化矿领导带班下井制度，层层落实安全责任。对各级领导人员的安全敏感性进行评价和督察，加大了安全问责力度，提高了安全执行力。从“安全不放心人”和现场薄弱环节抓起，加强现场督导，形成了事事有人管、件件有落实的管理机制；狠抓过程管理，把瓦斯超限、电气失爆和漏顶超标作为“事故”追究，形成了安全工作的高压态势，有效地遏制了井下事故的发生。

2.抓投入，重装备，夯实了安全基础。全年共投入安全费用1.2亿元，重点加强了“一通三防”、地质防治水和安全避险“五大系统”的建设完善，提高了矿井的安全装备水平。刘家梁矿中央回风斜井的启用，解决了该矿西风井主扇高负压运行的安全隐患，为513采区瓦斯治理及采区接续创造了条件。焦家寨矿2#回风斜井顺利开工。梨园河矿启用了3条专用回风巷，优化了通风系统，结束了该矿无专用回风巷的历史。新投入3套大功率移动瓦斯抽放泵，用于刘家梁矿和焦家寨矿瓦斯预抽，瓦斯治理效果明显。

3.抓现场，重达标，提升了矿井标准化水平。继续坚持“每季一会，每矿必开，全面覆盖，整体提高”的做法，强力推进安全质量标准化工作。针对刘家梁矿和焦家寨矿瓦斯突出的倾向，在作业规程中增加了瓦斯治理方案，将瓦斯治理工程纳入到采掘作业工序中。严格执行新开工作面安全准入验收和开工前“四位一体”安全准入检查制度，25个采掘工作面全部验收合格。坚持定期检查与动态检查相结合，在改善矿井安全生产条件、规范员工操作行为上狠下工夫，消灭安全质量标准化的盲区、死角，实现动态达标。焦家寨矿被评为国家级安全质量标准化矿井，梨园河矿标准化建设经验在集团公司推广，并获安全质量标准化创新奖。

4.抓治理，重攻关，推进了技术创新。全年共开展隐患排查65次，排查出隐患3226条，整改率达到100%。特别是把瓦斯治理和防治水作为防大事故、治大隐患的根本性措施。公司主要领导亲自主抓瓦斯治理工作，深入现场调研，并派出工作组，督导基层单位进行瓦斯治理，探索形成了以走向长钻孔、斜交高位孔、穿层预抽孔抽放瓦斯为主的“三类五种”治理模式，焦家寨矿5#煤综放面实现了全年无瓦斯超限，刘家梁矿5#煤综放面实现连续四个月无瓦斯超限，瓦斯治理工作得到集团公司的肯定，经验在集团公司推广。公司井下运行7套移动瓦斯抽放系统，全年累计抽放纯瓦斯量达到320万m^3，是2009年（138.5万m^3）的2倍多。大力推广新技术、新工艺，综合利用水文地质探测技术开展物探、地应力探测和水化学分析，完成了刘家梁、焦家寨三个采区的突水危险性评价和承压水治理方案。利用六氟化硫示踪技术和高分子材料固化充填堵漏技术，有效地消除了漏顶和自燃发火隐患，保障了安全生产。全年有11个项目获得集团公司科技成果奖，其中2项成果通过省部级鉴定。

【员工培训】 公司建立健全了员工培训档案，完善了员工培训考评体系；全年投入培训费用570余万元，实施了安全质量标准化“千人培训计划”，1566名安全管理人员培训合格；实行了区队长资格准入制，340名区队长取得准入资格。以“一通三防”知识、“二大规程”和岗位技能培训为重点，累计培训21668人次，实现了培训对象的全员化、培训内容的全面化和学习活动的经常化。大力开展技术比武活动。成立了“安全不放心人”培训班，对安全素质低的员工进行强化培训。

【生产管理】 公司积极进行矿井环节改造，18项重点工程快速推进，从环节上解决了制约生产的关键性问题。本着“干一保二，想三看五”的衔接理念，优化采掘部署，精心安排接续，全年总进尺34096米，确保了生产的正常接替。统筹协调工作面搬家，合理制定搬家方案，其中焦家寨矿综采一队、梨园河矿综采一队实现了搬家不停产，累计多生产煤炭15万吨。各生产矿合理细化、量化指标任务，依靠科学管理和技术进步，均衡组织生产，单产单进水平不断提高。平均单产60478吨/个·月，同比增加12107吨/个·月，提高25%；综采单产82786吨/个·月，同比提高3333吨/个·月；全员效率505.17吨/人，同比提高15.9%；原煤工效3.6吨/工，同比提高11%。全公司7个综采队中，4个队产量突破百万吨。焦家寨矿2#煤综采突破100万吨，公司煤炭总量实现851.6万吨，均刷新了历史纪录。

【经营管理】 公司不断强化“人人精打细算，个个当家理财”的经营理念，有效落实《强化经营管理的22项特别措施》，节支降耗，挖潜增效，有效提升了经济效益，利润指标同比翻了一番，公司的银行信誉度由破产前的无信用“黑名单”被评为“AA+”级信誉企业。

突出成本管理。积极推行成本定额体系，认真开展经济运行专项分析活动，进一步完善了目标成本管理考核体系，内部单位之间经济活动按市场价格进行结算，加强了各二级单位经营考核管理。各矿采煤工作面搬家实行预决算制度，公司本部矿井综采搬家4次，节约费用32万元。各矿直接队工作面实行建档管理，对材料、配件和电费等单项指标进行量化考核。全年回收额达到1198.7万元，复用额达到798万元。

严格资金管理。一是确保资金周转。公司财务部门积极采取多种筹资方式，确保资金链循环运转。二是严格资金使用。按照轻重缓急拨付资金，把有限的资金用在刀刃上；在使用管理上，加强了应收款管理，建立了资金使用预警制度。三是强化资金监管。加大了审计监督力度，对财务付款进行全过程的审计，严格控制不合理支出，进一步提高了会计信息质量。四是每月坚持开展经营活动分析，强化了内部经营管理。五是推行物资代储管理，全年储备资金控制在4800万元之内。

强化招标管理。严格执行大宗物资、工程建设项目和中介服务招标制度。认真组织商务谈判，加强合同管理。通过招标和商务谈判，降低成本费用2504.2万元。

强化经营考核。严控单项成本，实行了材料、配件和电力消耗等与员工收入挂钩办法。坚持经营指标月度考核和重点工作督办制度，严格奖罚兑现，全年共奖励2925.8万元，罚款1153.8万元，提高了执行力。

【民生工程】 全力推进安居工程。公司将“十一五”期间积累的利润全部投入到“两区”改造工程，历时三年，圆满完成轩岗历史上规模最大、任务最重的惠民工程—棚户区改造一期工程，71栋住宅楼全部竣工。公司全力做好房屋分配工作，符合条件的棚户区住户拿到了新房钥匙，使发展成果惠及广大棚户区住户。

关心员工生活。全年投入一千多万元用于锅炉管网、房屋维修和矿区环境治理；修缮了公司职工俱乐部、员工篮球场、网球场，建设了19个小区运动场，12个休闲广场。加强雨季危房监控，棚户区住户安全度汛。

重视老龄工作。老年健身、娱乐等活动广泛开展，老年大学创办了“云中艺苑”、周末喜相逢等综艺活动；公司投入14万元，组织离退休老干部进行了健康疗养。

关怀员工健康。为7211名井下员工、劳模、优秀人才和女工进行了体检；新增4条疗养线，选派663名劳模、优秀人才外出健康疗休养。

开辟就业渠道。招聘了大中专毕业的员工子女112名，团委输出务工青年109人。

开展扶贫济困。成立了“煤海希望”和“煤海阳光”两个理事会。发放“煤海希望”助学金13.4万元，资助贫困大学生44人。发放“煤海阳光”帮扶资金181万元，对困难群体帮扶4633人次。

【党的建设】 创先争优活动深入开展。以“跨越发展、组织引领，开创历史、党员先行”为主题，开展了“创先争优”活动，召开了“创先争优”推进大会，选树了刘家梁矿、六亩地矿党员服务站等先进典型，进行示范观摩活动，突出抓了各级班子、领导干部和党员的公开承诺，促进了创先争优与安全生产的有效结合，党组织的政治核心作用得到了充分发挥。

党风廉政建设扎实推进。强化了对“三重一大”事项的民主决策，加强对重点项目招标、棚户区安置拆迁工作的监督；落实省纪委“五不准”规定，狠抓了煤焦领域反腐败斗争、工程建设领域专项治理、“小金库”清查和干部作风整顿四项重点工作。严肃查处各类违纪案件，纪检部门受理群众来信来访48件次，立案6件，处分相关人员5名、免职2人，25个基层单位对治理“小金库”作出承诺，营造了风清气正的发展环境。坚持不懈开展党风廉政教育，与忻州市检察院共同建设了预防职务犯罪联络处，组织参观了忻州市检察院警示教育基地。全年共播放警示教育片26部68场，受教育人员达2530人次。对10个项目进行立项和效能监察，避免和挽回经济损失266.9

万元，创效1459万元。

宣传思想工作卓有成效。掀起了“高起点上再跨越、创造同煤新历史”和“同煤精神”研讨热潮，共召开研讨会26次，征集论文183篇，在电视台、《轩煤信息》、网站开设了专栏，发稿38期。在各类报刊刊登公司稿件363篇，公司电视台制作电视新闻138期，专题片62部，播出稿件3800篇，为企业的改革发展营造了良好的氛围。

精神文明建设成果丰硕。强力推进创先争优、快乐工作法、公民道德建设等五项活动，举办了“庆七一、颂党恩、兴轩煤”大型主题歌会，全年共举办书法、摄影漫画展4次。公司首次申报省国资委文明单位并通过验收，一批文化骨干相继获得国家级、省级歌曲、书画作品奖。大力开展地面环境整治工作，矿容矿貌大为改观。

企业文化建设成效显著。按照“制度管企、文化管人”的要求，公司从理念渗透、行为养成、精细化管理、流程再造四个环节入手，将企业文化延伸到井下区队、班组和员工，取得了显著成效。特别是在安全文化建设方面，理念先行，文化引领，使安全理念、行为规范和4E6S标准逐步渗透到安全质量标准化建设工作中，企业文化指导安全质量标准化建设，安全质量标准化促进企业安全文化建设，提升了安全管理水平。

综治工作扎实有效。通过组织公司领导信访接待日、联动大接访，开通信访热线等渠道，共接待上访人员3710人次，重点处理了棚户区分房、离退休人员生活补贴、“五七大队”人员参保、员工子女安置等七类问题，有效地维护了矿区稳定。加强了企地公安保卫联防巡逻，完成了“天眼”工程，治安案件明显减少，重大恶性案件得到有效遏制。

【公司领导班子成员名录】

陈旭忠	董事长
高　峰	党委书记
张良海	总经理
李鹏翔	党委副书记、纪委书记
王宝宝	工会主席
周满福	副总经理
席洪斌	副总经理
高初生	副总经理
李先章	总工程师
杨杰明	副总经理
孟宪军	副总经理
张立新	副总经理

山西天脊煤化工集团有限公司

【基本情况】 山西天脊煤化工集团有限公司(以下简称“公司”)是我国改革开放初期引进德国、日本等国技术和设备，以煤为原料采用现代煤气化技术生产合成氨，最终产品为高效硝基复合肥料的大型现代化企业。目前，已形成以化肥为主、集有机化工、精细化工等为一体的大型煤化工产业集团。已具有年产合成氨45万吨、甲醇34万吨、硝酸81万吨、硝酸磷肥90万吨（或硝酸磷钾肥100万吨）、工业硝酸铵24万吨、塑料编织袋7500万条、苯胺13万吨、水泥30万吨的生产规模和产能。主要产品生产能力排名国内同行业前列，是拥有“中国驰名商标”和“中国名牌产品“的国内知名复合肥企业。

天脊集团二级单位有社发公司、太原办事处、职工医院、离退休职工管理处。控股参股公司有天脊煤化工集团股份有限公司、兴化实业公司、精细公司、钾盐公司、山西产学研化工产业技术中心、山西国瑞投资有限公司。天脊煤化工集团股份有限公司下设十三个生产和生产辅助厂、两个生产分公司和天脊潞安化工公司、塑料、建筑、应化、上海兴派、河南农资公司等子公司。2010年有职工总数7414名，总资产90亿元、资产负债率43%。

【经济效益】 2010年全年共生产复合肥138万吨、硝铵26.02万吨、尿素53.12万吨、苯胺14.37万吨。共销售化肥135万吨、硝铵26.02万吨、尿素53.12万吨、苯胺14.36万吨，产销率实现了100%。全年完成工业总产值46.29亿元、营业收入52.39亿元、工业增加值9.04亿元，实现利润总额7178万元、上缴税金29217万元，归属母公司所有者净利润1156万元。

【主要工作】

1.强化生产组织，提高装置运行水平和产能。按照“以销定产、以效定产”的原则，探索创新、科学调度，强化组织和协调，实现了安全生产和经济运行，生产基础管理进一步增强，全年设备完好率达99.62%，主要装置运转率达95%，年度计划检修顺利完成，创造了生产装置连续安全稳定运行231天的新纪录。产品结构调整取得了明显成效，利用原有硝酸磷肥装置先后试验成功产出了五个批次不同养分配比的新型高效硝基复合肥料，使化肥产品由原来的三个品种增加到八个品种，满足了市场多元化需求，促进了产品销售，缓解了市场压力。针对下半年出现的供煤紧张、煤种多变和节能减排、限电压产等新情况，强化组织和协调，实现了安全生产和稳定运行，保证了硝铵、苯胺满负荷生产和企业效益。高平公司通过年度系统检修初步消除了制约生产的瓶颈和问题，安全连运水平有了新突破，阶段性创下了67098吨的月产新纪录，负荷达到设计能力的110%，综合能耗同比下降18.45%。

2.创新营销思路和模式，不断开创营销工作新局面。2010年，面对异常严峻的市场形势，积极调整营销思路和策略，创新营销管理和模式。一是推进“千村直销工程”，建立了1000多个新的直销网点，拓宽了销售网络。二是启动实施“新网工程”，按照“新产品新网络”的指导思想和先回款、后生产的订单制模式，与新的代理商合作共同开发市场，开辟新的销售渠道，给销售市场注入了新的活力，全年新网销售达到17万吨。三是加强了硝铵和苯胺的销售。在硝铵销售上，扩大了战略合作群体，实现了高价位销售；在苯胺销售上，积极关注信息，实现价格联动，按照保重点、保供量、保价格的指导思想，在巩固老客户战略合作的同时，扩展了12户新的业务伙伴，保证了企业效益。四是外贸工作克服了金融危机的巨大冲击，开拓了新的市场，全年出口硝铵4.46万吨，比2009年有较大幅度增长。五是通过实施“百亩示范工程”、“种田大户万人培训工程”、“中国农科院合作试验示范工程”、“农化宣传服务升级工程”等，提升了农化服务的实效性和品牌影响力。

3.加强安全环保和节能减排工作，确保各项指标全面完成。2010年，按照“两创建，两推进，两确保，一实现”的安全工作目标，认真落实安全生产责任，完善安全管理体系，开展以“五个重点，五个检查，五个到位”为重点的安全检查，形成了天脊特色的“012345”安全管理模式。全年事故发生率同比下降11.8%，实现了“死亡事故为零、重伤事故为零、重大设备事故为零”的安全生产目标，并连续十一次蝉联“山西省安全生产先进企业”。

2010年，进一步加大环保管理和节能减排力度，强化环保管理和节能减排装置的管理和运行，硝铵装置工艺冷凝液外排水回收再利用项目投入运行，每年可回收冷凝液10万吨，实现了硝铵装置废水零排放。全年合成氨综合能耗同比下降2.41%；万元产值综合能耗同比下降17.66%，节约标煤41015吨；万元产值取水量同比下降19.13%；废水排放量406万吨，废水回用率达到58.0%；废气排放量处理率达100%，燃烧废气中二氧化硫排放量407吨，远远低于1600吨的排放指标；工业固体废物综合利用率75.2%，完成了控制指标。在全省千家企业节能目标和措施落实情况考核中，获得“超额完成”的最高等级，获得了中华环保联合会颁发的“低碳发展突出贡献企业”和山西省“节能减排模范企业”。

4.加快科技进步和自主创新，为企业发展提供技术支撑。2010年对第二届科技大会确定的九大攻关项目进行了成果鉴定。在已经实施的7项成果中，2项通过了可行性论证，6项完全达到了预定目标，如，针对合成氨装置扩能改造后存在的系统不能达标运行的一系列问题，开展了技术攻关，实现了达标达产。开展了利用低品位磷矿生产合格硝酸磷肥技术的研究，确定了工艺条件和中试方案等。加强与科研院所的交流合作，与太原理工大学和北京化工大学合作进行了“酸不溶物分离絮凝沉降”试验、与太原理工大学合作开展了“复肥装置除钙”试验、与武汉工程大学合作进行了“化肥取包垂直提升装置”研发、与中北大学合作开展了“超重力除氨应用研究”，这4个项目，其中1项已经应用，3项正在实施。2010年召开了第三届科技大会，确定了碳酸钙渣利用新途径研究、复肥脱硅除钙技术开发与研究等15个攻关项目，为企业进一步挖掘内部潜能明确了目标。2010年公司共获得5项专利授权，《鲁奇炉煤气化装置煤气水处理新工艺》获全国石化系统技术发明二等奖，荣获“中国化工行业技术创新示范企业”和“山西省技术中心建设突出成就奖”。

5.推进项目建设和新产品开发。3月开工建设了20万吨硝酸磷肥细粉造粒项目，12月29日生产出合格产品，实现了当年开工、当年建设、当年投产，为化肥产品结构的调整再创条件；新建年产13万吨苯胺、25万吨硝酸铵钙项目11月25日奠基，工程建设全面展开；“321”废水项目前期准备工作基本就绪；开发利用劣质粉煤气化新技术取得实质性进展；企业资源（ERP）信息管理系统建设部分子系统已并网运行。

6.积极改善职工生活和社区建设。2010年，在企业非常困难的情况下，重新启动和恢复了企业年金；为职工上调了工资并增加了工龄津贴，提高了职工收入水平。录用147名具有大中专学历的职工子女进厂，为大部分职工解决了后顾之忧。对中华东大街进行了较高标准的维修和亮化绿化，对职工文化中心进行了修缮和改造，厂区修建了停车场等，社区面貌和职工生活条件得以改善。108套限价商品房开工建设，新建职工游艺厅也完成了设计和地勘工作等。

山西晋牌水泥(集团)有限公司

【概况】 山西晋牌水泥(集团)有限公司(原山西水泥厂)(以下简称“公司”)是山西省“八五”重点建设项目，属国有大型二类企业，现有职工1069人，固定资产9.48亿元。1992年9月开工兴建，1995年11月建成投产。该项目采用加拿大富乐•史密斯公司具有20世纪90年代世界先进水平的新型干法窑外预分解水泥生产工艺技术及主机设备，设计生产能力为年产高强度等级水泥75万吨。公司整条生产线技术装备新，自动化程度高，工艺布局紧凑、合理。从国外引进的集散控制系统、新型干法窑外预分解生产工艺及混合破碎、五级旋风预热器、超短回转窑、大布袋收尘系统等技术和设备皆为山西省首次采用。

公司技术力量雄厚，检测手段齐备，产品质量优良。企业现已通过GB/TI9002—ISO9002质量体系认证，产品低碱性全部通过省级鉴定，并予以批量生产。公司坚持“坚持持续改进、增强顾客满意、实现良性互动、提升双方效益”的质量方针，不断满足用户需求，公司生产的“晋”牌系列低碱水泥具有快硬、早强、凝结时间短、抗冻融性好、耐磨性强等优点，尤其以色泽好、碱含量低享誉各地，广泛应用于各种工业与民用建设工程，产品畅销北京、天津、武汉、郑州、西安及本省各地区，被誉为首选产品和信得过产品，普遍受到用户好评。晋牌水泥多次被评定为“国家免检产品”和“山西省名牌产品”，是中国建材装饰装修协会评定的“无毒害(绿色)建筑材料”和“山西省建材行业首选产品”。“晋”牌商标被山西省工商局评定为“山西省著名商标”。晋牌水泥集团公司分别被山西省工商局和长治市工商局评定为“守合同重信用企业”，是中国建材装饰材料协会评定的“全国建材产品质量、服务、信誉AAA级企业”和山西省“质量服务信誉AAA级企业”。企业连年被评为“山西省建材行业优秀企业”、“山西省用户满意企业”。公司视满足用户要求为己任，努力搞好产品售前、售中和售后服务，产品历年来均实现水泥出厂合格率、富裕标号合格率、包装袋重合格率三个100%。

【主要经济指标】 受多种因素影响，2010年共生产水泥575764吨；生产熟料500343吨；销售水泥630850吨，销售熟料96277吨，实现销售总量727127吨；实现工业总产值17753万元；实现销售收入18052万元；全年货款回收22414万元；经营绩效，按3亿资产核算亏损2569.07万元，若不计财务费用和折旧的前提下，全年实现盈利81.93万元。

【改革发展】 经过职能调整和机构的重新设置，职能部门由原来的12个精简为6个，生产、辅生产部门由原来的8个合并为1个。根据公司的多元化经营发展需要，盘活和整合优势资源，组建了对外技术服务公司、对外经营承包公司和水泥设备检修公司。并予以相应的政策引导和扶持，鼓励他们发挥自身优势，发掘内在潜能，积极探索市场化运作模式，开辟了发展的新路子，使晋牌水泥的生存空间不断拓展。

经过改革，精干了各级队伍，岗位职数也发生了较大变化，管理人员职数由原来的90人减少为57人，生产、辅生产部门由原来636人减少到406人，职能部门由原来的177人减少至104人，销售部门由原来的64人减少到28人，物资管理部门由原来的38人减少至21人，后勤部门由原来的87人减少到61人。除部分人员暂时待岗外，其余人员均得到妥善安置。人员结构更趋合理，人才使用更加高效，人才培养的环境更为优化，基本实现了组织扁平化、流程最优化、工作满负荷、岗位最精简的目标。

公司加大人力资源整合力度，积极与大专院校联系，择优选派学生顶岗实习，既保证了生产经营的持续稳定，又使人力资源得到优化配置。通过与外包项目业主协商，对符合条件的公司子弟经职业技能培训合格后，采取劳务输出的形式，优先安排其就业，一定程度上为职工子女的就业开辟了新路。

【生产系统】 2010年，生产系统构建了以当班运行经理为指挥中心的生产组织管理体系，以技术管理和区域管理为支持来组织生产，实行生产运行以条为主（当班运行经理领导下的各生产岗位一条龙运行方式）；设备管理、成本管理、现场管理等以块为主的条块结合管理方式，坚持在运行中改进，在不断改进中完善和提高的指导思想，强化了监督、协调、服务与指导意识，通过以工艺过程管理为主线，以设备管理为保证，以现场管理为重点，加大检查和奖惩力度，推动了工作创新、管理创新和工作效率的提高。通过周六技术例会制度和岗位技能知识培训的实施，使广大管理人员和职工的业务、技术水平有了明显提高，逐步提升了对新机制的适应能力。设备管理、工艺技术管理等也有了更明晰的思路和办法，生产系统总体管理水平有了显著进步。长期困扰的熟料质量问题有了明显改善，2010年1至12月熟料3天抗压强度平均为25.1Mpa，其中5月份达到28.9Mpa，全年平均值达到历史最好水平。从出厂水泥的变异系数看，全年出厂水泥的稳定性较好，创历年最好水平。

现场管理以安全、清洁、文明生产为目标，严格执行安全、环保、消防责任制，狠抓设备的维护和保养，以落实现场标准化管理为重点，深入持久地开展了环境集中整治活动，通过采取限期整改、会议通报、奖优罚劣等措施，整个生产现场环境面貌、机台卫生等发生明显改观，以清洁连运促优质高产的良性循环机制渐显成效。

【节能减排】 公司认真贯彻执行国家有关节能减排的政策法规，以“节能减排、增加效益”为目标，认真组织生产经营工作。立足现有条件，有针对性地开展了对生产系统的密闭堵漏和小改小革，有效改善了系统运行工况；继续开展钢渣替代铁粉使用工作，2010年累计使用钢渣45260吨。在确保混合料、生料的质量稳定的同时，优化配料方案，尽可能减少矿山剥离量，降低生产成本，同时对部分高铝料、炉渣和生料磨排渣等集中回收并掺加使用，提高了资源的综合利用率。积极使用水泥增强剂和助磨剂，减少熟料掺加量，保证了出磨水泥的质量稳定和台产的适量提高。通过采用无功功率补偿装置、投运静止式进相器和避峰就谷开车等措施，使全年功率因数平均保持在0.92以上，为公司节约电费开支50余万元。通过对废旧的特殊材质铜铝耐磨耐热钢件与普通件分类销售处置，对替换下来的废油过滤降级使用，工业废铁渣集中回收处置等措施，节能降耗效果也是明显的。大力销售散装水泥，2010年共销售散装水泥414175吨，减少了电耗和人工成本。与此同时，辅生产及机关后勤部门从加强水、电、低值易耗品等管理入手，从身边小事做起，推动了节能降耗活动深入开展。

【营销工作】 2010年水泥销售市场波澜起伏，晋牌水泥经受了历史罕见的来自市场和政策性调控的严峻考验。公司正视现实，密切关注市场变化和价格变化动态，坚持以现金销售为主、水泥熟料并举的营销策略，在营销机制上大胆创新，在基础管理上持续完善，在队伍建设上狠下工夫，尽力巩固和扩大产品的市场份额，产品销售工作实现逆势突围。年初，公司在重点抓好潞矿工程、和榆高速、长安高速等重点用户的同时，积极开辟新的市场和用户。结合市场和用户需求情况，果断决策，集中生产和销售公司的拳头产品P.042.5水泥，既满足了用户需要，扩大了产品市场份额，又提高了销售产值。四季度随着国家节能减排力度加大，周边省市水泥企业受限电影响产量锐减，抓住机会及时上调销售价格，尽力多发快发水泥，为公司增加了一定的经济效益。在遭遇政策性拉闸限电后，不等不靠，及时采取措施，利用库存熟料委托对外经营承包公司加工，集中调配销售，确保在特殊时期向用户供应的水泥不断档。同时在第一时间向广大用户发送告知函并走访用户，赢得了新老用户的理解。为保证在恢复正常送电后第一时间给客户提供水泥，结合生产系统检修的实际，外购买熟料及时组织生产发运，有效衔接了可能出现的水泥断档的现实。此举最大限度降低了公司的损失，提升了晋牌水泥的市场效应和美誉度，也为下一步的产品销售创造了条件。

【安全工作】 坚持"安全第一、预防为主、综合治理"的方针，认真落实安全生产责任制，通过建立健全各项安全规章制度，加大隐患排查整改力度，完善应急救援体系，严格落实巡回检查制度，积极开展安全宣教活动，切实增强了全员的安全生产意识和自我防范意识。通过夯实安全基础管理工作，规范管理行为，拓宽安全检查范围，提升安全管理目标，使广大干部职工的安全意识、安全素质、班组建设、安全制度责任落实、文明社区建设和社会治安综合治理工作得到进一步强化，安全生产状况持续提升，圆满实现了既定目标任务，为下一步工作持续有序开展夯实了基础，积累了经验。2010年3月，长治市安全生产监督管理局和长治市总工会授予公司"安康杯"竞赛优胜企业荣誉称号，被潞城市人民政府评为"2010年度安全生产先进单位"。

【党建工作】 企业党的建设和精神文明建设工作紧紧围绕公司生产经营和内部机构改革中心工作，以加强两级领导班子和党员干部队伍建设为重点，继续深入开展党风廉政建设和反腐倡廉工作，进一步强化了民主监督、专项监督、互相监督和舆论监督的作用；充分发挥思想政治工作的政治优势，通过做大量细致扎实的工作，使全体干部职工统一了思想认识，为改革顺利推进凝聚了力量激发了热情；围绕"权、钱、人、物"四大关键部位，按照谁主管谁负责的原则，大力推进源头治理工作；围绕"立足岗位争当时代先锋"的活动主题，以开展"六项创建活动"为载体，与争创"四强"党组织、"四优"共产党员紧密结合，扎实有序地推动"创先争优"活动的深入开展；以建立健全党组织和党员队伍长效机制为重点，继续巩固和扩大学习实践成果，更好地发挥了党组织的战斗堡垒作用，党员的先锋模范作用。宣传工作坚持正确的舆论导向，按照“贴近生活、贴近基层、贴近群众”的三贴近要求，为企业生产经营和改革发展创造了良好的舆论氛围、树立了企业良好的公众形象。

与此同时，坚持落实依靠方针，保障职工合法权益，工会工作卓有成效；群策群力，群防群治，社会治安综合治理日益强化。

【和谐建设】 积极创造条件，妥善安置38名职工子弟就业，解除了职工的后顾之忧，2010年1月起，全体员工正式参加了医疗保险。在企业资金极其紧张的情况下，按时发放了独生子女父母奖励费和妇女保健费。2010年为50余名因工和非因工死亡职工的家属发放遗属生活困难补助金7万余元。缴纳大病医疗互助金5万余元，为1052名职工参加了长治市第四期职工大病医疗互助保险；为37名升入高校的职工子女发放助学金5.8万元；对部分特殊岗位、工种和40周岁以上职工共计712人进行了身体检查。对在册的育龄妇女进行了妇科病检查，对在岗的特殊工种人员进行了职业病体检，确保了潜在疾病的及早发现和职工的身体健康。对社区部分住宅楼供暖管网实施了维修改造；进一步完善了活动室的健身器材和相关配套设施，创建了职工书屋，极大地丰富了职工的文娱生活。

【公司领导班子成员名录】

庞瑞林	董事长、党委书记
刘宇红	党委委员、总经理
郝建平	党委副书记、工会主席
石建文	党委委员、副总经理
郭长青	副总经理、总工程师
吴建礼	副总经理
王生文	副总经理
韩学君	党委委员、纪委书记

太原煤炭气化(集团)有限责任公司

【公司简介】 太原煤炭气化（集团）有限责任公司（以下简称“公司”）成立于1981年，是由原煤炭部和山西省发起设立的国内首家煤炭综合利用大型联合企业。公司现有子分公司18家，深交所挂牌上市的太原煤气化股份有限公司是公司的控股子公司。30年来，公司始终坚持“建成煤炭综合利用示范性企业和实现太原城市煤气化”的办企宗旨，致力于发展煤炭综合利用和城市燃气事业，经过不懈努力，现已形成集煤炭开采、洗选、炼焦、制气、煤化工产品生产、煤矸石发电供热、煤气表灶管制造和城市煤气输配、服务、管理为一体的产业链条，煤—焦—气—化—电煤炭综合加工利用产业格局初具规模，为我国煤炭资源实现清洁高效利用走出了一条示范之路。

【改革发展】

1．经济实力。公司工业总产值：2010年实现50．01亿元，同比增长17．08%，比“十五”末31亿元增长了61．32%；营业总收入：2010年实现51．53亿元，同比增长19．69%，比“十五”末28．1亿元增长了83．38%；利润：2010年实现5．11亿元，同比增长18．18%，比“十五”末的1．34亿元增长了281．34%；资产总额：2010年为98．83亿元，同比增长27．57%，比“十五”末的

60.65亿元增长了62.95%；资产负债率：2010年为55.55%，比“十五”末的76.54%，降低21个百分点；在岗职工人均收入：2010年为51800元，同比增长18.7%，比“十五”末的22925元增长了126%。

2.内部改革。按照试点先行、循序渐进、稳妥推进的原则，在全公司范围内实施了以分配制度为切入点的“三项制度”改革，初步确立了“岗位靠竞争，收入凭贡献”的激励机制，有效调动了广大干部职工的工作积极性，激活了企业的内在活力；积极推进企业主辅分离，将6所中小学和1个派出所移交地方，分离企业办社会职能工作取得良好效果；经过连续几年工作，顺利完成了长沟煤矿政策性破产，共计核销债务5.56亿元，为企业减债减负、轻装上阵发挥了重要作用；撤并非主业的二级以下公司35家，对历史遗留的13家外埠公司进行了清理整顿和撤并整合，企业运营更加科学、规范和高效。

3.结构调整。从规范企业经营管理入手，大力推行“产、供、运、销、资金、质量、工程、合同”八大系统集中统管，以一个经营主体面对市场，增加物资采购的话语权，体现产品销售的竞争力，提高资金使用效率，堵塞管理漏洞，减少投资浪费。通过强化“计划对计划”考核和“八统一”管理，架构了集团公司和股份公司总部为资本运营中心和利润中心，各二级生产单位为成本中心的管理运营模式，集团公司管控能力明显增强。2010年，共组织工程招投标73次，涉及金额2.73亿元，节约投资3032万元；集中采购金额3.35亿元，采购集中度74.3%，节约资金403.6万元；审核合同252份，涉及金额40.8亿元；全年货款回收40.58亿元，价格增收1亿元。

4.资源保障。针对资源储量不足的情况，立足企业长远发展，公司在“十一五”期间围绕整合煤矿和扩张资源，作了坚持不懈的努力。2008年，500万吨龙泉煤矿项目获得国家发改委核准，储量达7.8亿吨。公司又陆续整合了4个煤矿，矿井数量由6个增加到10个，资源储量由“十五”末的2.7亿吨，增加到11.4亿吨，煤矿在建产能近千万吨。2010年，龙泉项目完成投资3.6亿元，一期工程顺利完工；3个整合矿井开工建设，煤源基地建设推进顺利。公司还与运城市、闻喜县政府签署了战略合作协议，与海鑫钢铁集团拟合作建设以煤为基的华鑫循环经济园区。

5.基础管理。一是推动煤矿技术进步，提升煤矿管理水平。加强煤矿技术管理，累计投入资金6.31亿元，3个矿井完成综采改造，综掘率达到60%以上，建成完善了安全避险“五大系统”，无级绳绞车、架空乘人装置得到较快推广，6个矿井全部实现了双风机双电源自动切换、皮带连续运输；全面整顿规范煤矿用工，通过裁撤外包队、培养组建自己的采掘队伍，煤矿职工队伍结构和素质明显改善，煤矿的安全保障能力、管理水平和整体形象显著提升；大力开展安全质量标准化建设，不断推进煤矿现代化、标准化建设，矿井达标率100%，嘉乐泉煤矿跨入国家级标准化矿井行列，5个矿井达一级标准，公司被中煤能源集团公司评为 “特级标准化企业”。二是四大标准体系逐步完善，区队班组建设成效显著。全面提升基础管理水平，扎实构建四大标准体系，企业管理制度进一步完善，职工标准意识明显提高，现场执行力切实增强，基础管理取得明显进步。

同时，充分认识基层区队班组工作的重要性，在行业内较早开展区队班组建设，制订完善了配套管理和考核制度，大力加强班组长队伍建设，在225个班组推行班组长竞聘上岗，用两年时间轮训了1162名所有在岗的区队班组长以及专管员，先后有2个班组、2名班组长以及2名群监员获得全省表彰，嘉乐泉煤矿掘进队生产甲班、神州煤业公司李清华分别获得“全国优秀班组”和“全国优秀班组长”荣誉称号，区队班组建设取得显著成效。三是强化安全生产管理，连续两年实现“零死亡”目标。深刻吸取2008年3起事故教训，通过连续两年开展“安全综合整治年”和“安全专项治理年”活动，安全生产的基础工作取得明显进步，安全生产形势持续稳定好转。2010年，公司认真贯彻落实国家各项要求，出台了系列配套制度，加强“三对口”管理，保证了领导干部值班带班质量；修订了《安全生产责任制》等管理制度，层层传递安全压力，在4个煤矿井下工种试行个人安全技能账户，注入资金668万元，考核扣罚42万元，有效提高了安全生产的自觉性和责任心；认真开展了全员素质培训，依托安培中心和11个培训基地，全年培训安全管理人员、特殊工种人员以及班组长11207人次；开展安全检查和隐患排查178次，隐患整改率达到96.5%。实现了“零死亡”奋斗目标，并且地面无轻伤，井下无重伤，安全生产创历史最好水平。四是均衡稳定组织生产，产业链优势有效发挥。公司以均衡稳定为指导，科学组织生产，合理调配资源，创造了良好的效益。各矿坚持正规循环作业，有效杜绝了盲目抢产量、赶进度现象。工厂持续改进生产工艺，科学调整入炉煤配比和结焦时间，在满足城市供气需求的同时，生产了适销对路的一级冶金焦等产品。2010年，在部分煤矿政策性停产时间较长的情况下，主要产品产量任务完成良好，生产原煤376.1万吨、完成入洗254.3万吨、生产焦炭133.5万吨、掘进进尺37496米、发电13846万度，铁路运力完成578万吨，公路运输97万吨，产销率达100.08%，实现了良好的经济效益。五是能源结构加速优化，节能减排成绩显著。公司在煤源基地建设不断加快的同时，燃气事业得到较快发展。不仅控股了太原市天然气公司，而且兼并重组了晋中燃气公司，新发展20万燃气用户，为近40万用户实施了天然气置换，启动了燃气长输管线建设，构建了两气并存、健康发展的格局。2010年，燃气销售量完成85604万立方米，比“十五”末48255万立方米增长了77.3%，城市气化率达86.75%，位居全国省会城市前列。2010年，主要污染物SO_2、COD排放分别为2998.5吨和213.2吨，比“十五”末的3890吨和662吨，降低22.9%和67.8%，累计完成节能14.7万吨标准煤，超额完成山西省下达的13万吨标准煤目标任务，连续三年被评为“煤炭工业节能减排先进企业”，为省城优化能源结构，实施蓝天碧水工程做出了突出贡献。

公司以良好的经济效益和社会效益跻身全国520家重点企业和500家最具竞争力企业行列，被评为全国资源综合利用先进企业，并荣获全国文明单位、全国企业文化建设优秀单位称号。上市公司“煤气化”获得中国投资者关系最具潜力奖。

【公司领导班子成员名录】

王良彦　　董事长、党委书记
胡耀庭　　副董事长、总经理
宋旗跃　　副董事长
齐立宏　　副总经理

杨　晓　　董事、股份公司总经理
王　健　　纪委书记
高建光　　副总经理
张道平　　副总经理

山西省物资产业集团有限责任公司

【概况】山西省物资产业集团有限责任公司(以下简称“集团公司”)是省政府授权经营国有资产的大型一类企业，1994年底由原省物资厅成建制转体组建，1999年改组为国有独资的有限责任公司。2003年建立健全了法人治理结构，董事会、经理层与省政府派驻的监事会职责明确，形成了各负其责的现代企业运行机制。2010年经省政府72次常务会议研究决定，隶属于山西能源交通投资有限公司管理。目前集团拥有企业19户，总资产17.44亿元。

集团公司具有完备的流通设施和信息网络系统，拥有仓储面积41万平方米，铁路专用线近5000米和大批吊装运输设备。主业定位是现代物流、内外贸易和房地产开发，并涉足汽车拆解、期货、酒店服务等领域。成员企业在全省化工原材料、塑料原料、农地膜、汽车等物资贸易和物流等行业处于重要地位。

【主要经济指标】　截至2010年底，山西省物资产业集团有限责任公司经营规模达44.84亿元，同比增长66.56%；省国资委考核企业主营业务实现收入29.12亿元，同比增长107.23%，实现利润总额1831万元，同比增长43.50%，超额完成全年任务。

【企业发展】　2010年，集团公司面对复杂的市场形势，坚持认真分析市场走势，及时调整经营策略，倾力开拓上下游客户，产业结构和经营结构调整效果初步显现，主营业务经营规模和经济效益大幅提升。

1.狠抓两个基地建设，贸易类企业盈利能力持续增长。所属进出口公司抓住煤炭需求增大的机遇，积极拓展资源基地，相继开拓了介休、灵石等地的新供应商，确保了货源供应；销售基地方面，为了有效把握市场，降低供需风险，把目标客户锁定在实力较为雄厚的大型企业上，全年销售煤炭同比增长1.7倍，创下历史最好成绩。民丰公司抓住我省大力发展化工产业的机遇，在巩固和扩大与供货企业合作的同时，开发了我省及山东、河北等地的新用户，工业萘、粗苯等化工产品经营规模进一步扩大。全年化工产品销售额达2.5亿元，同比增长66.67%。民生塑料有限公司坚持传统产品抢市场和新产品高附加值两手抓，进行技术创新，增加了“渗水地膜”、窄幅包装膜等产品，仅工业包装膜销售量增长60%。物产金属公司在做好重点工程原材料供应的同时，积极开辟新的营销渠道和经营品种，增加了铁矿粉、生铁等业务，取得明显成效。物产再生公司在机制上充分调动全体员工的积极性，实行全员收车；在经营范围上紧紧抓住报废汽车以旧换新的机遇，加大私家车辆回收比例；在经营模式上，针对再生资源税收政策改革致使购进物资无法抵扣进项税的问题，深入矿山、铁路部门，承揽报废设备拆解工程，探索废钢经营新模式，全年回收报废车数量同比增长5.6%。三晋汽贸公司随着全省宏观经济的好转，一举扭转了低迷局面，全年销售汽车23087辆。

2.立足整体长远发展，物流业务结构得到有效调整。长风物流公司面对原有经营场所决定开发、新的物流基地尚未建立、铁路建设需要占地等种种不利因素，采用品牌输出的办法，将业务化整为零，租赁社会闲置库房，充分利用现有管理系统进行经营，既确保企业规模不减、维护原有业务的连续性、为将来的新物流基地保留了客户，又确保了职工收入不降、稳定了职工队伍，仅汽车物流业务一项，全年接卸、配送商品车3万辆。现代物流公司积极转变经营模式，由过去单一收取库房租赁收入走向综合物流服务，承接了入住新物流库海尔、美的电器的全部装卸业务，并派人学习厂家的库房管理，为承揽库管业务奠定基础；进一步扩大质押监管规模，新取得了晋商银行、民生银行的质押监管资质，全年共监管6个质押项目，监管金额累计达到14.5亿元。民丰储运分公司借新建库房投入使用之机，积极开发新的客户，确保库房不空、业务不丢，全年仓储总收入同比增长15%。

山西省物流与采购联合会充分发挥中介组织平台，广泛征求会员单位意见，参与了省政府邀请省内外物流业专家、行业企业负责人参加的物流行业专题座谈会，向省政府有关部门提出了全省物流业发展建议，为我省“十二五”现代物流业发展规划的制订起到了建言献策的作用。

3.全力推进战略合作，房地产开发有序推进。为了加快集团公司盘活资产步伐，集团公司明确了与万科集团太原分公司合作开发长风街南区土地的思路，并于3月签订了合作意向书，8月份签订了正式协议，9月份项目公司——太原宝佳万科房地产开发有限公司正式注册，战略合作步入快车道。项目的地质勘探工作和一期工程地面拆迁工作全部完成。宝佳房地产公司积极开展宝佳公寓和再生公司住宅的前期工作，宝佳公寓所占地块出让及转让手续已基本完成。

宝佳物业公司不断改进内部管理，集中力量为业主提供高品质的物业服务，不仅赢得了业主的好评，而且在周边小区取得了好的口碑，承接了北京军代局大楼1.3万m^2的物业管理业务，迈出了物业管理市场化的第一步。

4.抓好项目争取与建设，促进物流企业逐步转型。集团公司向省发改委申报的山西塑料物流中心建设项目二期、家电下乡物流配送体系建设项目、综合性区域物流配送中心三期等三个项目和向工信部及市科委申报的信息化建设项目，共计获得批准支持资金1300万元。向国家工信部申报的物流信息化项目已列入扶持项目，向省发改委申报的综合性区域物流配送中心地震应急物资储备设施建设项目已经立项。

项目建设取得一定的成绩。继上年综合性物流配送中心一期工程完工后，现代物流公司又建成简易库2500m^2，山西塑料物流中心建设项目一期工程完成了投资建设，新建库房、安全监控设备等全部投入使用。

【企业改革改制】 为了提高企业经营实力、增强活力、实现更长远的发展，集团控股的进出口公司在与鞍钢集团长期业务合作的基础上，积极探索更紧密的业务合作，8月集团公司领导亲赴鞍钢实地考察，并与鞍钢签订了战略合作协议，在吸收鞍钢作为进出口公司参股单位的同时，注册资本由5000万元增资到1亿元，为进出口公司规范公司制运作、巩固和延长产业链条、实现跨越发展打下了坚实的基础。2010年已完成了法律尽职调查、审计评估等前期工作，工商变更正在进行中。

改制搞活类企业认真落实改制思路。木材公司认真落实“合作开发现有土地、盘活存量资产、赚取改制成本”的改制思路，抓紧办理相关手续，合作开发积极稳妥向前推进。

困难企业关闭破产工作也取得新的成绩。2010年分流安置破产终结7户企业人员176人，解决了保险缴费等有关遗留问题，离退休人员全部移交集团破产企业离退休人员服务中心管理。在省国有企业改革领导组办公室的大力支持下，宇航公司破产进入了法律程序，其余4户拟破产企业的破产工作也在紧锣密鼓地进行。

【企业管理】 集团及所属企业从规范工作流程、加强内部管理入手，进一步强化各项制度的执行力度，努力提升企业管理“软实力”，使企业管理更加适应发展的需要。

1. 拓宽融资渠道，流动资金短缺矛盾得到有效缓解。集团及各企业积极协调与银行的关系，扎实推进多种方式融资，贷款规模不断扩大，新增融资3.87亿元，大大缓解了发展类企业流动资金紧张矛盾。

2. 严格落实制度，积极防范风险。加强对担保风险的控制，认真执行《担保管理办法》规定的程序，全年共核准贷款担保6笔。进一步压缩了对改制参股企业的贷款担保规模。加大了对项目资金的监管力度，加强跟踪管理，通过有效监管，未发现违规挪用现象和担保连带风险。

3. 强化各项基础管理。一是按照企业国有资产产权登记管理的有关规定，收集、整理了14户企业的产权管理基础资料，初步建立了集团企业的产权档案。二是加强企业民主管理。按程序组织召开了集团公司一届三次职工代表大会。充分发挥工会组织平台，整理完善了帮扶系统，将集团特困职工档案全部录入全国工会网络管理系统。三是进一步完善责任制体系。除了层层签订经管管理目标责任书和党建工作目标责任书外，集团公司与19家二级法人企业签订了《综合治理目标责任书》和《安全生产目标责任书》，与71位涉密人员签订了《保密承诺书》，并按规定对所有涉密人员手机使用情况进行了登记备案，从各个方面强化了责任制管理。四是开展“小金库”专项治理工作。制定了专项治理活动实施方案，利用《山西物流》报等积极宣传，设立了举报箱、举报电话和举报邮箱，对所有企业进行了全面检查。通过检查，未发现所属企业存在“小金库”现象，未接到“小金库”举报电话或信件。

4. 加强信息化建设，提高信息化管理水平。集团公司始终以实现全面信息化管理为目标，加强信息化建设。独立办公的主要成员企业都建成了局域网，其业务全部实现了网上运行。编写了集团公司信息化推进方案；集团局域网与各主要成员企业局域网实现了VPN联网；完成了集团物流园区视频管控系统及集团中心机房改造升级；被科技部门列为物联网在物流行业示范应用的“区域物流配送中心物流与电子商务信息系统”项目从2009年7月份开始进行需求分析，已完成主要模块的开发设计，将上线试运行；拟订并落实财务信息化实施方案，对集团所属企业财务软件及硬件设施进行了全面摸底。

5. 关注民生，确保企业稳定。各发展类企业在经济效益增长的同时，不同程度地增加了职工工资，提高了保险基数，部分清缴了拖欠的养老保险。解决了拟破产企业职工无法正常看病、欠费不能记账、不能正常办理退休的问题，落实了所属企业退改离人员的生活待遇和医疗待遇。主动争取太原市节能减排资金，为部分宿舍楼加装了保暖层，更换了塑钢门窗，改善了职工居住环境。积极争取困难企业职工取暖费补助、企业离休干部医疗补助和统筹外生活补贴，组织慰问特困职工、困难军转干部和困难党员，使职工感受到了组织的温暖。

突出责任意识，完善工作机制，稳定工作取得实效。集团公司制订了《关于开展矛盾纠纷大调研、大排查、大化解活动实施方案》，积极开展矛盾纠纷排查化解工作。采取各种会议经常谈、召开专题会议专门讲的办法，时时强调做好细节工作，确保企业和谐稳定。特别是在改制中，坚持以人为本，规范有情操作，维护了职工的合法权益，大大减少了矛盾纠纷的发生。全年共接待上访人员130多人次，其中集体访11批次82人次，相比上一年度，集体来访数量大幅下降。

【企业党建工作】 以“创科学发展先锋队、当二次创业排头兵、实现物产发展新跨越”为主题，集团公司扎实推进创先争优活动，开展了“创四强四优先进、建二次创业新功”系列活动和“三抓”、“三比”、“三促进”主题实践活动，集团党委建立联系点18个，领导班子成员下基层调研162人次。通过组织“大调研、大讨论”，聚集广大职工智慧，充实“十二五”发展思路。稳步推进学习型党组织建设，组织各直属党组织书记赴潞安学习党建工作绩效管理经验，安排部署全年党建工作；广泛开展“大力学习弘扬右玉精神、推进集团转型跨越发展”、学习贯彻十七届五中全会精神和读书月活动，不断提高广大党员干部素质；坚持中心组学习制度；组织全体职工参加了“五五”普法考试；组织直属党组织书记赴福建古田召开了主题为“继承发扬古田会议精神，深入推进创先争优活动，加强集团公司党的建设”的党建例会。

集团公司继续深化“四好”领导班子创建活动，坚持把“四好”领导班子创建与“四强”党组织、“四优”共产党员创建相对接，以“四好”领导班子创建活动带动基层党组织创先争优，坚持推行领导班子成员“一岗双责”，促进了班子团结，有效地发挥了班子整体合力。

【企业党风廉政建设】 集团公司党委立足于教育防范、制度监督，与16个基层党组织签订了党风廉政目标责任书。组织集团中层以上领导干部学习了《国有企业领导人员廉洁从业若干规定》、《中国共产党领导干部廉洁从政若干准则》及省国资委转发的《关于进一步加大工程建设领域违纪违法案件查处力度的通知》、《关于煤焦领域反腐败专项斗争工作的贯彻意见》；充分利用各种会议、局域网、《山西物流》报、手机短信等进行宣传教育，正确引导广大党员干部提高廉洁自律的自觉性；制订下发并严格执行《“三重一大”决策制度实施办法》，进一步规范了“三重一大”决策制度程序；开展效能监察，全年共立项5个，避免损失30万元。

【企业精神文明建设】 经过反复研讨、收集和整理，编制完成《集团公司企业文化手册》样稿。组织开展了精神文明创建活动，集团公司副总经理郭进科同志获得了山西省劳动模范称号，进出口公司煤炭部获得“工人先锋号”、民生塑料公司获得“模范职工小家”等荣誉称号。借“三八国际妇女节”100周年之机，组织集团中层以上女干部开展了“扬奥运精神、展巾帼风采”主题活动。先后组织开展了“情系玉树”、“情系舟曲”、“慈善一日捐”和“送温暖、献爱心”活动，共计捐款18.38万元。组织扶贫队参加了省委帮扶项目工程，筹集扶贫款共计28万元，向扶贫点赠送了部分图书，慰问了扶贫点特困户、老党员和参加过抗日战争的老同志，发放慰问金7.5万元。举办了老干部座谈会、集团迎春晚会和团拜会。开展了乒乓球比赛等丰富多彩的文化娱乐活动，丰富了职工的业余文化，增强了企业凝聚力。

【公司领导班子成员名录】

郝瑞珍　山西能源交通投资有限公司董事、党委副书记；山西省物资产业集团有限责任公司董事长、党委书记

荣建民　山西能源交通投资有限公司党委委员、副总经理；山西省物资产业集团有限责任公司副董事长、党委委员、总经理

常建军　山西省物资产业集团有限责任公司董事、党委委员、副总经理

苏建民　山西省物资产业集团有限责任公司董事、党委副书记

赵铁贵　山西省物资产业集团有限责任公司董事、党委委员、纪委书记

陆生满　山西省物资产业集团有限责任公司党委委员、工会主席

傅健敏　山西省物资产业集团有限责任公司党委委员、副总经理

郭进科　山西省物资产业集团有限责任公司党委委员、副总经理

刘照国　山西省物资产业集团有限责任公司党委委员、副总经理

山西能源产业集团有限责任公司

【公司简介】山西能源产业集团有限责任公司前身为山西能源产业集团公司，成立于1993年3月，是山西省人民政府为加快山西能源重化工基地建设，加速山西阳城电厂以及有关大型能源工程项目的实施，贯彻山西省“变输煤为输煤输电并举”的战略方针而批准（晋政发[1993]11号）组建的大型国有独资企业。1995年，山西能源产业集团公司被确定为省煤炭运销计划单列单位，形成了遍布全省和可辐射全国的煤炭运销体系。2000年，山西能源产业集团公司作为山西省政府授权对省内煤层气勘探、开发、利用、实施专营的唯一企业，率先在沁水煤田、河东煤田进行了大量的煤层气勘探、开发和利用工作。2001年5月，经省政府批准（晋政函[2001]180号）山西能源产业集团公司整体改制为“山西能源产业集团有限责任公司”（以下简称“能源产业集团”）。能源产业集团先后开发建设了亚行贷款沁水煤田煤层气长输管网项目、世行贷款煤层气地面开采和煤层气液化项目、汽车CNG加气站项目等一批在国内外具有示范意义的煤层气项目。2009年，在山西省煤炭资源整合中控股整合了3座露天煤矿。2010年11月，省政府决定将能源产业集团整合为山西能源交通投资有限公司的全资子公司。

截至2010年12月，能源产业集团注册资本为22046.9万元人民币，现有员工1200人，拥有全资企业7家、控股公司11家、参股公司9家，分布在全省各市。能源产业集团正逐步形成以煤层气、焦炉气等新能源和洁净能源开发利用为主导产业、以煤炭资源开发和煤炭运销为支撑产业、以能源服务业和洁净能源供应为延伸产业的具有区域竞争优势的新能源和新型洁净能源产业集团。

【主要经济指标】截至2010年12月31日，能源产业集团全系统资产总额为17.63亿元，负债总额为13亿元，所有者权益为4.63亿元，资产负债率73.73%，净资产收益率2.46%，总资产报酬率1.51%。2010年，全系统实现营业收入12.53亿元，煤炭发运量296.43万吨，共实现利润1038.05万元。

【经营业绩】煤炭运销作为能源产业集团的基础产业和主营业务，是能源产业集团目前赖以生存与发展的重要基础。主要进行了五方面工作：一是强化组织领导和工作调度，创新经营方式，着力从计划报批、煤源组织、铁路发运、货款结算等方面做好衔接工作，为增加发运量、提高效益创造了先决条件。为打好2010年最后两个月的攻坚战，集团成立了经济运行及改革改制推进督导组，具体组织和协调运营中有关工作，使集团煤炭运营板块整体上呈现企稳回升态势，二季度相对一季度有所回升，三季度较二季度有较大增长，尤其是集团召开了大干60天动员大会后的两个月，三项指标月平均增长较前十个月翻了2~3倍。二是继续加大煤源组织力度，拓宽煤源渠道，广泛开展多层次合作与联营，破解煤源紧张难题。各企业主动与大集团和地方重点煤矿开展多种形式合作，有效地缓解了煤源组织的困难。三是继续推进新增站点报批工作，扩大企业运营规模，在全省范围内寻找煤炭发运空白点，在流向好、发运潜力大的侯月线、神朔线开辟新站点。2010年共上报申请增加11个铁路煤炭立户发运装车点，其中万安站、长治店上站和晋城阳城站已经获批，万安站和店上站已形成实际发运4万多吨。四是进一步扩大直营和自发比例，努力增加和做实销售，扩大经营规模。五是强化管理，严格考核，责任到人，奖罚分明，特别是在2010年最后两个月开展的大干60天工作中，层层抓任务落实，严格考核兑现，较好地促进了各项任务的完成。

【产业结构调整】2010年，能源产业集团煤炭板块以太原公司为平台，开展自主经营试点工作，为进一步开展煤炭“五统一”（统一合同、统一销售、统一计划、统一结算、统一质量），加强集团公司煤炭运销及经营的管控能力，增强集团自主经营能力，推动集团公司煤炭运销板块健康良性发展奠定基础。在巩固发展煤炭运销基础产业的同时，积极向煤炭产业链上游延伸，收购重组了3座露天煤矿，总产能为120万吨/年，为实现煤炭产业生产、储运、运销一体化发展奠定了基础。

【重大项目进展情况】

1.煤炭资源整合项目。

广灵县露天煤矿煤炭资源整合情况。省煤矿企业兼并重组领导组以晋煤重组办发〔2009〕15号文批复，同意能源产业集团对广灵县罗疃煤矿和板塔寺煤矿进行整合重组2处煤矿为1处。重组整合后两煤矿的矿区总面积为4.86平方公里，总估算保有资源储量2676万吨，总开采深度由1670米至960米标高，开采方式为露天开采，生产规模60万吨/年。

煤矿预核准名称为“山西能源产业集团罗疃煤业有限责任公司”。

交口露天煤矿煤炭资源整合情况。省煤矿企业兼并重组整合工作领导组办公室以晋煤重组办发〔2009〕53号文批复，同意能源产业集团作为主体企业重组整合交口二号矿和四号矿两座矿井。整合后分别被核准为“山西能源产业集团鑫建煤业有限公司”（简称“鑫建煤业”）和“山西能源产业集团晟凯煤业有限公司”（简称“晟凯煤业”）。

二号矿（鑫建煤业）由交口县新建煤矿和交口县玉家庄煤矿整合而成。整合后矿区面积达到3.46平方公里，资源储量425万吨，核准年生产能力为30万吨/年，开采方式为露天开采。

四号矿（晟凯煤业）整合后矿区面积将达到11.19平方公里，资源储量4630万吨，核准年生产能力为30万吨/年，批采9、10、11号煤层，开采方式为露天开采。

井工矿整合项目情况。在集团参股经营的古交、清徐等井工矿整合中，配合省煤运完成了相关股权转让与管理交接工作，成为能源产业集团煤源建设的重要补充。

2.煤层气项目。

世行贷款煤层气开发利用示范项目。该项目分为两部分。一是煤层气地面开采、二是煤层气液化。煤层气地面开采部分，是为煤层气液化部分提供气源供应的上游配套部分。具体建设内容为：在沁水煤层气区块内建设350口地面垂直井，年产煤层气2.4亿立方，用于煤层气液化的原料气和配套动力以及制冷所需气源。 煤层气液化部分，是以地面钻井开采部分采收的煤层气就地液化利用。建成后日处理液化煤层气100万方，年产液化煤层气20万吨。具体建设内容为：建设四套撬装式液化站，四套液化装置总液化能力为每年20万吨(5万吨×4套)。液化站所生产的LNG采用低温槽车的运输方式运至目标市场。

世行项目成功实施，每年可减少排放120万吨当量二氧化碳、7800吨二氧化硫和43700吨扬尘。将极大地促进我省能源结构调整，提高煤层气综合开发利用水平，改善煤矿安全生产条件，对全省实现节能减排、发展低碳经济、改善环境、培育新型产业，保障能源安全具有重要的现实意义，并对全省经济的转型跨越发展起到积极的推动作用。

煤层气CNG项目。发挥先发优势，努力拓展新项目。在现有晋城、长治加气站运营的基础上，又新批了柳林煤层气母站、太原子站等建设项目，进一步增强了能源产业集团在山西省CNG项目开发中的主导地位。同时，加大规划和开发力度，先行储备建站份额，按照近期、中期和远期三个方面向省发改委报批了一批重点建站项目规划。

做好焦炉煤气制天然气前期工作。能源产业集团先后赴清徐、介休、襄垣和屯留等地焦化企业进行了广泛调研和考察，并和成都西南化工设计院签订了技术服务协议，为焦炉煤气的综合利用项目实施做了一定基础性工作。

【法人治理结构】重组（2010年11月）以前能源产业集团属国有独资企业，法人治理结构由董事会、监事会、经理层组成，集团公司设立党委。董事会是公司最高决策机构，公司由5名董事（均为党委委员）组成，其中董事长1人，副董事长2人，董事2人。监事会由5名监事组成，其中职工代表1名。经理层由6人组成，总经理1人，副总经理5人。

重组（2010年11月）以后，集团公司属山西能源交通投资有限公司的全资子公司，法人治理结构由董事会、经理层组成，集团公司设立党委。董事会由3名董事（均为党委委员）组成，其中副董事长兼党委书记1人，副董事长兼总经理1人，董事兼纪检书记1人。经理层由3人组成，总经理1人，副总经理2人。

【产权制度改革】一是加快完成煤炭资源整合企业的改制和股权确认。大同公司积极推进改制工作，全面理顺罗疃煤业的各种关系；煤炭公司完成了对交口露天煤矿的主体确认工作，努力建立规范的控股公司体制，实现规范管理和正常经营。二是对尚未改制的企业制定改制预案，按照有关规定程序经批准后全面推开。进一步完善法人治理结构，通过理顺股权关系和管理关系，促进体制机制真正转变。三是完成了晋城公司的公司制改造，制定了临汾公司、太原公司完善股权结构工作方案。

【主要管理经验】

1. 加强企业财务管理和资产管理。为推进能源产业集团财务信息化建设工作和新会计准则的贯彻执行，能源产业集团出台了《集团财务信息化管理方案》，完成集团公司财务信息系统升级改造工作；为加强资产的管理，根据监事会整改意见，认真进行专项整改，对集团本部进行了全面的清产核资工作，经省国资委批复核销了长期挂账的6家企业的部分不良资产，夯实了资产基础。

2. 强化审计监察工作，加强企业内部管理，提高经济效益。2010年，能源产业集团内部审计健全体制，创新机制，拓展服务，切实加大内审工作力度，全面提高了内审人员素质，促进了内审工作的规范化建设，加大事前审计和事中审计的力度，事前审计、事中审计和事后审计有机结合，推动集团公司内审工作上了一个新台阶，进一步促进了集团公司经营管理工作和经济效益提高。

3. 完善制度和监督机制，强化监督检查。制订和完善了集团《招投标监督管理办法》、《效能监察暂行办法》等项制度，形成了用制度管权、管事、管人的有效机制。特别是在干部廉洁制度的落实执行上、党内民主集中制的监督落实上，加大了力度，进一步推行了民主监督，切实保证各项制度落实到岗、到位、到人，真正发挥了各项制度预防、教育、警示作用。规范健全决策权、执行权、监督权既相互制约又相互协调的权力运行机制。落实党内监督条例，加强民主监督，发挥群众舆论监督作用，增强监督实效，切实做到大事公开透明。严格执行领导干部重大事项报告、述职述廉、民主生活会制度，把党内监督、群众监督、社会监督有机结合起来，不断拓宽监督渠道和监督网络。

4. 深入开展效能监察和企务公开。发挥效能监察职能作用，对重点工程项目实施效能监察，强化过程监督，堵塞管理漏洞，保证重点工程和重点项目按时、安全、高效顺利完成。同时，还针对企业经营管理中的重要环节，如成本管理、节能降耗管理以及群众关注的热点难点问题，进行效能监察立项，提高了企业管理水平，促进了企业健康和谐发展。

【党建工作】2010年，能源产业集团党委在总结历年来集团党建工作实践经验的基础上，紧密结合党的十七届四中全会精神及集团党建工作实际，在集团各级党组织中深入开展“135”党建工作。“1”是指一个中心，即紧紧围绕集团生产经营管理这个中心开展党建工作；“3”是指突出抓好三项工作，即：以党章为根本，深入学习，严格执行，整风整纪，使党章这个根本大法真正在党员队伍中入脑入心入行动，坚持党要管党、从严治党；以民主集中制建设思想为核心，创新制度建设，使各项制度健全、科学、行之有效；以“四好”班子建设为抓手，把集团各级班子建设进一步抓实抓好抓出成效；“5”是指在集团各基层党组织开展“五项指标考核”工作，即：基层党组织党建工作考核、“三重一大”民主决策工作考核、基层党组织党员参政议政工作考核、企务公开工作考核和信访稳定工作考核。在实践中树立“融入中心抓党建”的新思路，健全制度，强化监督，加强集团党委参与决策的运行机制，完善了《党委会议事规则》，制定下发了《集团“三重一大”实施办法》等有效保证企业民主决策、科学决策的制度，坚持重大问题集体决策，突出参与重点，把握方向。

以开展创先争优活动为契机，深化集团二级单位“四好班子”建设。集团各二级单位认真对照集团党委下发的《创先争优考核办法》中争创先进基层党组织的“六个标准”，按照“政治素质好、经营业绩好、团结协作好、作风形象好”的要求，着力加强班子建设，确保集团二级班子以身作则，廉洁自律，勤政敬业。

【安全生产】 能源产业集团高度重视安全生产和稳定工作，确保安全生产和稳定工作两不误、两促进。能源产业集团系统的安全工作，涉及煤矿生产安全、煤层气输配和加气站运营安全、施工安全等多个方面。一是强化安全意识，严格落实安全责任。认真贯彻执行国家和省里有关安全生产的法律法规和规章制度，完善安全管理责任体系，建立安全生产责任制和安全管理机制。二是落实安全方案和安全措施。制定科学的安全方案、措施、制度，严格规范，不留死角。三是加强安全监督检查。集团安全监督管理办公室做好全方位、经常性监督检查，特别是抓好重点企业和重点部位的检查，切实履行好安全监管职责。四是加强财务安全，在工作中严格遵守财经纪律，同时提高了风险防范意识。

【公司领导班子成员名录】

刘　波	副董事长、党委书记
梁润德	副董事长、党委委员、总经理
张耀生	董事、党委委员、纪检书记
丁　民	副总经理
梁志勇	副总经理

山西地方铁路集团有限责任公司

【基本概况】 山西地方铁路集团有限责任公司（以下简称“集团公司”）是2003年由山西省地方铁路局依法改制成立的国有独资大型一类企业。集团公司2004年2月18日正式挂牌，下属5个全资子公司、1个分公司、3个控股公司和1个参股公司。截至2010年底，集团公司在职职工2569人，资产总额39.4亿元。

集团公司主要业务为省内地方铁路基本建设及客货运输经营；铁路专用线的社会共用服务管理；省内地方铁路的煤炭建设与

经营管理；大秦铁路煤炭集运站的建设、设备管理、配件经销、维修及人员培训；铁路专用物资的经销；旅游开发、经济信息咨询等。目前经营管理有孝（义）—柳（林）、武（乡）—左（权）、沁（县）—沁（源）、宁（武）—静（乐）和阴（塔）—火（山）等五条地方（合资）铁路，铁路正线里程380公里，线路总里程449公里。目前，年货物发运量2000万吨以上；与太原铁路局联合经营、行业管理的64条铁路专用线，年货物发运量8700万吨以上，为大秦铁路承担着大量的煤炭发送任务。集团公司管理的地方铁路和铁路专用线以其显著的经济效益和社会效益，在我省新型能源和工业基地建设中发挥着越来越重要的作用。

【主要经济指标】 2010年，集团公司全年实现货运量3082万吨，其中货物发运量2742万吨，比2009年增长36.9%；实现货物周转量18.87亿吨公里，同比增长23.6%；与太原铁路局联合经营、行业管理的铁路专用线全年实现货运量7064万吨。集团实现营业收入9.3亿元，同比增长29.56%；全年实现利润3836.5万元，同比增长67.02%。安全生产形势持续稳定，未发生一般B类以上责任事故，连续第七年实现安全生产。

【国有资产保值增值】 截至2010年底，集团公司资产总额为39.4亿元，与年初数37.7亿元相比，增加1.7亿元，扣除少数股东权益，集团公司净资产为6.9亿元，较2009年的6.7亿元增加0.2亿元，国有资产保值增值率为103.03%，与2009年资产保值增值率100.96%相比提高了2.07个百分点，国有资产实现增值。

【改革发展】

1.内挖潜力，组织货源，实施大客户战略，确保运量持续增长。2010年，集团公司全系统以煤炭资源整合为契机，通过对内挖掘运输潜力，对外加大货源组织力度，细化运输组织，狠抓调度指挥，强化车流组织，实行了大客户战略，年货运量首次突破3000万吨。所属宁静铁路、忻州铁路两个公司积极争取内蒙、陕西、朔州、原平等地煤源，解决了煤源不足问题；与神朔、朔黄公司，煤销公司及各发运客户每季度定期召开运输协调会，确保了运量稳定，两个公司的运量分别实现了534万吨和513万吨，同比增长124%和103%。

孝柳公司对行车、货运、装卸各部门的衔接进行卡控，对站台、货位进行整合，实现了孝西至东槽间直通运输，全年实现货运量1755万吨。武沁公司吸引了5家大客户进驻武左线各煤炭发运站，年完成货运量208万吨，保持了稳定增长。

2.开辟多个经济增长点，扩大经营规模。2010年，集团公司与山西煤销集团就双方在山西煤炭物流体系建设中加强合作签订了框架协议，共同规划并作为投资主体，联合其他煤炭集团，建设多元资本的地方铁路，共同做大山西铁路煤炭物流业。同时，集团公司和各下属单位还与阳煤集团、霍州煤电、轩岗煤电、潞安集团达成了多种形式的合作协议。

五寨至沙泉地方铁路项目作为集团公司的重点建设项目，其各项筹备工作已全面展开且进展顺利，该项目开工后，3年内建成并投入运营，建成后与阴火线一起完成全线电气化改造。

大同地铁公司成功纳入13条新专用线（其中万吨线9条），使得行业管理的专用线达到64条。忻州公司引资新建火山（满足半列装车条件）煤炭集运站且已投入运营，新建刘元头（满足整列装车条件）煤炭集运站，该项目已开工建设，可于2011年底建成并投入运营。煤运公司新一届领导班子2010年初组建后，在稳定发展吕梁分公司业务的同时，积极开疆拓展，着力开拓宁武的发运业务。经过努力，小石家庄站的铁路立户手续已经太原路局会议研究通过，相关证照完善后，即可实现在宁静铁路的营销发运。

3.面对新形势，积极开展规划工作。2010年，根据集团公司发展战略以及全省煤炭资源整合后新建矿区急需配套铁路的形势变化，年初，集团公司安排人员，会同有关企业对兴县、保德县、河曲县、右玉县、左云县、柳林县及宁静铁路、阴火铁路和孝柳铁路沿线的煤炭资源整合情况、陕蒙煤炭过境情况及运力需求进行了调研，同时与一些大型煤业集团联系，就合作进行了座谈，提出了集团公司的发展定位和发展战略。作为发展战略的项目支撑，提出了新建铁路项目以及铁路专用线项目，同时提出了整合铁路专用线运力资源方案。

集团公司配合上级部门，在《构建山西现代交通体系》研究课题中，承担了“地方铁路篇”的起草工作，完成了地方铁路中长期发展战略规划，得到了课题组领导的好评。同时，受山西省国资委的委托，经广泛调查研究，从山西省煤炭资源整合及经济社会发展实际出发，集团公司编制起草了《山西省“十二五”支线铁路专项规划》。

【主要管理经验】

1.基础设施建设方面。2010年，集团公司根据运输生产形势，加大了线路技术改造和装备水平的提升力度。孝柳公司通过改造，具备了整列运输条件，在全系统率先开行了5000吨整列货运列车；完成了石庄至小景间三处道口“平改立”工程，取缔土道口9处；完成东槽至孝西间电气化改造，送审电化遗留项目19项。大同地铁公司对小河头站场的万吨扩能及线路电气化改造工程，已于2010年11月28日主体全线验交完工，经改造后，该线年运量达到300万吨，站台可存煤160万吨，年收益2000万元，为全系统目前最具规模的万吨装车线。宁静公司新购置4台小型捣固机具，从最原始的人力养护向半机械化方式过渡；将宁武西站的两条调车线改造为接发列车的到发线；新增了287.5米调车线和100米机车停留线，缓解了宁武西站作业繁忙的局面。忻州公司将阴火线最后4.3公里线路的43KG轨全部更换为50KG钢轨并新购一台DF8B型机车，该公司运输机力大大增强。武沁公司在对3个站区低压线路进行改造之后，对4台机车安装无线调度系统，保证了运输的安全畅通。

按照环保部门的要求，2010年，集团公司组织各所属公司对沿线的发煤站点全部安装了防尘网，实行了喷水卸车和喷淋覆盖。

2.强化安全生产方面。2010年，集团公司严格贯彻执行国家《安全生产法》，完善安全生产逐级负责制，严格安全生产一票否决制，横向到边，纵向到底，全面细化安全措施。集团公司相继开展了9项安全生产专项整治活动，共发现安全隐患和问题192件且全部及时处理或整改。

集团各运输单位共投入14351万元，用于基础设施和设备的改造完善。编制修订了各类应急救援预案，组织各类预案演练活动13次。在教育培训、考核激励机制、隐患排查等方面加强管理，增强了山西地方铁路广大职工的安全意识和责任感。

3. 企业管控方面。2010年，集团公司以控制成本为重点，严格消耗定额，规范材料采购、领用的程序，积极消化原料、油料等各项成本上升因素，努力降低非生产性支出。重新修订了《山西地方铁路集团有限责任公司财务管理办法》，制定了《山西地方铁路集团有限责任公司中介机构聘用办法实施细则》及《山西地方铁路集团有限责任公司国有资产产权登记管理办法》。

集团公司转变人才引进和使用观念，对所属企业及机关处室部分干部进行了调整，机关与基层进行双向交流，选拔培养了一批德才兼备、能担重任的后备干部，并加大对年轻干部培养力度。通过技术岗位人才的引进，关键管理岗位少量聘用外部人才，对职工整体技能起到了“传帮带”作用。为提高职工业务技能，集团公司全年共举办各类培训学习班29期，参训职工达到1566人次。

集团公司加强普法教育，实行企务公开，促进企业管理体系的完善。年内对所属企业离任领导进行了离任审计，加大解决法律纠纷的力度，建立防范经营风险的长效机制。

4. 改善民生方面。2010年，集团公司在岗职工人均年收入31264元，同比增长15.3%。年内为职工子女发放奖助学金，向困难职工发放救助金，为离退职工发放慰问金及慰问品，共计40余万元。集团公司各所属单位结合实际情况，添置更换了办公硬件设备，福利待遇向一线职工倾斜，组织职工体检，投入资金对工作区、生活区环境进行改造和全方位的绿化美化，营造和谐、文明、健康的工作生活氛围，在激发了员工与企业同兴衰、共命运的主人翁意识的同时，也增强了职工爱岗敬业的工作责任感。

5. 党建工作方面。2010年，集团公司成立了创先争优活动领导组，建立领导联系点制度，制定实施方案，并在系统内进行动员部署，形成了学习先进，争当先进的良好风气。进行了党委换届选举，选举产生了中国共产党山西地方铁路集团有限责任公司第一届委员会和第一届纪律检查委员会，第一届党委委员和第一届纪委委员，第一届党委书记，党委副书记和纪委书记。组织编制了《党风廉政建设制度汇编》，制定和完善了《山西地方铁路集团“小金库”专项治理工作实施办法》及《山西地方铁路集团招投标监督实施办法》。利用多种形式对党的十七大精神和反腐倡廉进行了广泛的宣传活动。深入学习右玉精神，山西省委书记袁纯清在全省领导干部大会上的讲话精神，重点对照《廉政准则》规定的52个“不准”，组织召开集团公司及所属企业领导范围内民主生活会。

集团公司从各所属企业抽调人员组成驻灵丘县史庄乡扶贫工作队，投入资金20余万元实施了修路工程，修建300立方米蓄水池两座，解决了当地村民祖辈通行和大棚蔬菜种植问题。年内共培养发展党员28名，进一步扩大了党的群众基础。开展了各种形式的劳动竞赛活动，加强职工维权机制建设，解决了职工切身利益方面的突出问题。

【公司领导班子成员名录】

任　秀　　董事长　党委书记
边荣军　　副董事长　总经理
刘建军　　党委副书记
张建平　　党委副书记　工会主席
祖　林　　副总经理
杜振国　　副总经理
赵石岗　　副总经理　总工程师
宋克忍　　总会计师

山西汽车运输集团有限公司

【概况】 山西汽车运输集团有限公司（以下简称“集团”）前身为山西省汽车运输总公司（以下简称“总公司”），之前又为山西省汽车运输公司（以下简称“省运公司”），始建于1949年4月，至2001年9月前，一直隶属于山西省交通厅（后改为“山西省交通运输厅”）；2004年4月，划归新成立的山西省国有资产监督管理委员会管辖；2010年12月，经过重组合并，现隶属于山西能源交通投资有限公司（以下简称“能交投公司”），为国有独资大型一类企业。下属16个子、分公司遍布全省各地市，截至2010年底，集团总资产为33.4亿元，净资产7亿元，职工3.6万人，土地总量近6000亩；营运车辆14948台，其中：客车5201台（高级客车1797台），总座位约13万个；货车9747台（重型大吨位车6499台），总吨位约15万吨；车辆平均技术等级为1.25级；营运班线1805条，其中：省际线路514条，市际线路497条，区内及旅游线路794条；汽车站113个，其中：一级站11个，二级站52个；物流园区（中心）9个，物流及小件快运网点98个，大中型货源基地36个，零担专线43条；维修场站38个，其中：一类维修企业18个，二类维修企业17个，特约维修服务站120余个；驾校11所，其中：一类驾校3所，二类驾校8所，具备公路客货运输双一级经营资质。基本形成了覆盖全省、辐射全国的客货运输、物流配送、站场枢纽、维修救援、信息服务等五大网络。历年来，圆满完成了备战备荒、晋煤外运、保电保化，以及抢险救灾、抗击非典、奥运服务等重点运输任务，为山西经济社会发展提供了有力的支持。是国内最具竞争实力的道路运输骨干企业之一，也是山西省首家通过ISO9000质量体系认证的运输企业。集团先后跻身于全国道路运输50强、交通企业100强、物流企业100强、道路运输诚信企业100强（第5位）、全国服务业500强行列，中国道路运输百强诚信企业第13位。系国家交通运输部重点联系企业之一。2009年被交通运输部评为重点联系企业经济运行分析工作“先进单位”荣誉称号，2010年被省属企业精神文明建设指导委员会授予2009～2010年度“文明单位标兵”荣誉称号。

各子、分公司（16个）：晋龙捷泰运贸公司，运城、侯马、临汾、晋城、长治、阳泉、吕梁、忻州、朔州（原“阳方口公司”，系一套人马，两块牌子）、雁北汽车运输公司，宇星客车有限公司，迎泽物流有限公司，华运房地产开发公司（原“同兴房地产开发公司”），天然气公司，交通大厦（分公司）。

【产品与服务】 公路客货运输；物流配送、仓储、搬运、包装；汽车维修；汽车销售（除小轿车）；汽车配件的生产和经销；机电产品经销；钢材经销；矿产品转运；计算机、电子技术开发；销售日用百货、副食、酒。零担货运；物流信息服务；汽车租赁；汽车装潢、美容；新技术、新工艺推广；机械租赁；土石方挖运；批发零售建材、润滑油、防冻液、汽车用品、五金交电、服装鞋帽、农产品;餐饮、包装食品销售及住宿业务，保险兼业代理。

【主要指标】 实现营业收入48.9亿元，同比增长35.1%；实现利润1356万元，同比增长19.2%；实现换算周转量64.9亿吨公里，同比增长14.4%；营运车辆责任事故死亡率5.9人/万车，低于19人/万车的安全控制指标，职工收入同比增长10%。

【经营业绩】

1.现代运输服务理念日趋成熟，公路客运逐步向快速化、便捷化、舒适化方向发展，公路货运逐步形成以普货、特种、专项货物运输服务和物流服务为主的多种服务方式相结合共同发展的新格局。

2.客货营运车辆结构的调整，运力、运能状况的改善，以及运输工具的逐年增加，使车辆适应道路运输市场变化的能力得到提高，为公路客货运量的稳步增长提供保证。

3.行业清理整顿及管理力度不断强化，公路客货运输市场逐步规范、有序，有利于运输主业的发展。

【财务分析】 截至2010年12月31日，集团拥有资产总额333863万元，负债总额264283万元，净资产69580万元（已扣除执行新制度预计损失），资产负债率为79.16%。构成如下：

1.资产。

（1）流动资产：流动资产总额129239万元，占资产总额的38.71%。

流动资产中，应收账款净额15314万元，占流动资产的11.85%，占总资产的4.59%。

（2）固定资产：固定资产原值179200万元，固定资产净值110427万元，占资产总额的33.08%。

（3）其他各类资产：①在建工程22754万元，占资产总额6.82的%；②无形资产64141万元，长期待摊费用916万元。

2.负债。

（1）流动负债：流动负债总额223293万元，占负债总额的84.49%。

（2）长期负债：长期负债总额40990万元，占负债总额的15.51%。

3.净资产。净资产总额69580万元。

附表：

基本情况表（见表1）

资产负债表（见表2）

利润及利润分配表（见表3）

所有者权益（或股东权益）增减变动表（见表4）

【改革发展】 集团所属汾阳公司和阳方口、忻州公司所属六个三级子公司等七户企业均已经当地人民法院正式宣告破产。职工清算、债权债务清理等工作正在依法合规有序推进。忻州公司兼并云母厂经与忻州市政府多次磋商沟通，已由市政府整建制接收。企业改制工作取得了阶段性成果。

11月24日，省政府召开第72次常务会议，原则同意省国资委提出的由山西能源交通投资有限公司（简称“能投公司”）整合重组山西地方铁路集团有限公司、山西汽车运输集团有限公司、山西能源产业集团有限公司、山西省物资产业集团有限公司4户企业为能投公司（母公司）的全资子公司，4户企业的组织关系及领导人员的任免均由能交投公司管理，并报省国资委备案。

【结构调整】

面对铁路、民航快速发展、燃油价格上

涨，导致企业收入下降、成本增加等多重影响，集团审时度势、科学决策、沉着应对，坚持以科学发展观为指导，以“三个根本性提高”为目标，扎实推进“7+2”发展战略（即：客运、货运、物流、站场、维修、土地、驾校等七项重点工作，加油、加气两个新的经济增长点），努力提高服务水平，企业影响力、控制力、导向力进一步增强，经济发展的质量和效益明显得到提高。实现了“十一五”的圆满收官。

1.客运经营。明确提出“调整经营方式、调整经营布局、延伸经营领域、加强品牌营销”的客运发展策略。狠抓新增车辆和在线车辆的股权结构调整，全系统公司化经营车辆达到657台，其中：晋城公司完成公司化改造车辆111台，总数达到199台；雁北公司22部公营车辆年创收300多万元，占其客运收益的30.2%。及时调整经营布局，构建适应城乡客运一体化发展趋势区域客运网络，客运经营逐步由过多依赖长途线路向中长途客运、旅游客运、城乡客运、城市公交和出租等全面发展转变，积极参与地方道路客运企业的重组整合。如：临汾公司增加营运客车200余台，晋龙捷泰公司重组整合效应进一步显现。至年底，集团客运车辆已经占到全省营运客车的33.7%，市场导向力进一步增强，客运基础地位进一步巩固。

2.货运经营。明确提出“强化园区建设，发挥集聚效应；强化货源组织，保障有效供给；强化快运网络，保证有效流通；强化信息建设，提升管理效率”的货运转型策略。所属各公司按照“货源兴，则货运兴；货运兴，则企业兴”的货运发展思路，健全组货机构，加强组货能力，积极组织非煤质货源，拓展货运业务全力培育大宗货源基地。如：长治公司在巩固货源的基础上，与山西金融租赁有限公司合作，发展自营车辆50台。至年底，全系统拥有固定大宗货源基地36个，完成组货量同比增长99.8%，实现组货收入同比增长80%，实现零担收入同比增长232%。

3.现代物流。所属晋城公司物流园区、忻州公司物流园区相继投入使用，运城公司物流园区建设基本完工，迎泽物流公司在园区运营、营销物流、市内配送等方面均取得较大进展。长治公司物流中心即将进入开工建设阶段。山西省现代物流配送网络项目（一期工程）已报省发改委审批。至年底，全系统拥有运营物流园区（中心）9个，物流及小件快运网点98个，零担专线43条，物流网络布局基本成型，规模效应初步显现。

4.站场经营。认真贯彻落实《汽车站质量信誉考核体系》、《汽车站安全生产规范》和交通部“三优、三化”标准，努力提高“三个服务”的能力和水平，着力打造窗口服务新形象，确保了广大人民群众的安全便捷出行。太原、大同、晋城3个汽车站被评为“首届旅客最满意汽车客运站”，3名站长获得“首届全国道路运输站场优秀站长”荣誉称号。忻州、临汾、大同等汽车站正在规划建设，离石、原平、阳城、屯留、黎城等汽车站基本完工，襄垣、壶关等汽车站投入使用。至年底，集团拥有客运站场110个，站场网络日趋完善，服务功能明显提升。

5.维修服务。重点建设“4S”店，维修布局趋于合理。如：晋城公司新建解放商用车“4S”店，实现了东风、解放、重汽三大品牌“4S”店集群发展；晋龙捷泰公司福田、莲花，忻州公司比亚迪等“4S”店均已正式投入运营；侯马公司车辆检测线全年收益200余万元，成为公司新的经济增长点。至年底，全系统拥有各类维修厂站38个，其中：一类维修企业19个，二类维修企业17个，特约维修服务站120个，基本形成了全省范围内整车销售、售后服务、配件供应、信息反馈等四位一体的“4S”维修网络及覆盖全省的维修救援网络体系。

6.驾校管理。所属各公司驾校通过扩大规模、新增设施、提升质量等多种措施，基础设施进一步改善，整体实力明显增强。如：晋城公司驾校积极拓展业务范围，增设驾驶员技能培训业务；阳泉公司驾校正在加紧建设；朔州公司驾校正在积极筹措运营；运城公司改建的80亩综合训练场已经完工；临汾公司收购的运通驾校已投入运营；晋龙捷泰公司驾校加强场地建设，对配套设施设备进行了整修；长治公司驾校一年一个新台阶，品牌效应初步显现。至年底，全系统拥有驾校11个，其中一级驾校3个，二级驾校8个。

7.加油加气。加油加气工作是集团积极拓宽经营领域，新开发的两个经济增长点。至年底，加油工作已完成20个汽车站的装置安装，实现开机即可加油。加气工作由于体制、机制（原与中石油昆仑天然气利用有限公司合作）等多方面原因，重新注册“山西汽运集团天然气利用有限公司”，由集团独资经营，进一步理顺了企业股权关系。

8.相关产业。宇星公司塑胶产业规模进一步扩大，交通工程业务量再创新高。华运公司“新田府邸”项目手续报建及一期工程2#、3#、4#、5#楼基础工程施工均已完成，“龙兴府邸”项目前期手续取得较大进展。交通大厦改造基础设施，提升员工素质，服务能力进一步得到增强。

【基础管理】 创新融资渠道，完成了1.5亿元流动资金存量贷款的续贷和新增2亿元流动资金贷款的授信额度。审核各类合同2000余份，出具法律意见6000余条，涉及合同标的金额13亿元。健全激励约束机制，完善审计规章制度166条，经济效益审计232项，内控制度审计15项，审计调查13项。规范劳动合同管理，组织各公司对劳动合同进行了签订、续订、解除和备案工作，劳动合同签订率达100%。优化人力资源结构，全系统大专以上学历达到2534人，占职工比例的27%。制定小件快运管理系统建设方案，完成了集团物流信息管理系统和信息平台开发工作。加强信息化建设，健全了GPS平台监控体系。充分利用视频会议系统和OA办公平台，节约管理成本，企业现代化管理水平进一步提高。修订完善《安全管理工作标准及程序》，并以软科学项目在省科技厅立项。完善车辆新增、检验、维修等标准，组织召开合格供方代表座谈会，参与“千家交通运输企业低碳交通”专项行动，基本达到了降低成本、安全运行、节能减排的目标。

“十一五”末，集团总资产达到33.4亿元，同比增长66.9%；净资产达到7亿元，同比增长42.9%；利润达到1356万元，同比增长629%；换算周转量完成64.9亿吨公里，同比增长14.4%；安全生产工作平稳有序，均未超过安全控制指标。进入省国资委“经营业绩考核A级企业”，被省委、省政府授予“模范单位”光荣称号。

【存在问题】 短期问题和长期问题交织，结构问题和体制问题并存，内部问题和外部问题互联，具体表现为：铁路、民航快速发展的影响进一步显现，特别是太中银铁路和大西客运专线的投入运营，将对集团的客运发展带来新一轮的影响；油价上涨、成本增加，运输市场的竞争将更加激烈；企业内部历史包袱沉重、职工收入偏低、资金严重短缺、利润水平仍然很低等问题没有得到根本解决。

【重大决策与重大项目进展】 2010年，集团全系统重点投资建设项目34个，共完成投资32635.38万元，其中：主业项目32个，总投资31994.38万元；非主业项目2个，总投资641万元。新开工项目15个，总投资19602.8万元；续建项目19个，总投资13032.58万元。固定资产建设项目30个，总投资31575.38万元；股权投资项目4个，总投资1060万元。建设项目中主要有：汽车站15个、物流园区4个、驾校3个、汽车4S店（维修）2个。

【国有资产保值增值】 2010年初，集团国有资本总额60185.66万元；2010年末，集团国有资本总额59637.40万元，实现国有资本减值548.26万元，资本保值减值率0.91%。

【法人治理结构】 公司法人治理结构由董事会、监事会、经理组成。董事会是集团最高决策机构，设董事长1名，副董事长1名，董事2名，依照法律规定和公司章程行使职权，决定公司重大事项。监事会成员由5名监事组成，其中：集团兼职监事1名，由审计处处长兼任，监事会依照法律规定和公司章程行使职权，对集团公司经营管理行为及国有资产实施监督。总经理对董事会负责，经理层依照法律规定和公司章程行使职权，主持公司的生产经营管理工作和组织实施董事会决议。

【公司领导班子成员名录】

张海清	能投公司副董事长　副总经理 集团董事长　总经理（兼） 党委委员
郭鹏飞	能投公司党委副书记 集团党委书记　副董事长
王彩霞	董事　党委委员　总会计师
牛天长	董事　党委委员　工会主席
武 艺	党委委员　副总经理
曹继祥	党委委员　副总经理
王援朝	享受副职待遇

表1

2010 年汽运集团现金流量表

金额单位：万元

项　目	行　次	本期金额	上期金额
一、经营活动产生的现金流量：	1	—	—
销售商品、提供劳务收到的现金	2	506,175.96	371,283.53
△客户存款和同业存放款项净增加额	3	0.00	0.00
△向中央银行借款净增加额	4	0.00	0.00
△向其他金融机构拆入资金净增加额	5	0.00	0.00
△收到原保险合同保费取得的现金	6	0.00	0.00
△收到再保险业务现金净额	7	0.00	0.00
△保户储金及投资款净增加额	8	0.00	0.00
△处置交易性金融资产净增加额	9	0.00	0.00
△收取利息、手续费及佣金的现金	10	0.00	0.00
△拆入资金净增加额	11	0.00	0.00
△回购业务资金净增加额	12	0.00	0.00
收到的税费返还	13	100.38	96.06
收到其他与经营活动有关的现金	14	143,631.20	107,345.38
经营活动现金流入小计	15	649,907.55	478,724.97
购买商品、接收劳务支付的现金	16	462,866.62	329,807.92
△客户贷款及垫款净增加额	17	0.00	0.00
△存放中央银行和同业款项净增加额	18	0.00	0.00
△支付原保险合同赔付款项的现金	19	0.00	0.00
△支付利息、手续费及佣金的现金	20	0.00	0.00
△支付保单红利的现金	21	0.00	0.00
支付给职工以及为职工支付的现金	22	24,009.03	20,076.38
支付的各项税费	23	12,166.23	11,203.76
支付其他与经营活动有关的现金	24	111,009.25	100,266.43
经营活动现金流出小计	25	610,051.13	461,354.48
经营活动产生的现金流量净额	26	39,856.42	17,370.49
二、投资活动产生的现金流量：	27	—	—
收回投资收到的现金	28	0.00	413.95
取得投资收益收到的现金	29	39.14	65.44

续表

项　目	行　次	本期金额	上期金额
处置固定资产、无形资产和其他长期资产所收回的现金净额	30	643.05	931.07
处置子公司及其他营业单位收回的现金净额	31	0.00	1,991.73
收到其他与投资活动有关的现金	32	8,480.01	1,752.60
投资活动现金流入小计	33	9,162.19	5,154.79
购建固定资产、无形资产和其他长期资产所支付的现金	34	32,329.41	24,850.19
投资支付的现金	35	5,270.35	4,609.79
△质押贷款净增加额	36	0.00	0.00
取得子公司及其他营业单位支付的现金净额	37	0.00	997.00
支付其他与投资活动有关的现金	38	628.34	411.95
投资活动现金流出小计	39	38,228.11	30,868.94
投资活动产生的现金流量净额	40	-29,065.91	-25,714.15
三、筹资活动产生的现金流量：	41	—	—
吸收投资收到的现金	42	1,400.00	3,325.79
其中：子公司吸收少数股东投资收到的现金	43	0.00	253.00
取得借款所收到的现金	44	51,808.29	49,531.97
△发行债券收到的现金	45	0.00	0.00
收到其他与筹资活动有关的现金	46	6,904.01	5,138.84
筹资活动现金流入小计	47	60,112.30	57,996.60
偿还债务所支付的现金	48	60,296.03	36,657.44
分配股利、利润或偿付利息所支付的现金	49	3,949.11	2,678.71
其中：子公司支付给少数股东的股利、利润	50	0.00	0.00
支付其他与筹资活动有关的现金	51	5,971.57	134.14
筹资活动现金流出小计	52	70,216.71	39,470.30
筹资活动产生的现金流量净额	53	-10,104.41	18,526.29
四、汇率变动对现金及现金等价物的影响	54	0.00	0.00
五、现金及现金等价物净增加额	55	686.09	10,182.64
加：期初现金及现金等价物余额	56	30,403.12	20,220.49
六、期末现金及现金等价物余额	57	31,089.22	30,403.12
	58		

表2

2010 年汽运集团资产负债表

金额单位：万元

项　目	行　次	期末金额	年初金额
流动资产：	1	—	—
货币资金	2	31,089.22	30,403.12
△结算备付金	3	0.00	0.00
△折出资金	4	0.00	0.00
交易性金融资产	5	0.00	0.00
应收票据	6	2,372.12	922.85
应收账款	7	15,313.68	16,636.31
预付款项	8	14,824.62	6,860.01
△应收保费	9	0.00	0.00
△应收分保账款	10	0.00	0.00
△应收分保合同准备金	11	0.00	0.00
应收利息	12	0.00	0.00
其他应收款	13	39,496.35	44,918.90
△买入返售金融资产	14	0.00	0.00
存货	15	22,260.76	12,534.42
其中:原材料	16	1,522.52	846.59
库存商品(产成品)	17	9,047.86	6,048.31
一年内到期的非流动资产	18	0.00	0.00
其他流动资产	19	3,882.12	4,385.19
流动资产合计	20	129,238.87	116,660.82
非流动资产：	21	—	—
△发放贷款及垫款	22	0.00	0.00
可供出售金融资产	23	393.59	583.74
持有至到期投资	24	10.78	10.78
长期应收款	25	0.20	2,210.05
长期股权投资	26	5,375.39	2,863.86
投资性房地产	27	387.91	411.81
固定资产原价	28	179,199.76	145,898.24
减：累计折旧	29	68,772.38	54,518.14

续表

项　目	行　次	期末金额	年初金额
固定资产净值	30	110,427.38	91,380.10
减：固定资产减值准备	31	585.97	585.97
固定资产净额	32	109,841.41	90,794.13
在建工程	33	22,753.77	20,938.47
工程物资	34	0.00	0.00
固定资产清理	35	0.00	2.50
生产性生物资产	36	0.00	0.00
油气资产	37	0.00	0.00
无形资产	38	64,141.06	63,218.21
开发支出	39	0.00	0.00
商誉	40	0.00	0.00
长期待摊费用	41	915.51	894.88
递延所得税资产	42	804.13	804.61
其他非流动资产	43	0.00	37.98
其中：特准储备物资	44	0.00	0.00
非流动资产合计	45	204,623.74	182,771.02
	46		
	47		
	48		
	49		
	50		
	51		
	52		
	53		
	54		
	55		
	56		
	57		
	58		
	59		
	60		
	61		
	62		

续表

项　目	行　次	期末金额	年初金额
	63		
资产总计	64	333,862.62	299,431.84
流动负债:	65	—	—
短期借款	66	24,376.34	25,889.08
△向中央银行借款	67	0.00	0.00
△吸收存款及同业存放	68	0.00	0.00
△拆入资金	69	0.00	0.00
交易性金融负债	70	0.00	0.00
应付票据	71	8,569.69	8,651.49
应付账款	72	11,288.58	11,122.41
预收款项	73	7,209.25	5,351.50
△卖出回购金融资产款	74	0.00	0.00
△应付手续费及佣金	75	0.00	0.00
应付职工薪酬	76	4,213.84	4,226.42
其中:应付工资	77	1,786.01	1,880.05
应付福利费	78	78.43	97.17
#其中:职工奖励及福利基金	79	0.00	0.00
应交税费	80	5,868.63	5,067.78
其中:应交税金	81	5,502.12	3,950.50
应付利息	82	122.15	119.22
其他应付款	83	152,105.03	122,404.63
△应付分保账款	84	0.00	0.00
△保险合同准备金	85	0.00	0.00
△代理买卖证券款	86	0.00	0.00
△代理承销证券款	87	0.00	0.00
一年内到期的非流动负债	88	0.00	0.00
其他流动负债	89	9,539.48	9,201.09
流动负债合计	90	223,292.99	192,033.62
非流动负债:	91	—	—
长期借款	92	7,316.00	10,101.00
应付债券	93	0.00	0.00
长期应付款	94	29,044.67	24,190.39
专项应付款	95	1,893.79	1,516.88

续表

项 目	行 次	期末金额	年初金额
预计负债	96	0.00	0.00
递延所得税负债	97	0.00	0.00
其他非流动负债	98	2,735.61	2,440.13
其中：特准储备基金	99	0.00	0.00
非流动负债合计	100	40,990.06	38,248.40
负 债 合 计	101	264,283.05	230,282.02
所有者权益（或股东权益）：	102	—	—
实收资本（股本）	103	32,564.00	33,046.54
国家资本	104	32,564.00	33,046.54
集体资本	105	0.00	0.00
法人资本	106	0.00	0.00
其中：国有法人资本	107	0.00	0.00
集体法人资本	108	0.00	0.00
个人资本	109	0.00	0.00
外商资本	110	0.00	0.00
#减：已归还投资	111	0.00	0.00
实收资本（或股本）净额	112	32,564.00	33,046.54
资本公积	113	35,929.32	36,183.53
减：库存股	114	0.00	0.00
专项储备	115	0.00	0.00
盈余公积	116	0.00	0.00
其中：法定公积金	117	0.00	0.00
任意公积金	118	0.00	0.00
#储备基金	119	0.00	0.00
#企业发展基金	120	0.00	0.00
#利润归还投资	121	0.00	0.00
△一般风险准备	122	0.00	0.00
未分配利润	123	-8,855.91	-9,044.41
外币报表折算差额	124	0.00	0.00
归属于母公司所有者权益合计	125	59,637.40	60,185.66
★少数股东权益	126	9,942.17	8,964.16
所有者权益合计	127	69,579.57	69,149.82
负债和所有者权益总计	128	333,862.62	299,431.84

表3

2010 年汽运集团利润表

金额单位：万元

项　目	行　次	本期金额	上期金额
一、营业总收入	1	488, 797. 93	362, 149. 25
其中：营业收入	2	488, 797. 93	362, 149. 25
其中：主营业务收入	3	475, 436. 12	354, 100. 71
其他业务收入	4	13, 361. 81	8, 048. 54
△利息收入	5	0. 00	0. 00
△已赚保费	6	0. 00	0. 00
△手续费及佣金收入	7	0. 00	0. 00
二、营业总成本	8	488, 993. 49	361, 672. 20
其中：营业成本	9	446, 396. 61	327, 347. 18
其中：主营业务成本	10	440, 422. 87	323, 886. 43
其他业务成本	11	5, 973. 75	3, 460. 76
△利息支出	12	0. 00	0. 00
△手续费及佣金支出	13	0. 00	0. 00
△退保金	14	0. 00	0. 00
△赔付支出净额	15	0. 00	0. 00
△提取保险合同准备金净额	16	0. 00	0. 00
△保单红利支出	17	0. 00	0. 00
△分保费用	18	0. 00	0. 00
营业税金及附加	19	10, 195. 68	7, 587. 72
销售费用	20	3, 321. 21	2, 496. 98
管理费用	21	27, 269. 27	22, 080. 30
其中：业务招待费	22	639. 25	462. 05
研究与开发费	23	0. 00	0. 00
财务费用	24	2, 798. 35	1, 935. 82
其中：利息支出	25	2, 917. 91	1, 966. 72
利息收入	26	362. 24	304. 51
汇兑净损失（净收益以"–"号填列）	27	0. 00	0. 00
资产减值损失	28	–987. 63	224. 19

续表

项　目	行　次	本期金额	上期金额
其他	29	0.00	0.00
加：公允价值变动收益（损失以“-”号填列）	30	0.00	0.00
投资收益（损失以“-”号填列）	31	45.51	64.66
其中：对联营企业和合营企业的投资收益	32	3.75	3.00
△汇兑收益（损失以“-”号填列）	33	0.00	0.00
三、营业利润（亏损以“-”号填列）	34	-150.04	541.71
加：营业外收入	35	1,972.15	1,113.89
其中：非流动资产处置利得	36	63.76	78.68
非货币性资产交换利得	37	730.53	0.00
政府补助	38	765.09	540.90
债务重组利得	39	0.00	0.00
减：营业外支出	40	465.87	517.26
其中：非流动资产处置损失	41	11.46	26.08
非货币性资产交换损失	42	0.00	0.00
债务重组损失	43	0.00	0.00
四、利润总额（亏损总额以“-”号填列）	44	1,356.24	1,138.34
减：所得税费用	45	954.11	474.86
五、净利润（净亏损以“-”号填列）	46	402.13	663.48
归属于母公司所有者的净利润	47	188.50	155.79
★少数股东损益	48	213.62	507.69
六、每股收益：	49	—	—
基本每股收益	50	0.00	0.00
稀释每股收益	51	0.00	0.00
七、其他综合收益	52	-174.19	0.00
八、综合收益总额	53	227.93	663.48
归属于母公司所有者的综合收益总额	54	14.31	155.79
★归属于少数股东的综合收益总额	55	213.62	507.69
	56		

表4

2010 年汽运集团所有者权益变动表

金额单位：万元

项目	行次	本年金额										
		归属于母公司所有者权益									少数股东权益	所有者权益合计
		实收资本（或股本）	资本公积	减：库存股	专项储备	盈余公积	一般风险准备	未分配利润	其他	小计		
栏次		1	2	3	4	5	6	7	8	9	10	11
一、上年年末余额	1	33,046.54	36,183.53	0.00	0.00	0.00	0.00	-9,044.41	0.00	60,185.66	8,964.16	69,149.82
加：会计政策变更	2	—	—	—	—	—	—	—	—	—	—	—
前期差错更正	3	—	—	—	—	—	—	—	—	—	—	—
二、本年年初余额	4	33,046.54	36,183.53	0.00	0.00	0.00	0.00	-9,044.41	0.00	60,185.66	8,964.16	69,149.82
三、本年增减变动金额（减少以“-”号填列）	5	-482.55	-254.21	0.00	0.00	0.00	0.00	188.50	0.00	-548.26	978.00	429.75
（一）净利润	6	—	—	—	—	—	—	188.50	—	188.50	213.62	402.13
（二）其他综合收益	7	0.00	-232.26	0.00	0.00	0.00	0.00	0.00	0.00	-232.26	0.00	-232.26
综合收益小计	8	0.00	-232.26	0.00	0.00	0.00	0.00	188.50	0.00	-43.75	213.62	169.87
（三）所有者投入和减少资本	9	-482.55	-21.95	0.00	0.00	0.00	0.00	0.00	0.00	-504.50	764.38	259.88
1.所有者投入资本	10	-482.55	0.00	—	—	—	—	—	—	-482.55	0.00	-482.55
2.股份支付计入所有者权益的金额	11	0.00	0.00	—	—	—	—	—	—	0.00	0.00	0.00
3.其他	12	0.00	-21.95	0.00	0.00	0.00	0.00	0.00	0.00	-21.95	764.38	742.43
（四）专项储备提取和使用	13	0.00	0.00	0.00	0.00	0.00	0.00	0.00	0.00	0.00	0.00	0.00
1.提取专项储备	14	—	—	—	0.00	—	—	—	—	0.00	0.00	0.00

续表

项目	行次	本年金额										
		归属于母公司所有者权益									少数股东权益	所有者权益合计
		实收资本（或股本）	资本公积	减:库存股	专项储备	盈余公积	一般风险准备	未分配利润	其他	小计		
2.使用专项储备	15	—	—	—	0.00	—	—	—	—	0.00	0.00	0.00
（五）利润分配	16	0.00	0.00	0.00	0.00	0.00	0.00	0.00	0.00	0.00	0.00	0.00
1.提取盈余公积	17	0.00	0.00	0.00	0.00	0.00	0.00	0.00	0.00	0.00	0.00	0.00
其中：法定公积金	18	—	—	—	—	0.00	—	0.00	—	0.00	—	0.00
任意公积金	19	—	—	—	—	0.00	—	0.00	—	0.00	—	0.00
#储备基金	20	—	—	—	—	0.00	—	0.00	—	0.00	—	0.00
#企业发展基金	21	—	—	—	—	0.00	—	0.00	—	0.00	—	0.00
#利润归还投资	22	—	—	—	—	0.00	—	0.00	—	0.00	—	0.00
2.提取一般风险准备	23	—	—	—	—	—	0.00	0.00	—	0.00	—	0.00
3.对所有者（或股东）的分配	24	—	—	—	—	—	—	0.00	—	0.00	0.00	0.00
4.其他	25	0.00	0.00	0.00	0.00	0.00	0.00	0.00	0.00	0.00	0.00	0.00
（六）所有者权益内部结转	26	0.00	0.00	0.00	0.00	0.00	0.00	0.00	0.00	0.00	0.00	0.00
1.资本公积转增资本（或股本）	27	0.00	0.00	—	—	—	—	—	—	0.00	—	0.00
2.盈余公积转增资本（或股本）	28	0.00	—	—	—	0.00	—	—	—	0.00	—	0.00
3.盈余公积弥补亏损	29	—	—	—	—	0.00	—	0.00	—	0.00	—	0.00
4.其他	30	0.00	0.00	0.00	0.00	0.00	0.00	0.00	0.00	0.00	0.00	0.00
四、本年年末余额	31	32,564.00	35,929.32	0.00	0.00	0.00	0.00	-8,855.91	0.00	59,637.40	9,942.17	69,579.57

续表

项目	行次	上年金额										
		归属于母公司所有者权益									少数股东权益	所有者权益合计
		实收资本（或股本）	资本公积	减：库存股	专项储备	盈余公积	一般风险准备	未分配利润	其他	小计		
栏次	—	12	13	14	15	16	17	18	19	20	21	22
一、上年年末余额	1	33,046.54	35,739.23	0 00	0.00	0.00	0.00	-9,200.20	0.00	59,585.57	7,097.71	66,683.28
加：会计政策变更	2	0.00	0.00	0 00	0.00	0.00	0.00	0.00	0.00	0.00	0.00	0.00
前期差错更正	3	0.00	0.00	0 00	0.00	0.00	0.00	0.00	0.00	0.00	0.00	0.00
二、本年年初余额	4	33,046.54	35,739.23	0 00	0.00	0.00	0.00	-9,200.20	0.00	59,585.57	7,097.71	66,683.28
三、本年增减变动金额（减少以"-"号填列）	5	0.00	444.30	0.00	0.00	0.00	0.00	155.79	0.00	600.09	1,866.45	2,466.54
（一）净利润	6	—	—	—	—	—	—	155.79	—	155.79	507.69	663.48
（二）其他综合收益	7	0.00	287.59	0.00	0.00	0.00	0.00	0.00	0.00	287.59	0.00	287.59
综合收益小计	8	0.00	287.59	0.00	0.00	0.00	0.00	155.79	0.00	443.38	507.69	951.07
（三）所有者投入和减少资本	9	0.00	156.70	0.00	0.00	0.00	0.00	0.00	0.00	156.70	1,358.77	1,515.47
1.所有者投入资本	10	0.00	0.00	—	—	—	—	—	—	0.00	0.00	0.00
2.股份支付计入所有者权益的金额	11	0.00	0.00	—	—	—	—	—	—	0.00	0.00	0.00
3.其他	12	0.00	156.70	0.00	0.00	0.00	0.00	0.00	0.00	156.70	1,358.77	1,515.47
（四）专项储备提取和使用	13	0.00	0.00	0.00	0.00	0.00	0.00	0.00	0.00	0.00	0.00	0.00
1.提取专项储备	14	—	—	—	0.00	—	—	—	—	0.00	0.00	0.00
2.使用专项储备	15	—	—	—	0.00	—	—	—	—	0.00	0.00	0.00

续表

项目	行次	上年金额										
		归属于母公司所有者权益									少数股东权益	所有者权益合计
		实收资本（或股本）	资本公积	减：库存股	专项储备	盈余公积	一般风险准备	未分配利润	其他	小计		
（五）利润分配	16	0.00	0.00	0.00	0.00	0.00	0.00	0.00	0.00	0.00	0.00	0.00
1.提取盈余公积	17	0.00	0.00	0.00	0.00	0.00	0.00	0.00	0.00	0.00	0.00	0.00
其中：法定公积金	18	—	—	—	—	0.00	—	0.00	—	0.00	—	0.00
任意公积金	19	—	—	—	—	0.00	—	0.00	—	0.00	—	0.00
#储备基金	20	—	—	—	—	0.00	—	0.00	—	0.00	—	0.00
#企业发展基金	21	—	—	—	—	0.00	—	0.00	—	0.00	—	0.00
#利润归还投资	22	—	—	—	—	0.00	—	0.00	—	0.00	—	0.00
2.提取一般风险准备	23	—	—	—	—	—	0.00	0.00	—	0.00	—	0.00
3.对所有者（或股东）的分配	24	—	—	—	—	—	—	0.00	—	0.00	0.00	0.00
4.其他	25	0.00	0.00	0.00	0.00	0.00	0.00	0.00	0.00	0.00	0.00	0.00
（六）所有者权益内部结转	26	0.00	0.00	0.00	0.00	0.00	0.00	0.00	0.00	0.00	0.00	0.00
1.资本公积转增资本（或股本）	27	0.00	0.00	—	—	—	—	—	—	0.00	—	0.00
2.盈余公积转增资本（或股本）	28	0.00	—	—	—	0.00	—	—	—	0.00	—	0.00
3.盈余公积弥补亏损	29	—	—	—	—	0.00	—	0.00	—	0.00	—	0.00
4.其他	30	0.00	0.00	0.00	0.00	0.00	0.00	0.00	0.00	0.00	0.00	0.00
四、本年年末余额	31	33,046.54	36,183.53	0.00	0.00	0.00	0.00	-9,044.41	0.00	60,185.66	8,964.16	69,149.82

山西省科技基金发展总公司

【概述】 山西省科技基金发展总公司（以下简称“科技基金公司”）创建于1993年6月，注册资本2亿元，现由山西省人民政府国有资产监督管理委员会（以下简称“省国资委”）直接监管，由政府授权进行科技投资管理。2010年，科技基金公司实现利润总额620万元，完成年度考核指标的113%；实现业务收入3200万元，完成年度考核指标的110%；完成净资产收入率1.7%，比年度考核指标增长0.23个百分点。圆满完成省国资委下达的基本考核指标。2010年，科技基金公司获科技部“中国二十五家优秀创业投资机构产业投资奖”、获2010年“山西省科技奉献二等奖”，并连续3年被中共山西省直机关工委评为“文明和谐单位”。

【改革发展】

1.各类省级科技专项资金管理。2010年，科技基金公司利用各类科技专项资金，执行并完成省政府、省科技计划情况如下所示：山西省科技成果转化专项资金1440万元，投资项目5个；山西省创业风险投资引导基金40000万元，投资项目1个；山西省科技型中小企业技术创新基金300万元，投资项目11个；镁及镁合金重大项目专项资金25万元，投资项目1个。

2.科技成果转化项目资金管理。2010年度科技成果转化资金如期下达，在精细化工、新型材料、节能环保、生物医药等行业技术领域重点支持科技成果转化项目5项，资金总额1400万元，项目资金已全部下达，项目进展情况良好。其中：山西侨友化工股份有限公司实施的“环境友好型萃取精馏新工艺焦化粗苯精制联产顺酐及下游产品工程”稳健运行，顺酐产品实际达产规模已近2.50万吨，企业正在积极争取第二轮融资。

运城市奥新纳米新技术有限公司实施的“利用煤矸石生产4A沸石无磷洗涤助剂”中试项目已建成，生产运行状况良好，4A沸石无磷助剂产品实际达产规模为1万吨，企业正在积极争取第二轮融资。

山西龙镁伟业科技有限公司实施的“金属镁竖罐式蓄热还原系统示范工程”项目已建成投产，并在工业生产条件下进行了多批次连续化生产试验，运行良好。该项目使生产原镁环节实现了大幅度节能与减排，得到市场和客户的高度认可。项目技术已通过省科技厅组织的成果鉴定，技术水平达到国际领先。龙镁伟业公司将在本项目示范成功的基础上，积极加大推广力度。

晋城市富基新材料股份有限公司实施的“蜂窝陶瓷蓄热体”项目正在建设中，企业现已通过在天津股权交易所挂牌的方式成功融资1000万元，解决了制约项目发展的资金瓶颈。同时，作为山西省第一家即将在国内权威的场外柜台交易市场（“三板”市场）挂牌交易的科技型中小企业。

山西天星制药有限公司实施的“头孢唑肟钠系列产品产业化二期工程”已建设完成，项目稳健运行。

从1998年～2010年，山西省财政下达科技成果转化资金2.24亿元。10多年来，基金公司运用上述资金，实际扶持科技成果转化项目61项。

3.创新基金申报工作。2010年，科技基金公司管理的山西省科技型中小企业技术创新平台组织了两批创新基金申报工作。第一批组织项目申报104项，其中5项得到国家创新基金立项支持，支持金额390万元。

2010年科技基金公司还通过受托管理300万元的山西省科技型中小企业技术创新基金和科技基金公司300万元有偿配套资金，对5个项目给予了支持，支持金额150万元。

4.项目投资。2010年，科技基金公司承担的山西省科技创新项目“竖罐式金属镁还原系统”取得了良好的示范效应。在对该项目的投资中，科技基金公司创新采用了新的投资策略，首次尝试利用包括创业风险投资在内的各类资金，投入看好的行业关键技术，将技术和资金整合在一起，成功实现了科技成果的早期转化和对创业企业的早期介入。

5.与各金融机构合作情况。2010年度，科技基金公司继续加大与国家开发银行的合作力度，通过“高科技创业贷款”平台，为青山化工和天星制药两家科技企业融资2000万元。

此外，科技基金公司还通过与浦发银行合作，共为精华化工、利虎玻璃、光宇半导体、富基新材、晋彤仪表、青山化工、奥新纳米等7家企业发放6090万元委托贷款。

6.技术转移服务平台和技术产权交易平台工作。2010年，科技基金公司在打造技术转移服务平台和技术产权交易平台方面取得了新的进展。公司承担新建的国家专利技术(山西)展示交易中心投入使用，展示交易中心功能齐全、设施完善、装备优良，是山西省一流的科技成果展示中心。科技基金公司在该中心集中展示了42部山西省的优秀科技企业和项目，接待了各级领导、投资机构和企业代表近千人次，8月该中心顺利通过了国家知识产权局和山西省知识产权局考察验收。

此外，科技基金公司积极开展技术产权交易中介服务和融资代理服务。截至12月，增加和完善了技术产权交易网站信息披露的内容，新增包装专利转让和企业融资项目400余项。

7.山西省科技成果转化综合服务平台项目。2010年，科技基金公司承担的省重点工程“山西省科技成果转化综合服务平台”项目的硬件环境建设任务基本完成并投入使用，该项目还获得山西省发展和改革委员会300万元资金支持。同时还将山西省留学生创业园管理办公室迁入此平台，充实和完善了平台的功能。

山西金通投资管理有限公司

【概况】 山西金通投资管理有限公司(以下简称“公司”)是根据山西省政府晋政函[2001]444号文件批准，于2001年11月出资成立的国有独资公司，注册资本3亿元人民币。公司宗旨是按照发展市场经济的要求，运营国有资本，实现国有资本的保值增值，为深化企业产权制度和投融资体制改革提供支持，为全省经济建设服务。公司经营范围为：资产置换，债务重组，债权、产权的转让与出售，对企业参股、控股，债权转股权，投资、合作，发行债券，向金融机构借款、咨询等。

公司成立以来，以促进经济发展为战略目标，全力配合山西省委、省政府的调整产业结构政策进行股权投资，有效运作国有资本，持续优化资本结构，实现国有资产的保值增值，经过十年的发展，目前已初步形成政府资金管理、资产经营、自主资金运营的多方位、多渠道投资模式。

近几年来，公司积极谋求转型，着力发展自营项目，目前，公司的自主投资项目已涉及工业、农业、高新技术、房地产等行业，自主投资收益稳步增加，到2010年底自营收入已占公司全部收入的60%以上，公司初步实现了由单纯的资产管理型向资本运营与资产管理并重的国有投资公司转变。

【法人治理结构】 公司设有董事会，是公司的最高决策机构，由三名董事组成，其中董事长一人，董事二人。董事会依照法律规定和公司章程行使职权，决定公司重大事项；公司总经理由董事会决定聘任或解聘，总经理对董事会负责，副总经理等高级管理人员由总经理提名后，由董事会决定聘任或解聘。公司设有总经理一人，副总经理二人，总会计师一名。按照业务运作的要求，目前公司设有9个职能部门分别是：办公室、党群工作部、计划财务部、人力资源部、市场投资部、法律事务部、基金管理部、股权管理一部、股权管理二部。

【主要经济指标】 省国资委下达2010年目标责任书为利润总额1180万元，净资产收益率0.8%，主营业务收入2140万。截至2010年底，公司资产总额为16.73亿元，净资产14.8亿元，资产负债率11.5%；实现营业收入2572万元，比上年同期增长17%，超额完成全年计划20%；实现利润1307万元，超额完成全年计划10.76%；净资产收益率为0.88%，各项指标均超额完成国资委下达的计划指标。

【改革发展】

1.与时俱进，不断完善调整公司制度。为推进管理创新，建立专业化的一流投资公司管控体系，根据公司实际情况，公司对原有的《行政后勤管理制度》进行了调整，重新制定了《出差补助及住宿标准》、《借款及费用报销制度》；同时，为了最大限度避免和减少国有资产损失，加强公司回收力度，规范公司以物抵债行为，完善了《以物抵债业务管理办法》。公司不断在细小环节追求制度化建设，不断践行“办事必建制，无制不办事”的原则。目前已初步形成组织健全、制度完善、流程清晰、责任明确、运转有序的现代化经营型投资公司管控体系。

2.完善股权管理，细分到人，加强监督机制。根据公司《二类资产管理办法》中对项目的分类，参考项目所在地域、金额等因素，将资本金项目责任到人，每个项目经理各管一摊，并对管理内容作了详细规定，以达到人人有事做、事事有人管。同时，为了保持业务上的连续性，亦为了避免回收过程中出现的一些违规违纪行为，公司坚持推行两人负责制，以实现互相帮助，互相促进，互相监督的目的，在保证业务上连贯性的同时亦确保廉洁工作。

3.着力提升股权管理人员服务意识，深化激励机制。为了促进公司股权业务的顺利进行，确保国有资产的保值增值，公司不断着力提高公司员工的服务意识，努力提高员工业务素质，对于项目单位，在回收时要根据《公司法》及公司相关规定做到耐心，细致、有理有据。每季度末对管理内容分权重进行打分，全员薪酬都与打分挂钩，真正实现了多劳多得，不劳不得的局面，激发了员工的责任感，提高了员工的积极性。

【经营情况】

1.围绕国有资产保值增值，加大回收力度。根据《山西省人民政府办公厅关于转发省国资委省财政厅〈山西省省级财政性委托贷款核销和转增国家资本办法〉的通知》文件精神，省政府将历年安排公司作为出资人管理的省级财政性委托资金转增为公司的国家资本金，从代为管理的角色转变为资产的持有者。为了切实管理好这这批总额达20.64亿元（未提减值准备金），涉及1155家项目单位的资产，公司从最大限度保护国有资产保值增值的目标出发，决定采取宜收则收、宜售则售、宜贷则贷、宜投则投的原则。对投资项目，一方面敦促企业落实投资协议要求，办理相关入股手续，理顺投资关系；另一方面根据公司法规定，规范化经营，根据经营业绩进行分红。对贷款项目，尚在正常经营的，敦促按时支付贷款利息；经营困难且无力扭转的项目，加大关注力度，适时、适量回收本金，最大限度保障国有资产不流失，努力实现国有资产的保值增值。

2.坚持由管理型公司向经营型公司转变，着力加强自营业务，促进公司转型跨越发展。随着公司的整体实力日渐成熟，内控制度基本完善，人员综合水平的明显提高，实现“管理型向经营型转变”的各方面条件已初步具备。公司在自主投资的一些潜力大、政策及资金门槛高、具有一定规模和影响的高新技术项目中主观、客观条件也已基本成熟。为此，公司实行逐步推行“普退精进”战略，从一些不赚钱的项目上及时撤出，集中资金，重点发展自营业务。

按照公司发展战略，经过不懈努力，公司已培育出汤荣汽配、广源房地产、德威生化、高科耐火、中辐核仪器等几个自营项目。目前，汤荣汽配公司已完成股份有限公司改造，进入上市辅导期，为实现IPO加紧冲刺；广源房地产项目住宅楼、办公楼基本完成销售，经济效益正逐步显现；德威生化规模不断扩大，是省内品种最多、剂型最全的植物源农药生产企业，前景广阔；高科耐火在耐火材料方面技术突出，产品达到国内、国际先进水平，拟于2012年向中国证监会报送上市申请材料，计划于两年内完成股票首次公开发行并在创业板挂牌上市；中辐核仪器3000平方米厂房年底已经竣工，人员招聘、设备采购已基本完成，正积极与深圳新能源产业基地协商，争取入驻指标，为中核仪器公司在3～4年时间内具备上市条件，5～6年成功上市的跨越发展之路奠定良好的基础。

此外，2010年，赴深圳考察LED照明项目，赴新疆奎屯考察石油深加工提取聚异丁烯项目，赴深圳龙岗考察新能源产业基地项目等等，并编写了《利用EMC模式，在山西推广LED照明改造的可行性分析》、《关于中广核集团等在深圳发起成立中国新能源（核电）产业基地的调研报告》多篇考察报告、可行性研究报告。目前正在论证这些项目的可行性，待机会成熟，将会加大投资力度，推进公司的转型发展。

【主要管理经验】

1.思想建设方面。不断树立员工爱岗敬业的主人翁思想，培养其对企业的认同感、归属感、使命感与责任心，建设员工与公司发展同呼吸共命运的新局面。2010年公司开展了业务办理交叉管理，组织了十余次内部员工经验、心得畅谈会，通过这些形式，贯彻“知识共享、经验共享、资源共享”的共享精神，以及“集体讨论、集体决策”的办事方法，在共享与讨论中培养团队意识，最终将每个人都凝聚起来共同完成各项任务。

2. 专业技能方面。继续推进学习型团队建设。针对“从管理型向经营型转变”战略的日益推进，以及自营业务蓬勃发展的新局面，公司大幅度增加了对员工培训的投入力度。组织注册会计师及律师等专业人员定期对全员进行各种专业知识培训。除集体组织学习外，公司还通过开展危机教育、开展调查报告有奖评比等形式，努力增强员工自觉学习的意识。通过自学与集体学习有机融合，切实把公司员工打造成一支业务上过硬、思想上可靠的专业型团队。

3. 员工满意度建设方面。公司为员工提供舞台，使其积极发挥才干并得到应得的报酬。针对公司的特点，开展了员工职业生涯管理，并通过加大员工教育投资、提高员工待遇、坚持推行带薪年假、定期开展文体活动、年终聚会等措施，着力营造环境温馨、学习舒心、工作安心、生活开心的工作氛围，使员工得发展、企业得效益，员工满意度不断提升。

4. 党建工作。不断完善国有企业领导体制，围绕“抓党建、促企建”的工作思路，党务工作呈现出了新的气象。2010年，公司党支部围绕公司业务的发展，开展创建精神文明单位，推进学习型党组织建设两大内容，在加强组织建设和党员队伍建设方面取得了长足进步和显著成绩。为了推进精神文明单位建设，公司专门成立了文明委和文明办，并以民主生活会和民主生活会扩大会议为载体，先后以《争先创优》、《推进学习型党组织建设》、《共创精神文明单位》、《学习党的十七届五中全会精神》、《学习袁纯清同志在全省干部大会上的讲话》等党内、省内重大事项为内容，开展了丰富多彩的民主生活和学习活动。充分发挥了企业党组织的思想政治优势、组织优势和密切联系群众的优势，为推进企业各项工作的顺利实施提供了强有力的组织保障和精神动力。

5. 廉政建设方面。公司以教育为主线，以制度为保障，狠抓党员干部的思想、组织、作风建设，把强化领导干部廉洁自律和落实党风廉政建设责任制摆在重要位置，把党风廉政建设作为党建工作和企业发展的重要内容纳入日常管理体系。通过大力开展廉政教育，进一步完善了领导责任制、部门负责制和岗位责任制“三位一体”的党风廉政建设责任制体系；完善公司企务公开，增加管理透明度等三大措施，实现了企业发展与精神文明建设紧密结合、相互促进的良好局面。

6. 社会责任方面。追求利益最大化的同时，不忘回馈社会，服务社会。面对国内灾情频发现状，公司党支部积极参加各种捐助活动，举办了主题为“伸出你的双手，献出一份爱心”讨论会，号召全体员工献爱心。2010年4月，为青海玉树地震捐款3900元；2010年8月，为甘肃舟曲特大山洪泥石流灾区捐款4300元；积极参加 “博爱一日捐”活动，捐款捐物302000元。通过这些活动，公司上下已形成“一方有难，八方支援”的共识，促进了公司员工凝聚力与向心力，树立了良好的企业形象，实现了企业发展与社会进步和谐发展的良好局面。

2011

SHANXI PROVINCE STATE-OWNED ASSETS SUPERVISION AND ADMINISTRATION YEARBOOK

山西省国有资产监督管理年鉴

山西省国有资产统计资料

第五篇

一矿赶超跨越、和谐奋进的音符，正奏响着一曲曲凯歌，图为一矿工业广场及任务楼

以团结奋进、务实创新、作风优良著称的一矿领导班子集体

阳泉煤业一矿

阳泉煤业一矿既是阳泉煤业集团的特大型骨干生产矿井之一，也是全国煤炭行业首批命名的现代化、质量标准化、高产高效矿。井田面积83.6平方公里，主要开采3号、12号、15号三个煤层，可采余储量3.82亿吨。

阳泉煤业一矿于1956年7月建成投产，历经几代矿工半个多世纪的艰苦创业，现已发展成为一个年产商品煤1020万吨的现代化矿井。主要生产中块、小块、精煤、粒级煤、末煤等多个品种，产品不仅在国内市场占有较高份额，还远销世界各国和地区。按照集团公司“西进南扩”的发展战略，2008年以来，通过联营兼并长沟、泰安等5个分、子公司。目前，形成了覆盖山西“四市、六矿”的发展格局。2010年，全矿原煤总产量突破1000万吨大关，2011年，商品煤达到1020万吨。持续多年保持了经济效益、社会效益、职工收入的同步增长，特别是通过职工素质提升，实施“十、百、千”人才战略以来，在探索预防水、火、瓦斯、煤尘、顶板5大自然灾害方面，积累了许多被全煤同行认同的宝贵经验，盛名佼佼、业绩斐然。

阳泉煤业一矿自2001年被中央授予“全国先进基层党组织”之后，还是首批被山西省委、省政府命名、且连续多年保持的“山西省文明标兵和谐单位”，“全国科技创新示范矿”等荣誉。2005年以来，连续3届6年被中央文明委授予“全国文明单位”称号，也是我公司迄今唯一取得这一荣誉的单位。

阳泉煤业一矿以班子团结、管理严细、基础扎实、作风优良、队伍过硬著称。深湛厚实的文化，科学严细的管理，高素质的专业人才，特别是全面实施人才培训战略工程以来，手指口述、双包双讲、准军事化培训、实训基地、十步台阶素质提升等等，职工培训，稳步推进、如日中天，也是一矿持续强盛的强大动力之源。

一矿现代化安全生产调度指挥系统中心，正发出奋勇前进、续写辉煌的指令

昔日矸石山，今日变绿洲，环境优美的一矿黄石板公园

一矿任务楼与选煤交相辉映，忙碌的身影和机器的轰鸣声正奏响一曲曲奋进之歌

一矿为安全生产文明户颁奖，感谢他们为煤矿所做的努力和贡献

一矿职工安全技能培训基地，培养出一大批高技能人才

一矿年产400万吨的标准化“高产高效”综采工作面

一矿人历经56年拼搏创业，开创出和谐美好的现代化矿山

董事长 总经理 张晓明

党委书记 副董事长 闫明泉

山西阳煤寺家庄

山西阳煤寺家庄煤业有限责任公司矿井于2005年8月1日开工奠基，2005年11月17日公司正式挂牌成立，是阳煤集团十大主体矿之一。矿井项目概算33.82亿元，由阳煤集团和国电集团分别按照60%和40%的出资比例组建而成，是经国家发改委批准的山西省重点建设工程。经过六年多的建设发展，现已成为一座高标准的数字化、园林化、现代化矿井。

寺家庄公司位于昔阳县乐平镇下秦山村,距县城8公里，交通十分便利。矿井井田面积120.85平方公里，可采储量5.87亿吨。矿井开拓方式为斜井、立井中央分列式。主采15号煤，采用大采高一次采全高采煤工艺，以生产优质无烟煤为主。

寺家庄公司实行三级运行管理机制，设有13个职能部室和5个工区，分别为：生产指挥中心、生产技术部、安全监察处、地质测量部、经营管理部、物资供应部、选煤部、工程管理部、职工教育培训中心、人力资源部、党群工作部、综合工作部、武装保卫部和掘开工区、通风工区、抽采工区、机电动力工区、运输工区。

“十二五”期间，寺家庄公司将紧紧围绕阳煤集团“亿吨双千亿”转型跨越发展战略，大力实施“调整、扭亏、达产”战略，狠抓安全管理、瓦斯治理、采掘衔接、成本管控、矿井验收五个重点，加强班子、队伍、人才、矿风四项建设，加快推进通风、抽放“两个能力”建设，稳步提升产能。从2013年开始，产量将以每年25%的幅度递增，到2016年形成两个工作面生产的格局，产量达到500万吨以上，实现达产达效目标。

调度指挥中心

大采高工作面

煤业有限责任公司

现代化选煤厂

碧水蓝天

如画矿山

公司机电设备超市

现代化的安全生产指挥中心

阳煤集团寿阳开元矿业有限责任公司

清新的空气，洁净的场区，满眼的绿荫，时有高山流水，亦有亭台楼阁，更有芳草连天……若不是那高矗的选煤楼和那上下班忙碌的员工们，初来这里人们定会以为这里是一个公园，或者是一处名胜。其实，这里就是一座矿山，十几年前这里还是一片荒芜，处处杂草丛生，历经十余年的艰辛奋斗，一座生机勃勃，充满现代化气息的花园式矿井——阳煤集团寿阳开元矿业有限责任公司巍然屹立于三晋大地。

开元公司前身是山西省寿阳县黄丹沟煤矿，该矿始建于1970年，设计能力30万吨/年，实际生产能力为15万吨/年。阳煤集团于2000年3月18日兼并黄丹沟煤矿，是阳煤集团第一家驻外兼并成立的煤炭企业。公司成立后，阳煤集团对其进行了大规模的技术改造，按照投资少见效快、边技改边生产的原则，在充分利用黄丹沟煤矿原有生产系统的基础上，进一步优化设计方案。2003年，开元公司规模生产的第一年就圆满完成了当年的生产任务。经过技改，年产量达到了300万吨，实现了投资少、见效快、低成本

景色宜人的办公场区

司场区

公司综采工作面

公司铁路外运线

扩张的目标。同时，开元公司不断强化、细化管理。他们对井上井下员工的工作程序、工作标准、工作规范等方面立规矩、定标准，从如何工作到干到什么标准，从过程控制到结果考核，都做到了标准详细、要求规范、管理精细。按照国家、省有关政策，积极与地方煤矿合作联营，迈开了向千万吨目标奋进的目标。同时，认真开展企业文化建设，提出了“打造精品矿井，构建和谐开元”愿景规划，确立了“吃苦、敬业、忠诚、自信”的开元精神，并提炼出了开元企业人生观、发展战略共16个方面的企业精神，有力地推动了开元公司健康发展。

职工生活中心喷泉

建企十余年来开元获誉无数。先后荣获全国“文明煤矿”、“安全质量标准化一级矿井”、“安全文化示范单位”、 山西省委“先进基层党组织”“一级标准化矿井”、“‘三A’级劳动用工诚信企业”等荣誉称号，被省国资委、阳煤集团命名为联营、兼并、技改的示范矿井。今天的开元公司，正全力向“三年双千”目标迈进，届时，一座安全高效、管控一流的新型现代化矿井必将为推动地方经济发展做出新的更大的贡献。

风景如画的公司场区

山西阳煤丰喜肥业

SHANXI YANGMEI FENGXI

山西省省委书记袁纯清来公司调研

山西阳煤丰喜肥业（集团）有限责任公司是一个集化肥、化工、化机制造于一体的国家大型煤化工企业集团，是山西省最大的化工企业之一。综合实力在全国化工企业500强中名列第62位，在全国氮肥企业100强中名列第6位。

总部设在山西省运城经济开发区，注册资本6.69亿元，总资产90亿元，员工10000余人，其中大中专毕业生及各类专业技术人员占到40%。下设临猗、晋丰、重型装备、新绛、礼元、稷山、华瑞、平陆、丰荷、有机、三维丰海、汉枫等12个生产性公司和运销、供应、包装、农资贸易等4个经营及辅助生产性公司。氨醇年生产能力为160余万吨，化肥、化工产品实物总量360万吨以上。其中：尿素200万吨、甲醇40万吨、纯碱20万吨、环己酮6万吨、氯化铵20万吨、碳铵20万吨、复肥40万吨、农业用硝酸钙10万吨、三聚氰胺5.2万吨、二甲醚1万吨、硝酸、硝铵、硝盐等其他产品25万吨、塑料编织袋6000万套，化工机械设备制造能力5万吨，年可实现销售收入80亿元以上。

公司于2001年开始通过ISO9001国际质量体系认证，2004年通过ISO14001国际环境管理体系认证和GB/T28001职业健康安全管理体系认证。主导产品尿素曾先后荣获“中国首届亿万农村消费者信得过产品金奖”、“95中国十大畅销化肥”、“中华化肥精品”、“山西省名牌产品”、“国家免检产品”等称号。“丰喜”商标连年被山西省工商局评定为“山西省著名商标”、“山西省标志性名牌产品”与“质量信誉等级AAA企业”，2006年被评为“中国驰名商标”。丰喜系列产品畅销国内20多个省(市)、自治区，并出口日本、韩国、印度、巴基斯坦、美国、意大利、尼日利亚等国家和地区，深受广大用户的青睐。

展望未来，公司将按照“稳健经营、跨越发展”的总体思路，以化肥化工为基础，以装备制造、物流贸易为两翼，通过持续的技术改造、新产品开发，转变发展方式，调整产品结构，做精基础，做强、做大两翼，打造高质量百亿丰喜，把公司建设成为中国乃至全球最具竞争力的煤化工企业集团。

丰喜公司厂景

(集团)有限责任公司

FERTILIZER INDUSTRY (GROUP) LLC.

核心企业

临猗分公司位于运城市西北方向25公里的临猗县城西郊，占地1700余亩，固定资产32亿元，产值20亿元，利税2亿元。主要产品为尿素110万吨/年，甲醇17万吨/年，二甲醚1万吨/年。

永济公司为丰喜集团的全资企业，位于距离运城西南55公里的永济市，占地320余亩，拥有固定资产2.34亿元，生产能力达5万吨，年产值5亿元，年利税6000余万元。是山西省最大的专业设计、制造煤化工专用装备的企业。公司目前主导产品为各类材料的非标准压力容器、起重机械及其它机械装备制造。

新绛分公司位于运城市新绛县，总资产4.5亿元，年产合成氨7万吨，工业级硝酸铵9万吨，稀硝酸8万吨，浓硝酸1.5万吨，甲醇2万吨，硝酸钠1.2万吨，亚硝酸钠1万吨，二甲基亚砜6000吨，硝酸铵钙10万吨。销售收入3.2亿元，利税5000万元。

稷山分公司位于稷山县境内，占地面积30余公顷，固定资产4.3亿元，年产合成氨6万吨、氯化铵20万吨、纯碱20万吨、甲醇1.5万吨、甲醛3万吨、氨基膜塑料1万吨，年可实现利税3000余万元。

平陆公司位于平陆县城东北2公里处，总资产2.7亿元。年生产液氨4万吨，甲醇1.5万吨，乌洛托品1.5万吨，碳铵16万吨。销售收入3.5亿元，利税2500万元。

华瑞公司是由丰喜集团与瑞士拉索有限公司、黑龙江倍丰农资集团、安徽辉隆农资集团、烟台市农资公司、陕西惠友农用物资有限公司共同出资组建的中外合资企业。该公司位于山西省新绛县煤化工业区内，占地约500亩。公司注册资本3亿元人民币，年产18万吨合成氨、30万吨尿素。年销售收入5亿元，利税1亿元以上。

晋丰闻喜公司是山西阳煤丰喜肥业（集团）有限责任公司与山西晋城无烟煤矿业集团有限公司共同出资组建的煤化工企业。公司主要生产经营甲醇、液氨、尿素等化肥和化工产品。主要生产装置为一套18-30尿素装置、联产10万吨甲醇，年销售收入达8亿元，利税1.5亿元。

闻喜复肥分公司位于闻喜县礼元镇，占地面积约1000亩，主要生产硝基、尿（硫）基、尿（氯）基不同配比、不同养分的高塔造粒高端复合肥与转鼓造粒普通复合肥。目前复合肥生产能力为40万吨/年，是华北地区主要的全线复合肥生产基地之一。

技术创新

公司组建以来，共进行了500余项技术创新与技术改造，创造了30余项全国第一，提升装置生产能力30%以上，节能降耗25%以上，年增效1亿元以上。公司现拥有国家专利59项，其中新型专利51项，发明专利8项。

- 2002年2月，公司与北京达立科公司、清华大学合作，成功开发了全国第一套双滚筒流化床大颗粒尿素生产技术，打破了国外大颗粒尿素生产技术在中国的垄断，被列为国家级科技成果重点推广项目。
- 2005年2月，公司与清华大学合作，成功开发了具有前沿技术的分级气化技术，打破了国外对新型煤气化技术的垄断，是国内第一套拥有自主知识产权的煤气化装置。
- 2006年4月，公司通过引进优化专利技术，采用“一步法、循环法”工艺技术，生产三聚氰胺并联产碳铵或纯碱，延伸了合成氨的产业链，是国内第一套具有竞争力的三聚氰胺生产装置。
- 2007年4月，公司采用焦炉气转化生产尿素技术，在国内第一家实现了焦炉煤气大规模生产合成氨、尿素的工业化，是传统煤化工行业走向“节约型、环保型、效益型”的示范工程。
- 2007年11月，公司拥有的实用新型技术“合成氨流程中的脱碳液再生装置”，通过国家知识产权局的审查，并授予专利权，标志着公司在新产品、新技术创新方面的开发能力已跨入国内先进行列。
- 2008年1月，公司与山西省化工设计院共同研发设计的5万吨/年“硝酸铵钙“生产装置，填补了国内空白。

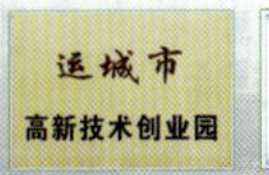

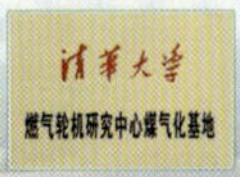

企业荣誉

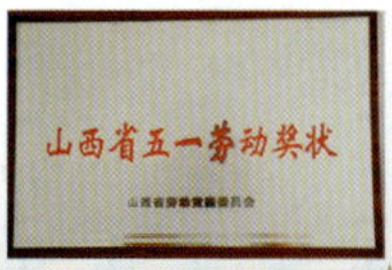

阳煤集团三矿

YANGMEIJITUANSANKUANG

三矿矿长吕维赟

三矿党委书记李怀明

阳煤集团三矿位于山西省阳泉市西，距阳泉市7.5公里，覆盖阳泉市郊区平坦镇14个自然村，毗邻石太铁路、太旧高速公路和307国道，交通便利，地理位置优越，是一个有着62年厚重企业文化底蕴的大型国有企业，主要从事煤炭生产、洗选加工等业务。1950年建矿以来，累计生产6.1亿吨优质原煤，为国家经济建设做出了巨大贡献。

三矿井田面积为39.94平方公里，井田地质构造简单，赋存丰富，主要可采煤层3#、15#煤，为优质无烟煤，拥有多个生产品种，包括洗中块、洗小块、末煤等，广泛应用于冶金、化工、电力、国防、机械和民用等，也有部分特殊用途，如用作炭素材料、合成氨原料等，具有良好的品牌信誉。

三矿本部现有职工7354人，实行“采、掘、机、运、通、选”一体化管理体系。近年来，三矿抓住省煤炭资源兼并重组的大好机遇，先后兼并整合昔阳坪上、右玉元堡、平定兴裕、泰昌四个煤矿，形成了“一托四”的管理模式，为企业可持续发展奠定了坚实的资源基础。

2011年，三矿面对地质条件复杂、运输战线长、设备老化等诸多不利因素，坚持“安全第一、预防为主”的方针，狠抓现场管理，科学组织生产，超额完成各项生产经营指标，利润减亏增盈998万元，人均工资75998元，创建矿以来最好水平。三矿先后被中国煤炭工业协会评为“一级安全高效矿井”；荣获省国资委“十佳”先进基层党组织、“省属企业精神文明标兵单位”、“阳泉市五一劳动奖状”等荣誉；矿党委被阳煤集团评为“四好”领导班子；2012年“五一”前夕，三矿被山西省劳动竞赛委员会授予“山西省五一劳动奖状”。

2012年以来，三矿紧紧抓住阳煤集团转型跨越发展带来的历史性机遇，围绕打造千万吨矿井这一目标,利用自身资源、技术、人才、管理优势，克服构造多、安装多、搬家频繁的困难，加大生产组织力度，强化“一通三防”管理，狠抓正规操作和质量标准化建设，深入开展“反三违、查隐患”活动，安全生产继续保持了平稳态势。

三矿办公楼

当代矿工

综采工作面

职工集体下井

安全生产文明家庭表彰

矿山新貌

山西新元煤炭

董事长、总经理 陈俊明

党委书记 白树忠

山西新元煤炭有限责任公司是由山西阳泉煤业（集团）有限责任公司控股、广东蓝粤能源发展有限公司参股投资，于2003年4月开工建设的规模为500万吨/年的现代化矿井。

公司地处山西省晋中市寿阳县境内，距县城约5km，距太原市60km，距阳泉市25km，毗临石太铁路、太旧高速公路，地理位置优越，交通条件便利。该井田面积136.77平方公里，主采煤层为$3^{\#}$、$9^{\#}$、$15^{\#}$，矿井工业储量12.47亿吨，设计可采储量6.05亿吨，服务年限90.5年。煤种主要为贫煤、贫瘦煤及无烟煤，属中低灰、特低硫、低磷、中高发热量的优质品种煤，可作为电煤、高炉喷吹煤及出口用煤等，市场前景十分广阔。

矿井设计理念先进，采用斜立井开拓方式和倾斜长壁式综合机械化采煤，设备选型和配备均达国内外领先水平。自2007年矿井联合试运行到现在，煤炭产量逐年提高，企业利润成倍翻番，职工收入节节攀升，在阳煤集团生产矿井经营业绩考核中连续多年名列前茅，连续四年获得山西省晋中市寿阳县“纳税大户”荣誉称号。同时取得了多项成绩和荣誉：2008年山西省科委授予“新元公司大跨度厚层泥岩复合顶板煤巷预应力组合支护项目科学技术二等奖”；2009年山西省水利厅授予“新元公司全省开发建设项目水土保持示范工程”；副斜井井筒工程获中国煤炭建设协会煤炭工业建设工

整洁的矿井工业园区

有限责任公司

先进的洗选设备

防爆无轨胶轮车

消夏晚会

文化长廊

程质量监督总站颁发的煤炭行业工程质量"太阳杯"奖；同年，新元公司被山西省企业联合会评为"山西省优秀企业"。2010年，在晋中市"企业50强"评比中排名第六。2011年被评为国家"节能减排突出贡献企业"。

"十二五"期间，新元公司将按照阳煤集团"亿吨双千亿"战略目标，创新管理模式，调整发展思路，将以大视野、大举措推动各项工作实现大跨越、大发展，为建设活力充沛、管理有序、文明和谐的现代化矿井而努力。

员工井下培训基地

山西兆丰铝业

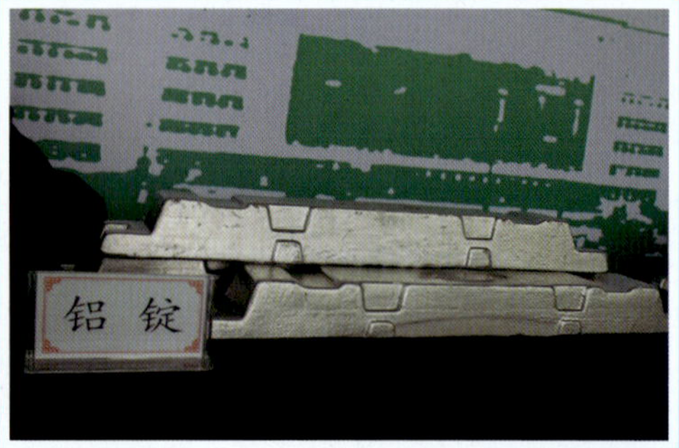

兆丰铝业氧化铝生产线

山西兆丰铝业有限责任公司是在阳煤集团大力实施产业发展战略，整合铝电产业资源，发挥集约优势，构建成型的煤—电—铝和铝土矿—氧化铝—电解铝—铝品加工两条产业链而成立的阳煤集团控股的大型子公司。公司是以阳煤集团雄厚的煤炭开采加工能力为基础，依托阳泉及周边地区优质铝土矿资源，发展和建设的极具综合竞争优势的煤电铝一体的大型氧化铝生产、铝冶炼和铝加工公司。公司骨干企业包括电解铝分公司、氧化铝分公司、煤矸石电厂和铝土矿公司，总资产75.74亿元。现已具备总装机容量40.5万千瓦发电能力、23万吨电解铝生产能力、40万吨氧化铝生产能力和80万吨铝土矿生产能力。氧化铝二期

有限责任公司

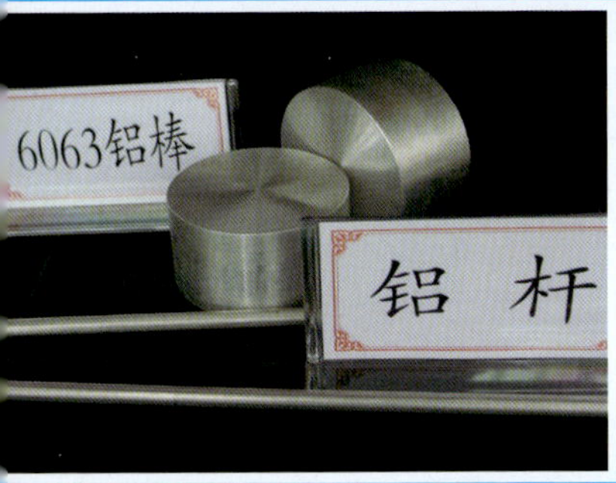

70万吨项目已进入施工建设阶段，铝土矿公司在盂县、左权取得了政府划归的探采矿权，初步形成了铝土矿矿山基地。全部项目投产后，年营业收入超过100亿元。

在未来几年内，兆丰铝业公司将继续坚持又好又快、好字为先的发展方针，走循环经济发展的路子，进一步发挥资源优势和成本优势，不断提高企业的综合竞争力和可持续发展能力，做大做强，做精做优，通过联营兼并、技改等形式形成50万吨电解铝及铝加工能力、110万吨氧化铝生产能力和240万吨铝土矿生产能力，把公司建设成为科技含量高、资源消耗低、经济效益好、员工素质优、安全环境好的现代化新型企业，打造成国内一流的煤—电—铝工业园区。

兆丰铝业电解铝生产车间

霍州煤电集团

忻州市领导观摩市重点项目——晋北煤业公司山浪煤矿

晋北区域公司为霍州煤电集团下属全资子公司，在霍州煤电集团授权范围内对忻州区域内的控股公司行使管理、监督、服务、协调等职能。同时，负责协调天柱山化工公司、忻州广宇公司两个参股公司相关工作。现在册员工2140人，下辖四个控股公司：晋北煤业有限公司（山浪煤矿，生产基建矿井）、汾源煤业有限公司（文明煤矿，基建矿井）、南沟渠煤业有限公司（南沟渠煤矿，缓建矿井）、金能煤业有限公司（金能煤矿，基建矿井）；一个分公司：晋北运销公司。目前，共占有井田面积49.2867 km2，已圈定地质储量7.4549亿吨，矿井批复生产能力450万吨/年。

公司紧紧围绕安全发展主题，以“安全、高效、发展、环保”为建矿理念，以“体制新、规模强、素质高、效益好”的“四优”千万吨级煤电化联合企业为企业发展目标，以企业长治久安，经营规模增强，区域公司+专业化管理模式突破为主要任务。公司管理体制框架为区域性公司加专业化管理服务职能，精干煤炭主业，矿井只负责直接安全生产，生产辅助、生活服务产业化，全部集中在工业园内。规范三个中心运作，即规范物流中心（煤炭运输，设备、材料、配件、低值易耗品统一配送）、生产服务中心（主要是井下支护用品以及预制件加工与制造、机电设备维护与修理）、生活服务中心（生活后勤服务全部剥离主业）规范运作。

公司核心管理理念是：“安全第一，人和为本，发展为要，诚信共赢”；公司建设理念是：体现以人为本，符合科学发展观和可持续发展要求，适应山西省、山西焦煤、霍州煤电的发展战略要求。公司的职能定位是：安全管理中心，发展中心，管理和服务中心。矿井职能定位是：安全生产主体中心，成本控制中心，保证执行中心。

公司发展规划分为四个阶段，第一阶段：从2008年到2010年。2010年底山浪矿120万吨产能形成，完成原煤产量60万吨，实现销售收入3亿元，奠定了发展基础；文明矿全面开工建设。第二阶段：从2011年到2013年。到2013年底公司形成240万吨产能，其中山浪120万吨及配套洗煤厂，文明120万吨及配套洗煤厂。第三阶段：从2014年到2015年。到“十二五”末形成800万吨产能。其中山浪矿300万吨及配套洗煤厂，文明矿200万吨及配套洗煤厂，金能矿300万吨及配套洗煤厂。第四阶段：从2016年到2018年。2018年底形成千万吨产能。其中，山浪矿300万吨及配套洗煤厂，文明矿200万吨及配套洗煤厂，金能矿300万吨及配套洗煤厂，择善后备区建设300万吨矿井及配套洗煤厂。

晋北煤业公司山浪矿首台综掘机入井

霍州煤电静乐矿区整体规划及三矿改扩建方案初审

晋北煤业有限公司

霍州煤电与静乐县人民政府就合作建设千万吨煤化综合项目签约

晋北煤业公司办公楼投用剪彩

霍州煤电集团晋北煤业公司召开第一次党代会

霍州煤电集团与华电山西能源签署合作建设忻州煤电项目协议

晋北煤业公司第二届职工技能运动会开幕

晋北煤业公司举办静乐矿区大倾角厚煤层开采技术研讨

风雨跨越踏歌行

——霍州煤电山西汾河焦煤公司跨越发展纪实

汾河焦煤公司领导班子集体

2010年，山西汾河焦煤公司大力实施“安全、高效、发展”的战略，积极弘扬“忠诚、自尊、进取”的企业文化，以落实“六项”建设，即，安全生产建设、体制机制建设、现代企业制度建设、学习型组织建设、和谐矿区建设、民生工程建设为目标，狠抓各项工作落实，企业安全生产形势保持了持续平稳发展，主要生产经营指标取得了令人瞩目的绩效：2010年，原煤产量370.60万吨，同比增长3.98%；总进尺32006米，同比增长15.03%；开拓进尺5810米，同比增长107.28%；精煤产量205.07万吨，同比增长40.97%；销售收入达到25.77亿元，为公司建企以来之最。2010年全公司固定资产总额达到20亿元，比“十五”末的7.8亿元提高了12.2亿元，增长156.41%，充分显示了企业发展壮大的雄厚经济力量。2006年至2010年连续跻身全国煤炭工业百强，并荣获山西省“功勋企业”荣誉称号，企业经济实力显著增强。

安全是企业的“天字号”工程。一年来，汾河焦煤公司全面完成了对所属矿井安全生产责任制和重大事故应急救援预案的修改编写工作，建立健全了安全生产各项管理制度，明确了各级管理人员安全生产的基本责任和工作标准，形成了抓好安全生产工作的长效机制。特别是资源整合工作开展以来，公司狠抓隐患治理，重点是对“一通三防、防治水、安全供电、小煤窑治理”等重大安全隐患问题进行了整治。公司还开展了现场管理和质量标准化动态达标管理工作，认真按照各项管理标准要求，坚持典型引路，狠抓“亮点工程”，实行了月度验收、月度评比、月度考核的管理制度，稳步推进了现场管理及质量标准化动态达标管理工作。狠抓干部作风建设，大力开展领导干部“带班下井、下现场”活动，在全公司各级领导干部中营造了一种深入基层、深入井下调查指导、抓好安全生产的良好氛围，矿级领导跟班下井逐步成为一种自觉行为。

2010年，公司按照现代企业制度建设要求，从抓“流程”、“规范”切入，全方位、多角度地开展了一系列工作，取得了成效。进一步完善了股东会、董事会、监事会、经理层工作规则。建立健全了企业内部财务核算、法事责任、国家政策落实等方面的规章制度，加强了重大项目的审核审批，坚持“三重一大”议事规则和规范化的决策程序，积极加强对热点、难点问题的调查和审计工作，提高了工作效率，提升了管理效能。坚持“三个一”经营监控工作机制，公司每月组织一次生产经营指标平衡会，一次经营绩效考核、经营业绩评价会，每季度组织一次“十大专业”检查，制订了公司年度经营绩效考核、经营业绩考核办法，切实促进了各单位经营管理水平的提高。遵循市场主体、公平交易、管理有序的原则，制定了内部市场化运作方案，规范了实施步骤、体系建设、模式运作，形成了内部市场化运作框架体系。

公司党委在新一轮的跨越发展中，紧紧围绕中心工作，扎实开展党建工作，为企业的和谐发展与跨越发展提供了坚强的思想、组织和政治保证。一是在提升党建工作水平上求实效，以增强基层党组织的战斗力和党员的先进性为核心，进一步加强了基层党组织建设。二是强化了党风廉政和干部队伍建设，从政治品德、思想素养和工作作风等方面对广大干部进行教育与管理，特别是对重点环节、重点领域、重要部门的干部进行教育和管理，营造了风清气正、勤政从业的良好氛围。三是强化了平安企业建设，持之以恒地开展社区关系协调、打击偷盗煤、民爆物品和消防安全管理以及信访稳定和舆情监控工作，确保矿区和谐安宁。四是大力开展温情暖心工程，领导干部认真落实与困难职工“一帮一”结对子帮扶解困和“三必访”（帮扶对象家里有困难必访、婚丧嫁娶必访、节假日必访）活动，使这一活动进一步制度化，成为每个领导干部的一项重要的政治责任。为职工送生日贺卡和生日礼物、为职工举行集体婚礼、为困难职工子女发放助学金等活动，使广大职工感受到了组织的温暖和企业的关怀，增强了企业的凝聚力和向心力。

随着“十二五”规划精彩大幕的开启，山西汾河焦煤公司将继续坚持以科学发展观为统领，以“做实主业、做强非煤、缔造精品、塑造品牌”为思路，以产业升级、优化结构、低碳循环、技术改造为抓手，努力打造独具特色、现代化的煤炭企业，为再造一个新汾河焦煤注入更为充足的发展动力。

汾河焦煤公司2010年召开“三会”

汾河焦煤悦昌煤业公司复工复产仪式

先进的综掘设备

现代化综采工作面

现代化中央变电所

汾河焦煤运销公司满载煤炭的列车驶出站台

发展中的霍州煤电

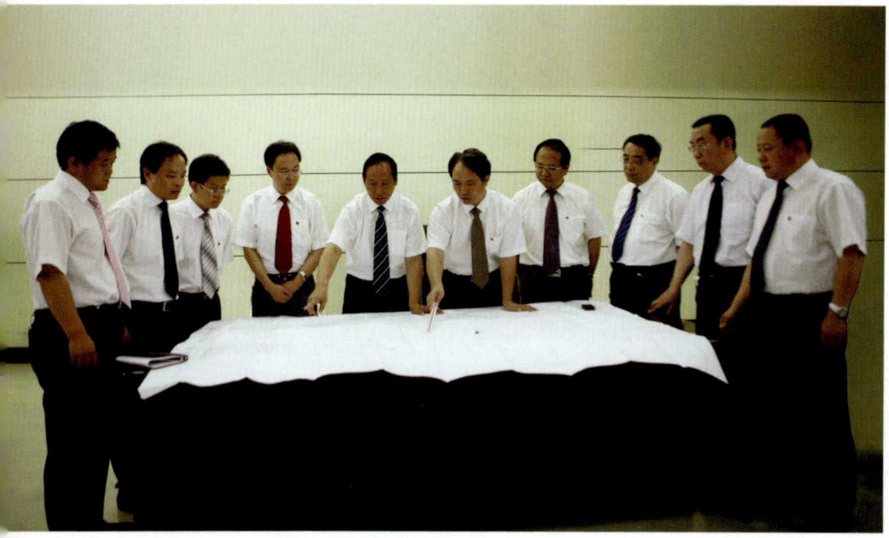

霍州煤电集团吕梁山煤电有限公司是山西焦煤霍州煤电集团实施北上发展战略，于2002年11月接收方山县店坪、木瓜两矿注册成立的。2003年11月接收临县庞庞塔矿注册成立了吕临能化有限公司。吕梁山煤电有限公司主营项目包括煤炭开采、洗煤加工、煤炭销售、发供电、建材制造等。现有资产总额38亿元，员工5980余人。公司管辖两矿两厂两公司(店坪煤矿、木瓜煤矿、洗煤厂、电厂、运销分公司、供应公司)，控股吕临能化有限公司。

经过八年多的发展，吕梁山煤电有限公司在方山建成了店坪、木瓜2座150万吨/年生产能力矿井，1座入洗能力300万吨/年重介洗煤厂，1座2×50MW电厂，1座年利用20万吨粉煤灰制品厂，初步形成了原煤生产、洗煤加工、综合发电、建材利用的循环经济格局。在临县建成了吕临能化公司庞庞塔矿300万吨/年生产能力矿井，千万吨煤电项目（包括1000万吨/年生产能力矿井及配套洗煤厂、2×300MW电厂、铁路专用线）。2008年奠基，2009年开工建设。2010年全公司原煤产量666万吨，精煤产量167万吨，发电量5.33亿度，煤炭销售509万吨，销售收入30.7亿元，实现利润35349万元。上缴方山县税费3.83亿元，上缴临县税费2.46亿元。

在八年多的建设与发展中，吕梁山煤电有限公司始终做到：一是坚持走安全高效现代化矿井建设之路。坚持建设本质安全型企业，认真开展质量标准化工作，提足用好安全费用；以“整章建制、完善标准、落实责任”为手段，紧抓安全基础管理不放松；坚持一矿一队一面安全高效生产格局，采用现代化综采、综掘设备，安全高效现代化矿井基本形成。二是坚持走科学发展、加快发展之路。遵循科学发展观，把加快发展作为第一要务，把安全稳定作为第一责任，把为民造福作为根本宗旨，求真务实、苦干实干，高标准推进方山县煤矿综合开发项目和吕临能化千万吨煤电项目，形成煤、电、材循环经济产业链条。

吕梁山煤电公司

三是坚持走以人为本、诚信固企之路。在推进企业快速发展的同时，配套职工办公、住宿、就餐、洗浴等设施，为职工办理各种保险，提高职工工资水平和福利待遇，丰富职工文化生活；始终坚持诚实守信、依法办企，以一个负责任的国有大型企业承担着应尽的社会责任和义务。四是坚持走和谐发展、互惠双赢之路。作为国有大型企业，我们始终坚持与地方互谅互让，共谋发展。八年来大力支持地方各项公益事业建设，累计上缴方山县、临县税费共13.5亿元；为当地3200余人提供就业岗位；投资2000余万元完成太佳高速方山路段拓宽铺油工程；出资2000余万元完成冯家坡村庄搬迁工程。在当地塑造了良好的国企形象。

未来2至3年内，吕梁山煤电有限公司将按照两级集团公司统一规划部署，在吕梁建成1500万吨原煤、1500万吨洗煤、750MW装机发电、两条铁路专用线的大型煤电联合企业。

一体两翼促发展

集团公司刘建中董事长到煤矿调研

山西煤炭运销集团晋城高平有限公司隶属于山西煤炭运销集团有限公司，组建于1984年，位于高平市友谊街113号，占地面积6650平方米，建筑面积5000平方米，现有员工总数3018人，是一家集煤炭生产、销售及多种经营为一体的省属重点国有企业。

该公司下设9个煤业公司（南河煤业、盖州煤业、四明山煤业、七一煤业、大通煤业、盛泰煤业、店上煤业、神农煤业、兰煜煤业），9个煤焦销售营业站，2个铁路发运站，2个上站煤管理站，6家多经公司（汽运公司、综合公司、服务公司、阳光房地产公司、米山选煤有限公司、高平大酒店有限公司）。同时完善了销售网络，建立了煤炭交易中心，形成了初具规模、独有特色的煤炭销售体系。公司资产总额达到33.23亿元。

20多年来，在省市公司的正确领导和高平市委市政府的大力支持下，以科学发展、转型发展为主线，以发展“三大支柱”产业（现代化的煤炭生产产业、专业化的物流经销业、多元化的非煤经营业）为目标，以“融入地方经济发展体系，反哺、发展和服务地方经济”为经营理念，沐浴着改革开放的春风，依托着千百员工的赤诚，艰苦创业，奋发进取，着力转变经济发展方式，不断创新企业经营管理，走过了运量从不足百万吨、几百万吨到上亿吨的经销历程，创造了资产从百万元到突破三十个亿的发展奇迹，实现了从单纯运输、收费到以煤为基、产业多元的蜕变。20多年累计外销煤炭3亿多吨，上缴省市各项基金20多亿元，实现利税超过50亿元，为国家和地方经济建设做出了重要贡献。公司先后被山西省劳动竞赛委员会荣记“集体三等功”，被省精神文明建设指导委员会评为“省级文明和谐单位”，被省企业家协会评为“山西省功勋企业”，被集团公司授予“双文明标兵单位”，被省级多家部门评为优秀企业，被晋城市授予“经营管理先进企业”和“晋城市文明单位”等荣誉称号，连续十几年被高平市评为对地方贡献巨大的红旗单位。

当前，公司正走在转型发展的路上，将转型变为现实是本届班子和全体干部职工的历史责任。面对新形势、新使命，公司以安全发展为基础，以企业转型为目标，拟定了“一体【煤炭生产业】两翼【煤炭物流和多经产业项目】”的发展战略，全体干部职工目标明确，士气高昂，奋发进取，只争朝夕，煤炭资源整合圆满收官，九座煤矿全部开工建设，企业的综合实力和发展潜力进一步的提升；煤炭经销向煤炭物流发展，物流平台正在构建，贸易量进一步释放；多经产业亮点频闪，以房地产经营、高平大酒店建设、煤炭配件超市、绿色生态园区建设和煤矿后勤保障为主导的新型产业正在崛起。预计在“十二五”末，自产煤炭达到855万吨、销售煤炭1000万吨、物流配送1500万吨、非煤产业创收能力显著提高的产业规模，经济效益达到实现销售收入93.84亿元，实现利润13.13亿元，社会效益实现上交利税30亿元，员工收入按照效益增长比例逐年提高。

总体而言，公司的经济建设在省市政府和省市公司的正确领导下，通过全体干部职工的不懈努力，“一体两翼”战略目标将初步实现，“三大支柱”产业的转型理想将逐步变成现实，力争到“十二五”末，再造一个新煤销！

物流车队

再造一个新煤销

——山西煤炭运销集团晋城高平有限公司

企业外景　　公司女工快乐工作

现代化生产线　　积极开展职工军事化训练

煤矿塌陷土地恢复利用

生态园

山西省晋中建设集团有限公司

晋中市财政局档案局综合办公楼

寿阳县交通大厦(省优工程)

省军区休干所

山西省晋中建设集团有限公司，成立于1963年，是具有房屋建筑工程施工总承包壹级资质的施工企业。企业注册资本6061万元，净资产8390万元，公司现有员工3126人，其中工程技术和经济管理人员449人。集团公司下辖5个子公司。

公司多年来一直坚持以质量为本，积累了丰富的施工经验，培育了大量的工程技术人员和管理人员。尤其是近几年随着现代企业制度的建立，加大了科技装备的投入力度，通过了ISO9002国际质量体系认证，承建了一批质量优、工期快、科技含量高、社会效益好、展示企业实力和树立企业良好形象的工程项目，先后获得部、省、市优质工程奖134项，创建安全文明工地36个，获得省、部优秀QC小组9个。获得中国施工企业协会授予的“全国优秀施工企业”称号，省建设厅授予的“工程质量信得过单位”、“山西省建筑安装施工企业五十强”、“山西省施工安全先进单位”等荣誉称号。2011年获得山西省建筑业协会授予的“2011年度山西省用户满意建筑施工企业”、“2011年度山西省优秀建筑企业”和晋中市安全生产委员会授予的“2011年度安全生产工作先进单位”。

2011年，公司新的领导班子上任以来，积极探索适合公司发展的现代企业制度，确定实施“多元经营战略”，利用自身优势，以经营生产为核心，在传统房建市场领域扩大市场份额，在房地产开发领域提高经济效益，在其他相关产业拓展发展空间。随着经营战略的调整，管理理念、管理目标、管理手段也有了全面创新。在注重生产经营的同时，公司领导一直坚持以人为本的工作理念，积极开展创文明促和谐企业活动，把“和谐、发展”确定为企业文化的精髓，弘扬集体主义思想，通过学习型活动，提高了员工素质，激发了员工昂扬向上的精神，使全体职工都享受到了改革的成果，为企业又快又好发展提供了坚实的基础，目前整个公司呈现出意气风发，蒸蒸日上的良好势头。

随着市场经济的运行，建筑业的竞争将更加激烈，公司有信心迎接新的挑战，实现更宏伟的目标。

晋中市委综合办公

国家广电总局725台综合住宅楼

晋中建设集团有限公司职工宿舍楼

2010 年山西省国有企业资产负债表

金额单位：万元

项　目	行　次	期末金额	年初金额
流动资产：	1	—	—
货币资金	2	16,325,350.09	14,732,682.54
△结算备付金	3		
△拆出资金	4	40,000.00	
交易性金融资产	5	228,810.54	245,781.15
应收票据	6	4,258,335.50	2,875,362.90
应收账款	7	6,594,415.89	5,139,126.21
预付款项	8	8,012,920.61	6,031,966.07
△应收保费	9		
△应收分保账款	10		
△应收分保合同准备金	11		
应收利息	12	104,701.01	53,799.47
其他应收款	13	11,516,682.30	8,773,262.94
△买入返售金融资产	14		
存货	15	8,527,396.72	6,797,695.35
其中:原材料	16	2,646,593.30	1,991,307.54
库存商品(产成品)	17	3,811,337.86	2,931,153.40
一年内到期的非流动资产	18	30,045.43	33,991.03
其他流动资产	19	734,542.02	694,954.08
流动资产合计	20	56,373,200.11	45,378,621.73
非流动资产：	21	—	—
△发放贷款及垫款	22		
可供出售金融资产	23	628,497.82	528,802.88
持有至到期投资	24	315,072.45	196,462.16
长期应收款	25	109,471.97	72,993.99
长期股权投资	26	5,712,949.48	4,920,445.15
投资性房地产	27	178,829.16	165,816.97
固定资产原价	28	50,717,742.68	45,032,744.29
减：累计折旧	29	20,024,115.13	16,905,891.99

续表

项　目	行　次	期末金额	年初金额
固定资产净值	30	30,693,627.55	28,126,852.30
减：固定资产减值准备	31	85,746.81	56,150.65
固定资产净额	32	30,607,880.73	28,070,701.64
在建工程	33	10,560,854.94	8,378,868.78
工程物资	34	438,634.76	314,282.90
固定资产清理	35	24,799.54	22,514.74
生产性生物资产	36	1,250.62	1,217.93
油气资产	37		
无形资产	38	7,402,476.52	6,346,594.29
开发支出	39	1,665.11	1,706.37
商誉	40	323,014.93	288,329.24
长期待摊费用	41	372,447.49	255,795.21
递延所得税资产	42	455,053.62	391,349.76
其他非流动资产	43	949,146.10	1,096,713.42
其中：特准储备物资	44	211.23	-10.67
非流动资产合计	45	58,082,045.24	51,052,595.42
	46		
	47		
	48		
	49		
	50		
	51		
	52		
	53		
	54		
	55		
	56		
	57		
	58		
	59		
	60		
	61		
	62		

续表

项　目	行　次	期末金额	年初金额
	63		
资产总计	64	114,455,245.35	96,431,217.15
流动负债：	65	—	—
短期借款	66	10,964,477.94	11,394,615.98
△向中央银行借款	67		
△吸收存款及同业存放	68	58,143.12	21,784.43
△拆入资金	69		
交易性金融负债	70		24,457.72
应付票据	71	1,512,795.38	1,354,390.41
应付账款	72	11,988,686.20	10,089,572.41
预收款项	73	6,456,951.78	5,248,455.09
△卖出回购金融资产款	74		
△应付手续费及佣金	75		
应付职工薪酬	76	2,776,274.70	2,408,880.49
其中：应付工资	77	2,004,404.79	1,711,877.42
应付福利费	78	35,357.44	53,108.14
#其中：职工奖励及福利基金	79	247.11	1,404.67
应交税费	80	1,677,263.76	1,641,043.51
其中：应交税金	81	1,060,167.35	1,059,743.34
应付利息	82	249,094.95	206,733.76
其他应付款	83	10,237,239.47	9,109,955.70
△应付分保账款	84		
△保险合同准备金	85		
△代理买卖证券款	86		
△代理承销证券款	87		
一年内到期的非流动负债	88	1,780,390.01	1,035,342.51
其他流动负债	89	918,872.70	562,396.11
流动负债合计	90	48,620,190.02	43,097,628.13
非流动负债：	91	—	—
长期借款	92	21,571,005.95	16,067,460.17
应付债券	93	3,730,550.98	2,431,476.41
长期应付款	94	1,242,509.99	1,111,819.62
专项应付款	95	1,685,279.57	1,349,927.73

续表

项　目	行　次	期末金额	年初金额
预计负债	96	34,538.67	32,644.71
递延所得税负债	97	176,192.87	160,012.09
其他非流动负债	98	474,925.03	343,337.89
其中：特准储备基金	99	2,500.00	2,000.00
非流动负债合计	100	28,915,003.07	21,496,678.62
负债合计	101	77,535,193.09	64,594,306.75
所有者权益（或股东权益）：	102	—	—
实收资本（股本）	103	14,308,210.94	13,666,068.64
国家资本	104	10,122,990.04	9,646,490.57
集体资本	105	58,953.06	46,567.33
法人资本	106	3,909,038.09	3,768,127.22
其中：国有法人资本	107	3,830,405.66	3,699,373.00
集体法人资本	108	45,420.37	35,542.17
个人资本	109	141,408.90	129,062.66
外商资本	110	75,820.85	75,820.85
#减：已归还投资	111	18,604.20	18,528.88
实收资本（或股本）净额	112	14,289,606.74	13,647,539.76
资本公积	113	7,171,944.39	6,514,390.17
减：库存股	114		
专项储备	115	2,719,290.08	2,186,052.05
盈余公积	116	1,737,883.16	1,389,484.59
其中：法定公积金	117	533,131.54	420,425.46
任意公积金	118	707,232.18	683,203.52
#储备基金	119	2,173.76	2,329.59
#企业发展基金	120	38,355.91	38,087.61
#利润归还投资	121	13,002.69	13,002.69
△一般风险准备	122	460.28	302.36
未分配利润	123	2,136,467.64	767,255.47
外币报表折算差额	124	-12,578.59	-11,147.15
归属于母公司所有者权益合计	125	28,043,073.70	24,493,877.25
★少数股东权益	126	8,876,978.56	7,343,033.16
所有者权益合计	127	36,920,052.26	31,836,910.40
负债和所有者权益总计	128	114,455,245.35	96,431,217.15

2010年山西省国有企业利润表

金额单位：万元

项 目	行 次	本期金额	上期金额
一、营业总收入	1	84,227,469.29	59,372,504.53
其中：营业收入	2	84,193,013.94	59,364,051.44
其中：主营业务收入	3	80,016,241.29	57,581,038.86
其他业务收入	4	4,176,772.65	1,783,012.59
△利息收入	5	33,978.62	8,147.51
△已赚保费	6		
△手续费及佣金收入	7	476.73	305.58
二、营业总成本	8	80,376,222.09	56,973,114.65
其中：营业成本	9	69,900,662.13	48,965,808.72
其中：主营业务成本	10	66,412,343.52	47,506,226.64
其他业务成本	11	3,488,318.61	1,459,582.09
△利息支出	12	1,097.90	464.07
△手续费及佣金支出	13	184.01	22.20
△退保金	14		
△赔付支出净额	15		
△提取保险合同准备金净额	16		
△保单红利支出	17		
△分保费用	18	1.08	1.08
营业税金及附加	19	833,167.81	632,224.99
销售费用	20	1,851,809.51	1,441,614.61
管理费用	21	5,938,584.55	4,603,400.44
其中：业务招待费	22	157,339.79	125,460.09
研究与开发费	23	559,519.40	383,222.45
财务费用	24	1,441,468.06	1,105,214.42
其中：利息支出	25	1,427,688.80	1,107,352.51
利息收入	26	121,544.89	111,963.48
汇兑净损失（净收益以“-”号填列）	27	-332.41	-522.23
资产减值损失	28	408,430.30	224,438.88

续表

项　目	行　次	本期金额	上期金额
其他	29	816.75	-74.75
加：公允价值变动收益（损失以“-”号填列）	30	-14,640.48	75,697.05
投资收益（损失以“-”号填列）	31	307,744.30	300,838.10
其中：对联营企业和合营企业的投资收益	32	48,899.09	95,555.63
△汇兑收益（损失以“-”号填列）	33		
三、营业利润（亏损以“-”号填列）	34	4,144,351.02	2,775,925.03
加：营业外收入	35	572,385.56	485,120.77
其中：非流动资产处置利得	36	43,813.22	38,197.69
非货币性资产交换利得	37	1,521.92	1,607.10
政府补助	38	342,397.00	244,530.97
债务重组利得	39	9,972.08	20,221.13
减：营业外支出	40	435,016.02	330,712.23
其中：非流动资产处置损失	41	62,843.92	61,517.68
非货币性资产交换损失	42	6.15	87.27
债务重组损失	43	1,297.08	2,112.35
四、利润总额（亏损总额以“-”号填列）	44	4,281,720.57	2,930,333.57
减：所得税费用	45	1,355,941.71	1,065,045.19
五、净利润（净亏损以“-”号填列）	46	2,925,778.86	1,865,288.38
归属于母公司所有者的净利润	47	2,040,571.32	1,325,939.80
★少数股东损益	48	885,207.54	539,348.58
六、每股收益：	49	—	—
基本每股收益	50		
稀释每股收益	51		
七、其他综合收益	52	209,737.76	261,581.34
八、综合收益总额	53	3,135,516.62	2,126,869.72
归属于母公司所有者的综合收益总额	54	2,207,724.07	1,427,997.97
★归属于少数股东的综合收益总额	55	927,792.55	698,871.75
	56		

2010 年山西省国有企业现金流量表

金额单位：万元

项　目	行　次	本期金额	上期金额
一、经营活动产生的现金流量：	1	—	—
销售商品、提供劳务收到的现金	2	82,008,113.65	59,325,437.60
△客户存款和同业存放款项净增加额	3	23,411.65	16,857.45
△向中央银行借款净增加额	4		
△向其他金融机构拆入资金净增加额	5		
△收到原保险合同保费取得的现金	6		
△收到再保险业务现金净额	7		
△保户储金及投资款净增加额	8		
△处置交易性金融资产净增加额	9		
△收取利息、手续费及佣金的现金	10	35,469.59	8,797.52
△拆入资金净增加额	11	-40,000.00	
△回购业务资金净增加额	12		
收到的税费返还	13	165,380.31	169,456.28
收到其他与经营活动有关的现金	14	7,661,984.68	6,593,211.90
经营活动现金流入小计	15	89,854,359.88	66,113,760.76
购买商品、接收劳务支付的现金	16	59,853,719.97	39,954,802.43
△客户贷款及垫款净增加额	17	43,354.20	26,472.92
△存放中央银行和同业款项净增加额	18	186,596.37	14,274.58
△支付原保险合同赔付款项的现金	19		
△支付利息、手续费及佣金的现金	20	1,015.83	455.86
△支付保单红利的现金	21		
支付给职工以及为职工支付的现金	22	7,488,358.69	6,012,087.08
支付的各项税费	23	7,283,432.68	5,953,517.44
支付其他与经营活动有关的现金	24	10,399,513.50	8,647,971.35
经营活动现金流出小计	25	85,255,991.25	60,609,581.66
经营活动产生的现金流量净额	26	4,598,368.63	5,504,179.10
二、投资活动产生的现金流量：	27	—	—
收回投资收到的现金	28	1,419,746.15	2,104,385.36
取得投资收益收到的现金	29	224,604.31	160,257.86

续表

项　目	行 次	本期金额	上期金额
处置固定资产、无形资产和其他长期资产所收回的现金净额	30	383, 892. 33	131, 226. 59
处置子公司及其他营业单位收回的现金净额	31	66, 090. 52	52, 488. 45
收到其他与投资活动有关的现金	32	620, 976. 68	333, 877. 66
投资活动现金流入小计	33	2, 715, 309. 99	2, 782, 235. 92
购建固定资产、无形资产和其他长期资产所支付的现金	34	7, 542, 764. 17	6, 653, 211. 91
投资支付的现金	35	3, 130, 041. 73	3, 592, 829. 91
△质押贷款净增加额	36		
取得子公司及其他营业单位支付的现金净额	37	212, 785. 08	692, 194. 25
支付其他与投资活动有关的现金	38	2, 296, 736. 51	1, 304, 110. 20
投资活动现金流出小计	39	13, 182, 327. 48	12, 242, 346. 27
投资活动产生的现金流量净额	40	−10, 467, 017. 49	−9, 460, 110. 35
三、筹资活动产生的现金流量:	41	—	—
吸收投资收到的现金	42	2, 133, 227. 82	1, 153, 081. 47
其中：子公司吸收少数股东投资收到的现金	43	466, 749. 20	105, 468. 94
取得借款所收到的现金	44	22, 051, 242. 95	22, 549, 171. 49
△发行债券收到的现金	45		
收到其他与筹资活动有关的现金	46	982, 733. 47	854, 067. 27
筹资活动现金流入小计	47	25, 167, 204. 23	24, 556, 320. 23
偿还债务所支付的现金	48	15, 275, 058. 90	14, 335, 713. 16
分配股利、利润或偿付利息所支付的现金	49	2, 070, 823. 70	1, 701, 651. 38
其中：子公司支付给少数股东的股利、利润	50	201, 208. 60	140, 240. 21
支付其他与筹资活动有关的现金	51	690, 446. 84	476, 295. 37
筹资活动现金流出小计	52	18, 036, 329. 43	16, 513, 659. 90
筹资活动产生的现金流量净额	53	7, 130, 874. 80	8, 042, 660. 33
四、汇率变动对现金及现金等价物的影响	54	13, 708. 74	−1, 935. 90
五、现金及现金等价物净增加额	55	1, 275, 934. 68	4, 084, 793. 19
加：期初现金及现金等价物余额	56	14, 592, 423. 99	10, 507, 630. 80
六、期末现金及现金等价物余额	57	15, 868, 358. 67	14, 592, 423. 99
	58		

2010 年山西省国有企业所有者权益金额变动表

金额单位：万元

项　目	行次	本年金额										
		归属于母公司所有者权益									少数股东权益	所有者权益合计
		实收资本（或股本）	资本公积	减：库存股	专项储备	盈余公积	一般风险准备	未分配利润	其他	小计		
栏　次		1	2	3	4	5	6	7	8	9	10	11
一、上年年末余额	1	13, 647, 539. 76	6, 514, 390. 17		2, 186, 052. 05	1, 389, 484. 59	302. 36	767, 255. 47	-11, 147. 15	24, 493, 877. 25	7, 343, 033. 16	31, 836, 910. 40
加：会计政策变更	2	—	—	—	—	—	—	—	—	—	—	—
前期差错更正	3	—	—	—	—	—	—	—	—	—	—	—
二、本年年初余额	4	13, 647, 539. 76	6, 514, 390. 17		2, 186, 052. 05	1, 389, 484. 59	302. 36	767, 255. 47	-11, 147. 15	24, 493, 877. 25	7, 343, 033. 16	31, 836, 910. 40
三、本年增减变动金额（减少以“-”号填列）	5	642, 066. 98	657, 554. 22		533, 238. 03	348, 398. 57	157. 92	1, 369, 212. 17	-1, 431. 44	3, 549, 196. 45	1, 533, 945. 41	5, 083, 141. 86
（一）净利润	6	—	—	—	—	—	—	2, 040, 571. 32	—	2, 040, 571. 32	885, 207. 54	2, 925, 778. 86
（二）其他综合收益	7	29, 984. 30	257, 786. 73		-25, 547. 46	18, 027. 09	125. 00	102, 082. 50	-1, 431. 44	381, 026. 73	90, 794. 25	471, 820. 97
综合收益小计	8	29, 984. 30	257, 786. 73		-25, 547. 46	18, 027. 09	125. 00	2, 142, 653. 82	-1, 431. 44	2, 421, 598. 05	976, 001. 78	3, 397, 599. 83
（三）所有者投入和减少资本	9	508, 856. 16	437, 011. 12			17, 297. 56		-30, 240. 34		932, 924. 50	817, 661. 53	1, 750, 586. 03
1.所有者投入资本	10	496, 559. 21	99, 209. 52	—	—	—	—	—	—	595, 768. 73	807, 939. 52	1, 403, 708. 25
2.股份支付计入所有者权益的金额	11	10, 396. 79		—	—	—	—	—	—	10, 396. 79		10, 396. 79
3.其他	12	1, 900. 16	337, 801. 60			17, 297. 56		-30, 240. 34		326, 758. 98	9, 722. 01	336, 480. 99
（四）专项储备提取和使用	13				558, 865. 92					558, 865. 92	70, 653. 30	629, 519. 22
1.提取专项储备	14	—	—	—	1, 855, 343. 39	—	—	—	—	1, 855, 343. 39	341, 802. 20	2, 197, 145. 59

续表

项　目	行次	本年金额										
		归属于母公司所有者权益									少数股东权益	所有者权益合计
		实收资本（或股本）	资本公积	减:库存股	专项储备	盈余公积	一般风险准备	未分配利润	其他	小计		
2.使用专项储备	15	—	—	—	-1, 296, 477. 47	—	—	—	—	-1, 296, 477. 47	-271, 148. 89	-1, 567, 626. 37
（五）利润分配	16	24, 346. 35	15, 976. 29			325, 997. 50	32. 92	-728, 216. 44		-361, 863. 38	-330, 340. 67	-692, 204. 05
1.提取盈余公积	17		711. 50			327, 057. 11		-327, 014. 76		753. 85		753. 85
其中：法定公积金	18	—	—	—	—	142, 833. 23	—	-142, 799. 24	—	33. 99	—	33. 99
任意公积金	19	—	—	—	—	184, 217. 62	—	-184, 218. 90	—	-1. 28	—	-1. 28
#储备基金	20	—	—	—	—		—		—		—	
#企业发展基金	21	—	—	—	—		—		—		—	
#利润归还投资	22	—	—	—	—		—		—		—	
2.提取一般风险准备	23	—	—	—	—	—	32. 92	-32. 92	—		—	
3.对所有者（或股东）的分配	24	—	—	—	—	—	—	-316, 412. 00	—	-316, 412. 00	-326, 310. 17	-642, 722. 17
4.其他	25	24, 346. 35	15, 264. 78			-1, 059. 61		-84, 756. 76		-46, 205. 23	-4, 030. 50	-50, 235. 73
（六）所有者权益内部结转	26	78, 880. 16	-53, 219. 92		-80. 42	-12, 923. 59		-14, 984. 87		-2, 328. 64	-30. 54	-2, 359. 18
1.资本公积转增资本（或股本）	27	87, 443. 83	-88, 541. 79	—	—	—	—	—	—	-1, 097. 95	—	-1, 097. 95
2.盈余公积转增资本（或股本）	28	12, 274. 28	—	—	—	-12, 274. 28	—	—	—		—	
3.盈余公积弥补亏损	29	—	—	—	—	-809. 46	—	808. 84	—	-0. 63	—	-0. 63
4.其他	30	-20, 837. 96	35, 321. 87		-80. 42	160. 16		-15, 793. 71		-1, 230. 06	-30. 54	-1, 260. 60
四、本年年末余额	31	14, 289, 606. 74	7, 171, 944. 39		2, 719, 290. 08	1, 737, 883. 16	460. 28	2, 136, 467. 64	-12, 578. 59	28, 043, 073. 70	8, 876, 978. 56	36, 920, 052. 26

续表

项目	行次	上年金额										
		归属于母公司所有者权益									少数股东权益	所有者权益合计
		实收资本（或股本）	资本公积	减：库存股	专项储备	盈余公积	一般风险准备	未分配利润	其他	小计		
栏次	—	12	13	14	15	16	17	18	19	20	21	22
一、上年年末余额	1	12, 990, 450. 84	6, 265, 840. 00		1, 685, 730. 73	1, 089, 300. 79	291. 92	16, 612. 84	-11, 175. 82	22, 037, 051. 30	5, 949, 463. 13	27, 986, 514. 44
加：会计政策变更	2	3, 663. 42	1, 090. 52			4. 21		27, 382. 38		32, 140. 52	-46, 904. 72	-14, 764. 20
前期差错更正	3	7, 678. 94	-285. 84		-87. 53	270. 55		34, 981. 68		42, 557. 79	-145. 47	42, 412. 32
二、本年年初余额	4	13, 001, 793. 20	6, 266, 644. 68		1, 685, 643. 20	1, 089, 575. 55	291. 92	78, 976. 89	-11, 175. 82	22, 111, 749. 62	5, 902, 412. 95	28, 014, 162. 56
三、本年增减变动金额（减少以"-"号填列）	5	645, 746. 56	247, 745. 50		500, 408. 85	299, 909. 03	10. 43	688, 278. 58	28. 68	2, 382, 127. 63	1, 440, 620. 21	3, 822, 747. 84
（一）净利润	6	—	—	—	—	—	—	1, 325, 939. 80	—	1, 325, 939. 80	539, 348. 58	1, 865, 288. 38
（二）其他综合收益	7	11, 977. 30	-4, 058. 35		189, 995. 67	75, 696. 24		-304, 753. 23	28. 68	-31, 113. 70	272, 410. 18	241, 296. 48
综合收益小计	8	11, 977. 30	-4, 058. 35		189, 995. 67	75, 696. 24		1, 021, 186. 57	28. 68	1, 294, 826. 10	811, 758. 76	2, 106, 584. 86
（三）所有者投入和减少资本	9	624, 923. 92	293, 961. 59			4, 200. 32		-1, 854. 32		921, 231. 52	861, 895. 26	1, 783, 126. 78
1.所有者投入资本	10	607, 256. 71	71, 197. 62	—	—	—	—	—	—	678, 454. 33	815, 229. 14	1, 493, 683. 47
2.股份支付计入所有者权益的金额	11	-13. 00	992. 66	—	—	—	—	—	—	979. 66		979. 66
3.其他	12	17, 680. 21	221, 771. 32			4, 200. 32		-1, 854. 32		241, 797. 53	46, 666. 12	288, 463. 65
（四）专项储备提取和使用	13				306, 987. 48					306, 987. 48	44, 535. 97	351, 523. 45
1.提取专项储备	14	—	—	—	1, 239, 529. 04	—	—	—	—	1, 239, 529. 04	193, 651. 71	1, 433, 180. 75
2.使用专项储备	15	—	—	—	-932, 541. 56	—	—	—	—	-932, 541. 56	-149, 115. 73	-1, 081, 657. 29

续表

项目	行次	上年金额										
		归属于母公司所有者权益									少数股东权益	所有者权益合计
		实收资本（或股本）	资本公积	减：库存股	专项储备	盈余公积	一般风险准备	未分配利润	其他	小计		
（五）利润分配	16	-68.02	1,986.46			236,586.54	10.43	-380,058.51		-141,543.10	-283,784.16	-425,327.27
1.提取盈余公积	17					230,806.04		-230,992.60		-186.56		-186.56
其中：法定公积金	18	—	—	—	—	113,848.63	—	-114,048.88	—	-200.25	—	-200.25
任意公积金	19	—	—	—	—	117,076.35	—	-117,075.00	—	1.35	—	1.35
#储备基金	20	—	—	—	—	-129.93	—	129.93	—		—	
#企业发展基金	21	—	—	—	—	0.29	—	-0.29	—		—	
#利润归还投资	22	—	—	—	—		—		—		—	
2.提取一般风险准备	23	—	—	—	—	—	10.43	-85.77	—	-75.34	—	-75.34
3.对所有者（或股东）的分配	24	—	—	—	—	—	—	-141,707.80	—	-141,707.80	-261,174.71	-402,882.51
4.其他	25	-68.02	1,986.46			5,780.50		-7,272.35		426.58	-22,609.45	-22,182.87
（六）所有者权益内部结转	26	8,913.36	-44,144.20		3,425.70	-16,574.07		49,004.85		625.64	6,214.39	6,840.03
1.资本公积转增资本（或股本）	27	12,001.99	-12,124.85	—	—	—	—	—	—	-122.86	—	-122.86
2.盈余公积转增资本（或股本）	28	12,060.39	—	—	—	-12,071.74	—	—	—	-11.35	—	-11.35
3.盈余公积弥补亏损	29	—	—	—	—	-1,287.34	—	1,177.11	—	-110.23	—	-110.23
4.其他	30	-15,149.02	-32,019.35		3,425.70	-3,214.99		47,827.74		870.08	6,214.39	7,084.47
四、本年年末余额	31	13,647,539.76	6,514,390.17		2,186,052.05	1,389,484.59	302.36	767,255.47	-11,147.15	24,493,877.25	7,343,033.16	31,836,910.40

2010 年山西省国有企业资产减值准备情况表

金额单位：万元

项 目	行次	年初账面余额	本年增加额				本年减少额					期末账面余额
			本年计提额	合并增加额	其他原因增加额	合 计	因资产价值回升转回额	转销额	合并减少额	其他原因减少额	合 计	
栏 次	—	1	2	3	4	5	6	7	8	9	10	11
一、坏账准备	1	739,827.64	291,154.25	4,850.87	68,062.95	364,068.08	7,775.81	49,840.80	17,604.92	10,006.45	85,227.98	1,018,667.74
二、存货跌价准备	2	80,044.19	100,906.03		153.16	101,059.19	1,186.86	132,288.61		537.16	134,012.63	47,090.74
三、可供出售金融资产减值准备	3											
四、持有至到期投资减值准备	4	53,370.47	1,675.56			1,675.56				12.74	12.74	55,033.30
五、长期股权投资减值准备	5	194,977.09	1,670.61		67.36	1,737.97	—	5,226.16	0.38	334.86	5,561.40	191,153.67
六、投资性房地产减值准备	6						—					
七、固定资产减值准备	7	56,150.65	29,413.40	0.20	726.62	30,140.22	—	259.19	167.37	117.49	544.06	85,746.81
八、工程物资减值准备	8	815.74					—					815.74
九、在建工程减值准备	9	8,422.77	467.03			467.03	—	13.13		521.71	534.84	8,354.96
十、生产性生物资产减值准备	10						—					
十一、油气资产减值准备	11						—					
十二、无形资产减值准备	12	2,846.61					—					2,846.61
十三、商誉减值准备	13	4,124.84					—					4,124.84
十四、其他减值准备	14	311,081.81	3,695.45		284.51	3,979.96	5,471.14	1,795.90		44.89	7,311.93	307,749.85
	15											
合计	16	1,451,661.80	428,982.33	4,851.07	69,294.60	503,128.01	14,433.81	189,423.79	17,772.67	11,575.30	233,205.57	1,721,584.24

续表

项　目	行　次	金　额
补充资料：	—	12
一、待处理资产净损失	17	79,954.26
（一）流动资产净损失	18	61,354.49
其中：坏账损失	19	21,161.17
存货损失	20	30,594.59
短期投资损失	21	11.13
（二）固定资产净损失	22	17,592.61
其中：固定资产盘亏	23	3,971.36
固定资产毁损、报废	24	12,883.89
固定资产盘盈	25	1,809.79
（三）长期投资损失	26	621.76
（四）无形资产损失	27	1,646.45
（五）在建工程损失	28	289.09
（六）委托贷款损失	29	8,325.68
二、政策性挂账	30	122,495.50
三、当年处理以前年度损失和挂账	31	6,349.96
其中：在当年损益中处理以前年度损失挂账	32	5,941.45

2010 年山西省国有企业应上交弥补款项表

金额单位：万元

项　目	行　次	金　额
一、增值税：	1	—
年初未交数	2	104,959.73
本年应交数	3	3,511,884.77
本年已交数	4	3,555,373.92
年末未交数	5	61,470.59
二、消费税：	6	—
年初未交数	7	9,268.92
本年应交数	8	51,592.48
本年已交数	9	51,122.08

续表

项　目	行　次	金　额
年末未交数	10	9,739.32
三、营业税：	11	—
年初未交数	12	174,531.87
本年应交数	13	289,500.56
本年已交数	14	263,707.54
年末未交数	15	200,324.89
四、资源税：	16	—
年初未交数	17	38,888.05
本年应交数	18	169,495.20
本年已交数	19	163,681.54
年末未交数	20	44,701.71
五、城建税：	21	—
年初未交数	22	49,988.22
本年应交数	23	197,886.45
本年已交数	24	198,502.19
年末未交数	25	49,372.48
六、教育费附加：	26	—
年初未交数	27	59,419.77
本年应交数	28	118,292.57
本年已交数	29	121,724.45
年末未交数	30	55,987.88
七、农牧业税：	31	—
年初未交数	32	19.15
本年应交数	33	4.70
本年已交数	34	4.29
年末未交数	35	19.57
八、关税：	36	—
本年已交进口关税	37	1,937.03
本年已交出口关税	38	18,881.61
九、企业所得税：	39	—
年初未交数	40	592,179.04
本年应交数	41	1,436,909.61
本年已交数	42	1,403,060.23

续表

项　目	行　次	金　额
年末未交数	43	626,028.43
十、其他各税：	44	—
年初未交数	45	403,185.30
本年应交数	46	1,235,882.66
本年已交数	47	1,223,012.63
年末未交数	48	416,055.32
十一、财政拨款：	49	—
年初结余	50	27,446.63
本年拨入	51	613,764.16
本年支出	52	540,176.65
本年结余	53	101,034.14
十二、储备粮油差价款：	54	—
年初未补数	55	1,504.12
本年应补数	56	1,349.52
本年已补数	57	344.12
年末未补数	58	2,509.52
十三、预算弥补亏损及补贴：	59	—
年初未补数	60	30,091.10
本年应补数	61	46,014.90
本年已补数	62	47,749.73
年末未补数	63	28,356.27
十四、国有资本收益：	64	—
年初未交数	65	16,302.23
本年应交数	66	8,223.07
本年已交数	67	12,378.40
年末未交数	68	12,146.90
十五、失业保险：	69	—
年初未交数	70	33,866.19
本年应交数	71	62,095.76
本年已交数	72	54,288.71
年末未交数	73	41,673.23
十六、基本养老保险：	74	—
年初未交数	75	235,666.48

续表

项　目	行　次	金　额
本年应交数	76	946,051.93
本年已交数	77	887,884.01
年末未交数	78	293,834.40
十七、基本医疗保险：	79	—
年初未交数	80	20,347.56
本年应交数	81	253,564.11
本年已交数	82	245,289.19
年末未交数	83	28,622.49
十八、工伤保险：	84	—
年初未交数	85	4,886.05
本年应交数	86	74,797.15
本年已交数	87	69,135.57
年末未交数	88	10,547.63
十九、生育保险：	89	—
年初未交数	90	1,744.70
本年应交数	91	5,525.39
本年已交数	92	5,464.74
年末未交数	93	1,805.34
二十、石油特别收益金：	94	—
本年应交数	95	
本年已交数	96	
补充资料：	97	—
一、本年应交税金总额	98	7,032,267.65
二、本年实际上交税金总额	99	7,001,007.52
三、本年支付补充养老保险总额	100	153,954.63
四、本年支付补充医疗保险总额	101	12,019.85
五、出口退税情况：	102	—
出口额（美元）	103	114,026.11
以前年度欠出口退税	104	750.56
本年度应收出口退税	105	6,166.18
本年度已收出口退税	106	6,003.61
年末欠出口退税	107	913.13

2010 年山西省国有企业基本情况表

金额单位：万元

项　目	行　次	金　额
一、职工人数情况（人）：	1	—
（一）年末从业人员人数	2	1,280,384
（二）全年平均从业人员人数	3	1,244,752
（三）年末职工人数	4	1,362,874
其中：年末在岗职工人数	5	1,204,200
（四）全年平均职工人数	6	1,340,993
其中：全年平均在岗职工人数	7	1,180,691
（五）年末离休人数	8	8,640
（六）年末退休人数	9	438,023
（七）参加基本养老保险职工人数	10	1,227,951
（八）参加补充养老保险（年金）职工人数	11	309,919
（九）参加基本医疗保险职工人数	12	1,167,234
（十）参加补充医疗保险职工人数	13	251,028
（十一）参加失业保险职工人数	14	1,070,407
（十二）参加工伤保险职工人数	15	1,058,668
（十三）参加生育保险职工人数	16	442,962
（十四）接收军队转业、复员退伍人员总数	17	22,452
其中：当年接收军队转业、复员退伍人员数	18	2,787
（十五）实行工效挂钩职工人数	19	602,419
二、企业不在岗职工及劳动关系处理情况：	20	—
（一）年初不在岗职工人数（人）	21	150,172
其中：内退人数（人）	22	63,262
（二）年末不在岗职工人数（人）	23	158,674
其中：内退人数（人）	24	59,900
（三）本年累计解除劳动关系人数（人）	25	8,559
（四）本年累计支付经济补偿金额	26	4,242.77
其中：财政负担部分	27	1,880.85

续表

项　目	行　次	金　额
三、工资及福利情况：	28	—
（一）全年应发工资总额	29	5, 793, 068. 41
（二）全年实际发放工资总额	30	5, 534, 616. 08
其中：全年实际发放职工工资总额	31	5, 414, 076. 74
其中：全年实际发放在岗职工工资总额	32	5, 306, 319. 15
（三）企业提取的工资总额	33	5, 806, 843. 26
1.非工挂企业工资总额	34	1, 631, 480. 11
2.工挂企业工资总额	35	3, 650, 067. 42
(1)核定的工挂企业工资总额基数	36	3, 629, 978. 29
(2)工挂企业提取的新增效益工资	37	20, 089. 13
（四）离退休人员养老金及福利性补助	38	119, 260. 92
（五）企业负责人薪酬总额	39	125, 997. 59
企业负责人人数（人）	40	13, 294
（六）本年列支的职工福利费	41	534, 055. 05
（七）本年支付的医药费	42	83, 198. 03
其中：离退休人员医药费	43	12, 922. 71
（八）本年企业负担的职工住房费用	44	268, 806. 02
其中：本年提取的住房公积金	45	251, 574. 74
本年一次性支付的住房补贴	46	919. 08
本年按月发放的住房补贴	47	623. 64
四、本年支付的职工培训费用	48	80, 005. 49
五、产值（按现行价格计算）：	49	—
（一）工业总产值	50	49, 917, 495. 56
（二）工业增加值	51	20, 698, 384. 99
六、本年收到的财政性资金	52	1, 139, 374. 97
（一）基本建设性资金	53	528, 007. 69
（二）生产发展性资金	54	74, 021. 61
（三）社会保障性资金	55	27, 289. 81
（四）其他	56	510, 055. 86
七、本年科技资金来源及支出情况：	57	—
（一）本年科技资金来源合计	58	735, 818. 79
1.政府拨款	59	5, 208. 13

续表

项 目	行 次	金 额
2.企业自筹	60	726,350.87
3.其他	61	4,259.78
（二）本年科技支出合计	62	1,009,319.01
1.研究开发费用合计	63	850,542.01
其中：科技人员人工支出	64	109,922.66
研究开发性固定资产支出	65	21,540.60
其他研究开发支出	66	719,078.75
2.购买新技术、科研设备等支出	67	114,247.26
3.其他科技支出	68	44,529.74
八、固定资产情况：	69	—
（一）按使用情况划分（原价）	70	50,717,742.68
1.在用固定资产	71	50,206,905.01
2.未使用固定资产	72	403,802.79
3.不需用固定资产	73	107,034.88
（二）主要类别固定资产情况：	74	—
1.固定资产原价合计	75	50,717,742.68
其中：土地资产	76	1,005,845.66
房屋、建筑物	77	18,487,727.83
机器设备	78	27,247,664.29
运输工具	79	1,824,884.07
2.当年计提的固定资产折旧总额	80	3,133,635.92
其中：房屋、建筑物	81	700,171.40
机器设备	82	1,994,738.02
运输工具	83	186,889.35
3.当年计提折旧的平均固定资产原价	84	42,820,264.19
（三）当年固定资产投资总额	85	8,658,137.47
1.购置固定资产	86	4,727,722.95
2.基建投资	87	3,637,198.52
3.其他投资	88	293,215.99
九、投资收益	89	307,744.30
其中：长期股权投资	90	199,826.36
交易性金融资产	91	35,887.13

续表

项　目	行　次	金　额
交易性金融负债	92	-191.50
持有至到期投资	93	714.87
可供出售金融资产	94	42,410.35
其他收益项目	95	29,097.09
十、拥有的自主知识产权专利数量（项）	96	1,559
其中：本年度新增专利数量（项）	97	921
十一、当年企业提取的安全生产费用	98	1,468,635.26
十二、当年企业支出的安全生产费用	99	1,188,230.68
十三、当年企业支付的环境保护及生态恢复支出	100	246,841.68
其中：（一）本年度上交政府统筹的支出	101	21,849.74
（二）本年度企业提取或据实列支的支出	102	211,932.02
十四、当年企业支出的节能减排费用	103	82,576.26
十五、企业累计向境外投资额	104	227,356.81
其中：企业当年新增向境外投资额	105	34,219.26

2010 年山西省国有资产主要指标分析表

金额单位：万元

指标名称	行 次	本年数	上年数
一、绩效指标：	1	—	—
（一）盈利能力指标：	2	—	—
1.净资产收益率（含少数股东权益）（%）	3	8.51	6.40
2.净资产收益率（不含少数股东权益）（%）	4	7.77	5.75
3.总资产报酬率（%）	5	5.41	4.63
4.营业利润率（%）	6	4.92	4.67
5.成本费用利润率（%）	7	5.35	5.17
6.盈余现金保障倍数	8	2.25	431.70
7.成本费用总额占营业总收入的比率（%）	9	94.94	95.53
（二）资产质量指标：	10	—	—
1.总资产周转率（次）	11	0.76	0.66
2.流动资产周转率（次）	12	1.57	1.45
3.存货周转率（次）	13	8.60	6.94
4.资产现金回收率（%）	14	4.36	6.56
5.存货增长率（%）	15	24.67	-1.04
（三）债务风险指标：	16	—	—
1.资产负债率（%）	17	67.74	67.32
2.已获利息倍数	18	4.00	3.73
3.流动比率	19	1.16	1.05
4.速动比率	20	0.98	0.89
5.现金流动负债比率（%）	21	9.46	13.25
6.短期借款占全部借款的比率（%）	22	33.70	41.73
（四）经营增长指标：	23	—	—
1.营业总收入增长率（%）	24	41.86	-1.74
2.主营业务收入增长率（%）	25	39.00	-2.37
3.营业利润增长率（%）	26	49.30	-12.83
4.利润增长率（%）	27	46.12	-12.53

续表

指标名称	行 次	本年数	上年数
5.国有资本保值增值率（%）	28	109.55	108.01
6.资本积累率（%）	29	15.97	11.90
7.资产增长率（%）	30	18.69	21.18
8.固定资产增长率（%）	31	12.62	18.54
9.技术投入比率（%）	32	1.26	1.07
二、人均指标：	33	—	—
（一）从业人员人均利润（元/人）	34	34,398.18	24,131.28
（二）从业人员人均资产（元/人）	35	893,913.43	756,591.26
（三）职工人均利润（元/人）	36	31,929.48	22,577.43
（四）职工人均资产（元/人）	37	839,807.97	718,168.84
（五）全年职工人均工资（元/人）	38	40,373.64	32,262.11
（六）全年在岗职工人均工资（元/人）	39	44,942.49	36,070.48
（七）人均实际上交税金（元/人）	40	52,207.64	44,710.92
三、其他指标：	41	—	—
（一）固定资产投资占主营业务收入的比率（%）	42	10.82	11.26
（二）实发工资占应发工资的比率（%）	43	95.54	98.60
（三）平均固定资产折旧率（%）	44	7.32	6.98
（四）年末法定盈余公积占实收资本的比率（%）	45	3.73	3.11
补充资料：	46	—	—
一、纳入合并范围二级子企业录入户数（户）	47	652.00	652.00
二、纳入合并范围三级子企业录入户数（户）	48	848.00	848.00
三、纳入合并范围企业录入总户数（户）	49	4,438.00	4,438.00
四、纳入合并范围盈利企业户数（户）	50	2,583.00	2,338.00
五、纳入合并范围亏损企业户数（户）	51	1,855.00	1,923.00
六、纳入合并范围盈利企业盈利额	52	69,485,552,598.92	41,712,336,199.20
七、纳入合并范围亏损企业亏损额	53	-13,874,379,200.35	-12,067,920,446.81

2010 年山西省省级企业资产负债表

金额单位：万元

项　目	行　次	期末金额	年初金额
流动资产：	1	—	—
货币资金	2	14,491,240.19	13,269,909.86
△结算备付金	3		
△拆出资金	4	40,000.00	
交易性金融资产	5	143,916.25	185,920.35
应收票据	6	3,845,912.39	2,566,295.23
应收账款	7	5,495,310.20	4,309,690.92
预付款项	8	7,218,897.34	5,328,108.26
△应收保费	9		
△应收分保账款	10		
△应收分保合同准备金	11		
应收利息	12	55,664.31	4,517.98
其他应收款	13	9,415,426.59	7,281,851.75
△买入返售金融资产	14		
存货	15	7,210,126.50	5,631,438.25
其中:原材料	16	2,418,170.38	1,784,513.09
库存商品(产成品)	17	3,203,184.54	2,376,655.20
一年内到期的非流动资产	18	8,059.13	11,610.53
其他流动资产	19	224,124.31	191,446.56
流动资产合计	20	48,148,677.19	38,780,789.69
非流动资产：	21	—	—
△发放贷款及垫款	22		
可供出售金融资产	23	592,693.46	478,201.86
持有至到期投资	24	272,265.93	159,335.63
长期应收款	25	96,481.69	64,792.62
长期股权投资	26	4,387,645.78	3,978,014.92
投资性房地产	27	133,066.27	120,898.46
固定资产原价	28	42,505,806.65	37,323,671.87
减：累计折旧	29	17,219,467.84	14,427,246.93

续表

项　目	行　次	期末金额	年初金额
固定资产净值	30	25, 286, 338. 80	22, 896, 424. 94
减：固定资产减值准备	31	62, 043. 22	36, 105. 78
固定资产净额	32	25, 224, 295. 59	22, 860, 319. 16
在建工程	33	9, 351, 901. 31	7, 424, 997. 22
工程物资	34	331, 404. 58	232, 298. 13
固定资产清理	35	12, 564. 86	10, 776. 98
生产性生物资产	36		
油气资产	37		
无形资产	38	6, 481, 282. 00	5, 585, 569. 60
开发支出	39	1, 542. 86	1, 602. 01
商誉	40	304, 505. 41	269, 782. 57
长期待摊费用	41	132, 732. 84	120, 702. 42
递延所得税资产	42	411, 286. 12	338, 919. 48
其他非流动资产	43	720, 047. 85	864, 190. 69
其中：特准储备物资	44		
非流动资产合计	45	48, 453, 716. 55	42, 510, 401. 75
	46		
	47		
	48		
	49		
	50		
	51		
	52		
	53		
	54		
	55		
	56		
	57		
	58		
	59		
	60		
	61		
	62		

续表

项　目	行　次	期末金额	年初金额
	63		
资产总计	64	96,602,393.74	81,291,191.44
流动负债：	65	—	—
短期借款	66	8,755,273.45	9,466,211.65
△向中央银行借款	67		
△吸收存款及同业存放	68	58,143.12	21,784.43
△拆入资金	69		
交易性金融负债	70		24,261.12
应付票据	71	1,472,565.52	1,245,652.94
应付账款	72	10,440,829.53	8,756,134.89
预收款项	73	5,603,029.71	4,588,485.85
△卖出回购金融资产款	74		
△应付手续费及佣金	75		
应付职工薪酬	76	2,538,154.97	2,157,603.84
其中：应付工资	77	1,864,101.48	1,564,011.26
应付福利费	78	21,841.23	32,509.24
#其中：职工奖励及福利基金	79	396.02	901.14
应交税费	80	1,319,525.57	1,262,837.80
其中：应交税金	81	850,593.32	794,132.49
应付利息	82	160,761.47	135,275.83
其他应付款	83	7,484,944.73	6,738,386.09
△应付分保账款	84		
△保险合同准备金	85		
△代理买卖证券款	86		
△代理承销证券款	87		
一年内到期的非流动负债	88	1,691,086.93	967,306.31
其他流动负债	89	600,271.34	273,237.77
流动负债合计	90	40,124,586.34	35,637,178.52
非流动负债：	91	—	—
长期借款	92	18,939,097.60	13,956,917.70
应付债券	93	3,709,831.20	2,430,136.63
长期应付款	94	763,296.28	664,755.46
专项应付款	95	1,416,908.47	1,120,536.19

续表

项　目	行　次	期末金额	年初金额
预计负债	96	13,318.63	12,266.25
递延所得税负债	97	149,358.79	134,412.71
其他非流动负债	98	279,380.09	200,250.83
其中：特准储备基金	99	2,500.00	2,000.00
非流动负债合计	100	25,271,191.06	18,519,275.77
负债合计	101	65,395,777.40	54,156,454.29
所有者权益（或股东权益）：	102	—	—
实收资本（股本）	103	11,927,279.08	11,539,574.79
国家资本	104	8,726,721.36	8,341,489.37
集体资本	105	23,055.06	23,055.06
法人资本	106	3,155,070.75	3,153,213.75
其中：国有法人资本	107	3,154,454.15	3,152,597.15
集体法人资本	108	616.60	616.60
个人资本	109	4,627.21	4,011.91
外商资本	110	17,804.70	17,804.70
#减：已归还投资	111	18,597.70	18,522.38
实收资本（或股本）净额	112	11,908,681.38	11,521,052.41
资本公积	113	5,058,756.66	4,725,642.45
减：库存股	114		
专项储备	115	2,582,512.20	2,114,601.05
盈余公积	116	1,013,825.40	803,844.82
其中：法定公积金	117	408,833.91	307,263.33
任意公积金	118	467,102.48	368,622.28
#储备基金	119	0.07	0.07
#企业发展基金	120	38,319.57	38,051.27
#利润归还投资	121	13,003.27	13,003.27
△一般风险准备	122		
未分配利润	123	2,280,802.44	1,080,378.09
外币报表折算差额	124	-12,578.59	-11,147.15
归属于母公司所有者权益合计	125	22,831,999.49	20,234,371.66
★少数股东权益	126	8,374,616.85	6,900,365.48
所有者权益合计	127	31,206,616.34	27,134,737.15
负债和所有者权益总计	128	96,602,393.74	81,291,191.44

2010 年山西省省级企业利润表

金额单位：万元

项　目	行　次	本期金额	上期金额
一、营业总收入	1	77,331,399.89	53,813,370.71
其中：营业收入	2	77,297,085.38	53,805,038.27
其中：主营业务收入	3	73,287,360.27	52,158,739.55
其他业务收入	4	4,009,725.11	1,646,298.72
△利息收入	5	33,837.78	8,026.86
△已赚保费	6		
△手续费及佣金收入	7	476.73	305.58
二、营业总成本	8	74,285,637.97	51,843,922.32
其中：营业成本	9	65,201,841.42	44,995,873.62
其中：主营业务成本	10	61,797,954.89	43,594,814.46
其他业务成本	11	3,403,886.53	1,401,059.15
△利息支出	12	1,097.90	464.07
△手续费及佣金支出	13	184.01	22.20
△退保金	14		
△赔付支出净额	15		
△提取保险合同准备金净额	16		
△保单红利支出	17		
△分保费用	18		
营业税金及附加	19	738,991.44	554,530.02
销售费用	20	1,635,612.41	1,243,939.34
管理费用	21	5,082,449.05	3,885,286.98
其中：业务招待费	22	134,142.60	104,722.89
研究与开发费	23	538,568.05	368,471.57
财务费用	24	1,229,363.21	947,492.38
其中：利息支出	25	1,275,703.60	981,705.70
利息收入	26	103,467.01	96,722.96
汇兑净损失（净收益以“-”号填列）	27	-11,456.95	3,928.07
资产减值损失	28	396,101.52	216,313.46

续表

项 目	行 次	本期金额	上期金额
其他	29	-2.98	0.26
加：公允价值变动收益（损失以“-”号填列）	30	-18,540.93	63,816.85
投资收益（损失以“-”号填列）	31	213,365.30	208,093.66
其中：对联营企业和合营企业的投资收益	32	9,644.33	58,921.20
△汇兑收益（损失以“-”号填列）	33		
三、营业利润（亏损以“-”号填列）	34	3,240,586.28	2,241,358.91
加：营业外收入	35	419,255.14	323,508.70
其中：非流动资产处置利得	36	38,743.75	31,497.96
非货币性资产交换利得	37	742.94	9.92
政府补助	38	236,909.42	149,903.52
债务重组利得	39	7,677.46	12,027.34
减：营业外支出	40	343,575.34	259,987.74
其中：非流动资产处置损失	41	59,538.76	57,204.10
非货币性资产交换损失	42		2.11
债务重组损失	43	1,017.85	1,802.21
四、利润总额（亏损总额以“-”号填列）	44	3,316,266.08	2,304,879.86
减：所得税费用	45	1,091,776.80	893,225.01
五、净利润（净亏损以“-”号填列）	46	2,224,489.28	1,411,654.86
归属于母公司所有者的净利润	47	1,392,536.17	930,395.38
⋆少数股东损益	48	831,953.11	481,259.48
六、每股收益：	49	—	—
基本每股收益	50		
稀释每股收益	51		
七、其他综合收益	52	210,185.96	259,314.48
八、综合收益总额	53	2,434,675.24	1,670,969.33
归属于母公司所有者的综合收益总额	54	1,560,060.81	1,031,138.99
⋆归属于少数股东的综合收益总额	55	874,614.42	639,830.34
	56		

2010年山西省省级企业现金流量表

金额单位：万元

项　目	行　次	本期金额	上期金额
一、经营活动产生的现金流量：	1	—	—
销售商品、提供劳务收到的现金	2	74,758,547.39	53,428,032.32
△客户存款和同业存放款项净增加额	3	23,411.65	16,857.45
△向中央银行借款净增加额	4		
△向其他金融机构拆入资金净增加额	5		
△收到原保险合同保费取得的现金	6		
△收到再保险业务现金净额	7		
△保户储金及投资款净增加额	8		
△处置交易性金融资产净增加额	9		
△收取利息、手续费及佣金的现金	10	35,320.01	8,676.88
△拆入资金净增加额	11	-40,000.00	
△回购业务资金净增加额	12		
收到的税费返还	13	144,383.69	145,902.81
收到其他与经营活动有关的现金	14	5,902,987.54	5,510,067.05
经营活动现金流入小计	15	80,824,650.27	59,109,536.50
购买商品、接收劳务支付的现金	16	55,896,435.26	36,739,263.48
△客户贷款及垫款净增加额	17	43,354.20	26,472.92
△存放中央银行和同业款项净增加额	18	186,596.37	14,274.58
△支付原保险合同赔付款项的现金	19		
△支付利息、手续费及佣金的现金	20	1,015.83	455.73
△支付保单红利的现金	21		
支付给职工以及为职工支付的现金	22	6,622,317.27	5,287,075.20
支付的各项税费	23	6,257,823.83	5,192,122.20
支付其他与经营活动有关的现金	24	8,103,843.91	7,089,640.32
经营活动现金流出小计	25	77,111,386.67	54,349,304.44
经营活动产生的现金流量净额	26	3,713,263.60	4,760,232.06
二、投资活动产生的现金流量：	27	—	—
收回投资收到的现金	28	1,259,180.15	2,011,614.72
取得投资收益收到的现金	29	194,863.33	119,797.61

续表

项　目	行　次	本期金额	上期金额
处置固定资产、无形资产和其他长期资产所收回的现金净额	30	374,419.77	112,872.18
处置子公司及其他营业单位收回的现金净额	31	66,089.92	45,347.91
收到其他与投资活动有关的现金	32	586,553.82	318,417.37
投资活动现金流入小计	33	2,481,106.99	2,608,049.78
购建固定资产、无形资产和其他长期资产所支付的现金	34	6,764,677.14	5,969,236.25
投资支付的现金	35	2,617,280.87	3,209,911.10
△质押贷款净增加额	36		
取得子公司及其他营业单位支付的现金净额	37	139,456.35	661,173.17
支付其他与投资活动有关的现金	38	2,130,415.71	1,202,020.20
投资活动现金流出小计	39	11,651,830.06	11,042,340.72
投资活动产生的现金流量净额	40	-9,170,723.07	-8,434,290.93
三、筹资活动产生的现金流量：	41	—	—
吸收投资收到的现金	42	2,009,436.70	966,252.66
其中：子公司吸收少数股东投资收到的现金	43	456,391.18	101,666.11
取得借款所收到的现金	44	19,342,811.85	20,420,627.43
△发行债券收到的现金	45		
收到其他与筹资活动有关的现金	46	814,427.42	708,183.31
筹资活动现金流入小计	47	22,166,675.97	22,095,063.41
偿还债务所支付的现金	48	13,464,742.88	12,833,209.53
分配股利、利润或偿付利息所支付的现金	49	1,737,340.83	1,457,531.64
其中：子公司支付给少数股东的股利、利润	50	192,010.30	120,226.28
支付其他与筹资活动有关的现金	51	607,016.83	363,047.27
筹资活动现金流出小计	52	15,809,100.54	14,653,788.44
筹资活动产生的现金流量净额	53	6,357,575.43	7,441,274.97
四、汇率变动对现金及现金等价物的影响	54	12,852.55	-1,893.88
五、现金及现金等价物净增加额	55	912,968.50	3,765,322.22
加：期初现金及现金等价物余额	56	13,129,139.25	9,363,817.03
六、期末现金及现金等价物余额	57	14,042,107.76	13,129,139.25
	58		

2010 年山西省省级企业所有者权益金额变动表

金额单位：万元

项目	行次	本年金额										
		归属于母公司所有者权益									少数股东权益	所有者权益合计
		实收资本（或股本）	资本公积	减：库存股	专项储备	盈余公积	一般风险准备	未分配利润	其他	小计		
栏次		1	2	3	4	5	6	7	8	9	10	11
一、上年年末余额	1	11,521,052.41	4,725,642.45		2,114,601.05	803,844.82		1,080,378.09	-11,147.15	20,234,371.66	6,900,365.48	27,134,737.15
加：会计政策变更	2	—	—	—	—	—	—	—	—	—	—	—
前期差错更正	3	—	—	—	—	—	—	—	—	—	—	—
二、本年年初余额	4	11,521,052.41	4,725,642.45		2,114,601.05	803,844.82		1,080,378.09	-11,147.15	20,234,371.66	6,900,365.48	27,134,737.15
三、本年增减变动金额（减少以"-"号填列）	5	387,628.96	333,114.22		467,911.15	209,980.58		1,200,424.35	-1,431.44	2,597,627.82	1,474,251.37	4,071,879.19
（一）净利润	6	—	—	—	—	—	—	1,392,536.17	—	1,392,536.17	831,953.11	2,224,489.28
（二）其他综合收益	7	-3,131.57	158,769.29		-27,216.86	18,139.69		110,469.10	-1,431.44	255,598.21	86,793.09	342,391.30
综合收益小计	8	-3,131.57	158,769.29		-27,216.86	18,139.69		1,503,005.27	-1,431.44	1,648,134.38	918,746.20	2,566,880.58
（三）所有者投入和减少资本	9	374,323.28	186,872.67			736.82		-6,030.13		555,902.63	808,646.09	1,364,548.72
1.所有者投入资本	10	374,392.42	44,570.99	—	—	—	—	—	—	418,963.41	797,731.23	1,216,694.65
2.股份支付计入所有者权益的金额	11			—	—	—	—	—	—			
3.其他	12	-69.14	142,301.68			736.82		-6,030.13		136,939.22	10,914.86	147,854.08
（四）专项储备提取和使用	13				495,115.43					495,115.43	67,031.30	562,146.73
1.提取专项储备	14	—	—	—	1,711,499.35	—	—	—	—	1,711,499.35	329,269.56	2,040,768.91

续表

项目	行次	本年金额										
		归属于母公司所有者权益									少数股东权益	所有者权益合计
		实收资本（或股本）	资本公积	减：库存投	专项储备	盈余公积	一般风险准备	未分配利润	其他	小计		
2.使用专项储备	15	—	—	—	-1, 216, 383. 92	—	—	—	—	-1, 216, 383. 92	-262, 238. 26	-1, 478, 622. 18
（五）利润分配	16		-1, 174. 95			193, 902. 30		-292, 909. 88		-100, 182. 53	-320, 141. 68	-420, 324. 21
1.提取盈余公积	17					193, 942. 53		-193, 942. 53				
其中：法定公积金	18	—		—		95, 422. 97	—	-95, 422. 97				
任意公积金	19	—		—		98, 519. 56	—	-98, 519. 56				
#储备基金	20	—	—	—	—		—		—		—	
#企业发展基金	21	—	—	—	—		—		—		—	
#利润归还投资	22	—	—	—	—		—		—		—	
2.提取一般风险准备	23	—	—	—	—	—						
3.对所有者（或股东）的分配	24	—	—	—	—	—	—	-75, 141. 88	—	-75, 141. 88	-316, 026. 30	-391, 168. 19
4.其他	25		-1, 174. 95			-40. 24		-23, 825. 46		-25, 040. 65	-4, 115. 38	-29, 156. 03
（六）所有者权益内部结转	26	16, 437. 25	-11, 352. 80		12. 58	-2, 798. 22		-3, 640. 91		-1, 342. 09	-30. 54	-1, 372. 62
1.资本公积转增资本（或股本）	27	46, 682. 09	-46, 682. 09		—	—	—	—	—		—	
2.盈余公积转增资本（或股本）	28	1, 965. 04	—	—	—	-1, 965. 04	—	—	—		—	
3.盈余公积弥补亏损	29	—	—	—	—	-786. 91	—	786. 91	—		—	
4.其他	30	-32, 209. 87	35, 329. 29		12. 58	-46. 27		-4, 427. 81		-1, 342. 09	-30. 54	-1, 372. 62
四、本年年末余额	31	11, 908, 681. 38	5, 058, 756. 66		2, 582, 512. 20	1, 013, 825. 40		2, 280, 802. 44	-12, 578. 59	22, 831, 999. 49	8, 374, 616. 85	31, 206, 616. 34

续表

项目	行次	上年金额										
		归属于母公司所有者权益									少数股东权益	所有者权益合计
		实收资本（或股本）	资本公积	减：库存股	专项储备	盈余公积	一般风险准备	未分配利润	其他	小计		
栏次	—	12	13	14	15	16	17	18	19	20	21	22
一、上年年末余额	1	11,039,907.48	4,634,278.81		1,646,478.60	584,864.87		505,869.63	-11,175.82	18,400,223.56	5,526,817.09	23,927,040.65
加：会计政策变更	2	-330.97	45.59			-3.63		3,795.74		3,506.73	-4,421.28	-914.56
前期差错更正	3	873.15	4,607.28		-87.53	83.16		37,792.17		43,268.23	-3,548.24	39,719.99
二、本年年初余额	4	11,040,449.65	4,638,931.68		1,646,391.07	584,944.41		547,457.54	-11,175.82	18,446,998.52	5,518,847.57	23,965,846.09
三、本年增减变动金额（减少以"–"号填列）	5	480,602.76	86,710.77		468,209.98	218,900.41		532,920.55	28.68	1,787,373.15	1,381,517.91	3,168,891.06
（一）净利润	6	—	—	—	—	—	—	930,395.38	—	930,395.38	481,259.48	1,411,654.86
（二）其他综合收益	7	6,816.84	-82,858.65		189,794.85	74,978.67		-294,809.31	28.68	-106,048.93	271,277.37	165,228.43
综合收益小计	8	6,816.84	-82,858.65		189,794.85	74,978.67		635,586.07	28.68	824,346.44	752,536.84	1,576,883.29
（三）所有者投入和减少资本	9	498,393.46	189,252.27			3,165.07		7,518.59		698,329.38	840,825.69	1,539,155.07
1.所有者投入资本	10	493,163.97	-36,299.61	—	—	—	—	—	—	456,864.35	813,126.14	1,269,990.49
2.股份支付计入所有者权益的金额	11		50.00	—	—	—	—	—	—	50.00		50.00
3.其他	12	5,229.49	225,501.88			3,165.07		7,518.59		241,415.03	27,699.55	269,114.58
（四）专项储备提取和使用	13				278,415.13					278,415.13	37,920.66	316,335.80
1.提取专项储备	14	—	—	—	1,182,813.22	—	—	—	—	1,182,813.22	168,652.02	1,351,465.24
2.使用专项储备	15	—	—	—	-904,398.09	—	—	—	—	-904,398.09	-130,731.36	-1,035,129.45

续表

项目	行次	上年金额										
		归属于母公司所有者权益									少数股东权益	所有者权益合计
		实收资本（或股本）	资本公积	减：库存股	专项储备	盈余公积	一般风险准备	未分配利润	其他	小计		
（五）利润分配	16	-220.55	-286.12			146,617.67		-159,793.86		-13,682.86	-255,979.68	-269,662.54
1.提取盈余公积	17					144,242.98		-144,167.64		75.34		75.34
其中：法定公积金	18	—	—	—	—	86,869.24	—	-86,793.90	—	75.34	—	75.34
任意公积金	19	—	—	—	—	57,503.66	—	-57,503.66	—		—	
#储备基金	20	—	—	—	—	-129.93	—	129.93	—		—	
#企业发展基金	21	—	—	—	—		—		—		—	
#利润归还投资	22	—	—	—	—		—		—		—	
2.提取一般风险准备	23	—	—	—	—	—	—	-75.34	—	-75.34	—	-75.34
3.对所有者（或股东）的分配	24	—	—	—	—	—	—	-14,493.82	—	-14,493.82	-238,402.17	-252,895.99
4.其他	25	-220.55	-286.12			2,374.69		-1,057.06		810.96	-17,577.51	-16,766.55
（六）所有者权益内部结转	26	-24,386.99	-19,396.72			-5,861.00		49,609.76		-34.96	6,214.39	6,179.43
1.资本公积转增资本（或股本）	27	-10,209.42	10,209.42	—	—	—	—	—	—		—	
2.盈余公积转增资本（或股本）	28	1,419.99	—	—	—	-1,431.34	—	—	—	-11.35	—	-11.35
3.盈余公积弥补亏损	29	—	—	—	—	-1,213.23	—	1,213.23	—		—	
4.其他	30	-15,597.56	-29,606.15			-3,216.43		48,396.53		-23.60	6,214.39	6,190.79
四、本年年末余额	31	11,521,052.41	4,725,642.45		2,114,601.05	803,844.82		1,080,378.09	-11,147.15	20,234,371.66	6,900,365.48	27,134,737.15

2010 年山西省省级企业应上交应弥补款项表

金额单位：万元

项　目	行　次	金　额
一、增值税：	1	—
年初未交数	2	17,382.56
本年应交数	3	3,020,174.21
本年已交数	4	3,063,236.22
年末未交数	5	-25,679.45
二、消费税：	6	—
年初未交数	7	5,410.11
本年应交数	8	50,012.00
本年已交数	9	49,617.13
年末未交数	10	5,804.98
三、营业税：	11	—
年初未交数	12	137,152.94
本年应交数	13	261,280.23
本年已交数	14	237,518.86
年末未交数	15	160,914.31
四、资源税：	16	—
年初未交数	17	34,485.84
本年应交数	18	146,765.08
本年已交数	19	140,519.11
年末未交数	20	40,731.82
五、城建税：	21	—
年初未交数	22	41,376.54
本年应交数	23	176,807.20
本年已交数	24	177,811.10
年末未交数	25	40,372.64
六、教育费附加：	26	—
年初未交数	27	52,899.16
本年应交数	28	103,548.12

续表

项　目	行　次	金　额
本年已交数	29	107,558.95
年末未交数	30	48,888.33
七、农牧业税：	31	—
年初未交数	32	2.31
本年应交数	33	
本年已交数	34	
年末未交数	35	2.31
八、关税：	36	—
本年已交进口关税	37	1,862.45
本年已交出口关税	38	14,121.03
九、企业所得税：	39	—
年初未交数	40	472,962.42
本年应交数	41	1,171,637.03
本年已交数	42	1,130,016.79
年末未交数	43	514,582.66
十、其他各税：	44	—
年初未交数	45	319,594.49
本年应交数	46	1,147,219.31
本年已交数	47	1,128,884.45
年末未交数	48	337,929.35
十一、财政拨款：	49	—
年初结余	50	21,210.44
本年拨入	51	525,977.08
本年支出	52	457,953.02
本年结余	53	89,234.50
十二、储备粮油差价款：	54	—
年初未补数	55	
本年应补数	56	
本年已补数	57	
年末未补数	58	
十三、预算弥补亏损及补贴：	59	—
年初未补数	60	
本年应补数	61	40.80

续表

项　目	行　次	金　额
本年已补数	62	40.22
年末未补数	63	0.58
十四、国有资本收益:	64	—
年初未交数	65	
本年应交数	66	17.56
本年已交数	67	14.17
年末未交数	68	3.40
十五、失业保险:	69	—
年初未交数	70	20,151.29
本年应交数	71	54,285.41
本年已交数	72	48,485.36
年末未交数	73	25,951.34
十六、基本养老保险:	74	—
年初未交数	75	116,378.87
本年应交数	76	787,683.53
本年已交数	77	758,684.08
年末未交数	78	145,378.32
十七、基本医疗保险:	79	—
年初未交数	80	13,395.77
本年应交数	81	219,283.97
本年已交数	82	212,371.54
年末未交数	83	20,308.20
十八、工伤保险:	84	—
年初未交数	85	3,303.03
本年应交数	86	68,087.02
本年已交数	87	62,885.18
年末未交数	88	8,504.87
十九、生育保险:	89	—
年初未交数	90	991.90
本年应交数	91	4,063.29
本年已交数	92	4,136.35
年末未交数	93	918.84
二十、石油特别收益金:	94	—

续表

项　目	行　次	金　额
本年应交数	95	
本年已交数	96	
补充资料：	97	—
一、本年应交税金总额	98	6,093,426.67
二、本年实际上交税金总额	99	6,051,146.08
三、本年支付补充养老保险总额	100	150,604.74
四、本年支付补充医疗保险总额	101	11,009.82
五、出口退税情况：	102	—
出口额（美元）	103	110,688.80
以前年度欠出口退税	104	605.87
本年度应收出口退税	105	5,333.59
本年度已收出口退税	106	5,176.91
年末欠出口退税	107	762.54
	108	

2010 年山西省省级企业资产减值准备情况表

金额单位：万元

项目	行次	年初账面余额	本年增加额				本年减少额					期末账面余额
			本年计提额	合并增加额	其他原因增加额	合计	因资产价值回升转回额	转销额	合并减少额	其他原因减少额	合计	
栏次	—	1	2	3	4	5	6	7	8	9	10	11
一、坏账准备	1	661,646.56	282,684.10	4,846.78	68,040.10	355,570.98	5,482.35	43,946.70	17,577.99	9,982.29	76,989.32	940,228.22
二、存货跌价准备	2	75,813.88	96,239.57		153.16	96,392.73	404.46	127,829.49		517.06	128,751.01	43,455.60
三、可供出售金融资产减值准备	3											
四、持有至到期投资减值准备	4	53,300.11	1,675.56			1,675.56				12.74	12.74	54,962.93
五、长期股权投资减值准备	5	188,277.26	1,670.61		67.36	1,737.97	—	5,226.16		334.86	5,561.02	184,454.21
六、投资性房地产减值准备	6						—					
七、固定资产减值准备	7	36,105.78	25,678.46		726.62	26,405.07	—	183.82	167.37	116.44	467.64	62,043.22
八、工程物资减值准备	8	815.74					—					815.74
九、在建工程减值准备	9	7,387.53	445.43			445.43	—	13.13		521.71	534.84	7,298.11
十、生产性生物资产减值准备	10						—					
十一、油气资产减值准备	11						—					
十二、无形资产减值准备	12	2,846.61					—					2,846.61
十三、商誉减值准备	13	4,124.84					—					4,124.84
十四、其他减值准备	14	310,938.29	3,695.45			3,695.45	5,445.74	1,795.90		28.00	7,269.64	307,364.10
	15											
合计	16	1,341,256.59	412,089.18	4,846.78	68,987.24	485,923.20	11,332.54	178,995.20	17,745.36	11,513.11	219,586.21	1,607,593.58

续表

项　目	行　次	金　额
补充资料：	—	12
一、待处理资产净损失	17	13,280.10
（一）流动资产净损失	18	6,551.23
其中：坏账损失	19	3,199.36
存货损失	20	2,426.07
短期投资损失	21	
（二）固定资产净损失	22	6,496.32
其中：固定资产盘亏	23	59.87
固定资产毁损、报废	24	6,262.75
固定资产盘盈	25	0.87
（三）长期投资损失	26	156.73
（四）无形资产损失	27	
（五）在建工程损失	28	
（六）委托贷款损失	29	
二、政策性挂账	30	42,649.49
三、当年处理以前年度损失和挂账	31	4,621.59
其中：在当年损益中处理以前年度损失挂账	32	4,520.11

2010 年山西省省级企业基本情况表

金额单位：万元

项　目	行　次	金　额
一、职工人数情况（人）：	1	—
（一）年末从业人员人数	2	989,895
（二）全年平均从业人员人数	3	964,187
（三）年末职工人数	4	1,024,852
其中：年末在岗职工人数	5	942,860
（四）全年平均职工人数	6	1,011,710
其中：全年平均在岗职工人数	7	920,980
（五）年末离休人数	8	4,900

续表

项　目	行　次	金　额
（六）年末退休人数	9	302,521
（七）参加基本养老保险职工人数	10	938,832
（八）参加补充养老保险（年金）职工人数	11	291,121
（九）参加基本医疗保险职工人数	12	900,342
（十）参加补充医疗保险职工人数	13	239,112
（十一）参加失业保险职工人数	14	862,340
（十二）参加工伤保险职工人数	15	879,674
（十三）参加生育保险职工人数	16	307,780
（十四）接收军队转业、复员退伍人员总数	17	19,262
其中：当年接收军队转业、复员退伍人员数	18	2,556
（十五）实行工效挂钩职工人数	19	582,422
二、企业不在岗职工及劳动关系处理情况：	20	—
（一）年初不在岗职工人数（人）	21	80,309
其中：内退人数（人）	22	43,519
（二）年末不在岗职工人数（人）	23	81,992
其中：内退人数（人）	24	41,142
（三）本年累计解除劳动关系人数（人）	25	5,402
（四）本年累计支付经济补偿金额	26	1,763.70
其中：财政负担部分	27	42.45
三、工资及福利情况：	28	—
（一）全年应发工资总额	29	5,109,060.21
（二）全年实际发放工资总额	30	4,872,789.53
其中：全年实际发放职工工资总额	31	4,768,692.88
其中：全年实际发放在岗职工工资总额	32	4,682,055.49
（三）企业提取的工资总额	33	5,124,374.99
1.非工挂企业工资总额	34	1,104,054.03
2.工挂企业工资总额	35	3,496,138.21
(1)核定的工挂企业工资总额基数	36	3,476,066.50
(2)工挂企业提取的新增效益工资	37	20,071.70
（四）离退休人员养老金及福利性补助	38	99,111.33
（五）企业负责人薪酬总额	39	102,733.40
企业负责人人数（人）	40	7,344
（六）本年列支的职工福利费	41	483,275.76

续表

项　目	行　次	金　额
（七）本年支付的医药费	42	78,321.28
其中：离退休人员医药费	43	11,859.33
（八）本年企业负担的职工住房费用	44	246,074.56
其中：本年提取的住房公积金	45	230,510.80
本年一次性支付的住房补贴	46	586.33
本年按月发放的住房补贴	47	158.32
四、本年支付的职工培训费用	48	73,325.03
五、产值（按现行价格计算）：	49	—
（一）工业总产值	50	43,573,190.48
（二）工业增加值	51	17,948,392.57
六、本年收到的财政性资金	52	924,223.58
（一）基本建设性资金	53	461,800.63
（二）生产发展性资金	54	35,099.98
（三）社会保障性资金	55	14,550.18
（四）其他	56	412,772.78
七、本年科技资金来源及支出情况：	57	—
（一）本年科技资金来源合计	58	714,000.10
1.政府拨款	59	4,160.63
2.企业自筹	60	708,737.28
3.其他	61	1,102.19
（二）本年科技支出合计	62	987,889.09
1.研究开发费用合计	63	830,918.93
其中：科技人员人工支出	64	106,331.28
研究开发性固定资产支出	65	18,543.00
其他研究开发支出	66	706,044.65
2.购买新技术、科研设备等支出	67	113,187.88
3.其他科技支出	68	43,782.28
八、固定资产情况：	69	—
（一）按使用情况划分（原价）	70	42,505,806.65
1.在用固定资产	71	42,248,301.29
2.未使用固定资产	72	235,493.29
3.不需用固定资产	73	22,012.07
（二）主要类别固定资产情况：	74	—

续表

项　目	行　次	金　额
1.固定资产原价合计	75	42,505,806.65
其中：土地资产	76	554,716.43
房屋、建筑物	77	15,795,173.28
机器设备	78	23,195,697.37
运输工具	79	1,543,084.09
2.当年计提的固定资产折旧总额	80	2,710,262.95
其中：房屋、建筑物	81	591,944.93
机器设备	82	1,797,300.40
运输工具	83	163,119.04
3.当年计提折旧的平均固定资产原价	84	36,269,743.98
（三）当年固定资产投资总额	85	7,925,050.58
1.购置固定资产	86	4,363,135.80
2.基建投资	87	3,296,925.20
3.其他投资	88	264,989.57
九、投资收益	89	213,365.30
其中：长期股权投资	90	122,911.25
交易性金融资产	91	27,499.48
交易性金融负债	92	
持有至到期投资	93	529.26
可供出售金融资产	94	36,520.43
其他收益项目	95	25,904.88
十、拥有的自主知识产权专利数量（项）	96	1,514
其中：本年度新增专利数量（项）	97	899
十一、当年企业提取的安全生产费用	98	1,373,459.16
十二、当年企业支出的安全生产费用	99	1,110,840.67
十三、当年企业支付的环境保护及生态恢复支出	100	214,888.49
其中：（一）本年度上交政府统筹的支出	101	12,885.12
（二）本年度企业提取或据实列支的支出	102	194,127.97
十四、当年企业支出的节能减排费用	103	77,201.64
十五、企业累计向境外投资额	104	227,356.81
其中：企业当年新增向境外投资额	105	34,219.26

2010 年山西省省级企业主要分析指标表

金额单位：万元

指标名称	行次	本年数	上年数
一、绩效指标：	1	—	—
（一）盈利能力指标：	2	—	—
1.净资产收益率（含少数股东权益）（%）	3	7.63	5.73
2.净资产收益率（不含少数股东权益）（%）	4	6.47	4.90
3.总资产报酬率（%）	5	5.16	4.54
4.营业利润率（%）	6	4.19	4.16
5.成本费用利润率（%）	7	4.49	4.49
6.盈余现金保障倍数	8	2.67	544.04
7.成本费用总额占营业总收入的比率（%）	9	95.55	95.93
（二）资产质量指标：	10	—	—
1.总资产周转率（次）	11	0.82	0.72
2.流动资产周转率（次）	12	1.69	1.56
3.存货周转率（次）	13	9.54	7.79
4.资产现金回收率（%）	14	4.17	7.02
5.存货增长率（%）	15	27.09	0.50
（三）债务风险指标：	16	—	—
1.资产负债率（%）	17	67.70	66.87
2.已获利息倍数	18	3.60	3.37
3.流动比率	19	1.20	1.08
4.速动比率	20	1.02	0.92
5.现金流动负债比率（%）	21	9.25	14.43
6.短期借款占全部借款的比率（%）	22	31.61	40.36
（四）经营增长指标：	23	—	—
1.营业总收入增长率（%）	24	43.70	-0.50
2.主营业务收入增长率（%）	25	40.55	-1.22
3.营业利润增长率（%）	26	44.58	-6.93
4.利润增长率（%）	27	43.88	-6.61

续表

指标名称	行 次	本年数	上年数
5.国有资本保值增值率（%）	28	109.12	107.41
6.资本积累率（%）	29	15.01	11.64
7.资产增长率（%）	30	18.84	23.28
8.固定资产增长率（%）	31	13.88	20.07
9.技术投入比率（%）	32	1.35	1.16
二、人均指标：	33	—	—
（一）从业人员人均利润（元/人）	34	34,394.43	25,880.53
（二）从业人员人均资产（元/人）	35	975,885.26	864,034.62
（三）职工人均利润（元/人）	36	32,778.82	24,511.32
（四）职工人均资产（元/人）	37	942,598.48	833,618.13
（五）全年职工人均工资（元/人）	38	47,134.98	38,550.07
（六）全年在岗职工人均工资（元/人）	39	50,837.75	41,643.68
（七）人均实际上交税金（元/人）	40	59,811.07	52,890.51
三、其他指标：	41	—	—
（一）固定资产投资占主营业务收入的比率（%）	42	10.81	10.75
（二）实发工资占应发工资的比率（%）	43	95.38	98.91
（三）平均固定资产折旧率（%）	44	7.47	7.09
（四）年末法定盈余公积占实收资本的比率（%）	45	3.43	2.71
补充资料：	46	—	—
一、纳入合并范围二级子企业录入户数（户）	47	556.00	556.00
二、纳入合并范围三级子企业录入户数（户）	48	822.00	822.00
三、纳入合并范围企业录入总户数（户）	49	1,750.00	1,750.00
四、纳入合并范围盈利企业户数（户）	50	1,096.00	861.00
五、纳入合并范围亏损企业户数（户）	51	654.00	556.00
六、纳入合并范围盈利企业盈利额	52	56,338,399,545.06	32,592,342,422.60
七、纳入合并范围亏损企业亏损额	53	-10,402,435,184.08	-9,129,884,478.38

2010 年山西省国资委监管企业资产负债表

金额单位：万元

项目	行次	期末金额	年初金额
流动资产：	1	—	—
货币资金	2	13,281,667.61	12,143,063.46
△结算备付金	3		
△拆出资金	4	40,000.00	
交易性金融资产	5	117,902.16	159,369.39
应收票据	6	3,830,963.41	2,553,331.01
应收账款	7	4,838,458.52	3,839,695.62
预付款项	8	6,953,501.73	5,091,519.74
△应收保费	9		
△应收分保账款	10		
△应收分保合同准备金	11		
应收利息	12	28,227.10	4,507.98
其他应收款	13	8,041,352.94	5,907,822.71
△买入返售金融资产	14		
存货	15	6,666,642.99	5,154,516.63
其中:原材料	16	2,357,595.54	1,731,567.49
库存商品(产成品)	17	2,811,772.40	2,032,183.84
一年内到期的非流动资产	18	8,035.31	10,724.91
其他流动资产	19	197,267.44	171,356.96
流动资产合计	20	44,004,019.21	35,035,908.39
非流动资产：	21	—	—
△发放贷款及垫款	22		
可供出售金融资产	23	563,486.49	453,964.90
持有至到期投资	24	261,362.69	158,432.16
长期应收款	25	96,481.69	64,622.62
长期股权投资	26	3,884,121.86	3,538,421.74
投资性房地产	27	133,066.27	120,898.46
固定资产原价	28	39,466,440.10	34,344,408.06
减：累计折旧	29	16,240,109.13	13,494,018.50

续表

项　目	行　次	期末金额	年初金额
固定资产净值	30	23,226,330.98	20,850,389.56
减：固定资产减值准备	31	61,877.75	35,756.57
固定资产净额	32	23,164,453.23	20,814,632.99
在建工程	33	9,142,909.69	7,345,617.43
工程物资	34	331,401.70	232,295.25
固定资产清理	35	10,992.56	9,256.85
生产性生物资产	36		
油气资产	37		
无形资产	38	5,681,673.91	4,791,788.44
开发支出	39	1,542.86	1,602.01
商誉	40	304,505.41	269,765.84
长期待摊费用	41	125,420.18	113,234.22
递延所得税资产	42	410,928.32	337,952.06
其他非流动资产	43	709,074.87	852,889.82
其中：特准储备物资	44		
非流动资产合计	45	44,821,421.73	39,105,374.78
	46		
	47		
	48		
	49		
	50		
	51		
	52		
	53		
	54		
	55		
	56		
	57		
	58		
	59		
	60		
	61		
	62		

续表

项　目	行　次	期末金额	年初金额
	63		
资产总计	64	88,825,440.95	74,141,283.18
流动负债：	65	—	—
短期借款	66	8,362,074.43	9,074,119.57
△向中央银行借款	67		
△吸收存款及同业存放	68	58,143.12	21,784.43
△拆入资金	69		
交易性金融负债	70		24,261.12
应付票据	71	1,443,799.52	1,209,047.06
应付账款	72	9,501,146.87	8,083,939.75
预收款项	73	5,101,656.88	4,221,386.55
△卖出回购金融资产款	74		
△应付手续费及佣金	75		
应付职工薪酬	76	2,453,382.15	2,082,164.53
其中：应付工资	77	1,810,144.06	1,514,139.09
应付福利费	78	18,278.89	27,380.63
#其中：职工奖励及福利基金	79	476.71	928.78
应交税费	80	1,227,179.75	1,184,541.01
其中：应交税金	81	782,873.50	735,956.60
应付利息	82	109,886.28	70,221.08
其他应付款	83	6,006,107.39	5,221,046.31
△应付分保账款	84		
△保险合同准备金	85		
△代理买卖证券款	86		
△代理承销证券款	87		
一年内到期的非流动负债	88	1,690,682.86	967,128.60
其他流动负债	89	514,182.69	199,564.62
流动负债合计	90	36,468,241.95	32,359,204.63
非流动负债：	91	—	—
长期借款	92	17,604,925.62	12,668,825.75
应付债券	93	3,504,996.20	2,232,286.63
长期应付款	94	717,506.54	622,640.68
专项应付款	95	1,370,821.08	1,083,520.67

续表

项　目	行　次	期末金额	年初金额
预计负债	96	3,399.73	3,425.68
递延所得税负债	97	149,358.79	134,412.71
其他非流动负债	98	273,399.34	194,852.06
其中：特准储备基金	99	2,500.00	2,000.00
非流动负债合计	100	23,624,407.31	16,939,964.19
负债合计	101	60,092,649.25	49,299,168.82
所有者权益（或股东权益）：	102	—	—
实收资本（股本）	103	10,170,325.78	9,868,793.87
国家资本	104	8,024,418.57	7,722,886.67
集体资本	105	23,055.06	23,055.06
法人资本	106	2,121,659.38	2,121,659.38
其中：国有法人资本	107	2,121,659.38	2,121,659.38
集体法人资本	108		
个人资本	109	1,192.76	1,192.76
外商资本	110		
#减：已归还投资	111		
实收资本（或股本）净额	112	10,170,325.78	9,868,793.87
资本公积	113	3,767,803.82	3,489,220.22
减：库存股	114		
专项储备	115	2,549,059.81	2,088,033.68
盈余公积	116	914,086.47	719,857.53
其中：法定公积金	117	369,828.36	274,747.48
任意公积金	118	460,426.23	363,308.65
#储备基金	119		
#企业发展基金	120	37,741.47	37,741.47
#利润归还投资	121		
△一般风险准备	122		
未分配利润	123	2,973,053.11	1,790,114.15
外币报表折算差额	124	-12,578.59	-11,147.15
归属于母公司所有者权益合计	125	20,361,750.40	17,944,872.31
★少数股东权益	126	8,371,041.30	6,897,242.05
所有者权益合计	127	28,732,791.70	24,842,114.35
负债和所有者权益总计	128	88,825,440.95	74,141,283.18

2010 年山西省国资委监管企业利润表

金额单位：万元

项　目	行　次	本期金额	上期金额
一、营业总收入	1	74,197,940.74	51,716,976.17
其中：营业收入	2	74,163,626.23	51,708,643.73
其中：主营业务收入	3	70,203,536.58	50,105,212.67
其他业务收入	4	3,960,089.64	1,603,431.06
△利息收入	5	33,837.78	8,026.86
△已赚保费	6		
△手续费及佣金收入	7	476.73	305.58
二、营业总成本	8	71,223,839.25	49,803,692.62
其中：营业成本	9	62,636,862.48	43,355,064.84
其中：主营业务成本	10	59,255,495.50	41,972,169.01
其他业务成本	11	3,381,366.98	1,382,895.84
△利息支出	12	1,097.90	464.07
△手续费及佣金支出	13	184.01	22.20
△退保金	14		
△赔付支出净额	15		
△提取保险合同准备金净额	16		
△保单红利支山	17		
△分保费用	18		
营业税金及附加	19	664,160.28	508,387.77
销售费用	20	1,548,072.64	1,183,370.54
管理费用	21	4,817,005.22	3,659,036.04
其中：业务招待费	22	122,055.37	96,303.34
研究与开发费	23	537,949.83	368,061.43
财务费用	24	1,160,812.86	882,197.31
其中：利息支出	25	1,208,341.27	916,074.70
利息收入	26	93,487.08	81,230.41
汇兑净损失（净收益以“–”号填列）	27	-9,805.00	3,971.78
资产减值损失	28	395,643.88	215,149.59

续表

项　目	行　次	本期金额	上期金额
其他	29		0.25
加：公允价值变动收益（损失以“-”号填列）	30	-18,540.50	63,816.85
投资收益（损失以“-”号填列）	31	164,919.55	204,143.37
其中：对联营企业和合营企业的投资收益	32	4,494.82	58,919.17
△汇兑收益（损失以“-”号填列）	33		
三、营业利润（亏损以“-”号填列）	34	3,120,480.54	2,181,243.77
加：营业外收入	35	391,790.82	302,073.81
其中：非流动资产处置利得	36	37,121.13	30,477.89
非货币性资产交换利得	37	742.50	8.13
政府补助	38	222,194.14	136,214.17
债务重组利得	39	7,480.41	11,840.39
减：营业外支出	40	323,645.39	242,025.84
其中：非流动资产处置损失	41	58,065.72	56,105.44
非货币性资产交换损失	42		
债务重组损失	43	915.15	1,802.21
四、利润总额（亏损总额以“-”号填列）	44	3,188,625.97	2,241,291.74
减：所得税费用	45	1,073,926.62	881,192.70
五、净利润（净亏损以“-”号填列）	46	2,114,699.35	1,360,099.04
归属于母公司所有者的净利润	47	1,283,056.93	878,579.32
*少数股东损益	48	831,642.42	481,519.72
六、每股收益：	49	—	—
基本每股收益	50		
稀释每股收益	51		
七、其他综合收益	52	209,787.36	259,254.19
八、综合收益总额	53	2,324,486.71	1,619,353.23
归属于母公司所有者的综合收益总额	54	1,450,182.98	979,262.64
*归属于少数股东的综合收益总额	55	874,303.73	640,090.59
	56		

2010 年山西省国资委监管企业现金流量表

金额单位：万元

项　目	行　次	本期金额	上期金额
一、经营活动产生的现金流量：	1	—	—
销售商品、提供劳务收到的现金	2	71,769,659.52	51,369,305.02
△客户存款和同业存放款项净增加额	3	23,411.65	16,857.45
△向中央银行借款净增加额	4		
△向其他金融机构拆入资金净增加额	5		
△收到原保险合同保费取得的现金	6		
△收到再保险业务现金净额	7		
△保户储金及投资款净增加额	8		
△处置交易性金融资产净增加额	9		
△收取利息、手续费及佣金的现金	10	35,320.01	8,676.88
△拆入资金净增加额	11	-40,000.00	
△回购业务资金净增加额	12		
收到的税费返还	13	108,758.26	119,650.73
收到其他与经营活动有关的现金	14	4,899,007.26	3,932,518.34
经营活动现金流入小计	15	76,796,156.70	55,447,008.42
购买商品、接收劳务支付的现金	16	53,861,613.49	35,404,832.00
△客户贷款及垫款净增加额	17	43,354.20	26,472.92
△存放中央银行和同业款项净增加额	18	186,596.37	14,274.58
△支付原保险合同赔付款项的现金	19		
△支付利息、手续费及佣金的现金	20	1,015.83	455.73
△支付保单红利的现金	21		
支付给职工以及为职工支付的现金	22	6,389,551.20	5,089,290.04
支付的各项税费	23	6,099,160.38	5,080,603.35
支付其他与经营活动有关的现金	24	6,760,684.27	5,498,668.00
经营活动现金流出小计	25	73,341,975.75	51,114,596.62
经营活动产生的现金流量净额	26	3,454,180.95	4,332,411.80
二、投资活动产生的现金流量：	27	—	—
收回投资收到的现金	28	1,204,357.99	1,952,742.05
取得投资收益收到的现金	29	182,780.01	116,051.61

续表

项　目	行　次	本期金额	上期金额
处置固定资产、无形资产和其他长期资产所收回的现金净额	30	371,797.98	110,511.69
处置子公司及其他营业单位收回的现金净额	31	66,089.92	45,347.91
收到其他与投资活动有关的现金	32	563,513.33	316,669.03
投资活动现金流入小计	33	2,388,539.23	2,541,322.30
购建固定资产、无形资产和其他长期资产所支付的现金	34	6,607,057.20	5,857,496.14
投资支付的现金	35	2,496,351.65	2,985,273.19
△质押贷款净增加额	36		
取得子公司及其他营业单位支付的现金净额	37	139,456.35	661,173.17
支付其他与投资活动有关的现金	38	2,126,443.85	1,201,459.16
投资活动现金流出小计	39	11,369,309.05	10,705,401.66
投资活动产生的现金流量净额	40	-8,980,769.82	-8,164,079.36
三、筹资活动产生的现金流量:	41	—	—
吸收投资收到的现金	42	1,959,370.11	943,134.40
其中：子公司吸收少数股东投资收到的现金	43	456,391.18	101,666.11
取得借款所收到的现金	44	19,161,907.61	19,831,241.31
△发行债券收到的现金	45		
收到其他与筹资活动有关的现金	46	789,642.33	677,312.05
筹资活动现金流入小计	47	21,910,920.04	21,451,687.76
偿还债务所支付的现金	48	13,318,527.69	12,536,308.11
分配股利、利润或偿付利息所支付的现金	49	1,667,354.09	1,410,776.74
其中：子公司支付给少数股东的股利、利润	50	186,544.65	120,223.38
支付其他与筹资活动有关的现金	51	585,017.51	343,321.41
筹资活动现金流出小计	52	15,570,899.28	14,290,406.26
筹资活动产生的现金流量净额	53	6,340,020.76	7,161,281.50
四、汇率变动对现金及现金等价物的影响	54	12,191.59	-3,207.24
五、现金及现金等价物净增加额	55	825,623.48	3,326,406.69
加：期初现金及现金等价物余额	56	12,004,875.80	8,678,469.10
六、期末现金及现金等价物余额	57	12,830,499.28	12,004,875.80
	58		

2010 年山西省国资委监管企业所有者权益金额变动表

金额单位：万元

项 目	行次	本年金额										
		归属于母公司所有者权益									少数股东权益	所有者权益合计
		实收资本（或股本）	资本公积	减：库存股	专项储备	盈余公积	一般风险准备	未分配利润	其他	小计		
栏 次		1	2	3	4	5	6	7	8	9	10	11
一、上年年末余额	1	9,868,793.87	3,489,220.22		2,088,033.68	719,857.53		1,790,114.15	-11,147.15	17,944,872.31	6,897,242.05	24,842,114.35
加：会计政策变更	2	—	—	—	—	—	—	—	—	—	—	—
前期差错更正	3	—	—	—	—	—	—	—	—	—	—	—
二、本年年初余额	4	9,868,793.87	3,489,220.22		2,088,033.68	719,857.53		1,790,114.15	-11,147.15	17,944,872.31	6,897,242.05	24,842,114.35
三、本年增减变动金额（减少以"—"号填列）	5	301,531.91	278,583.60		461,026.14	194,228.94		1,182,938.96	-1,431.44	2,416,878.09	1,473,799.25	3,890,677.34
（一）净利润	6	—	—	—	—	—	—	1,283,056.93	—	1,283,056.93	831,642.42	2,114,699.35
（二）其他综合收益	7	-3,162.39	122,196.57		-27,216.86	14,261.66		101,016.27	-1,431.44	205,663.81	86,793.09	292,456.90
综合收益小计	8	-3,162.39	122,196.57		-27,216.86	14,261.66		1,384,073.20	-1,431.44	1,488,720.75	918,435.51	2,407,156.25
（三）所有者投入和减少资本	9	335,980.12	123,122.62					-4,556.46		454,546.29	808,479.86	1,263,026.14
1.所有者投入资本	10	335,338.42	6,091.29	—	—	—	—	—	—	341,429.71	797,571.23	1,139,000.94
2.股份支付计入所有者权益的金额	11			—	—	—	—	—	—			
3.其他	12	641.70	117,031.34					-4,556.46		113,116.58	10,908.63	124,025.21
（四）专项储备提取和使用	13				488,243.00					488,243.00	67,031.30	555,274.29
1.提取专项储备	14	—	—	—	1,691,208.89	—	—	—	—	1,691,208.89	329,269.56	2,020,478.45

续表

项目	行次	本年金额										
		归属于母公司所有者权益									少数股东权益	所有者权益合计
		实收资本（或股本）	资本公积	减:库存股	专项储备	盈余公积	一般风险准备	未分配利润	其他	小计		
2.使用专项储备	15	——	——	——	-1, 202, 965. 90	——	——	——	——	-1, 202, 965. 90	-262, 238. 26	-1, 465, 204. 16
（五）利润分配	16		-1, 146. 41			180, 910. 87		-192, 974. 54		-13, 210. 09	-320, 123. 88	-333, 333. 97
1.提取盈余公积	17					180, 910. 87		-180, 910. 87				
其中：法定公积金	18	——	——	——	——	83, 539. 17	——	-83, 539. 17	——		——	
任意公积金	19	——	——	——	——	97, 371. 70	——	-97, 371. 70	——		——	
#储备基金	20	——	——	——	——		——		——		——	
#企业发展基金	21	——	——	——	——		——		——		——	
#利润归还投资	22	——	——	——	——		——		——		——	
2.提取一般风险准备	23	——	——	——	——	——			——		——	
3.对所有者（或股东）的分配	24	——	——	——	——	——	——	-12, 028. 05	——	-12, 028. 05	-316, 008. 50	-328, 036. 54
4.其他	25		-1, 146. 41					-35. 63		-1, 182. 04	-4, 115. 38	-5, 297. 42
（六）所有者权益内部结转	26	-31, 285. 83	34, 410. 82			-943. 59		-3, 603. 24		-1, 421. 85	-23. 54	-1, 445. 38
1.资本公积转增资本（或股本）	27			——	——	——	——	——	——		——	
2.盈余公积转增资本（或股本）	28	943. 98	——	——	——	-943. 98	——	——	——		——	
3.盈余公积弥补亏损	29	——	——	——	——		——		——		——	
4.其他	30	-32, 229. 81	34, 410. 82			0. 39		-3, 603. 24		-1, 421. 85	-23. 54	-1, 445. 38
四、本年年末余额	31	10, 170, 325. 78	3, 767, 803. 82		2, 549, 059. 81	914, 086. 47		2, 973, 053. 11	-12, 578. 59	20, 361, 750. 40	8, 371, 041. 30	28, 732, 791. 70

续表

项目	行次	上年金额										
		归属于母公司所有者权益									少数股东权益	所有者权益合计
		实收资本（或股本）	资本公积	减：库存股	专项储备	盈余公积	一般风险准备	未分配利润	其他	小计		
栏次	—	12	13	14	15	16	17	18	19	20	21	22
一、上年年末余额	1	9,521,626.59	3,060,720.29		1,646,021.55	507,275.72		1,225,904.95	-11,175.82	15,950,373.28	5,523,469.99	21,473,843.27
加：会计政策变更	2					-3.90		4,362.32		4,358.42	-4,421.28	-62.86
前期差错更正	3		1,607.28		-87.53	83.16		37,319.42		38,922.33	-3,548.24	35,374.09
二、本年年初余额	4	9,521,626.59	3,062,327.57		1,645,934.02	507,354.98		1,267,586.69	-11,175.82	15,993,654.03	5,515,500.47	21,509,154.50
三、本年增减变动金额（减少以“-”号填列）	5	347,167.28	426,892.65		442,099.66	212,502.55		522,527.46	28.68	1,951,218.28	1,381,741.58	3,332,959.85
（一）净利润	6	——	——	——	——	——	——	878,579.32	——	878,579.32	481,519.72	1,360,099.04
（二）其他综合收益	7	7,575.00	208,828.81		189,794.85	78,862.83		-265,350.57	28.68	219,739.59	271,277.37	491,016.96
综合收益小计	8	7,575.00	208,828.81		189,794.85	78,862.83		613,228.75	28.68	1,098,318.91	752,797.09	1,851,116.00
（三）所有者投入和减少资本	9	366,635.31	236,217.37			-261.02		8,304.11		610,895.77	840,728.45	1,451,624.23
1.所有者投入资本	10	370,574.17	53,163.37	——	——	——	——	——	——	423,737.53	813,001.14	1,236,738.67
2.股份支付计入所有者权益的金额	11			——	——	——	——	——	——			
3.其他	12	-3,938.85	183,054.01			-261.02		8,304.11		187,158.24	27,727.32	214,885.56
（四）专项储备提取和使用	13				252,304.81					252,304.81	37,920.66	290,225.47
1.提取专项储备	14	——	——	——	1,142,779.90	——	——	——	——	1,142,779.90	168,652.02	1,311,431.92
2.使用专项储备	15	——	——	——	-890,475.09	——	——	——	——	-890,475.09	-130,731.36	-1,021,206.44

续表

项目	行次	上年金额										
		归属于母公司所有者权益									少数股东权益	所有者权益合计
		实收资本（或股本）	资本公积	减:库存股	专项储备	盈余公积	一般风险准备	未分配利润	其他	小计		
（五）利润分配	16					137,011.35		-147,277.61		-10,266.26	-255,979.70	-266,245.97
1.提取盈余公积	17					136,895.64		-136,820.31		75.34		75.34
其中：法定公积金	18	—	—	—	—	80,228.12	—	-80,152.79	—	75.34	—	75.34
任意公积金	19	—	—	—	—	56,667.52	—	-56,667.52	—		—	
#储备基金	20	—	—	—	—		—		—		—	
#企业发展基金	21	—	—	—	—		—		—		—	
#利润归还投资	22	—	—	—	—		—		—		—	
2.提取一般风险准备	23	—	—	—	—	—		-75.34	—	-75.34	—	-75.34
3.对所有者（或股东）的分配	24	—	—	—	—	—	—	-12,774.45	—	-12,774.45	-238,385.23	-251,159.69
4.其他	25					115.71		2,392.48		2,508.19	-17,594.47	-15,086.28
（六）所有者权益内部结转	26	-27,043.04	-18,153.53			-3,110.60		48,272.21		-34.96	6,275.08	6,240.12
1.资本公积转增资本（或股本）	27	-11,294.74	11,294.74	—	—	—	—	—	—		—	
2.盈余公积转增资本（或股本）	28	436.48	—	—	—	-447.83	—	—	—	-11.35	—	-11.35
3.盈余公积弥补亏损	29	—	—	—	—	-1.50	—	1.50	—		—	
4.其他	30	-16,184.78	-29,448.27			-2,661.27		48,270.71		-23.60	6,275.08	6,251.47
四、本年年末余额	31	9,868,793.87	3,489,220.22		2,088,033.68	719,857.53		1,790,114.15	-11,147.15	17,944,872.31	6,897,242.05	24,842,114.35

2010 年山西省国资委监管企业资产减值准备情况表

金额单位：万元

项　目	行次	年初账面余额	本年增加额				本年减少额					期末账面余额
			本年计提额	合并增加额	其他原因增加额	合　计	因资产价值回升转回额	转销额	合并减少额	其他原因减少额	合　计	
栏　次	—	1	2	3	4	5	6	7	8	9	10	11
一、坏账准备	1	621,505.77	281,801.49	4,840.26	67,837.82	354,479.58	5,222.18	43,747.70	17,577.99	9,103.32	75,651.19	900,334.16
二、存货跌价准备	2	75,742.80	96,239.57			96,239.57	404.46	127,829.49		517.06	128,751.01	43,231.36
三、可供出售金融资产减值准备	3											
四、持有至到期投资减值准备	4	53,300.11	1,675.56			1,675.56				12.74	12.74	54,962.93
五、长期股权投资减值准备	5	187,612.55	1,670.61		67.36	1,737.97	—	5,226.16		334.86	5,561.02	183,789.50
六、投资性房地产减值准备	6						—					
七、固定资产减值准备	7	35,756.57	25,678.46		726.62	26,405.07	—	167.45		116.44	283.89	61,877.75
八、工程物资减值准备	8	815.74					—					815.74
九、在建工程减值准备	9	7,387.53	445.43			445.43	—	13.13		521.71	534.84	7,298.11
十、生产性生物资产减值准备	10						—					
十一、油气资产减值准备	11						—					
十二、无形资产减值准备	12	2,846.61					—					2,846.61
十三、商誉减值准备	13	4,124.84					—					4,124.84
十四、其他减值准备	14	310,938.29	3,695.45			3,695.45	5,445.74	1,795.90		28.00	7,269.64	307,364.10
	15											
合计	16	1,300,030.80	411,206.57	4,840.26	68,631.81	484,678.64	11,072.38	178,779.84	17,577.99	10,634.13	218,064.33	1,566,645.11

续表

项　目	行　次	金　额
补充资料：	—	12
一、待处理资产净损失	17	10,889.30
（一）流动资产净损失	18	5,182.58
其中：坏账损失	19	2,645.42
存货损失	20	2,266.48
短期投资损失	21	
（二）固定资产净损失	22	5,514.40
其中：固定资产盘亏	23	59.87
固定资产毁损、报废	24	5,393.13
固定资产盘盈	25	0.87
（三）长期投资损失	26	116.50
（四）无形资产损失	27	
（五）在建工程损失	28	
（六）委托贷款损失	29	
二、政策性挂账	30	42,649.49
三、当年处理以前年度损失和挂账	31	4,454.22
其中：在当年损益中处理以前年度损失挂账	32	4,352.73

2010 年山西省国资委监管企业应上交弥补款项表

金额单位：万元

项　目	行　次	金　额
一、增值税：	1	—
年初未交数	2	13,439.36
本年应交数	3	2,948,631.96
本年已交数	4	2,991,105.16
年末未交数	5	-29,033.84
二、消费税：	6	—
年初未交数	7	5,410.11
本年应交数	8	50,012.00
本年已交数	9	49,617.13

续表

项　目	行　次	金　额
年末未交数	10	5,804.98
三、营业税：	11	—
年初未交数	12	115,223.57
本年应交数	13	201,199.37
本年已交数	14	186,436.95
年末未交数	15	129,985.99
四、资源税：	16	—
年初未交数	17	33,628.83
本年应交数	18	145,010.70
本年已交数	19	138,694.50
年末未交数	20	39,945.04
五、城建税：	21	—
年初未交数	22	39,370.98
本年应交数	23	171,469.07
本年已交数	24	172,835.50
年末未交数	25	38,004.54
六、教育费附加：	26	—
年初未交数	27	51,608.46
本年应交数	28	100,178.13
本年已交数	29	104,312.45
年末未交数	30	47,474.15
七、农牧业税：	31	—
年初未交数	32	
本年应交数	33	
本年已交数	34	
年末未交数	35	
八、关税：	36	—
本年已交进口关税	37	1,862.45
本年已交出口关税	38	14,121.03
九、企业所得税：	39	—
年初未交数	40	448,115.78
本年应交数	41	1,153,731.26
本年已交数	42	1,112,845.73

续表

项　目	行　次	金　额
年末未交数	43	489,001.32
十、其他各税：	44	—
年初未交数	45	307,590.68
本年应交数	46	1,137,760.98
本年已交数	47	1,121,197.35
年末未交数	48	324,154.31
十一、财政拨款：	49	—
年初结余	50	15,418.60
本年拨入	51	141,928.51
本年支出	52	84,128.15
本年结余	53	73,218.96
十二、储备粮油差价款：	54	—
年初未补数	55	
本年应补数	56	
本年已补数	57	
年末未补数	58	
十三、预算弥补亏损及补贴：	59	—
年初未补数	60	
本年应补数	61	0.80
本年已补数	62	0.22
年末未补数	63	0.58
十四、国有资本收益：	64	—
年初未交数	65	
本年应交数	66	17.56
本年已交数	67	14.17
年末未交数	68	3.40
十五、失业保险：	69	—
年初未交数	70	18,874.27
本年应交数	71	53,325.00
本年已交数	72	47,726.57
年末未交数	73	24,472.70
十六、基本养老保险：	74	—
年初未交数	75	100,327.28

续表

项　目	行　次	金　额
本年应交数	76	758,529.65
本年已交数	77	731,633.70
年末未交数	78	127,223.23
十七、基本医疗保险：	79	—
年初未交数	80	12,351.90
本年应交数	81	211,966.91
本年已交数	82	205,663.89
年末未交数	83	18,654.92
十八、工伤保险：	84	—
年初未交数	85	3,224.64
本年应交数	86	67,322.84
本年已交数	87	62,143.83
年末未交数	88	8,403.64
十九、生育保险：	89	—
年初未交数	90	947.87
本年应交数	91	3,699.97
本年已交数	92	3,761.87
年末未交数	93	885.97
二十、石油特别收益金：	94	—
本年应交数	95	
本年已交数	96	
补充资料：	97	—
一、本年应交税金总额	98	5,923,976.96
二、本年实际上交税金总额	99	5,893,028.24
三、本年支付补充养老保险总额	100	150,433.50
四、本年支付补充医疗保险总额	101	10,845.44
五、出口退税情况：	102	—
出口额（美元）	103	110,634.21
以前年度欠出口退税	104	602.99
本年度应收出口退税	105	5,281.78
本年度已收出口退税	106	5,124.68
年末欠出口退税	107	760.09

2010 年山西省国资委监管企业基本情况表

金额单位：万元

项 目	行 次	金 额
一、职工人数情况（人）：	1	—
（一）年末从业人员人数	2	928,419
（二）全年平均从业人员人数	3	904,060
（三）年末职工人数	4	965,265
其中：年末在岗职工人数	5	889,864
（四）全年平均职工人数	6	953,584
其中：全年平均在岗职工人数	7	869,651
（五）年末离休人数	8	4,462
（六）年末退休人数	9	284,787
（七）参加基本养老保险职工人数	10	885,212
（八）参加补充养老保险（年金）职工人数	11	290,824
（九）参加基本医疗保险职工人数	12	851,401
（十）参加补充医疗保险职工人数	13	233,532
（十一）参加失业保险职工人数	14	829,769
（十二）参加工伤保险职工人数	15	844,566
（十三）参加生育保险职工人数	16	273,114
（十四）接收军队转业、复员退伍人员总数	17	17,817
其中：当年接收军队转业、复员退伍人员数	18	2,486
（十五）实行工效挂钩职工人数	19	582,202
二、企业不在岗职工及劳动关系处理情况：	20	—
（一）年初不在岗职工人数（人）	21	73,666
其中：内退人数（人）	22	41,959
（二）年末不在岗职工人数（人）	23	75,401
其中：内退人数（人）	24	39,703
（三）本年累计解除劳动关系人数（人）	25	4,989
（四）本年累计支付经济补偿金额	26	1,704.39
其中：财政负担部分	27	41.33

续表

项 目	行 次	金 额
三、工资及福利情况：	28	—
（一）全年应发工资总额	29	4,930,407.28
（二）全年实际发放工资总额	30	4,697,398.44
其中：全年实际发放职工工资总额	31	4,599,269.76
其中：全年实际发放在岗职工工资总额	32	4,517,526.14
（三）企业提取的工资总额	33	4,981,824.53
1.非工挂企业工资总额	34	966,736.58
2.工挂企业工资总额	35	3,495,532.35
(1)核定的工挂企业工资总额基数	36	3,475,460.65
(2)工挂企业提取的新增效益工资	37	20,071.70
（四）离退休人员养老金及福利性补助	38	83,399.87
（五）企业负责人薪酬总额	39	95,910.20
企业负责人人数（人）	40	6,191.00
（六）本年列支的职工福利费	41	467,023.64
（七）本年支付的医药费	42	74,951.38
其中：离退休人员医药费	43	10,363.12
（八）本年企业负担的职工住房费用	44	237,785.17
其中：本年提取的住房公积金	45	222,456.05
本年一次性支付的住房补贴	46	562.58
本年按月发放的住房补贴	47	126.15
四、本年支付的职工培训费用	48	71,016.09
五、产值（按现行价格计算）：	49	—
（一）工业总产值	50	41,878,882.97
（二）工业增加值	51	17,557,628.53
六、本年收到的财政性资金	52	526,359.80
（一）基本建设性资金	53	84,220.57
（二）生产发展性资金	54	33,565.25
（三）社会保障性资金	55	14,081.52
（四）其他	56	394,492.46
七、本年科技资金来源及支出情况：	57	—
（一）本年科技资金来源合计	58	713,035.05
1.政府拨款	59	3,864.25

续表

项　目	行　次	金　额
2.企业自筹	60	708, 068. 61
3.其他	61	1, 102. 19
（二）本年科技支出合计	62	986, 927. 04
1.研究开发费用合计	63	830, 180. 34
其中：科技人员人工支出	64	106, 065. 27
研究开发性固定资产支出	65	18, 535. 59
其他研究开发支出	66	705, 579. 49
2.购买新技术、科研设备等支出	67	113, 093. 30
3.其他科技支出	68	43, 653. 40
八、固定资产情况：	69	—
（一）按使用情况划分（原价）	70	39, 466, 440. 10
1.在用固定资产	71	39, 255, 918. 24
2.未使用固定资产	72	194, 566. 84
3.不需用固定资产	73	15, 955. 03
（二）主要类别固定资产情况：	74	—
1.固定资产原价合计	75	39, 466, 440. 10
其中：土地资产	76	447, 772. 17
房屋、建筑物	77	13, 977, 839. 93
机器设备	78	22, 548, 677. 70
运输工具	79	1, 447, 180. 08
2.当年计提的固定资产折旧总额	80	2, 562, 322. 41
其中：房屋、建筑物	81	557, 650. 41
机器设备	82	1, 762, 308. 73
运输工具	83	153, 422. 04
3.当年计提折旧的平均固定资产原价	84	33, 556, 840. 81
（三）当年固定资产投资总额	85	7, 826, 710. 59
1.购置固定资产	86	4, 283, 285. 97
2.基建投资	87	3, 284, 107. 06
3.其他投资	88	259, 317. 56
九、投资收益	89	164, 919. 55
其中：长期股权投资	90	81, 979. 92
交易性金融资产	91	27, 159. 64

续表

项 目	行 次	金 额
交易性金融负债	92	
持有至到期投资	93	313.49
可供出售金融资产	94	36,517.84
其他收益项目	95	18,948.67
十、拥有的自主知识产权专利数量（项）	96	1,508.00
其中：本年度新增专利数量（项）	97	899.00
十一、当年企业提取的安全生产费用	98	1,357,262.15
十二、当年企业支出的安全生产费用	99	1,099,747.43
十三、当年企业支付的环境保护及生态恢复支出	100	206,914.08
其中：（一）本年度上交政府统筹的支出	101	5,783.10
（二）本年度企业提取或据实列支的支出	102	193,566.33
十四、当年企业支出的节能减排费用	103	77,184.42
十五、企业累计向境外投资额	104	227,356.81
其中：企业当年新增向境外投资额	105	34,219.26

2010 年山西省省级非监管企业资产负债表

金额单位：万元

项　目	行　次	期末金额	年初金额
流动资产：	1	—	—
货币资金	2	1,209,572.58	1,126,846.40
△结算备付金	3		
△拆出资金	4		
交易性金融资产	5	26,014.09	26,550.96
应收票据	6	14,948.98	12,964.21
应收账款	7	656,851.67	469,995.30
预付款项	8	265,395.61	236,588.53
△应收保费	9		
△应收分保账款	10		
△应收分保合同准备金	11		
应收利息	12	27,437.21	10.00
其他应收款	13	1,374,073.65	1,374,029.04
△买入返售金融资产	14		
存货	15	543,483.51	476,921.62
其中:原材料	16	60,574.84	52,945.60
库存商品(产成品)	17	391,412.14	344,471.37
一年内到期的非流动资产	18	23.82	885.63
其他流动资产	19	26,856.86	20,089.60
流动资产合计	20	4,144,657.98	3,744,881.30
非流动资产：	21	—	—
△发放贷款及垫款	22		
可供出售金融资产	23	29,206.96	24,236.96
持有至到期投资	24	10,903.24	903.47
长期应收款	25		170.00
长期股权投资	26	503,523.92	439,593.18
投资性房地产	27		
固定资产原价	28	3,039,366.54	2,979,263.81
减：累计折旧	29	979,358.72	933,228.43

续表

项　目	行　次	期末金额	年初金额
固定资产净值	30	2,060,007.82	2,046,035.38
减：固定资产减值准备	31	165.47	349.21
固定资产净额	32	2,059,842.36	2,045,686.17
在建工程	33	208,991.62	79,379.79
工程物资	34	2.88	2.88
固定资产清理	35	1,572.30	1,520.13
生产性生物资产	36		
油气资产	37		
无形资产	38	799,608.09	793,781.16
开发支出	39		
商誉	40		16.73
长期待摊费用	41	7,312.66	7,468.20
递延所得税资产	42	357.80	967.42
其他非流动资产	43	10,972.98	11,300.87
其中：特准储备物资	44		
非流动资产合计	45	3,632,294.82	3,405,026.97
	46		
	47		
	48		
	49		
	50		
	51		
	52		
	53		
	54		
	55		
	56		
	57		
	58		
	59		
	60		
	61		
	62		

续表

项　目	行　次	期末金额	年初金额
	63		
资产总计	64	7,776,952.79	7,149,908.26
流动负债：	65	—	—
短期借款	66	393,199.03	392,092.09
△向中央银行借款	67		
△吸收存款及同业存放	68		
△拆入资金	69		
交易性金融负债	70		
应付票据	71	28,766.01	36,605.88
应付账款	72	939,682.66	672,195.14
预收款项	73	501,372.82	367,099.30
△卖出回购金融资产款	74		
△应付手续费及佣金	75		
应付职工薪酬	76	84,772.82	75,439.30
其中：应付工资	77	53,957.42	49,872.17
应付福利费	78	3,562.34	5,128.61
#其中：职工奖励及福利基金	79	-80.69	-27.64
应交税费	80	92,345.82	78,296.79
其中：应交税金	81	67,719.82	58,175.89
应付利息	82	50,875.19	65,054.75
其他应付款	83	1,478,837.34	1,517,339.78
△应付分保账款	84		
△保险合同准备金	85		
△代理买卖证券款	86		
△代理承销证券款	87		
一年内到期的非流动负债	88	404.07	177.70
其他流动负债	89	86,088.65	73,673.15
流动负债合计	90	3,656,344.39	3,277,973.89
非流动负债：	91	—	—
长期借款	92	1,334,171.98	1,288,091.95
应付债券	93	204,835.00	197,850.00
长期应付款	94	45,789.74	42,114.78
专项应付款	95	46,087.40	37,015.52

续表

项　目	行　次	期末金额	年初金额
预计负债	96	9,918.89	8,840.56
递延所得税负债	97		
其他非流动负债	98	5,980.75	5,398.77
其中：特准储备基金	99		
非流动负债合计	100	1,646,783.76	1,579,311.58
负债合计	101	5,303,128.15	4,857,285.47
所有者权益（或股东权益）：	102	—	—
实收资本（股本）	103	1,756,953.30	1,670,780.92
国家资本	104	702,302.79	618,602.70
集体资本	105		
法人资本	106	1,033,411.37	1,031,554.37
其中：国有法人资本	107	1,032,794.77	1,030,937.77
集体法人资本	108	616.60	616.60
个人资本	109	3,434.45	2,819.15
外商资本	110	17,804.70	17,804.70
#减：已归还投资	111	18,597.70	18,522.38
实收资本（或股本）净额	112	1,738,355.60	1,652,258.54
资本公积	113	1,290,952.84	1,236,422.22
减：库存股	114		
专项储备	115	33,452.39	26,567.37
盈余公积	116	99,738.92	83,987.28
其中：法定公积金	117	39,005.56	32,515.85
任意公积金	118	6,676.26	5,313.63
#储备基金	119	0.07	0.07
#企业发展基金	120	578.09	309.80
#利润归还投资	121	13,003.27	13,003.27
△一般风险准备	122		
未分配利润	123	-692,250.67	-709,736.06
外币报表折算差额	124		
归属于母公司所有者权益合计	125	2,470,249.09	2,289,499.36
⋆少数股东权益	126	3,575.56	3,123.44
所有者权益合计	127	2,473,824.64	2,292,622.79
负债和所有者权益总计	128	7,776,952.79	7,149,908.26

2010年山西省省级非监管企业利润表

金额单位：万元

项　目	行　次	本期金额	上期金额
一、营业总收入	1	3,133,459.15	2,096,394.54
其中：营业收入	2	3,133,459.15	2,096,394.54
其中：主营业务收入	3	3,083,823.68	2,053,526.88
其他业务收入	4	49,635.47	42,867.66
△利息收入	5		
△已赚保费	6		
△手续费及佣金收入	7		
二、营业总成本	8	3,061,798.72	2,040,229.70
其中：营业成本	9	2,564,978.94	1,640,808.77
其中：主营业务成本	10	2,542,459.39	1,622,645.46
其他业务成本	11	22,519.55	18,163.32
△利息支出	12		
△手续费及佣金支出	13		
△退保金	14		
△赔付支出净额	15		
△提取保险合同准备金净额	16		
△保单红利支出	17		
△分保费用	18		
营业税金及附加	19	74,831.16	46,142.25
销售费用	20	87,539.77	60,568.80
管理费用	21	265,443.83	226,250.94
其中：业务招待费	22	12,087.23	8,419.55
研究与开发费	23	618.22	410.14
财务费用	24	68,550.35	65,295.07
其中：利息支出	25	67,362.33	65,631.00
利息收入	26	9,979.92	15,492.55
汇兑净损失（净收益以"-"号填列）	27	-1,651.95	-43.71
资产减值损失	28	457.64	1,163.87

续表

项　目	行　次	本期金额	上期金额
其他	29	-2.98	0.01
加：公允价值变动收益（损失以“-”号填列）	30	-0.44	
投资收益（损失以“-”号填列）	31	48,445.75	3,950.30
其中：对联营企业和合营企业的投资收益	32	5,149.51	2.03
△汇兑收益（损失以“-”号填列）	33		
三、营业利润（亏损以“-”号填列）	34	120,105.74	60,115.14
加：营业外收入	35	27,464.32	21,434.88
其中：非流动资产处置利得	36	1,622.62	1,020.06
非货币性资产交换利得	37	0.45	1.79
政府补助	38	14,715.28	13,689.35
债务重组利得	39	197.06	186.95
减：营业外支出	40	19,929.94	17,961.90
其中：非流动资产处置损失	41	1,473.04	1,098.66
非货币性资产交换损失	42		2.11
债务重组损失	43	102.71	
四、利润总额（亏损总额以“-”号填列）	44	127,640.11	63,588.12
减：所得税费用	45	17,850.18	12,032.31
五、净利润（净亏损以“-”号填列）	46	109,789.93	51,555.81
归属于母公司所有者的净利润	47	109,479.24	51,816.06
*少数股东损益	48	310.69	-260.25
六、每股收益：	49	—	—
基本每股收益	50		
稀释每股收益	51		
七、其他综合收益	52	398.60	60.28
八、综合收益总额	53	110,188.53	51,616.10
归属于母公司所有者的综合收益总额	54	109,877.84	51,876.34
*归属于少数股东的综合收益总额	55	310.69	-260.25
	56		

2010 年山西省省级非监管企业现金流量表

金额单位：万元

项　目	行　次	本期金额	上期金额
一、经营活动产生的现金流量：	1	—	—
销售商品、提供劳务收到的现金	2	2,988,887.86	2,058,727.29
△客户存款和同业存放款项净增加额	3		
△向中央银行借款净增加额	4		
△向其他金融机构拆入资金净增加额	5		
△收到原保险合同保费取得的现金	6		
△收到再保险业务现金净额	7		
△保户储金及投资款净增加额	8		
△处置交易性金融资产净增加额	9		
△收取利息、手续费及佣金的现金	10		
△拆入资金净增加额	11		
△回购业务资金净增加额	12		
收到的税费返还	13	35,625.43	26,252.08
收到其他与经营活动有关的现金	14	1,003,980.27	1,577,548.71
经营活动现金流入小计	15	4,028,493.57	3,662,528.09
购买商品、接收劳务支付的现金	16	2,034,821.77	1,334,431.48
△客户贷款及垫款净增加额	17		
△存放中央银行和同业款项净增加额	18		
△支付原保险合同赔付款项的现金	19		
△支付利息、手续费及佣金的现金	20		
△支付保单红利的现金	21		
支付给职工以及为职工支付的现金	22	232,766.07	197,785.17
支付的各项税费	23	158,663.45	111,518.85
支付其他与经营活动有关的现金	24	1,343,159.64	1,590,972.33
经营活动现金流出小计	25	3,769,410.92	3,234,707.82
经营活动产生的现金流量净额	26	259,082.65	427,820.27
二、投资活动产生的现金流量：	27	—	—
收回投资收到的现金	28	54,822.16	58,872.66
取得投资收益收到的现金	29	12,083.32	3,746.00

续表

项　目	行　次	本期金额	上期金额
处置固定资产、无形资产和其他长期资产所收回的现金净额	30	2,621.79	2,360.48
处置子公司及其他营业单位收回的现金净额	31		
收到其他与投资活动有关的现金	32	23,040.49	1,748.34
投资活动现金流入小计	33	92,567.76	66,727.49
购建固定资产、无形资产和其他长期资产所支付的现金	34	157,619.94	111,740.11
投资支付的现金	35	120,929.21	224,637.92
△质押贷款净增加额	36		
取得子公司及其他营业单位支付的现金净额	37		
支付其他与投资活动有关的现金	38	3,971.86	561.03
投资活动现金流出小计	39	282,521.02	336,939.06
投资活动产生的现金流量净额	40	-189,953.26	-270,211.57
三、筹资活动产生的现金流量：	41	—	—
吸收投资收到的现金	42	50,066.59	23,118.26
其中：子公司吸收少数股东投资收到的现金	43		
取得借款所收到的现金	44	180,904.25	589,386.12
△发行债券收到的现金	45		
收到其他与筹资活动有关的现金	46	24,785.09	30,871.27
筹资活动现金流入小计	47	255,755.93	643,375.65
偿还债务所支付的现金	48	146,215.19	296,901.42
分配股利、利润或偿付利息所支付的现金	49	69,986.74	46,754.90
其中：子公司支付给少数股东的股利、利润	50	5,465.65	2.90
支付其他与筹资活动有关的现金	51	21,999.32	19,725.86
筹资活动现金流出小计	52	238,201.26	363,382.18
筹资活动产生的现金流量净额	53	17,554.67	279,993.47
四、汇率变动对现金及现金等价物的影响	54	660.96	1,313.37
五、现金及现金等价物净增加额	55	87,345.02	438,915.53
加：期初现金及现金等价物余额	56	1,124,263.46	685,347.92
六、期末现金及现金等价物余额	57	1,211,608.48	1,124,263.46
	58		

2010 年山西省省级非监管企业所有者权益金额变动表

金额单位：万元

项目	行次	本年金额										
		归属于母公司所有者权益									少数股东权益	所有者权益合计
		实收资本（或股本）	资本公积	减：库存股	专项储备	盈余公积	一般风险准备	未分配利润	其他	小计		
栏次		1	2	3	4	5	6	7	8	9	10	11
一、上年年末余额	1	1,652,258.54	1,236,422.22		26,567.37	83,987.28		-709,736.06		2,289,499.36	3,123.44	2,292,622.79
加：会计政策变更	2	—	—	—	—	—	—	—	—	—	—	—
前期差错更正	3	—	—	—	—	—	—	—	—	—	—	—
二、本年年初余额	4	1,652,258.54	1,236,422.22		26,567.37	83,987.28		-709,736.06		2,289,499.36	3,123.44	2,292,622.79
三、本年增减变动金额（减少以"—"号填列）	5	86,097.06	54,530.62		6,885.02	15,751.64		17,485.39		180,749.73	452.12	181,201.85
（一）净利润	6	—	—	—	—	——	——	109,479.24	—	109,479.24	310.69	109,789.93
（二）其他综合收益	7	30.82	36,572.72			3,878.03		9,452.83		49,934.40		49,934.40
综合收益小计	8	30.82	36,572.72			3,878.03		118,932.07		159,413.64	310.69	159,724.33
（三）所有者投入和减少资本	9	38,343.15	63,750.05			736.82		-1,473.68		101,356.35	166.23	101,522.58
1.所有者投入资本	10	39,054.00	38,479.71	—	—	—	—	—	—	77,533.71	160.00	77,693.71
2.股份支付计入所有者权益的金额	11			—	—	—	—	—	—			
3.其他	12	-710.85	25,270.34			736.82		-1,473.68		23,822.64	6.23	23,828.87
（四）专项储备提取和使用	13				6,872.44					6,872.44		6,872.44
1.提取专项储备	14	—	—	—	20,290.46	—	—	—	—	20,290.46		20,290.46

续表

项目	行次	本年金额										
		归属于母公司所有者权益									少数股东权益	所有者权益合计
		实收资本（或股本）	资本公积	减:库存股	专项储备	盈余公积	一般风险准备	未分配利润	其他	小计		
2.使用专项储备	15	—	—	—	-13,418.02	—	—	—	—	-13,418.02		-13,418.02
（五）利润分配	16		-28.53			12,991.43		-99,935.34		-86,972.44	-17.80	-86,990.25
1.提取盈余公积	17					13,031.66		-13,031.66				
其中：法定公积金	18	—	—	—	—	11,883.80	—	-11,883.80	—		—	
任意公积金	19	—	—	—	—	1,147.86	—	-1,147.86	—		—	
#储备基金	20	—	—	—	—		—		—		—	
#企业发展基金	21	—	—	—	—		—		—		—	
#利润归还投资	22	—	—	—	—		—		—		—	
2.提取一般风险准备	23	—	—	—	—	—			—		—	
3.对所有者（或股东）的分配	24	—	—	—	—	—	—	-63,113.84	—	-63,113.84	-17.80	-63,131.64
4.其他	25		-28.53			-40.24		-23,789.84		-23,858.61		-23,858.61
（六）所有者权益内部结转	26	47,723.09	-45,763.61		12.58	-1,854.63		-37.67		79.76	-7.00	72.76
1.资本公积转增资本（或股本）	27	46,682.09	-46,682.09	—	—	—	—	—	—		—	
2.盈余公积转增资本（或股本）	28	1,021.06	—	—	—	-1,021.06	—	—	—		—	
3.盈余公积弥补亏损	29	—	—	—	—	-786.91	—	786.91	—		—	
4.其他	30	19.94	918.47		12.58	-46.66		-824.57		79.76	-7.00	72.76
四、本年年末余额	31	1,738,355.60	1,290,952.84		33,452.39	99,738.92		-692,250.67		2,470,249.09	3,575.56	2,473,824.64

续表

项目	行次	上年金额										
		归属于母公司所有者权益									少数股东权益	所有者权益合计
		实收资本（或股本）	资本公积	减：库存股	专项储备	盈余公积	一般风险准备	未分配利润	其他	小计		
栏次	—	12	13	14	15	16	17	18	19	20	21	22
一、上年年末余额	1	1,518,280.88	1,573,558.52		457.05	77,589.15		-720,035.32		2,449,850.28	3,347.10	2,453,197.39
加：会计政策变更	2	-330.97	45.59			0.27		-566.58		-851.70		-851.70
前期差错更正	3	873.15	3,000.00					472.75		4,345.90		4,345.90
二、本年年初余额	4	1,518,823.06	1,576,604.11		457.05	77,589.43		-720,129.16		2,453,344.49	3,347.10	2,456,691.59
三、本年增减变动金额（减少以"-"号填列）	5	133,435.48	-340,181.88		26,110.32	6,397.86		10,393.10		-163,845.13	-223.67	-164,068.80
（一）净利润	6	—	—	—	—	—	—	51,816.06	—	51,816.06	-260.25	51,555.81
（二）其他综合收益	7	-758.16	-291,687.46			-3,884.16		-29,458.75		-325,788.53		-325,788.53
综合收益小计	8	-758.16	-291,687.46			-3,884.16		22,357.31		-273,972.47	-260.25	-274,232.71
（三）所有者投入和减少资本	9	131,758.14	-46,965.11			3,426.09		-785.52		87,433.61	97.24	87,530.85
1.所有者投入资本	10	122,589.80	-89,462.98	—	—	—	—	—	—	33,126.82	125.00	33,251.82
2.股份支付计入所有者权益的金额	11		50.00	—	—	—	—	—	—	50.00		50.00
3.其他	12	9,168.34	42,447.87			3,426.09		-785.52		54,256.79	-27.76	54,229.03
（四）专项储备提取和使用	13				26,110.32					26,110.32		26,110.32
1.提取专项储备	14	—	—	—	40,033.32	—	—	—	—	40,033.32		40,033.32
2.使用专项储备	15	—	—	—	-13,923.00	—	—	—	—	-13,923.00		-13,923.00

续表

项目	行次	上年金额										
		归属于母公司所有者权益									少数股东权益	所有者权益合计
		实收资本（或股本）	资本公积	减：库存股	专项储备	盈余公积	一般风险准备	未分配利润	其他	小计		
（五）利润分配	16	-220.55	-286.12			9,606.32		-12,516.25		-3,416.60	0.03	-3,416.57
1.提取盈余公积	17					7,347.34		-7,347.33		0.01		0.01
其中：法定公积金	18	—	—	—	—	6,641.12	—	-6,641.12	—		—	
任意公积金	19	—	—	—	—	836.14	—	-836.14	—		—	
#储备基金	20	—	—	—	—	-129.93	—	129.93	—		—	
#企业发展基金	21	—	—	—	—		—		—		—	
#利润归还投资	22	—	—	—	—		—		—		—	
2.提取一般风险准备	23	—	—	—	—	—			—		—	
3.对所有者（或股东）的分配	24	—	—	—	—	—	—	-1,719.37	—	-1,719.37	-16.94	-1,736.30
4.其他	25	-220.55	-286.12			2,258.98		-3,449.55		-1,697.23	16.96	-1,680.27
（六）所有者权益内部结转	26	2,656.05	-1,243.20			-2,750.40		1,337.55			-60.68	-60.68
1.资本公积转增资本（或股本）	27	1,085.32	-1,085.32	—	—	—	—	—	—		—	
2.盈余公积转增资本（或股本）	28	983.51	—	—	—	-983.51	—	—	—		—	
3.盈余公积弥补亏损	29	—	—	—	—	-1,211.73	—	1,211.73	—		—	
4.其他	30	587.22	-157.88			-555.16		125.82			-60.68	-60.68
四、本年年末余额	31	1,652,258.54	1,236,422.22		26,567.37	83,987.28		-709,736.06		2,289,499.36	3,123.44	2,292,622.79

2010 年山西省省级非监管企业资产减值准备情况表

金额单位：万元

项目	行次	年初账面余额	本年增加额				本年减少额					期末账面余额
			本年计提额	合并增加额	其他原因增加额	合计	因资产价值回升转回额	转销额	合并减少额	其他原因减少额	合计	
栏次	—	1	2	3	4	5	6	7	8	9	10	11
一、坏账准备	1	40,140.78	882.61	6.52	202.27	1,091.41	260.17	198.99		878.98	1,338.13	39,894.05
二、存货跌价准备	2	71.08			153.16	153.16						224.24
三、可供出售金融资产减值准备	3											
四、持有至到期投资减值准备	4											
五、长期股权投资减值准备	5	664.71					—					664.71
六、投资性房地产减值准备	6						—					
七、固定资产减值准备	7	349.21					—	16.37	167.37		183.75	165.47
八、工程物资减值准备	8						—					
九、在建工程减值准备	9						—					
十、生产性生物资产减值准备	10						—					
十一、油气资产减值准备	11						—					
十二、无形资产减值准备	12						—					
十三、商誉减值准备	13						—					
十四、其他减值准备	14											
	15											
合计	16	41,225.79	882.61	6.52	355.43	1,244.56	260.17	215.36	167.37	878.98	1,521.88	40,948.47

续表

项　目	行　次	金　额
补充资料：	—	12
一、待处理资产净损失	17	2,390.80
（一）流动资产净损失	18	1,368.65
其中：坏账损失	19	553.95
存货损失	20	159.60
短期投资损失	21	
（二）固定资产净损失	22	981.92
其中：固定资产盘亏	23	
固定资产毁损、报废	24	869.62
固定资产盘盈	25	
（三）长期投资损失	26	40.23
（四）无形资产损失	27	
（五）在建工程损失	28	
（六）委托贷款损失	29	
二、政策性挂账	30	
三、当年处理以前年度损失和挂账	31	167.37
其中：在当年损益中处理以前年度损失挂账	32	167.37

2010 年山西省省级非监管企业应上交弥补款项表

金额单位：万元

项　目	行　次	金　额
一、增值税：	1	—
年初未交数	2	3,943.20
本年应交数	3	71,542.25
本年已交数	4	72,131.06
年末未交数	5	3,354.39
二、消费税：	6	—
年初未交数	7	
本年应交数	8	
本年已交数	9	

续表

项 目	行 次	金 额
年末未交数	10	
三、营业税:	11	—
年初未交数	12	21,929.38
本年应交数	13	60,080.86
本年已交数	14	51,081.91
年末未交数	15	30,928.33
四、资源税:	16	—
年初未交数	17	857.01
本年应交数	18	1,754.38
本年已交数	19	1,824.61
年末未交数	20	786.78
五、城建税:	21	—
年初未交数	22	2,005.56
本年应交数	23	5,338.13
本年已交数	24	4,975.59
年末未交数	25	2,368.10
六、教育费附加:	26	—
年初未交数	27	1,290.70
本年应交数	28	3,369.99
本年已交数	29	3,246.50
年末未交数	30	1,414.19
七、农牧业税:	31	—
年初未交数	32	2.31
本年应交数	33	
本年已交数	34	
年末未交数	35	2.31
八、关税:	36	—
本年已交进口关税	37	
本年已交出口关税	38	
九、企业所得税:	39	—
年初未交数	40	24,846.63
本年应交数	41	17,905.77
本年已交数	42	17,171.06

续表

项　目	行　次	金　额
年末未交数	43	25,581.34
十、其他各税:	44	—
年初未交数	45	12,003.81
本年应交数	46	9,458.33
本年已交数	47	7,687.10
年末未交数	48	13,775.04
十一、财政拨款:	49	—
年初结余	50	5,791.84
本年拨入	51	384,048.57
本年支出	52	373,824.87
本年结余	53	16,015.54
十二、储备粮油差价款:	54	—
年初未补数	55	
本年应补数	56	
本年已补数	57	
年末未补数	58	
十三、预算弥补亏损及补贴:	59	—
年初未补数	60	
本年应补数	61	40.00
本年已补数	62	40.00
年末未补数	63	
十四、国有资本收益:	64	—
年初未交数	65	
本年应交数	66	
本年已交数	67	
年末未交数	68	
十五、失业保险:	69	—
年初未交数	70	1,277.02
本年应交数	71	960.41
本年已交数	72	758.79
年末未交数	73	1,478.64
十六、基本养老保险:	74	—
年初未交数	75	16,051.58

续表

项　目	行　次	金　额
本年应交数	76	29,153.88
本年已交数	77	27,050.38
年末未交数	78	18,155.09
十七、基本医疗保险：	79	—
年初未交数	80	1,043.87
本年应交数	81	7,317.06
本年已交数	82	6,707.65
年末未交数	83	1,653.29
十八、工伤保险：	84	—
年初未交数	85	78.39
本年应交数	86	764.18
本年已交数	87	741.35
年末未交数	88	101.22
十九、生育保险：	89	—
年初未交数	90	44.03
本年应交数	91	363.31
本年已交数	92	374.48
年末未交数	93	32.87
二十、石油特别收益金：	94	—
本年应交数	95	
本年已交数	96	
补充资料：	97	—
一、本年应交税金总额	98	169,449.71
二、本年实际上交税金总额	99	158,117.84
三、本年支付补充养老保险总额	100	171.24
四、本年支付补充医疗保险总额	101	164.39
五、出口退税情况：	102	—
出口额（美元）	103	54.58
以前年度欠出口退税	104	2.88
本年度应收出口退税	105	51.81
本年度已收出口退税	106	52.24
年末欠出口退税	107	2.45

2010 年山西省省级非监管企业基本情况表

金额单位：万元

项　目	行　次	金　额
一、职工人数情况（人）：	1	—
（一）年末从业人员人数	2	61,476
（二）全年平均从业人员人数	3	60,127
（三）年末职工人数	4	59,587
其中：年末在岗职工人数	5	52,996
（四）全年平均职工人数	6	58,126
其中：全年平均在岗职工人数	7	51,329
（五）年末离休人数	8	438
（六）年末退休人数	9	17,734
（七）参加基本养老保险职工人数	10	53,620
（八）参加补充养老保险（年金）职工人数	11	297
（九）参加基本医疗保险职工人数	12	48,941
（十）参加补充医疗保险职工人数	13	5,580
（十一）参加失业保险职工人数	14	32,571
（十二）参加工伤保险职工人数	15	35,108
（十三）参加生育保险职工人数	16	34,666
（十四）接收军队转业、复员退伍人员总数	17	1,445
其中：当年接收军队转业、复员退伍人员数	18	70
（十五）实行工效挂钩职工人数	19	220
二、企业不在岗职工及劳动关系处理情况：	20	—
（一）年初不在岗职工人数（人）	21	6,643
其中：内退人数（人）	22	1,560
（二）年末不在岗职工人数（人）	23	6,591
其中：内退人数（人）	24	1,439
（三）本年累计解除劳动关系人数（人）	25	413
（四）本年累计支付经济补偿金额	26	59.31
其中：财政负担部分	27	1.12

续表

项　目	行　次	金　额
三、工资及福利情况：	28	—
（一）全年应发工资总额	29	178,652.93
（二）全年实际发放工资总额	30	175,391.09
其中：全年实际发放职工工资总额	31	169,423.12
其中：全年实际发放在岗职工工资总额	32	164,529.35
（三）企业提取的工资总额	33	142,550.47
1.非工挂企业工资总额	34	137,317.45
2.工挂企业工资总额	35	605.86
(1)核定的工挂企业工资总额基数	36	605.86
(2)工挂企业提取的新增效益工资	37	
（四）离退休人员养老金及福利性补助	38	15,711.45
（五）企业负责人薪酬总额	39	6,823.20
企业负责人人数（人）	40	1,153
（六）本年列支的职工福利费	41	16,252.11
（七）本年支付的医药费	42	3,369.90
其中：离退休人员医药费	43	1,496.22
（八）本年企业负担的职工住房费用	44	8,289.39
其中：本年提取的住房公积金	45	8,054.75
本年一次性支付的住房补贴	46	23.76
本年按月发放的住房补贴	47	32.17
四、本年支付的职工培训费用	48	1,409.94
五、产值（按现行价格计算）：	49	—
（一）工业总产值	50	1,694,307.51
（二）工业增加值	51	390,764.04
六、本年收到的财政性资金	52	397,863.78
（一）基本建设性资金	53	377,580.06
（二）生产发展性资金	54	1,534.73
（三）社会保障性资金	55	468.67
（四）其他	56	18,280.32
七、本年科技资金来源及支出情况：	57	—
（一）本年科技资金来源合计	58	965.05
1.政府拨款	59	296.38

续表

项　目	行　次	金　额
2.企业自筹	60	668.67
3.其他	61	
（二）本年科技支出合计	62	962.05
1.研究开发费用合计	63	738.59
其中：科技人员人工支出	64	266.01
研究开发性固定资产支出	65	7.41
其他研究开发支出	66	465.16
2.购买新技术、科研设备等支出	67	94.59
3.其他科技支出	68	128.87
八、固定资产情况：	69	—
（一）按使用情况划分（原价）	70	3,039,366.54
1.在用固定资产	71	2,992,383.05
2.未使用固定资产	72	40,926.45
3.不需用固定资产	73	6,057.04
（二）主要类别固定资产情况：	74	—
1.固定资产原价合计	75	3,039,366.54
其中：土地资产	76	106,944.26
房屋、建筑物	77	1,817,333.35
机器设备	78	647,019.67
运输工具	79	95,904.01
2.当年计提的固定资产折旧总额	80	147,940.54
其中：房屋、建筑物	81	34,294.52
机器设备	82	34,991.67
运输工具	83	9,697.00
3.当年计提折旧的平均固定资产原价	84	2,712,903.17
（三）当年固定资产投资总额	85	98,339.98
1.购置固定资产	86	79,849.83
2.基建投资	87	12,818.14
3.其他投资	88	5,672.01
九、投资收益	89	48,445.75
其中：长期股权投资	90	40,931.34
交易性金融资产	91	339.84

续表

项　目	行　次	金　额
交易性金融负债	92	
持有至到期投资	93	215.77
可供出售金融资产	94	2.59
其他收益项目	95	6,956.21
十、拥有的自主知识产权专利数量（项）	96	6
其中：本年度新增专利数量（项）	97	
十一、当年企业提取的安全生产费用	98	16,197.01
十二、当年企业支出的安全生产费用	99	11,093.24
十三、当年企业支付的环境保护及生态恢复支出	100	7,974.40
其中：（一）本年度上交政府统筹的支出	101	7,102.02
（二）本年度企业提取或据实列支的支出	102	561.64
十四、当年企业支出的节能减排费用	103	17.22
十五、企业累计向境外投资额	104	
其中：企业当年新增向境外投资额	105	

2010 年山西省地市企业资产负债表

金额单位：万元

项　目	行　次	期末金额	年初金额
流动资产：	1	—	—
货币资金	2	1,834,109.91	1,462,772.68
△结算备付金	3		
△拆出资金	4		
交易性金融资产	5	84,894.29	59,860.80
应收票据	6	412,423.11	309,067.67
应收账款	7	1,099,105.69	829,435.29
预付款项	8	794,023.27	703,857.81
△应收保费	9		
△应收分保账款	10		
△应收分保合同准备金	11		
应收利息	12	49,036.70	49,281.49
其他应收款	13	2,101,255.71	1,491,411.19
△买入返售金融资产	14		
存货	15	1,317,270.23	1,166,257.10
其中:原材料	16	228,422.91	206,794.45
库存商品(产成品)	17	608,153.32	554,498.20
一年内到期的非流动资产	18	21,986.30	22,380.50
其他流动资产	19	510,417.71	503,507.52
流动资产合计	20	8,224,522.91	6,597,832.04
非流动资产：	21	—	—
△发放贷款及垫款	22		
可供出售金融资产	23	35,804.36	50,601.01
持有至到期投资	24	42,806.52	37,126.53
长期应收款	25	12,990.28	8,201.37
长期股权投资	26	1,325,303.70	942,430.24
投资性房地产	27	45,762.89	44,918.52
固定资产原价	28	8,211,936.03	7,709,072.42
减：累计折旧	29	2,804,647.29	2,478,645.06

续表

项　目	行　次	期末金额	年初金额
固定资产净值	30	5,407,288.74	5,230,427.36
减：固定资产减值准备	31	23,703.60	20,044.87
固定资产净额	32	5,383,585.15	5,210,382.48
在建工程	33	1,208,953:63	953,871.56
工程物资	34	107,230.18	81,984.77
固定资产清理	35	12,234.68	11,737.76
生产性生物资产	36	1,250.62	1,217.93
油气资产	37		
无形资产	38	921,194.52	761,024.69
开发支出	39	122.26	104.35
商誉	40	18,509.52	18,546.68
长期待摊费用	41	239,714.64	135,092.79
递延所得税资产	42	43,767.50	52,430.27
其他非流动资产	43	229,098.25	232,522.73
其中：特准储备物资	44	211.23	-10.67
非流动资产合计	45	9,628,328.70	8,542,193.67
	46		
	47		
	48		
	49		
	50		
	51		
	52		
	53		
	54		
	55		
	56		
	57		
	58		
	59		
	60		
	61		
	62		

续表

项　目	行　次	期末金额	年初金额
	63		
资产总计	64	17,852,851.61	15,140,025.71
流动负债：	65	—	—
短期借款	66	2,209,204.49	1,928,404.33
△向中央银行借款	67		
△吸收存款及同业存放	68		
△拆入资金	69		
交易性金融负债	70		196.60
应付票据	71	40,229.86	108,737.47
应付账款	72	1,547,856.67	1,333,437.52
预收款项	73	853,922.08	659,969.24
△卖出回购金融资产款	74		
△应付手续费及佣金	75		
应付职工薪酬	76	238,119.74	251,276.65
其中：应付工资	77	140,303.31	147,866.16
应付福利费	78	13,516.21	20,598.90
#其中：职工奖励及福利基金	79	-148.91	503.53
应交税费	80	357,738.19	378,205.72
其中：应交税金	81	209,574.03	265,610.85
应付利息	82	88,333.48	71,457.93
其他应付款	83	2,752,294.74	2,371,569.61
△应付分保账款	84		
△保险合同准备金	85		
△代理买卖证券款	86		
△代理承销证券款	87		
一年内到期的非流动负债	88	89,303.09	68,036.21
其他流动负债	89	318,601.36	289,158.34
流动负债合计	90	8,495,603.68	7,460,449.61
非流动负债：	91	—	—
长期借款	92	2,631,908.35	2,110,542.47
应付债券	93	20,719.78	1,339.78
长期应付款	94	479,213.71	447,064.16
专项应付款	95	268,371.09	229,391.54

续表

项　目	行　次	期末金额	年初金额
预计负债	96	21,220.05	20,378.46
递延所得税负债	97	26,834.08	25,599.38
其他非流动负债	98	195,544.95	143,087.05
其中：特准储备基金	99		
非流动负债合计	100	3,643,812.00	2,977,402.85
负债合计	101	12,139,415.69	10,437,852.45
所有者权益（或股东权益）：	102	—	—
实收资本（股本）	103	2,380,931.86	2,126,493.85
国家资本	104	1,396,268.68	1,305,001.20
集体资本	105	35,898.00	23,512.27
法人资本	106	753,967.34	614,913.48
其中：国有法人资本	107	675,951.51	546,775.85
集体法人资本	108	44,803.77	34,925.57
个人资本	109	136,781.69	125,050.75
外商资本	110	58,016.15	58,016.15
#减：已归还投资	111	6.50	6.50
实收资本（或股本）净额	112	2,380,925.36	2,126,487.35
资本公积	113	2,113,187.73	1,788,747.73
减：库存股	114		
专项储备	115	136,777.88	71,451.00
盈余公积	116	724,057.77	585,639.77
其中：法定公积金	117	124,297.63	113,162.13
任意公积金	118	240,129.70	314,581.24
#储备基金	119	2,173.69	2,329.52
#企业发展基金	120	36.34	36.34
#利润归还投资	121	-0.58	-0.58
△一般风险准备	122	460.28	302.36
未分配利润	123	-144,334.80	-313,122.62
外币报表折算差额	124		
归属于母公司所有者权益合计	125	5,211,074.21	4,259,505.58
★少数股东权益	126	502,361.71	442,667.67
所有者权益合计	127	5,713,435.92	4,702,173.26
负债和所有者权益总计	128	17,852,851.61	15,140,025.71

2010 年山西省地市企业利润表

金额单位：万元

项　目	行　次	本期金额	上期金额
一、营业总收入	1	6,896,069.40	5,559,133.82
其中：营业收入	2	6,895,928.56	5,559,013.17
其中：主营业务收入	3	6,728,881.02	5,422,299.30
其他业务收入	4	167,047.54	136,713.87
△利息收入	5	140.84	120.65
△已赚保费	6		
△手续费及佣金收入	7		
二、营业总成本	8	6,090,584.12	5,129,192.33
其中：营业成本	9	4,698,820.71	3,969,935.11
其中：主营业务成本	10	4,614,388.64	3,911,412.17
其他业务成本	11	84,432.08	58,522.93
△利息支出	12		
△手续费及佣金支出	13		
△退保金	14		
△赔付支出净额	15		
△提取保险合同准备金净额	16		
△保单红利支出	17		
△分保费用	18	1.08	1.08
营业税金及附加	19	94,176.37	77,694.97
销售费用	20	216,197.09	197,675.27
管理费用	21	856,135.50	718,113.46
其中：业务招待费	22	23,197.20	20,737.20
研究与开发费	23	20,951.34	14,750.88
财务费用	24	212,104.85	157,722.04
其中：利息支出	25	151,985.19	125,646.81
利息收入	26	18,077.88	15,240.52
汇兑净损失（净收益以“-”号填列）	27	11,124.54	-4,450.30
资产减值损失	28	12,328.79	8,125.42

续表

项　目	行　次	本期金额	上期金额
其他	29	819.73	-75.01
加：公允价值变动收益（损失以“-”号填列）	30	3,900.46	11,880.19
投资收益（损失以“-”号填列）	31	94,379.00	92,744.44
其中：对联营企业和合营企业的投资收益	32	39,254.76	36,634.43
△汇兑收益（损失以“-”号填列）	33		
三、营业利润（亏损以“-”号填列）	34	903,764.74	534,566.12
加：营业外收入	35	153,130.42	161,612.07
其中：非流动资产处置利得	36	5,069.47	6,699.73
非货币性资产交换利得	37	778.97	1,597.18
政府补助	38	105,487.58	94,627.45
债务重组利得	39	2,294.62	8,193.79
减：营业外支出	40	91,440.68	70,724.49
其中：非流动资产处置损失	41	3,305.17	4,313.59
非货币性资产交换损失	42	6.15	85.17
债务重组损失	43	279.23	310.14
四、利润总额（亏损总额以“-”号填列）	44	965,454.49	625,453.71
减：所得税费用	45	264,164.90	171,820.18
五、净利润（净亏损以“-”号填列）	46	701,289.58	453,633.52
归属于母公司所有者的净利润	47	648,035.15	395,544.42
★少数股东损益	48	53,254.43	58,089.10
六、每股收益：	49	—	—
基本每股收益	50		
稀释每股收益	51		
七、其他综合收益	52	-448.20	2,266.87
八、综合收益总额	53	700,841.38	455,900.39
归属于母公司所有者的综合收益总额	54	647,663.26	396,858.98
★归属于少数股东的综合收益总额	55	53,178.13	59,041.41
	56		

2010 年山西省地市企业现金流量表

金额单位：万元

项　目	行　次	本期金额	上期金额
一、经营活动产生的现金流量：	1	—	—
销售商品、提供劳务收到的现金	2	7,249,566.26	5,897,405.28
△客户存款和同业存放款项净增加额	3		
△向中央银行借款净增加额	4		
△向其他金融机构拆入资金净增加额	5		
△收到原保险合同保费取得的现金	6		
△收到再保险业务现金净额	7		
△保户储金及投资款净增加额	8.		
△处置交易性金融资产净增加额	9		
△收取利息、手续费及佣金的现金	10	149.59	120.65
△拆入资金净增加额	11		
△回购业务资金净增加额	12		
收到的税费返还	13	20,996.61	23,553.47
收到其他与经营活动有关的现金	14	1,758,997.15	1,083,144.85
经营活动现金流入小计	15	9,029,709.61	7,004,224.26
购买商品、接收劳务支付的现金	16	3,957,284.72	3,215,538.94
△客户贷款及垫款净增加额	17		
△存放中央银行和同业款项净增加额	18		
△支付原保险合同赔付款项的现金	19		
△支付利息、手续费及佣金的现金	20		0.13
△支付保单红利的现金	21		
支付给职工以及为职工支付的现金	22	866,041.43	725,011.87
支付的各项税费	23	1,025,608.85	761,395.24
支付其他与经营活动有关的现金	24	2,295,669.58	1,558,331.02
经营活动现金流出小计	25	8,144,604.58	6,260,277.22
经营活动产生的现金流量净额	26	885,105.03	743,947.04
二、投资活动产生的现金流量：	27	—	—
收回投资收到的现金	28	160,566.01	92,770.64
取得投资收益收到的现金	29	29,740.98	40,460.25

续表

项　目	行　次	本期金额	上期金额
处置固定资产、无形资产和其他长期资产所收回的现金净额	30	9,472.56	18,354.41
处置子公司及其他营业单位收回的现金净额	31	0.60	7,140.55
收到其他与投资活动有关的现金	32	34,422.85	15,460.29
投资活动现金流入小计	33	234,203.01	174,186.14
购建固定资产、无形资产和其他长期资产所支付的现金	34	778,087.03	683,975.66
投资支付的现金	35	512,760.86	382,918.81
△质押贷款净增加额	36		
取得子公司及其他营业单位支付的现金净额	37	73,328.73	31,021.08
支付其他与投资活动有关的现金	38	166,320.80	102,090.01
投资活动现金流出小计	39	1,530,497.42	1,200,005.55
投资活动产生的现金流量净额	40	-1,296,294.41	-1,025,819.42
三、筹资活动产生的现金流量：	41	—	—
吸收投资收到的现金	42	123,791.12	186,828.81
其中：子公司吸收少数股东投资收到的现金	43	10,358.02	3,802.83
取得借款所收到的现金	44	2,708,431.09	2,128,544.06
△发行债券收到的现金	45		
收到其他与筹资活动有关的现金	46	168,306.05	145,883.96
筹资活动现金流入小计	47	3,000,528.26	2,461,256.82
偿还债务所支付的现金	48	1,810,316.02	1,502,503.63
分配股利、利润或偿付利息所支付的现金	49	333,482.86	244,119.74
其中：子公司支付给少数股东的股利、利润	50	9,198.30	20,013.94
支付其他与筹资活动有关的现金	51	83,430.01	113,248.10
筹资活动现金流出小计	52	2,227,228.89	1,859,871.46
筹资活动产生的现金流量净额	53	773,299.37	601,385.36
四、汇率变动对现金及现金等价物的影响	54	856.19	-42.03
五、现金及现金等价物净增加额	55	362,966.17	319,470.96
加：期初现金及现金等价物余额	56	1,463,284.73	1,143,813.77
六、期末现金及现金等价物余额	57	1,826,250.91	1,463,284.73
	58		

2010 年山西省地市企业所有者权益金额变动表

金额单位：万元

项 目	行次	本年金额										
		归属于母公司所有者权益									少数股东权益	所有者权益合计
		实收资本（或股本）	资本公积	减：库存股	专项储备	盈余公积	一般风险准备	未分配利润	其他	小计		
栏 次		1	2	3	4	5	6	7	8	9	10	11
一、上年年末余额	1	2, 126, 487. 35	1, 788, 747. 73		71, 451. 00	585, 639. 77	302. 36	-313, 122. 62		4, 259, 505. 58	442, 667. 67	4, 702, 173. 26
加：会计政策变更	2	—	—	—	—	—	—	—	—	—	—	—
前期差错更正	3	—	—	—	—	—	—	—	—	—	—	—
二、本年年初余额	4	2, 126, 487. 35	1, 788, 747. 73		71, 451. 00	585, 639. 77	302. 36	-313, 122. 62		4, 259, 505. 58	442, 667. 67	4, 702, 173. 26
三、本年增减变动金额（减少以“-”号填列)	5	254, 438. 01	324, 440. 00		65, 326. 88	138, 417. 99	157. 92	168, 787. 82		951, 568. 63	59, 694. 04	1, 011, 262. 66
（一）净利润	6	—	—	—	—	—	—	648, 035. 15	—	648, 035. 15	53, 254. 43	701, 289. 58
（二）其他综合收益	7	33, 115. 87	99, 017. 44		1, 669. 40	-112. 59	125. 00	-8, 386. 60		125, 428. 52	4, 001. 16	129, 429. 67
综合收益小计	8	33, 115. 87	99, 017. 44		1, 669. 40	-112. 59	125. 00	639, 648. 55		773, 463. 67	57, 255. 58	830, 719. 25
（三）所有者投入和减少资本	9	134, 532. 89	250, 138. 45			16, 560. 74		-24, 210. 21		377, 021. 87	9, 015. 44	386, 037. 30
1.所有者投入资本	10	122, 166. 79	54, 638. 52	—	—	—	—	—	—	176, 805. 31	10, 208. 29	187, 013. 60
2.股份支付计入所有者权益的金额	11	10, 396. 79		—	—	—	—	—	—	10, 396. 79		10, 396. 79
3.其他	12	1, 969. 30	195, 499. 92			16, 560. 74		-24, 210. 21		189, 819. 76	-1, 192. 85	188, 626. 91
（四）专项储备提取和使用	13				63, 750. 49					63, 750. 49	3, 622. 01	67, 372. 49
1.提取专项储备	14	—	—	—	143, 844. 04	—	—	—	—	143, 844. 04	12, 532. 64	156, 376. 68

续表

项　目	行次	本年金额										
		归属于母公司所有者权益									少数股东权益	所有者权益合计
		实收资本（或股本）	资本公积	减：库存股	专项储备	盈余公积	一般风险准备	未分配利润	其他	小计		
2.使用专项储备	15	—	—	—	-80, 093. 55	—	—	—	—	-80, 093. 55	-8, 910. 63	-89, 004. 18
（五）利润分配	16	24, 346. 35	17, 151. 23			132, 095. 21	32. 92	-435, 306. 56		-261, 680. 84	-10, 198. 99	-271, 879. 83
1.提取盈余公积	17		711. 50			133, 114. 58		-133, 072. 23		753. 85		753. 85
其中：法定公积金	18	—	—	—	—	47, 410. 26	—	-47, 376. 27	—	33. 99	—	33. 99
任意公积金	19	—	—	—	—	85, 698. 06	—	-85, 699. 34	—	-1. 28	—	-1. 28
#储备基金	20	—	—	—	—		—		—		—	
#企业发展基金	21	—	—	—	—		—		—		—	
#利润归还投资	22	—	—	—	—		—		—		—	
2.提取一般风险准备	23	—	—	—	—	—	32. 92	-32. 92	—		—	
3.对所有者（或股东）的分配	24	—	—	—	—	—	—	-241, 270. 12	—	-241, 270. 12	-10, 283. 87	-251, 553. 98
4.其他	25	24, 346. 35	16, 439. 73			-1, 019. 37		-60, 931. 29		-21, 164. 58	84. 88	-21, 079. 70
（六）所有者权益内部结转	26	62, 442. 90	-41, 867. 12		-93. 00	-10, 125. 37		-11, 343. 96		-986. 55		-986. 55
1.资本公积转增资本（或股本）	27	40, 761. 75	-41, 859. 70	—	—	—	—	—	—	-1, 097. 95	—	-1, 097. 95
2.盈余公积转增资本（或股本）	28	10, 309. 24	—	—	—	-10, 309. 24	—	—	—		—	
3.盈余公积弥补亏损	29	—	—	—	—	-22. 56	—	21. 93	—	-0. 63	—	-0. 63
4.其他	30	11, 371. 92	-7. 42		-93. 00	206. 43		-11, 365. 89		112. 03		112. 03
四、本年年末余额	31	2, 380, 925. 36	2, 113, 187. 73		136, 777. 88	724, 057. 77	460. 28	-144, 334. 80		5, 211, 074. 21	502, 361. 71	5, 713, 435. 92

续表

项目	行次	上年金额										
		归属于母公司所有者权益									少数股东权益	所有者权益合计
		实收资本（或股本）	资本公积	减：库存股	专项储备	盈余公积	一般风险准备	未分配利润	其他	小计		
栏次	—	12	13	14	15	16	17	18	19	20	21	22
一、上年年末余额	1	1,950,543.37	1,631,561.19		39,252.13	504,435.92	291.92	-489,256.79		3,636,827.74	422,646.04	4,059,473.78
加：会计政策变更	2	3,994.39	1,044.93			7.84		23,586.64		28,633.80	-42,483.44	-13,849.64
前期差错更正	3	6,805.79	-4,893.12			187.38		-2,810.49		-710.44	3,402.77	2,692.33
二、本年年初余额	4	1,961,343.55	1,627,713.00		39,252.13	504,631.15	291.92	-468,480.65		3,664,751.10	383,565.37	4,048,316.47
三、本年增减变动金额（减少以"–"号填列）	5	165,143.80	161,034.73		32,198.87	81,008.63	10.43	155,358.03		594,754.49	59,102.30	653,856.79
（一）净利润	6	—	—	—	—	—	—	395,544.42	—	395,544.42	58,089.10	453,633.52
（二）其他综合收益	7	5,160.46	78,800.30		200.82	717.57		-9,943.92		74,935.24	1,132.81	76,068.05
综合收益小计	8	5,160.46	78,800.30		200.82	717.57		385,600.50		470,479.66	59,221.91	529,701.57
（三）所有者投入和减少资本	9	126,530.46	104,709.33			1,035.25		-9,372.90		222,902.14	21,069.57	243,971.70
1.所有者投入资本	10	114,092.75	107,497.23	—	—	—	—	—	—	221,589.98	2,103.00	223,692.98
2.股份支付计入所有者权益的金额	11	-13.00	942.66	—	—	—	—	—	—	929.66		929.66
3.其他	12	12,450.72	-3,730.57			1,035.25		-9,372.90		382.50	18,966.57	19,349.07
（四）专项储备提取和使用	13				28,572.34					28,572.34	6,615.31	35,187.66
1.提取专项储备	14	—	—	—	56,715.82	—	—	—	—	56,715.82	24,999.69	81,715.50
2.使用专项储备	15	—	—	—	-28,143.47	—	—	—	—	-28,143.47	-18,384.38	-46,527.85

续表

项目	行次	上年金额										
		归属于母公司所有者权益									少数股东权益	所有者权益合计
		实收资本（或股本）	资本公积	减：库存股	专项储备	盈余公积	一般风险准备	未分配利润	其他	小计		
（五）利润分配	16	152.52	2,272.58			89,968.87	10.43	-220,264.65		-127,860.25	-27,804.49	-155,664.73
1.提取盈余公积	17					86,563.06		-86,824.96		-261.90		-261.90
其中：法定公积金	18	—	—	—	—	26,979.39	—	-27,254.98	—	-275.59	—	-275.59
任意公积金	19	—	—	—	—	59,572.68	—	-59,571.34	—	1.35	—	1.35
#储备基金	20	—	—	—	—		—		—		—	
#企业发展基金	21	—	—	—	—	0.29	—	-0.29	—		—	
#利润归还投资	22	—	—	—	—		—		—		—	
2.提取一般风险准备	23	—	—	—	—	—	10.43	-10.43	—		—	
3.对所有者（或股东）的分配	24	—	—	—	—	—	—	-127,213.97	—	-127,213.97	-22,772.54	-149,986.52
4.其他	25	152.52	2,272.58			3,405.81		-6,215.29		-384.37	-5,031.94	-5,416.31
（六）所有者权益内部结转	26	33,300.35	-24,747.48		3,425.70	-10,713.06		-604.91		660.59		660.59
1.资本公积转增资本（或股本）	27	22,211.41	-22,334.28	—	—	—	—	—	—	-122.86	—	-122.86
2.盈余公积转增资本（或股本）	28	10,640.39	—	—	—	-10,640.39	—	—	—		—	
3.盈余公积弥补亏损	29	—	—	—	—	-74.11	—	-36.12	—	-110.23	—	-110.23
4.其他	30	448.54	-2,413.20		3,425.70	1.44		-568.79		893.68		893.68
四、本年年末余额	31	2,126,487.35	1,788,747.73		71,451.00	585,639.77	302.36	-313,122.62		4,259,505.58	442,667.67	4,702,173.26

2010年山西省地市企业资产减值准备情况表

金额单位：万元

项目	行次	年初账面余额	本年增加额				本年减少额					期末账面余额
			本年计提额	合并增加额	其他原因增加额	合计	因资产价值回升转回额	转销额	合并减少额	其他原因减少额	合计	
栏次	—	1	2	3	4	5	6	7	8	9	10	11
一、坏账准备	1	78,181.08	8,170.15	4.09	22.86	8,497.09	2,293.46	5,894.10	26.93	24.16	8,238.66	78,439.52
二、存货跌价准备	2	4,230.30	4,666.46			4,666.46	782.40	4,459.12		20.10	5,261.62	3,635.14
三、可供出售金融资产减值准备	3											
四、持有至到期投资减值准备	4	70.37										70.37
五、长期股权投资减值准备	5	6,699.83					—		0.38		0.38	6,699.45
六、投资性房地产减值准备	6						—					
七、固定资产减值准备	7	20,044.87	3,734.94	0.20		3,735.14	—	75.37		1.05	76.42	23,703.60
八、工程物资减值准备	8						—					
九、在建工程减值准备	9	1,035.24	21.61			21.61	—					1,056.85
十、生产性生物资产减值准备	10						—					
十一、油气资产减值准备	11						—					
十二、无形资产减值准备	12						—					
十三、商誉减值准备	13						—					
十四、其他减值准备	14	143.52			284.51	284.51	25.40			16.89	42.29	385.74
	15											
合计	16	110,405.21	16,893.15	4.29	307.37	17,204.81	3,101.27	10,428.59	27.31	62.19	13,619.36	113,990.66

续表

项　目	行　次	金　额
补充资料：	—	12
一、待处理资产净损失	17	66,674.16
（一）流动资产净损失	18	54,803.26
其中：坏账损失	19	17,961.81
存货损失	20	28,168.52
短期投资损失	21	11.13
（二）固定资产净损失	22	11,096.28
其中：固定资产盘亏	23	3,911.49
固定资产毁损、报废	24	6,621.14
固定资产盘盈	25	1,808.92
（三）长期投资损失	26	465.03
（四）无形资产损失	27	1,646.45
（五）在建工程损失	28	289.09
（六）委托贷款损失	29	8,325.68
二、政策性挂账	30	79,846.00
三、当年处理以前年度损失和挂账	31	1,728.36
其中：在当年损益中处理以前年度损失挂账	32	1,421.35

2010 年山西省地市企业应上交弥补款项表

金额单位：万元

项　目	行　次	金　额
一、增值税：	1	—
年初未交数	2	87,577.17
本年应交数	3	491,710.56
本年已交数	4	492,137.70
年末未交数	5	87,150.04
二、消费税：	6	—
年初未交数	7	3,858.81
本年应交数	8	1,580.48
本年已交数	9	1,504.95

续表

项　目	行　次	金　额
年末未交数	10	3,934.34
三、营业税：	11	—
年初未交数	12	37,378.93
本年应交数	13	28,220.32
本年已交数	14	26,188.68
年末未交数	15	39,410.58
四、资源税：	16	—
年初未交数	17	4,402.21
本年应交数	18	22,730.12
本年已交数	19	23,162.44
年末未交数	20	3,969.90
五、城建税：	21	—
年初未交数	22	8,611.68
本年应交数	23	21,079.25
本年已交数	24	20,691.09
年末未交数	25	8,999.84
六、教育费附加：	26	—
年初未交数	27	6,520.61
本年应交数	28	14,744.45
本年已交数	29	14,165.50
年末未交数	30	7,099.55
七、农牧业税：	31	—
年初未交数	32	16.85
本年应交数	33	4.70
本年已交数	34	4.29
年末未交数	35	17.26
八、关税：	36	—
本年已交进口关税	37	74.58
本年已交出口关税	38	4,760.58
九、企业所得税：	39	—
年初未交数	40	119,216.63
本年应交数	41	265,272.58
本年已交数	42	273,043.44

续表

项目	行次	金额
年末未交数	43	111,445.77
十、其他各税:	44	—
年初未交数	45	83,590.81
本年应交数	46	88,663.35
本年已交数	47	94,128.18
年末未交数	48	78,125.97
十一、财政拨款:	49	—
年初结余	50	6,236.20
本年拨入	51	87,787.08
本年支出	52	82,223.64
本年结余	53	11,799.64
十二、储备粮油差价款:	54	—
年初未补数	55	1,504.12
本年应补数	56	1,349.52
本年已补数	57	344.12
年末未补数	58	2,509.52
十三、预算弥补亏损及补贴:	59	—
年初未补数	60	30,091.10
本年应补数	61	45,974.11
本年已补数	62	47,709.52
年末未补数	63	28,355.69
十四、国有资本收益:	64	—
年初未交数	65	16,302.23
本年应交数	66	8,205.51
本年已交数	67	12,364.24
年末未交数	68	12,143.50
十五、失业保险:	69	—
年初未交数	70	13,714.89
本年应交数	71	7,810.35
本年已交数	72	5,803.35
年末未交数	73	15,721.89
十六、基本养老保险:	74	—
年初未交数	75	119,287.61

续表

项　目	行　次	金　额
本年应交数	76	158,368.40
本年已交数	77	129,199.93
年末未交数	78	148,456.08
十七、基本医疗保险：	79	—
年初未交数	80	6,951.79
本年应交数	81	34,280.14
本年已交数	82	32,917.64
年末未交数	83	8,314.28
十八、工伤保险：	84	—
年初未交数	85	1,583.03
本年应交数	86	6,710.13
本年已交数	87	6,250.39
年末未交数	88	2,042.77
十九、生育保险：	89	—
年初未交数	90	752.80
本年应交数	91	1,462.10
本年已交数	92	1,328.39
年末未交数	93	886.51
二十、石油特别收益金：	94	—
本年应交数	95	
本年已交数	96	
补充资料：	97	—
一、本年应交税金总额	98	938,840.98
二、本年实际上交税金总额	99	949,861.44
三、本年支付补充养老保险总额	100	3,349.89
四、本年支付补充医疗保险总额	101	1,010.03
五、出口退税情况：	102	—
出口额（美元）	103	3,337.31
以前年度欠出口退税	104	144.69
本年度应收出口退税	105	832.59
本年度已收出口退税	106	826.70
年末欠出口退税	107	150.59

2010 年山西省地市企业基本情况表

金额单位：万元

项　目	行　次	金　额
一、职工人数情况（人）：	1	—
（一）年末从业人员人数	2	290,489
（二）全年平均从业人员人数	3	280,565
（三）年末职工人数	4	338,022
其中：年末在岗职工人数	5	261,340
（四）全年平均职工人数	6	329,283
其中：全年平均在岗职工人数	7	259,711
（五）年末离休人数	8	3,740
（六）年末退休人数	9	135,502
（七）参加基本养老保险职工人数	10	289,119
（八）参加补充养老保险（年金）职工人数	11	18,798
（九）参加基本医疗保险职工人数	12	266,892
（十）参加补充医疗保险职工人数	13	11,916
（十一）参加失业保险职工人数	14	208,067
（十二）参加工伤保险职工人数	15	178,994
（十三）参加生育保险职工人数	16	135,182
（十四）接收军队转业、复员退伍人员总数	17	3,190
其中：当年接收军队转业、复员退伍人员数	18	231
（十五）实行工效挂钩职工人数	19	19,997
二、企业不在岗职工及劳动关系处理情况：	20	—
（一）年初不在岗职工人数（人）	21	69,863
其中：内退人数（人）	22	19,743
（二）年末不在岗职工人数（人）	23	76,682
其中：内退人数（人）	24	18,758
（三）本年累计解除劳动关系人数（人）	25	3,157
（四）本年累计支付经济补偿金额	26	2,479.07
其中：财政负担部分	27	1,838.39

续表

项　目	行　次	金　额
三、工资及福利情况：	28	—
（一）全年应发工资总额	29	684,008.20
（二）全年实际发放工资总额	30	661,826.55
其中：全年实际发放职工工资总额	31	645,383.86
其中：全年实际发放在岗职工工资总额	32	624,263.66
（三）企业提取的工资总额	33	682,468.27
1.非工挂企业工资总额	34	527,426.08
2.工挂企业工资总额	35	153,929.21
(1)核定的工挂企业工资总额基数	36	153,911.79
(2)工挂企业提取的新增效益工资	37	17.43
（四）离退休人员养老金及福利性补助	38	20,149.59
（五）企业负责人薪酬总额	39	23,264.19
企业负责人人数（人）	40	5,950.00
（六）本年列支的职工福利费	41	50,779.29
（七）本年支付的医药费	42	4,876.75
其中：离退休人员医药费	43	1,063.37
（八）本年企业负担的职工住房费用	44	22,731.46
其中：本年提取的住房公积金	45	21,063.94
本年一次性支付的住房补贴	46	332.75
本年按月发放的住房补贴	47	465.31
四、本年支付的职工培训费用	48	0,080.40
五、产值（按现行价格计算）：	49	—
（一）工业总产值	50	6,344,305.08
（二）工业增加值	51	2,749,992.43
六、本年收到的财政性资金	52	215,151.39
（一）基本建设性资金	53	66,207.06
（二）生产发展性资金	54	38,921.63
（三）社会保障性资金	55	12,739.62
（四）其他	56	97,283.09
七、本年科技资金来源及支出情况：	57	—
（一）本年科技资金来源合计	58	21,818.69
1.政府拨款	59	1,047.51

续表

项　目	行　次	金　额
2.企业自筹	60	17,613.60
3.其他	61	3,157.59
（二）本年科技支出合计	62	21,429.92
1.研究开发费用合计	63	19,623.08
其中：科技人员人工支出	64	3,591.38
研究开发性固定资产支出	65	2,997.60
其他研究开发支出	66	13,034.10
2.购买新技术、科研设备等支出	67	1,059.37
3.其他科技支出	68	747.46
八、固定资产情况：	69	—
（一）按使用情况划分（原价）	70	8,211,936.03
1.在用固定资产	71	7,958,603.72
2.未使用固定资产	72	168,309.50
3.不需用固定资产	73	85,022.81
（二）主要类别固定资产情况：	74	—
1.固定资产原价合计	75	8,211,936.03
其中：土地资产	76	451,129.23
房屋、建筑物	77	2,692,554.55
机器设备	78	4,051,966.92
运输工具	79	281,799.98
2.当年计提的固定资产折旧总额	80	423,372.97
其中：房屋、建筑物	81	108,226.47
机器设备	82	197,437.62
运输工具	83	23,770.31
3.当年计提折旧的平均固定资产原价	84	6,550,520.21
（三）当年固定资产投资总额	85	733,086.89
1.购置固定资产	86	364,587.15
2.基建投资	87	340,273.32
3.其他投资	88	28,226.42
九、投资收益	89	94,379.00
其中：长期股权投资	90	76,915.11
交易性金融资产	91	8,387.65

续表

项　目	行　次	金　额
交易性金融负债	92	-191.50
持有至到期投资	93	185.61
可供出售金融资产	94	5,889.93
其他收益项目	95	3,192.21
十、拥有的自主知识产权专利数量（项）	96	45
其中：本年度新增专利数量（项）	97	22
十一、当年企业提取的安全生产费用	98	95,176.11
十二、当年企业支出的安全生产费用	99	77,390.01
十三、当年企业支付的环境保护及生态恢复支出	100	31,953.20
其中：（一）本年度上交政府统筹的支出	101	8,964.62
（二）本年度企业提取或据实列支的支出	102	17,804.05
十四、当年企业支出的节能减排费用	103	5,374.62
十五、企业累计向境外投资额	104	
其中：企业当年新增向境外投资额	105	

2010年山西省太原市国有资产基本情况表

金额单位：万元

项　目	行　次	金　额
一、职工人数情况（人）：	1	—
（一）年末从业人员人数	2	61,837
（二）全年平均从业人员人数	3	57,060
（三）年末职工人数	4	68,097
其中：年末在岗职工人数	5	52,235
（四）全年平均职工人数	6	66,101
其中：全年平均在岗职工人数	7	52,253
（五）年末离休人数	8	1,430
（六）年末退休人数	9	61,370
（七）参加基本养老保险职工人数	10	63,923
（八）参加补充养老保险（年金）职工人数	11	2,776
（九）参加基本医疗保险职工人数	12	66,304
（十）参加补充医疗保险职工人数	13	103
（十一）参加失业保险职工人数	14	56,799
（十二）参加工伤保险职工人数	15	47,786
（十三）参加生育保险职工人数	16	54,528
（十四）接收军队转业、复员退伍人员总数	17	841
其中：当年接收军队转业、复员退伍人员数	18	89
（十五）实行工效挂钩职工人数	19	2,316
二、企业不在岗职工及劳动关系处理情况：	20	—
（一）年初不在岗职工人数（人）	21	16,818
其中：内退人数（人）	22	9,548
（二）年末不在岗职工人数（人）	23	15,862
其中：内退人数（人）	24	8,900
（三）本年累计解除劳动关系人数（人）	25	363
（四）本年累计支付经济补偿金额	26	169.56
其中：财政负担部分	27	133.18

续表

项　目	行　次	金　额
三、工资及福利情况：	28	—
（一）全年应发工资总额	29	143,350.66
（二）全年实际发放工资总额	30	138,814.90
其中：全年实际发放职工工资总额	31	134,265.10
其中：全年实际发放在岗职工工资总额	32	127,405.60
（三）企业提取的工资总额	33	143,151.69
1.非工挂企业工资总额	34	120,098.37
2.工挂企业工资总额	35	23,053.32
(1)核定的工挂企业工资总额基数	36	23,053.32
(2)工挂企业提取的新增效益工资	37	
（四）离退休人员养老金及福利性补助	38	16,147.00
（五）企业负责人薪酬总额	39	5,773.14
企业负责人人数（人）	40	1,459.00
（六）本年列支的职工福利费	41	11,077.48
（七）本年支付的医药费	42	1,730.41
其中：离退休人员医药费	43	629.49
（八）本年企业负担的职工住房费用	44	9,639.53
其中：本年提取的住房公积金	45	9,451.51
本年一次性支付的住房补贴	46	12.12
本年按月发放的住房补贴	47	11.37
四、本年支付的职工培训费用	48	1,597.98
五、产值（按现行价格计算）：	49	—
（一）工业总产值	50	1,361,685.40
（二）工业增加值	51	259,960.03
六、本年收到的财政性资金	52	55,718.62
（一）基本建设性资金	53	354.51
（二）生产发展性资金	54	25,903.66
（三）社会保障性资金	55	3,163.49
（四）其他	56	26,296.96
七、本年科技资金来源及支出情况：	57	—
（一）本年科技资金来源合计	58	15,209.88
1.政府拨款	59	450.25

续表

项　目	行　次	金　额
2.企业自筹	60	13,247.34
3.其他	61	1,512.29
（二）本年科技支出合计	62	15,093.99
1.研究开发费用合计	63	13,726.41
其中：科技人员人工支出	64	2,771.98
研究开发性固定资产支出	65	2,513.05
其他研究开发支出	66	8,441.38
2.购买新技术、科研设备等支出	67	901.84
3.其他科技支出	68	465.74
八、固定资产情况：	69	—
（一）按使用情况划分（原价）	70	2,518,064.13
1.在用固定资产	71	2,467,234.02
2.未使用固定资产	72	19,548.37
3.不需用固定资产	73	31,281.74
（二）主要类别固定资产情况：	74	—
1.固定资产原价合计	75	2,518,064.13
其中：土地资产	76	163,115.21
房屋、建筑物	77	609,135.13
机器设备	78	1,507,275.90
运输工具	79	85,512.32
2.当年计提的固定资产折旧总额	80	104,357.08
其中：房屋、建筑物	81	21,583.68
机器设备	82	73,881.34
运输工具	83	6,080.46
3.当年计提折旧的平均固定资产原价	84	2,106,054.31
（三）当年固定资产投资总额	85	210,571.27
1.购置固定资产	86	61,563.56
2.基建投资	87	138,823.82
3.其他投资	88	10,183.88
九、投资收益	89	20,542.92
其中：长期股权投资	90	6,026.45
交易性金融资产	91	8,001.74

续表

项　目	行　次	金　额
交易性金融负债	92	
持有至到期投资	93	
可供出售金融资产	94	5,889.93
其他收益项目	95	624.80
十、拥有的自主知识产权专利数量（项）	96	
其中：本年度新增专利数量（项）	97	
十一、当年企业提取的安全生产费用	98	5,374.96
十二、当年企业支出的安全生产费用	99	6,067.87
十三、当年企业支付的环境保护及生态恢复支出	100	6,301.86
其中：（一）本年度上交政府统筹的支出	101	0.56
（二）本年度企业提取或据实列支的支出	102	3,851.30
十四、当年企业支出的节能减排费用	103	2,980.02
十五、企业累计向境外投资额	104	
其中：企业当年新增向境外投资额	105	

2010 年山西省太原市国有资产主要指标分析表

金额单位：万元

指标名称	行次	本年数	上年数
一、绩效指标：	1	—	—
（一）盈利能力指标：	2	—	—
1.净资产收益率（含少数股东权益）（%）	3	-11.12	-7.82
2.净资产收益率（不含少数股东权益）（%）	4	-12.09	-9.04
3.总资产报酬率（%）	5	-0.47	-0.35
4.营业利润率（%）	6	-8.16	-8.09
5.成本费用利润率（%）	7	-4.30	-3.36
6.盈余现金保障倍数	8	-0.97	-196.30
7.成本费用总额占营业总收入的比率（%）	9	109.43	108.99
（二）资产质量指标：	10	—	—
1.总资产周转率（次）	11	0.36	0.34
2.流动资产周转率（次）	12	0.89	0.69
3.存货周转率（次）	13	3.97	2.77
4.资产现金回收率（%）	14	2.33	3.02
5.存货增长率（%）	15	2.27	3.64
（三）债务风险指标：	16	—	—
1.资产负债率（%）	17	79.60	80.43
2.已获利息倍数	18	-0.36	-0.37
3.流动比率	19	0.76	0.82
4.速动比率	20	0.61	0.66
5.现金流动负债比率（%）	21	4.22	4.80
6.短期借款占全部借款的比率（%）	22	39.46	49.74
（四）经营增长指标：	23	—	—
1.营业总收入增长率（%）	24	13.05	1.76
2.主营业务收入增长率（%）	25	12.55	1.90
3.营业利润增长率（%）	26		
4.利润增长率（%）	27		

续表

指标名称	行 次	本年数	上年数
5.国有资本保值增值率（%）	28	86.75	88.03
6.资本积累率（%）	29	-4.92	16.13
7.资产增长率（%）	30	4.62	12.63
8.固定资产增长率（%）	31	2.91	9.00
9.技术投入比率（%）	32	1.00	0.89
二、人均指标：	33	—	—
（一）从业人员人均利润（元/人）	34	-12,974.14	-5,797.63
（二）从业人员人均资产（元/人）	35	689,757.58	471,073.19
（三）职工人均利润（元/人）	36	-11,199.60	-5,308.20
（四）职工人均资产（元/人）	37	626,349.76	418,414.62
（五）全年职工人均工资（元/人）	38	20,312.11	14,745.93
（六）全年在岗职工人均工资（元/人）	39	24,382.45	17,840.33
（七）人均实际上交税金（元/人）	40	16,998.34	10,590.71
三、其他指标：	41	—	—
（一）固定资产投资占主营业务收入的比率（%）	42	13.94	15.14
（二）实发工资占应发工资的比率（%）	43	96.84	94.46
（三）平均固定资产折旧率（%）	44	4.96	6.71
（四）年末法定盈余公积占实收资本的比率（%）	45	6.77	2.51
补充资料：	46	—	—
一、纳入合并范围二级子企业录入户数（户）	47	36.00	36.00
二、纳入合并范围三级子企业录入户数（户）	48	1.00	1.00
三、纳入合并范围企业录入总户数（户）	49	492.00	492.00
四、纳入合并范围盈利企业户数（户）	50	233.00	247.00
五、纳入合并范围亏损企业户数（户）	51	259.00	263.00
六、纳入合并范围盈利企业盈利额	52	653,255,653.63	282,969,161.81
七、纳入合并范围亏损企业亏损额	53	-1,396,964,987.33	-629,313,489.13

2010年山西省大同市国有资产基本情况表

金额单位：万元

项　目	行　次	金　额
一、职工人数情况（人）：	1	—
（一）年末从业人员人数	2	21,024
（二）全年平均从业人员人数	3	20,928
（三）年末职工人数	4	24,908
其中：年末在岗职工人数	5	19,381
（四）全年平均职工人数	6	25,061
其中：全年平均在岗职工人数	7	19,602
（五）年末离休人数	8	72
（六）年末退休人数	9	6,847
（七）参加基本养老保险职工人数	10	22,265
（八）参加补充养老保险（年金）职工人数	11	1,469
（九）参加基本医疗保险职工人数	12	19,006
（十）参加补充医疗保险职工人数	13	
（十一）参加失业保险职工人数	14	15,681
（十二）参加工伤保险职工人数	15	7,900
（十三）参加生育保险职工人数	16	3,753
（十四）接收军队转业、复员退伍人员总数	17	249
其中：当年接收军队转业、复员退伍人员数	18	2
（十五）实行工效挂钩职工人数	19	1,521
二、企业不在岗职工及劳动关系处理情况：	20	—
（一）年初不在岗职工人数（人）	21	5,381
其中：内退人数（人）	22	1,437
（二）年末不在岗职工人数（人）	23	5,527
其中：内退人数（人）	24	1,412
（三）本年累计解除劳动关系人数（人）	25	43
（四）本年累计支付经济补偿金额	26	
其中：财政负担部分	27	

续表

项　目	行　次	金　额
三、工资及福利情况：	28	—
（一）全年应发工资总额	29	36,382.78
（二）全年实际发放工资总额	30	35,779.57
其中：全年实际发放职工工资总额	31	33,980.42
其中：全年实际发放在岗职工工资总额	32	31,485.19
（三）企业提取的工资总额	33	36,382.77
1.非工挂企业工资总额	34	31,602.56
2.工挂企业工资总额	35	4,780.21
(1)核定的工挂企业工资总额基数	36	4,780.21
(2)工挂企业提取的新增效益工资	37	
（四）离退休人员养老金及福利性补助	38	817.26
（五）企业负责人薪酬总额	39	1,120.35
企业负责人人数（人）	40	437.00
（六）本年列支的职工福利费	41	3,172.05
（七）本年支付的医药费	42	528.02
其中：离退休人员医药费	43	15.58
（八）本年企业负担的职工住房费用	44	1,394.38
其中：本年提取的住房公积金	45	1,309.91
本年一次性支付的住房补贴	46	9.05
本年按月发放的住房补贴	47	10.87
四、本年支付的职工培训费用	48	121.07
五、产值（按现行价格计算）：	49	—
（一）工业总产值	50	157,211.32
（二）工业增加值	51	50,507.15
六、本年收到的财政性资金	52	61,202.39
（一）基本建设性资金	53	42,224.66
（二）生产发展性资金	54	5,533.01
（三）社会保障性资金	55	1,611.16
（四）其他	56	11,833.56
七、本年科技资金来源及支出情况：	57	—
（一）本年科技资金来源合计	58	78.07
1.政府拨款	59	63.00

续表

项　目	行　次	金　额
2.企业自筹	60	
3.其他	61	15.07
（二）本年科技支出合计	62	67.90
1.研究开发费用合计	63	
其中：科技人员人工支出	64	
研究开发性固定资产支出	65	
其他研究开发支出	66	
2.购买新技术、科研设备等支出	67	39.82
3.其他科技支出	68	28.07
八、固定资产情况：	69	—
（一）按使用情况划分（原价）	70	489,518.43
1.在用固定资产	71	456,905.42
2.未使用固定资产	72	31,437.36
3.不需用固定资产	73	1,175.64
（二）主要类别固定资产情况：	74	—
1.固定资产原价合计	75	489,518.43
其中：土地资产	76	16,279.88
房屋、建筑物	77	130,274.10
机器设备	78	240,552.15
运输工具	79	31,981.93
2.当年计提的固定资产折旧总额	80	20,273.50
其中：房屋、建筑物	81	3,286.62
机器设备	82	14,609.33
运输工具	83	1,936.40
3.当年计提折旧的平均固定资产原价	84	340,045.96
（三）当年固定资产投资总额	85	86,435.47
1.购置固定资产	86	71,722.48
2.基建投资	87	14,616.38
3.其他投资	88	96.62
九、投资收益	89	150.88
其中：长期股权投资	90	150.25
交易性金融资产	91	0.32

续表

项　目	行　次	金　额
交易性金融负债	92	
持有至到期投资	93	0.32
可供出售金融资产	94	
其他收益项目	95	
十、拥有的自主知识产权专利数量（项）	96	
其中：本年度新增专利数量（项）	97	
十一、当年企业提取的安全生产费用	98	1,926.49
十二、当年企业支出的安全生产费用	99	1,958.16
十三、当年企业支付的环境保护及生态恢复支出	100	451.52
其中：（一）本年度上交政府统筹的支出	101	
（二）本年度企业提取或据实列支的支出	102	447.90
十四、当年企业支出的节能减排费用	103	25.82
十五、企业累计向境外投资额	104	
其中：企业当年新增向境外投资额	105	

2010 年山西省大同市国有资产主要指标分析表

金额单位：万元

指标名称	行 次	本年数	上年数
一、绩效指标：	1	—	—
（一）盈利能力指标：	2	—	—
1.净资产收益率（含少数股东权益）（%）	3	-18.40	-14.45
2.净资产收益率（不含少数股东权益）（%）	4	-18.40	-14.45
3.总资产报酬率（%）	5	-1.91	-1.85
4.营业利润率（%）	6	-14.41	-17.45
5.成本费用利润率（%）	7	-5.87	-5.60
6.盈余现金保障倍数	8	-1.20	-229.61
7.成本费用总额占营业总收入的比率（%）	9	114.48	113.64
（二）资产质量指标：	10	—	—
1.总资产周转率（次）	11	0.32	0.35
2.流动资产周转率（次）	12	0.70	0.70
3.存货周转率（次）	13	2.41	2.23
4.资产现金回收率（%）	14	2.73	5.69
5.存货增长率（%）	15	-8.64	-11.03
（三）债务风险指标：	16	—	—
1.资产负债率（%）	17	87.01	85.16
2.已获利息倍数	18	-6.63	-4.00
3.流动比率	19	0.67	0.72
4.速动比率	20	0.51	0.53
5.现金流动负债比率（%）	21	3.69	8.19
6.短期借款占全部借款的比率（%）	22	24.14	33.61
（四）经营增长指标：	23	—	—
1.营业总收入增长率（%）	24	20.49	-42.44
2.主营业务收入增长率（%）	25	22.22	-42.59
3.营业利润增长率（%）	26		-4,346.29
4.利润增长率（%）	27		-185.17

续表

指标名称	行 次	本年数	上年数
5.国有资本保值增值率（%）	28	77.42	89.39
6.资本积累率（%）	29	44.19	-12.87
7.资产增长率（%）	30	27.19	16.37
8.固定资产增长率（%）	31	30.28	32.63
9.技术投入比率（%）	32	0.03	
二、人均指标：	33	—	—
（一）从业人员人均利润（元/人）	34	-7,381.87	-5,951.43
（二）从业人员人均资产（元/人）	35	374,806.49	274,706.15
（三）职工人均利润（元/人）	36	-6,164.47	-4,371.81
（四）职工人均资产（元/人）	37	316,361.48	205,096.17
（五）全年职工人均工资（元/人）	38	13,559.09	12,741.94
（六）全年在岗职工人均工资（元/人）	39	16,062.24	18,317.53
（七）人均实际上交税金（元/人）	40	6,616.24	9,041.63
三、其他指标：	41	—	—
（一）固定资产投资占主营业务收入的比率（%）	42	38.26	51.49
（二）实发工资占应发工资的比率（%）	43	98.34	96.77
（三）平均固定资产折旧率（%）	44	5.96	4.41
（四）年末法定盈余公积占实收资本的比率（%）	45	4.82	7.78
补充资料：	46	—	—
一、纳入合并范围二级子企业录入户数（户）	47	5.00	5.00
二、纳入合并范围三级子企业录入户数（户）	48		
三、纳入合并范围企业录入总户数（户）	49	138.00	138.00
四、纳入合并范围盈利企业户数（户）	50	67.00	66.00
五、纳入合并范围亏损企业户数（户）	51	71.00	108.00
六、纳入合并范围盈利企业盈利额	52	20,585,503.95	99,408,241.66
七、纳入合并范围亏损企业亏损额	53	-175,073,225.25	-265,982,900.41

2010年山西省朔州市国有资产基本情况表

金额单位：万元

项　目	行　次	金　额
一、职工人数情况（人）：	1	—
（一）年末从业人员人数	2	10,950
（二）全年平均从业人员人数	3	11,066
（三）年末职工人数	4	10,854
其中：年末在岗职工人数	5	10,161
（四）全年平均职工人数	6	10,802
其中：全年平均在岗职工人数	7	9,936
（五）年末离休人数	8	118
（六）年末退休人数	9	1,567
（七）参加基本养老保险职工人数	10	9,930
（八）参加补充养老保险（年金）职工人数	11	
（九）参加基本医疗保险职工人数	12	5,967
（十）参加补充医疗保险职工人数	13	
（十一）参加失业保险职工人数	14	5,146
（十二）参加工伤保险职工人数	15	5,795
（十三）参加生育保险职工人数	16	1,040
（十四）接收军队转业、复员退伍人员总数	17	14
其中：当年接收军队转业、复员退伍人员数	18	
（十五）实行工效挂钩职工人数	19	110
二、企业不在岗职工及劳动关系处理情况：	20	—
（一）年初不在岗职工人数（人）	21	503
其中：内退人数（人）	22	
（二）年末不在岗职工人数（人）	23	693
其中：内退人数（人）	24	40
（三）本年累计解除劳动关系人数（人）	25	26
（四）本年累计支付经济补偿金额	26	15.60
其中：财政负担部分	27	

续表

项　目	行　次	金　额
三、工资及福利情况：	28	—
（一）全年应发工资总额	29	18, 100. 34
（二）全年实际发放工资总额	30	17, 621. 56
其中：全年实际发放职工工资总额	31	15, 973. 65
其中：全年实际发放在岗职工工资总额	32	15, 033. 69
（三）企业提取的工资总额	33	18, 089. 23
1.非工挂企业工资总额	34	17, 295. 97
2.工挂企业工资总额	35	793. 26
(1)核定的工挂企业工资总额基数	36	793. 26
(2)工挂企业提取的新增效益工资	37	
（四）离退休人员养老金及福利性补助	38	319. 78
（五）企业负责人薪酬总额	39	420. 83
企业负责人人数（人）	40	135. 00
（六）本年列支的职工福利费	41	1, 796. 59
（七）本年支付的医药费	42	526. 39
其中：离退休人员医药费	43	1. 68
（八）本年企业负担的职工住房费用	44	11. 16
其中：本年提取的住房公积金	45	11. 16
本年一次性支付的住房补贴	46	
本年按月发放的住房补贴	47	
四、本年支付的职工培训费用	48	78. 57
五、产值（按现行价格计算）：	49	—
（一）工业总产值	50	165, 139. 18
（二）工业增加值	51	86, 287. 10
六、本年收到的财政性资金	52	4, 481. 47
（一）基本建设性资金	53	213. 00
（二）生产发展性资金	54	2, 564. 15
（三）社会保障性资金	55	20. 00
（四）其他	56	1, 684. 32
七、本年科技资金来源及支出情况：	57	—
（一）本年科技资金来源合计	58	15. 00
1.政府拨款	59	15. 00

续表

项　目	行　次	金　额
2.企业自筹	60	
3.其他	61	
（二）本年科技支出合计	62	15.00
1.研究开发费用合计	63	
其中：科技人员人工支出	64	
研究开发性固定资产支出	65	
其他研究开发支出	66	
2.购买新技术、科研设备等支出	67	15.00
3.其他科技支出	68	
八、固定资产情况：	69	—
（一）按使用情况划分（原价）	70	128,140.29
1.在用固定资产	71	126,858.24
2.未使用固定资产	72	1,141.56
3.不需用固定资产	73	140.49
（二）主要类别固定资产情况：	74	—
1.固定资产原价合计	75	128,140.29
其中：土地资产	76	2,944.39
房屋、建筑物	77	63,604.49
机器设备	78	53,432.30
运输工具	79	5,687.84
2.当年计提的固定资产折旧总额	80	6,886.05
其中：房屋、建筑物	81	2,735.06
机器设备	82	3,477.20
运输工具	83	664.19
3.当年计提折旧的平均固定资产原价	84	96,435.19
（三）当年固定资产投资总额	85	18,187.53
1.购置固定资产	86	10,110.97
2.基建投资	87	4,934.28
3.其他投资	88	3,142.28
九、投资收益	89	
其中：长期股权投资	90	
交易性金融资产	91	

续表

项　目	行　次	金　额
交易性金融负债	92	
持有至到期投资	93	
可供出售金融资产	94	
其他收益项目	95	
十、拥有的自主知识产权专利数量（项）	96	
其中：本年度新增专利数量（项）	97	
十一、当年企业提取的安全生产费用	98	7,893.05
十二、当年企业支出的安全生产费用	99	5,498.50
十三、当年企业支付的环境保护及生态恢复支出	100	2,940.22
其中：（一）本年度上交政府统筹的支出	101	100.00
（二）本年度企业提取或据实列支的支出	102	2,823.92
十四、当年企业支出的节能减排费用	103	180.92
十五、企业累计向境外投资额	104	
其中：企业当年新增向境外投资额	105	

2010 年山西省朔州市国有资产主要指标分析表

金额单位：万元

指标名称	行 次	本年数	上年数
一、绩效指标：	1	—	—
（一）盈利能力指标：	2	—	—
1.净资产收益率（含少数股东权益）（%）	3	29.52	10.68
2.净资产收益率（不含少数股东权益）（%）	4	29.52	10.68
3.总资产报酬率（%）	5	10.12	5.15
4.营业利润率（%）	6	13.65	11.35
5.成本费用利润率（%）	7	15.87	13.32
6.盈余现金保障倍数	8	-0.34	66.52
7.成本费用总额占营业总收入的比率（%）	9	86.35	88.65
（二）资产质量指标：	10	—	—
1.总资产周转率（次）	11	0.66	0.40
2.流动资产周转率（次）	12	1.04	0.76
3.存货周转率（次）	13	2.48	2.09
4.资产现金回收率（%）	14	-2.24	2.32
5.存货增长率（%）	15	20.93	5.00
（三）债务风险指标：	16	—	—
1.资产负债率（%）	17	77.30	67.55
2.已获利息倍数	18	10.37	16.74
3.流动比率	19	1.08	0.92
4.速动比率	20	0.81	0.74
5.现金流动负债比率（%）	21	-3.32	3.52
6.短期借款占全部借款的比率（%）	22	91.70	86.50
（四）经营增长指标：	23	—	—
1.营业总收入增长率（%）	24	55.01	-12.56
2.主营业务收入增长率（%）	25	57.58	-14.13
3.营业利润增长率（%）	26	65.49	12.05
4.利润增长率（%）	27	70.82	9.28

续表

指标名称	行 次	本年数	上年数
5.国有资本保值增值率（%）	28	132.96	120.90
6.资本积累率（%）	29	33.87	40.69
7.资产增长率（%）	30	26.78	42.78
8.固定资产增长率（%）	31	20.56	18.20
9.技术投入比率（%）	32	0.01	
二、人均指标：	33	—	—
（一）从业人员人均利润（元/人）	34	26,470.68	20,378.34
（二）从业人员人均资产（元/人）	35	327,031.32	492,442.39
（三）职工人均利润（元/人）	36	27,117.62	20,619.31
（四）职工人均资产（元/人）	37	329,923.80	491,434.97
（五）全年职工人均工资（元/人）	38	14,787.68	18,541.76
（六）全年在岗职工人均工资（元/人）	39	15,130.52	19,706.67
（七）人均实际上交税金（元/人）	40	36,156.03	34,635.71
三、其他指标：	41	—	—
（一）固定资产投资占主营业务收入的比率（%）	42	8.57	24.01
（二）实发工资占应发工资的比率（%）	43	97.35	100.33
（三）平均固定资产折旧率（%）	44	7.14	7.82
（四）年末法定盈余公积占实收资本的比率（%）	45	5.63	0.16
补充资料：	46	—	—
一、纳入合并范围二级子企业录入户数（户）	47		
二、纳入合并范围三级子企业录入户数（户）	48		
三、纳入合并范围企业录入总户数（户）	49	67.00	67.00
四、纳入合并范围盈利企业户数（户）	50	48.00	56.00
五、纳入合并范围亏损企业户数（户）	51	19.00	22.00
六、纳入合并范围盈利企业盈利额	52	323,495,521.96	306,955,466.76
七、纳入合并范围亏损企业亏损额	53	-30,571,016.07	-40,162,225.26

2010年山西省忻州市国有资产基本情况表

金额单位：万元

项　目	行　次	金　额
一、职工人数情况（人）：	1	—
（一）年末从业人员人数	2	21,709
（二）全年平均从业人员人数	3	21,016
（三）年末职工人数	4	32,736
其中：年末在岗职工人数	5	19,192
（四）全年平均职工人数	6	30,535
其中：全年平均在岗职工人数	7	18,579
（五）年末离休人数	8	472
（六）年末退休人数	9	9,868
（七）参加基本养老保险职工人数	10	25,290
（八）参加补充养老保险（年金）职工人数	11	
（九）参加基本医疗保险职工人数	12	20,017
（十）参加补充医疗保险职工人数	13	
（十一）参加失业保险职工人数	14	8,951
（十二）参加工伤保险职工人数	15	4,115
（十三）参加生育保险职工人数	16	1,449
（十四）接收军队转业、复员退伍人员总数	17	318
其中：当年接收军队转业、复员退伍人员数	18	11
（十五）实行工效挂钩职工人数	19	29
二、企业不在岗职工及劳动关系处理情况：	20	—
（一）年初不在岗职工人数（人）	21	8,383
其中：内退人数（人）	22	858
（二）年末不在岗职工人数（人）	23	13,544
其中：内退人数（人）	24	747
（三）本年累计解除劳动关系人数（人）	25	7
（四）本年累计支付经济补偿金额	26	
其中：财政负担部分	27	

续表

项　目	行　次	金　额
三、工资及福利情况：	28	—
（一）全年应发工资总额	29	28,799.84
（二）全年实际发放工资总额	30	27,312.95
其中：全年实际发放职工工资总额	31	22,213.83
其中：全年实际发放在岗职工工资总额	32	20,751.60
（三）企业提取的工资总额	33	28,728.55
1.非工挂企业工资总额	34	28,728.55
2.工挂企业工资总额	35	
(1)核定的工挂企业工资总额基数	36	
(2)工挂企业提取的新增效益工资	37	
（四）离退休人员养老金及福利性补助	38	171.01
（五）企业负责人薪酬总额	39	969.14
企业负责人人数（人）	40	522.00
（六）本年列支的职工福利费	41	1,394.87
（七）本年支付的医药费	42	275.59
其中：离退休人员医药费	43	112.31
（八）本年企业负担的职工住房费用	44	70.12
其中：本年提取的住房公积金	45	67.45
本年一次性支付的住房补贴	46	
本年按月发放的住房补贴	47	
四、本年支付的职工培训费用	18	160.88
五、产值（按现行价格计算）：	49	—
（一）工业总产值	50	566,956.89
（二）工业增加值	51	318,330.20
六、本年收到的财政性资金	52	3,734.10
（一）基本建设性资金	53	1,374.19
（二）生产发展性资金	54	
（三）社会保障性资金	55	69.05
（四）其他	56	2,290.86
七、本年科技资金来源及支出情况：	57	—
（一）本年科技资金来源合计	58	1,497.69
1.政府拨款	59	

续表

项　目	行　次	金　额
2.企业自筹	60	1,491.69
3.其他	61	6.00
（二）本年科技支出合计	62	1,497.69
1.研究开发费用合计	63	1,494.33
其中：科技人员人工支出	64	69.00
研究开发性固定资产支出	65	
其他研究开发支出	66	1,425.34
2.购买新技术、科研设备等支出	67	
3.其他科技支出	68	3.36
八、固定资产情况：	69	—
（一）按使用情况划分（原价）	70	502,468.35
1.在用固定资产	71	493,808.57
2.未使用固定资产	72	6,907.48
3.不需用固定资产	73	1,752.29
（二）主要类别固定资产情况：	74	—
1.固定资产原价合计	75	502,468.35
其中：土地资产	76	33,247.61
房屋、建筑物	77	181,467.41
机器设备	78	257,861.02
运输工具	79	5,008.25
2.当年计提的固定资产折旧总额	80	12,313.73
其中：房屋、建筑物	81	2,097.36
机器设备	82	6,794.56
运输工具	83	460.43
3.当年计提折旧的平均固定资产原价	84	92,771.49
（三）当年固定资产投资总额	85	41,922.52
1.购置固定资产	86	26,765.19
2.基建投资	87	14,950.35
3.其他投资	88	206.97
九、投资收益	89	314.98
其中：长期股权投资	90	191.57
交易性金融资产	91	6.45

续表

项　目	行　次	金　额
交易性金融负债	92	
持有至到期投资	93	
可供出售金融资产	94	
其他收益项目	95	116.96
十、拥有的自主知识产权专利数量（项）	96	8
其中：本年度新增专利数量（项）	97	8
十一、当年企业提取的安全生产费用	98	8,590.60
十二、当年企业支出的安全生产费用	99	8,837.46
十三、当年企业支付的环境保护及生态恢复支出	100	89.46
其中：（一）本年度上交政府统筹的支出	101	
（二）本年度企业提取或据实列支的支出	102	89.46
十四、当年企业支出的节能减排费用	103	0.02
十五、企业累计向境外投资额	104	
其中：企业当年新增向境外投资额	105	

2010 年山西省忻州市国有资产主要指标分析表

金额单位：万元

指标名称	行 次	本年数	上年数
一、绩效指标：	1	—	—
（一）盈利能力指标：	2	—	—
1.净资产收益率（含少数股东权益）（%）	3	40.13	110.85
2.净资产收益率（不含少数股东权益）（%）	4	40.13	110.85
3.总资产报酬率（%）	5	17.77	22.34
4.营业利润率（%）	6	34.77	30.02
5.成本费用利润率（%）	7	53.63	44.07
6.盈余现金保障倍数	8	0.17	19.22
7.成本费用总额占营业总收入的比率（%）	9	65.24	70.11
（二）资产质量指标：	10	—	—
1.总资产周转率（次）	11	0.49	0.69
2.流动资产周转率（次）	12	0.77	1.36
3.存货周转率（次）	13	3.45	2.66
4.资产现金回收率（%）	14	2.61	3.74
5.存货增长率（%）	15	-8.02	-31.08
（三）债务风险指标：	16	—	—
1.资产负债率（%）	17	58.50	76.53
2.已获利息倍数	18	32.21	32.01
3.流动比率	19	1.48	0.75
4.速动比率	20	1.35	0.60
5.现金流动负债比率（%）	21	4.67	4.92
6.短期借款占全部借款的比率（%）	22	46.98	82.58
（四）经营增长指标：	23	—	—
1.营业总收入增长率（%）	24	9.43	16.52
2.主营业务收入增长率（%）	25	9.36	15.93
3.营业利润增长率（%）	26	13.19	142.51
4.利润增长率（%）	27	11.71	138.48

续表

指标名称	行 次	本年数	上年数
5.国有资本保值增值率（%）	28	185.20	302.13
6.资本积累率（%）	29	87.76	161.72
7.资产增长率（%）	30	62.17	17.67
8.固定资产增长率（%）	31	-6.21	24.66
9.技术投入比率（%）	32	0.26	0.27
二、人均指标：	33	—	—
（一）从业人员人均利润（元/人）	34	96,215.35	65,716.20
（二）从业人员人均资产（元/人）	35	669,373.54	298,378.72
（三）职工人均利润（元/人）	36	66,221.12	52,447.53
（四）职工人均资产（元/人）	37	443,897.55	261,071.59
（五）全年职工人均工资（元/人）	38	7,274.87	6,957.84
（六）全年在岗职工人均工资（元/人）	39	11,169.38	9,919.12
（七）人均实际上交税金（元/人）	40	34,851.67	19,451.65
三、其他指标：	41	—	—
（一）固定资产投资占主营业务收入的比率（%）	42	7.35	19.57
（二）实发工资占应发工资的比率（%）	43	94.84	93.93
（三）平均固定资产折旧率（%）	44	13.27	14.84
（四）年末法定盈余公积占实收资本的比率（%）	45	0.26	0.19
补充资料：	46	—	—
一、纳入合并范围二级子企业录入户数（户）	47	2.00	2.00
二、纳入合并范围三级子企业录入户数（户）	48		
三、纳入合并范围企业录入总户数（户）	49	301.00	301.00
四、纳入合并范围盈利企业户数（户）	50	224.00	275.00
五、纳入合并范围亏损企业户数（户）	51	77.00	76.00
六、纳入合并范围盈利企业盈利额	52	2,143,852,074.19	1,894,076,259.45
七、纳入合并范围亏损企业亏损额	53	-121,790,324.87	-102,521,176.55

2010年山西省晋中市国有资产基本情况表

金额单位：万元

项　目	行　次	金　额
一、职工人数情况（人）：	1	—
（一）年末从业人员人数	2	16,227
（二）全年平均从业人员人数	3	15,705
（三）年末职工人数	4	17,121
其中：年末在岗职工人数	5	14,754
（四）全年平均职工人数	6	17,192
其中：全年平均在岗职工人数	7	14,841
（五）年末离休人数	8	137
（六）年末退休人数	9	7,112
（七）参加基本养老保险职工人数	10	14,074
（八）参加补充养老保险（年金）职工人数	11	
（九）参加基本医疗保险职工人数	12	12,991
（十）参加补充医疗保险职工人数	13	1,285
（十一）参加失业保险职工人数	14	8,723
（十二）参加工伤保险职工人数	15	8,404
（十三）参加生育保险职工人数	16	5,336
（十四）接收军队转业、复员退伍人员总数	17	208
其中：当年接收军队转业、复员退伍人员数	18	8
（十五）实行工效挂钩职工人数	19	1,272
二、企业不在岗职工及劳动关系处理情况：	20	—
（一）年初不在岗职工人数（人）	21	2,453
其中：内退人数（人）	22	747
（二）年末不在岗职工人数（人）	23	2,367
其中：内退人数（人）	24	596
（三）本年累计解除劳动关系人数（人）	25	6
（四）本年累计支付经济补偿金额	26	
其中：财政负担部分	27	

续表

项　目	行　次	金　额
三、工资及福利情况：	28	—
（一）全年应发工资总额	29	45,403.27
（二）全年实际发放工资总额	30	44,939.91
其中：全年实际发放职工工资总额	31	44,939.55
其中：全年实际发放在岗职工工资总额	32	44,508.11
（三）企业提取的工资总额	33	45,403.27
1.非工挂企业工资总额	34	32,234.45
2.工挂企业工资总额	35	13,168.82
(1)核定的工挂企业工资总额基数	36	13,168.82
(2)工挂企业提取的新增效益工资	37	
（四）离退休人员养老金及福利性补助	38	211.72
（五）企业负责人薪酬总额	39	1,119.79
企业负责人人数（人）	40	291.00
（六）本年列支的职工福利费	41	2,388.83
（七）本年支付的医药费	42	214.61
其中：离退休人员医药费	43	46.17
（八）本年企业负担的职工住房费用	44	2,732.95
其中：本年提取的住房公积金	45	2,267.44
本年一次性支付的住房补贴	46	1.67
本年按月发放的住房补贴	47	304.90
四、本年支付的职工培训费用	48	356.07
五、产值（按现行价格计算）：	49	—
（一）工业总产值	50	299,873.05
（二）工业增加值	51	128,456.43
六、本年收到的财政性资金	52	2,921.66
（一）基本建设性资金	53	55.00
（二）生产发展性资金	54	145.00
（三）社会保障性资金	55	72.16
（四）其他	56	2,649.49
七、本年科技资金来源及支出情况：	57	—
（一）本年科技资金来源合计	58	53.74
1.政府拨款	59	10.00

续表

项　目	行　次	金　额
2.企业自筹	60	3.80
3.其他	61	39.95
（二）本年科技支出合计	62	53.74
1.研究开发费用合计	63	53.74
其中：科技人员人工支出	64	49.95
研究开发性固定资产支出	65	
其他研究开发支出	66	3.80
2.购买新技术、科研设备等支出	67	
3.其他科技支出	68	
八、固定资产情况：	69	—
（一）按使用情况划分（原价）	70	494,378.24
1.在用固定资产	71	488,861.33
2.未使用固定资产	72	4,044.93
3.不需用固定资产	73	1,471.98
（二）主要类别固定资产情况：	74	—
1.固定资产原价合计	75	494,378.24
其中：土地资产	76	15,508.18
房屋、建筑物	77	131,150.65
机器设备	78	123,121.24
运输工具	79	13,348.66
2.当年计提的固定资产折旧总额	80	44,802.58
其中：房屋、建筑物	81	3,634.68
机器设备	82	9,796.87
运输工具	83	1,354.37
3.当年计提折旧的平均固定资产原价	84	498,204.94
（三）当年固定资产投资总额	85	25,461.28
1.购置固定资产	86	19,369.58
2.基建投资	87	4,834.46
3.其他投资	88	1,257.24
九、投资收益	89	508.99
其中：长期股权投资	90	507.94
交易性金融资产	91	

续表

项　目	行　次	金　额
交易性金融负债	92	
持有至到期投资	93	
可供出售金融资产	94	
其他收益项目	95	1.05
十、拥有的自主知识产权专利数量（项）	96	
其中：本年度新增专利数量（项）	97	
十一、当年企业提取的安全生产费用	98	4,655.44
十二、当年企业支出的安全生产费用	99	4,594.91
十三、当年企业支付的环境保护及生态恢复支出	100	9.38
其中：（一）本年度上交政府统筹的支出	101	
（二）本年度企业提取或据实列支的支出	102	
十四、当年企业支出的节能减排费用	103	
十五、企业累计向境外投资额	104	
其中：企业当年新增向境外投资额	105	

2010 年山西省晋中市国有资产主要指标分析表

金额单位：万元

指标名称	行 次	本年数	上年数
一、绩效指标：	1	—	—
（一）盈利能力指标：	2	—	—
1.净资产收益率（含少数股东权益）（%）	3	8.12	0.23
2.净资产收益率（不含少数股东权益）（%）	4	8.16	0.24
3.总资产报酬率（%）	5	5.44	2.02
4.营业利润率（%）	6	8.19	-0.08
5.成本费用利润率（%）	7	10.01	2.01
6.盈余现金保障倍数	8	1.02	2,325.71
7.成本费用总额占营业总收入的比率（%）	9	91.92	99.78
（二）资产质量指标：	10	—	—
1.总资产周转率（次）	11	0.45	0.40
2.流动资产周转率（次）	12	1.11	0.94
3.存货周转率（次）	13	3.95	3.38
4.资产现金回收率（%）	14	3.55	2.20
5.存货增长率（%）	15	25.50	-16.36
（三）债务风险指标：	16	—	—
1.资产负债率（%）	17	57.30	63.05
2.已获利息倍数	18	4.67	1.66
3.流动比率	19	1.04	0.94
4.速动比率	20	0.81	0.76
5.现金流动负债比率（%）	21	8.47	4.63
6.短期借款占全部借款的比率（%）	22	44.34	40.53
（四）经营增长指标：	23	—	—
1.营业总收入增长率（%）	24	24.47	-6.51
2.主营业务收入增长率（%）	25	23.81	-7.03
3.营业利润增长率（%）	26	251.94	-102.27
4.利润增长率（%）	27	168.24	-59.30

续表

指标名称	行 次	本年数	上年数
5.国有资本保值增值率（%）	28	109.91	98.69
6.资本积累率（%）	29	19.00	-3.71
7.资产增长率（%）	30	18.22	6.74
8.固定资产增长率（%）	31	4.65	7.80
9.技术投入比率（%）	32	0.01	0.02
二、人均指标：	33	—	—
（一）从业人员人均利润（元/人）	34	25,260.23	3,507.36
（二）从业人员人均资产（元/人）	35	620,124.31	448,569.05
（三）职工人均利润（元/人）	36	23,075.38	3,408.10
（四）职工人均资产（元/人）	37	587,743.55	429,792.12
（五）全年职工人均工资（元/人）	38	26,139.81	18,235.25
（六）全年在岗职工人均工资（元/人）	39	29,989.97	21,001.10
（七）人均实际上交税金（元/人）	40	25,476.54	20,432.72
三、其他指标：	41	—	—
（一）固定资产投资占主营业务收入的比率（%）	42	6.03	12.16
（二）实发工资占应发工资的比率（%）	43	98.98	96.03
（三）平均固定资产折旧率（%）	44	8.99	4.94
（四）年末法定盈余公积占实收资本的比率（%）	45	2.04	1.70
补充资料：	46	—	—
一、纳入合并范围二级子企业录入户数（户）	47	4.00	4.00
二、纳入合并范围三级子企业录入户数（户）	48		
三、纳入合并范围企业录入总户数（户）	49	87.00	87.00
四、纳入合并范围盈利企业户数（户）	50	44.00	48.00
五、纳入合并范围亏损企业户数（户）	51	43.00	68.00
六、纳入合并范围盈利企业盈利额	52	459,170,805.32	282,944,626.88
七、纳入合并范围亏损企业亏损额	53	-62,458,824.12	-209,247,899.11

2010年山西省吕梁市国有资产基本情况表

金额单位：万元

项　目	行　次	金　额
一、职工人数情况（人）：	1	—
（一）年末从业人员人数	2	19,578
（二）全年平均从业人员人数	3	18,438
（三）年末职工人数	4	19,936
其中：年末在岗职工人数	5	18,343
（四）全年平均职工人数	6	19,178
其中：全年平均在岗职工人数	7	17,476
（五）年末离休人数	8	172
（六）年末退休人数	9	5,553
（七）参加基本养老保险职工人数	10	14,023
（八）参加补充养老保险（年金）职工人数	11	1,073
（九）参加基本医疗保险职工人数	12	10,671
（十）参加补充医疗保险职工人数	13	875
（十一）参加失业保险职工人数	14	9,608
（十二）参加工伤保险职工人数	15	9,187
（十三）参加生育保险职工人数	16	8,127
（十四）接收军队转业、复员退伍人员总数	17	44
其中：当年接收军队转业、复员退伍人员数	18	4
（十五）实行工效挂钩职工人数	19	845
二、企业不在岗职工及劳动关系处理情况：	20	—
（一）年初不在岗职工人数（人）	21	1,116
其中：内退人数（人）	22	22
（二）年末不在岗职工人数（人）	23	1,593
其中：内退人数（人）	24	13
（三）本年累计解除劳动关系人数（人）	25	300
（四）本年累计支付经济补偿金额	26	623.47
其中：财政负担部分	27	623.47

续表

项　目	行　次	金　额
三、工资及福利情况：	28	—
（一）全年应发工资总额	29	40,034.14
（二）全年实际发放工资总额	30	36,612.75
其中：全年实际发放职工工资总额	31	36,222.02
其中：全年实际发放在岗职工工资总额	32	35,308.04
（三）企业提取的工资总额	33	39,984.15
1.非工挂企业工资总额	34	39,673.31
2.工挂企业工资总额	35	310.84
(1)核定的工挂企业工资总额基数	36	310.84
(2)工挂企业提取的新增效益工资	37	
（四）离退休人员养老金及福利性补助	38	211.64
（五）企业负责人薪酬总额	39	734.25
企业负责人人数（人）	40	358.00
（六）本年列支的职工福利费	41	511.66
（七）本年支付的医药费	42	55.84
其中：离退休人员医药费	43	12.49
（八）本年企业负担的职工住房费用	44	309.04
其中：本年提取的住房公积金	45	245.39
本年一次性支付的住房补贴	46	11.61
本年按月发放的住房补贴	47	
四、本年支付的职工培训费用	48	251.08
五、产值（按现行价格计算）：	49	—
（一）工业总产值	50	387,980.97
（二）工业增加值	51	139,110.36
六、本年收到的财政性资金	52	3,875.27
（一）基本建设性资金	53	1,858.76
（二）生产发展性资金	54	1.90
（三）社会保障性资金	55	242.13
（四）其他	56	1,772.47
七、本年科技资金来源及支出情况：	57	—
（一）本年科技资金来源合计	58	256.56
1.政府拨款	59	

续表

项　目	行　次	金　额
2.企业自筹	60	
3.其他	61	256.56
（二）本年科技支出合计	62	256.56
1.研究开发费用合计	63	256.56
其中：科技人员人工支出	64	
研究开发性固定资产支出	65	
其他研究开发支出	66	256.56
2.购买新技术、科研设备等支出	67	
3.其他科技支出	68	
八、固定资产情况：	69	—
（一）按使用情况划分（原价）	70	560,801.34
1.在用固定资产	71	539,074.18
2.未使用固定资产	72	6,440.42
3.不需用固定资产	73	15,286.74
（二）主要类别固定资产情况：	74	—
1.固定资产原价合计	75	560,801.34
其中：土地资产	76	24,847.47
房屋、建筑物	77	221,330.46
机器设备	78	287,840.63
运输工具	79	19,398.83
2.当年计提的固定资产折旧总额	80	34,710.18
其中：房屋、建筑物	81	30,523.16
机器设备	82	3,691.13
运输工具	83	458.49
3.当年计提折旧的平均固定资产原价	84	510,719.43
（三）当年固定资产投资总额	85	64,556.26
1.购置固定资产	86	58,899.19
2.基建投资	87	4,956.00
3.其他投资	88	701.07
九、投资收益	89	2,457.90
其中：长期股权投资	90	601.93
交易性金融资产	91	

续表

项　目	行　次	金　额
交易性金融负债	92	
持有至到期投资	93	
可供出售金融资产	94	
其他收益项目	95	1,855.97
十、拥有的自主知识产权专利数量（项）	96	
其中：本年度新增专利数量（项）	97	
十一、当年企业提取的安全生产费用	98	6,771.31
十二、当年企业支出的安全生产费用	99	6,504.42
十三、当年企业支付的环境保护及生态恢复支出	100	1,294.84
其中：（一）本年度上交政府统筹的支出	101	232.10
（二）本年度企业提取或据实列支的支出	102	1,021.28
十四、当年企业支出的节能减排费用	103	236.71
十五、企业累计向境外投资额	104	
其中：企业当年新增向境外投资额	105	

2010 年山西省吕梁市国有资产主要指标分析表

金额单位：万元

指标名称	行 次	本年数	上年数
一、绩效指标：	1	—	—
（一）盈利能力指标：	2	—	—
1.净资产收益率（含少数股东权益）（%）	3	4.60	-0.69
2.净资产收益率（不含少数股东权益）（%）	4	4.60	-0.69
3.总资产报酬率（%）	5	2.44	0.25
4.营业利润率（%）	6	7.54	0.98
5.成本费用利润率（%）	7	7.51	0.22
6.盈余现金保障倍数	8	4.78	-5,811.78
7.成本费用总额占营业总收入的比率（%）	9	93.09	99.06
（二）资产质量指标：	10	—	—
1.总资产周转率（次）	11	0.29	0.28
2.流动资产周转率（次）	12	0.72	0.70
3.存货周转率（次）	13	5.08	2.71
4.资产现金回收率（%）	14	6.10	7.96
5.存货增长率（%）	15	-4.23	-13.99
（三）债务风险指标：	16	—	—
1.资产负债率（%）	17	71.28	79.40
2.已获利息倍数	18	6.47	1.32
3.流动比率	19	0.94	0.88
4.速动比率	20	0.86	0.74
5.现金流动负债比率（%）	21	13.61	14.81
6.短期借款占全部借款的比率（%）	22	42.15	31.09
（四）经营增长指标：	23	—	—
1.营业总收入增长率（%）	24	32.80	-25.39
2.主营业务收入增长率（%）	25	33.32	-25.98
3.营业利润增长率（%）	26	17.24	-86.39
4.利润增长率（%）	27	18.93	-97.04

续表

指标名称	行次	本年数	上年数
5.国有资本保值增值率（%）	28	103.37	118.31
6.资本积累率（%）	29	36.06	43.69
7.资产增长率（%）	30	25.23	30.81
8.固定资产增长率（%）	31	10.79	23.35
9.技术投入比率（%）	32	0.07	
二、人均指标：	33	—	—
（一）从业人员人均利润（元/人）	34	14,679.46	288.50
（二）从业人员人均资产（元/人）	35	744,230.61	533,202.00
（三）职工人均利润（元/人）	36	14,113.04	287.06
（四）职工人均资产（元/人）	37	730,866.11	529,368.83
（五）全年职工人均工资（元/人）	38	18,887.28	14,210.75
（六）全年在岗职工人均工资（元/人）	39	20,203.73	14,682.33
（七）人均实际上交税金（元/人）	40	28,898.48	9,283.46
三、其他指标：	41	—	—
（一）固定资产投资占主营业务收入的比率（%）	42	16.76	29.44
（二）实发工资占应发工资的比率（%）	43	91.45	93.89
（三）平均固定资产折旧率（%）	44	6.80	5.04
（四）年末法定盈余公积占实收资本的比率（%）	45	3.77	4.57
补充资料：	46	—	—
一、纳入合并范围二级子企业录入户数（户）	47		
二、纳入合并范围三级子企业录入户数（户）	48		
三、纳入合并范围企业录入总户数（户）	49	218.00	218.00
四、纳入合并范围盈利企业户数（户）	50	126.00	123.00
五、纳入合并范围亏损企业户数（户）	51	92.00	89.00
六、纳入合并范围盈利企业盈利额	52	354,571,603.20	67,483,209.28
七、纳入合并范围亏损企业亏损额	53	-83,911,805.96	-62,439,342.20

2010年山西省阳泉市国有资产基本情况表

金额单位：万元

项 目	行 次	金 额
一、职工人数情况（人）：	1	—
（一）年末从业人员人数	2	22,166
（二）全年平均从业人员人数	3	21,423
（三）年末职工人数	4	31,104
其中：年末在岗职工人数	5	19,063
（四）全年平均职工人数	6	30,771
其中：全年平均在岗职工人数	7	18,933
（五）年末离休人数	8	396
（六）年末退休人数	9	14,299
（七）参加基本养老保险职工人数	10	27,829
（八）参加补充养老保险（年金）职工人数	11	
（九）参加基本医疗保险职工人数	12	32,811
（十）参加补充医疗保险职工人数	13	
（十一）参加失业保险职工人数	14	26,191
（十二）参加工伤保险职工人数	15	12,164
（十三）参加生育保险职工人数	16	7,084
（十四）接收军队转业、复员退伍人员总数	17	104
其中：当年接收军队转业、复员退伍人员数	18	2
（十五）实行工效挂钩职工人数	19	46
二、企业不在岗职工及劳动关系处理情况：	20	—
（一）年初不在岗职工人数（人）	21	12,272
其中：内退人数（人）	22	3,400
（二）年末不在岗职工人数（人）	23	12,041
其中：内退人数（人）	24	3,335
（三）本年累计解除劳动关系人数（人）	25	281
（四）本年累计支付经济补偿金额	26	10.23
其中：财政负担部分	27	

续表

项　目	行　次	金　额
三、工资及福利情况：	28	—
（一）全年应发工资总额	29	41, 218. 10
（二）全年实际发放工资总额	30	39, 711. 38
其中：全年实际发放职工工资总额	31	39, 708. 53
其中：全年实际发放在岗职工工资总额	32	38, 202. 26
（三）企业提取的工资总额	33	41, 216. 47
1.非工挂企业工资总额	34	41, 216. 47
2.工挂企业工资总额	35	
(1)核定的工挂企业工资总额基数	36	
(2)工挂企业提取的新增效益工资	37	
（四）离退休人员养老金及福利性补助	38	1, 021. 62
（五）企业负责人薪酬总额	39	1, 921. 97
企业负责人人数（人）	40	514. 00
（六）本年列支的职工福利费	41	3, 577. 02
（七）本年支付的医药费	42	342. 44
其中：离退休人员医药费	43	86. 47
（八）本年企业负担的职工住房费用	44	2, 128. 38
其中：本年提取的住房公积金	45	2, 088. 65
本年一次性支付的住房补贴	46	2. 43
本年按月发放的住房补贴	47	9. 33
四、本年支付的职工培训费用	48	671. 83
五、产值（按现行价格计算）：	49	—
（一）工业总产值	50	336, 484. 12
（二）工业增加值	51	114, 329. 98
六、本年收到的财政性资金	52	6, 234. 63
（一）基本建设性资金	53	2, 542. 69
（二）生产发展性资金	54	307. 25
（三）社会保障性资金	55	120. 39
（四）其他	56	3, 264. 29
七、本年科技资金来源及支出情况：	57	—
（一）本年科技资金来源合计	58	472. 83
1.政府拨款	59	87. 44

续表

项　目	行　次	金　额
2.企业自筹	60	367.89
3.其他	61	17.50
（二）本年科技支出合计	62	480.13
1.研究开发费用合计	63	458.19
其中：科技人员人工支出	64	50.88
研究开发性固定资产支出	65	
其他研究开发支出	66	407.31
2.购买新技术、科研设备等支出	67	
3.其他科技支出	68	21.94
八、固定资产情况：	69	
（一）按使用情况划分（原价）	70	569,769.93
1.在用固定资产	71	527,695.13
2.未使用固定资产	72	34,648.21
3.不需用固定资产	73	7,426.58
（二）主要类别固定资产情况：	74	
1.固定资产原价合计	75	569,769.93
其中：土地资产	76	106,860.49
房屋、建筑物	77	203,409.35
机器设备	78	212,393.73
运输工具	79	22,227.02
2.当年计提的固定资产折旧总额	80	24,596.35
其中：房屋、建筑物	81	6,833.62
机器设备	82	14,830.71
运输工具	83	2,539.30
3.当年计提折旧的平均固定资产原价	84	315,777.58
（三）当年固定资产投资总额	85	39,665.20
1.购置固定资产	86	18,043.08
2.基建投资	87	20,588.28
3.其他投资	88	1,033.84
九、投资收益	89	561.72
其中：长期股权投资	90	103.00
交易性金融资产	91	72.24

续表

项　目	行　次	金　额
交易性金融负债	92	
持有至到期投资	93	
可供出售金融资产	94	
其他收益项目	95	386.48
十、拥有的自主知识产权专利数量（项）	96	13
其中：本年度新增专利数量（项）	97	7
十一、当年企业提取的安全生产费用	98	2,622.37
十二、当年企业支出的安全生产费用	99	1,431.15
十三、当年企业支付的环境保护及生态恢复支出	100	26.85
其中：（一）本年度上交政府统筹的支出	101	
（二）本年度企业提取或据实列支的支出	102	15.00
十四、当年企业支出的节能减排费用	103	13.21
十五、企业累计向境外投资额	104	
其中：企业当年新增向境外投资额	105	

2010 年山西省阳泉市国有资产主要指标分析表

金额单位：万元

指标名称	行 次	本年数	上年数
一、绩效指标：	1	—	—
（一）盈利能力指标：	2	—	—
1.净资产收益率（含少数股东权益）（%）	3	-6.73	-5.11
2.净资产收益率（不含少数股东权益）（%）	4	-6.75	-5.12
3.总资产报酬率（%）	5	-0.76	-0.40
4.营业利润率（%）	6	-4.42	-5.11
5.成本费用利润率（%）	7	-3.01	-2.82
6.盈余现金保障倍数	8	-2.02	-160.36
7.成本费用总额占营业总收入的比率（%）	9	104.14	105.69
（二）资产质量指标：	10	—	—
1.总资产周转率（次）	11	0.41	0.30
2.流动资产周转率（次）	12	0.91	0.65
3.存货周转率（次）	13	3.60	2.61
4.资产现金回收率（%）	14	3.28	1.87
5.存货增长率（%）	15	13.16	12.02
（三）债务风险指标：	16	—	—
1.资产负债率（%）	17	76.01	77.51
2.已获利息倍数	18	-1.24	-0.75
3.流动比率	19	0.76	0.75
4.速动比率	20	0.59	0.59
5.现金流动负债比率（%）	21	5.18	2.90
6.短期借款占全部借款的比率（%）	22	61.62	68.02
（四）经营增长指标：	23	—	—
1.营业总收入增长率（%）	24	38.09	-25.50
2.主营业务收入增长率（%）	25	36.22	-24.71
3.营业利润增长率（%）	26		
4.利润增长率（%）	27		

续表

指标名称	行次	本年数	上年数
5.国有资本保值增值率（%）	28	96.98	99.80
6.资本积累率（%）	29	6.67	6.38
7.资产增长率（%）	30	8.36	9.99
8.固定资产增长率（%）	31	5.99	10.09
9.技术投入比率（%）	32	0.11	0.12
二、人均指标：	33	—	—
（一）从业人员人均利润（元/人）	34	-6,565.02	-3,683.06
（二）从业人员人均资产（元/人）	35	481,309.64	411,556.10
（三）职工人均利润（元/人）	36	-4,570.61	-2,970.30
（四）职工人均资产（元/人）	37	343,001.21	327,757.31
（五）全年职工人均工资（元/人）	38	12,904.53	10,637.12
（六）全年在岗职工人均工资（元/人）	39	20,177.60	15,735.99
（七）人均实际上交税金（元/人）	40	11,316.31	8,155.31
三、其他指标：	41	—	—
（一）固定资产投资占主营业务收入的比率（%）	42	9.34	20.56
（二）实发工资占应发工资的比率（%）	43	96.34	102.72
（三）平均固定资产折旧率（%）	44	7.79	4.74
（四）年末法定盈余公积占实收资本的比率（%）	45	0.21	3.95
补充资料：	46	—	—
一、纳入合并范围二级子企业录入户数（户）	47	2.00	2.00
二、纳入合并范围三级子企业录入户数（户）	48		
三、纳入合并范围企业录入总户数（户）	49	181.00	181.00
四、纳入合并范围盈利企业户数（户）	50	76.00	58.00
五、纳入合并范围亏损企业户数（户）	51	105.00	125.00
六、纳入合并范围盈利企业盈利额	52	76,001,566.02	107,342,897.50
七、纳入合并范围亏损企业亏损额	53	-216,697,396.45	-194,937,080.87

2010年山西省晋城市国有资产基本情况表

金额单位：万元

项　目	行　次	金　额
一、职工人数情况（人）：	1	—
（一）年末从业人员人数	2	65,545
（二）全年平均从业人员人数	3	64,610
（三）年末职工人数	4	70,122
其中：年末在岗职工人数	5	60,581
（四）全年平均职工人数	6	67,200
其中：全年平均在岗职工人数	7	60,461
（五）年末离休人数	8	181
（六）年末退休人数	9	10,073
（七）参加基本养老保险职工人数	10	62,493
（八）参加补充养老保险（年金）职工人数	11	13,303
（九）参加基本医疗保险职工人数	12	57,451
（十）参加补充医疗保险职工人数	13	5,672
（十一）参加失业保险职工人数	14	50,682
（十二）参加工伤保险职工人数	15	56,348
（十三）参加生育保险职工人数	16	38,029
（十四）接收军队转业、复员退伍人员总数	17	758
其中：当年接收军队转业、复员退伍人员数	18	44
（十五）实行工效挂钩职工人数	19	13,746
二、企业不在岗职工及劳动关系处理情况：	20	—
（一）年初不在岗职工人数（人）	21	8,379
其中：内退人数（人）	22	1,875
（二）年末不在岗职工人数（人）	23	9,541
其中：内退人数（人）	24	1,936
（三）本年累计解除劳动关系人数（人）	25	634
（四）本年累计支付经济补偿金额	26	56.50
其中：财政负担部分	27	2.68

续表

项　目	行　次	金　额
三、工资及福利情况：	28	—
（一）全年应发工资总额	29	224,665.10
（二）全年实际发放工资总额	30	219,955.22
其中：全年实际发放职工工资总额	31	217,829.66
其中：全年实际发放在岗职工工资总额	32	214,126.36
（三）企业提取的工资总额	33	224,600.80
1.非工挂企业工资总额	34	113,720.99
2.工挂企业工资总额	35	110,766.83
(1)核定的工挂企业工资总额基数	36	110,749.40
(2)工挂企业提取的新增效益工资	37	17.43
（四）离退休人员养老金及福利性补助	38	86.36
（五）企业负责人薪酬总额	39	5,703.91
企业负责人人数（人）	40	779.00
（六）本年列支的职工福利费	41	18,468.70
（七）本年支付的医药费	42	629.95
其中：离退休人员医药费	43	5.32
（八）本年企业负担的职工住房费用	44	5,193.03
其中：本年提取的住房公积金	45	4,660.45
本年一次性支付的住房补贴	46	212.44
本年按月发放的住房补贴	47	0.04
四、本年支付的职工培训费用	48	2,402.87
五、产值（按现行价格计算）：	49	—
（一）工业总产值	50	2,046,543.96
（二）工业增加值	51	1,085,109.12
六、本年收到的财政性资金	52	15,076.87
（一）基本建设性资金	53	9,818.16
（二）生产发展性资金	54	1,621.61
（三）社会保障性资金	55	403.00
（四）其他	56	3,234.10
七、本年科技资金来源及支出情况：	57	—
（一）本年科技资金来源合计	58	1,720.87
1.政府拨款	59	

续表

项　目	行　次	金　额
2.企业自筹	60	1,720.87
3.其他	61	
（二）本年科技支出合计	62	1,720.87
1.研究开发费用合计	63	1,720.87
其中：科技人员人工支出	64	387.35
研究开发性固定资产支出	65	480.11
其他研究开发支出	66	853.42
2.购买新技术、科研设备等支出	67	
3.其他科技支出	68	
八、固定资产情况：	69	—
（一）按使用情况划分（原价）	70	1,723,959.65
1.在用固定资产	71	1,687,707.57
2.未使用固定资产	72	22,300.78
3.不需用固定资产	73	13,951.30
（二）主要类别固定资产情况：	74	—
1.固定资产原价合计	75	1,723,959.65
其中：土地资产	76	21,719.73
房屋、建筑物	77	731,648.31
机器设备	78	855,061.36
运输工具	79	41,846.06
2.当年计提的固定资产折旧总额	80	109,631.36
其中：房屋、建筑物	81	19,779.30
机器设备	82	36,562.55
运输工具	83	5,649.29
3.当年计提折旧的平均固定资产原价	84	1,617,621.36
（三）当年固定资产投资总额	85	162,839.13
1.购置固定资产	86	42,010.82
2.基建投资	87	112,160.19
3.其他投资	88	8,668.12
九、投资收益	89	67,567.47
其中：长期股权投资	90	67,209.16
交易性金融资产	91	306.91

续表

项　目	行　次	金　额
交易性金融负债	92	-191.50
持有至到期投资	93	185.30
可供出售金融资产	94	
其他收益项目	95	57.60
十、拥有的自主知识产权专利数量（项）	96	7
其中：本年度新增专利数量（项）	97	
十一、当年企业提取的安全生产费用	98	39,474.85
十二、当年企业支出的安全生产费用	99	31,154.25
十三、当年企业支付的环境保护及生态恢复支出	100	12,309.84
其中：（一）本年度上交政府统筹的支出	101	4,733.30
（二）本年度企业提取或据实列支的支出	102	6,904.73
十四、当年企业支出的节能减排费用	103	550.71
十五、企业累计向境外投资额	104	
其中：企业当年新增向境外投资额	105	

2010年山西省晋城市国有资产主要指标分析表

金额单位：万元

指标名称	行 次	本年数	上年数
一、绩效指标：	1	—	—
（一）盈利能力指标：	2	—	—
1.净资产收益率（含少数股东权益）（%）	3	22.26	
2.净资产收益率（不含少数股东权益）（%）	4	23.83	
3.总资产报酬率（%）	5	13.47	
4.营业利润率（%）	6	29.61	
5.成本费用利润率（%）	7	38.77	
6.盈余现金保障倍数	8	1.40	
7.成本费用总额占营业总收入的比率（%）	9	73.88	
（二）资产质量指标：	10	—	—
1.总资产周转率（次）	11	0.43	
2.流动资产周转率（次）	12	1.00	
3.存货周转率（次）	13	3.88	
4.资产现金回收率（%）	14	11.12	
5.存货增长率（%）	15	47.67	
（三）债务风险指标：	16	—	—
1.资产负债率（%）	17	57.26	
2.已获利息倍数	18	13.73	
3.流动比率	19	1.13	
4.速动比率	20	0.97	
5.现金流动负债比率（%）	21	25.10	
6.短期借款占全部借款的比率（%）	22	55.29	
（四）经营增长指标：	23	—	—
1.营业总收入增长率（%）	24	27.47	
2.主营业务收入增长率（%）	25	28.01	
3.营业利润增长率（%）	26	77.32	
4.利润增长率（%）	27	74.46	

续表

指标名称	行 次	本年数	上年数
5.国有资本保值增值率（%）	28	113.87	
6.资本积累率（%）	29	21.25	
7.资产增长率（%）	30	22.39	
8.固定资产增长率（%）	31	8.44	
9.技术投入比率（%）	32	0.10	
二、人均指标：	33	—	—
（一）从业人员人均利润（元/人）	34	79,263.42	
（二）从业人员人均资产（元/人）	35	688,688.35	
（三）职工人均利润（元/人）	36	76,208.47	
（四）职工人均资产（元/人）	37	643,736.31	
（五）全年职工人均工资（元/人）	38	32,415.13	
（六）全年在岗职工人均工资（元/人）	39	35,415.62	
（七）人均实际上交税金（元/人）	40	49,088.42	
三、其他指标：	41	—	—
（一）固定资产投资占主营业务收入的比率（%）	42	9.25	
（二）实发工资占应发工资的比率（%）	43	97.90	
（三）平均固定资产折旧率（%）	44	6.78	
（四）年末法定盈余公积占实收资本的比率（%）	45	4.86	
补充资料：	46	—	—
一、纳入合并范围二级子企业录入户数（户）	47	26.00	
二、纳入合并范围三级子企业录入户数（户）	48	25.00	
三、纳入合并范围企业录入总户数（户）	49	431.00	
四、纳入合并范围盈利企业户数（户）	50	242.00	
五、纳入合并范围亏损企业户数（户）	51	189.00	
六、纳入合并范围盈利企业盈利额	52	5,949,119,199.90	
七、纳入合并范围亏损企业亏损额	53	-803,788,678.97	

2010年山西省长治市国有资产基本情况表

金额单位：万元

项　目	行　次	金　额
一、职工人数情况（人）：	1	—
（一）年末从业人员人数	2	22,794
（二）全年平均从业人员人数	3	21,990
（三）年末职工人数	4	26,782
其中：年末在岗职工人数	5	20,644
（四）全年平均职工人数	6	26,073
其中：全年平均在岗职工人数	7	20,648
（五）年末离休人数	8	259
（六）年末退休人数	9	8,626
（七）参加基本养老保险职工人数	10	19,168
（八）参加补充养老保险（年金）职工人数	11	129
（九）参加基本医疗保险职工人数	12	20,616
（十）参加补充医疗保险职工人数	13	268
（十一）参加失业保险职工人数	14	10,808
（十二）参加工伤保险职工人数	15	12,643
（十三）参加生育保险职工人数	16	7,971
（十四）接收军队转业、复员退伍人员总数	17	271
其中：当年接收军队转业、复员退伍人员数	18	61
（十五）实行工效挂钩职工人数	19	74
二、企业不在岗职工及劳动关系处理情况：	20	—
（一）年初不在岗职工人数（人）	21	5,194
其中：内退人数（人）	22	594
（二）年末不在岗职工人数（人）	23	6,138
其中：内退人数（人）	24	556
（三）本年累计解除劳动关系人数（人）	25	828
（四）本年累计支付经济补偿金额	26	468.42
其中：财政负担部分	27	210.00

续表

项目	行次	金额
三、工资及福利情况：	28	—
（一）全年应发工资总额	29	55,259.58
（二）全年实际发放工资总额	30	52,549.01
其中：全年实际发放职工工资总额	31	52,534.78
其中：全年实际发放在岗职工工资总额	32	51,851.91
（三）企业提取的工资总额	33	54,408.02
1.非工挂企业工资总额	34	53,381.43
2.工挂企业工资总额	35	26.59
(1)核定的工挂企业工资总额基数	36	26.59
(2)工挂企业提取的新增效益工资	37	
（四）离退休人员养老金及福利性补助	38	821.93
（五）企业负责人薪酬总额	39	3,483.85
企业负责人人数（人）	40	541.00
（六）本年列支的职工福利费	41	5,471.59
（七）本年支付的医药费	42	138.01
其中：离退休人员医药费	43	44.91
（八）本年企业负担的职工住房费用	44	523.00
其中：本年提取的住房公积金	45	276.77
本年一次性支付的住房补贴	46	74.97
本年按月发放的住房补贴	47	125.59
四、本年支付的职工培训费用	48	627.60
五、产值（按现行价格计算）：	49	—
（一）工业总产值	50	525,363.21
（二）工业增加值	51	280,450.75
六、本年收到的财政性资金	52	42,308.07
（一）基本建设性资金	53	846.16
（二）生产发展性资金	54	1,673.35
（三）社会保障性资金	55	637.31
（四）其他	56	39,151.26
七、本年科技资金来源及支出情况：	57	—
（一）本年科技资金来源合计	58	2,127.70
1.政府拨款	59	398.32

续表

项　目	行　次	金　额
2.企业自筹	60	526.20
3.其他	61	1,203.18
（二）本年科技支出合计	62	1,857.70
1.研究开发费用合计	63	1,739.88
其中：科技人员人工支出	64	216.62
研究开发性固定资产支出	65	
其他研究开发支出	66	1,523.26
2.购买新技术、科研设备等支出	67	
3.其他科技支出	68	117.82
八、固定资产情况：	69	—
（一）按使用情况划分（原价）	70	384,315.96
1.在用固定资产	71	371,056.02
2.未使用固定资产	72	9,567.24
3.不需用固定资产	73	3,692.69
（二）主要类别固定资产情况：	74	—
1.固定资产原价合计	75	384,315.96
其中：土地资产	76	17,500.88
房屋、建筑物	77	130,698.75
机器设备	78	143,975.80
运输工具	79	22,935.06
2.当年计提的固定资产折旧总额	80	20,786.34
其中：房屋、建筑物	81	9,115.92
机器设备	82	7,380.39
运输工具	83	2,590.37
3.当年计提折旧的平均固定资产原价	84	308,336.01
（三）当年固定资产投资总额	85	51,079.90
1.购置固定资产	86	38,615.57
2.基建投资	87	12,248.28
3.其他投资	88	216.05
九、投资收益	89	980.50
其中：长期股权投资	90	947.39
交易性金融资产	91	

续表

项　目	行　次	金　额
交易性金融负债	92	
持有至到期投资	93	
可供出售金融资产	94	
其他收益项目	95	33.11
十、拥有的自主知识产权专利数量（项）	96	17
其中：本年度新增专利数量（项）	97	7
十一、当年企业提取的安全生产费用	98	10,187.82
十二、当年企业支出的安全生产费用	99	4,309.95
十三、当年企业支付的环境保护及生态恢复支出	100	3,317.15
其中：（一）本年度上交政府统筹的支出	101	1,337.05
（二）本年度企业提取或据实列支的支出	102	
十四、当年企业支出的节能减排费用	103	1,018.26
十五、企业累计向境外投资额	104	
其中：企业当年新增向境外投资额	105	

2010 年山西省长治市国有资产主要指标分析表

金额单位：万元

指标名称	行 次	本年数	上年数
一、绩效指标：	1	—	—
（一）盈利能力指标：	2	—	—
1.净资产收益率（含少数股东权益）（%）	3	36.34	13.84
2.净资产收益率（不含少数股东权益）（%）	4	36.34	13.84
3.总资产报酬率（%）	5	18.43	7.81
4.营业利润率（%）	6	28.42	15.78
5.成本费用利润率（%）	7	38.53	16.50
6.盈余现金保障倍数	8	0.82	140.01
7.成本费用总额占营业总收入的比率（%）	9	71.75	84.74
（二）资产质量指标：	10	—	—
1.总资产周转率（次）	11	0.60	0.49
2.流动资产周转率（次）	12	1.09	0.94
3.存货周转率（次）	13	3.33	5.33
4.资产现金回收率（%）	14	10.83	7.05
5.存货增长率（%）	15	18.24	22.40
（三）债务风险指标：	16	—	—
1.资产负债率（%）	17	61.97	63.27
2.已获利息倍数	18	11.67	10.00
3.流动比率	19	1.19	1.15
4.速动比率	20	1.01	1.00
5.现金流动负债比率（%）	21	20.42	15.46
6.短期借款占全部借款的比率（%）	22	55.11	51.32
（四）经营增长指标：	23	—	—
1.营业总收入增长率（%）	24	66.29	-8.39
2.主营业务收入增长率（%）	25	66.32	-7.41
3.营业利润增长率（%）	26	186.44	-40.14
4.利润增长率（%）	27	182.38	-47.39

续表

指标名称	行次	本年数	上年数
5.国有资本保值增值率（%）	28	114.45	112.00
6.资本积累率（%）	29	44.45	5.23
7.资产增长率（%）	30	29.84	3.28
8.固定资产增长率（%）	31	15.93	20.65
9.技术投入比率（%）	32	0.32	0.18
二、人均指标：	33	—	—
（一）从业人员人均利润（元/人）	34	74,081.56	33,315.68
（二）从业人员人均资产（元/人）	35	479,193.90	470,411.87
（三）职工人均利润（元/人）	36	62,480.48	30,367.11
（四）职工人均资产（元/人）	37	407,839.06	428,587.20
（五）全年职工人均工资（元/人）	38	20,149.11	14,706.97
（六）全年在岗职工人均工资（元/人）	39	25,112.31	18,399.73
（七）人均实际上交税金（元/人）	40	38,460.58	36,474.31
三、其他指标：	41	—	—
（一）固定资产投资占主营业务收入的比率（%）	42	8.84	13.74
（二）实发工资占应发工资的比率（%）	43	95.09	95.63
（三）平均固定资产折旧率（%）	44	6.74	7.19
（四）年末法定盈余公积占实收资本的比率（%）	45	6.53	20.16
补充资料：	46	—	—
一、纳入合并范围二级子企业录入户数（户）	47	10.00	10.00
二、纳入合并范围三级子企业录入户数（户）	48		
三、纳入合并范围企业录入总户数（户）	49	270.00	270.00
四、纳入合并范围盈利企业户数（户）	50	150.00	127.00
五、纳入合并范围亏损企业户数（户）	51	120.00	143.00
六、纳入合并范围盈利企业盈利额	52	1,679,278,730.83	1,056,722,224.46
七、纳入合并范围亏损企业亏损额	53	-50,225,297.03	-122,417,404.71

2010年山西省临汾市国有资产基本情况表

金额单位：万元

项　目	行　次	金　额
一、职工人数情况（人）：	1	—
（一）年末从业人员人数	2	18,973
（二）全年平均从业人员人数	3	18,812
（三）年末职工人数	4	22,625
其中：年末在岗职工人数	5	18,258
（四）全年平均职工人数	6	22,533
其中：全年平均在岗职工人数	7	18,183
（五）年末离休人数	8	300
（六）年末退休人数	9	4,692
（七）参加基本养老保险职工人数	10	17,631
（八）参加补充养老保险（年金）职工人数	11	
（九）参加基本医疗保险职工人数	12	11,231
（十）参加补充医疗保险职工人数	13	3,665
（十一）参加失业保险职工人数	14	8,005
（十二）参加工伤保险职工人数	15	10,006
（十三）参加生育保险职工人数	16	5,189
（十四）接收军队转业、复员退伍人员总数	17	209
其中：当年接收军队转业、复员退伍人员数	18	2
（十五）实行工效挂钩职工人数	19	38
二、企业不在岗职工及劳动关系处理情况：	20	—
（一）年初不在岗职工人数（人）	21	4,708
其中：内退人数（人）	22	476
（二）年末不在岗职工人数（人）	23	4,367
其中：内退人数（人）	24	443
（三）本年累计解除劳动关系人数（人）	25	465
（四）本年累计支付经济补偿金额	26	869.07
其中：财政负担部分	27	869.07

续表

项　目	行　次	金　额
三、工资及福利情况：	28	—
（一）全年应发工资总额	29	36,659.22
（二）全年实际发放工资总额	30	34,303.30
其中：全年实际发放职工工资总额	31	34,287.14
其中：全年实际发放在岗职工工资总额	32	32,390.41
（三）企业提取的工资总额	33	36,368.14
1.非工挂企业工资总额	34	35,338.80
2.工挂企业工资总额	35	1,029.35
(1)核定的工挂企业工资总额基数	36	1,029.35
(2)工挂企业提取的新增效益工资	37	
（四）离退休人员养老金及福利性补助	38	117.75
（五）企业负责人薪酬总额	39	1,118.06
企业负责人人数（人）	40	428.00
（六）本年列支的职工福利费	41	2,522.17
（七）本年支付的医药费	42	372.22
其中：离退休人员医药费	43	99.13
（八）本年企业负担的职工住房费用	44	532.04
其中：本年提取的住房公积金	45	503.37
本年一次性支付的住房补贴	46	
本年按月发放的住房补贴	47	
四、本年支付的职工培训费用	48	322.02
五、产值（按现行价格计算）：	49	—
（一）工业总产值	50	361,556.33
（二）工业增加值	51	273,608.61
六、本年收到的财政性资金	52	3,429.15
（一）基本建设性资金	53	835.55
（二）生产发展性资金	54	48.57
（三）社会保障性资金	55	14.95
（四）其他	56	2,530.08
七、本年科技资金来源及支出情况：	57	——
（一）本年科技资金来源合计	58	209.12
1.政府拨款	59	

续表

项　目	行　次	金　额
2.企业自筹	60	209.12
3.其他	61	
（二）本年科技支出合计	62	209.12
1.研究开发费用合计	63	106.40
其中：科技人员人工支出	64	32.66
研究开发性固定资产支出	65	4.45
其他研究开发支出	66	69.30
2.购买新技术、科研设备等支出	67	102.71
3.其他科技支出	68	
八、固定资产情况：	69	—
（一）按使用情况划分（原价）	70	410,942.11
1.在用固定资产	71	403,700.53
2.未使用固定资产	72	5,056.27
3.不需用固定资产	73	2,185.30
（二）主要类别固定资产情况：	74	—
1.固定资产原价合计	75	410,942.11
其中：土地资产	76	29,084.09
房屋、建筑物	77	141,805.80
机器设备	78	136,415.20
运输工具	79	12,806.81
2.当年计提的固定资产折旧总额	80	27,201.31
其中：房屋、建筑物	81	4,618.79
机器设备	82	13,105.96
运输工具	83	1,845.03
3.当年计提折旧的平均固定资产原价	84	329,542.36
（三）当年固定资产投资总额	85	27,266.68
1.购置固定资产	86	14,230.64
2.基建投资	87	11,773.00
3.其他投资	88	1,263.04
九、投资收益	89	-298.14
其中：长期股权投资	90	-369.64
交易性金融资产	91	

续表

项　目	行　次	金　额
交易性金融负债	92	
持有至到期投资	93	
可供出售金融资产	94	
其他收益项目	95	71.50
十、拥有的自主知识产权专利数量（项）	96	
其中：本年度新增专利数量（项）	97	
十一、当年企业提取的安全生产费用	98	7,406.26
十二、当年企业支出的安全生产费用	99	7,019.52
十三、当年企业支付的环境保护及生态恢复支出	100	5,212.07
其中：（一）本年度上交政府统筹的支出	101	2,561.61
（二）本年度企业提取或据实列支的支出	102	2,650.46
十四、当年企业支出的节能减排费用	103	368.95
十五、企业累计向境外投资额	104	
其中：企业当年新增向境外投资额	105	

2010 年山西省临汾市国有资产主要指标分析表

金额单位：万元

指标名称	行 次	本年数	上年数
一、绩效指标：	1	—	—
（一）盈利能力指标：	2	—	—
1.净资产收益率（含少数股东权益）（%）	3	19.53	18.23
2.净资产收益率（不含少数股东权益）（%）	4	19.53	18.23
3.总资产报酬率（%）	5	13.15	11.96
4.营业利润率（%）	6	31.82	27.73
5.成本费用利润率（%）	7	45.59	39.48
6.盈余现金保障倍数	8	0.37	28.80
7.成本费用总额占营业总收入的比率（%）	9	68.10	72.29
（二）资产质量指标：	10	—	—
1.总资产周转率（次）	11	0.40	0.38
2.流动资产周转率（次）	12	0.73	0.76
3.存货周转率（次）	13	3.64	3.10
4.资产现金回收率（%）	14	3.41	2.24
5.存货增长率（%）	15	18.44	-15.27
（三）债务风险指标：	16	—	—
1.资产负债率（%）	17	51.29	56.87
2.已获利息倍数	18	24.48	15.04
3.流动比率	19	1.37	1.18
4.速动比率	20	1.24	1.06
5.现金流动负债比率（%）	21	7.96	4.79
6.短期借款占全部借款的比率（%）	22	58.65	52.25
（四）经营增长指标：	23	—	—
1.营业总收入增长率（%）	24	12.76	-18.40
2.主营业务收入增长率（%）	25	13.13	-19.22
3.营业利润增长率（%）	26	18.07	-41.81
4.利润增长率（%）	27	11.99	-40.61

续表

指标名称	行 次	本年数	上年数
5.国有资本保值增值率（%）	28	117.81	113.43
6.资本积累率（%）	29	21.14	13.39
7.资产增长率（%）	30	11.29	10.65
8.固定资产增长率（%）	31	7.88	8.37
9.技术投入比率（%）	32	0.05	0.04
二、人均指标：	33	—	—
（一）从业人员人均利润（元/人）	34	72,038.74	55,922.24
（二）从业人员人均资产（元/人）	35	596,574.18	525,172.67
（三）职工人均利润（元/人）	36	60,142.58	50,459.70
（四）职工人均资产（元/人）	37	500,278.54	475,560.07
（五）全年职工人均工资（元/人）	38	15,216.41	12,251.57
（六）全年在岗职工人均工资（元/人）	39	17,813.57	15,199.37
（七）人均实际上交税金（元/人）	40	45,744.19	45,499.83
三、其他指标：	41	—	—
（一）固定资产投资占主营业务收入的比率（%）	42	6.34	9.29
（二）实发工资占应发工资的比率（%）	43	93.57	88.80
（三）平均固定资产折旧率（%）	44	8.25	6.81
（四）年末法定盈余公积占实收资本的比率（%）	45	29.19	24.01
补充资料：	46	—	—
一、纳入合并范围二级子企业录入户数（户）	47	2.00	2.00
二、纳入合并范围三级子企业录入户数（户）	48		
三、纳入合并范围企业录入总户数（户）	49	284.00	284.00
四、纳入合并范围盈利企业户数（户）	50	166.00	123.00
五、纳入合并范围亏损企业户数（户）	51	118.00	165.00
六、纳入合并范围盈利企业盈利额	52	1,477,834,910.68	1,353,292,464.15
七、纳入合并范围亏损企业亏损额	53	-122,642,209.86	-226,123,721.62

2010年山西省运城市国有资产基本情况表

金额单位：万元

项　目	行　次	金　额
一、职工人数情况（人）：	1	—
（一）年末从业人员人数	2	9,686
（二）全年平均从业人员人数	3	9,517
（三）年末职工人数	4	13,737
其中：年末在岗职工人数	5	8,728
（四）全年平均职工人数	6	13,837
其中：全年平均在岗职工人数	7	8,799
（五）年末离休人数	8	203
（六）年末退休人数	9	5,495
（七）参加基本养老保险职工人数	10	12,493
（八）参加补充养老保险（年金）职工人数	11	48
（九）参加基本医疗保险职工人数	12	9,827
（十）参加补充医疗保险职工人数	13	48
（十一）参加失业保险职工人数	14	7,473
（十二）参加工伤保险职工人数	15	4,646
（十三）参加生育保险职工人数	16	2,676
（十四）接收军队转业、复员退伍人员总数	17	174
其中：当年接收军队转业、复员退伍人员数	18	8
（十五）实行工效挂钩职工人数	19	
二、企业不在岗职工及劳动关系处理情况：	20	—
（一）年初不在岗职工人数（人）	21	4,656
其中：内退人数（人）	22	786
（二）年末不在岗职工人数（人）	23	5,009
其中：内退人数（人）	24	780
（三）本年累计解除劳动关系人数（人）	25	204
（四）本年累计支付经济补偿金额	26	266.21
其中：财政负担部分	27	

续表

项　目	行　次	金　额
三、工资及福利情况：	28	—
（一）全年应发工资总额	29	14,135.18
（二）全年实际发放工资总额	30	14,226.00
其中：全年实际发放职工工资总额	31	13,429.18
其中：全年实际发放在岗职工工资总额	32	13,200.50
（三）企业提取的工资总额	33	14,135.18
1.非工挂企业工资总额	34	14,135.18
2.工挂企业工资总额	35	
(1)核定的工挂企业工资总额基数	36	
(2)工挂企业提取的新增效益工资	37	
（四）离退休人员养老金及福利性补助	38	223.51
（五）企业负责人薪酬总额	39	898.90
企业负责人人数（人）	40	486.00
（六）本年列支的职工福利费	41	398.32
（七）本年支付的医药费	42	63.26
其中：离退休人员医药费	43	9.82
（八）本年企业负担的职工住房费用	44	197.82
其中：本年提取的住房公积金	45	181.83
本年一次性支付的住房补贴	46	8.46
本年按月发放的住房补贴	47	3.22
四、本年支付的职工培训费用	48	80.60
五、产值（按现行价格计算）：	49	—
（一）工业总产值	50	135,510.66
（二）工业增加值	51	13,842.70
六、本年收到的财政性资金	52	16,169.17
（一）基本建设性资金	53	6,084.39
（二）生产发展性资金	54	1,123.12
（三）社会保障性资金	55	6,385.98
（四）其他	56	2,575.68
七、本年科技资金来源及支出情况：	57	—
（一）本年科技资金来源合计	58	177.22
1.政府拨款	59	23.50

续表

项　目	行　次	金　额
2.企业自筹	60	46.69
3.其他	61	107.03
（二）本年科技支出合计	62	177.22
1.研究开发费用合计	63	66.69
其中：科技人员人工支出	64	12.94
研究开发性固定资产支出	65	
其他研究开发支出	66	53.75
2.购买新技术、科研设备等支出	67	
3.其他科技支出	68	110.53
八、固定资产情况：	69	—
（一）按使用情况划分（原价）	70	429, 577.62
1.在用固定资产	71	395, 702.70
2.未使用固定资产	72	27, 216.87
3.不需用固定资产	73	6, 658.04
（二）主要类别固定资产情况：	74	—
1.固定资产原价合计	75	429, 577.62
其中：土地资产	76	20, 021.30
房屋、建筑物	77	148, 030.11
机器设备	78	234, 037.60
运输工具	79	21, 047.21
2.当年计提的固定资产折旧总额	80	17, 814.49
其中：房屋、建筑物	81	4, 018.27
机器设备	82	13, 307.58
运输工具	83	191.99
3.当年计提折旧的平均固定资产原价	84	335, 011.58
（三）当年固定资产投资总额	85	5, 101.65
1.购置固定资产	86	3, 256.07
2.基建投资	87	388.27
3.其他投资	88	1, 457.31
九、投资收益	89	1, 591.78
其中：长期股权投资	90	1, 547.06
交易性金融资产	91	

续表

项　目	行　次	金　额
交易性金融负债	92	
持有至到期投资	93	
可供出售金融资产	94	
其他收益项目	95	44.72
十、拥有的自主知识产权专利数量（项）	96	
其中：本年度新增专利数量（项）	97	
十一、当年企业提取的安全生产费用	98	272.95
十二、当年企业支出的安全生产费用	99	13.82
十三、当年企业支付的环境保护及生态恢复支出	100	
其中：（一）本年度上交政府统筹的支出	101	
（二）本年度企业提取或据实列支的支出	102	
十四、当年企业支出的节能减排费用	103	
十五、企业累计向境外投资额	104	
其中：企业当年新增向境外投资额	105	

2010 年山西省运城市国有资产主要指标分析表

金额单位：万元

指标名称	行 次	本年数	上年数
一、绩效指标：	1	—	—
（一）盈利能力指标：	2	—	—
1.净资产收益率（含少数股东权益）（%）	3	-53.81	-34.07
2.净资产收益率（不含少数股东权益）（%）	4	-39.94	-41.69
3.总资产报酬率（%）	5	-5.18	-4.23
4.营业利润率（%）	6	-20.48	-21.59
5.成本费用利润率（%）	7	-14.85	-15.68
6.盈余现金保障倍数	8	-0.05	-11.92
7.成本费用总额占营业总收入的比率（%）	9	120.98	122.69
（二）资产质量指标：	10	—	—
1.总资产周转率（次）	11	0.29	0.23
2.流动资产周转率（次）	12	1.13	0.80
3.存货周转率（次）	13	4.04	2.83
4.资产现金回收率（%）	14	0.19	0.45
5.存货增长率（%）	15	0.38	-39.25
（三）债务风险指标：	16	—	—
1.资产负债率（%）	17	92.15	88.61
2.已获利息倍数	18	-14.76	-12.64
3.流动比率	19	0.48	0.53
4.速动比率	20	0.35	0.37
5.现金流动负债比率（%）	21	0.36	1.11
6.短期借款占全部借款的比率（%）	22	23.47	24.70
（四）经营增长指标：	23	—	—
1.营业总收入增长率（%）	24	8.32	-52.65
2.主营业务收入增长率（%）	25	7.74	-52.87
3.营业利润增长率（%）	26		
4.利润增长率（%）	27		

续表

指标名称	行 次	本年数	上年数
5.国有资本保值增值率（%）	28	67.36	66.99
6.资本积累率（%）	29	-38.40	-47.38
7.资产增长率（%）	30	0.12	-31.44
8.固定资产增长率（%）	31	0.84	-22.43
9.技术投入比率（%）	32	0.08	0.01
二、人均指标：	33	—	—
（一）从业人员人均利润（元/人）	34	-41,802.44	-32,825.45
（二）从业人员人均资产（元/人）	35	743,339.12	477,064.12
（三）职工人均利润（元/人）	36	-28,751.45	-27,329.89
（四）职工人均资产（元/人）	37	524,130.65	484,825.15
（五）全年职工人均工资（元/人）	38	9,705.27	8,781.80
（六）全年在岗职工人均工资（元/人）	39	15,002.27	12,462.99
（七）人均实际上交税金（元/人）	40	5,907.65	3,339.55
三、其他指标：	41	—	—
（一）固定资产投资占主营业务收入的比率（%）	42	2.42	6.14
（二）实发工资占应发工资的比率（%）	43	100.64	93.54
（三）平均固定资产折旧率（%）	44	5.32	5.57
（四）年末法定盈余公积占实收资本的比率（%）	45	2.08	2.16
补充资料：	46	—	—
一、纳入合并范围二级子企业录入户数（户）	47	9.00	9.00
二、纳入合并范围三级子企业录入户数（户）	48		
三、纳入合并范围企业录入总户数（户）	49	219.00	219.00
四、纳入合并范围盈利企业户数（户）	50	111.00	109.00
五、纳入合并范围亏损企业户数（户）	51	108.00	115.00
六、纳入合并范围盈利企业盈利额	52	9,987,484.18	13,293,930.73
七、纳入合并范围亏损企业亏损额	53	-407,820,250.36	-419,771,420.52

2011

SHANXI PROVINCE STATE-OWNED ASSETS SUPERVISION AND ADMINISTRATION YEARBOOK

山西省国有资产监督管理年鉴

山西省国有资产监督管理政策法规选编

第六篇

潞宁煤业有限责任公司

煤海崛起 转型跃升

潞宁公司班子共同谋划宏伟蓝图

潞宁煤业有限责任公司紧循新型工业化道路进程中的信息化、科技化、知识化、生态化原则，在采煤技术与科技创新、安全发展、和谐建设、资源整合、生态环保建设、承担社会责任等方面取得全面进步，赢得了良好的内部和外部发展环境。

新型煤企的先行者

潞宁公司从成立伊始，即确立了高技术起点、高回采率的目标。面对陈旧落后的长壁仓房后退式开采方式，以及运输、通风、供电、监测监控等系统均不具备进行大规模集约化生产要求的现状，发挥大型煤炭企业资金、技术和人才优势，积极开展以采煤方法为龙头的技术改造，致力于打造以煤炭开采、煤炭转化和煤炭深加工为支柱的环保型绿色企业，实现可持续发展。

截止2011年底，该公司共生产原煤1099.2万吨；累计完成进尺55160米；实现销售收入47.03 亿元，实现利润13.71亿元；上缴各种税费9.09 亿元。潞宁公司因而成为新型煤企的创业先行者。

资源整合的急先锋

潞宁公司分别于2007年将忻州市所属的13座地方小煤矿整合为3座；2009年又将13座地方小煤矿整合为5座。通过两次大规模兼并重组，共整合地方小煤矿26座，整合井田面积108.0575平方公里，整合储量102368万吨。

2009年12月25日， 26座煤矿的资源整合和兼并重组协议签订率达到100%，主体接管到位率达到100%。这标志着占到潞安集团在全省资源整合工作中整合资源量三分之一强的潞宁公司已经高质量完成了整合重组工作，提升为一个拥有9大煤矿、年产210万吨原煤的高科技生产矿井和总产能990万吨的现代化大型企业。

安全发展的实践者

针对建设本质安全型矿井的目标，该公司先后投入1.1亿元资金，全面实施“369”安全系统工程。特别是在管理、装备、设施和人员的培训上进行逐步改进，进一步完善了双回路供电、监测监控改造、井下监控大屏幕安装、电教室及语音室等50多项安全保障措施；推行全员个人安全技能账户，实行逐月考核，逐月累计，年底兑现的办法，提高广大干部职工参与安全工作的积极性与主动性；同时，全面系统地对井下所有工作面及主要大巷进行了安全质量标准化项目改造和提升。这一系列举措，不仅杜绝了一级以上人身事故，实现百万吨死亡率为“0”的目标，而且使安全生产周期突破2000天，创出潞宁公司成立以来的最好水平。

和谐煤企的好样本

潞宁公司党委创新性的提出以构建“文明潞宁”为核心的“五力”建设策略。

“五力”是指：凝聚力，靠作风带队伍，以效果论政绩；向心力，牢固树立群众利益无小事的思想，稳步提高职工收入，开展文体活动，寓教于乐；文化力，构建起了“安全理念、精确管理、行为规律、安全听视觉、亲情教育”五大体系和安全目标远景、本质安全理论为主题的安全文化模式；执行力，狠抓职工行为养成，确定了6S管理、文明用语、禁忌行为和形象标准等方面的行为体系，开展了岗位练兵、技术比武等活动，先后有10多名职工在集团公司各项活动中获得奖项；影响力，塑造崭新靓丽的煤炭新形象。

回报社会的示范者

潞宁公司从建矿至今，解决当地560余名富裕劳动力就业问题；成立了助学基金，帮助多个贫困家庭的优秀学子完成了学业。几年来，累计拿出资金3000多万元，完善宁武县包括学校、养老院、通村公路等在内的社会基础设施的建设，尤其在煤炭资源兼并重组整合期间，企业在没有生产盈利的前提下，积极负担起当地老百姓的生活用煤、公益事业款等事业。

低碳之路的倡导者

在兼并重组的同时，潞宁公司紧紧抓住现有优势，依托煤，立足煤，积极开展对煤化工、化肥厂、甲醇、水炼浆、煤气化等多个项目的调研，真正延伸成为集煤炭开采与深加工为一体的多元化大型现代化能源生产企业。

2003年至今，在环境保护和治理上累计投入资金6000多万元。建设了污水处理厂、地面储装运系统，新建了生活污水储放池，在公司驻地及周围持续不断开展“植树造林、绿化矿山”活动。在2007年9月山西省环保厅（原山西省环保局）组织的企业环境保护评价中，潞宁公司取得“蓝色企业”的评价。

煤海崛起正当时，转型跃升领新潮，疾驰在新型工业化道路上的潞宁公司将承载既往荣光，凝聚发展合力，在山西省转型跨越的征程中奋力向前，赢得更广阔的发展空间。

公司董事长杨新建多次荣获省“五一”劳动奖章（第二排中间）

潞宁公司积极履行社会责任

现代化的综采工作面打破了宁武煤田无法上综采的神话

安全发展——我们永恒的主题

公司召开第一次全体党员大会

公司举行庄严的升国旗仪式

经处理过的矿井水和生活污水可重复利用

潞宁孟家窑煤业公司作为潞宁2007年第一批资源整合的矿井于2010年10月12日正式开工奠基

潞安集团铁路运营公司

铁路运营公司是隶属潞安集团唯一的铁路运输企业，现担负着王庄矿、常村矿、石圪节煤业、余吾煤业、郭庄煤业等铁路专用线的煤炭自营运输，五阳矿、漳村矿铁路专用线除机务之外的运营管理及矿区铁路规划、建设、线路维护等任务。矿区自营线路长120多公里，铁路站场11个，拥有内燃机车10台，自备车150辆。资产总额5亿元。

2011年，铁运公司认真贯彻落实科学发展观，紧紧围绕运输工作中心，致力于企业的经营管理，致力于可持续发展项目的统筹规划，致力于铁路基础设施建设，各项工作取得新的进步，实现了铁运"十二五"时期的良好开局。

运输生产持续稳定

2011年，运输形势较往年更加严峻，铁运公司采取积极措施，实行以路用车运输为主、以自备车灵活调节为重的运输策略，持续推进运输调度的标准化作业，强化运输调度基础管理，特别加强对自备车运输的科学调度，成功解决了自备车与路用车、需求与供给、公路运输与铁路运输等矛盾，在复杂的外运形势下仍取得较好成绩，全年完成煤炭外运量1604万吨，完成自备车运量228万吨，实现了运输生产的整体稳定。

经营绩效持续优化

2011年，经营成本持续增加，铁运公司持续优化铁路经营结构，将突出挖掘核心效益优势、拓展产业经营空间作为经营管理的重点，在确保路用车稳定运输的基础上，通过增加自备车运输业务和抓好王庄西及郭庄煤炭运输业务，推动了矿区铁路整体经营的持续健康发展。

全年完成运营收入总额4.2亿元，实现利润1.32亿元，超额完成了年度计划，为集团公司创造了良好的业绩。

重点项目有序推进

2011年，潞安集团全面实施"十二五"发展规划，紧跟集团步伐，铁运公司加大了重点项目的规划和实施力度。

积极配合王庄矿快速储装运系统改造，促成该工程顺利竣工开通，为实现煤炭外运的集约化、自动化、智能化创造了极为有利的条件；积极参与祥瑞焦化铁路专用线建设工程，确保了该工程按计划进度施工，将进一步拓展矿区铁路产业空间；站在集团转型发展的高度，积极运筹襄垣煤基多联产工业园区专用线项目及临汾蒲县煤炭集运站项目，并取得实质性进展，为矿区铁路的跨越式发展迈出了具有战略意义的一步。

基础建设全面加强

2011年，铁运公司完成维简计划1347.02万元，铁路维修计划2423.9万元，顺利完成解线疏3.38公里P60轨的更换，安居站11组P50岔的更换，温村、常村、王庄道口维修等维修工程以及内燃机车、随车起重运输车、电力通信抢险车的购置等维简项目，线路等级和安全等级显著提升，生产条件和运输保障能力明显改善。

人才队伍建设取得显著成绩

2011年，铁运公司高度重视专业人才的培养和锻炼，培训生产岗位员工达6000余人次，有14名职工取得了铁道部颁发的机车司机资格证，关键岗位人才储备工作取得长足进步，职工的岗位技能和业务水平得到进一步提升。

当前，潞安"十二五"发展战略正在稳步实施，作为集团煤炭和物资运输的主要通道，矿区铁路专用线建设将与矿井规划、建设、生产同步进行，当前和今后一个时期，是矿区铁路大发展、大跨越的创业期。面对新的历史性机遇，不断追求卓越的铁运人正在以开拓创新的精神、昂扬奋发的姿态积极迎接新的挑战。

铁运全景图

清晨的长北交接场

铁运公司大门

山西潞安工程有限公司

山西潞安工程有限公司是潞安集团下属的具有独立法人资格的国家矿山工程施工和房屋建筑工程施工总承包一级企业。公司注册资本5000万元，是“潞安环能”六大发起股东之一，现持有“潞安环能”股票2340万股。公司现有正式员工700多人（其中专业技术人员300多人，中高级职称200多人）。公司下属五个建筑施工分公司，一个矿建施工分公司，两个子公司（一个房地产公司，一个建材公司）。主要业务包括矿山工程、房地产开发、工业与民用建筑安装工程、大型土石方工程、地基处理与基础工程、钢结构工程、塑钢及彩钢制品生产安装等。

2011年工作亮点和显著成绩：

一、经营指标方面：

2011年，公司完成施工总产值16.77亿元，实现营业收入15.70亿元，利润实现5101.62万元，利税实现1.17亿元，超额完成了潞安集团下达的各项经济指标。截至2011年底，公司资产总额达到21.05亿元，净资产达到2.17亿元。

二、产业发展方面：

矿建工程：2011年矿建施工完成产值2.97亿元，占到公司总产值约五分之一。瓦斯抽放打钻、巷道掘进、井下机电设备安装等工程施工发展均超出计划目标，瓦斯抽放打钻施工占到了潞安集团总进尺的70%以上，井下巷道掘进方面，迈出步伐较大，全年共上马掘进队七支。随着矿建施工规模的逐步壮大，正在向为现代矿井提供全方位的生产性服务的方向发展。

房地产开发：潞安房地产开发公司资质晋升为二级。全年完成开工面积5.8万㎡，竣工面积10万㎡，完成总投资4.25亿元，完成施工产值3.1亿元，销售收入完成3.3亿元，回款3.9亿元，实现利润3690万元。一期工程553户圆满交房，黑龙潭公园完成主体建设，小区的知名度和品牌形象大为提升，在长治市房地产项目中树立了标杆地位，引领了本地区房地产开发的潮流。在潞城市储备了94.5亩土地，完成了规划设计和相关手续的完善。

建筑施工：按照各建设单位的进度要求，高标准、高质量地完成了200多项工程建设任务，总面积达到40多万平米，竣工面积达到12万平米。工程质量合格率继续保持100%，主要单位工程企业优良率达到80%以上。施工安全继续保持安全生产无事故，从而使公司的施工安全周期达到了14年，最终保证了公司连续14年实现安全生产无事故，连续七年被中华全国总工会评为全国“安康杯”竞赛优胜企业。

绿色建材：在做好门窗制作安装、钢结构制作安装、大型车间厂房建设等基础工程的同时，上马了井下支护设备的生产，拓展了产业领域，正在积极调研大型轻重钢工程和高端门窗制作安装项目的上马。

三、战略管理方面：

公司新一届领导班子上任，公司站在一个新的发展起点，确定了公司“十二五”发展思路：全力承担潞安建筑建材产业发展和提升的光荣使命，努力建设一流的服务型、创新型、文化型企业。坚持融入发展、赢得发展，整合潞安集团内部相关建筑建材企业，打造新型房地产开发、绿色建材、建筑施工、矿井建设、井巷工程等为一体、市场竞争力强大的建筑建材产业，由施工总承包企业向工程总承包企业发展。2015年，营业收入达到100亿元，建成具有特级总承包资质的“山西潞安建设工程集团”。

公司总部办公楼

公司承建的潞安余吾煤业公司地面工程

公司承揽的现代化矿井综掘工程

公司开发建设的“潞安·颐丰苑”商住小区

公司承建的潞安安泰钢结构厂房工程

公司承建的潞安能化集团总部基地效果图

公司开发建设的“潞安·颐龙湾”商住文化小区

现代化的洗煤厂调度

宽敞明亮的井下等候大巷

休闲优雅的矿区一角

潞安集团郭庄煤业公司

2011年，郭庄煤业公司全体班子成员，在集团公司的正确领导和大力支持下，团结和带领广大干部员工，紧紧围绕集团公司战略发展的总体部署和年度工作目标，众志成城，锐意进取，安全生产形势和各项经营指标都创历史最好水平，为实现“十二五”良好开局和强势起步提供了有力保障，企业在转型跨越发展进程中又迈出了坚实的一步，为建设既强又大国际化新潞安做出了应有的贡献。

主要经济指标创历史新高。煤炭产量：135万吨；掘进进尺：9959米；销售收入：98740万元，同比增长31%；实现利润：29825万元，同比增长44%；职工人均收入达到了7.82万元。

安全态势持续平稳发展。公司始终把安全工作作为第一要务来抓，狠抓安全生产工作，坚持安全发展，全面推进了本质安全型矿井建设。

一是坚持“不惜一切代价抓安全”的安全管理原则，把安全第一的方针落到实处，落实到井上下的全方位、全过程。二是坚持以人为本，不断强化员工安全教育、培训和班组建设力度，严格落实“三个100%”和“三个全覆盖”；三是坚持 “大超前”管理制度，在各级干部中强化“三走到，三必到”制度；四是坚持在重大事故预防上高投入，完善了“六大系统”的建设，实现了全年安全生产无事故，连续五年荣获集团公司“安全生产模范单位”称号。五是坚持对整合矿井的安全监管，给予了全方位的人力、资金和技术支持，有效地提升了整合矿井的整体安全管理水平。

集约高效水平逐步提高。公司围绕《煤炭集约高效生产实施纲要》，克服了地质条件复杂多变的实际困难，不断优化生产布局，灵活组织生产，交替开展了1306和2306工作面的回采；为了合理安排采掘衔接，先后完成了2309工作面、南翼首采3313工作面的掘进和2309工作面的安装工作，以一采一备的生产格局，有效规避了地质条件变化对回采的影响，保持了矿井产量持续稳步增长的良好态势。

为进一步扩大矿井生产规模，积极开展了矿井180万吨产能释放项目的手续办理工作,部分项目现已通过有关部门批复；新建的辅助提升井已顺利贯通，井筒设备安装完成；同时对南翼三采区的通风、供电、运输等各个系统进行了优化；地面35KV变电站，现已完成设备安装工作，正在办理试运行手续；新建的4个原煤筒仓主体工程已完工，部分设备已到货并开始安装；各项配套工程的顺利完成，为

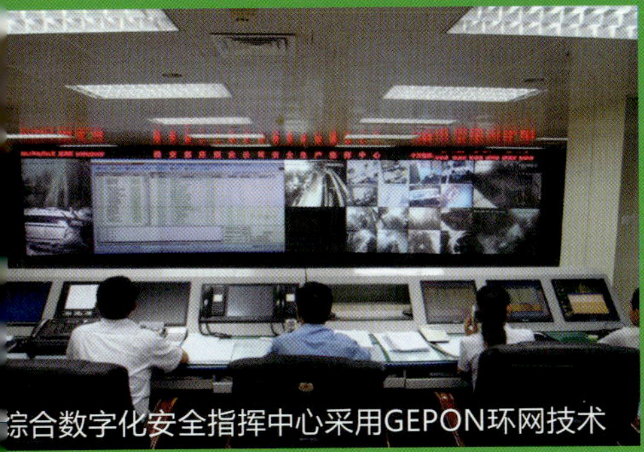

综合数字化安全指挥中心采用GEPON环网技术

现代化的一次性采全高综采工作面

具有国际先进技术的选煤厂采用重介旋流器+螺旋分选+浮选工艺，使精煤回收率达到了75%以上

全面提升矿井的集约高效生产水平奠定了坚实的基础。

经营管控体制机制日益完善。一是健全内部管控制度，完善了市场化改革的各项管理制度，建立了包括生产经营指标、材料供应、成本消耗控制等内容的目标考核制度和奖罚机制。二是灵活实行招标采购，建立了全方位、全过程合同控制管理体系。三是引进先进的管理软件，逐步延伸到企业经营管理的各个环节。四是严把产品质量，对煤质进行全过程监督，通过对洗煤工艺的技术改造，提高了精煤回收率，同时，灵活及时地调整经营策略，保持了产销两旺的发展势头。五是不断完善绩效考核机制。六是注重人才兴企，不断加强人才培养和引进工作，从各大、中专院校公开招聘主体专业毕业生、退伍军人，充实到了公司基层队伍，为公司发展注入了新的活力。

数字化矿井建设成效显著。按照"以建为基，以用为本，规划先行，协调均衡"的原则，积极推进矿井的信息化建设工作。去年，对整个监测、监控系统进行了完善，增加了井下开关馈电传感器，完成了地面瓦斯抽放系统的实时监测和自动控制；完成了地面瓦斯泵站、污水处理站监测监控系统；建立了产量监控平台，扩展了安全生产管理信息系统的应用范围，初步实现了信息资源共享、集中监控、有效数据自动采集，有效增强安全生产防线。同时，增加和完善了工业电视监控和"一卡通"系统内容，全面推进了矿井数字化建设。

可持续发展能力稳步提升。整合矿井各项工作有序推进；转型发展项目进展顺利；房地产公司全年开发房屋建筑面积28289平方米，已建成房屋面积14384平方米，实现利润740万元；

压煤村庄搬迁取得实效，公司成立了搬迁办，专门从事压煤村庄搬迁工作。现东兴旺村的《搬迁实施方案》和新村选址、新村用地手续已经市政府批准，各项工作正在积极稳妥推进。

生态和谐矿井建设取得实效。公司以建设资源节约型、环境友好型现代化绿色新矿区为着力点，坚持高起点定位、高标准要求、高质量控制、低投入运作，实施了多项环境保护措施，实现了矿井水、煤矸石不外排，洗煤水闭路循环。通过一系列工作的开展，矿区及周边的环境质量得到了极大改善。

党建和企业文化建设得到全面加强。公司按照"围绕中心抓党建，抓好党建促发展"的要求，扎实推进了党建工作。深入开展了十七大五中、六中全会、胡锦涛同志"七一"讲话学习活动；聘请专业培训公司，对公司中层干部及文化管理人员进行了企业文化专题培训；同时注重精神文明建设和思想政治的宣传工作，举办了"十一五"辉煌成就展，首届安全文化书画、摄影作品展，一系列活动的开展，营造了浓厚的安全生产氛围。

2012年，是实施"十二五"规划承上启下的关键年，公司将进一步贯彻落实科学发展观，以集团化经营、多元化协调发展为目标，立足新起点、抓住新机遇、实现新跨越，全面打造具有郭庄特色的现代化新型能源企业。

先进的矿井水处理装置

副井

主井提升系统采用四绳落地式摩擦轮提升机主井绞车，年提升能力200-300万吨

转型跨越发展的领跑者

——山西潞安集团常村煤矿

绿树掩映、安全高效的现代化矿井

潞安集团常村矿是我国首次利用世行贷款建设的特大型、现代化煤炭生产企业，是潞安集团煤炭主业的主力矿井、上市公司潞安环能的品牌化、标志性企业，现在拥有员工7900人。常村矿通过质量、环境和职业健康安全管理体系认证，多年来先后荣获“全国特级安全高效矿井”、“全国特级高产高效矿井“、“全国首批资源利用先进企业”、“全国企业文化建设优秀单位”、“年度最具成长性企业”、“全国和谐社区建设示范社区”、“全国模范职工之家”、“山西省文明和谐标兵单位”等荣誉称号。

2011年，常村煤矿干部职工在潞安集团新一届党政的正确领导下，在以唐军华、张国庆为代表的矿党政团结带领下，始终以科学发展观为指导，认真贯彻十七届六中全会，省第十次党代会，集团职代会、党委会精神，放胆争先，开拓创新，扎实工作，包括6座整合矿井在内，取得了安全零事故、瓦斯零超限，生产煤炭955万吨，销售收入65亿元、实现利润11.4亿元的好成绩，在八个方面开创了矿井“十二五”更好更快科学发展的崭新局面。

一是开创了安全发展的崭新局面。成功组织了全国首次井下永久避险硐室48小时载人实验，建成了上水平低负压瓦斯抽采系统，继续保持了安全生产零事故的良好发展态势。

二是开创了高效发展的崭新局面。瞄准“集约高效、正规有序、稳产高产”目标，构建了富有特色的大超前管理格局，狠抓富有成效的精细化管理，积极引进先进、高效、实用的采掘技术装备，先后建成了数字化、自动化综采、综掘工作面，成功闯出了一条高瓦斯复杂地质条件下实现集约高效发展的新道路。

三是开创了永续发展的崭新局面。700万吨产能释放环保工程基本完成，470水平矿、土、安工程全面铺开；各整合矿井技改基建步伐进一步加快；大成公司型煤开发建设进入筹建阶段。

装备先进、高效一流的安全生产调度指挥中心

接受革命传统和廉洁从业教育，图为常村煤矿新任干部在聆听申纪兰讲爱国廉政党课

中共山西省委常委、组织部长汤涛（前排左二）在潞安集团董事长李晋平（前排右二）、党委书记王安民（前排右一）等领导陪同下，深入常村煤矿井下检查指导安全生产

四是开创了创新发展的崭新局面。企业理念、管理和技术创新步伐明显加快，常村矿“地应力异常区域上山群蠕变围岩控制技术”，获得中国煤炭工业协会科技进步一等奖。

五是开创了战略发展的崭新局面。调适了矿井未来四年发展规划，加快了推进转型跨越发展、建设品牌化新常村的前进步伐。

六是开创了和谐发展的崭新局面。“一个机制、四个载体”党建模式深入扎实推进，主体矿井、整合矿井、中小企业“三足鼎立”、协调推进、全面发展的格局业已形成。

七是开创了惠民发展的崭新局面。通过集体团购，不仅彻底解决了矿区购房问题，平抑了矿区房价，保证了水暖电气、后勤服务水平；一大批打造“幸福常村”的福利工程全面启动。

八是开创了品牌发展的崭新局面。完成了央企学习贯彻锦涛总书记“七一”重要讲话暨创先争优理论研讨会，全省煤炭防治水工作推进现场会、安全乡村（社区）建设工作现场会等参观接待，展示了潞安集团的美好形象、常村煤矿的靓丽风采。

常村煤矿矿长唐军华（前排中）、党委书记张国庆（前排左二）带领该矿党政领导班子深入井下综采工作面检查指导安全生产工作

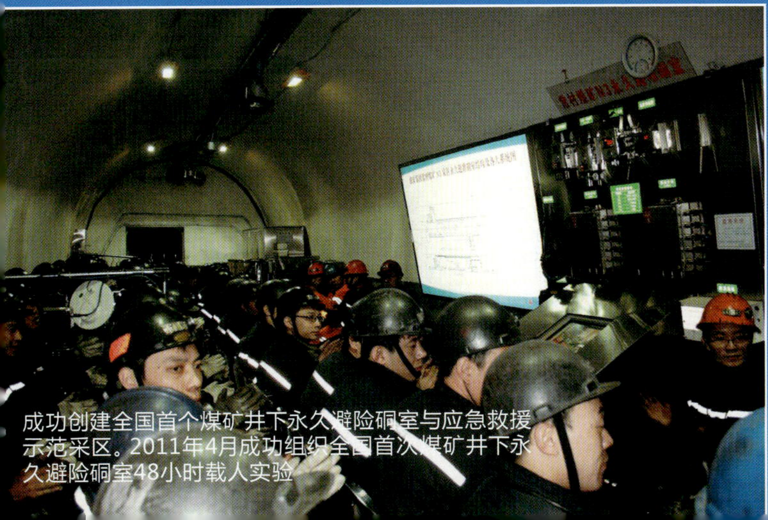

成功创建全国首个煤矿井下永久避险硐室与应急救援示范采区。2011年4月成功组织全国首次煤矿井下永久避险硐室48小时载人实验

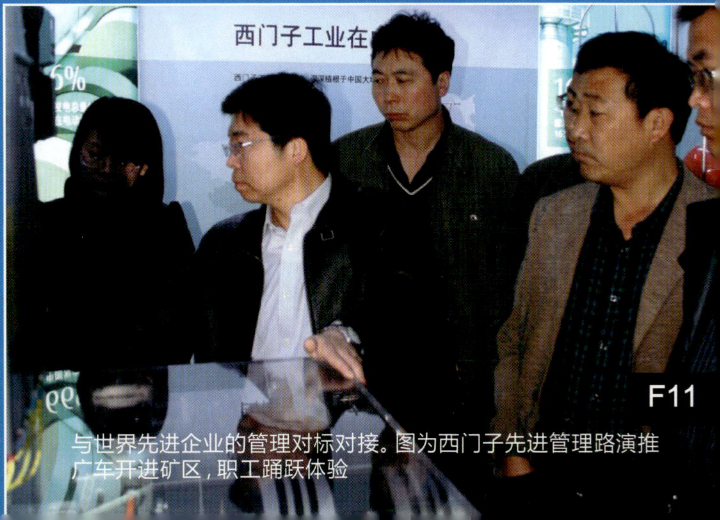

与世界先进企业的管理对标对接。图为西门子先进管理路演推广车开进矿区，职工踊跃体验

山西潞安集团余吾

山西潞安集团余吾煤业有限责任公司由原屯留煤矿改制而来，被誉为最能代表中国煤炭行业发展水平的现代化企业，是潞安新时期的“明星”矿井，也是潞安集团屯留煤油循环经济园区的基础工程。公司位于长治市屯留县境内，设计生产能力600万吨/年，配套同规模的选煤厂及铁路专用线。矿井采用立井开拓方式，井田面积161.205平方公里，可采储量6.79亿吨，主采3#煤层，平均厚度5.99米，其煤质为中灰、特低硫、低磷、高发热量、高熔点灰分，是优质的动力和化工用煤，矿井服务年限81年。一期工程于2007年5月12日正式投产，同年11月2日改制为山西潞安集团余吾煤业有限责任公司。2008年1月被潞安环能股份公司收购，成为上市公司。2010年9月二期工程通过国家验收。

按照“煤不见风、煤不见天”的绿色环保理念，余吾煤业公司仅用三年时间建设完成，创造了全国特大型井工矿井建设新纪录。该公司主要具有以下特点：一是大安全。率先将工业以太网技术应用于井下，对井上井下各个生产环节实行24小时实时监测和无盲点指挥。人员定位系统可以对井下人员进行全过程跟踪和实时显示。特别是建立了井上井下立体化全方位瓦斯抽采体系，逐步将高瓦斯矿井变为低瓦斯矿井；二是大环保。原煤及产品全部仓储，矿井水经过处理成为可直接饮用的纯净水，煤泥和煤矸石用于矸石电厂发电，抽采的高浓度瓦斯为煤变油提供氢源，低浓度瓦斯用于IGCC发电；三是高技术。主副井提升系统可实现远距离无人操作，国内采矿业中首次使用的数字控制中心可实现故障自我诊断。主井井架高76.8米，重1234吨，获得中国建筑行业最高荣誉“鲁班奖”。全国第一个300米超长工作面，入选中国企业新纪录。600万吨选煤厂可根据市场需要调节产品结构，每班只需要7名巡检人员。自动化装车系统30秒装一节车皮，完成一列装车任务不用一个小时。

投产以来，余吾煤业公司从强化现场管理入手，抓变化、抓环节、抓重点，进一步优化生产组织，科学合理组织生产，矿井生产能力一年一个新台阶，取得了安全上水平、质量上台阶、效益逐年好的优异成绩，实现了科学发展。

该公司先后获得“中国煤炭业特级安全高效矿井”、全国“安康杯”竞赛活动优胜单位、“国家级安全质量标准化煤矿”、“山西省优秀企业”、“山西省科技奉献奖先进集体”、 企业环境行为“绿色”等级、“山西省矿（厂）区绿化模范单位”、“山西省水土保持示范工程”等荣誉称号。选煤厂被评为中国煤炭行业“十佳选煤厂”。

 风景怡人的矿区一角

煤业有限责任公司

意气风发的员工队伍

主立井井架高76.8米，重1234吨，为世界第一大井架。

景色宜人的矿区一角

丰富多彩的员工文化生活

明确目标——公司召开年度工作会

潞安集团财务有限公司

潞安集团财务有限公司（以下简称“公司”）是中国银监会2007年8月批准设立的山西省首家企业集团财务公司，注册资本金10亿元。作为集团唯一的金融机构，2011年，公司在集团正确领导和大力支持下，紧跟集团战略发展步伐，通过不断完善金融平台功能，为集团强化资金集中管理、增强融资能力、提高资本运营水平发挥了重要的保障和支撑作用。截至2011年末，公司资产总额178.8亿元，负债总额167.1亿元，所有者权益11.7亿元，资金归集率66%，全年实现营业收入4.5亿元，实现利润总额1.87亿元。2011年，公司被山西省企业联合会评为“山西省优秀企业”，被集团授予“模范单位”最高荣誉称号。

一、积极拓宽融资渠道，扎实推进金融产品创新，全力支持集团5+5产业布局建设

2011年为推动集团重点项目建设落地，加快各整合矿井和新兴产业发展进度，公司克服从紧货币政策影响，采用差别化服务策略扎实推动了成套设备融资租赁、煤炭资源整合贷款、低息贴现等特色金融产品的推广，而且创新性开展了银团贷款，突破性地推广了电子银行承兑汇票，有效拓宽了集团融资渠道，降低了集团项目建设成本。全年累计向集团成员单位融通资金120亿元。

二、发挥资金集中管理中心职能，着力提升资金管理水平，资金归集工作稳中有升

公司的核心功能是通过加强资金集中管理，提高资金的使用效率。国务院国资委对企业集团财务公司的定位是“国资委推进企业集团化建设、增强企业集团对分、子公司控制能力的重要抓手”。资金集中管理是集团公司有效贯彻战略意图、提高资金风险防范控制能力的重要保证，更是公司服务成员单位的首要前提和立司之本。截至2011年12月31日，共有161家成员单位在公司开立账户，归集成员单位资金100.16亿元，占所有成员单位直联银行货币资金105.21亿元的95.2%，2011年公司全口径资金归集率为66%。

三、科学把控市场运作风险，合理调配资金头寸，努力提高资金运营收益

2011年公司以年度资金计划为指导，科学把控市场风险，审慎安排资金头寸，通过与同业机构开展同业拆出、债券质押式回购等业务，全年共获得同业往来利息收入1.1亿元。在新股投资业务方面，一年来在复杂严峻股市环境下，全年实现新股申购投资收益2471万元，相对利润指标全部跑赢上证综指、中小板指、创业板指，取得了来之不易的新股投资业绩，更为可贵的是培育了一批具有市场眼光、熟悉资本市场运作的人才，为集团今后进行资本运作打下了坚实的基础。

四、探索性开展投行业务，着力完善金融功能，积极为服务集团做好各项准备工作

公司实时关注金融市场变动，着力完善金融服务功能，努力发挥人才、信息等方面的专业优势，逐步开展投行业务，开发了保险代理业务，财务顾问、融资顾问等专项顾问服务业务，力求为集团战略推进提供全方位金融支持。

今后，公司将进一步认清集团发展形势、坚定信念、开拓进取、真抓实干，牢牢把握集团三大主攻方向，加大金融创新力度，丰富公司业务品种，全面发挥财务公司金融平台功能，为建设既强又大国际化新潞安提供坚实的金融服务保障。

扬帆起航——公司在省城太原举行盛大揭牌仪式

服务集团——公司与集团整合煤矿签订成套设备融资租赁协议

展现风貌——公司荣获全省银行业金融机构“三新杯”贷款新规知识竞赛第二名

健全组织——公司成立集团党委直属党支部

开拓创新——公司开展首笔银团贷款业务

文化活动——公司员工自编自演的新年联欢会

团队建设——公司组织全体员工参加团队拓展训练

山西潞安集团五阳煤矿

平安五阳

山西潞安集团五阳煤矿位于上党盆地北部襄垣县王桥镇境内，是一座以煤炭生产加工为主，煤、焦、电、气、化等产业并举的大型现代化煤矿。矿井处沁水煤田中部东端，井田面积为148.5249平方公里，可采储量为28665万吨，煤种以贫瘦煤为主，具有低磷、低硫、低灰、高热值等特点，主导产品"潞安牌"九级冶炼精煤为山西省名牌产品。

2011年，五阳煤矿新一届领导班子团结带领广大干部职工群众，全力以赴保安全，真抓实干求发展，殚精竭虑惠民生，各项工作取得显著成效，呈现出五大亮点：一是主要经济指标创造新纪录，全年生产原煤319.2011万吨，完成掘进进尺19887米，洗选精煤222.0508万吨，实现销售收入24.39亿元、利润7.5亿元，职工人均工资达到8.301万元，主要经济指标均创造了历史最高纪录；二是矿井安全生产呈现新局面，以"打造平安五阳"为目标，以强化"六种思维"为抓手，以"三基"管理为重点，全面推行以"六个坚持、六个依靠、六个确保"为主要内容的安全管理新模式，矿井连续18年安全度汛，杜绝了重大事故发生，实现了安全生产持续平稳、健康有序运行；三是重点战略工程取得新进展，五阳扩区开发

矿领导下井现场办公

稳步推进，地面瓦斯抽采泵站改扩建工程进展顺利，180万吨/年选煤厂改扩建工程建成投运，村庄搬迁工程有序进行，整合矿井现代化建设步伐全面加快；四是矿区人居环境得到新改善，高效落实各项惠民工程，对矿区主要建筑群进行粉刷，对华阳、怡阳、朝阳小区进行楼间改造，对部分小区各项设施进行更换，拓展改造朝阳路，实施社区供水管道改造工程，投3#楼单身公寓，建成投用矿史展览馆，优化职工浴室和南丰工区供暖系统，建成广源综合商贸大楼，通过多种途径开展扶贫济困工作；五是矿山文明创建跃上新台阶，取得丰硕成果，先后获得"全国文明单位"、"全国'安康杯'竞赛优胜单位"、"全国企业文化建设十佳单位"、"全国煤炭行业创建学习型企业先进单位"、"2011年度全国实施卓越绩效模式先进企业"、"山西省五一劳动奖状"、"山西省模范劳动

幸福五阳 百年五阳

和谐企业”、“山西省五星级基层工会”、“山西省模范职工之家”等殊荣……

目前，五阳煤矿正按照潞安集团总体战略部署，以建设亿吨级煤炭新基地为天职，以打造产业发展新高地为使命，以开创幸福潞安新天地为己任，以“平安五阳、百年五阳、创新五阳、绿色五阳、幸福五阳”为标志，以“千万吨基地，特色化园区，三百亿规模，骨干矿旗舰”为目标，坚定不移地走内涵提升、外延扩张、多业并举的转型发展之路，调整五大结构，推进五大转变，实施五大战略，建设五个五阳，实现五大跨越，全面打造更具实力、更富特色、更有品位的新五阳。

五阳矿建党90周年红歌大赛

金秋助学

五阳矿史展览馆

五阳矿办公楼广场

山西潞安集团高河能源有限公司

2011年是集团公司“十二五”战略规划的开局之年，高河矿井项目进入建设后期，是矿井由基建转向生产的关键之年。一年来，高河能源公司认真贯彻落实“安全第一，预防为主，综合治理”的工作方针，着力推进本质安全型矿井建设。自2011年6月16日开始，矿井（含选煤厂）进入联合试运转阶段。

一、职业卫生专篇、消防专篇、工程项目质量认证、档案专篇及矿井瓦斯抽采系统顺利通过验收。

7月8日，公司进行职业病危害项目竣工验收。专家组一致认为，高河能源公司坚持以人为本的理念，标准化体系建设符合规范，职业卫生标准化管理模式已经形成，同意通过竣工验收。

7月13日，长治市消防中队对高河能源公司消防专篇项目进行验收。验收组认为该项目各消防设施均符合国家规定的消防安全管理标准，同意投入使用。

10月19日，省煤炭工程质量验收组莅临高河展开工程质量验收工作。高河矿井项目（含选煤厂）高标准顺利通过工程质量认证。工程质量认证获得山西省同类项目中的最高分，达到省优质工程标准。

10月29日，由山西省档案局及相关处室组成的验收专家组展开项目档案专篇验收。档案专篇项目获得专家组的一致好评，被称赞为潞安集团档案工作的标杆工程；公司顺利通过档案专篇验收。

11月19日，高河能源公司展开为期两天的瓦斯抽采项目验收工作。专家组对高河能源公司瓦斯抽采工程所做的工作给予高度肯定，认为高河能源公司瓦斯抽采工程符合国家标准，可以通过验收。

二、突出瓦斯治理，坚决杜绝重大事故发生。

组建了专业打钻和抽采管路安装队伍。目前又有六口地面井正在W1309工作面上方施工，计划2012年再施工30口井，以后每年以至少30口井的数量递增，并随排采情况适时增补。

加大瓦斯治理装备投入。为胶轮车、电机车、采煤机安装机载式瓦斯断电仪；安装煤矿瓦斯巡检信息管理系统。根据集团公司安排和总经理翟红“稳步搞好试验，从高河的试验中找出适合集团公司所有矿井在煤层松软条件下施工钻孔的新经验”的指示精神，成功引进澳大利亚威利朗沃公司VLD-1000型大功率定向千米钻机和德国腾马EH1400型液压框架式螺旋钻机，并在井下成功完成试验。

三、引进先进设备，为安全高效率生产提供可靠保障。

主、副井提升系统分别采用德国西马格和瑞典ABB提升机，大大提高了提升效率。主通风系统选用英国豪顿公司生产的动叶可调轴流矿井风机，为矿井在高瓦斯下采煤提供了可靠的安全保障。综采设备采用全国先进的MGPY930-WD采煤机，极大地提高了采煤效率。井下运输系统采用先进的WC5-E型和WCQ-3A无轨胶轮车运输，大大提高了井下运输效率。

四、坚持安全发展，全面构建大安全管理格局。

矿井实现了连续2000天无重大安全事故的良好局面。一是完善制度保障体系。明确了12名公司领导、23个业务部门、15个基层队组的安全生产责任制。同时，完成矿井兼职矿山救护队的组建工作。二是完善应急救援体系。制定了《事故应急救援综合预案》等25项应急预案，并定期进行应急演练，提高了矿井的整体抗救灾能力。矿井的监测监控、压风自救、供水施救、通信联络、人员定位五大系统全部形成，安全避险系统正在抓紧建设中。

五、管理模式形成新格局。公司成立以来，依托党建绩效管理，形成了集安全、党建、生产、经营为一体的“党政合一”绩效管理新模式。努力控制机关和非主业人员，推行一岗多职、一职多能，形成部门职能多元化、人员职责多能化、岗位设置精简化的管理结构。另外，服务类业务实现外委专业化管理，对后勤服务、零配件加工等地面非生产系统采取委托专业公司承包经营方式，提高了整体的服务质量，实现了成本最低化，效益最优化。

高河能源办公楼

高河能源全景

高河能源副井与原煤仓一侧

高河能源调度室

高河能源职工食堂

高河能源洗煤厂主厂房

党建表彰大会

三防演练

晋煤集团通信分公司

2011年，晋煤集团通信分公司以科学发展观为统领，以提升信息化发展能力为主线，以“立足基础、创新思维、加快发展、推动升级”为主题，求创新、重落实，圆满完成全年各项工作。

一、安全管理持续巩固

深入开展职业健康安全管理体系建设，实施安全动静态检查、领导干部基层巡查、“三基”调研、签订三级安全目标责任书等工作，安全生产平稳运行，实现全年安全生产无事故。

二、经营管理迸发活力

全年完成收入指标4478万元，超额完成478万元，增长13.9%，同比增加548万元。全面预算工作深入推进，立标对标工作全面启动。在技术创新上，《晋煤集团数据中心安全防护与研究》和《数字证书在SSL—VPN中的应用》分别获得集团公司科技进步二、三等奖。

三、人员素质显著增强

全年共组织各类培训273人次，特别是针对公司业务特点，聘请北京邮电大学专家教授进行信息化专业知识培训。开展岗位技能六个工种的技术比武，应知应会工作深入持续开展，岗位交流制度初步尝试。

四、客服工作树立品牌

全年电话导航查询33万余次， 客服回访2.9万余次。设立客服专线，培养首席客服专家，搭建平台，理顺业务，通过走出去、面对面的创新形式宣传业务知识，解答用户疑难，公司对外形象更加彰显。

五、重点工作扎实推进

全年新增电话用户2100余门，宽带用户3600余门。截止2011年底，主干光缆达600余公里，电话用户达3.7万余门，宽带用户3万余门，移动办公600余户，信息化系统33个。

——通信网络不断延伸 完成各矿传输环网设备安装及原传输系统的版本升级；20余家驻外子分公司、太原煤气化公司通信网络联网及相关业务系统的开通；寺河—成庄、岳城—寺河、机关—王台—电厂—凤矿主干光缆敷设58公里。

——通信系统不断优化 完成程控交换机10个模块局和各通信站通信系统电源改造，对通信网络设备设施线路、图纸资料、标识牌、标签等进行标准化整治；省局数据上传2M扩容至10M的升级改造并对上传数据报表进行更新。

——信息化系统不断完善 完成供电、物业等38家单位办公自动化系统上线，并增加“领导带班”、“即时通信”等功能模块；协同办公平台升级改造，增加集团公司、处室、单位、个人四大空间页面；6大板块数据落地及“两化融合”调研，并对寺河矿生产数据进行试点；集团公司OFFICE办公软件实现正版化。

——安全生产系统不断推进 对集团公司 44对整合矿井的“三大系统”联网技术方案进行设计、研讨，并完成各矿井通信线路敷设；对“井下人员定位系统”的验收和“执法系统”的初验工作；集团公司各矿井安全监控网络优化，全部实现双链路加备用通道。

六、党群工作彰显活力

深入开展党建“四五六”活动，结合“六个一”、“党员示范岗”、公开党员承诺书、党员脱产培训、“青年文明号”、“青监岗”建设等活动，成功改版上线运行内部网站，搭建公司对外宣传新平台。工会组织全年共安排387名职工年度体检，158名女工健康普查，节日慰问35人次，职工慰问31人次，2011年被全国体协授予“全国基层体协先进单位”荣誉称号。

下基层检查

信息化培训

技术比武

团青红色教育

安全文艺汇演

2011年11月9日，山西省委书记、省人大常委会主任袁纯清，省委副书记、省长王君带领观摩组到晋煤集团金鼎公司煤机制造金匠园区调研

山西晋煤集团金鼎煤机矿业

2011年，山西晋煤集团金鼎煤机矿业有限责任公司（简称“金鼎公司”）紧紧围绕“改革、创新、发展、和谐”四大主题，以全力打造“独具特色创新型煤机产业集团”为目标，全面推进煤机产业链条构建。以煤机产业管控体系建设为平台，以项目建设为主线，以园区、产业集群为承载，以生产要素整合、企业并购、资本运作为手段，以煤与煤机联动发展为基础，以实施自主创新和品牌战略为途径，承前启后，开拓创新，各项工作突飞猛进，各项事业蓬勃发展。

【全年主要经济指标】

——截止2011年底，公司总资产达到29.8亿元。

——完成生产经营总额25亿元，同比增长35%；实现利润9600万元，同比增长46%。

【重点工作完成情况】

一、安全生产持续向好

强化“安全高于一切，一切服从安全”的理念，落实“1165”安全工作措施，健全安全管理六个体系，明确安全管理职能，强化安全管理责任，建立安全管理长效机制。狠抓五项重点工作，深入开展“三基”和安全生产百日大检查活动，推进安全技术会诊工作，强调“八查”和安全问责，有效控制安全事故的发生。提出“九位一体”安全管理理念，从体制、机制、制度上深化和细化了安全管理，安全管理水平持续提升。同时，成功申报机械行业安全生产质量标准化一级企业。

二、管控体系日趋健全

2011年，完成煤机板块组织模式设计，构建“条块清晰、管理高效、决策统一、业务联动、服务专业”的子集团管控体系，建立煤机板块战略决策、职能服务、业务主体三级管控机制。调整组织机构，明确管理职责，规范了业务流程，理顺了母公司与子公司之间的关系，构建煤机板块研发、制造、生产、服务四产为一体的经济共同体，使管理效率大幅提高。

三、基础管理逐步完善

2011年，结合企业发展的实际，不断强化基础管理，持续完善规章制度，放大制度功能，建立了用制度管权、按制度办事、靠制度管人的制度体系，极大地提升了管理水平。一是大力推行工序管理，二是深入开展立标对标活动，三是进一步完善了公司基础管理体系，大力推进管理标准化、规范化和精细化。

四、产业建设快速推进

2011年，围绕煤机板块“十二五”发展规划，集聚优势要素，加快产业建设，在六个方面取得重大突破。

一是煤机制造与检修产业。一年内，成立金鼎太重煤机装备公司、山西金鼎高宝钻探有限责任公司、圆环链制造分公司、橡胶制品分公司等十个子分公司，实现了十个项目的落地开花。同时，组建煤机技术研究院、技术中心，并实施公司化运作，使金鼎公司在行业内率先走上了技术创新产业化发展道路。

二是“一个中心、两个园区、三个基地”竞相建设。中心基地基本建成。煤机制造金匠园区在2011年8月开工奠基，被列为省、市2011年重点工程。古矿基地已建成投运，西区基地建设如火如荼，北区基地已完成土地征用工作，即将全面开工建设。

三是发展物流贸易产业。成立了贸易分公司。同时，对集团公司内部油脂资源、木材、成品油资源进行了整合重组，成立了矿用油脂分公司、木材加工储运分公司、成品油分公司，物流贸易产业发展全面起步。

四是矿建产业。取得了矿建二级资质，为获得总承包准入门槛的一级资质铺平了道路。

五是整合矿井建设。平陆晋平煤业于6月19日正式开工；山阴晋泰煤业、长治仙泉煤业、长治大峪煤业开工准备基本就绪；金和能源公司探矿权转让工作取得了较大进展。

六是新型产业全面起步。积极开展30万吨铝镁合金和矿用胶带等项目的前期工作，与中国铝业、日本住友会社和美国铝业公司等国内外知名企业形成初步合作意向。

五、科技创新硕果累累

2011年，推进创新项目25项，其中，永磁同步电机、短壁采煤机等一批高新技术产品已经进入产业化阶段；立项论证了17项科技项目，其中5项被列入集团公司科技开发计划；全年申报晋煤集团科技进步奖20项，其中，获得了1项一等奖，2项二等奖，4项三等奖；全年申报专利51项，占晋煤集团专利申报总量的30%以上。

截止2011年底，公司专利总数达到109项，创造了5项世界领先、7项世界先进、12项国内领先的新业绩。“割内放外”大采高短壁采煤成套装备和永磁同步电机，被列入山西省重大装备技术；以自主研发的7.6米高端液压支架和具有多项自主知识产权的多

有限责任公司

型号采煤机，以及重型刮板机等系列成套装备为标志的“采掘六项工艺技术和装备”，不仅为煤矿实现综合机械化开采提供了一体化解决方案，而且填补了煤矿综合机械化开采的多项世界空白。荣获“中国机械工业最具创新力企业”、“全国煤炭机械工业优秀企业”和“山西煤矿机电产品先进定点单位”、“山西省质量信誉A级企业”、“山西省转型跨越新锐企业”荣誉称号。

六、外部市场稳步拓展

2011年，按照“立足内部市场，开拓外部市场”的发展思路，与太重煤机、中煤科工太原研究院、中煤北京煤机公司、美国久益等大型企业建立战略合作联盟，构建经济共同体，扩大市场内涵，全年实现外部市场销售10%。

七、品牌建设亮点纷呈

加大自主创新，以先进的工艺技术，完善的产品性能，确保产品的先进性；加强技术工艺和质量管理，提高产品质量；推行“家电式”服务，赢得了用户的信赖；强化品牌营销和广告宣传，通过举办新产品推介和鉴定会，不断展示最新创新成果，及时回馈客户需求，增进了社会对我们的认同，公司“知品牌、爱品牌、扬品牌、护品牌”的品牌文化逐步形成。

八、精神文明卓有成效

坚持以人为本，让发展成果普惠员工。建成医疗健康中心、综合办公楼、员工休闲广场、停车场，全面实施社区美化、亮化改造，政和街街面商铺改造工程全面完工，方便了员工生活，改善了文化娱乐环境；完成全员定期体检、开办研究生和大中专等培训班，建立了出国学习交流的平台；启动安全社区建设、开展爱心救助、金秋助学等活动继续开展，使得企业和谐发展成果普惠，企业凝聚力日益增强。

同时，积极培育企业精神，锻造企业文化，深化思想政治工作，强化形势任务教育，深入宣传企业发展成果和战略愿景，增强了全体员工的团队意识、责任意识、奉献意识、感恩意识，营造“岗位建功立业”的浓厚氛围。围绕建党九十周年，开展了“唱红歌”、“讲党史”等一系列活动，增强企业的向心力。加强党风廉政建设，强化内控机制，营造了风清气正的发展环境。工、团工作扎实开展，实现维权工作规范化、民主管理程序化、劳动竞赛经常化、帮扶救助制度化、文体活动多样化，保障了企业的和谐稳定。2011年企业荣获“省属企业文明社区”、“省属企业文明单位”等荣誉称号。

世界首创短壁单滚筒采煤机，装机功率小、截割效率高、资源回收率高、块率高、适应性强

自主研制的湿式混凝土喷射机组，自动化程度高、喷射质量好、回弹率低、无粉尘、节约材料

金鼎公司创新产品灿若星辰，图为该公司创新产品在第六届中博会亮相

山西晋中国有资产经营有限公司

山西晋中国有资产经营有限公司组建于1998年4月，是集投资、融资于一体的运营国有资本的特殊企业，隶属于晋中市国资委，按县处级建制管理。至2011年底，公司总资产为13.91亿元，负债总额5322.96万元，净资产总额13.38亿元。

公司董事长、经理尹晓明

2011年，公司班子成员与全体员工团结一致，按照省委关于推动转型发展，再造新山西的要求，紧紧围绕晋中市委、市政府“加快产业转型升级，实现四化率先发展” 的工作重点，进一步强化管理，完善运营机制，一手抓清欠，一手抓发展，较好地完成了全年各项工作任务，公司总计收入1500 万元，比上年提高27%，为晋中的经济发展做出了积极的贡献。

深入各县市调查

进入2012年以来，公司全体员工在新班子的带领下，紧紧围绕晋中市委、市政府的中心工作，在深入基层调查研究的基础上，努力开拓，不断探索，开创了奋力赶超、团结奋进的新局面。一是结合晋中市委开展“晋中精神”大讨论，组织开展了“创建企业文化，促进和谐发展” 的大讨论活动，进一步凝聚了人心，提振了精神；二是在理清工作思路的同时，积极寻求开拓创收的新业务、新门路，在盘活存量资产、引进增量资金、增资扩股等方面，大胆创新，为公司的进一步发展奠定了良好基础；三是紧密围绕市政府加快产业转型升级的部署，深入企业调查研究，充分发挥国有资本的引导作用，对符合产业规划的企业予以积极扶持，为加快晋中产业转型升级、跨跃发展做出了新的贡献。

公司组织员工学习

深入企业调查

山西省国资委党委 2010年宣传和统战工作要点

晋国资党办发[2010]3号

2010年省属企业宣传和统战工作指导思想是：以党的十七届四中全会精神为指导，深入贯彻落实科学发展观，按照中央、省委对宣传和统战工作的总体部署和要求，以及全省国资监管工作会议提出的中心任务，高举旗帜，改革创新，围绕中心，服务大局，为应对国际金融危机、推进“三个发展”、建设新基地新山西做贡献。着力在加强理论学习，提高省属企业广大干部党员理论水平上取得新成效；在加强社会主义核心价值体系建设，开展创建活动上取得新进展；在企业文化建设，形成促进发展的企业内在机制上实现新突破；在提高舆论引导能力和提升企业影响力上迈出新步伐，为开创省属企业持续健康发展的新局面提供有力的思想保证、精神动力和舆论氛围。

一、把握新精神，引深学习党的十七届四中全会精神，落实好科学发展观，加强企业职工思想政治工作。

省属企业各级党组织要紧密联系党员干部的思想实际，以各级领导干部为重点，切实把加强理论研究与回应群众关切问题结合起来，把理想信念教育与建设学习型党组织结合起来，不断提高各级干部群众理论素养和运用科学理论解决实际问题的能力。

1.切实抓好党委中心组理论学习。省属企业各级党委中心组的学习，要按照中央和省委关于加强和改进党委中心组学习的有关精神，坚持学习和工作实际紧密结合起来的基本原则。坚持有的放矢、学以致用，反对形式主义。进一步健全和完善学习考核、激励约束等相关制度，推动理论学习制度化、规范化。各企业党委要把中心组学习摆到重要位置，省国资委将适时举办理论讲座及学习交流等活动，并不定期对各企业党委中心组学习情况进行督导检查，不断提高学习质量和效果。

2.深入抓好党员干部理论学习。各企业要不断创新和丰富理论学习有效管用的新方法，积极运用研究式、研讨式、互动式等现代科学方法，把握群众的所需、所盼、所虑、所惑，用群众爱听的语言，讲群众听得懂的道理，提高理论武装工作的针对性和有效性。

3.精心组织面向基层的理论普及。紧密结合职工群众思想实际，深入开展以“高举旗帜、科学发展、共建和谐”为主题的理论学习宣传活动，分层次学习和宣讲省委、省政府重大决策和部署，全面准确地掌握和领会主要观点及精神实质。同时，要针对人们普遍关心的热点难点问题，运用职工容易接受的手段和形式，抓好宣讲辅导和骨干培训，深入浅出地析事明理。

4.做好新形势下企业职工思想政治工作。认真研究新形势下企业思想政治工作的特点和规律，积极探索新方法、总结新经验、开辟新理论；要围绕加强企业党组织建设、应对金融危机、资源整合等开展课题研究，研究对策，提出解决办法，形成研究报告，为领导科学决策提供依据；特别是针对我省煤炭资源整合这一大的事件，开展员工思想状况调查研究，及时掌握员工的思想状况。

二、开拓新视角，突出“战胜危机”、“转型跨越”等主题，做好新闻宣传工作。

2010年，宣传思想工作要继续坚持团结稳定鼓劲、正面宣传为主的原则。紧紧围绕经济建设这个中心，为服务“三个发展”营造良好社会氛围。

突出抓好省属企业经济发展方式转变、培育新兴产业、推进重点工程、落实惠民政策以及建设生态山西等新举措的宣传，抓好推进改革开放和自主创新、增强经济增长活力和动力的宣传，抓好安全发展、保持社会和谐稳定的宣传，抓好热点难点问题舆论引导和突发事件的新闻应急处置工作。

加大应对国际金融危机典型经验的宣传力度，大力宣传应对国际金融危机所取得的显著成效，大力宣传省属企业“十一五”经济社会发展取得的辉煌成就，组织开展回顾“十一五”辉煌成就、展望“十二五”美好前景主题宣传教育活动，举办高层次、有特色的形势政策报告会，为推动“三个发展”、夺取应对国际金融危机冲击最后胜利，提供强大的精神动力、思想保证和舆论支持。

高度重视新兴媒体的作用。要加强对互联网、手机报、手机电视等新兴媒体发展趋势的认识，加强与新华网、人民网、黄河新闻网、山西新闻网等网络媒体的沟通联系，加强与省国资委网站的联系和投稿，充分发挥其在宣传、扩大省属企业影响力的积极作用。

三、拓宽新领域，抓好省属企业精神文明建设，提高精神文明建设水平。

根据省文明委2010年工作安排，结合省属企业实际，省属企业精神文明建设工作，要紧紧围绕“三个发展”战略重点，以建设社会主义核心价值体系为根本，以提高职工思想道德素质和社会现代文明程度为目标，以群众性创建活动为载体，进一步创新工作思路、改进工作方法、提升工作水平，努力为省属企业的改革发展稳定提供强大精神动力和良好社会环境。具体做好五方面工作：

1. 在省属企业大力推进“讲文明树新风”活动。各企业要加强宣传普及礼仪知识，依托社区活动中心等阵地，利用自办报刊、广播电视、橱窗、版面等多种载体，运用公益广告、宣传漫画、知识竞赛等多种形式，引导职工掌握礼仪知识，践行文明礼仪。省国资委文明办将于年内组织一次省属企业“讲文明树新风”礼仪知识竞赛，进一步推动此项工作。

2. 积极做好第三届山西道德模范推荐工作。坚持面向基层，吸引群众参与，使评选、推荐的过程成为开展道德实践、促进道德养成的过程。通过群众评、评群众，真正把民意基础好、社会认同程度高的道德模范评选、推荐出来，参加第三届山西道德模范评选。同时，积极组织省属企业参加好中央文明办开展的“我推荐、我评议身边好人活动”。

3. 在省属企业不断引深群众性文化活动，丰富职工的精神文化生活，在省属企业广泛开展“我们的节日”主题活动，以春节和元宵、清明、端午、七夕、中秋、重阳等传统节日为重点，引导职工认知、尊重、继承和弘扬中华民族优秀传统文化。

4. 开展富有特色的文明和谐单位创建活

动。按照省文明办的文明和谐单位创建的基本标准，积极探索建立与省属企业实际紧密结合的系统、简明、量化、易操作的创建文明和谐单位管理考核评价体系，推动各企业文明和谐单位创建活动的科学化、规范化。做好省属企业2009－2010年度文明单位检查验收和表彰工作。按照省文明委要求，省级文明单位今年要继续抓好和“社会主义新农村建设重点推进村”结对帮扶，共建文明和谐村活动。

5. 搞好省属企业创建工作交流和展示活动。省国资委成立三年来，精神文明创建活动和表彰已搞了三届，各企业为此进行了不断探索和努力，也积累了丰富的经验和成果，为搞好总结推广工作，请各企业注意收集整理好创建工作的文字和照片资料，省国资委文明办将在今年以适当的方式进行交流和展示。

四、加强企业文化建设，指导省属企业建设富有特色、充满活力的企业文化，提升企业的核心竞争力。

省属企业的企业文化建设要始终围绕本企业发展战略，遵循系统、科学、开放、创新的基本方针，以文化落地为主线，以生动、深刻的典型实践案例为抓手，周密策划，精心组织，营造氛围，着力将企业文化各项要求内化于心、塑化于行、固化于制、外化于形，为企业提高竞争力提供重要支撑。

1. 突出宣传典型案例，深化省属企业文化实践活动。推进文化落地，最重要、最直接、最生动的载体就是典型事例引导。要继续引深省属企业文化建设，选准典型，投入力量，深度解剖，不断形成真实、生动、感人的故事和案例，组织各个层面在讨论中受到启发。

2. 充分利用山西省企业文化研究会这一平台，年内召开1到2次研讨会，并进行评比表彰。拟选择1—2对企业，交叉进行企业文化诊断工作，相互发现问题，总结经验教训，提炼文化精髓。

3. 组织参加中部六省企业文化论坛。中部六省企业文化研究会（促进会）年前在武汉进行了协商，拟举办中部六省企业文化论坛，今年九月在湖北召开，以后轮流承办。请各企业准备好交流资料，派人参加。

五、以凝聚力量为宗旨，推进省属企业统战工作。

统一战线是党的总路线、总政策的重要组成部分。统战人士是企业进步、社会发展的重要力量。做好新时期统战工作，是落实科学发展观、调动各方面的积极性、维护企业和谐发展的根本要求。根据2010年省委统战部工作要点，省属企业统战工作要坚持服务大局、突出重点、整体推进、落实到位的原则，重点抓好四方面的工作。

1. 认真组织，加强学习，提高统战人士的思想认识。要及时组织统战人士学习国家及各级政府对统战工作的精神和政策，及时组织传达党的方针、政策，学习邓小平理论、“三个代表”重要思想、科学发展观等，以统一思想，凝聚力量，增强他们贯彻落实科学发展观的自觉性和坚定性。

2. 掌握政策，把握大局，增强统战干部处理复杂问题的能力。各级统战干部要认真学习，深刻领会党的统战政策，增强做好统战工作的本领。各单位要加强基础工作，实行动态管理，随时了解统战人士的变化情况，及时了解统战人士的思想动态，尤其要做好重点人群的管理，有针对性地做好思想政治工作，为他们释疑解惑，排忧解难。要继续做好党外知识分子的培养、选拔、推荐工作，为他们的成长创造条件。要继续做好传统节日的慰问工作，确保统战队伍的稳定。

3. 要落实好党的各项统战政策，有民主党派支部的企业，落实好民主党派支部活动经费的使用情况，帮助民主党派组织搞好思想建设和组织建设，为民主党派支部建立活动室，使民主党派人士活动有场所；要组织统战人士代表参加集团公司重大活动，向他们及时通报情况，征求意见和建议。

4. 广泛动员，统筹安排，开展形式多样的主题活动。各单位的主要领导干部要定期与党外干部交朋友，认真对待所交朋友提出的不同意见，诚恳听取他们的想法和建议，及时帮助他们解决工作和学习上的困难；同时，要及时向统战成员通报企业的重要会议精神、生产经营中的重大决策、企业改革方案等，认真听取意见和建议；各单位要建立和完善活动制度，认真做好活动的宣传发动、技术革新和技术攻关项目的申报、总结评比等，进一步把广大统战成员的积极性调动起来，力争拿出更多的技术成果，为企业创造更大的经济效益，为企业生产建设做出新贡献。

六、加强队伍建设，提高宣传干部队伍的整体素质和工作本领。

1. 加强调查研究，宣传干部要注重围绕重点工作，走出办公室，到基层去，到一线去，加强与基层的沟通交流，了解和掌握重点工作在基层的推进和落实情况，与基层共同研究新情况，解决新问题。既要关注所开展的工作和活动过程，更要关注工作和活动的目标和实效。

2. 加强宣传思想文化队伍培训。按照培训计划要求，结合工作要求，采取走出去、请进来等途径，开展灵活多样的宣传干部队伍业务知识培训，加快提高他们的政治理论和业务素质。

3. 关心宣传思想文化工作同志的工作、学习和生活，加强与企业党政的沟通，努力帮助他们解决具体困难和问题，为他们开展工作创造必要的条件。

4. 坚持开放的理念，有计划地组织宣传和统战干部到中央和兄弟省市的优秀企业进行学习交流，不断拓展视野，提高工作本领。

中共山西省国资委委员会办公室
二〇一〇年三月十九日

关于推进学习型党组织建设的安排意见

晋国资直党字[2010]7号

党的十七届四中全会提出了建设马克思主义学习型政党的战略任务。建设学习型党组织是建设学习型政党的基础工程，是提高党的执政能力、保持和发展党的先进性的紧迫任务，是加快我省转型发展、安全发展、和谐发展历史进程和加强国有资产监督管理的内在要求。根据中央办公厅《关于推进学习型党组织建设的实施意见》和省直工委《关于推进学习型党组织建设的实施意见》，结合省国资委党委关于建设学习型服务型机关的一贯思想和要求，现对推进委直机关学习型党组织建设提出如下安排意见。

一、树立学习理念，增强学习的紧迫性

省国资委是贯彻省委省政府决策部署的重要执行层，在全省经济社会发展中肩负着非常重要的责任。委直机关各级党组织要认真学习贯彻中央和省委提出的建设学习型党组织的要求，以提高广大党员干部思想政治水平为目标，通过深入学习，不断在武装头脑，指导实践，推动工作上取得新成绩，使党员的先锋模范作用得到充分发挥。要着力营造和形成重视学习、崇尚学习、坚持学习的浓厚氛围，牢固树立党组织全员学习、党员终身学习的理念。树立和时代发展相适应的学习理念，切实增强学习的紧迫感和自觉性。党员干部要有一种“本领恐慌”意识，应时刻对自己在知识、眼界、能力方面的不适保持警醒，自觉强化“学无止境，学用相融”、“没有毕业，只有毕生”的终身学习理念，与时俱进的创新学习理念，“工作学习化，学习工作化”的学用一体化理念。

推进委直机关学习型党组织建设，要把服务中心、建设队伍贯彻始终，同建设学习型服务型机关、加强机关作风建设结合起来。通过更加努力的学习，不断坚定理想信念，不断增强工作能力，不断促进机关文明和谐建设，不断推动以国资监管为中心的机关各项工作全面发展。

二、明确学习重点，增强学习的针对性

要从增强素质、提高本领、提升能力、促进工作出发，科学安排学习内容，明确学习重点。一是基础性学习。要深入学习中国特色社会主义理论体系，学习实践科学发展观，努力掌握科学的世界观和方法论。

机关党员干部尤其要重视学习政治理论特别是马克思主义哲学。要认真学习党的基本理论、基本路线、基本纲领、基本经验，不断提高运用科学理论分析解决实际问题的能力。要广泛开展社会主义核心价值体系学习教育，把社会主义核心价值体系体现到党员干部教育管理全过程，融入到党员干部日常工作学习生活中。坚定理想信念，增强学习贯彻中国特色社会主义理论体系的坚定性和自觉性。二是应用性学习。机关党员干部要着眼于做好本职工作，努力学习中央和省委的重大决策部署以及国家法律法规，增强法制观念和纪律意识。坚持干什么学什么，缺什么补什么的原则。适应履行职责的需要，加强业务知识和与岗位职责相关的新知识、新技能的学习。广泛学习现代化建设所需要的经济、政治、文化、科技、社会和国际等方面知识，不断优化知识结构，努力成为本领域、本行业的行家里手。三是前瞻性学习。党员领导干部还要注意学习反映当代世界发展趋势的市场经济、国际关系、社会管理、信息技术等方面的知识。把握当今世界发展趋势和改革发展方向，提高战略思维，创新思维和辩证思维能力。四是实践性学习。党员干部既要向书本学习，又要向实践学习。围绕本部门本单位本岗位工作，善于在消化吸收既有知识、前人成果和他人经验的基础上，不断研究新情况，总结新经验，掌握新知识，开创新局面。形成改进工作的新思维、新办法。要善于总结和运用本单位本部门的先进典型和先进人物，以身边事学身边人，对党员干部进行教育。利用各种条件深入基层或到贫困地区了解国情省情社情，向人民群众学习。

三、创新学习方式，增强学习的实效性

灵活的学习方式、有效的学习方法是建设学习型党组织的重要途径。一要改进学习方式。以党委（支部）中心组学习为龙头，坚持运用好过去组织学习的有效做法，结合实际积极探索富有时代特点的新方式。加强和改进专题报告、研讨会、形势政策教育、主题宣讲、专题教育、脱产培训等学习教育方式。二是完善学习载体。充分运用学习讲座、读书会、知识竞赛、演讲比赛、技能大赛、参观考察等广大党员喜闻乐见的形式和手段，组织各种形式的主题学习教育活动。以重要节庆日、重大历史、人物纪念日以及传统节日为载体，开展党史、新中国历史和党的优良传统、民族精神及时代精神等方面的专题学习教育，增强对党对祖国对山西的热爱。三是拓展学习阵地。组织参加省直机关领导干部思想论坛，机关党委坚持与人事培训处共同组织好机关直属单位的集中学习，为机关和直属单位党员干部发放“国瑞书香”图书阅览卡，方便大家阅读。做好选送处级干部和中青年干部参加培训学习工作，鼓励在职党员干部参加不同层次的学习教育、车辆驾驶、微机培训等基本技能培训。充分利用局域网开辟学习专栏，刊发学习资料，交流学习心得，拓展学习内容，增强学习效果。

四、健全学习制度，增强学习的主动性

建设学习型党组织是一项持久的、有组织有计划的学习活动。要保证学习常态化，把学习的“软任务”变成“硬约束”，还要靠制度做保证，用制度管学习、促学习。一是加强领导。委直机关各级党组织要把建设学习型党组织工作摆在突出位置，列入重要议事日程，纳入整体工作规划，抓好落实。党委（支部）书记是第一责任人，工青妇要发挥自身优势，开展各具特色的学习教育活动。二是领导带头。各级领导班子要率先垂范，加强和改进中心组学习，保证各级领导班子集体学习每月一次，领导要带头撰写心得体会，调研报告，每年不少于一篇。带头讲党课，做宣讲辅导，每年不少于一次。以自己的示范作用推动学习型党组织、学习型机关、学习型单位建设。三是健全制度。各支部要根据实际制定相应制度，明确学习时间、内容、目标、责任以及相关的考勤、交流、通报等要求。党员个人要根据岗位要求制定个人的学习计划。委直机关要坚持每月一次集中学习，要落实机关党员干部教育培训、岗前培训、业务培训、晋职培训、理论培训任务，建立考勤制度，对无故不参加学习和完不成培训任务的要进行通报。要把学习型党组织工作纳入年度考核、创先争优、文明和谐单位评比重要内容，不断推动学习教育的科学化、制度化、规范化。四要督促检查。各支部每季度要对党员学习情况进行一次督促检查，机关党委每年对各支部学习情况进行全面检查，对中心组成员的学习笔记进行调阅，并组织年终述学。各支部要在年终向机关党委专题报送本年度学习情况总结和下年度学习计划，机关党委每年一月底前向省直工委专题报送学习情况和学习计划。

委直机关党委

二〇一〇年六月十日

关于认真贯彻落实《关于坚决制止领导干部大办婚丧喜庆事宜和借机敛财行为的规定》的通知

晋国资直党字[2010]9号

各支部：

为认真贯彻落实省委办公厅、省政府办公厅《关于坚决制止领导干部大办婚丧喜庆事宜和借机敛财行为的规定（试行）》（晋办发〔2010〕18号）文件以及省直工委《关于做好制止领导干部大办婚丧喜庆事宜和借机敛财工作的通知》精神，现就有关要求通知如下：

1. 加强学习宣传。

各支部要及时组织广大党员干部尤其是处级以上党员领导干部认真学习《规定》，确保《规定》内容人人皆知，《规定》要求人人明了，《规定》精神人人执行，努力营造委直机关崇尚节俭、廉洁、文明办事的良好氛围。

2. 认真贯彻落实。

各支部要教育引导广大党员干部铭记《规定》要求，不折不扣地严格执行《规定》。做到“三不两报告一申报一公示”。即：不违反规定大操大办，不违反规定使用公车，不邀请管理和服务对象以及其他与行使职权有关系的人员参加婚嫁、丧葬等事宜。党员领导干部办理婚嫁事前7天、办理丧葬事后7天向机关党委报告，处级党员干部需报省直纪工委备案。机关党委在每年6月25日前与11月25日前将我委半年、一年的婚嫁、丧葬事宜情况汇总上报省直纪工委办公室。凡超过150人规模的，事前7天向省直纪工委申报备案，同时要在委机关的公示栏进行3个工作日公示。公示内容主要包括宴请的事由、时间、地点、用车、参加人员构成及规模等，以接受广大干部和群众的监督。

党员领导干部办理生日、小孩满月、老人祝寿、升学、乔迁等喜庆事宜，邀请人员严格限定在亲属范围之内，同时也不准参加非亲属的此类宴请。

为加强对以上规定的监督，委直机关党委设专门举报电话:7218047,省直工委设专门举报电话:4045299，欢迎监督举报。

3. 加强组织领导。

根据《规定》各单位党组（党委）是落实此项工作的责任主体。领导班子特别是主要负责同志要以身作则，率先垂范。领导干部要将此项内容列入年度述职述廉重要内容；各支部要将此项内容列入党风廉政建设的重要内容，并纳入党员领导干部廉政档案；省直工委、纪工委将把此项工作作为对文明和谐单位、党风廉政建设责任制考核的重要内容。

4. 严肃监督检查。

各支部、各单位要切实抓好管辖范围内

党员干部的教育工作，做好超前防范，对本单位、支部党员干部近期有操办婚庆事宜的进行一次摸底，必要时要对其进行一次提醒谈话。对因教育管理不到位，致使本单位、支部发生党员干部借婚庆等事宜大操大办借机敛财问题，并在社会上造成恶劣影响的，将按党风廉政责任制规定追究有关领导的责任。对顶风违纪大操大办婚丧嫁娶和子女升学等事宜的，要按《中国共产党纪律处分条例》第八章第八十一条关于“利用职务上的便利，操办婚丧喜庆事宜，在社会上造成不良影响的，给予警告或者严重警告处分；情节严重的，给予撤销党内职务处分。借机敛财或者有其他侵犯国家、集体和人民利益行为的从重或者加重处分，直至开除党籍”的规定处理。对非党领导干部，按比照原则处理。对违反规定收受的礼金，一律没收，上缴国库。委直机关党委、纪委要进行全过程的监督和管理，对实际操办与申报规模不符的，一经发现要对本人及所在党支部进行双重通报和处分。

委直机关党委

二〇一〇年八月十七日

关于深入开展学习弘扬右玉精神加强机关作风建设活动的通知

晋国资直党字［2012］12号

各支部：

为认真贯彻“全省兴起学习弘扬右玉精神新高潮”大会和省委书记袁纯清同志“8.28”重要讲话精神，激励和动员省直机关广大党员干部转变作风，顽强拼搏，创先争优，在加快山西转型跨越发展步伐，建设中部强省的伟大事业中建功立业。省直工委要求省直机关各级党组织要组织广大党员干部职工，深入开展大力学习和弘扬“右玉精神”，加强机关作风建设活动。现结合委直机关实际，提出如下意见。

一、充分认识学习弘扬“右玉精神”的重要性，在委直机关掀起学习弘扬“右玉精神”新高潮。

省委决定兴起学习弘扬“右玉精神”新高潮，是在新的发展形势下作出的新部署，是贯彻落实全省领导干部大会精神的重要内容，是加快山西转型跨越发展步伐的重要举措。“右玉精神”的核心理念是以人为本，为民利民，忠实践行党的宗旨。“右玉精神”的本质内涵是艰苦奋斗，不怕困难，凭信念、凭精神、凭勤奋干事创业。“右玉精神”的基本要素是坚持不懈，百折不挠，不达目的誓不罢休。“右玉精神”的珍贵本色是真抓实干，奋力拼搏，在干事创业中锤炼自己、改变山河面貌。学习弘扬“右玉精神”首先要深刻领会和把握“右玉精神”的核心理念、本质内涵、基本要素、珍贵本色。要认真学习四个方面内容：一是继续学习2009年省委下发的《关于大力学习弘扬“右玉精神”的决定》（晋发〔2009〕26号）；二是继续学习袁纯清同志在7月29日全省领导干部大会上的重要讲话；三是重点学习袁纯清同志8月28日在全省兴起学习弘扬“右玉精神”新高潮大会上的重要讲话；四是认真学习中央政治局委员、中宣部部长刘云山同志考察右玉时对“右玉精神”的高度评价和概括，结合学习8月10日《人民日报》第一版云杉的文章《右玉县书记们的政绩观》、8月13日《人民日报》第四版戴者春的文章《干事业需要“传棒接力”》。通过学习，充分认识深入开展学习弘扬“右玉精神”活动的重要性，引导委直机关党员干部牢固树立正确的事业观、工作观、政绩观，切实把智慧用在谋发展上，把精力放在促转型上，把工夫下到抓落实上，以真抓实干的工作作风，推动国资监管为中心的各项工作任务落实，为山西转型跨越发展提供坚强的政治保证。

二、认真对照“右玉精神”，深刻查找本部门本单位干部作风建设上的突出问题，狠刹不良风气

干部作风关系发展全局，关系百姓祸福。委直机关要在激浊扬清、旗帜鲜明反对不良风气上走前头，在坚持和弘扬求真务实、真抓实干的良好作风上做表率。各直属单位支部书记要对本单位的作风建设负总责。各支部要认真查找和研究本部门、本单位在作风建设上存在的突出问题和群众最需要解决的问题，教育引导党员干部把岗位当成事业来做，把群众的事情当作自己的事情，少说不能办、多说怎么办，切实提高工作效率和服务质量。当前，端正和改进作风，首先从工作纪律和工作秩序抓起，认真执行省委提出的四条禁令：严禁上班时间打牌、下棋、打麻将和玩电脑游戏等行为；严禁上班时间用公款到茶社、洗浴场所、歌厅等休闲场所消费；杜绝上班时间迟到早退、串岗离岗、扎堆聊天；严禁利用工作之便吃拿卡要。要重点整治虚干懒惰、玩乐享受、乱讲闲话的不良风气，特别是要切实纠正吃拿卡要的问题。其次，各支部要针对查找出的问题，结合实际制定加强机关作风建设的措施，对作风好的要褒扬，对苗头性、倾向性问题要提醒，对屡教不改的要执行纪律、采取组织措施。一方面抓正面引导，树立先进典型；一方面抓反面典型的查处。第三，要按照赏罚分明、建立严格的考核评价机制的要求，积极探索科学衡量党员干部加强党性修养和作风养成的具体标准和考核体系，以严格的标准论成绩、评优劣，努力创造求真务实、干事创业的良好环境。

三、认真召开加强作风建设专题民主生活会和组织生活会。

按照省直工委的要求，各支部都要过一次学习弘扬“右玉精神”、加强作风建设专题民主生活会或组织生活会，并与贯彻落实《廉政准则》的内容相结合。每个党员干部特别是党员领导干部要把“右玉精神”当作一面镜子，进行深刻对照检查，开展批评与自我批评，以兴起学习弘扬“右玉精神”新高潮为契机，把本部门本单位和党员干部自身在作风建设上存在的突出问题找出来、找准确，针对性地寻根源、作剖析，定措施，搞整改。要把我们在干事的热情、激情、干劲、力度上的差距，缺乏只争朝夕、立说立行的精神状态，不愿干、不敢干、不会干的问题解决好，以“右玉精神”升华思想，改进作风，推动工作，努力使广大党员干部在思想认识上明显提高，在工作作风上明显转变，为实现转型跨越发展奠定坚实的思想和作风基础，切实营造求真务实、真抓实干、你追我赶、奋勇争先，推动转型跨越发展的浓厚氛围。委直机关各支部2010年民主生活会和组织生活会要在十一月底前完成。要把此次民主生活会作为深入开展创先争优活动的一项措施和环节有机结合起来，严格按照民主生活会有关程序进行，并做好请示汇报工作。

四、切实加强组织领导和督促检查。

各支部要把兴起学习弘扬“右玉精神”新高潮列入重要议事日程，拿出实际举措，精心组织，狠抓落实。要把学习弘扬“右玉精神”作为干部教育培训的重要内容，作为学习型党组织建设和创先争优的实际行动切实抓紧抓好。支部书记要以身作则，率先垂范，带头学，带头做，确保学习活动落到实处。省直工委将加强对这次学习活动的督促检查，适时召开学习经验交流会，及时总结经验，大力宣传学习弘扬右玉精神、抓转型、谋跨越的先进典型，弘扬新风正气。同时，加大明察暗访的力度，坚决查处违犯“四条禁令”的行为，坚持求真务实，力戒形式主义，并把此项活动列入文明和谐单位检查验收的重要内容。各支部开展活动的情况要及时报机关党委。

委直机关党委
二〇一〇年九月八日

关于在全省国有企业开展争创“四强”党组织 争做“四优”共产党员活动的实施意见

晋组通字[2010] 10号

各市委组织部和国资委党委、各省属国有企业党委、各有关中央驻晋国有企业党委：

为深入贯彻落实党的十七大、十七届四中全会和全国国有企业党建工作会议精神，巩固和扩大学习实践科学发展观活动成果，增强国有企业党组织的创造力、凝聚力、战斗力。根据我省实际，决定今明两年在全省国有企业集中开展一次争创以政治引领力强、推动发展力强、改革创新力强、凝聚保障力强为主要内容的“四强”党组织，争做以政治素质优、岗位技能优、工作业绩优、群众评价优为主要内容的“四优”共产党员活动（以下简称“争创‘四强四优’活动”）。现提出实施意见如下：

一、指导思想

以党的十七大、十七届四中全会和我省

十一届人大三次会议精神为指导，以科学发展观为统领，不断拓展深入学习实践科学发展观活动成果，以充分发挥企业党组织的政治核心作用、党支部的战斗堡垒作用和党员的先锋模范作用为目标，紧紧围绕省委省政府关于保增长、保民生、保稳定和调结构、上水平、促改革的一系列决策部署，把党的思想政治优势、组织优势和群众工作优势，转化为企业的创新优势、竞争优势、发展优势，为推进全省“三个发展”提供坚强的组织保证。

二、目标要求

（一）“四强”党组织

1. 政治引领力强。坚持用中国特色社会主义理论体系武装头脑，增强贯彻落实科学发展观的自觉性和坚定性，保证监督党的路线方针政策和国家法律法规在企业的贯彻执行，坚持企业的社会主义方向，推动企业积极承担经济责任、政治责任、社会责任。

2. 推动发展力强。融入生产经营开展工作，积极参与企业重大问题决策，推动企业拓展发展思路，紧紧围绕企业改革发展稳定大局，发动党员、职工在破解生产经营难题、完成急难险重任务、落实生产经营工作中充分发挥作用，促进企业科学发展。

3. 改革创新力强。大力推进企业党建工作改革创新，建立健全促进科学发展的企业领导人员选拔任用和考核评价体系，保障党员主体地位和民主权利，丰富党组织活动载体，创建党建工作方式，有效调动党组织和广大党员的积极性创造性，以党建工作创新促进企业管理创新、技术创新，增强企业核心竞争力。

4. 凝聚保障力强。大力加强经营管理队伍、人才队伍、党员队伍、职工队伍建设，为企业科学发展提供组织和人才保证。健全党组织工作机构，完善党建工作机制，建设一支政治强、业务精、作风好、肯奉献的党务工作队伍，为党组织开展工作提供保障。坚持以人为本，有效开展思想政治工作，推进企业文化建设，加强企业民主管理，保障职工合法权益，团结群众，凝聚人心，维护企业和谐稳定。

（二）“四优”共产党员

1. 政治素质优。自觉加强政治学习，坚定理想信念，增强党员意识，执行党的决定，遵守党的纪律，践行科学发展观，讲党性、重品行、做表率。

2. 岗位技能优。积极学习市场经济、现代科技、经营管理、法律法规等知识，刻苦钻研业务，熟练掌握岗位技能，不断提高能力素质，成为促进企业科学发展的骨干力量。

3. 工作业绩优。爱岗敬业，勤奋工作，勇挑重担，能够带领群众攻坚克难，工作业绩一流，在生产经营、创新进取、节能降耗、提高效益等方面成为模范标兵。

4. 群众评价优。以群众满意为标准提高思想觉悟、道德品质；积极联系和服务群众，听取和反映职工群众意见，在条件许可的范围内力所能及地帮助解决实际困难。立足本职，甘于奉献，践行社会主义荣辱观，廉洁从业，在群众中树立良好形象。

三、方法步骤

开展争创“四强四优”活动时间从发文之日起，于明年“七一”前总结表彰。

（一）宣传发动，制订规划。各级党委要根据省委组织部、省国资委党委统一部署和要求，结合本部门、本单位实际，有针对性地制订争创“四强四优”活动实施方案，并提出明确目标和具体措施。同时，要在各级党组织和广大共产党员中进行充分的宣传和发动，在此基础上召开一定范围的动员大会，对开展争创活动进行部署。各市委组织部、各省属企业党委务于3月28日前将本单位争创“四强四优”活动的实施方案报送省委组织部、省委国资委党委审核。

（二）突出重点，有序推进。各级党组织要把开展争创“四强四优”活动作为促进企业改革发展和党建工作的重要内容，列入企业的重要议事日程，不断加大指导推进力度。要把此项活动作为国有企业党建工作的总抓手，进一步分解细化活动内容，创新活动方式，做到“规定动作”与“自选动作”相结合，切实做到开展争创活动与实现安全生产两促进、两不误，不断增强国有企业党建工作的生机和活力，推动国有企业党建工作再上一个新台阶。

（三）积极探索，做好总结。各级党组织在开展争创“四强四优”活动过程中，要积极探索争创“四强四优”活动的措施和办法，及时总结活动中的好做法、好经验。各级党委明年六月前将活动情况进行总结，并务于2011年6月20日前报省委组织部、省国资委党委组织部。

四、组织领导

（一）落实领导责任

各级党组织要深刻认识开展争创“四强四优”活动的重要性，把争创“四强四优”活动作为推动基层党组织建设水平的重要载体，切实抓紧抓好。党组织负责人要切实履行第一责任人职责，党员领导人员要发挥表率作用，带头参加活动。党委组织部门具体负责活动的统筹规划、宏观指导和督促检查。

（二）坚持统筹推进

要把开展争创“四强四优”活动与深化拓展深入学习实践科学发展观活动结合起来，为有效应对国际金融危机、推动企业科学发展做贡献；与国有企业党组织换届选举工作结合起来，充分发挥党组织的政治核心作用；与创建“四好领导班子”活动紧密结合起来，使之互相衔接、相互促进；与企业内部开展的各种创先争优活动结合起来，形成加强和改进国有企业党建工作的浓厚氛围。

（三）大力营造氛围

要充分利用各种媒体，大力宣传争创“四强四优”活动的重要意义和任务要求，广泛宣传争创“四强四优”活动的部署、要求、做法，及时报道开展争创“四强四优”活动的进展情况，及时报道新举措新成效，以及先进基层党组织和优秀党员的先进事迹，努力营造开展争创“四强四优”活动的良好氛围。

（四）加强分类指导

坚持实事求是、因企制宜，根据行业特点、企业规模和生产经营状况，以及企业党组织和党员的不同情况，明确争创活动的具体目标和措施，特别要注重在基层党支部和生产经营一线党员中的开展，确保活动取得扎实成效。各地各企业要制定考核制度，加强督导检查，总结交流经验，定期评比表彰，不断深化争创活动。省委组织部和省国资委党委将于明年“七一”前对在活动中涌现出的先进基层党组织和优秀共产党员进行表彰。

二〇一〇年三月一日

关于进一步明确重大财务事项报告制度的通知

晋国资发［2010］8号

各省属企业：

为更好地履行出资人职责，促进省属企业进一步加强财务监督管理，根据《中华人民共和国公司法》、《企业国有资产法》和《企业财务通则》等有关法律法规，就有关财务监督事项通知如下：

一、本通知所称重大财务事项是指省属企业财务发展规划、内部财务会计制度、重要会计政策、年度财务预决算、资产核销，以及其他对企业财务状况、经营成果、现金流量等产生重大影响的事项。

二、重大财务事项分为报批事项和报备事项。报批事项须经省国资委审核同意后方可实施，报备事项为告知事项。

以下事项为报批事项：

（一）省属企业及下属各级子企业清产核资中不良资产核销；

（二）省属企业及下属各级子企业单笔资产原价或资金超过100万元减值准备财务核销；

（三）省属国有独资企业利润分配方案；

（四）省属企业会计政策和会计估计变更；

（五）省属国有企业年度财务决算；

（六）按有关规定应向出资人报告的其他重大财务事项。

以下事项为报备事项：

（一）省属企业财务发展规划、内部财务会计制度、年度财务预算；

（二）省属企业及下属各级子企业限额以下资产减值准备财务核销；

（三）省属企业及下属子企业当期发生重大亏损或重大资产损失；

（四）省属企业及下属子企业重大债务重组；

（五）省属企业及下属子企业重大项目的政府拨款、补贴；

（六）省属企业及下属子企业当期发生的对企业财务有重大影响的其他事项，包括重大投融资、重大对外担保、重大资产处置、重大诉讼仲裁、重大资产采购等。

三、重大财务事项统一由省属企业集团公司负责向省国资委报告。重大财务报批事项实行一事一报，各省属企业应按要求以正式文件报省国资委审批。

重大财务报备事项实行定期上报，于每季度终了后15日内按以下内容上报：

1. 备案事项主要内容说明；

2. 备案事项对企业财务状况、经营成果、现金流量等产生（或预计产生）的影响；

3. 其他需说明的事项。

四、省属企业未按规定向省国资委报告重大财务事项，或故意漏报、瞒报、报告虚假重大财务事项的，由省国资委责令改正，并按有关规定进行处理。

特此通知

山西省人民政府国有资产监督管理委员会

二〇一〇年三月九日

关于2010年度省属国有特困企业职工享受基本医疗保险补助认定结果的通知

晋国资发[2010]13号

省政府有关厅、办，有关省属国有企业：

根据省人民政府办公厅印发的《山西省省属国有关闭破产企业退休人员和国有特困企业职工参加基本医疗保险的暂行办法》（晋政办发〔2008〕2号）和原省劳动和社会保障厅、省财政厅、省国资委《关于省属国有关闭破产企业退休人员和国有特困企业职工参加基本医疗保险有关问题的通知》（晋劳社厅发〔2008〕47号）精神，经由省国资委、省财政厅、省人力资源和社会保障厅组成联合小组对申请国有特困企业职工享受基本医疗保险补助的企业进行审核。现将2010年度省属国有特困企业职工符合享受基本医疗保险补助条件的企业名单通知如下：

教育厅：山西省教学仪器厂；

国防工办：山西金星工具厂、山西省国防工业汽车运输公司、国防宾馆；

冶金行办：山西省冶金研究所试验厂；

太重集团：原平液压机械厂；

汽运集团：阳泉公司、汾阳公司、静乐公司、偏关公司、五寨公司、五台公司、忻州公司、定襄公司、阳方口货运公司、长治公司；

建工集团：山西省第二建筑工程公司；

国资公司：国营东华机械厂、国营第四三八二厂（含武乡酒厂）、山西省运城拖拉机厂、山西滤清器厂、山西省临汾动力机械厂、太原平板玻璃厂、山西永明无线电器材厂、山西国营大众机械厂。

各单位接到通知后，请按照（晋劳社厅发〔2008〕47号）文件要求，做好基本医疗保险补助申报手续。

山西省人民政府国有资产监督管理委员会
二〇一〇年六月二十五日

关于下发《关于规范上市公司国有股权管理的若干意见》的通知

晋国资发[2010]17号

各有关省属企业及国有控股上市公司：

为进一步加强上市公司国有股权监管，规范国有股东行为，现将《关于规范上市公司国有股权管理的若干意见》下发给你们，请遵照执行。执行中的有关问题，请及时反馈我委。

附件：

1、关于规范上市公司国有股权管理的若干意见

2、国有股东所持上市公司股份质押备案表（略）

山西省人民政府国有资产监督管理委员会
二〇一〇年八月十九日

附件1：

关于规范上市公司国有股权管理的若干意见

为进一步加强上市公司国有股权监管，规范国有股东行为，促进上市公司健康发展，根据《中华人民共和国公司法》、《中华人民共和国证券法》、《中华人民共和国企业国有资产法》、《企业国有资产监督管理暂行条例》（国务院令第378号）等有关规定，现就规范上市公司国有股权管理有关事项提出如下意见：

一、建立上市公司国有股权重大事项报告制度严格履行出资人职责，强化对涉及影响上市公司国有股权权益重大事项的监管，建立上市公司国有股权重大事项报告制度。

（一）国有控股上市公司国有股权管理重大事项主要包括：

1. 上市公司国有股份转让；

2. 上市公司国有股东发行可交换公司债券及国有控股上市公司发行证券；

3. 上市公司回购国有股份；

4. 国有股持股单位将所持上市公司国有股质押；

5. 国有股持股单位产权变动涉及上市公司国有股性质变化；

6. 国有股持股单位持有的上市公司国有股因司法冻结、担保等引起的股权或有变动；

7. 国有控股上市公司实施利润分配；

8. 其他对国有股权变动和上市公司影响较大的行为。

（二）各国有控股股东在实施上述所列相关事项时，应按有关规定及时与省国资委进行沟通，接受省国资委的指导，认真履行事前报批和事后备案程序。并于具体操作过程中定期汇报工作进程，以便掌握工作动态、明确工作思路，确保上市公司国有股权管理事项及时、合规完成。

（三）对上述事项，省国资委将视情况必要时派出有关人员列席国有股股东单位董事会。

（四）上述事项的有关审批、审核事宜，应当按照现行有关规定执行。

（五）上述事项办结完毕后，国有单位（除有明确规定的）应在10个工作日内将办结情况以书面报省国资委备案。

二、建立国有控股上市公司运行情况的信息报告制度

根据国务院国资委《关于建立国有控股上市公司运行情况信息报告制度的通知》（国资厅发产权〔2010〕5号）的有关规定，省国资委建立全省国有控股上市公司运行情况的信息报告制度。

（一）上市公司国有控股股东，在上市公司季（年）度报告披露后，应按照统一要求通过国有控股上市公司监测系统向省国资委报告所控股上市公司的运行情况。

（二）国有控股上市公司运行情况信息报告文件主要包括：《国有控股上市公司主要指标表》、《国有控股上市公司股东情况表》。

（三）上市公司各国有控股股东应当在所控股上市公司季（年）度报告披露后5个工作日内，依据《关于建立国有控股上市公司运行情况信息报告制度的通知》（国资厅发产权〔2010〕5号）中的表式、填报说明及相关要求，完成企业基本信息和有关指标表的填报，通过国有控股上市公司监测系统报省国资委审核汇总后，上报国务院国资委。

三、加强上市公司国有股份转让行为管理

国有控股股东转让所持上市公司国有股份应按照《国有股东转让所持上市公司股份管理暂行办法》（国务院国资委中国证监会第19号令）的相关规定执行。

加强国有控股股东转让所持上市公司股份的国有股权管理。涉及上市公司国有股份转让需报省国资委审批的，应及时与省国资委沟通，认真履行内部决策程序，并按规定向省国资委履行报批程序；涉及上市公司国有股份转让需报省国资委备案的，要认真履行内部决策程序，在股份转让完成后7个工作日内报省国资委备案。

省国资委按照19号令要求，对申报材料齐全，符合要求的，在规定的时限内予以办理；对申报材料不齐全的，予以退回，待补齐相关材料后，再按照有关规定办理。

四、上市公司国有股份质押管理

上市公司国有股份质押行为应符合国务院国资委《关于印发〈关于规范上市公司国有股东行为的若干意见〉的通知》（国资发产权〔2009〕123号）等相关文件要求，同时做出以下规定：

（一）上市公司国有股份质押需到省国资委办理备案手续。省国资委经审核后向国有股股东单位或国有股股东授权代表单位出具加盖省国资委公章的《上市公司国有股权质押备案表》（见附件），并按规定到证券登记结算公司办理国有股份质押登记手续。

（二）上市公司国有股份质押的条件：

1. 国有股股东单位仅限于为本单位及其全资子公司或控股子公司提供质押，质押股份的价值应以上市公司股票价格为基础合理确定；

2. 用于质押的国有股份数量不得超过国有股股东所持该上市公司股份总额的50%。如果国有股东所持上市公司股份中已有一部分被用于质押、担保或被司法冻结，则本次拟质押股份数量加上之前已经用于质押、担保或被司法冻结的股份数量，合计不得超过国有股东持有上市公司股份总额的50%；

3. 国有股东质押上市公司股份用于为银行贷款和发行企业债券提供担保；

4. 国有股东所持上市公司股份已经用于质押、担保或被法院冻结的，不得进行质押。

（三）国有股股东单位或国有股股东授权代表单位将其持有的上市公司国有股份用于质押的，应当做好可行性论证，明确资金用途，制定合理可行的还款计划，严格按照内部决策程序进行审议，并及时清偿债务。当不能按时清偿债务需协议转让上市公司国有股份时，应向省国资委报告并按规定履行报批手续，不得将国有股份直接过户到债权人的名下。

（四）上市公司国有股份质押备案须报送以下材料：

1. 国有股东单位备案申请；

2. 国有股股东单位内部决策文件（董事会决议或总经理办公会决议）；

3. 质押的可行性研究报告，报告的主要

内容应包括出质方、质押方和上市公司的基本情况，质押上市公司国有股份的原因及董事会（或总经理办公会）审议情况，资金用途（应列明和提供有效证明文件），具体还款计划、可行性综合分析等；

4. 证券登记公司出具的国有股股东单位持有上市公司国有股份的证明文件或最近期上市公司前10名股东名单；

5. 质押协议副本（如有反担保协议，需提供反担保协议）；

6. 资金使用及还款计划；

7. 国有股份质押的法律意见书；

8. 国有股股东单位或国有股股东授权代表单位的国有资产产权登记证的复印件、法人营业执照复印件；

9.《国有股东所持上市公司股份质押备案表》；

10. 其他需报送的材料。

五、合理确定上市公司国有股权控股比例

国有控股股东根据国家产业政策、经济结构布局及企业主业发展规划和经营目标需要，合理确定在上市公司国有股权控股比例。上市公司国有控股权发生改变的，要事先报省国资委审批，或由省国资委报省政府审批。

国有股东须在上市公司保持国有股权绝对控股和相对控股地位的，上市公司国有股东在上市公司实施股权转让、发行可交换公司债券及国有控股上市公司发行证券、上市公司回购国有股份等股权变动的，除按国家及我省相关文件规定执行外，应当符合以下要求：

（一）国有控股股东属煤炭生产企业的，在实施上述行为后，在上市公司的持股比例原则应不低于51%；

（二）国有相对控股股东属其他类型企业的，在实施上述行为后，拥有的可以实际支配上市公司股份表决权应不低于1/3；

（三）由于特殊原因，经批准，在实施上述行为后暂时无法达到规定比例的，应当在合理的期限内采取措施，达到规定的比例要求。

六、规范上市公司利润分配管理

（一）上市公司应按照《上市公司证券发行管理办法》、《关于修改上市公司现金分红若干规定的决定》、《关于规范上市公司国有股东行为若干意见》等有关规定，实施利润分配行为。

（二）国有控股股东在上市公司董事会做出利润分配预案决议并公告后，应及时将该事项按程序上报省国资委审核，并报送相关材料：

1. 利润分配请示文件；

2. 董事会决议；

3. 列表说明上市公司前三年利润分配的数额、分配方式、与净利润的比率；

4. 利润分配预案；

5. 其他相关资料。省国资委在召开股东大会前对该事项出具审核意见，国有控股股东应按省国资委的审核意见在上市公司股东大会行使表决权。

（三）国有控股股东要按照《公司法》和《公司章程》及有关财务制度，严格利润分配资金管理。

（四）上市公司实施利润分配完毕后，国有控股股东应将利润分配有关情况（利润

分配数额、与净利润的比率、与可分配利润的比率、本次利润分配执行情况等）及股东大会决议在10个工作日内报省国资委备案。

七、强化信息披露责任

上市公司国有股东应当按照《证券法》、《上市公司信息披露管理办法》（证监会令第40号）等相关规定，制定上市公司信息披露管理制度及信息保密制度，切实履行好信息披露义务。

因自身行为可能引起上市公司证券及其衍生产品价格异动的重要信息，国有股东应当及时书面通知上市公司，并保证相关信息公开的及时与公平，信息内容的真实、准确、完整，无虚假记载、误导性陈述或者重大遗漏。在相关信息依法披露前，国有股东及其相关人员均负有保密义务，严禁以内部讲话、接受访谈、发表文章等形式违规披露，并不得利用该信息进行内幕交易。

八、建立监督检查制度

国有控股股东按照《公司法》和《公司章程》以及股东大会决议等，依法行使股东权利，严格履行股东义务，加强上市公司国有股权管理，建立、健全各项规章制度，切实维护国有股东权益。

省国资委将建立国有股权管理工作的监督检查制度，组织对国有控股股东执行政策、履行程序、制度建设等国有股权管理工作进行监督检查，对不符合国家有关规定的行为，将会同有关部门依据有关规定，追究相关人员责任。

关于印发《省监管企业对外捐赠管理暂行规定》的通知

晋国资发[2010]27号

各监管企业：

近年来，省监管企业认真履行社会责任，积极参与救灾、扶危、济困等救助活动，对外捐赠活动已成为企业经营管理工作的一部分。为进一步规范省监管企业对外捐赠行为，维护国有股东权益，引导企业正确履行社会责任，根据《企业国有资产法》、《中华人民共和国公益事业捐赠法》、《国有企业领导人员廉洁从业若干规定》等有关规定，制定了《省监管企业对外捐赠管理暂行规定》，现印发给你们，请遵照执行，执行中有什么问题及时报告我委。

附件：《省监管企业对外捐赠管理暂行规定》

山西省人民政府国有资产监督管理委员会

二〇一〇年十一月十五日

省监管企业对外捐赠管理暂行规定

为进一步维护国有股东权益，规范省监管企业对外捐赠行为，引导省监管企业正确履行社会责任，根据《企业国有资产法》、《中华人民共和国公益事业捐赠法》、《国有企业领导人员廉洁从业若干规定》等相关规定，现就省监管企业对外捐赠有关事项规定如下：

一、加强对外捐赠行为规范管理。本规定适用对象为省国资委监管企业及其所属各级企业。各监管企业应制订和完善对外捐赠管理制度，规范对外捐赠行为；对集团及各级子企业对外捐赠行为实行统一管理，规定集团及各级子企业对外捐赠支出限额和权限，明确对外捐赠工作的管理部门；将日常对外捐赠支出纳入预算管理体系，细化捐赠项目和规模，严格控制预算外捐赠支出。

二、规范界定对外捐赠范围。各监管企业用于对外捐赠的资产应为企业有权处分的合法财产，不具处分权的财产或不合格产品不得用于对外捐赠。企业经营者和职工不得将企业资产以个人名义对外捐赠。企业对外捐赠应当诚实守信，严禁各类虚假宣传或许诺行为。企业对外捐赠应通过依法成立的接受捐赠的慈善机构、其他公益性机构或政府部门进行。对有关社会机构、团体等的摊派性捐赠，企业应当依法拒绝。

三、合理确定对外捐赠规模。各监管企业应结合自身经营情况、赢利能力、负债水平、财务承受能力等因素合理确定对外捐赠支出规模和标准，坚持自愿无偿、量力而行的原则。捐赠规模原则上一年累计捐赠金额不得超过上年末企业所有者权益的千分之一，特殊情况不得超过千分之三，同时，不得超过上年净利润的10%。盈利能力大幅下降、负债水平偏高、经营活动现金净流量为负数或者大幅减少的企业，对外捐赠规模要进行相应压缩；资不抵债、经营亏损或者捐赠行为影响正常生产经营的企业，不得安排对外捐赠支出。

四、严格捐赠审批程序。各监管企业应当加强对外捐赠的审批管理，严格内部决策程序，规范审批流程；企业每年安排的对外捐赠预算支出应当经过企业董事会或类似决策机构批准同意；对外捐赠应当由集团总部统一决策和管理，所属各级子企业未经集团总部批准或备案不得擅自对外捐赠；对于内部制度规定限额内并纳入预算范围的对外捐赠事项，企业捐赠管理部门应严格履行内部决策和审批程序；对于因重大自然灾害等紧急情况需要超出预算规定范围的对外捐赠事项，企业应当提交董事会或类似决策机构审议，并履行相应预算追加审批程序。

五、建立备案和审批管理制度。对各监管企业的对外捐赠行为，实行年度预算总额控制、相关制度备案、大额捐赠行为审批相结合的监管方式。企业对外捐赠前，需向省国资委报送对外捐赠报告（包括捐赠事由、捐赠对象、捐赠途径、捐赠金额等）和企业董事会（或经理办公会）决议等相关材料。以下情况企业应当向国资委进行备案或审批，同时抄送派驻本企业监事会：

（一）各监管企业应结合本通知要求，对本企业对外捐赠管理制度进行制订或完善，并及时报国资委备案。以后年度对管理制度中管理流程、支出限额等关键因素进行调整的，应报国资委备案。

（二）各监管企业对外捐赠支出应当纳入企业年度预算管理，形成专项报告，对全年对外捐赠预算支出项目、支出方案及支出规模等预算安排作出说明，并对上年捐赠的实施情况及捐赠预算执行情况进行总结。监管企业对外捐赠预算专项报告随年度财务预算报告报送国资委。

企业在每季度终了15个工作日内，需将当季发生的对外捐赠汇总上报，对实际发生的捐赠项目、决策批准文件、账务处理、受赠对象基本情况及已发生的捐赠项目实施效果、年度捐赠预算执行情况、后续监督情况等进行说明。

（三）各监管企业捐赠行为实际发生时捐赠项目超过以下标准的，应当报经国资委审核同意后实施：所有者权益（指集团上年末合并后归属于母公司的所有者权益，下同）小于20亿元的企业，捐赠项目超过20万元的；所有者权益在20亿元至100亿元的企业，捐赠项目超过50万元的；所有者权益在100亿元至500亿元的企业，捐赠项目超过100万元的；所有者权益在500亿元以上的企业，捐赠项目超过200万元的。

（四）对于突发性重大自然灾害或者其他特殊事项超出预算范围，需要紧急安排对外捐赠支出的，不论金额大小，各监管企业应依据上级部门的安排，在履行内部决策程序之后进行。

六、加强监督检查。各监管企业应当加强对外捐赠事项的财务监督工作，在实际发生对外捐赠支出后，应当按规定进行账务处理，并按时开展年度审计工作；企业应当重视对外捐赠项目实施效果的后续跟踪，督促受益对象发挥捐赠的最大效益。我委将不定期组织对企业捐赠管理情况进行抽查，对制度不健全、未按规定程序决策、未及时向国资委报备等不规范行为，督促企业及时整改；对在对外捐赠过程中存在营私舞弊、滥用职权、转移国有资产等违法违规行为的，予以依法处理。

各监管企业要高度重视对外捐赠管理工作，积极认真履行社会责任，坚持量力而行原则，通过完善制度、严格程序、规范管理，切实有效维护股东权益。

关于做好省属企业财务管理信息化建设工作的意见

晋国资评价[2010]66号

各省属企业：

近为了做好省属企业财务管理信息化建设工作，充分发挥财务管理信息化建设在企业管理中的重要作用，改善和规范企业的经营管理和科学决策，促进企业提高经营管理水平，现就财务管理信息化建设提出如下意见：

一、充分认识新形势下财务管理信息化建设的重要意义

（一）财务管理信息化建设是现代企业管理发展的必然要求

随着经济全球化进程的加快，市场竞争日趋激烈，企业传统的管理模式已经不能适应市场变化的要求。实行财务管理信息化，充分将信息技术应用于财务管理的各个环节，加快财务信息的传递与整理，及时准确地掌握财务信息、集中管理各项财务资源、迅速做出科学决策，是当前企业生存发展的客观需要，也是现代企业管理发展的必然要求。

（二）财务管理信息化建设是加强财

务管理工作的重要手段

财务管理信息化建设通过建立集团统一的财务管理信息系统，实现各集团与子企业财务管理信息系统的互联互通，财务、业务、生产一体化；达到资金流、物流、信息流的统一，有利于解决目前企业普遍存在的资金分散、考核不力、信息不对称、集团控制力不强等问题，有助于企业由“核算型”财务向“管理型”财务转型，是企业提升管理水平、增强核心竞争力和集团控制力的重要方式，是强化企业财务控制、防范财务风险、加强财务管理工作的重要手段。

二、财务管理信息化建设的工作目标

(一)总体目标

在本企业范围内建立起覆盖企业各个管理级次，内容包括会计核算、预决算管理、资产管理、资金管理、风险管理、财务智能分析和预警、绩效管理及财务内部控制等方面的高效、统一、安全的财务管理信息系统。

（二）中长期目标

运用先进的管理理念和技术手段，通过财务和相关业务数据标准化和业务规范化，实现集团财务信息化建设与集团整体信息化建设的集成，达到财务信息与业务信息的互联互通、优化整合，实现财务业务一体化，确保业务数据与财务数据的高度统一。建立功能完善的辅助智能决策系统和集团风险管理体系，运用财务信息系统支持集团财务战略及经营战略决策，对集团各项管理及业务进行风险评估与控制，强化对各层面经营风险和财务风险的全方位监控。

（三）近期目标

建立企业集团统一的财务核算基础信息化平台，实现集团与各部门及下属企业财务管理信息系统的互联互通，既能满足单一法人的独立核算体系需求，又能支持企业集团的多层次、多维度复杂组织结构体系核算要求，具有完善的集成账务管理体系、通畅的报表汇总和合并体系、适用于集团管理的预决算体系、高效有序的资金管理体系、实用的项目成本控制体系、资产管理体系和决策分析体系。

各省属企业要紧密结合财务管理工作实际及信息化建设水平，按照工作目标，对本企业财务管理信息化建设进行整体规划；同时制定具体工作计划、明确各阶段工作任务，确保在今明两年内实现近期目标，力争在三年内实现中长期目标。

三、财务管理信息化建设的工作内容

（一）统一会计核算流程、建立健全集团合并报表体系，加强财务基础工作。各企业应根据国家统一颁布的会计准则，从资金支付、固定资产折旧、减值准备计提、资产损失确认、关联交易的会计处理等方面制定统一的会计政策与会计核算流程，加强财务基础工作，建立健全集团合并报表体系，真实反映企业的整体营运情况。

（二）建立规范统一的会计核算信息化系统。各企业应在统一会计政策与会计核算流程的基础上，构建标准会计科目体系，统一编码，将与财务相关的经营管理信息纳入财务规范编码体系，建立集团规范统一的会计核算信息化系统，实现各子企业与集团财务资料的联网。通过统一的会计核算系统，对各子企业及集团的会计账目及相关业务进行准确核算，按照国家规定及时、准确地编制财务报告，对产品、部门、客户、供应商、合同等多维度进行辅助核算与管理，支持所属子企业特殊业务的核算，记录和跟踪全部业务情况，为企业提供及时、准确的成本、收入、毛利等相关信息。

（三）构建高效有序的集团资金管理系统。各企业应当在集团范围内建立高效有序的资金管理体系，通过信息系统实现对企业整体资金的统筹调度，解决资金沉淀和短缺并存的问题，合理配置和使用资金，提高资金使用效率。资金管理系统应当具有与网银系统及其他经营管理系统的接口功能，实现对整个企业集团的资金集中筹集与运用监控，能够及时反映集团总部和各子企业的资金流向，能够根据管理需要形成资金使用情况报告与分析，实现资金的日常监管与控制。

（四）建立企业预算管理系统，强化财务的控制功能。根据企业总体发展战略和规划，建立和完善适合本企业特点的预算信息化管理模式，强化资金、投资、筹资、成本费用和财务风险的预算控制。财务管理信息化系统中的预算管理模块要能够支持预算编制、预算审批、预算监控与分析和预算考核等全过程，并通过和核算系统的无缝衔接，有效实现预算控制、分析和预警功能。

（五）建立企业绩效管理系统，实现完备的财务分析、管理会计和决策分析功能。在财务信息实时、准确的基础上，通过建立和完善关键绩效指标体系和资产管理体系，支持多种查询和决策分析，集团通过对各子企业财务信息实施跨账簿、跨企业、跨年度、跨期间的查询，及时、可靠地获得各子企业财务信息，掌握各级子企业的经营状况。通过缩短分析周期和加快分析频率，更好地促进企业改善经营管理，提高经营绩效。

（六）实现职责分离、支持内部控制体系高效运转。财务信息系统必须完整地体现规范的工作流程和企业内控工作要求，通过明确内控流程与相关职能部门的关系，明确内控流程与关键科目的关系，使内控流程的贯彻执行得以常态化、固定化、信息化；财务信息系统应当符合不相容职务相分离的要求，在功能上支持企业内审工作，可以随时查询内控事项的执行情况及内控检查的最终结果。企业通过财务信息系统能够充分评估企业面临的各种风险，制定相应的风险对策，提升企业全面风险管理与防范能力。

（七）实现财务与业务一体化功能。在财务管理信息化核心模块建设的同时，各企业还需要将财务与业务一体化功能列入财务管理信息化建设的整体规划中，即将财务管理流程与经营业务流程有机地进行融合，财务信息系统应当及时反映企业采购、生产、销售等各个生产经营环节业务活动的信息，并通过系统实时进行核算，做到物流、资金流、信息流的统一。

四、加强财务管理信息化建设的工作要求

（一）合理规划、稳步推进

各单位要从企业发展战略出发，按照财务管理信息化建设总体目标，结合信息化水平，针对财务管理中存在的薄弱环节和亟待解决的问题，制定合理的财务信息化建设规划。财务管理信息系统既要满足当前财务管理工作需要，又要充分考虑未来企业发展战略对财务管理的要求；既要考虑集团财务管理的需要，又要考虑各级子企业的管理需求。同时，要在整体规划的基础上，分阶段、分层次设定目标、分步实施，稳步推进财务信息化建设。

（二）加强组织领导、确保财务管理信息化顺利实施

财务管理信息化建设是一项重大的管理工程，它不仅需要将软件技术与企业财务管理紧密结合，还要对管理流程、业务流程、制度体系进行梳理和优化，工作量大、涉及面广。各单位必须高度重视，加强组织领导，成立财务管理信息化领导小组和实施小组。领导小组要由主要领导担任组长、分管财务、业务、资产管理等相关部门的领导作为小组成员；实施小组要以财务部门为主导，由业务部门、资产管理等多部门共同参与。领导小组总体负责确定财务管理信息化工作规划，审定具体工作计划和实施方案，指导监督财务管理信息化的实施。实施小组负责制定具体工作计划和实施方案，具体组织实施财务管理信息化建设，及时掌握建设情况，协调解决出现问题，确保财务管理信息化顺利实施。

（三）加强培训、保障财务管理信息系统正常运转

财务管理信息化的实施是企业管理理念、管理方式的一次重大变革。各单位必须根据信息化建设需要，及时组织对公司高管人员进行培训、灌输新的管理理念；系统组织对员工进行专业培训，使之了解信息系统功能和管理目标、迅速熟练掌握信息系统操作技能，适应新的工作方式；同时还要注重培养一批既懂管理又懂信息化的财务信息化复合型人才，保障信息系统的正常运转。

（四）财务信息安全建设应与财务管理信息化建设同步规划和推进

明确财务管理信息化建设过程中不同阶段的安全管理目标，制定相应的安全策略。通过加强环节控制、划分管理权限、实行身份认证、建立数据存放和备份安全责任制、加强对病毒和黑客的防范等方式健全安全保障体系，从管理和技术两方面防范信息系统面临的外部和内部侵害，确保财务管理业务不间断和企业财务信息的安全。

（五）建立长效机制，促进财务管理信息化持续完善

财务管理信息化的实施是一个复杂的过程，需要不断加以改进完善。各单位必须建立稳固的长效机制，设立专门的信息化管理部门、配备专业的信息化管理人员，及时解决运行中出现的新问题、新情况，做好财务管理信息化的运行维护与持续完善工作。同时，还要建立健全信息化管理制度，明确岗位工作职责、梳理业务流程，定期评价信息化实施情况，督促子企业信息化建设工作，保障信息系统的正常运转。

（六）充分考虑投入产出、提高财务管理信息化建设效益

各单位在加大财务管理信息化建设投入力度的同时，要充分考虑成本效益原则，合理利用企业现有资源，发挥已有信息化基础设施的作用，加强信息基础设施

的资源整合；同时通过统一投资、统一建设、统一管理，降低实施成本与运营维护成本，提高财务管理信息化建设效益。省国资委将对各单位的财务管理信息化工作进行考核与评估，考核结果将作为评价各单位财务管理水平的重要依据，并进行通报和奖惩。

山西省人民政府国有资产监督管理委员会
二〇一〇年六月二日

关于印发《山西省国资委二〇一〇年普法依法治理工作要点》的通知

晋国资法规[2010]25号

各省属企业，各处室、各直属单位：

为搞好2010年普法依法治理工作，根据省依法治省领导组《二〇一〇年依法治省工作要点》，并结合我委实际，制定《山西省国资委二〇一〇年普法依法治理工作要点》，现印发给你们，请认真贯彻执行，并将贯彻执行情况于12月中旬前报省国资委政策法规处。

山西省人民政府国有资产监督管理委员会
二〇一〇年三月二十三日

山西省国资委二〇一〇年普法依法治理工作要点

2010年是“五五”普法规划的收尾之年，也是省委省政府做出“法制山西”建设重大决策全面实施的第一年，为搞好2010年普法依法治理工作，根据省依法治省领导组《二〇一〇年依法治省工作要点》，并结合我委实际，对今年的普法依法治理工作安排如下：

一、指导思想

2010年普法依法治理工作，要在省国资委党委的领导下，以邓小平理论和“三个代表”重要思想为指导，全面贯彻党的十七大和十七届三中、四中全会精神，深入学习实践科学发展观，全面落实依法治国基本方略，始终坚持党的领导、人民当家作主和依法治国的有机统一，深入贯彻实施《“法治山西”建设实施纲要》，全面完成《山西省国资委2006——2010年普法依法治理规划》确定的各项任务，为促进我省“三个发展”，走出“四条路子”，实现“三个跨越”做出新的贡献。

二、加强制度建设，完善国有资产监管法规体系

要以《企业国有资产法》为龙头、以《企业国有资产监督管理暂行条例》为基础，进一步完善深化国有资产监管法规体系，使国有资产监管工作实现制度化、规范化。继续完善国有企业经营业绩考核制度，会同财政部门加快国有资本经营预算制度体系建设，完善产权管理制度体系，适时出台省属监管企业领导人员职务消费指导意见和监管企业试行年金制度指导意见。要继续加强内部规章制度建设，规范内部工作流程，实现法规工作与业务工作的紧密结合。

三、推进法制建设，完善省属企业法律风险防范体系

要继续提高省属企业主要负责同志依法治企理念，使其从企业实现稳健经营、科学发展的高度来认识和推进企业法制工作，强调对企业法制工作重视不重视，能不能建好用好法律顾问队伍，首先体现的是企业领导者的战略眼光和决策水平。贯彻落实省国资委《关于进一步推进省属企业法律风险防范机制建设的通知》精神，认真制定落实新三年目标的规划方案。加快推进企业总法律顾问制度建设，出台办法、完善流程，从机制、制度上落实总法律顾问参与企业重大决策和重要经营活动等职责。进一步健全依法决策、依法经营管理的制度体系，提高企业规章制度、经济合同和重要决策的法律审核把关率，研究制定其他管理规章制度和重大决策法律论证办法。企业法制工作逐步向重要子企业延伸，推动重要子企业总法律顾问岗位和人员逐步到位。

四、开展法制宣传教育，大力弘扬法治精神

1、以宪法和国家基本法律为主要内容，深入开展法制宣传教育，弘扬法治精神，形成自觉学法守法用法的社会氛围。全面完成“五五”普法规划确定的重点对象和重点内容的普法教育，做好“五五”普法规划的检查验收工作，今年5月底前，各单位要完成自查验收工作，对存在的薄弱环节和问题查漏补缺，要采取得力措施加以解决，做好迎接全省检查的各项准备工作。同时，省依法治省领导组办公室拟将重点对煤炭资源整合、环境保护、安全生产、信访接待等社会关注、群众关心的重点领域进行依法治理工作专项督查。

2、加大对《“法制山西”建设实施纲要》的宣传力度，充分利用网络、电视、报纸等媒体，开辟专刊、专栏、专版，着重宣传“法制山西”建设的重大意义、指导思想、基本原则、目标任务、重点内容和方法步骤。实行全方位多层次的宣传，营造浓厚的“法制山西”建设氛围，在公共场所设立“法制山西”建设宣传标志，六月底前进行一次检查通报。认真开展“民主法治社区”、“依法治理示范单位”等基层建设活动，

3、继续深入开展《企业国有资产法》、《企业国有资产监督管理暂行条例》、《公司法》、《合同法》、《劳动合同法》、《担保法》、《知识产权法》等与业务相关的法律法规的学习宣传和骨干培训活动，为法治山西建设打下坚实的基础。

关于成立省国资委信息安全工作组的通知

晋国资办发[2010]4号

各处室、各直属单位、监事会各办：

为了确保信息安全工作，依据《信息安全登记保护管理办法》的有关规定，“山西国资网”安全保护等级确定为二级。现根据《山西省计算机信息系统安全保护条例》的有关规定，经研究，决定成立省国资委信息安全工作组：

组　长：

张崇慧　省国资委党委书记、主任

副组长：

崔联会　省国资委副主任

成　员：

宋世华　省国资委办公室主任

张学林　省国资委信息网络中心主任

工作组下设办公室，挂靠于省国资委信息网络中心，张学林兼任省国资委信息安全工作组办公室主任。由省国资委信息安全工作组负责我委信息系统安全登记保护制度实施的具体工作和保证“山西国资网”的应用安全和数据安全工作。

特此通知。

山西省人民政府国有资产
监督管理委员会办公室
二〇一〇年三月二十九日

2011

SHANXI PROVINCE STATE-OWNED ASSETS SUPERVISION AND ADMINISTRATION YEARBOOK

山西省国有资产监督管理年鉴

附录

第七篇

潞安太阳能公司

公司办公大楼

潞安太阳能科技有限责任公司是潞安集团的子公司，位于山西省长治市漳泽新型工业园区，注册资本金11亿元，是一家集研发、制造、销售、光伏发电、技术服务、贸易为一体的高科技光伏企业。公司建设的潞安年产1GW太阳能光伏垂直一体化项目，是山西省“十二五”期间重点推进的56个重大工业项目之一。项目总投资约108亿元，总用地面积842.8亩，总建筑面积达35万平方米，分两期建设，一期规模240MW，二期规模760MW，生产的产品主要为单晶硅棒、多晶硅锭、硅片、电池片和电池组件等。

2011年，潞安太阳能公司全体员工团结拼搏，锐意进取，以只争朝夕、争创一流的精神状态，全面超额完成了年初制定的各项任务目标，得到了省市领导的充分肯定和高度评价。项目建设方面，公司一期年产240MW垂直一体化工程已全部完成，二期年产760MW垂直一体化工程已进入攻坚阶段，公司已具备了从硅料清洗、拉直单晶、多晶铸锭、硅片制备、高效太阳能电池和组件生产到光伏电站开发和系统集成的垂直一体化生产能力。其中，单晶电池片平均转换效率达19%以上，多晶电池片平均转换效率达17%以上，光伏组件封装损耗低于3%，使用寿命长达25年以上，产品的性能和质量均为国际领先水平。公司一次性通过了德国莱茵TUV认证、美国UL认证、中国金太阳认证和ISO9000质量管理体系认证，产品畅销国内外。人才队伍建设方面，公司已经建立了一支年轻化、高学历、高素质的专业技术人才团队，现有员工2000多人，平均年龄仅为24岁，全部为专业对口的大专及以上学历人员，为公司的长远发展奠定了坚实的基础。

2011年，潞安太阳能公司积极与国内五大电力集团开展战略合作，取得了显著成绩。公司与华电国际集团云南公司合作建设的40MW-50MW光伏电站项目已经启动，该项目建成后，将成为国内单体装机能力最大的光伏发电项目，将有力提升公司在国际、国内光伏市场的综合实力和影响力。

“十二五”末，项目全部建成投产后，潞安太阳能公司将成为国内少数几家具备上下游一体化生产能力的GW级光伏企业，预计公司年产值将达到160亿元以上，新增利润约23亿元，实现利税7.8亿元左右，同时能安排就业6000到8000人，经济和社会效益十分显著，将以项目建设的实际成效推动山西省转型跨越发展步伐。

公司厂区实景

建设具有国际竞争力的质量效益型一流光伏企业

硅料

单晶硅棒

多晶硅锭

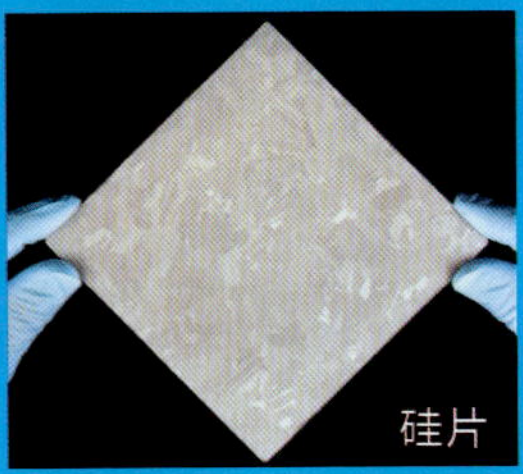
硅片

太阳能电池片

太阳能电池组件

洗晶车间

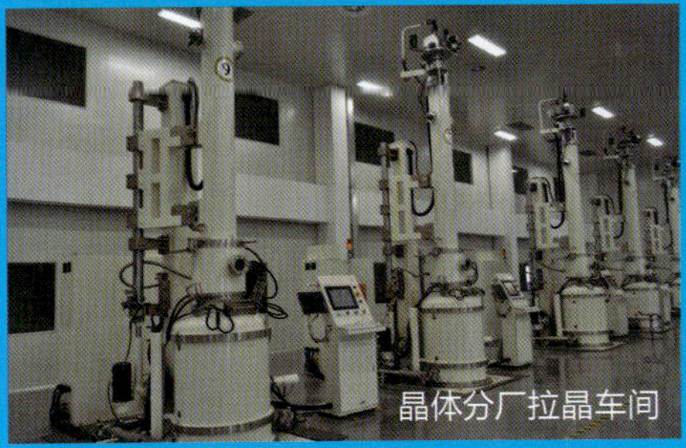
晶体分厂拉晶车间

晶体分厂铸锭车间

切片分厂车间

电池分厂车间

德国莱茵TUV产品认证书

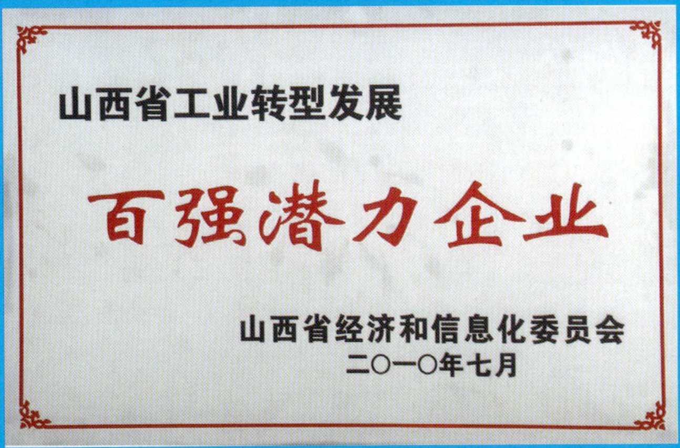
山西省工业转型发展

百强潜力企业

山西省经济和信息化委员会

二〇一〇年七月

山西省工业转型发展百强潜力企业

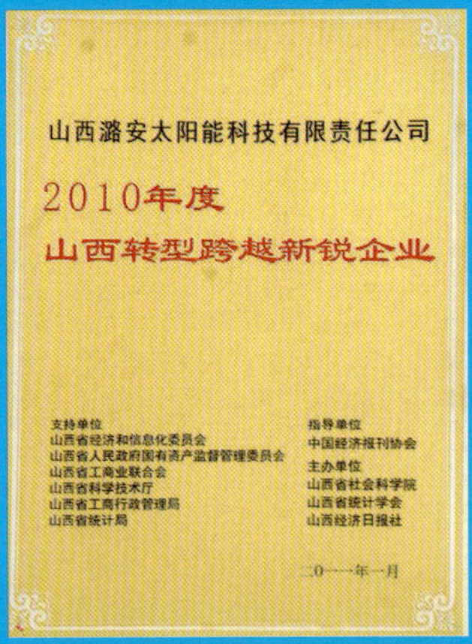
山西潞安太阳能科技有限责任公司

2010年度

山西转型跨越新锐企业

支持单位
山西省经济和信息化委员会
山西省人民政府国有资产监督管理委员会
山西省工商业联合会
山西省科学技术厅
山西省工商行政管理局
山西省统计局

指导单位
中国经济报刊协会

主办单位
山西省社会科学院
山西省统计学会
山西经济日报社

二〇一一年一月

2010年度山西转型跨越新锐企业

长风破浪踏歌行

——司马煤业公司全力打造“五型”魅力企业

2011年是“十二五”的开局之年，也是司马煤业公司全面实现打造千万吨级“五型”魅力企业的奠基年、关键年。一年来，该公司在集团党政的正确领导下，紧紧围绕“建设亿吨级煤炭新基地、打造新兴产业新高地、开创幸福潞安新天地”的战略部署，持续深入开展以本质安全型、集约高效型、科技创新型、生态示范型、文明和谐型为“五型”企业建设工作，经济运行继续保持平稳较快增长，各项经营指标大幅攀升，整合矿井生产与技改加快推进，员工的物质生活水平得到了不断提高，企业竞争力和社会影响力显著增强。

本质安全——五型魅力企业稳定之本

安全作为煤炭企业“天”字号工程，一直是司马煤业公司最强劲的主旋律。该公司坚持以建设国家级本质安全型矿井为目标，按照“以人为本、源头治理、科技保安”的理念，从“人、机、管理、环境”四大核心要素出发，进一步提升了本质安全型矿井的建设水平。

在素质提升方面，该公司把落实集团公司开展的“三个百分之百”达标、“三个全覆盖”活动作为安全日常管理的重点来抓，加大学习、贯彻、考核力度，并充分利用三级安培中心这一教育基地，对“一通三防”、地测、机电、调度、安监、防治水、煤炭洗选等岗位员工进行培训，极大地提高了全体员工的安全素质。2011年，该公司共完成各级各类培训达209期，共8103人次。

在安全管理方面，在坚持做好完善矿井安全管理体系、落实大超前管理、领导跟班带班“三必到、三走到”、隐患购买和“红线管理”等制度的基础上，在基层队组实行“一队一策”管理，使各队组工作安排更有计划，工作落实更有实效性。同时把整合矿井技改作为公司党政联席会、大超前会议的重点，建立起了对整合矿井巡查问题“挂牌督办”制度，实现了对整合矿井管理、服务的日常化和规范化，大大提升了对整合矿井的安全管理水平，确保了技改工作快速推进。

在装备提升方面，根据现有设备老化、需要检修的实际，先后购置了三台EBZ-160TY掘进机、两台液压无极绳牵引车和一套综采设备，满足了井下掘进、运输和回采的需求；将井下现有的KJ251A人员定位系统进行了升级，新增了定位卡双向通讯、判断出入巷道分支方向、电池欠压报警等功能，使人员定位系统定位更加准确，资料信息更加丰富；在原主扇风机增加了一趟保安电源，保障了一、二回路的供电安全；对二采区猴车巷架空乘人装置的驱动、制动系统进行了改造，提高了其安全性；在井下队组接地极加装了探针，提高了设备接地检测的科学性，保证了设备的安全；在井下排水泵安装了软启动器，降低了启动电流，实现了平稳启动，保护了电机；在二采区煤仓下口引进了新型液压破拱振动给煤机，提高了给煤速度，降低了设备事故率；建成了35KV变电站的6KV开闭所，满足了企业用电负荷，提高了用电的可靠性和安全性。

在通风管理方面，根据矿井三采区开拓的需要，在三采区轨道巷安装使用了大功率局部通风机，不仅满足了三采区掘进的通风需求，而且解决了矿井负压偏高的问题；积极探索“U+L”、“U+I”和双“U”型通风方式，有效解决了1210和1205工作面瓦斯偏高难题。

集约高效——五型魅力企业发展之基

作为企业，其生存的前提就是要有效益，发展的基础就是获取最大的利润。今年以来，该公司合理调整采掘部署，不断优化生产系统，根据矿井瓦斯浓度增高、生产压力较大的实际，完成了1107和1210工作面的结采、回撤，组织了1111、1205工作面的初采、回采工作；开展了1111、1108、1201工作面掘进以及三采区胶带巷、轨道巷以及新回风巷开拓工作，并圈定回采煤量950万吨，可满足3年左右的正常采掘衔接，实现了矿井的安全高效生产。

强化成本控制走廊，提高企业经济效益。该公司结合公司经营现状，提出了“成本最优化、运作市场化”的理念，并建立了内部市场化运作管理信息管理系统，初步形成了较为全面的内部市场化管理体系，并将9部门和队组纳入到了内部市场化预决算体系，使企业管理上了一个新台阶。同时，还不断强化对材料、配件的管理，对材料的采购、审批、发放、使用、回收进行了严格的规范，减少了材料配件和工器具因使用不当、保养不及时导致提前报废现象。此外，还通过不断优化生产工艺和环节，提高设备性能，全年煤炭洗选机电事故影响时间较去年下降64%，有效保证了安全高效生产。

现代化井下猴车运人系统

生态和谐的司马煤业公司花园式矿区

井下辅助运输装备齿轨卡轨车

现代化的安全生产指挥中心

狠抓整合矿井技改实施，提高企业经济效益。该公司把加大对整合矿井管控力度，实现安全技改、快速技改、高效技改作为日常管理的重点工作来抓。

一方面改造和完善旧生产系统，保证旧系统的安全生产；另一方面集中公司人力、财力、物力对整合矿井给予支持，加快新井建设。2011年底，左权佳瑞煤业一期、二期井巷工程已顺利完工，地面通风实验室、临时瓦斯抽放系统、主要建筑已经相继投入使用；五里堠煤业已完成进尺1150米和4个马头门，其中，主斜井累计完成总进尺318米，完成44.65%；副斜井累计完成总进尺427.6米，完成70.33%；进风立井、回风立井已到底，并开始掘进下山巷道，地面变电站、锅炉房、主扇、瓦斯抽放泵站等工程也正加快推进；阜生煤业一期井筒及相关硐室工程已完成，形成了全风压通风系统，轨道大巷向副立井方向掘进286米，预计年底实现"三立一斜"四个井硐全部贯通，地面瓦斯抽放泵站、注浆、锅炉安装等工程也基本完工。

科技生态——五型魅力企业制胜之道

科技创新型、生态和谐型矿井建设是煤炭企业安全、高效、可持续发展强劲动力。多年来，该公司坚持以"新技术、新工艺、新装备、新材料"的调研和应用为重点，不断推进科技创新型、生态示范型矿井建设。

在设备引进方面，为提高机械设备运行的稳定性，试用了第四代新型有机合成油脂，降低了摩擦，保护减速机、轴承等机械部件；针对瓦斯抽采封孔材料效果不佳实际，大胆使用了巴斯夫公司生产的新型煤矿专用封孔材料，极大地提高了瓦斯抽采的气密性，提高了瓦斯抽采率；积极引进使用了瓦斯管路系统防爆抑爆装置、铜网式防回火装置，新型煤矿专用封孔材料、CJZ70瓦斯综合参数测定仪，确保了瓦斯抽采的效率和效果。新装备、新材料的不断引进和使用，不仅提高了安全管理水平，也实现了经济效益的最大化。

在技术创新方面，针对机电设备繁多，分布广、距离远的特点，使用了分布式光纤温度测温系统，实现了全天后、大范围、灵敏准确地检测机电设备和外界环境温度，提高了设备检测的自动化和智能化，保证了设备的安全高效运转；借鉴电力行业已经成熟的点检定修的管理模式，基于CERP网络平台，建立了设备点检定修模块，通过手持式点检仪，定时对设备的运行状况进行检测，大大提高了设备检修效率，降低了设备事故率；根据液压传动原理，研制并应用了顺槽皮带液压调偏装置，达到了及时自动调偏的目的，降低了皮带的磨损。此项技术创新已经取得了国家实用新型专利证书；针对综采工作面拉后溜连接装置受地质条件变化而上窜下滑，单耳连接件容易扭曲变形的缺点，重新设计应用了新型拉后溜软连接装置，降低了劳动强度，提高了安全系数；开展了对各掘进队组的跟班"工艺写实"活动，集成各掘进队组的亮点，并全面推广，形成了规范统一的工程质量标准，有效提高了掘进质量和效率。

同时，还围绕生产技术难题开展相应的技术研究和攻关，开展科技计划项目的实施，取得了良好的成绩。其中，《矿区环境优化与景观生态调控技术研究》项目获得了中国煤炭工业科学技术奖二等奖；《基于构件技术的煤炭企业管理信息化模型及其应用》荣获山西省科技进步奖二等奖，应用物联网技术推进数字化矿井建设受到山西省委高度关注。省委书记、省人大常委会主任袁纯清就此做出了重要批示；成为了长治地区和集团唯一一家企业承担了国家科技支撑计划中《煤矿数字信息网络综合自动化监测监控技术与装备示范应用》项目研究的企业，将进一步推动公司物联网建设步伐，提高矿井数字化建设水平。

在生态矿井建设方面，该公司按照建设"中华环境友好"企业要求和300万吨/年改扩建手续办理的进度，在确保各项污染物指标全部达标排放的基础上，重点制定了环境恢复治理保证金使用规划，确保了各项环保项目的有效落实。全年该公司重点开展了塌陷区治理、第二排矸厂、复用水、煤场封闭工程和下组煤划界手续办理工作。目前，塌陷区一期600亩土地治理工程已全部完工，并移交王董村村委会管理，受到了社会各界及当地政府的一致好评，成为了长治市塌陷区治理的示范工程；二期2000亩土地复垦方案已经设计审批完毕，预计2012年将开工建设；第二排矸厂的方案已确定，具备了开工条件；煤场封闭工程方案已经确定，开始地质勘探。

矿长 韩玉明

党委书记 段贵德

潞安集团漳村煤矿

创新求实促发展 高效卓越铸品牌

漳村煤矿是潞安集团下属的一座以采矿、洗选为主的大型矿井，全国首批现代化矿井、国家环保先进企业、部特级质量标准化矿井、行业特级高产高效矿井、科技进步十佳矿井、科技创新示范矿、双十佳煤矿、山西省爱国卫生标兵单位、山西省文明和谐单位标兵；2006年—2010年，连续五年被评为“国家特级安全高效矿井”，连续六年蝉联全国“安康杯”竞赛优胜企业，跻身“全国自主创新优秀企业”行列，2007年、2010年两次荣获“全国五一劳动奖状”。

2011年，漳村煤矿紧跟集团“三地一新”的战略部署，抢抓机遇推进村庄搬迁，克服困难加快采区接续，创新思维规范整合矿井管理，对标先进培育优势发展亮点，“一矿六井”生产原煤突破610万吨，矿井本部首次突破410万吨；生产喷吹煤246万吨；实现销售收入28亿元；完成利润11.74亿元；多经生产经营收入突破16亿元，为“十二五”战略快速推进赢得精彩开局。

2011年，漳村煤矿上下团结一心，攻坚克难，主要工作呈现出“八个新”特点：一是坚持村庄搬迁和精细部署两手抓，采掘衔接打开了新局面。截至2011年底，通过搬迁释放压煤1000多万吨，累计圈定可采储量515万吨，为水平延伸赢得了时间。二是坚持井上准备与井下筹备两手抓，采区衔接取得了新进展。西扩区首采面已经圈定并具备安装条件，各系统已经基本完善，扩区地面土地征用已得到襄垣县同意，工业广场道路已全面开工建设。三是坚持矿井本部与整合矿井两手抓，安全生产实现了新突破。“一矿六井”全部实现安全生产无事故，漳村矿连续六年被评为全国“安康杯”竞赛优胜企业。四是坚持品种增效与经营贸易两手抓，经营管理创出了新水平。全年外运喷吹煤250万吨，超额完成公司下达指标，多经产业收入突破16亿元。五是坚持升级改造与系统延伸两手抓，数字矿山迈出了新步伐。六是坚持加快技改和规范经营两手抓，整合矿井创造了新成果。生产矿井超额完成集团下达生产指标；技改矿井建设快速推进。七是坚持绩效管理与创先争优两手抓，党建工作呈现出新气象。连续三年被集团党委授予“推行党建工作绩效管理模范集体”称号。八是坚持企业发展与保障民生两手抓，文明和谐展现了新风貌。重点实施了关爱、便民、环保、安居、文化、就业六项惠民工程，职工幸福指数不断提升。

架空人车巷道实行标准化改造，架空人车实现了全线集中控制，取消了专职司机

创新求实促发展，高效卓越铸品牌。面对新的征程，漳村煤矿将进一步做精做优本部，做大做强整合矿，做实做快接替矿，到“十二五”末，矿井本部产能上500万吨，整合矿产能上500万吨，岳山矿全面开工建设，形成“一地两区、千万产能”战略发展新格局，全力打造行业领先国内一流的数字化矿井感知化矿山，为集团全力冲刺世界500强，建设具有国际影响力的能源品牌企业做出新的更大的贡献！

严格执行领导带班下井制度，确保生产现场安全无隐患。图为矿领导现场指导工作。

创新安全理念，培育先进安全文化，各队组全面实施6S管理，严格推行“岗前仪式五部曲”，营造了良好的安全生产氛围。图为职工岗前安全宣誓。

新落成的和谐文化广场

潞安集团慈林山煤业

总经理、党委书记　董经存

潞安集团慈林山煤业有限公司前身为长治市慈林山煤矿，始建于1953年，2000年6月28日整体改制为长治市慈林山煤业有限公司，2002年6月加盟潞安集团。公司下辖有慈林山煤矿、夏店煤矿、劳动服务公司等经济实体，主要经营煤炭生产和洗选加工，原煤生产能力达300万吨以上，销售收入14亿元，员工收入8.2万元。近年来，先后获得山西省优秀企业奖、山西慈善突出贡献（企业）奖、山西省“科技奉献奖”先进集体一等奖、夏店煤矿、慈林山煤矿分别获得省一级、省二级安全质量标准化煤矿称号、山西省纳税信用A级单位等荣誉称号。

慈林山煤业公司形象照片

安全调度指挥中心

有限公司

两座集约高效矿井 一个朝气蓬勃企业

培训中心安全教育基地

公司领导深入施工现场指导工作

在公司新一届领导班子带领下，公司各项经济指标不断创造历史新高，煤炭产能大步提升，企业发展实力更为强劲，跨越发展取得重大成果；创新经营理念，增加新的效益增长点，企业管理迈上新水平；"一个机制，四个载体"党委绩效管理体系稳步推进，为企业跨越发展提供了坚强的组织保证，开创了党建工作新局面；努力提升企业的社会效应，积极担当国企的社会责任，主动融入地方经济发展，大力支持新农村建设，企地合作共赢的氛围更为融洽，展示了企业跨越发展的新形象。在"十二五"开局之年，该公司圆满完成了慈林山矿下组煤开发和夏店矿180万吨扩能改造项目，构建起了300万吨的产能平台，为企业今后的转型跨越发展奠定了坚实的基础。

站在新的起点上，慈林山煤业公司将紧紧围绕潞安集团建设具有国际竞争力的能源品牌企业的战略目标，以建设亿吨煤炭新基地，打造产业发展新高地，开创幸福生活新天地为抓手，着力建设安全慈煤、高效慈煤、科技慈煤、文化慈煤、和谐慈煤、幸福慈煤，为打造安全高效、绿色低碳、文明和谐的现代化煤企而努力奋斗！

潞安集团王庄煤矿矿长 贾双春

潞安集团王庄煤矿党委书记 吴效东

2011年是"十二五"开局之年。在集团公司、股份公司的正确领导下，潞安集团王庄煤矿全面贯彻落实科学发展观，紧紧围绕集团公司"十二五"时期"建设亿吨煤炭新基地，打造产业发展新高地，开创幸福潞安新天地"的总体要求，同心同德，奋力拼搏，全矿安全生产、经营管理、科技创新、后勐工程、整合矿井、社区建设、党建群团、企业文化、精神文明等各项工作始终保持了快速、健康、稳定的发展态势，为"十二五"开好了头，起好了步。概括地讲，主要表现在"八个新"：

一、企业经营质效实现新增长。王庄矿现有采区资源枯竭、采掘衔接紧张、搬家倒面频繁。在这种情况下，全矿干部职工团结进取，攻坚克难，圆满完成了各项经济技术指标。全年煤炭产量完成780万吨，掘进进尺31968米，销售收入48.95亿元，实现利润23.33亿元；伊田煤业公司全年产量完成60.7万吨，掘进进尺6453米；黑龙煤业公司全年产量完成12.7万吨，掘进进尺8010米；黑龙关煤业公司全年产量完成35万吨，掘进进尺6000米；五一煤业公司全年产量完成61万吨，掘进进尺4500米，销售收入2.44亿元，实现利润1200万元。

二、本质安全型矿井建设再上新台阶。面对王庄矿生产系统庞大、地质条件复杂，整合矿井技改建设困难的实际，该矿始终把安全作为"企业的一号工程"、"领导干部的第一责任"和"员工的第一福利"，突出人本管理，强化安全宣传教育，创造性编写诵唱了《煤矿工人三大纪律八项注意》歌曲；扎实开展了"三个百分之百"达标活动，严格执行矿领导带班下井制度，强化隐患排查专项治理，深入推进安全精细化管理，安全工作实现了平稳、健康、有序发展。王庄矿被国家安监总局评为"全国安全文化建设示范企业"；连续九年荣获"全国安康杯竞赛优胜企业"称号，被评为"全国安康杯竞赛示范企业"。

三、生产精细化管理水平得到新提升。为保证在现有条件下矿井的稳产、高产，2011年以来，该矿不断优化生产衔接，积极调整生产布局，恢复了43一下山、43二下山、61上山旧生产系统。针对八个采区同时运行的实际，该矿以精细化管理保证生产作业的稳定有序，强化大超前管理，深入推行了质量标准化"正向激励，末位考核"管理办法，创新和完善了生产精细化管理制度，在"圈定储量、限定进尺、煤质与回收率一体化"考核基础上，开展了回采工作面"5米行动"，实行了回采前切眼内打眼放松动炮技术，源头把关，过程控制，提高了工作面资源回收率，提升了矿井质量标准化建设水平。

四、矿井后劲工程取得新进展

1、新井及一次采全高综采工作面建设工程快速推进。该矿对工程项目倒排工期，责任到人，严格考核，实行了风险抵押制，井下工程和地面工程配套实施，同步推进。2011年先后投运了主通风机、火药库和变电所。井下其他系统完善取得了明显进展。7105一次采全高综采工作面建设作为集团公司的一项重点工作，该矿成立了"一次采全高综采工作面项目攻关组"，及时加强与集团公司沟通，确定了设备配套方案，稳步推进了辅助运输、供电、通风、排水等配套系统建设工作。

2、整合矿井现代化技改扎实推进。按照集团公司"以矿带矿、以科带科、以队带队、以专业带专业"的管理要求，2011年以来，该矿对加强整合矿井管理明确了三项要求，即整合矿井是王庄矿的一个基层单位，是王庄矿管理的责任范围，是王庄矿管理、监督考核的内容之一。本着"责任、服务、考核"的六字原则，以督查办为主，各业务科室配合实施，蹲点督查与定点检查相结合，严格实行各队组、各专业定点包矿帮带制，做到空间、时间、人员管理上的全覆盖，推行了整合矿井"部门——部门负责人——分管副总经理——总经理"和主体矿井"责任人——科室——分管矿领导——矿长、书记"相对应的"四级联动考核机制"，促进了整合矿井现代化技改工作的扎实推进。

3、储装运快速装车系统顺利投运。新投运的储装运快速装车系统速度快、能力强、精度高，降低了工人的劳动强度，满足了铁路部门关于战略装车点的需要，全面提高了外运的集约化、自动化和智能化水平。同时，为该矿调整产品结构、转变经济增长方式、增强企业发展后劲提供了广阔空间。

4、压煤村庄搬迁工程稳步实施。岭上村新村88栋居民楼主体工程已全部完工，该矿已初步制定了搬迁补偿和分房方案。同时，按照地质储量和储煤范围，规划了石室、寺底等压煤村庄搬迁工作，并且积极探索村庄下压煤开采的新技术和新工艺，为最大限度解放煤炭储量，延长矿井服务年限奠定了坚实基础。

5、600万吨模块化选煤厂高效运行。2011年以来，在保证电煤兑现率的前提下，该矿精心调适混煤与喷吹煤比例，科学合理组织选煤厂的生产，实现了喷吹煤产量最大化，稳步提升了企业的经营质效，在企业追求效益最大化方面迈出了坚实的一步。

五、科技创新实现新突破。一是构建了安全生产综合信息

潞安集团王庄煤矿

平台，建立了统一的数据仓库，实现了对矿井各类信息动态集成控制；二是完成了新井71采区井下无线通信系统，形成了一个完整的井上、下通讯系统网络；三是积极实施主运输皮带集中控制系统改造，提升了矿井运输能力；四是将新井主排水泵房建成了该矿第一个全自动化无人值守水泵房；五是完成了5216综采工作面刮板输送机安装大链在线监测装置与断链自动闭锁装置，提升了设备的安全性能；六是新井主通风机应用了先进的四象限变频控制技术，保证了矿井通风的安全高效。为此，该矿被中国煤炭工业协会表彰为“煤炭工业科技创新示范矿”。同时，创建的“精英”技能大师工作室，被评为全国第一个以集体名义命名的“全国首批煤炭行业技能大师工作室”。

六、企业科学管理水平得到新提高。本着“管理规范化、运行高效化”的原则，2011年以来，王庄矿推行了“目标分解、责任落实、流程规范、绩效考核”闭合管理新模式，全矿各单位制定了部门工作流程、职责、标准，由企管科汇编成册；对全矿重点工作、重大工程实行了《工作目标运转卡管理办法》，加大限时督办、跟踪督办力度，及时掌握工作进展情况、办理结果，企业管理的科学化、规范化、高效化水平明显提升。该矿推行的“目标分解、责任落实、流程规范、绩效考核”闭合管理模式被中国企业联合会评为“全国十佳企业管理案例”。

七、惠民工程及社区建设取得新成效。本着“依靠职工办国企，办好国企为职工”的宗旨，一是按照“精品小区”建设要求，继续实施了光明南、北区改造工程；二是全面投运了后勤中心综合办公楼；三是完成了光明南路拓宽改造工程；四是实施了矿区健康饮水工程，目前光明南、北区已经完工，朝阳小区正在进行室内施工；五是开工了新井单身公寓建设工程；六是实施了世纪家园小区绿化、安保等配套工程；七是积极筹划幸福小区建设和职工车辆安全存放工程；八是提高了井下职工夜班补助、下井补助和班中餐补助标准；九是实施了廉租房建设工程。让广大干部职工充分享受了企业改革发展的成果。

八、党建和企业文化建设呈现新局面。一是创新推行了“一个机制，四个载体”党建工作新模式，提升了该矿党建工作科学化水平；二是邀请著名国学大师翟鸿燊、首席演讲家邹越来矿作了《国学应用与智慧》、《感恩企业 赢在责任》的专题讲座，营造了浓厚的文化氛围，增强了员工的感恩意识、责任意识、奉献意识；三是开展了纪念建党90周年系列活动；四是按照“规定动作不走样、自选动作有特色、活动开展见成效”的原则，创新开展了创先争优活动；五是召开了长治市全民健康生活方式现场会，受到了上级卫生系统领导的高度赞扬，对外展示了王庄矿的良好形象；六是承办了CBO篮球公开赛，举办了全矿职工篮球赛、乒乓球赛、职工运动会、消夏晚会等文艺活动，丰富了职工文化生活。山西省文明办对该矿省级文明单位创建工作给予了很高的评价。

此外，2011年以来，王庄矿的治安保卫、职工培训、幼儿教育、老龄档案、宣传报道、纪检监察、卫生环保、法顾信访、计划生育、消防武装、青工妇女等各项工作也取得了显著成效。可以说，一年来，在全矿干部职工的共同努力下，全矿呈现出政通人和、欣欣向荣、文明和谐的崭新局面。

2012年是“十二五”战略的攻坚之年，是王庄煤矿推进转型跨越的关键之年。在经过前期调研、调试的基础上，该矿科学制定了“十二五”时期的发展战略，即“12369”战略。

1、就是在矿井可持续发展方面探索出一条新路子，继续保持煤炭工业引领发展的一个品牌、一面旗帜。

2、就是“十二五”末，煤炭产量达到2000万吨以上。

3、打造三型企业，即打造文化型、创新型、幸福型企业。

6、就是推进六项重点工程。

9、就是扎实抓好九大幸福工程。

站在新的历史起点，“十二五”已经昂首起航。目前，王庄煤矿正高擎“明灯”，围绕潞安集团十二五“亿吨煤炭，立体能源，总量翻番，国际潞安”的战略部署，在“建设亿吨煤炭新基地，打造产业发展新高地，开创幸福潞安新天地”的征程上，以更加饱满的斗志，更加昂扬的姿态，向着“再造一个新王庄”的宏伟目标高歌猛进、扬帆领航!

恢弘大气的办公楼工业广场

宽敞明亮的幸福大道

山西潞安煤基

原国家安全生产监督管理总局副局长、国家煤矿安全监察局局长赵铁锤到公司视察

山西潞安21万吨/年煤基合成油示范项目是国家级示范项目，属于国家能源战略项目，列入山西省“十一五”期间重点建设工程，540产业化项目列入“十二五”期间山西转型跨越头号重点工程，核心技术采用中国科学院山西煤炭化学研究所自主研发的“煤基液体燃料合成浆态床工业化技术”和“钴基固定床F-T合成技术”，列入“十一五”期间国家“863”和“973”计划，拥有完全自主知识产权。

2011年，是“十二五规划”的开局之年，煤基合成油公司认真贯彻落实集团公司第三届三次职工代表大会和党委工作会精神，进一步解放广大干部职工思想、开拓创新、凝心聚力、攻坚克难，进一步细化管理、细化责任、细化考核，对生产工艺精雕细刻，对生产管理精益求精，生产经营全面步入正规，向“精细化管理，高负荷生产”目标迈进。工作中体现出很多亮点及创新性举措：

1、多措并举引进与培养人才。2011年公司在队伍培养与引进人才方面继续发扬好的做法与经验，不断创新人才引进与培养管理模式，诸如开展职业技能鉴定、继续工程教育、师傅带徒弟、星级评价体系、校企联合实训、成立仿真培训中心等活动，对培养人才、技术创新做出突出贡献的单位及个人，进行重奖；对创新人才委以重任；对各层次技术人员进行分级管理，做到人尽其才。

2、努力打造人才培养基地。为集团公司兄弟单位无偿提供人员实习培训，随着集团公司煤化工项目的大发展和硅产业链的快速推进，煤基合成油公司作为潞安煤化工人才实习和培训基地的作用日益凸显，2011年共有包括高纯硅业、树脂公司两家单位超过150人次以上进行了顶岗实习培训，为集团公司和煤化工产业的发展贡献了自己的一份力量。努力打造潞安煤基合成油产业的技术示范基地、人才培养基地，为产业化项目提供技术、人才、管理支撑。

3、开启知识技能培训，兼顾培育企业文化。公司组织的各类培训除了文化知识、专业知识、专业技能的培训内容外，还包括理想、信念、价值观、道德观等方面的培训内容。与企业目标、企业文化、企业制度、企业优良传统等结合起来，使员工在各方面都能够符合企业的要求，为公司努力构建良好的企业文化奠定了坚实的基础。

4、惠民实事稳步推进。公司继续在员工吃、住、行、医疗保健、子女就业、文化休闲等惠民实事方面加大保障力度，各项工作稳步推进，得到职工普遍赞誉。

5、加强考核管理机制，促进精细化管理上水平。实行“各项费用预算管理”及全方位生产管理千分制考核，逐步实现干的多、干的好拿的多；制定并推行安全隐患收购制度，在全厂营造安全工作齐抓共管的良好氛围。

6、2011年系统大修取得圆满成功。公司召开了一系列专题会安排部署了公司2011年度5.18～6.16系统停车大修，这是公司成立以来，第一次有计划的大修，时间紧，任务重，难度大，技改多，经验不足，是事故高发期。通过一个月的精心组织、加班加点、全员参战，大修取得了圆满成功。实现了四个消除、三个创建、三个100%、两个达到。

7、技改技措成绩突出。技改措施是煤基合成油公司2011年技术创新工作中的重要部分，2011年技改项目有百余项，其中较大的有46项，技改措施中有一大部分为节能性项目技改，大大增强了全系统运行的安全性、稳定性、平衡性。

8、示范项目达产达标。2011年8月12日～18日顺利通过了一周满负荷甚至超负荷性能考核，标志着示范项目达产达标，逐步进入安全稳定连续高负荷运行阶段。

合成油有限公司

国家税务总局副局长
邱小雄到公司视察

山西省科技厅厅长
贺天才到公司视察

2011年度
安全工作会议

山西潞安石圪节

石圪节煤业公司总经理 苗润田

2011年7月29日上午，长治市城区政协主席杨栖英带领城区政协委员到集团石圪节煤业公司指导工作

2012年2月2日，山西省省委副书记、副省长王君到公司五里堠煤业视察工作

山西潞安石圪节煤业有限公司是一座已有80年开采历史，具有光荣的革命传统的老矿。1963年，石圪节以连续多年在全国煤炭战线效率最高、成本最低、质量最好、机构最精干的突出成绩，被周总理树为全国工交战线勤俭办企业的五面红旗之一。上世纪80年代，石圪节人积极响应原煤炭部建设现代化矿井的号召，依靠科技进步率先在全国建成了首批现代化样板矿。1990年，石圪节被树为全煤学习的榜样，江泽民、李鹏等十一位党和国家领导人为石圪节题词赠言。1991年，江泽民、李鹏、宋平等在人民大会堂亲切接见石圪节矿风报告团，号召全国学习“艰苦奋斗、勤俭办矿”的石圪节精神。

几十年来，石圪节先后被评为煤炭工业一级企业、现代化矿井、特级质量标准化矿井、全国精神文明建设先进单位、全国文明单位、全国煤炭工业系统“文明煤矿”、山西省先进企业，全国五一劳动奖状以及全国管理最高奖——金马奖等200多项省部级以上荣誉。

目前，以苗润田总经理、高路党委书记为首的领导班子在集团的关怀下，本着让石圪节实现新的崛起的目标，确立了“构建一驾多驱新格局 实现石圪节新的崛起”的十二五战略规划。新的时期，石圪节将高举一面旗帜、构建三个区域、建设五型企业、打造三个基地、走出一条衰老矿井转型跨越发展新道路。随着五里堠煤业、开拓煤业、常兴煤业划归石圪节管理，石圪节将迎来新的希望，老矿实现涅槃新生，实现新的崛起。

煤业有限公司

石圪节煤业公司调度室	石圪节非煤产业——永昌公司
职工生活丰富多彩	石圪节下组煤工作面
石圪节矿山公园一角	
山西省煤炭厅副厅长胡厅长在集团公司孙玉福的陪同下到公司困难家庭慰问	企业文化 ——岗前仪式

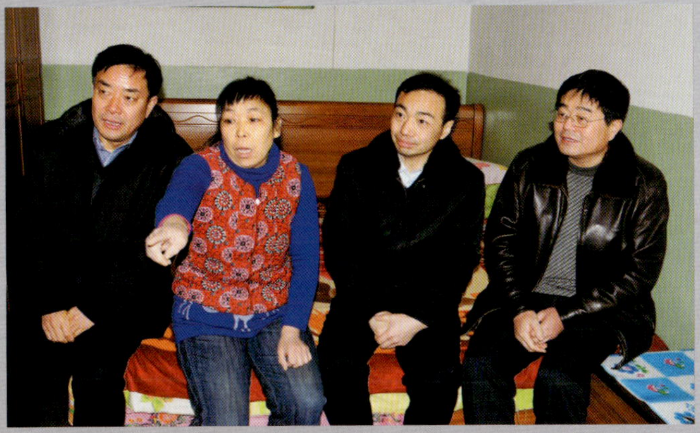

山西和顺天池能源有限责任公司

山西省安全督查组到天池公司检查工作

一、天池公司基本情况

天池公司前身为和顺县古窑煤矿，1956年建矿，1958年投产，年产15万吨，属地方国营煤矿。1999年总体改制后成立了山西和顺天池能源有限责任公司，年产30万吨，为县营国有控股企业。2003年7月，由兖州煤业山西能化有限公司、和顺县及晋中市国有资产经营有限公司共同出资进行企业重组并实施矿井改扩建。注册资本金9000万元，其中兖州煤业山西能化有限公司出资7318万元，出资比例占81.31%；和顺县国有资产经营有限公司出资982万元，出资比例占10.91%；晋中市国有资产经营有限公司出资700万元，出资比例占7.78%。

公司井田面积18.7016平方公里，地质保有储量12986.3万吨，可采储量6755.5万吨，煤种为贫煤和贫瘦煤，煤层平均厚度4.5米，是优质燃料和动力用煤。矿井设计生产能力120万吨/年，为晋中市“双百项目工程”，2004年2月正式动工，2006年11月建成投产，总投资6亿元，采矿许可证、安全生产许可证、煤炭生产许可证、营业执照和矿长资格证、矿长安全资格证“六证”齐全。根据和顺县煤炭工业局《转发省市<关于晋中市2010年度矿井瓦斯等级和二氧化碳涌出量鉴定结果的批复>的通知》（和煤通防字〔2011〕4号）文件要求，矿井在突出鉴定未完成前暂时按煤与瓦斯突出矿井进行管理。先后被上级授予“全国煤炭行业一级安全高效矿井”、“全国职工书屋示范点”、“山西省生态示范矿井”、“山西省守合同重信用企业”、“山西省清洁生产企业”、“晋中市标准化矿井建设示范单位”等荣誉称号。

二、企业组织建设情况

（一）法人治理结构情况。依据《公司法》及国家有关法律法规和天池公司《章程》等规定，依法设立了股东会、董事会、监事会和经理层，分别制定了《股东会议事规则》、《董事会议事规则》、《监事会议事规则》、《党委会议事规则》、《总经理办公会议事规则》等制度。董事会设董事7人，其中兖煤山西能化公司5人，晋中市和和顺县国资公司各1人；监事会设监事5人，其中兖煤山西能化公司3人，晋中市和和顺县国资公司各1人；经理层设总经理1人，副总经理（含总工程师、安监处长）7人，构建了权责明确、相互制约、高效运作的法人治理结构。根据相关安全生产政策要求和实际工作需要，设置组织机构27个。其中：董事会、党委会、经理层设置职能部室13个，包括安全生产技术管理专业部室7个。生产及辅助生产单位11个。后勤服务单位3个，将管理重心放到安全、生产、经营管理上，机构设置科学，职责划分清晰，人员精干高效，保证了企业规范、科学、有序运作。

（二）党组织建设情况。天池公司党委成立于2004年11月，现有党委成员4人。下设政工部、纪委两个职能部室和12个基层党支部。现有党员159人，其中正式党员153人，预备党员6人；男党员154人，女党员5人；山东籍党员130人，山西籍党员29人。自成立以来，在各级党委政府的正确领导和大力支

天池公司喷泉广场

天池公司矿区企业文化长廊

天池公司第三届职工技术比武

天池公司副斜井大巷

精益求精

持下，努力克服员工组成结构复杂、队伍素质参差不齐、基础力量薄弱等不利因素，按照围绕经济抓党建、抓好党建促发展要求，以科学发展观为指导，以党委工作责任制和创新工作实践为总抓手，不断加强和改进党建工作，实现了从无到有、由弱到强的跨越转变和创新发展。

（三）纪检监察组织建设情况。天池公司纪委成立于2004年11月，现有书记、副书记各1人，副科级纪检员1人，纪委委员5人。纪委监察科成立于2008年12月，科长1人（兼），副科级纪检员1人（兼），在全公司配备了25名兼职监督网员。天池公司纪检监察组织始终突出反腐倡廉工作，坚持把经营管理的难点、职工关注的热点、影响稳定的焦点作为纠风治理的关键，以“三查”推动纠风工作的健康发展，即：查廉洁自律规定的执行情况、查公司制度的落实情况、查本单位（部门）执纪情况，使其做到有令则行、令行禁止。严格执行《工作日中午禁酒》、《领导干部个人重大事项报告制度》及《招待费管理办法》等制度规定，重点加强对领导干部外出考察旅游及因公、因私出入境报告情况的检查，截至目前领导干部无一人外出考察旅游和出国出境。

（四）职工构成情况。天池公司现在册1609人，其中兖矿调入176人，属地合同制1062人，劳务派遣371人。研究生学历5人，大学学历78人，大专学历157人，中专学历140人，技校学历190人，高中及以下学历1039人。高级职称11人、中级职称44人、初级职称46人。

公司自投产以来未发生重大安全事故，实现了安全生产。

天池公司办公楼

天池公司企业理念

天池公司35千伏变电所

天池公司全景图

山西煤炭运销集团晋中有限公司

山西煤销集团董事长、党委书记刘建中在晋中公司指导工作

山西煤销集团副董事长、总经理曹耀丰在晋中公司煤矿调研

山西煤炭运销集团晋中有限公司是山西煤销集团在晋中设立的全资子公司。在山西煤销集团和晋中市委、市政府的正确领导下，以服务和发展地方经济为切入点，主要投资管理11座资源整合煤矿；负责对晋中地方煤矿、洗煤厂生产的原煤、洗精煤的统一销售和行业管理，查验补征煤炭可持续发展基金；围绕现代化的煤炭生产产业、专业化的物流经销业拓展多元化的非煤产业项目。

经过28年的发展，公司已成为集煤炭生产、煤炭销售、多元发展三位一体的现代煤炭企业。公司内设16个职能部室、4个专业公司，下属9个县（区、市）公司，11座控股煤矿，11个直属控股企业，11个参股企业。

煤炭生产产业方面，投资控股的11座煤矿，井田面积120平方公里，保有储量8亿吨，产能1005万吨/年，具备了千万吨煤炭产能的规模。目前资源整合后续工作、矿井建设、技改、生产等各方面工作正在全力推进。煤炭物流贸易业方面，用户遍及全国10多个省市，涉及电力、冶金、建材、化工等行业，年销售量逾5000万吨，并与国内一些大型企业建立了长期战略合作关系。其中公路方面，拥有6个出省煤焦管理站，1个电厂用煤管理站、23个煤焦销售营业站、10个储配煤中心和2个省外大型煤炭超市；铁路方面，拥有20个铁路煤炭发（集）运站，其中战略装车站点达到12个，整列站达到5个。二十八年来已累计销售煤炭4.5亿吨，实现利税43亿元，收缴专项基金50亿元，是晋中市最大的煤炭销售企业。多元非煤业正在积极稳妥推进。

2011年，全年实现营业收入325亿元，利润4.5亿元，利税总额10亿元，自产煤炭177万吨，煤炭贸易总量5600万吨，主要经济指标全部翻倍增长，为转型跨越发展奠定了坚实基础。

近年来，公司受到各级、各部门的大力表彰。三次被省劳动竞赛委员会授予"五一劳动奖状"，2009年被中央文明委授予"全国文明单位"，2010年被中华全国总工会授予"全国模范职工之家"。

公司将在山西煤销集团和晋中市委、市政府的正确领导下，在各有关部门的大力支持下，以科学发展观为指导，以转型跨越为主线，以安全发展为基础，以和谐发展为保障，积极推进三大产业，为建设现代化千万吨级煤炭企业而努力奋斗。

晋中市委书记张璞，市委常委、副市长畅志仁在山西煤销集团晋中公司煤矿指导工作

晋中市委副书记、市长吴清海在山西煤销集团晋中公司煤矿指导工作

2012年工作会议

朝气蓬勃的煤销团队

董事长 党委书记 赵斌

山西博物院

太原机场改扩建工程

山西八建集团有限公司

山西八建集团有限公司是具有房屋建筑工程施工总承包一级资质的大型建筑集团公司，前身为山西第八建筑工程有限公司，是山西建筑工程（集团）总公司的骨干企业。

公司拥有资产近6亿元，下辖六家全资子公司，两个地域分公司，十六个综合分公司，九个专业分公司。公司拥有员工1400余人，具有中、高级职称人员1086人，国家一级、二级建造师203人，其中：国家级优秀项目经理31人，省级优秀项目经理68人。

公司集工业与民用建筑、机电设备安装、钢结构、市政公用、装饰装潢、玻璃幕墙设计施工、混凝土预制构件、地基基础、公路施工、水利水电、环保工程、房地产开发、吊装运输、大型机械设备和周转材料租赁等多业经营为一体，年施工能力达30亿元以上。

近年来，公司先后荣获全国五一劳动奖状、全国优秀施工企业、全国抗震救灾先进单位、山西省模范集体、山西省工人先锋号、山西省优秀建筑企业、山西省守合同重信用企业等荣誉称号。

公司坚持“立足山西、面向全国、开拓海外”的经营发展战略，施行“精益求精，雕塑时代精品；服务至上，奉献满意工程”的质量管理理念，承建了山西博物院、太原武宿国际机场航站楼、中国人民银行太原中心支行附属楼、中国（太原）煤炭交易中心、山西大医院、太原博物馆、山西省体育中心运动员训练B馆、山西省对口支援四川茂县五项工程、朔州博物馆、忻州市人民银行、太原市第36中学校、介休一中新建校区、海南穷珠海岸度假村等一大批国家、省、市级重点工程，工程合格率始终保持100%，工程优良率达95%以上。

公司以科技领先展现竞争实力，在省内率先建立了质量、环境、职业健康安全管理体系，每年都有多项国家、省级工法和全国优秀QC成果形成，并多次荣获国家、省级科技进步奖以及“山西省质量管理先进企业”。近三年，公司连创中国建筑质量最高奖——“鲁班奖”三项，获得“汾水杯”、“太行杯”、四川“天府杯”及“省用户满意工程”近60项。

“‘奉献我们百分之百的真诚，赢得用户百分之百的满意’是我们永恒的目标，我们将始终坚持‘发展企业，富裕员工，奉献社会’的企业宗旨，一如既往地发扬‘敢为人先，勇争第一’的企业精神，真诚期待与您携手，共绘美好未来！”

中国（太原）煤炭交易中心

茂县高中教学楼

2010年度山西省国有资产监督管理委员会大事记

● 2010年1月12日，省国资委机关党委在国瑞大厦21层会议室举办辅导党课。省国资委党委书记、主任张崇慧同志为委全体党员干部作了生动深刻的报告。

● 2010年1月28日，省国资委党委召开扩大会议，研究讨论对太钢“尖山矿”和国际能源“星光矿”事故处理意见。

● 2010年2月1日，全省国有资产管理年度工作会议召开。省国资委党委书记、主任张崇慧作工作报告并与监管企业负责人签定了《党风廉政建设目标责任制》和《省属国有企业领导人员2009年度经营业绩责任书》，陈川平副省长出席会议并作重要讲话。各市分管国资监管工作的副市长，国资委党委书记、主任，省属企业及重要子公司的董事长、党委书记、总经理、纪委书记，省国资委领导、各监事会主席、委机关各处（室）处长（主任）、监事会办事处主任、各直属企事业单位负责人等300余人参加会议。

● 2010年2月26日，省国资委召开省监管企业信访工作会议，传达全省信访工作会议精神，安排部署全国“两会”期间省监管企业信访稳定工作。

● 2010年3月8日，省国资委机关党委、人事培训处及山西国瑞投资有限公司联合主办了纪念“三八”国际劳动妇女节100周年专题讲座。委机关、直属单位女性干部职工以及驻厦单位和驻并省属企业妇女代表参加了讲座。

● 2010年3月24日，省国资委召开监管企业安全工作会议，张崇慧主任与各企业领导签定安全生产目标责任书，并发表重要讲话。

● 2010年3月24日至26日，省属企业宣传统战工作暨省级文明单位表彰会在忻州顿村同煤会议中心召开。会议传达了全省宣传部长、统战部长会议精神，同时表彰了2008—2009年度省级文明和谐单位（标兵）。各企业宣传、统战部长，文明办主任，新闻中心主任，获得山西省文明和谐单位（标兵）的党委书记参加了会议。

● 2010年3月28日，14时30分左右，正在建设中的山西华晋焦煤有限责任公司王家岭矿发生透水事故，153名施工人员被困井下。国家主席胡锦涛、国务院总理温家宝作出指示，副总理张德江当晚赶赴事故现场，指导抢险救援工作。国家安监总局、国家煤矿安监局、卫生部、省委、省政府主要领导也赶赴现场指挥抢险救援。

● 2010年4月5日，王家岭矿透水事故中115名被困矿工成功获救，事故救援创造了中国救援史上的奇迹。

● 2010年4月27日，机关党委组织委直机关各支部开展了向青海玉树地震灾区群众送温暖、献爱心捐款活动，并号召机关广大党员干部职工积极参加“博爱一日捐”活动，向山西省特困家庭进行人道主义救助，帮助因大病或因灾返贫家庭解脱困境。在委领导带动下，委直机关200名党员干部职工共捐款人民币29550元并将捐款交到省红十字会。

● 2010年4月29日，省国资委召开省属企业总会计师座谈会。崔联会副主任和统计评价处、绩效评价中心负责同志参加了会议。

● 2010年5月17日上午，省公共机构节能考核组到省国资委考核检查节能降耗工作。崔联会副主任就国资委2009年度节能降耗的工作情况向考核组一行作了汇报。考核组认真查阅了资料并对省国资委2009年度节能降耗目标完成情况进行了评价考核。

● 2010年6月13日，省国资委系统召开干部大会，会上，省委组织部宣布了省委、省政府关于省国资委主要领导调整的决定，朱晓明同志任省国资委党委书记、主任，张崇慧同志因年龄原因调省人大任职。

● 2010年6月18日，在山西省直机关第三届职工运动会全健排舞比赛中，省国资委代表队获一等奖。

● 2010年6月18日，省国资委主办、太重集团公司和省企业文化研究会承办的“太重一日”摄影采风比赛活动开幕式在太重集团举行。省国资委副主任王晓勇、省委宣传部副巡视员胡励耘出席开幕式并讲话。太重集团公司董事长、党委书记岳普煜，党委副书记丁永平等出席启动仪式并致欢迎辞。来自省属企业宣传口的90余名摄影工作者参加了会议和摄影采风活动。

● 2010年6月21日，省国资委在上海国家会计学院举办了省属企业第十一期高级财务管理人员财会业务培训班，监管企业、委机关、直属单位相关人员参加了学习。

● 2010年6月23日，省国资委系统召开保密工作会议。会议传达国家保密局和省保密局的会议精神以及重要指示。王靖凯副书记作了重要讲话并对保密工作提出了具体要求。机关各处室、直属企事业单位的保密员以及省煤炭进出口公司等8家企业的代表参加了会议。

● 2010年6月25日，省国资委召开主任办公会议，会议听取了太化集团董事长关于搬迁工作的汇报并做了研究讨论。朱晓明主任就推进太化搬迁事宜作出部署。

● 2010年6月27日，省国资委组织监管企业在太原市五一广场举办“法治山西在国企”主题宣传活动。省国资委纪委渠性轩书记，监管企业的分管领导、法律事务和普法工作部门的同志及省国资委的法律顾问参加了这次活动。山西省委依法治省领导组办公室张玉良专职副主任等应邀出席了活动。

● 2010年6月30日，省国资委直属机关党委组织广大党员干部职工观看了电影版的大型音乐舞蹈史诗《复兴之路》，迎接中国共产党建党89周年。

● 2010年7月1日，省国资委荣获山西省直机关第三届“智奇杯”职工运动会道德风尚奖。

● 2010年7月4日至24日，省国资委人事培训处组织太钢、国际电力、晋煤等10家省属企业和直属单位共14名有关部门负责人，赴澳大利亚进行了为期21天的培训。

● 2010年7月5日，省国资委召开书记碰头会。朱晓明主任、书记传达了省委、省政府领导近期对省国资委工作所作的指示和要求。王靖凯副书记传达了省委关于人才工作的有关要求。党建工作处向会议汇报了省监管企业创先争优活动的准备情况和部分监管企业党委换届情况。宣传与群众工作处汇报了监管企业学习型党组织建设活动准备情况。

● 2010年7月13日上午，省监管企业创先争优活动暨推进学习型党组织建设动员大会在西山大厦召开。会议由省国资委党委副书记李天太作动员讲话，省国资委党委副书记王靖凯主持并传达了全国人才工作会议精神。省监管企业创先争优活动领导组成员、省监管企业党委书记及党委组织部长、宣传部长和部分二级企业负责人共120余人参加了会议。

● 2010年7月13日，省国资委召开主任办公会议，朱晓明主任就推进太化搬迁、学习袁纯清书记讲话、研究监管企业重组、煤炭资源整合、为企业做好服务等几项重点工作做了部署。集体研究了省煤运出资组建国电能源和义达矿业公司以及同煤拟收购信达资产公司债券资产包的问题。

● 2010年7月15日，省委书记袁纯清主持召开大型资源型企业负责同志座谈会，听取情况汇报，商讨“十二五”期间发展思路和途径。他强调，大型资源型企业要解放思想，登高望远，充分发挥自身优势，大力发展以煤为基的现代产业，作转型发展的先锋队、跨越发展的排头兵。省委常委、秘书长高建民、副省长陈川平参加座谈会。

● 2010年7月19日下午，省委书记袁纯清到太钢考察调研，并主持召开座谈会。省委常委、秘书长高建民、副省长陈川平一同调研。

● 2010年7月26日，省国资委召开“省属企业参加‘能博会’、‘制博会’动员部署会议”，省属十七户重点企业参加了会议。省经信委副主任郭树峰、省投资促进局局长乔亮生分别对“能博会”和“制博会”的组织情况和参会参展情况进行了讲话。省国资委副主任李宝文对省属企业的参会参展工作进一步进行了动员和安排部署。

● 2010年7月30日上午，省国资委召开系省属企业贯彻落实全省干部大会精神暨经济运行分析会，传达学习省委书记袁纯清在全省领导干部大会上的重要讲话精神，对省属企业实施“十二五”转型跨越发展进行部署。会议由省国资委党委副书记李天太主持，省政府王成副秘书长出席会议并讲话，省国资委主任、党委书记朱晓明结合国资委工作对讲话做了深度解读，并就省属企业贯彻落实讲话精神提出明确要求，省国资委副主任崔联会通报了省属企业上半年经济运行情况。

● 2010年8月6日，国务院国资委机关团员青年赴省国资委开展“根在基层”调研实践活动，省国资委副主任李东洪出席调研实践活动座谈会。

● 2010年8月4日至6日，由省委宣传部和省国资委联合发起的“转型跨越看国企”主题网媒行宣传活动成功完成对晋煤集团、潞安集团、太重集团和太钢集团的采访报道，取得阶段性成果。

● 2010年8月17日，山西省企业人才工作座谈会在省国资委召开。省委常委、组织部长汤涛出席会议并讲话，副省长陈川平主持会议。省国资委主任、党委书记朱晓明在会上谈了省属企业人才工作思路。太钢、潞安、太重等6户企业负责人先后发言。省人社厅、省经信委、省科技厅、省国防科技工业党委、省中小企业局主要负责人、分管领导和人才工作部门负责人、部分省属国有企业负责人、国防科工企业负责人、省内民营企业负责人和省委人才办的同志参加了会议，省国资委全体在并的委领导以及委机关有关处室负责人也参加了会议。

● 2010年8月19日，山西省医药集团与中国医药集团共同投资组建中国医药集团总公司山西有限责任公司合作意向书签订仪式在太原晋祠宾馆举行。省委书记袁纯清、省长王君分别会见中国建材集团董事长、党委书记，中国医药集团董事长宋志平一行。省长王君、副省长陈川平，中国医药集团总公司董事长宋志平、总经理佘鲁林，省国资委主任朱晓明、副主任朱成基，山西省医药集团公司董事长张侃等有关领导出席了签约仪式，佘鲁林与朱晓明主任、张侃董事长代表三方签字。

● 2010年8月23日，省国资委举办了经济增加值（EVA）考核培训班，邀请国务院国资委综合局局长刘南昌博士举办讲座。省国资委副巡视员李晓荣同志主持，省国资委、34户省属企业的领导和同志共150多人参加了培训。

● 2010年8月24日，省国资委机关党委将舟曲灾区捐款共人民币52726元交到省民政厅捐助事务管理中心。委机关、直属单位及委监管企业共571名党员干部职工积极参与捐款活动，为受灾群众献上自己的爱心。

● 2010年8月30日，省国资委召开主任办公会议，研究了华晋公司和太原煤气化股权置换有关事宜，对潞安集团联合重组天脊集团、焦炭集团与煤销集团重组提出了要求，通报了省医药集团和中国医药重组事宜。

● 2010年9月1日上午，省检察院服务企业发展座谈会在迎泽宾馆举行。省检察院党组书记、检察长王建明，省国资委党委书记、主任朱晓明，党委副书记、纪委书记渠性轩出席。

● 2010年9月2日至23日，省国资委组织太钢、太重、国际能源等5家驻并省属重要骨干企业（自主选学试点企业）中层以上经营管理人员57人参加了省委组织部在中国大连高级经理学院举办的山西省2010年自主选学系列培训。

● 2010年9月3至4日，省国资委副书记、纪委书记渠性轩同志带领机关各处室、直属单位40余名党员领导干部赴朔州市右玉县，实地参观学习“右玉精神”。

● 2010年9月8日至17日，省监管企业“创先争优”活动暨推进学习型党组织建设领导组组成6个检查指导组分赴34户省监管企业就创先争优活动暨推进学习型党组织建设进展情况进行了一次为期10天的督导检查，全面了解了各企业活动的开展情况。

● 2010年9月16日上午，参加第三届能源博览会期间，国务院国资委副主任孟建民莅临省国资委检查指导工作，随同调研的有国务院国资委规划局刘玉岐副局长，王靖凯、渠性轩、李宝文、朱成基、李东洪等委领导陪同调研。

● 2010年9月16日，省国资委党委书记、主任朱晓明参观第三届能源博览会并看望参展省监管企业工作人员。

● 2010年9月17日下午，省国资委组织机关干部参观了第三届中国（太原）国际能源产业博览会。

● 2010年9月20日，省国资委党委召开书记碰头会，决定开展省属企业干部人事制度改革调研和实施方案起草工作。

● 2010年9月20日，省国资委组织机关和直属单位干部职工分两批到石家庄进行了为期三天三夜的拓展培训。

● 2010年9月24日，山西省属企业青联在省天然气公司召开“气化山西”学习研讨会，30多家省属企业的青年代表参会，团省委副书记、省青联主席高键，省国资委副主任、省属企业青联主席崔联会，省属企业青联副主席李东洪，部分企业领导及省国资委机关、省属企业青联常委、委员共60余人参加了会议。

● 2010年9月26日至29日，省国资委党委书记、主任朱晓明、副书记李天太、王靖凯带队，分赴北京市、天津市、重庆市、山东省和陕西省国资委就深化干部人事制度改革工作进行了学习调研。

● 2010年9月28日，山西省国资委直属机关第一次团员大会成功召开，省直团工委书记赵晶晶到会祝贺。

● 2010年10月11日至13日，山西省省属企业共青团工作会议在山东日照举行。团省委副书记雷健坤、山西焦煤集团霍州煤电公司党委副书记赵云瑞、团省委城市青年工作部部长赵广利及各省属企业团委书记等40余人出席了会议。

● 2010年10月12日17:00至18:00，省国资委副主任崔联会带领规划发展处、统计评价处、企业改革处、产权管理处、企业分配处、企业改组处、纪委案件审理室等机关部门处室参加了山西广电总台综合新闻广播（AM819）《政风行风热线》节目。

● 2010年10月28日下午，机关党委和人事培训处组织机关干部赴智奇铁路设备有限公司参观学习。

● 2010年12月7日，省委依法治省领导组召开全省第二届“十大法治人物”暨法治建设先进集体表彰大会。省国资委监管企业山煤集团总法律顾问康真如荣获第二届“十大法治人物”称号，并获得“山西省五一劳动奖章”。太重集团荣获首批“省级依法治理标兵单位”称号，集团副董事长、总经理王创民代表10个标兵单位作了大会发言。

● 2010年12月24日上午，省能源交通投资有限公司整合重组地方铁路、汽运集团、能源产业和物资产业集团会议在省国资委召开，省国资委党委书记、主任朱晓明主持会议，副主任、党委委员王晓勇，副书记王靖凯，副主任、党委委员朱成基和5户企业的主要领导参加会议。

● 2010年12月24日下午，阳泉煤业（集团）有限责任公司托管太原化学工业（集团）有限公司会议在省国资委召开，省国资委主任、党委书记朱晓明主持会议，省国资委副主任、党委委员王晓勇，党委副书记王靖凯，阳煤集团董事长、党委书记任福耀及部分班子成员，太化集团董事长、党委书记狄重阳及班子全体成员，省国资委办公室、统评处、产权处、改革处、综合处、监事会工作处、企业领导人员管理处负责人出席会议。

● 2011年12月29日上午，潞安矿业集团整合重组天脊煤化工集团会议在省国资委21层会议室召开。省国资委主任、党委书记朱晓明主持会议。省国资委党委副书记李天太，副主任、党委委员朱成基，潞安集团董事长任润厚、党委书记王安民、总经理李晋平，天脊集团董事长、总经理王光彪，党委书记王俊彦及班子全体成员，省国资委有关处室负责人出席会议。